国家出版基金项目
NATIONAL PUBLICATION FOUNDATION

2021—2035年国家古籍工作规划重点出版项目

『十四五』时期国家重点图书出版物出版专项规划项目

『十四五』安徽省重点出版物规划项目

本书获国家社科基金项目『西夏文《大宝积经》整理研究集成』资助
主持人：孙伯君　批准号：16BMZ026

西夏文《大宝积经》整理研究集成

第一辑　第三册

孙伯君◎主编

张映晖　郭垚垚◎著

黄山书社

图书在版编目(CIP)数据

西夏文《大宝积经》整理研究集成.第一辑.第三册/孙伯君主编;张映晖,郭垚垚著. —合肥:黄山书社,2024.3
ISBN 978-7-5737-1200-4

Ⅰ.①西… Ⅱ.①孙… ②张… ③郭… Ⅲ.①西夏语-佛经-研究 Ⅳ.①B948

中国国家版本馆 CIP 数据核字(2024)第 032273 号

西夏文《大宝积经》整理研究集成(第一辑)·第三册
XIXIAWEN DABAOJIJING ZHENGLI YANJIU JICHENG

孙伯君 主编
张映晖 郭垚垚 著

出 品 人 葛永波
策　　划 葛永波 李 旭 张向奎
项目统筹 李玲玲 代立媛
责任编辑 代立媛 周 红
责任印制 李 磊
装帧设计 尹 晨
出版发行 黄山书社(http://www.hspress.cn)
地址邮编 安徽省合肥市蜀山区翡翠路1118号出版传媒广场7层 230071
印　　刷 安徽新华印刷股份有限公司
版　　次 2024年3月第1版
印　　次 2024年3月第1次印刷
开　　本 890 mm×1240 mm 1/16
字　　数 302千字
印　　张 28.25
书　　号 ISBN 978-7-5737-1200-4
定　　价 238.00元

服务热线 0551-63533706
销售热线 0551-63533761
官方直营书店(https://hsss.tmall.com)

目录

西夏文《大宝积经》

·卷八·

《密迹金刚力士会》

第三之一整理与研究

张映晖

内容和版本介绍

辑入《大宝积经》的汉译本《密迹金刚力士会》为西晋竺法护的旧译本。此经共七卷,收录在《大正藏》第十一册《大宝积经》卷八到卷十四部分。讲述菩萨以身密清净,故法身无相,得以示现一切普处,化益众生;语密清净,故随时可闻一切有情之音声;心密清净,可了知一切众生之心念。又解说如来身密、语密、心密等三密不思议之缘由。最终秘密主请求佛陀灭法时期要护持本经。本经别译有《如来不思议秘密大乘经》[1],收于《大正藏》中,共二十卷,有品目,且比《大宝积经·密迹金刚力士会》的内容丰富,两者内容相同之处仅文辞有所差别。密迹金刚,又被称为金刚、金刚手,本为印度毗纽天的侍从,后为佛教吸收,成为佛教的护法,常手持金刚杵,作忿怒相[2]。根据《大宝积经》卷九《密迹金刚力士会》中的说法,勇郡王的儿子法意皈依佛法后发愿,希望常常亲近佛祖,"愿为金刚力士,普闻一切诸佛秘要密迹之事"[3]。身密、口密和意密即佛教中的三密,秘密三业,常为密教所用。

西夏文《密迹金刚力士会》并无品目之分,可以断定其翻译底本为西晋竺法护所译汉文本《大宝积经·密迹金刚力士会》。竺法护所译《密迹金刚力士会》言语朴实,忠于原文,西夏译本就是在汉译本基础上,结合自身对佛经的理解完成的。

据克恰诺夫《西夏佛典目录》[4],俄罗斯科学院东方文献研究所所藏《大宝积经》卷八《密迹金刚力士会》第三之一共有两个编号,分别为 инв. № 374,白棉纸,写本,经折装,乌丝栏,纸幅 34.5 厘米×13.5 厘米,版框高 28.7 厘米,每折约 7 行,行 21 字,现存 23 折[5],存卷首;инв.№ 375,写本,经折装,乌丝栏,

---

① 参见丁福保:《佛学大辞典》,上海:上海书店出版社,2015 年,第 1906 页。

② 参见丁福保:《佛学大辞典》,上海:上海书店出版社,2015 年,第 1906 页。

③ (日)高楠顺次郎、渡边海旭、小野玄妙编:《大正新修大藏经》第 11 册,台北:新文丰出版公司,1983 年,第 53—59 页。

④ Е.И.Кычанов, *Каталог тангутских буддийских памятников*, Киото:Университет Киото,1999,стр322,335.

⑤ 卷八共 374,375 两个编号。374 与 375 的内容有些重复部分,为了夏汉对译的准确性,374 编号只录入至第 12 折第 4 行部分,后面则直接使用 375 编号的版本。欲查看编号 374 全 13 折,参见《俄藏黑水城文献》第 21 册,第 94 页。

纸幅(33—33.5)厘米×12厘米,版框高26厘米,每折6行,行19字,现存41折,残卷首,结尾重复标题。通过对比可以发现,两个编号可以缀合在一起组成完整内容。克恰诺夫《西夏佛典目录》把инв.№374著录于第一部,把инв.№375著录于第二部,而инв.№374卷首无款题与帙号,инв.№375卷尾有帙号,根据《大宝积经》各卷的情况,有帙号的往往是仁宗校译本,我们基本可以推定该本为仁宗校译本。

文本释读

8.1.1

[illegible]	[illegible]	[illegible]	[illegible]	[illegible]	[illegible]	[illegible]	[illegible]
tha[1]	ljɨ[1]	tśiow[1]	lwər[2]	lhejr[2]	来日母	·jar[1]	tsew[2]
大	宝	积	经	契	卷	八	第

《大宝积经》卷第八

8.1.3

[illegible]	[illegible]	[illegible]	[illegible]	[illegible]	[illegible]	[illegible]	[illegible]	[illegible]	[illegible]
dwuu[2]	rjar[2]	kię[1]	dźja[2]	ɣie[1]	mjijr[2]	so̱[1]	tsew[2]	·jij[1]	lew[1]
密	迹	金	刚	力	士	三	第	之	一

《密迹金刚力士会》第三之一

8.1.4

[illegible]	[illegible]	[illegible]	[illegible]。	[illegible]	[illegible],	[illegible]	[illegible]	[illegible]	[illegible]
thjɨ[2]	sju[2]	mjo[1]	ŋa[2]	ljɨ[1]	dzjɨj[1]	tha[1]	njij[2]	mjii[1]	we[2]
是	如	闻	我。	一	时,	佛	王	宫	城
[illegible]	[illegible]	[illegible]	[illegible]	[illegible]	[illegible]	[illegible]	[illegible]	[illegible]	[illegible]
khji[1]	śja[1]	khjwɨ[1]	ŋər[1]	kha[1]	ljɨɨr[1]	khjɨ[2]	njɨɨ[1]	tụ[1]	khwej[2]
耆	阇	崛	山	中	四	万	二	千	大

闻如是①。一时,佛游王舍城灵鹫山②,与大比丘众俱

8.1.5

[illegible]	[illegible]	[illegible],	[illegible]	[illegible]	[illegible]	[illegible]	[illegible]	[illegible]	[illegible]	[illegible]

① 闻如是,西夏本作"如是我闻",佛教开篇语。这句话的意思是,阿难我听佛是这么说的,表示经的内容是阿难亲自听闻佛说,并非从他说,真实无谬。

② 灵鹫山,西夏本作"耆阇崛山"。地名,又称灵鹫,灵山,山形似鹫,山上鹫鸟多,故名。旧称耆阇崛。摩竭陀国之正中名上茅城,五山周围如城郭,是为摩竭陀国之旧都。自此东北四五里,有王舍城,毗婆娑罗王之新都也,自此东北十里,灵鹫山在焉,即五山中之最高者,在上茅城之旧都东北十四五里,中土往往沿用其名。如福建福清北之鹫峰。浙江杭州之飞来峰,亦名灵鹫。参见丁福保:《佛学大辞典》,上海:上海书店出版社,2015年,第2977页。

phji² khjiw² ·ji¹ ·jar¹ khjɨ² ljɨɨr¹ tụ¹ dźiã² tsjij² rjir² gu²

比 丘 众， 八 万 四 千 菩 萨 与 俱

[illegible]

dźjiij¹ ljịj² śjɨj² ŋowr² ŋowr² zji² mee² mjijr² rjir² ·jij¹

在， 大 圣 一 切， 皆 神 通 获。 自

四万二千，菩萨八万四千，一切大圣，神通以达。

8.1.6

[illegible]

twụ¹ śja¹ rjijr² mji¹ lew² tha¹ lhjịj² ·u² ljwu² dzjɨ̣² nioow¹

各 十 方 不 同 佛 土 中 会 集， 故

[illegible]

thju² ljịj² zji² tsjiir¹ zeew² rjir² mji¹ lhjii¹ lhjwo¹ njɨ²

此 来 皆 法 忍 获， 不 退 还 至，

各在十万，无数佛土，神通自娱，

8.1.7

[illegible]

lew¹ wee¹ tśięj² twę² ŋwu² zji² ·jiij¹ lhjụ² rjir² gji² ŋwo²

一 生 连 续 也。 皆 持 逮 得， 持 辩

[illegible]

ɣię² mjij¹ śja¹ rjijr² ŋewr² mjij¹ tha¹ lhjịj² zjir² daa²

碍 无， 十 方 数 无 佛 土 遍 游，

弃诸外学，降伏众魔，

8.2.1

[illegible]

mee² mjijr² bju¹ kheej¹ ·u² rjur¹ lja¹ ɣiew¹ phjɨ¹ ·ji¹ ljiij²

神 通 随 游 戏， 诸 怨 学 弃， 众 魔

[illegible]

·jij¹ rjur¹ ·jar² rjur¹ ljwij¹ ·jij¹ dźjwu¹ dźiã² tśhju¹ ·jij¹

之 降 伏， 诸 恶 之 除， 众 生 之

消诸怨敌,等心众生,

8.2.2

[illegible]	[illegible]，	[illegible]	[illegible]	[illegible]	[illegible]	[illegible]，	[illegible]	[illegible]	[illegible]	[illegible]
ka^1	bioo^1	ŋowr^2	ŋowr^2	·jij^1	ɣjow^1	ljij^2	sọ^1	kiẹj^2	dźiã^2	tśhju^1
等	观，	一	切	之	源	见，	三	界	众	生
[illegible]	[illegible]	[illegible]	[illegible]	[illegible]，	[illegible]	[illegible]	[illegible]	[illegible]，	[illegible]	
·jij^1	mər^2	dzwej^1	dźju^1	sjwij^1	rjur^1	po^1	lo^1	dzu^1	ŋowr^2	
之	本	罪	显	明，	诸	波	罗	蜜，	一	

睹一切原①,晓了三界众生根本,普入一切,诸度无极②,

8.2.3

[illegible]	[illegible]	[illegible]，	[illegible]	[illegible]	[illegible]	[illegible]	[illegible]，	[illegible]	[illegible]	[illegible]
ŋowr^2	zji^2	·o^2	·ju^2	mjij^1	sej^1	twụ^1	dźjiij^1	tśier^1	·ju^2	neew^2
切	皆	入，	常	寂	静	各	处，	方	便	善
[illegible]，	[illegible]	[illegible]	[illegible]	[illegible]。	[illegible]	[illegible]	[illegible]	[illegible]	[illegible]	
ɣjɨr^1	mji^1	dźiej^2	tsjij^2	mjij^1	rjur^1	tha^1	thja^2	·jij^1	tśhja^2	
做，	不	轮	达	无。	诸	佛	彼	之	德	

常处闲静,善权方便,靡所不通③。诸佛咨嗟,宣扬其德,

8.2.4

[illegible]	[illegible]	[illegible]	[illegible]	[illegible]，	[illegible]	[illegible]	[illegible]	[illegible]，	[illegible]	[illegible]
·ioow^1	·jow^2	śja^2	nẹ^1	tshjiij^1	ŋewr^2	mjij^1	kja^2	kha^1	dźiã^2	tsjij^2
功	叹	现	演	说，	数	无	劫	中，	菩	萨
[illegible]	[illegible]，	[illegible]	[illegible]	[illegible]	[illegible]，	[illegible]	[illegible]	[illegible]	[illegible]，	
dźjɨ	djọ^2	tụ^1	khjɨ^2	rjir^2	kjiw^1	tśhja^2	·ioow^1	duu^1	dzjɨ̣^{2}	
行	修，	千	万	亿	年，	德	功	累	积，	

① 神通自娱,弃诸外学,降伏众魔,消诸怨敌,等心众生,睹一切原,西夏本作"故来此皆获法忍,至不退转,连续一生也。皆得逮持,持无辩碍,十方无数佛土遍游,随神通游戏,诸怨弃学,众魔降伏,除诸恶,等观众生,见一切之源"。

② 诸度无极,西夏本作"诸波罗蜜"。度无极,梵语波罗蜜多。根据文本内容可知,西夏使用音译方式翻译。而"度无极"是意译,为玄奘之前所用翻译词汇,玄奘后,将"度无极"改译为"到彼岸"。

③ 靡所不通,西夏本作"无不轮达"。

修无数劫，奉开士①行，积功累德，亿载兆垓②，

8.2.5

[illegible]	[illegible]	[illegible]	[illegible]	[illegible]	[illegible]，	[illegible]	[illegible]	[illegible]	[illegible]，	[illegible]
bju^2	mjij^1	zjọ^2	ɣa^2	rjɨr^2	ljịj^2	njiij^1	tśhja^2	ljị^2	sju^2	rjur^1
边	无	世	上	△	来，	心	平	地	如，	诸
[illegible]	[illegible]	[illegible]，	[illegible]	[illegible]	[illegible]	[illegible]。	[illegible]	[illegible]	[illegible]	
tha^1	lhjịj^2	·u^2	pjụ^1	dza^2	tjị^2	mjij^1	gji^1	sej^1	dźjɨ	
佛	土	中，	量	计	可	无。	清	静	行	

从无限世，心平如地，诸佛土境，不可限量。所行清净，

8.2.6

[illegible]，	[illegible]	[illegible]	[illegible]	[illegible]，	[illegible]	[illegible]	[illegible]	[illegible]。	[illegible]	[illegible]
djọ^2	rjur^1	ɣiẹ^2	lụ^2	ka^2	rjur^1	lə^1	ɣja^2	bja^2	ljụ^2	kwər^1
修，	诸	碍	障	弃，	诸	碍	盖	断。	身	体
[illegible]	[illegible]，	[illegible]	[illegible]	[illegible]	[illegible]。	[illegible]	[illegible]	[illegible]	[illegible]，	
gjwɨ^1	lwo^2	dzow^1	wjij^2	wjɨ^2	sju^2	kiẹ^1	dźja^2	njiij^1	rjir^2	
坚	固，	钩	锁	犹	如。	金	刚	心	得，	

弃众挂碍，除诸阴盖。其身坚强，犹如钩锁。得金刚志，

8.2.7

[illegible]	[illegible]	[illegible]	[illegible]。	[illegible]	[illegible]	[illegible]	[illegible]，	[illegible]	[illegible]	[illegible]
tśja^1	śjɨj^2	tsjiir^2	lhjụ^2	ljij^2	ka^2	tśjij^2	kwə^2	·ji^1	kha^1	lja^1
道	圣	性	得。	大	狮	子	吼，	众	中	殊
[illegible]。	[illegible]	[illegible]	[illegible]	[illegible]，	[illegible]	[illegible]	[illegible]	[illegible]。	[illegible]	[illegible]
lho^0	o^2	lew^2	tsjij^2	dar^1	le^2	lew^2	mjij^1	rjir^1	bji^1	ŋwu^2
出。	入	所	解	达，	畏	所	无	得。	光	以

致道圣性。大狮子吼，独步众会。体解所入，得无所畏。光蔽

8.3.1

[illegible]	[illegible]	[illegible]	[illegible]	[illegible]，	[illegible]	[illegible]	[illegible]	[illegible]。	[illegible]	[illegible]

① 开士，西夏本作"菩萨"，开悟之士，又以法开导之士。菩萨之德名。

② 积功累德，亿载兆垓，西夏本作"千万亿年，积累功德"。

be^2	lhjij^2	·jij^1	bji^1	t-^{0}	tsjiir^1	ɣiej^1	tshjiij^1	njwi^2	tśhja^2	ka^1
日	月	之	光	蔽，	法	真	说	能。	正	等
□	□	□	□	□	□	□，	□	□	□	
ŋwu^2	śji^1	kụ^1	mjor^1	sọ^1	zjọ^2	kha^1	lhạ^2	·jiw^2	bja^2	
以	先	后	现	三	世	中，	惑	疑	断	

日月，阐曜真法。等于三世，去来今得①，寐惑决疑。

8.3.2

□。	□	□	□	□，	□	□	□	□，	□	□
tsjij^2	zji^2	thjoo^1	na^1	o^2	bji^2	nioow^1	śjwo^1	ŋwu^2	ləu	·jijr^1
悟。	最	妙	深	入，	下	缘	起	以，	性	刚
□	□	□	□	□。	□	□	□	□。	□	
dźiã^2	tśhju^1	·jij^1	dzju^1	dzjiij^2	bja^2	·ju^2	sjiij^2	phjɨ^1	śjã^1	
众	生	之	教	化，	断	常	想	舍。	禅	

深入微妙，下于缘起，开化刚强。捐舍断灭有常之想②。

8.3.3

□	□	□，	□	□	□	□。	□	□	□	□，
sjwɨ^1	ŋowr^2	ŋowr^2	sã^1	mej^2	tśhja^2	ɣiwej^1	rjur^1	rjur^1	tsjij^2	o^2
思	一	切，	三	昧	正	受。	处	处	解	入，
□	□	□	□。	□	□	□	□，	□	□	
khjuu^2	·wejr^2	mjijr^2	dar^1	śja^1	rjijr^2	mjiij^2	dźjwow^1	dạ^2	·a	
守	护	通	达。	十	方	名	号，	事	△	

一切禅思，三昧正受。将护畅达，处处所入③。十方闻声，

8.3.4

□	□	□	□	□	□	□。	□	□	□	□，
dźjow^1	wjɨ^2	lhjij^2	·ji^2	nioow^1	mji^1	·jɨr^1	sọ^1	ljɨ^1	dzju^1	dzjiij^2
重	△	受	重	复	不	问。	三	宝	教	化，

① 等于三世，去来今得，西夏本作"正等以先后现三世中"。去、来、今，西夏本用"□、□、□"对译，即过去、将来、现在三世。

② 捐舍断灭有常之想，西夏本作"舍断常想"。

③ 将护畅达，处处所入，西夏本作"处处解入，守护通达"。

□ □ □ □。 □ □ □ □， □ □

ŋwuu1 dạ2 mji1 bja2 mjɨ1 pjụ1 tśhja2 duu1 tśja1 ljɨ̣1

论 言 不 断。 无 量 德 藏， 道 宝

受无重①问。不断三宝，训诲言教。积德无量，兴隆道宝。

8.3.5

□ □。 □ □ □、 □ □ □ □ □， □

wejr1 ljịj1 rjur1 ɣię2 mji1 tjịj1 dwewr2 ·jij1 ljɨ̣2 dzjịj1 mji1

兴 隆。 诸 声 闻、 独 觉 之 地 度， 无

□ □ □， □ □ □ □， □ □ □

sji1 njij2 dźjịj1 mjɨ1 pjụ1 wjuu1 djọ2 ljɨɨr1 xiwã1 dźjɨ

尽 慈 行， 无 量 悲 修， 四 梵 行

过诸声闻、缘觉之地，行无尽慈，遵无极哀，摄四梵行，

8.3.6

□， □ □ □ □， □ □ □ □。 □ □

ɣjiw1 ljɨɨr1 ljị2 zji2 ɣie2 dzjiij2 bju1 phie2 neej2 sọ1 bie2

摄， 四 恩 普 济， 化 随 开 示。 三 解

□ □ □， □ □ □ □， □ □ □

lhew2 ɣa1 dzjịj1 sọ1 dar1 sjịj2 njɨ2 sọ1 kię̣j2 zjir2

脱 门 度， 三 达 智 至， 三 界 遍

四恩普济，随时开度②。过三脱门，至三达智，周旋三界，

8.3.7

□， □ □ □ □ □ □ □ □， □ □

daa2 be2 lhjịj2 ljɨɨr1 mja1 iọ1 zjir2 dźjịj1 sju2 dźiej2 deej1

周， 日 月 四 河 洲 遍 行 如， 轮 转

□ □ □。 □ □ □ □， □ □ □ □

śjɨj2 njij2 sju2 kjir1 ·jiw2 źjɨr1 ŋwu2 wee1 nar2 ŋo2 sjɨ1

圣 王 如。 勇 男 慧 以， 生 老 病 死

---

① 受无重，与“□□□□□□□”对译，指一遍又一遍受。

② 随时开度，西夏本作“随化开示”。

犹如日月,往来四域①,如转轮圣王。以勇猛慧,度生老死②。

8.4.1

[illegible]。	[illegible]	[illegible]	[illegible]	[illegible]	[illegible],	[illegible]	[illegible]	[illegible]	[illegible]	[illegible]。
dzjịj1	ŋwə1	tshwew1	kha1	lho	o2	sjwi2	ŋwu2	na1	go2	sju2
度。	五	趣	中	出	入,	炬	以	冥	除	如。
[illegible]	[illegible]	[illegible]	[illegible],	[illegible]	[illegible]	[illegible]	[illegible]	[illegible]	[illegible]	
njiij1	zjịj1	lew2	mjij1	dzjọ1	wją1	sej1	tśior1	njaa1	kha1	
心	着	所	无,	譬	花	莲	泥	黑	中	

出入五趣,如炬照冥。心无所着,犹如莲花生于污泥;

8.4.2

[illegible]	[illegible];	[illegible]	[illegible]	[illegible]	[illegible],	[illegible]	[illegible]	[illegible]	[illegible]	[illegible],
to2	sju2	dźjɨ	lhu1	tjịj1	mjij1	dzjọ1	tshọ2	ŋa1	wjɨ2	sju2
出	如;	行	增	减	无,	譬	虚	空	△	如,
[illegible]	[illegible]	[illegible]	[illegible];	[illegible]	[illegible]	[illegible]	[illegible],	[illegible]	[illegible]	[illegible]
dzu1	khie1	lew2	mjij1	lhejr2	·ų2	tsjiir1	tshjiij1	dzjọ1	lhjịj2	njij2
喜	恶	所	无;	三	藏	法	说,	譬	国	王

行无增损,犹如虚空,无所憎爱;颁宣三藏,如国明君,

8.4.3

[illegible]	[illegible]	[illegible]	[illegible]	[illegible],	[illegible]	[illegible]	[illegible]	[illegible]	[illegible]。	[illegible]
bji2	mjijr2	·jij1	dźiej2	tjɨj2	nioow1	tsjiir1	·ų2	khjow1	sju2	rjur1
臣	官	之	信	印,	复	官	府	授	如。	诸
[illegible]	[illegible]	[illegible],	[illegible]	[illegible]	[illegible]	[illegible];	[illegible]	[illegible]	[illegible]	
·jar1	tsjiir1	ka2	sjwɨ1	de2	mji1	dju1	·jar1	ŋjir1	kha1	
八	法	离,	忧	喜	不	有;	八	难	中	

赐报印绶,拜与官号③。超俗八法,不以戚忻;游入八难,

① 四域,西夏本作"四河洲",表示四大洲。(名数)住须弥山四方咸海之四大洲也。一南赡部洲 Jambudvipa,旧云南阎浮提。或从林立号,或以果立名。二东胜神洲,梵云东毗提诃,旧云东弗婆提。为身形胜故,名为胜身。三西牛货洲,梵云西瞿陀尼,旧云西瞿耶尼,为贸易牛故,名为牛货。四北瞿卢洲 Uttara kuru,旧云北郁单越,译曰胜处,于四洲中国土最胜,故名胜处。

② 生老死,西夏本作"生老病死"。

③ 官号,西夏本作"官府"。

8.4.4

[illegible]	[illegible]，	[illegible]	[illegible]	[illegible]	[illegible]	[illegible]。	[illegible]	[illegible]	[illegible]	[illegible]，
o^{2}	dźji^{1}	ŋjir^{1}	dźiã^{2}	tśhju^{1}	·jij^{1}	gjuu^{2}	źjɨr^{1}	śjɨj^{1}	·jiw^{2}	ŋwu^{2}
入	灭，	灾	众	生	之	救，	慧	成	就	以，
[illegible]	[illegible]	[illegible]	[illegible]；	[illegible]	[illegible]	[illegible]	[illegible]，	[illegible]	[illegible]	
mji^{1}	lhjwo^{1}	dźiej^{2}	deej^{1}	·ji^{1}	ŋewr^{1}	low^{2}	phja^{1}	tśhja^{2}	ɣiej^{1}	
不	退	轮	转；	众	乱	怠	除，	正	真	

化众危厄。以慧成就，转不退轮；解众废乱，显示正真

8.4.5

[illegible]	[illegible]	[illegible]	[illegible]	[illegible]。	[illegible]	[illegible]	[illegible]	[illegible]，	[illegible]	[illegible]
mər^{2}	mjij^{1}	tsjiir^{1}	dźju^{1}	sjwij^{1}	dzjiij^{2}	śjwo^{1}	·jiw^{1}	dzjịj^{1}	ŋowr^{2}	ŋowr^{2}
本	无	法	显	现。	训	发	缘	超，	一	切
[illegible]	[illegible]，	[illegible]	[illegible]	[illegible]	[illegible]。	[illegible]	[illegible]	[illegible]	[illegible]	
sjij^{2}	njɨ^{2}	sọ^{1}	kiẹj^{2}	saar^{1}	mju^{2}	tha^{1}	ɣạ^{2}	·jar^{1}	tsjiir^{1}	
智	至，	三	界	震	动。	佛	十	八	法	

本无之法。发训超分①，至一切智，三界为震。佛十八法，

8.4.6

[illegible]，	[illegible]	[illegible]	[illegible]	[illegible]	[illegible]，	[illegible]	[illegible]	[illegible]	[illegible]，	[illegible]
ŋwu^{2}	rjur^{1}	wẹ^{1}	mjijr^{2}	·jij^{1}	dzjiij^{2}	sọ^{1}	do^{1}	ka^{2}	phji^{1}	djɨj^{2}
以，	诸	愚	者	之	化，	三	毒	离	令，	云
[illegible]	[illegible]	[illegible]。	[illegible]	[illegible]	[illegible]	[illegible]，	[illegible]	[illegible]②	[illegible]	[illegible]，
dźjwow^{1}	go^{2}	sju^{2}	tśja^{1}	tsjiir^{1}	dzjwɨ̣^{1}	ŋwu^{2}	·ji^{1}	mə^{2}	kha^{1}	lho
浮	除	如。	道	法	舟	以，	众	伤	中	出，

海诸愚冥，离于三毒，如吹浮云。以道法舟，往度众生③，

8.4.7

[illegible]	[illegible]	[illegible]	[illegible]，	[illegible]	[illegible]	[illegible]	[illegible]。	[illegible]	[illegible]	[illegible]

① 发训超分，西夏本作"发训超因"。
② "[illegible]"，疑误，当作"[illegible]"。
③ 往度众生，西夏本作"众生中出"。

ɣạ^{2}	njɨɨ^{1}	ŋjow^{2}	dzjịj^{1}	lhji^{2}	wee^{1}	dźiej^{2}	tạ^{1}	sọ^{1}	we^{2}	lja^{1}
十	二	海	度，	死	生	轮	息。	三	处	来
[illegible]，	[illegible]	[illegible]	[illegible]	[illegible]。	[illegible]	[illegible]	[illegible]	[illegible]	[illegible]，	
wjij^{1}	ɣạ^{2}	njɨɨ^{1}	nioow^{1}	gjuu^{2}	ljwu^{2}	kha^{1}	rjur^{1}	dźiã^{2}	tsjij^{2}	
往，	十	二	因	济。	会	中	诸	菩	萨，	

劝十二海,脱生死轮。往来三处,济十二因。诸会菩萨,

8.5.1

[illegible]	[illegible]	[illegible]	[illegible]。	[illegible]	[illegible]	[illegible]	[illegible]	[illegible]	[illegible]	[illegible]、
tśhja^{2}	·ioow^{1}	ŋowr^{2}	lhə	thja^{1}	mjiij^{2}	tja^{1}	lhjịj^{2}	mjii^{1}	dźiã^{2}	tsjij^{2}
德	功	具	足。	彼	名	者	月	施	菩	萨、
[illegible]	[illegible]	[illegible]	[illegible]、	[illegible]	[illegible]	[illegible]	[illegible]、	[illegible]	[illegible]	
lhjịj^{2}	bju^{1}	dźiã^{2}	tsjij^{2}	mjij^{1}	bju^{1}	dźiã^{2}	tsjij^{2}	ljụ^{2}	bju^{1}	
月	明	菩	萨、	寂	明	菩	萨、	首	明	

具足功勋。其名曰月施菩萨、月英菩萨①、寂英菩萨、首英

8.5.2

[illegible]	[illegible]、	[illegible]	[illegible]	[illegible]	[illegible]、	[illegible]	[illegible]	[illegible]	[illegible]、	[illegible]
dźiã^{2}	tsjij^{2}	bji^{1}	bju^{1}	dźiã^{2}	tsjij^{2}	bji^{1}	ljụ^{2}	dźiã^{2}	tsjij^{2}	ljụ^{2}
菩	萨、	光	明	菩	萨、	光	首	菩	萨、	首
[illegible]	[illegible]	[illegible]、	[illegible]	[illegible]	[illegible]	[illegible]、	[illegible]	[illegible]	[illegible]	
tśiow^{1}	dźiã^{2}	tsjij^{2}	ljụ^{2}	mjij^{1}	dźiã^{2}	tsjij^{2}	dzow^{1}	wjịj	dźiã^{2}	
积	菩	萨、	首	寂	菩	萨、	钩	锁	菩	

菩萨、光英菩萨、光首菩萨、首积②、首寂、钩锁、

8.5.3

[illegible]、	[illegible]	[illegible]	[illegible]	[illegible]、	[illegible]	[illegible]	[illegible]	[illegible]、	[illegible]	[illegible]
tsjij^{2}	we^{1}	de^{2}	dźiã^{2}	tsjij^{2}	we^{1}	mjii^{1}	dźiã^{2}	tsjij^{2}	swu^{2}	zow^{2}
萨、	龙	忻	菩	萨、	龙	施	菩	萨、	像	执
[illegible]	[illegible]、	[illegible]	[illegible]	[illegible]	[illegible]、	[illegible]	[illegible]	[illegible]	[illegible]、	

① 月英菩萨,西夏本作“月明菩萨”。月明菩萨又被称为月明童子。

② 以下汉文本所略“菩萨”两字,西夏本皆予译出。

dźiã² tsjij² mə¹ ljɨ̣j² dźiã² tsjij² ·jiw¹ buu² dźiã² tsjij²

菩 萨、 天 蜜 菩 萨、 缘 胜 菩 萨、

龙忻、龙施、执像、密天①、缘胜、

8.5.4

[illegible]

·jiw¹ lạ¹ dźiã² tsjij² ·ju² lạ¹ tśhjij¹ dźiã² tsjij² ·ju² lạ¹

缘 手 菩 萨、 常 手 举 菩 萨、 常 手

[illegible]

bji² dźiã² tsjij² ljɨ¹ tjɨj² dźiã² tsjij² ljɨ¹ pjạ¹ dźiã²

下 菩 萨、 宝 印 菩 萨、 宝 掌 菩

缘手、常举手、常下手、宝印手②、宝掌、

8.5.5

[illegible]

tsjij² rjur¹ njɨ² dźiã² tsjij² njwo² njij² dźiã² tsjij² kiẹ¹ dźja²

萨、 世 普 菩 萨、 宿 王 菩 萨、 金 刚

[illegible]

phji¹ dźiã² tsjij² kiẹ¹ dźja² bji² dźiã² tsjij² mji¹ mju²

意 菩 萨、 金 刚 步 菩 萨、 不 动

普世、宿王、金刚意、金刚步、不动

8.5.6

[illegible]

dźjɨ dźiã² tsjij² mjɨ² rjar² sọ¹ zjọ² dzjij¹ dźiã² tsjij²

行 菩 萨、 足 迹 三 世 过 菩 萨、

[illegible]

mjɨ¹ pjụ¹ mjɨ² rjar² gju¹ dźiã² tsjij² mjɨ¹ pjụ¹

无 量 足 迹 度 菩 萨、 无 量

---

① 密天，西夏本作“蜜天菩萨”。

② 宝印手，西夏本作“宝印菩萨”。

行迹①、过三世②、度无量迹、无量

8.5.7

[illegible]	[illegible]	[illegible]、	[illegible]	[illegible]	[illegible]	[illegible]、	[illegible]	[illegible]	[illegible]	[illegible]、
phji^{1}	dźiã^{2}	tsjij^{2}	ŋjow^{2}	phji^{1}	dźiã^{2}	tsjij^{2}	gjwɨ^{1}	phji^{1}	dźiã^{2}	tsjij^{2}
意	菩	萨、	海	意	菩	萨、	坚	意	菩	萨、
[illegible]	[illegible]	[illegible]	[illegible]、	[illegible]	[illegible]	[illegible]	[illegible]、	[illegible]	[illegible]	
phju^{2}	phji^{1}	dźiã^{2}	tsjij^{2}	·jiij^{1}	phji^{1}	dźiã^{2}	tsjij^{2}	lhu^{1}	phji^{1}	
上	意	菩	萨、	持	意	菩	萨、	增	意	

意、海意、坚意、上意、持意、增意、

8.6.1

[illegible]	[illegible]、	[illegible]	[illegible]	[illegible]	[illegible]、	[illegible]	[illegible]	[illegible]	[illegible]、	[illegible]
dźiã^{2}	tsjij^{2}	·ju^{2}	ɣa^{1}	dźiã^{2}	tsjij^{2}	·ju^{2}	djiij^{1}	dźiã^{2}	tsjij^{2}	de^{2}
菩	萨、	常	悲	菩	萨、	常	笑	菩	萨、	喜
[illegible]	[illegible]	[illegible]、	[illegible]	[illegible]	[illegible]	[illegible]、	[illegible]	[illegible]	[illegible]	
tśhji^{2}	dźiã^{2}	tsjij^{2}	swew^{1}	njwi^{2}	dźiã^{2}	tsjij^{2}	pjụ^{1}	ror^{2}	ka^{2}	
根	菩	萨、	照	善	菩	萨、	威	垢	离	

常惨、常笑、喜根、善照、威离诟、

8.6.2

[illegible]	[illegible]、	[illegible]	[illegible]	[illegible]	[illegible]	[illegible]、	[illegible]	[illegible]	[illegible]	[illegible]
dźiã^{2}	tsjij^{2}	niow^{2}	tshwew^{1}	phjɨ^{1}	dźiã^{2}	tsjij^{2}	·ji^{1}	ɣja^{2}	ka^{2}	dźiã^{2}
菩	萨、	恶	趣	弃	菩	萨、	众	盖	去	菩
[illegible]、	[illegible]	[illegible]	[illegible]	[illegible]	[illegible]、	[illegible]	[illegible]	[illegible]	[illegible]、	
tsjij^{2}	zji^{2}	khu^{1}	dźjij^{1}	dźiã^{2}	tsjij^{2}	sjịj^{2}	tśiow^{1}	dźiã^{2}	tsjij^{2}	
萨、	极	进	精	菩	萨、	智	积	菩	萨、	

弃恶趣、去众盖、极精进、智积、

8.6.3

[illegible]	[illegible]	[illegible]	[illegible]、	[illegible]	[illegible]	[illegible]	[illegible]	[illegible]、	[illegible]	[illegible]

① 不动行迹,西夏本作“不动行菩萨”。
② 过三世,西夏本作“足迹过三世菩萨”。

·ju² bioo¹ dźiã² tsjij² rjur¹ ɣię² bji¹ dźiã² tsjij² ljịj² ɣwie¹

常 观 菩 萨、世 音 光 菩 萨、大 势

[illegible] [illegible] [illegible]、[illegible] [illegible] [illegible] [illegible]、[illegible] [illegible] [illegible]

ɣie¹ dźiã² tsjij² ŋər¹ tśjiw² dźiã² tsjij² tshọ² ŋa¹ ·ụ²

至 菩 萨、山 顶 菩 萨、虚 空 藏

常观、光世音、大势至、山顶、虚空藏、

8.6.4

[illegible] [illegible]、[illegible] [illegible] [illegible] [illegible] [illegible]、[illegible] [illegible] [illegible] [illegible]

dźiã² tsjij² mej¹ mji¹ khjow¹ dźiã² tsjij² mji¹ dzu¹ ŋwe¹ dźiã²

菩 萨、目 不 给 菩 萨、不 喜 乐 菩

[illegible]、[illegible] [illegible] [illegible] [illegible]、[illegible] [illegible] [illegible] [illegible]、[illegible]

tsjij² ljɨ¹ phju² dźiã² tsjij² ljɨ¹ njiij¹ dźiã² tsjij² neew²

萨、宝 上 菩 萨、宝 心 菩 萨、善

不眴①、不慕乐、宝上、宝心、善

8.6.5

[illegible] [illegible] [illegible]、[illegible] [illegible] [illegible] [illegible] [illegible]、[illegible] [illegible] [illegible]

sjwɨ¹ dźiã² tsjij² neew² sjwɨ¹ wo² dźiã² tsjij² nji² sa² ɣor²

思 菩 萨、善 思 义 菩 萨、珠 接 连

[illegible] [illegible]、[illegible] [illegible] [illegible] [illegible]、[illegible] [illegible] [illegible] [illegible]、[illegible]

dźiã² tsjij² lo njij² dźiã² tsjij² sej¹ njij² dźiã² tsjij² lhjịj²

菩 萨、豪 王 菩 萨、净 王 菩 萨、土

思、善思义、珠结总、豪王、净王、

8.6.6

[illegible] [illegible] [illegible]、[illegible] [illegible] [illegible] [illegible]、[illegible] [illegible] [illegible] [illegible]、

śjwo² dźiã² tsjij² ljɨ¹ dạ² dźiã² tsjij² ljɨ² mjii¹ dźiã² tsjij²

严 菩 萨、宝 事 菩 萨、恩 施 菩 萨、

[illegible] [illegible] [illegible] [illegible]、[illegible] [illegible] [illegible] [illegible]、[illegible] [illegible] [illegible]

① 眴，使眼色，西夏本字面意思是“不给眼色”。

dzjwɨ¹ mə¹ dźiã² tsjij² zjɨɨr² mə¹ dźiã² tsjij² dzjwɨ¹ rer² dźiã²
帝 天 菩 萨、 水 天 菩 萨、 帝 罔 菩
严土、宝事、恩施、帝天、水天、帝罔、

8.6.7

[illegible]、 [illegible] [illegible] [illegible] [illegible]、 [illegible] [illegible] [illegible] [illegible]、 [illegible] [illegible]
tsjij² swew¹ rer² dźiã² tsjij² dzjọ¹ mə¹ dźiã² tsjij² rejr² tśiow¹
萨、 明 罔 菩 萨、 喻 天 菩 萨、 快 积
[illegible] [illegible]、 [illegible] [illegible] [illegible] [illegible]、 [illegible] [illegible] [illegible] [illegible]、 [illegible]
dźiã² tsjij² neew² lạ¹ dźiã² tsjij² bju² phiow¹ dźiã² tsjij² śja¹
菩 萨、 善 臂 菩 萨、 象 白 菩 萨、 香
明罔、喻天、积快、臂善、白象、香

8.7.1

[illegible] [illegible] [illegible]、 [illegible] [illegible] [illegible] [illegible] [illegible]、 [illegible] [illegible] [illegible]
lạ¹ dźiã² tsjij² ·ji¹ śja¹ lạ¹ dźiã² tsjij² ka² tśjij² bju¹
手 菩 萨、 众 香 手 菩 萨、 狮 子 明
[illegible] [illegible]、 [illegible] [illegible] [illegible] [illegible] [illegible]、 [illegible] [illegible] [illegible]
dźiã² tsjij² njɨ² gjij¹ phji¹ dźiã² tsjij² thjoo¹ ·jar² dźiã²
菩 萨、 普 利 意 菩 萨、 妙 御 菩
手、众香手、狮子英、普利意、妙御、

8.7.2

[illegible]、 [illegible] [illegible] [illegible] [illegible]、 [illegible] [illegible] [illegible] [illegible]、 [illegible] [illegible]
tsjij² khwej² ·jar² dźiã² tsjij² phji¹ mjij¹ dźiã² tsjij² njij² ·jij¹
萨、 大 御 菩 萨、 意 寂 菩 萨、 慈 氏
[illegible] [illegible]、 [illegible] [illegible] [illegible] [illegible]、 [illegible] [illegible] [illegible] [illegible]
dźiã² tsjij² njɨ² ljụ² dźiã² tsjij² zjị¹ lji² ɣiej¹ dźiã²
菩 萨、 普 首 菩 萨、 童 儿 真 菩
大御、寂意、慈氏、普首、童真,

8.7.3

[illegible], [illegible] [illegible] [illegible] [illegible] [illegible] [illegible] [illegible], [illegible] [illegible] [illegible] [illegible]。

tsjij^{2}	thja^{1}	·jar^{1}	khjɨ^{2}	ljɨɨr^{1}	tụ^{1}	dźiã^{2}	tsjij^{2}	twụ^{1}	mjiij^{2}	thjɨ^{2}	sju^{2}
萨，	其	八	万	四	千	菩	萨，	各	名	此	如。

其八万四千菩萨号，各如是。

汉文本

《大宝积经》卷第八①

西晋三藏竺法护奉诏译

《密迹金刚力士会》第三之一

闻如是。一时，佛游王舍城灵鹫山，与大比丘众俱四万二千，菩萨八万四千，一切大圣，神通以达。各在十万，无数佛土，神通自娱，弃诸外学，降伏众魔，消诸怨敌，等心众生，睹一切原，晓了三界众生根本，普入一切，诸度无极，常处闲静，善权方便，靡所不通。诸佛咨嗟，宣扬其德，修无数劫，奉开士行，积功累德，亿载兆垓，从无限世，心平如地，诸佛土境，不可限量。所行清净，弃众挂碍，除诸阴盖。其身坚强，犹如钩锁。得金刚志，致道圣性。大狮子吼，独步众会。体解所入，得无所畏。光蔽日月，阐曜真法。等于三世，去来今得，寐惑决疑。深入微妙，下于缘起，开化刚强。捐舍断灭有常之想。一切禅思，三昧正受。将护畅达，处处所入。十方闻声，受无重问。不断三宝，训诲言教。积德无量，兴隆道宝。过诸声闻、缘觉之地，行无尽慈，遵无极哀，摄四梵行，四恩普济，随时开度。过三脱门，至三达智，周旋三界，犹如日月，往来四域，如转轮圣王。以勇猛慧，度生老死。出入五趣，如炬照冥。心无所着，犹如莲花生于污泥；行无增损，犹如虚空，无所憎爱；颁宣三藏，如国明君，赐报印绶，拜与官号。超俗八法，不以戚忻；游入八难，化众危厄。以慧成就，转不退轮；解众废乱，显示正真本无之法。发训超分，至一切智，三界为震。佛十八法，诲诸愚冥，离于三毒，如吹浮云。以道法舟，往度众生，劝十二海，脱生死轮。往来三处，济十二因。诸会菩萨，具足功勋。其名曰月施菩萨、月英菩萨、寂英菩萨、首英菩萨、光英菩萨、光首菩萨、首积、首寂、钩锁、龙忻、龙施、执像、密天、缘胜、缘手、常举手、常下手、宝印手、宝掌、普世、宿王、金刚意、金刚步、不动行迹、过三世、度无量迹、无量意、海意、坚意、上意、持意、增意、常惨、常笑、喜根、善照、威离诟、弃恶趣、去众盖、极精进、智积、常观、光世音、大势至、山顶、虚空藏、不眴、不慕乐、宝上、宝心、善思、善思义、珠结总、豪王、净王、严土、宝事、恩施、帝天、水天、帝罔、明罔、喻天、积快、臂善、白象、香手、众香手、狮子英、普利意、妙御、大御、寂意、慈氏、普首、童真，其八万四千菩萨号，各如是。

8.7.3

tśhjɨ^{1}	zjọ^{2}	thjɨ^{2}	sọ^{1}	tụ^{1}	ljịj^{2}	tụ^{1}	tha^{1}	lhjịj^{2}
尔	时，	此	三	千	大	千	佛	土

① （日）高楠顺次郎、渡边海旭、小野玄妙：《大正新修大藏经》第11册，台北：新文丰出版公司，1983年，第42—47页。

尔时,于是三千大千佛土,

8.7.4

[illegible],	[illegible]	[illegible]	[illegible]	[illegible]。	[illegible]、	[illegible]、	[illegible]	[illegible]	[illegible]、	[illegible]
·u^2	khwej^2	pjụ^1	ljwụ^1	ljwụ^1	śjɨ^2	xiwã^1	ljɨɨr^1	ŋwər^1	njij^2	rjur^1
中,	大	尊	巍	巍。	释、	梵、	四	天	王、	诸
[illegible]	[illegible]	[illegible]、	[illegible]	[illegible]	[illegible]、	[illegible]	[illegible]	[illegible]、	[illegible]	
mə^1	we^1	njạ^1	·ja	sew^2	lo^1	kja^1	lew^1	lo^1	kjĩ^1	
天	龙	神、	阿	修	罗、	迦	楼	罗、	紧	

大尊巍巍。释、梵、四天王、诸天龙神、阿须轮①、迦留罗②、真

8.7.5

[illegible]	[illegible]、	[illegible]	[illegible]	[illegible]	[illegible]、	[illegible]	[illegible]	[illegible]、	[illegible]	[illegible]
no^1	lo^1	mo^2	xew^1	la^1	khja^2	khjã^2	tha^2	pho^1	rjur^1	njij^2
那	罗、	摩	睺	勒	伽、	揵	闼	婆、	诸	王
[illegible]	[illegible],	[illegible]	[illegible]	[illegible]	[illegible]。	[illegible]	[illegible]	[illegible]	[illegible]	
wjị^1	dźjwɨ^1	zji^2	lja^1	ljwu^2	dzjị^2	·ja	duu^2	tha^2	we^1	
眷	属,	咸	来	会	集。	阿	耨	达	龙	

陀罗③、摩休勒④、揵沓和⑤,诸王官属,咸来集会。阿耨达龙

8.7.6

[illegible]、	[illegible]	[illegible]	[illegible]	[illegible]、	[illegible]	[illegible]	[illegible]	[illegible]	[illegible]、	[illegible]

① 阿须轮,西夏本作"阿修罗",又作阿须罗、阿苏罗、阿素罗,下同。译为无端,容貌丑陋之义。又曰无酒,其果报无酒之义。新称阿素罗,译曰非天。其果报胜似天而非天之义,为常与帝释战斗之神。六道之一,八部众之一。

② 迦留罗,西夏本作"迦楼罗"。(动物)Garula 又云迦娄罗、揭路荼、迦喽荼、伽楼罗、诫噜拿、檗噜拿等。鸟名。旧译曰金翅鸟,新译曰妙翅鸟。顶瘿鸟,食吐悲苦声等。居四天下之大树,取龙为食。八部众之一。《法华》文句二下曰:"迦楼罗,此云金翅。翅翮金色,居四天下大树上,两翅相去三百三十六万里。"慧苑《音义》卷上曰:"迦楼罗,或曰揭路荼,此云食吐悲苦声也。谓此鸟凡取得龙,先内嗉中,得吐食之,其龙犹活,此时楚痛出悲苦声也。或曰:'此云大嗉顶鸟,谓此鸟常贮龙嗉内,益其顶粗也。旧云金翅妙翅者,且就状而名,非敌对翻也。然其翅有种种质色,非唯金耳。'"参见丁福保:《佛学大辞典》,上海:上海书店出版社 2015 年,第 1640 页。

③ 真陀罗,西夏本作"紧那罗",又作紧捺罗、紧陀罗、甄陀罗、紧捺洛,下同。旧译人非人,疑神。新译曰歌神,即乐神名,八部众之一。

④ 摩休勒,西夏本作"摩睺勒伽",下同。亦作摩睺罗伽、摩呼洛伽,旧曰休勒,八部众之一。大蟒神也。胎藏界第三院之一尊,释迦如来之眷属也。为大日如来普门示现之一法门身,一类众生,因此法而遂得到于一切智地。

⑤ 揵沓和,西夏本作"乾闼婆",下同。又作健达缚、犍闼婆、彦达婆、乾沓婆、乾沓和、巘沓缚。意译为食香、寻香行、香阴、香神、寻香主。指与紧那罗同奉侍帝释天而司奏雅乐之身。又作寻香神、乐神、执乐天,八部众之一。传说不食酒肉,唯以香气为食。

njij^{2} xụ̃^{2} ljwĩ^{1} we^{1} njij^{2} mo^{2} no^{1} sə^{1} we^{1} njij^{2} nə

王、 和 轮 龙 王、 摩 那 斯 龙 王、 多

[illegible] [illegible] [illegible]、 [illegible] [illegible] [illegible] [illegible]、 [illegible] [illegible] [illegible]

tśhia^{1} we^{1} njij^{2} wjị^{1} tsə̣^{1} we^{1} njij^{2} mjɨ^{1} pjụ^{1} tsə̣^{1}

叉 龙 王、 雪 色 龙 王、 无 量 色

王、和轮龙王、摩那斯龙王、多朱龙王①、雪色龙王、无量色

8.7.7

[illegible] [illegible]、 [illegible] [illegible] [illegible] [illegible]， [illegible] [illegible] [illegible] [illegible] [illegible]

we^{1} njij^{2} sju^{2} śjĩ^{1} we^{1} njij^{2} nioow^{1} dzjij^{1} ŋewr^{2} mjij^{1} ·jɨr^{2}

龙 王、 须 深 龙 王， 及 其 数 无 百

[illegible] [illegible] [illegible] [illegible] [illegible] [illegible] [illegible]， [illegible] [illegible] [illegible]

tụ^{1} we^{1} njij^{2} nioow^{1} rjur^{1} wjị^{1} dźjwɨ^{1} zji^{2} lja^{1} ljwu^{2}

千 龙 王 并 诸 眷 属， 皆 来 会

龙王、须深龙王，及余无数百千龙王并其官属，皆来在会。

8.8.1

[illegible]。 [illegible] [illegible] [illegible] [illegible] [illegible]、 [illegible] [illegible] [illegible] [illegible] [illegible]

dzjɨ^{2} sej^{1} dźjiij^{1} ·ja sew^{2} lo^{1} sju^{2} mo^{2} tśji^{2} ·ja sew^{2}

集。 闲 居 阿 修 罗、 须 摩 质 阿 修

[illegible]、 [illegible] [illegible] [illegible] [illegible] [illegible]、 [illegible] [illegible] [illegible] [illegible]

lo^{1} lụ^{1} wjar^{1} ·ja sew^{2} lo^{1} phu^{2} śjij^{1} ·ja sew^{2}

罗、 河 决 阿 修 罗、 树 顺 阿 修

闲居阿须轮、须摩质阿须轮、决河阿须轮、顺树阿须

8.8.2

[illegible]、 [illegible] [illegible] [illegible] [illegible] [illegible]、 [illegible] [illegible] [illegible] [illegible] [illegible]、

lo^{1} ·jɨr^{2} rer^{2} ·ja sew^{2} lo^{1} be^{1} lhạ^{2} ·ja sew^{2} lo^{1}

罗、 璎 络 阿 修 罗、 狂 惑 阿 修 罗、

[illegible] [illegible] [illegible] [illegible] [illegible]、 [illegible] [illegible] [illegible] [illegible] [illegible]，

① 多朱龙王，梵文当作 Takṣaka，西夏本用“[illegible](nə)[illegible](tśhia^{1})”对译，与梵文更接近。

dzjwɨr¹ bja² ·ja sew² lo¹ ·ju¹ lju² ·ja sew² lo¹
绝 断 阿 修 罗、 鬼 执 阿 修 罗，

轮、璎珞阿须轮、狂惑阿须轮、断绝阿须轮、执鬼阿须轮，

8.8.3

[illegible] [illegible] [illegible] [illegible] [illegible] [illegible] [illegible] [illegible]， [illegible] [illegible] [illegible]
twụ¹ ŋewr² mjij¹ wjɨ¹ dźjwɨ¹ rjir² śiə¹ śio¹ zji² lja¹ ljwu²
各 数 无 眷 属 与 引 导， 皆 来 会
[illegible]。 [illegible] [illegible] [illegible] [illegible] [illegible] [illegible] [illegible] [illegible] [illegible]
dzjɨ² mo² khja² lhjịj² phjij¹ śia¹ mə¹ zjɨ¹ nioow¹ mjii¹
集。 摩 竭 国 萍 沙 天 子 及 宫

各与无数眷属围旋，皆来在会。摩竭国王萍沙①及宫

8.8.4

[illegible] [illegible] [illegible]， [illegible] [illegible] [illegible] [illegible]。 [illegible] [illegible] [illegible]、 [illegible]
dzjwo² wjɨ¹ dźjwɨ¹ zji² lja¹ ljwu² dzjɨ² rjur¹ phji² khjiw² phji²
人 眷 属， 皆 来 会 集。 诸 比 丘、 比
[illegible] [illegible]、 [illegible] [illegible] [illegible]、 [illegible] [illegible] [illegible]、 [illegible] [illegible]
khjiw² dźji¹ neew² goor¹ gji² neew² sji² dzjwo² mə¹ ljɨ²
丘 尼、 善 男 子、 善 女 人、 天 地

人眷属，皆来在会。诸比丘、比丘尼、清信士、清信女②、主天地

8.8.5

[illegible] [illegible]、 [illegible] [illegible] [illegible]、 [illegible] [illegible] [illegible]、
dzju² nja̱¹ kięj² kięj² mə¹ tsə̣¹ kięj² mə¹
主 神、 欲 界 天、 色 界 天、
[illegible] [illegible] [illegible]， [illegible] [illegible] [illegible] [illegible]。
sej¹ mjii¹ mə¹ zji² lja¹ ljwu² dzjɨ²
净 居 天， 皆 来 会 集。

---

① 国王萍沙，西夏本作“萍沙天子”。

② 清信士、清信女，西夏本作“善男子、善女人”。清信士，梵语优婆塞，译曰信士，又曰清信士，受三归五戒得清净信心之男子；善男子，指信佛闻法的在家出家之男；清信女，梵语优婆夷，指受三归五戒具清净信心之女子；善女人，指信佛闻法的在家出家之女。

神、欲行天①、色行天、净居天，悉来在会。

8.8.6

[illegible]	[illegible]，	[illegible]	[illegible]	[illegible]	[illegible]	[illegible]	[illegible]	[illegible]	[illegible]	[illegible]
tśhjɨ^{1}	zjọ^{2}	rjur^{1}	pjụ^{1}	ŋewr^{2}	mjij^{1}	·jir^{2}	tụ^{1}	ljịj^{2}	·ji^{1}	wjɨ̣^{1}
尔	时，	世	尊	数	无	百	千	大	众	眷
[illegible]	[illegible]	[illegible]	[illegible]	[illegible]	[illegible]	[illegible]。	[illegible]	[illegible]	[illegible]	
dźjwɨ^{1}	·wiọ^{1}	tśjɨ̣^{1}	lwər^{2}	lhejr^{2}	tshjiij^{1}	wji^{1}	dźiã^{2}	tsjij^{2}	rjur^{1}	
属	周	围	经	契	说	为。	菩	萨	诸	

彼时，世尊与无央数百千之众眷属围旋，而为说经。颁宣菩萨

8.8.7

[illegible]	[illegible]	[illegible]	[illegible]	[illegible]，	[illegible]	[illegible]	[illegible]	[illegible]	[illegible]	[illegible]，
ljịj^{2}	mjijr^{2}	sjwɨj^{1}	nẹ^{1}	tshjiij^{1}	thja^{1}	tsjiir^{1}	mjiij^{2}	tja^{1}	sej^{1}	gjuu^{2}
大	士	业	演	说，	彼	法	名	者	净	济，
[illegible]	[illegible]	[illegible]	[illegible]。	[illegible]	[illegible]	[illegible]	[illegible]	[illegible]	[illegible]	
tśja^{1}	wo^{2}	wạ^{2}	deej^{1}	dźiã^{2}	tsjij^{2}	·jij^{1}	sjwɨj^{1}	tja^{1}	ljɨ̣^{1}	
道	义	广	布。	菩	萨	之	业	者	何	

诸大士业，其法名净济，广布道义。何谓菩萨业？

8.9.1

[illegible]	[illegible]？	[illegible]	[illegible]	[illegible]	[illegible]，	[illegible]	[illegible]	[illegible]	[illegible]。	[illegible]
kjɨ^{1}	ŋwu^{2}	zji^{1}	mjii^{1}	dźjịj^{1}	ŋwu^{2}	dźiã^{2}	tśhju^{1}	dzju^{1}	dzjiij^{2}	tśjị^{1}
△	也？	布	施	行	以	众	生	教	化。	苦
[illegible]	[illegible]	[illegible]	[illegible]，	[illegible]	[illegible]	[illegible]	[illegible]，	[illegible]	[illegible]	
ŋjir^{1}	·jij^{1}	gjuu^{2}	la^{2}	tśhjwɨj^{1}	kie^{1}	sjwɨj^{1}	djọ^{2}	kjɨ^{1}	tjị^{1}	
厄	之	救	济，	禁	戒	业	修，	△	愿	

以行布施，开化众生。救济危厄，修禁戒业，

8.9.2

[illegible]	[illegible]	[illegible]	[illegible]	[illegible]。	[illegible]	[illegible]	[illegible]	[illegible]，	[illegible]	[illegible]	[illegible]

① 欲行天，西夏本作“欲界天”，与梵文意思更加贴近。

ɣạ2 neew2 dạ2 iọ1 sə1 pjo1 zeew2 sjwɨj1 dźjij1 rjur1 ·jij1 ·jar1
十 善 事 圆 满。 辱 忍 业 行， 诸 相 八
[illegible]
ɣạ2 mə2 ŋạ2 zji2 ŋowr2 ·jij1 ljụ2 ljuu2 tshjij2 khu1 dźjij1
十 种 好 皆 具， 自 身 庄 严。 进 精

周满所愿十善之事。行忍辱业，备悉诸相八十种好，严饰己身。

8.9.3

[illegible]
sjwɨj1 dźjij1 tśhja2 mər2 ŋowr2 ŋowr2 ŋowr2 lhə wji1 ɣjɨr1 mji1
业 行， 德 本 一 切 具 足 为 做， 不
[illegible]
dzjɨ1 ŋowr2 mjij1 śjā1 djɨj2 sjwɨj1 dźjij1 tsjiir2 rjar1 wəə1
齐 具 无。 禅 定 业 行， 性 气 雅

行精进业，所造德本，一切具足，无所缺漏①。行禅思②业，志性和

8.9.4

[illegible]
neew2 seew2 rjar1 mjij1 śjɨj1 sjij2 źjɨr1 sjwɨj1 dźjij1 ·ji1 lhjɨ2
和， 思 议 无 成。 智 慧 业 行， 众 尘
[illegible]
źjị1 bja2 śjɨj2 sjij2 śjɨj1 ·jiw2 rjur1 mji1 tsjij2 mjijr2
劳 断， 圣 智 成 就， 诸 不 达 者

安，成无思议。行智慧业，断众尘劳，成就圣明，化诸不达。

8.9.5

[illegible]
·jij1 dzjiij2 rejr2 mji1 sjwɨj1 dźjij1 ɣię2 mjij1 nwə0 rjir1 tsjiir1
之 化。 多 闻 业 行， 碍 无 辩 得， 法
[illegible]

① 无所缺漏，西夏本作“无不齐具”。
② 禅思，西夏本作“禅定”。

tshjiij1 thja1 sju2 nji2 mjijr2 zji2 dźiej2 tśhja2 ·ioow1 sjwɨj1

说 犹 如， 听 者 皆 信。 德 功 业

行博闻业①，致无碍辩，所说如流②，听者辄受。行功德业，

8.9.6

[illegible]， [illegible] [illegible] [illegible] [illegible]， [illegible] [illegible] [illegible] [illegible] [illegible]。 [illegible]

dźjij1 dźiã2 tśhju1 ·jij1 pjwɨɨr1 tsew2 du2 mjij1 ljo1 khjow1 śjɨj2

行， 众 生 之 劝， 限 量 无 福 授。 圣

[illegible] [illegible] [illegible]， [illegible] [illegible] [illegible] [illegible] [illegible] [illegible] [illegible]

sjij2 sjwɨj1 dźjij1 thjɨ2 nioow1 mjɨ1 pju1 źjɨr1 ɣiej1 nwə

智 业 行， 此 缘 无 量 正 真 辩

劝益众生，无限之福。行圣明业，缘致无量至真辩

8.9.7

[illegible] [illegible]。 [illegible] [illegible] [illegible] [illegible]， [illegible] [illegible] [illegible] [illegible] [illegible]，

ŋwo2 rjir2 mjij1 sej1 sjwɨj1 dźjij1 ·ji1 ·a gu1 śjwo1 dạ2

才 得。 寂 静 业 行， 众 △ 兴 发 事，

[illegible] [illegible] [illegible] [illegible]。 [illegible] [illegible] [illegible] [illegible]， [illegible] [illegible]

seew2 tshjiij1 tji2 mjij1 tśhja2 bioo1 sjwɨj1 dźjij1 dow1 dźjɨ

思 议 可 无。 正 观 业 行， 邪 行

才。行寂然业，所兴发众，不可思议。行正观业，弃舍邪行、

8.10.1

[illegible] [illegible] [illegible] [illegible] [illegible] [illegible]。 [illegible] [illegible] [illegible] [illegible]， [illegible]

mji1 gjij1 ɣie2 dạ2 phjɨ1 dźjɨɨr1 njij2 njiij1 sjwɨj1 dźjij1 ·ju2

不 利 益 事 舍 弃。 慈 心 业 行， 常

[illegible] [illegible] [illegible]， [illegible] [illegible] [illegible] [illegible]。 [illegible] [illegible] [illegible]

wəə1 dźjɨ djọ2 tśjuu1 śjwo1 mjij2 djij2 wjuu1 njiij1 sjwɨj1

柔 行 修， 害 起 未 曾。 悲 心 业

无益之事。行慈心业，常修仁和，未尝怀害。行哀之业，

---

① 行博闻业，西夏本作“行多闻业”。

② 所说如流，西夏本作“犹如说法”。

8.10.2

[illegible]，	[illegible]	[illegible]	[illegible]	[illegible]，	[illegible]	[illegible]	[illegible]	[illegible]。	[illegible]	[illegible]
dźjịj^{1}	dźiã^{2}	tśhju^{1}	·jij^{1}	gjuu^{2}	sji^{1}	dźjwa^{1}	mji^{1}	dwər^{1}	de^{2}	njiij^{1}
行，	众	生	之	济，	尽	终	不	厌。	喜	心
[illegible]	[illegible]，	[illegible]	[illegible]	[illegible]	[illegible]，	[illegible]	[illegible]	[illegible]	[illegible]，	
sjwɨj^{1}	dźjịj^{1}	tsjiir^{1}	rejr^{2}	dzu^{1}	ŋwe^{1}	thja^{1}	ŋwu^{2}	rejr^{2}	lhjịj^{2}	
业	行，	法	乐	喜	乐，	彼	以	乐	受，	

欲济众生，不厌终始。行喜欢之业，乐法之乐，而以自娱，

8.10.3

[illegible]	[illegible]	[illegible]	[illegible]	[illegible]，	[illegible]	[illegible]	[illegible]	[illegible]。	[illegible]	[illegible]
nioow^{1}	dźiã^{2}	tśhju^{1}	·jij^{1}	dzjiij^{2}	tśja^{1}	tsjiir^{1}	dzu^{1}	phji^{1}	tśjụ^{1}	wejr^{2}
亦	众	生	之	化，	道	法	喜	令。	守	护
[illegible]	[illegible]，	[illegible]	[illegible]	[illegible]	[illegible]，	[illegible]	[illegible]	[illegible]	[illegible]，	
sjwɨj^{1}	dźjịj^{1}	mjɨ^{1}	pjụ^{1}	dzwej^{1}	bja^{2}	ljo^{1}	dźjar^{2}	dzju^{1}	neej^{2}	
业	行，	无	量	罪	断，	福	罪	指	示，	

亦化众生，使慕道法。行于护业，断无量衅，示其罪福，

8.10.4

[illegible]	[illegible]	[illegible]	[illegible]。	[illegible]	[illegible]	[illegible]	[illegible]，	[illegible]	[illegible]	[illegible]，
tsjiir^{1}	ŋwu^{2}	gjịj^{1}	ɣie^{2}	tsjiir^{1}	nji^{2}	bu^{2}	sjwɨj^{1}	·ji^{1}	ɣja^{2}	bja^{2}
法	以	利	益。	法	听	会	业，	众	盖	断，
[illegible]	[illegible]	[illegible]	[illegible]。	[illegible]	[illegible]	[illegible]	[illegible]，	[illegible]	[illegible]、	
·jij^{1}	mji^{1}	bjịj^{1}	phji^{1}	lho	mjij^{1}	sjwɨj^{1}	dźjịj^{1}	dzu^{1}	wer^{1}	
自	不	傲	令。	出	寂	业	行，	喜	慕、	

以法兼利。听法会业，去众阴盖①，令不自大。行出家业，捐舍恩爱、

8.10.5

[illegible]	[illegible]	[illegible]	[illegible]	[illegible]②	[illegible]	[illegible]	[illegible]。	[illegible]	[illegible]	[illegible]

① 去众阴盖，西夏本作"断众盖"。

② [illegible]，疑误，应作"[illegible]"。

wier^{1}	sjuu^{1}	njiij^{1}	nioow^{1}	rjur^{1}	mur^{1}	dạ^{2}	phjɨ^{1}	sej^{1}	dźjiij^{1}	sjwɨj^{1}
爱	慕	心	复	诸	俗	事	舍。	闲	居	业
[illegible]										
dźjịj^{1}	·a	śjwo^{1}	wo^{2}	tshji^{1}	·a	njiij^{1}	mji^{1}	phjɨ^{1}	kjur^{2}	
行，	△	立	义	要，	一	心	不	失。	志	

恋恨之心，世俗之习。行闲居业，所立要义，不失一心。

8.10.6

[illegible]										
dju^{1}	sjwɨj^{1}	dźjịj^{1}	zji^{2}	·jiij^{1}	lhjụ^{2}	rjir^{1}	tsjiir^{1}	lə	mji^{1}	mjɨ̣^{2}
有	业	行，	皆	持	逮	得，	法	念	不	忘，
[illegible]										
ŋwu^{2}	dźiā^{2}	tśhju^{1}	dzju^{1}	dzjiij^{2}	sjwɨ^{1}	lə	sjwɨj^{1}	dźjịj^{1}	njiij^{1}	
以	众	生	教	化。	思	念	业	行，	心	

行有志业，逮得总持，念法不忘，以化众庶。行思念业，其意

8.10.7

[illegible]										
phji^{1}	dźju^{1}	sjwij^{1}	mji^{1}	tsjij^{2}	dar^{1}	mjij^{1}	kheej^{1}	dźjịj^{1}	sjwɨj^{1}	dźjịj^{1}
意	显	明，	不	通	达	无。	游	行	业	行，
[illegible]										
wo^{2}	tshwew^{1}	tśjɨ^{1}	tsjij^{2}	ɣie^{2}	dju^{1}	ŋwo^{2}	mjij^{1}	lə	dźjiij^{1}	
义	趣	醒	悟，	益	有	损	无。	念	止	

晓了，靡不通达。行游步业，解义所趣，有益不损。行意

8.11.1

[illegible]										
sjwɨj^{1}	dźjịj^{1}	ljụ^{2}	lhjịj^{2}	njiij^{1}	phji^{1}	rjur^{1}	tsjiir^{1}	bioo^{1}	tśhja^{2}	phja^{1}
业	行，	身	受、	心	意	诸	法	观。	意	断
[illegible]										
sjwɨj^{1}	dźjịj^{1}	·ji^{1}	dzwej^{1}	niow^{2}	tsjiir^{1}	ŋowr^{2}	ŋowr^{2}	zji^{2}	phja^{1}	
业	行，	众	罪	恶	法	一	切	皆	断，	

止业,观身痛痒,心意诸法①。行意断业,皆断一切众罪恶法,

8.11.2

[illegible]	[illegible]、	[illegible]	[illegible]	[illegible]	[illegible]	[illegible]	[illegible]。	[illegible]	[illegible]	[illegible]
tśja^{1}	wo^{2}	rjur^{1}	dźjɨ	thjoo^{1}	tsjiir^{1}	zji^{2}	djọ^{2}	mee^{2}	rewr^{2}	sjwɨj^{1}
道	义、	诸	行	妙	法	皆	修。	神	足	业
[illegible],	[illegible]	[illegible]	[illegible]	[illegible],	[illegible]	[illegible]	[illegible]	[illegible]	[illegible],	
dźjịj^{1}	ljụ^{2}	njiij^{1}	dźjwow^{1}	dźjij^{1}	tśjị^{1}	tshwew^{1}	kha^{1}	lja^{1}	wjij^{1}	
行,	身	心	浮	游,	厄	趣	中	来	往,	

普修道义,诸行妙法。行神足业,轻其身心,往来趣厄,

8.11.3

[illegible]	[illegible]	[illegible]	[illegible]	[illegible]	[illegible]。	[illegible]	[illegible]	[illegible]	[illegible],	[illegible]
bji^{2}	dźju^{2}	dźiã^{2}	tśhju^{1}	·jij^{1}	gjuu^{2}	rjur^{1}	tśhji^{2}	sjwɨj^{1}	dźjij^{1}	mjij^{1}
下	劣	众	生	之	救。	诸	根	业	行,	寂
[illegible]	[illegible]	[illegible],	[illegible]	[illegible]	[illegible]	[illegible]	[illegible]	[illegible]	[illegible],	
sej^{1}	ŋowr^{2}	lhə	mej^{1}	nju^{1}	njii^{2}	lhjwa^{1}	ljụ^{2}	njiij^{1}	djɨj^{2}	
静	具	足,	眼	耳	鼻	舌	身	心	定,	

救众下劣。行诸根业,具足寂静,眼耳鼻口身心,使定

8.11.4

[illegible]	[illegible]	[illegible]	[illegible]。	[illegible]	[illegible]	[illegible]	[illegible],	[illegible]	[illegible]、	[illegible]
mji^{1}	ŋewr^{1}	khiee^{1}	phji^{1}	rjur^{1}	ɣie^{1}	sjwɨj^{1}	dźjij^{1}	lhjɨ^{2}	źjị^{1}	lej^{2}
不	杂	乱	令。	诸	力	业	行,	尘	劳、	破
[illegible]	[illegible]	[illegible]	[illegible]	[illegible],	[illegible]	[illegible]	[illegible]	[illegible],	[illegible]	
tśior^{2}	dzwej^{1}	ŋowr^{2}	ŋowr^{2}	dźjwi^{1}	·ju^{2}	·jij^{1}	tśhjwɨj^{1}	njwi^{2}	mjɨ^{1}	
污	罪	一	切	消,	常	自	制	能,	他	

不乱。行诸力业,消众尘劳,瑕秽之非,常能自制,

8.11.5

[illegible]	[illegible]	[illegible]。	[illegible]	[illegible]	[illegible]	[illegible],	[illegible]	[illegible]	[illegible]	[illegible],

① 观身痛痒,心意诸法,西夏本作"观受身、心意诸法"。

tsjɨ1	dzjiij2	njwi2	dwewr2	·jiw1	sjwɨj1	dźjịj1	thja1	śjij1	tsjiir1	tshjiij1
亦	化	能。	觉	缘	业	行，	自	然	法	说，
[illegible]	[illegible]	[illegible]	[illegible]。	[illegible]	[illegible]	[illegible]	[illegible]，	[illegible]	[illegible]	
tsjij2	ŋwu2	·jij1	tśhjwɨj1	śjɨj2	tśja1	sjwɨj1	dźjịj1	gjɨɨ1	ɣạ2	
达	以	己	治。	圣	道	业	行，	九	十	

亦化众庶。行觉意业，畅自然法，以达正己。行于道业，越众邪径，九十

8.11.6

[illegible]	[illegible]，	[illegible]	[illegible]	[illegible]	[illegible]。	[illegible]	[illegible]	[illegible]	[illegible]，	[illegible]
tśhjiw1	mə2	·ji1	dow1	tśja1	dzjịj1	tśhja2	ɣiej1	sjwɨj1	dźjịj1	wəə1
六	种，	众	邪	道	度。	正	真	业	行，	柔
[illegible]	[illegible]	[illegible]，	[illegible]	[illegible]	[illegible]	[illegible]。	[illegible]	[illegible]	[illegible]	
lhjii1	dạ2	śjɨj1	tshjạ1	de2	zjɨ2	mjij1	tsjij2	nwə	sjwɨj1	
软	事	成，	瞋	喜	俱	无。	解	辩	业	

六种。行真正业，致仁义①事，无有瞋喜。行解辩业，

8.11.7

[illegible]，	[illegible]	[illegible]	[illegible]	[illegible]	[illegible]，	[illegible]	[illegible]	[illegible]	[illegible]。	[illegible]
dźjịj1	dźiã2	tśhju1	·jij1	njiij1	ljij2	tsjiir1	phie2	tshjiij1	wji1	bju1
行，	众	生	之	心	见，	法	禅	说	为。	随
[illegible]	[illegible]	[illegible]，	[illegible]	[illegible]	[illegible]	[illegible]，	[illegible]	[illegible]	[illegible]	
tjị1	sjwɨj1	dźjịj1	·jij1	·jij1	tśjɨ1	tsjij2	mjɨ1	ɣa2	mji1	
归	业	行，	自	己	解	悟，	他	于	不	

见众生心，而为开阐。行自归业，己身自达，不须仰人。

8.12.1

[illegible]。	[illegible]	[illegible]	[illegible]	[illegible]，	[illegible]	[illegible]	[illegible]	[illegible]，	[illegible]	[illegible]
tha2	neew2	wjɨ1	sjwɨj1	dźjịj1	rjijr2	tśhja2	·ioow1	tsjij2	źjɨr1	tśhja2
仰。	善	友	业	行，	乐	德	功	晓，	慧	德
[illegible]	[illegible]。	[illegible]	[illegible]	[illegible]	[illegible]，	[illegible]	[illegible]	[illegible]	[illegible]，	[illegible]

① 仁义，西夏本字面意思为“柔软”。

mjii^{1} khjow^{1} tsjiir^{2} twụ^{1} sjwɨj^{1} dźjịj^{1} sọ^{1} zjọ^{2} zji^{2} ŋwej^{2} lạ^{1}

施 授。 性 忠 业 行, 三 世 普 和, 妄

行善友业,通功勋门,济以慧德。行纯性业,普和三世,

8.12.2

[illegible]

dźju^{1} mji^{1} dju^{1} dzjɨj^{1} bju^{1} sjwij^{1} dźjịj^{1} ljiij^{2} ŋowr^{2} ŋowr^{2} zji^{2}

欺 不 有。 时 应 显 行, 魔 一 切 皆

[illegible]

dzjịj^{1} njwi^{2} mee^{2} śjɨj^{2} sjwɨj^{1} dźjịj^{1} ljọ^{2} rjɨr^{2} wjij^{1} twụ^{1}

越 能。 贤 圣 业 行, 何 所 往 各

无有欺惑。行应时业,皆能具足,越一切难。行圣贤业,所往

8.12.3

[illegible]

buu^{2} thjoo^{1} rjar^{1} gjij^{1} ·ji^{1} kha^{1} lja^{1} lho dzuu^{2} djị^{2} sjwɨj^{1}

胜 妙 殊 特, 众 中 超 异。 坐 宴 业

[illegible]

dźjịj^{1} mji^{1} mji^{1} tsjiir^{1} bju^{1} ·ju^{2} śjij^{1} dźjịj^{1} ljɨ^{1} ljɨɨr^{1}

行, 所 闻 法 随, 常 顺 行 也。 四

殊特,与众超异。行宴坐业,如所闻法,常奉行之。行四

8.12.4

[illegible]

ljị^{2} sjwɨj^{1} dźjịj^{1} ljịj^{2} ljwu^{2} dzjị^{2} lwər^{2} lhejr^{2} tshjiij^{1} wji^{1} tśhja^{2}

恩 业 行, 大 会 集, 经 契 说 为。 正

[illegible]

tsjiir^{1} sjwɨj^{1} dźjịj^{1} sọ^{1} ljɨ^{1} śjij^{1} wji^{1} mji^{1} dzjwɨr^{1} bja^{2}

法 业 行, 三 宝 顺 为, 不 绝 断

恩业,合聚于众,为演经法。行正法业,顺三宝教,令不断绝。

8.12.5

[illegible]

phji1 pjwɨɨr1 ·wụ2 sjwɨj1 tsjij2 ·jɨr2 ŋwu2 dźiã2 tśhju1 ·jij1 dzjiij2
令。 劝 助 业 晓， 勤 以 众 生 之 化，

[illegible]

tha1 lhjịj2 ljuu2 sej1 tśier1 ·ju2 sjwɨj1 dzju2 ŋowr2 ŋowr2
佛 土 严 净。 方 便 业 主， 一 切

晓劝助业，勤化众生，严净佛土。权方便业，

8.12.6

[illegible]

·jij1 njij2 śjow1 sjij2 ŋowr2 lhə wji1 ɣiwej1 rjur1 pjụ1 thjɨ2
之 慈 悲 智， 具 足 遣 受。 世 尊 是

[illegible]

sju2 ŋwu2 ·ji1 ŋowr2 ŋowr2 ·jij1 dźiã2 tsjij2 sjwɨj1 tshjiij1
如， 以 众 一 切 之 菩 萨 业 说

普用具足，一切愍智。世尊如是，广为一切，宣菩萨业，

8.12.7

[illegible]

wji1 mjiij2 tja1 gji1 sej1 tśhjɨ1 zjọ2 kię1 dźja2 ɣie1 mjijr2
为， 名 者 清 净。 尔 时， 金 刚 力 士，

[illegible]

mjiij2 tja1 dwuu2 rjar2 rjur1 pjụ1 ·jij1 tśier1 rjijr2 dźjiij1
名 者 密 迹， 世 尊 之 右 方 住，

名曰清净。于是①，金刚力士，名曰密迹，住世尊右，

8.13.1

[illegible]

lạ1 ·u2 kię1 dźja2 zow2 tha1 ·jij1 dạ2 ·jɨ2 śji1 dju1
手 中 金 刚 执， 佛 之 言 说： 昔 有

[illegible]

① 于是，西夏本作“尔时”。

mjij^{2} djij^{2} mjor^{1} ljij^{2} tśhja^{2} ka^{1} dwewr^{2} dźiã^{2} tsjij^{2} ·jij^{1}

未 曾， 如 来 正 等 觉①， 菩 萨 之

手执金刚，前白佛言：至未曾有，如来至真②，快说菩萨，

8.13.2

[illegible] [illegible] [illegible]， [illegible] [illegible] [illegible] [illegible] [illegible]， [illegible] [illegible] [illegible]

sjwɨj^{1} sej^{1} ·wụ^{2} lwər^{2} lhejr^{2} tshjiij^{1} njwi^{2} nja^{2} ma^{2} śji^{1} ljij^{2}

业 净 济， 经 典 说 能 △， 往 昔 大

[illegible]， [illegible] [illegible] [illegible] [illegible] [illegible]， [illegible] [illegible] [illegible] [illegible]

śjij^{2} thjɨ^{2} tsjiir^{1} nẹ^{1} tshjiij^{1} ŋa^{2} thja^{1} sjwɨj^{1} ŋowr^{2} ŋowr^{2}

圣， 此 法 演 说 △， 彼 业 一 切

号净济业，经典之要，如向大圣，颁宣斯法，

8.13.3

[illegible] [illegible] [illegible]， [illegible] [illegible] [illegible] [illegible] [illegible] [illegible] [illegible] [illegible]

wjɨ^{2} seew^{2} ŋa^{2} ku^{1} zji^{2} dźiã^{2} tsjij^{2} ·ji^{1} tśhja^{2} źjɨr^{1} sjwɨj^{1}

△ 察 我， 则 皆 菩 萨 众 德 慧 业

[illegible] [illegible]， [illegible] [illegible] [illegible] [illegible]？ [illegible] [illegible] [illegible] [illegible]

kha^{1} wjij^{1} thjɨ^{2} tja^{1} thjij^{2} sjo^{2} thja^{1} thjoo^{1} tśhja^{2} ·ioow^{1}

中 有， 此 者 何 谓？ 彼 妙 德 功

我察思议，是一切业③，皆入菩萨众德慧业，所以者何？其妙功德，

8.13.4

[illegible]， [illegible] [illegible] [illegible] [illegible] [illegible] [illegible] [illegible] [illegible] [illegible]， [illegible]

tja^{1} zji^{2} rjur^{1} dźiã^{2} tsjij^{2} ·jij^{1} rejr^{2} lhjij^{2} tjị^{2} ŋwu^{2} wjɨ^{1}

者， 皆 诸 菩 萨 之 乐 受 可 也， 变

[illegible] [illegible] [illegible] [illegible] [illegible]， [illegible] [illegible] [illegible] [illegible] [illegible]，

djii^{2} wjị^{2} śja^{2} tsjɨ^{1} ŋwu^{2} thja^{1} rjɨr^{2} lhjij^{2} rejr^{2} ŋwu^{2}

化 变 现 亦 也， 彼 所 受 乐 以，

① 正等觉，真正普遍平等的觉悟，亦即佛的觉悟。

② 至真，西夏本作“正等觉”，如来离一切之虚伪，故曰至真。

③ 我察思议，是一切业，西夏本作“我察一切彼业”。

悉诸菩萨之所娱乐，所化变示，以是所乐，

8.13.5

[illegible]	[illegible]	[illegible]	[illegible]	[illegible]。	[illegible]	[illegible]	[illegible]	[illegible]，	[illegible]	[illegible]
dźiã^2	tśhju^1	·jij^1	djị^1	dzjiij^2	thja^1	źjɨr^1	sjwɨj^1	tja^1	rjɨr^2	mjaa^2
众	生	之	践	化。	彼	慧	业	者，	乃	大
[illegible]	[illegible]	[illegible]	[illegible]	[illegible]	[illegible]	[illegible]。	[illegible]	[illegible]	[illegible]	
dźiã^2	tsjij^2	ŋwuu^1	śjwii^2	ŋwu^2	phie^2	tshjiij^1	tjɨ^1	tjij^1	dźiã^2	
菩	萨	论	调	以	解	说。	假	若	菩	

摄道众生。其慧业者，菩萨雅词，多所悦可①。若有菩

8.13.6

[illegible]	[illegible]	[illegible]	[illegible]，	[illegible]	[illegible]	[illegible]	[illegible]，	[illegible]	[illegible]	[illegible]
tsjij^2	tśhja^2	·ioow^1	sjwɨj^1	tshji^1	rjijr^2	tśjɨ^1	tsjij^2	źjɨr^1	swew^1	sjwɨj^1
萨	德	功	业，	要	方	晓	了，	慧	明	业
[illegible]，	[illegible]	[illegible]	[illegible]	[illegible]	[illegible]	[illegible]	[illegible]	[illegible]	[illegible]，	
djọ^2	ku^1	phju^2	tsew^2	źjɨr^1	ɣiej^1	zji^2	dźjwa^1	dźjịj^1	ŋwu^2	
修，	则	一	第	实	真	究	竟	行	也，	

萨，晓了举要，功德之业②，修慧明业，是行第一，真实至诚，

8.13.7

[illegible]	[illegible]	[illegible]	[illegible]?	[illegible]	[illegible]	[illegible]	[illegible]	[illegible]，	[illegible]	[illegible]
thjɨ^2	tja^1	thjij^2	sjo^2	thja^1	tśhja^2	·ioow^1	sjwɨj^1	tja^1	zji^2	dźiã^2
此	者	何	谓?	彼	德	功	业	者，	皆	菩
[illegible]	[illegible]	[illegible]	[illegible]	[illegible]	[illegible]，	[illegible]	[illegible]	[illegible]	[illegible]	
tsjij^2	·jij^1	neew^2	ɣjɨr^1	tśier^1	·ju^2	po^1	lo^1	bjii^2	ŋwu^2	
萨	之	善	权	方	便，	波	罗	蜜	以	

所以者何？其功德业，则是菩萨，善权方便，所度无极③，

① 菩萨雅词，多所悦可，西夏本作“乃以大菩萨论调解说”。

② 若有菩萨，晓了举要，功德之业，西夏本作“假若菩萨功德业，晓了要方”。

③ 度无极，西夏本作“彼罗蜜”，为梵文的音译。

8.14.1

ljo^1	tśhja^2	ŋowr^2	lhə	thja^1	źjɨr^1	sjwɨj^1	tja^1	dźiã^2	tsjij^2	·jij^1
福	德	具	足。	彼	慧	业	者，	菩	萨	之
sjịj^2	po^1	lo^1	bjii^2	ŋwu^2	·ji^1	dźjɨ	zji^2	ŋowr^2	thjɨ^2	
智	波	罗	蜜	以	众	行	皆	具。	是	

具足福庆。其斯慧业，则是菩萨，智度无极，众行备悉。以是

8.14.2

njɨɨ^1	sjwɨj^1	ŋwu^2	rjur^1	dźiã^2	tsjij^2	tśja^1	ŋowr^2	ŋowr^2	iọ^1	sə^1
二	业	以，	诸	菩	萨	道，	一	切	圆	满，
ljị^2	tśhja^2	rjur^1	rjur^1	kjɨ^1	njɨ^2	rjur^1	ljiij^2	wjị^1	dźjwɨ^1	
恩	正	诸	诸	△	到。	诸	魔	眷	属	

二业，普备①一切，诸菩萨道，而恩广济。诸魔官属，

8.14.3

dzjịj^1	kier^1	mjɨ^1	ljɨɨ^1	thjij^2	sjo^2	ljɨ^1	ljiij^2	mjɨɨ^2	kiej^2	dzjịj^1
度，	魔	不	惟	何	谓	也？	魔	境	界	度
nioow^1	ljɨ^1	dźiã^2	tsjij^2	thjɨ^2	sju^2	mji^1	lhjii^1	lhjwo^1	njɨ^2	
故	也。	菩	萨	是	如，	不	退	转	至，	

莫能当者，以度魔界。菩萨如是，至不退转，

8.14.4

kụ^1	zji^2	phju^2	tśhja^2	sej^1	tśja^1	śjɨj^1	·jiw^2	tsjiir^1	mər^2	kha^1

① 普备，西夏本作“圆满”。

后	无	上	正	真	道	成	就。	法	本	中
[illegible]，	[illegible]	[illegible]	[illegible]	[illegible]，	[illegible]	[illegible]	[illegible]	[illegible]	[illegible]	
ljị^{1}	rjur^{1}	mji^{1}	lhjii^{1}	lhjwo^{1}	tha^{1}	rjur^{1}	pjụ^{1}	rjir^{2}	kięj^{2}	
入，	诸	不	退	转，	佛	世	尊	与	欲	

当成无上正真之道。计于法本，诸不退转，近佛世尊。

8.14.5

[illegible]。	[illegible]	[illegible]	[illegible]	[illegible]	[illegible]	[illegible]	[illegible]	[illegible]
ɣiə^{1}	zji^{2}	mjor^{1}	ljij^{2}	·jij^{1}	dwuu^{2}	rjɨj^{2}	tshji^{1}	·ụ^{2}
近。	皆	如	来	之	密	迹	要	藏
[illegible]。	[illegible]	[illegible]	[illegible]	[illegible]，	[illegible]	[illegible]	[illegible]	[illegible]。
rjir^{2}	phji^{1}	bju^{1}	nẹ^{1}	tshjiij^{1}	dzjuu^{2}	ɣja^{2}	mjij^{2}	djij^{2}
得。	意	随	演	说，	匿	覆	未	曾。

皆致如来，秘密要藏。恣意颁宣，未曾覆匿。

汉文本

尔时，于是三千大千佛土，大尊巍巍。释、梵、四天王、诸天龙神、阿须轮、迦留罗、真陀罗、摩休勒、揵沓和，诸王官属，咸来集会。阿耨达龙王、和轮龙王、摩那斯龙王、多朱龙王、雪色龙王、无量色龙王、须深龙王，及余无数百千龙王并其官属，皆来在会。闲居阿须轮、须摩质阿须轮、决河阿须轮、顺树阿须轮、璎珞阿须轮、狂惑阿须轮、断绝阿须轮、执鬼阿须轮，各与无数眷属围旋，皆来在会。摩竭国王萍沙及宫人眷属，皆来在会。诸比丘、比丘尼、清信士、清信女、主天地神、欲行天、色行天、净居天，悉来在会。彼时，世尊与无央数百千之众眷属围旋，而为说经。颁宣菩萨诸大士业，其法名净济，广布道义。何谓菩萨业？以行布施，开化众生，救济危厄，修禁戒业，周满所愿十善之事。行忍辱业，备悉诸相八十种好，严饰己身。行精进业，所造德本，一切具足，无所缺漏。行禅思业，志性和安，成无思议。行智慧业，断众尘劳，成就圣明，化诸不达。行博闻业，致无碍辩，所说如流，听者辄受。行功德业，劝益众生，无限之福。行圣明业，缘致无量至真辩才。行寂然业，所兴发众，不可思议。行正观业，弃舍邪行、无益之事。行慈心业，常修仁和，未尝怀害。行哀之业，欲济众生，不厌终始。行喜欢之业，乐法之乐，而以自娱，亦化众生，使慕道法。行于护业，断无量衅，示其罪福，以法兼利。听法会业，去众阴盖，令不自大。行出家业，捐舍恩爱、恋恨之心，世俗之习。行闲居业，所立要义，不失一心。行有志业，逮得总持，念法不忘，以化众庶。行思念业，其意晓了，靡不通达。行游步业，解义所趣，有益不损。行意止业，观身痛痒，心意诸法。行意断业，皆断一切众罪恶法，普修道义，诸行妙法。行神足业，轻其身心，往来趣厄，救众下劣。行诸根业，具足寂静，眼耳鼻口身心，使定不乱。行诸力业，消众尘劳，瑕秽之非，常能自制，亦化众庶。行觉意业，畅自然法，以达正己。行于道业，越众邪径，九十六种。行真正业，致仁义事，无有瞋喜。行解辩业，见众生心，而为开阐。行自归业，己身自达，不须仰人。行善友业,通功勋门,济以慧德。行纯性业,普和三世,无有欺惑。行应时业,皆能具足,越一切难。行圣贤业,所往殊特,与众超异。行宴坐业,如所闻法,常奉行之。行四恩业,合聚于众,为演经法。行正法业,顺三宝教,令不断绝。晓劝助业,勸化众生,严净佛土。权方便业,普用具足,一切慜智。世尊如是,广为一切,宣菩萨业,名曰清净。于是,金刚力士,名曰密迹,住世尊右,手执金刚,前白佛言:至未曾有,如来至真,快说菩萨,号净济业,经典之要,如向大圣,颁宣斯法,我察思议,是一切业,皆入菩萨众德慧业,所以者何?其妙功德,悉诸菩萨之所娱乐,所化变示,以是所乐,摄道众生。其慧业者,菩萨雅词,多所悦可。若有菩萨,晓了举要,功德之业,修慧明业,是行第一,真实至诚,所以者何?其功德业,则是菩萨,善权方便,所度无极,具足福庆。其斯慧业,则是菩萨,智度无极,众行备悉。以是二业,普备一切,诸菩萨道,而恩广济。诸魔官属,莫能当者,以度魔界。菩萨如是,至不退转,当成无上正真之道。计于法本,诸不退转,近佛世尊。皆致如来,秘密要藏。恣意颁宣,未曾覆匿。

8.14.6

tśhjɨ^{1}	zjọ^{2}	phji^{1}	mjij^{1}	dźiã^{2}	tsjij^{2}	dwuu^{2}	rjar^{2}	kię^{1}	dźja^{2}	ɣie^{1}
尔	时,	意	寂	菩	萨	密	迹	金	刚	力

mjijr^{2}	·jij^{1}	dạ^{2}	·jɨ^{2}	dwuu^{2}	rjar^{2}	nji^{2}	njɨɨ^{1}	dạ^{2}	sjwɨj^{1}
士	之	言	说:	密	迹,	汝	二	事	业

于时,寂意菩萨谓密迹金刚力士:密迹,所云有二事业,

8.14.7

dju^{1}	mjor^{1}	ljịj^{2}	·jij^{1}	źjɨr^{1}	rjir^{2}	njij^{1}	njwi^{2}	·jɨ^{2}	tja^{1}	nji^{2}
有,	如	来	之	慧	与	近	能	谓	者,	汝

mjor^{1}	ljịj^{2}	·jij^{1}	dwuu^{2}	rjɨj^{2}	sjwɨj^{1}	dźjiij^{1}	njwi^{2}	tshjiij^{1}	njwi^{2}
如	来	之	密	谋	业	住	能	说	能

近于如来慧,仁能乐住,宣于如来,秘密之业①,非

8.15.1

nja^{2}	rjur^{1}	ɣię^{2}	mji^{1}	tjịj^{1}	dwewr^{2}	·jij^{1}	ljị^{2}	tsjɨ^{1}	zji^{2}	来日音

① 宣于如来,秘密之业,西夏本作"汝如来之密谋业在"。

△，　诸　声　闻、　独　觉　之　地，　亦　皆　逮

[illegible] [illegible]。 [illegible] [illegible] [illegible] [illegible] [illegible] [illegible] [illegible] [illegible]！

mjɨ^{1} njwi^{2} nioow^{1} dzjij^{2} ·ju^{2} mur^{1} 来日音 tjị^{2} ljọ^{2} wjij^{2}

无　能，　复　其　民　愚　及　可　岂　有！

诸声闻、缘觉①之地，所能及逮，况余凡庶之所及乎！

8.15.2

[illegible] [illegible] [illegible] [illegible] [illegible] [illegible] [illegible]， [illegible] [illegible] [illegible] [illegible]。

dzjɨj^{1} dwuu^{2} rjar^{2} kię^{1} dźja^{2} ɣie^{1} mjijr^{2} mjɨ^{2} mji^{2} mji^{1} kụ^{2}

时　密　迹　金　刚　力　士，　默　然　不　答。

[illegible] [illegible] [illegible] [illegible] [illegible] [illegible] [illegible] [illegible] [illegible]： [illegible]

dzjɨj^{1} phji^{1} mjij^{1} dźiã^{2} tsjij^{2} tha^{1} ·jij^{1} dạ^{2} ·jɨ^{2} dwuu^{2}

时　意　寂　菩　萨　佛　之　言　说：　密

时密迹金刚力士，默然不报。时寂意菩萨前白佛言：密

8.15.3

[illegible] [illegible] [illegible] [illegible]， [illegible] [illegible] [illegible] [illegible] [illegible] [illegible] [illegible]

rjar^{2} ɣie^{1} mjijr^{2} tja^{1} thjɨ^{2} ·ji^{1} ljwu^{2} ·jij^{1} dzjɨj^{1} bju^{1} rjur^{1}

迹　力　士　者，　此　众　会　之　时　随　诸

[illegible] [illegible] [illegible] [illegible]， [illegible] [illegible] [illegible] [illegible] [illegible] [illegible]

dźiã^{2} tsjij^{2} ·jij^{1} dwuu^{2} nioow^{1} mjor^{1} ljịj^{2} ·jij^{1} dwuu^{2} tshjiij^{1}

菩　萨　之　密，　复　如　来　之　密　说

迹力士，岂能屈意为斯众会，随时敷演诸菩萨密、如来秘要！

8.15.4

[illegible] [illegible]。 [illegible] [illegible] [illegible] [illegible]， [illegible] [illegible] [illegible] [illegible]， [illegible]

gie^{1} mo^{2} ·ji^{1} ljwu^{2} ŋowr^{2} ŋowr^{2} to^{2} zji^{2} sjuu^{1} pạ^{2} ·a

难　也。　众　会　一　切，　悉　皆　慕　渴，　△

[illegible] [illegible] [illegible] [illegible]。 [illegible] [illegible] [illegible] [illegible]， [illegible] [illegible]

mji^{1} nji^{2} ·jɨ^{2} djij^{1} tjij^{1} rjɨr^{2} tshjiij^{1} mji^{1} ku^{1} njiij^{1}

① 缘觉，西夏本作"独觉"，旧称辟支佛，又曰辟支迦罗，新译曰独觉。

闻 △ 说 △。 若 所 说 闻， 则 心

一切众会，普共渴仰，欲得闻之①。若闻所说，心中

8.15.5

[illegible]	[illegible]	[illegible]，	[illegible]	[illegible]	[illegible]	[illegible]，	[illegible]	[illegible]	[illegible]	[illegible]。
phji¹	no²	rejr²	ljij²	njiij¹	ljɨj²	śjwo¹	dźiā²	tsjij²	dźjɨ	dźjij¹
意	安	乐，	大	心	欢	起，	菩	萨	行	行。
[illegible]	[illegible]	[illegible]	[illegible]，	[illegible]	[illegible]	[illegible]	[illegible]。	[illegible]	[illegible]	
thjɨ²	dwuu²	rjɨj²	dạ²	ŋowr²	lhə	śjɨj¹	·jiw²	tsjiir²	rjar¹	
此	密	谋	事，	具	足	成	就。	性	气	

坦然，忻喜大悦，奉菩萨行。具足成就，此要密事②。心性

8.15.6

[illegible]	[illegible]，	[illegible]	[illegible]	[illegible]	[illegible]。	[illegible]	[illegible]	[illegible]	[illegible]	[illegible]
wəə¹	neew²	mji¹	sji¹	njij²	o²	tha¹	dwuu²	rjar²	kię¹	dźja²
柔	善，	无	尽	慈	入。	佛	密	迹	金	刚
[illegible]	[illegible]	[illegible]	[illegible]：	[illegible]	[illegible]	[illegible]	[illegible]	[illegible]	[illegible]，	
ɣie¹	mjijr²	·jij¹	·jɨ²	nji²	·ụ²	ljɨɨ¹	·ụ²	njwi²	nja²	
力	士	之	说：	汝	藏	重	担	能	△，	

调和，入无极慈③。佛告密迹金刚力士：仁能重任，

8.15.7

[illegible]	[illegible]	[illegible]	[illegible]	[illegible]	[illegible]	[illegible]	[illegible]，	[illegible]	[illegible]	[illegible]
thjɨ²	·ji¹	ljwu²	·jij¹	dźiā²	tsjij²	·jij¹	dwuu²	nioow¹	mjor¹	ljij²
此	众	会	之	菩	萨	之	密，	复	如	来
[illegible]	[illegible]	[illegible]	[illegible]。	[illegible]	[illegible]	[illegible]	[illegible]	[illegible]	[illegible]	
·jij¹	dwuu²	tshjiij¹	lew²	tụ¹	tha¹	tsjɨ¹	nji²	rjɨr²	tshjiij¹	
之	密	说	所。	千	佛	亦	汝	所	说	

为此众会说菩萨密、如来秘要。千佛劝叹，

① 欲得闻之，西夏本作“所闻说”。

② 具足成就，此要密事，西夏本作“此密谋事，具足成就”，疑语序颠倒。

③ 无极慈，西夏本作“无尽慈”。

8.16.1

[illegible]	[illegible]	[illegible]	[illegible]	[illegible]、	[illegible]	[illegible]	[illegible]	[illegible]，	[illegible]	[illegible]
rjur^{1}	dźiã^{2}	tsjij^{2}	tśja^{1}	tjij^{1}	rjur^{1}	dźjɨ	pjwɨɨr^{1}	·jow^{2}	·ji^{1}	ljwu^{2}
诸	菩	萨	道	品、	诸	行	劝	叹，	众	会
[illegible]	[illegible]	[illegible]。	[illegible]	[illegible]	[illegible]	[illegible]	[illegible]	[illegible]	[illegible]	
tsjɨ^{1}	mji^{1}	ŋwe^{1}	dwuu^{2}	rjar^{2}	kię^{1}	dźja^{2}	ɣie^{1}	mjijr^{2}	tha^{1}	
亦	闻	乐。	密	迹	金	刚	力	士	佛	

卿宣诸菩萨道品诸行，众会乐闻。密迹金刚力士前白佛

8.16.2

[illegible]	[illegible]	[illegible]：	[illegible]	[illegible]	[illegible]	[illegible]	[illegible]	[illegible]	[illegible]	[illegible]
·jij^{1}	dạ^{2}	·jɨ^{2}	zjɨɨr^{1}	zjɨɨr^{1}	rjur^{1}	·ji^{1}	ljwu^{2}	·jij^{1}	dźiã^{2}	tsjij^{2}
之	言	说：	少	许	诸	众	会	之	菩	萨
[illegible]	[illegible]，	[illegible]	[illegible]	[illegible]	[illegible]	[illegible]	[illegible]	[illegible]	[illegible]。	
·jij^{1}	dwuu^{2}	nioow^{1}	mjor^{1}	ljịj^{2}	·jij^{1}	dwuu^{2}	tshjiij^{1}	wjo^{1}	ŋa^{2}	
之	密，	复	如	来	之	密	说	作	我。	

言：少能堪任，为诸众会宣菩萨密、如来秘要。

8.16.3

[illegible]	[illegible]	[illegible]	[illegible]	[illegible]	[illegible]	[illegible]	[illegible]	[illegible]	[illegible]。	[illegible]
tjij^{1}	mjor^{1}	ljịj^{2}	·jij^{1}	pjụ^{1}	mee^{2}	ŋwu^{2}	·wụ^{2}	bjịj^{2}	ŋa^{2}	ku^{1}
若	如	来	之	威	神	以	祐	助	我。	则
[illegible]	[illegible]	[illegible]	[illegible]，	[illegible]	[illegible]	[illegible]	[illegible]，	[illegible]	[illegible]	
khwej^{2}	źjɨr^{1}	bji^{1}	bju^{1}	tha^{1}	śjɨj^{2}	dạ^{2}	bju^{1}	tśhjwo^{1}	rjur^{1}	
大	慧	光	随，	佛	圣	言	随，	故	诸	

假使如来，劝佐威神，而见扶接。乘大慧光，承佛圣旨，乃敢宣布诸

8.16.4

[illegible]	[illegible]	[illegible]	[illegible]，	[illegible]	[illegible]	[illegible]	[illegible]	[illegible]	[illegible]	[illegible]
dźiã^{2}	tsjij^{2}	·jij^{1}	dwuu^{2}	nioow^{1}	mjor^{1}	ljịj^{2}	·jij^{1}	dwuu^{2}	tshjiij^{1}	kjir^{2}
菩	萨	之	密，	复	如	来	之	密	说	敢

[illegible]。	[illegible]	[illegible]，	[illegible]	[illegible]，	[illegible]	[illegible]	[illegible]	[illegible]	[illegible]
ŋa^{2}	rjur^{1}	pjụ^{1}	dzjọ^{1}	sju^{2}	gjɨ^{2}	na^{1}	kha^{1}	tjij^{1}	mǝǝ^{1}
我。	世	尊，	譬	如，	夜	冥	中	灯	火

菩萨密、如来秘要。犹如，世尊，夜暗冥时，依灯火

8.16.5

[illegible]，	[illegible]	[illegible]	[illegible]、	[illegible]	[illegible]、	[illegible]	[illegible]、	[illegible]	[illegible]、	[illegible]
swew^{1}	bju^{1}	ljụ^{2}	tsə̣^{1}	lja^{1}	wjij^{1}	ŋạ^{2}	niow^{2}	wjɨ̣^{2}	lji^{2}	zjɨr^{1}
明，	随	身	色、	来	往、	好	恶、	东	西、	南
[illegible]、	[illegible]	[illegible]	[illegible]	[illegible]。	[illegible]	[illegible]，	[illegible]	[illegible]	[illegible]	
ljạ^{1}	śjɨ^{1}	dźjiij^{1}	zji^{2}	ljij^{2}	rjur^{1}	pjụ^{1}	tjij^{1}	tha^{1}	śjɨj^{2}	
北、	去	留	皆	见。	世	尊，	若	佛	圣	

明，得见形色、往来、好丑、东西、南北，所当进退①。如是②，世尊，若

8.16.6

[illegible]	[illegible]	[illegible]	[illegible]	[illegible]，	[illegible]	[illegible]	[illegible]	[illegible]，	[illegible]	[illegible]
dạ^{2}	bju^{1}	ŋa^{2}	·jij^{1}	·wụ^{2}	ku^{1}	wjọ^{2}	wjọ^{2}	ŋa^{2}	zjɨɨr^{1}	khwej^{2}
旨	随	我	之	助，	则	所	知	我，	小	大
[illegible]	[illegible]	[illegible]	[illegible]。	[illegible]	[illegible]：	[illegible]	[illegible]！	[illegible]	[illegible]	
ljow^{2}	ljow^{2}	tshjiij^{1}	ŋa^{2}	tha^{1}	dạ^{2}	tjij^{2}	rjijr^{2}	tshjiij^{1}	dzjɨj^{1}	
少	许	说	我。	佛	言：	善	哉！	说	时	

见建立，承佛圣旨，所知少小，粗举欢说③。佛言：善哉！便时

8.16.7

[illegible]	[illegible]。	[illegible]	[illegible]	[illegible]	[illegible]	[illegible]	[illegible]	[illegible]	[illegible]	[illegible]
thjɨ^{2}	ŋwu^{2}	dzjɨj^{1}	dwuu^{2}	rjar^{2}	ɣie^{1}	mjijr^{2}	phji^{1}	mjij^{1}	dźiã^{2}	tsjij^{2}
此	是。	时	密	迹	力	士	意	寂	菩	萨
[illegible]	[illegible]：	[illegible]	[illegible]，	[illegible]	[illegible]	[illegible]	[illegible]	[illegible]，	[illegible]	
·jij^{1}	·jɨ^{2}	pjụ^{1}	tja^{1}	nioow^{1}	rjur^{1}	ljij^{2}	·ji^{1}	ljwu^{2}	tjij^{1}	

① 得见形色、往来、好丑、东西南北，所当进退，西夏本作“皆见随身色、来往、好恶、东西、南北、去留”。

② 如是，西夏译本无。

③ 若见建立，承佛圣旨，所知少小，粗举欢说，西夏本作“若我随佛圣旨之助，则我所知，大小少许我说”。

之 说: 尊 者, 及 诸 来 众 会, 若

宣之。时密迹力士语寂意菩萨:仁者且听①,及诸来会,

8.17.1

[Tangut]

rjur1 dźiā2 tsjij2 ·jij1 dwuu2 nioow1 mjor1 ljịj2 ·jij1 dwuu2 mji1

诸 菩 萨 之 密、复 如 来 之 密 闻

[Tangut]

zjịj1 tjị1 kjạ1 tjị1 le2 nioow1 tjị1 gaa1 nji2 dzjɨj1

时, 勿 恐 勿 怖, 复 勿 忧 △。 时,

闻诸菩萨密、如来秘要,勿恐勿怖,无以怀怖。时,

8.17.2

[Tangut]

phji1 mjij1 dźiā2 tsjij2 rjur1 ·ji1 ljwu2 ·jij1 ·jɨ2 mjor1 ljịj2

意 寂 菩 萨 诸 众 会 之 说: 如 来

[Tangut]

ljɨɨr1 seew2 tshjiij1 tjị2 mjij1 rjɨr2 tshjiij1 thjɨ2 nioow1 zji2 phju2

四 思 议 可 无 所 说, 此 故 无 上

寂意菩萨告诸会者:如来所宣布四不思议,以是得成无上

8.17.3

[Tangut]

tśhja2 sej1 tśja1 śjɨj1 tśhja2 dwewr2 lhjụ2 rjir1 ljɨɨr1 tja1 thjij2

正 真 道 成, 正 觉 逮 得。 四 者 何

[Tangut]

sjo2 rjɨr2 wji1 sjwɨj1 ɣjɨr1 seew2 tshjiij1 tjị2 mjij1 kjur2

谓? 所 为 业 造, 思 议 可 不; 志

正真之道,逮最正觉。何谓为四? 所造立业,不可思议;志

① 仁者,西夏本作"尊者"。可单称仁,呼人之敬称。《大日经疏》卷四曰:"梵音尔儞,名为仁者。"《法华经·序品》曰:"四众龙神,瞻察仁者。"《中庸》曰:"仁者人也。"尊者,译作圣者,"谓智德具尊者,罗汉之尊称"。《资持记》:"尊者,腊高德重,为人所尊。"《行事钞》:"下座称上座为尊者,上座称下座为慧命。"

8.17.4

[illegible]

we¹ njij² sju² dźjɨ kaar¹ tji̠² mjij¹ śjã¹ djɨj² ·a njiij¹

龙 王 如, 行 称 可 不; 禅 定 一 心,

[illegible]

pjṳ¹ dza² tji̠² mjij¹ rjur¹ tha¹ dźji̠j¹ lew² bju² ljow²

量 计 可 不; 诸 佛 行 所, 边 际

如龙王,行不可计;禅思一心,不可称限;诸佛所行,

8.17.5

[illegible]

mji¹ dju¹ thjɨ² tja¹ ljɨɨr¹ ŋwu² pjṳ¹ tja¹ nwə¹ lew² thjɨ²

无 有, 此 者 四 也。 尊 者 知 当, 此

[illegible]

ljɨɨr¹ seew² tshjiij¹ tji̠² mjij¹ tha¹ tśja¹ dźji̠j¹ lew² seew²

四 思 议 可 不, 佛 道 行 所 思

无有边际,是为四事。仁者当知,是四不可思议,佛道所行不

8.17.6

[illegible]

tshjiij¹ tji̠² mjij¹ zji² kha¹ zji² pjṳ¹ tśhja² dwewr² śjɨj¹ ku¹

议 可 不, 最 无 上 尊, 正 觉 成, 则

[illegible]

thjɨ² nioow¹ ljɨɨr¹ seew² tshjiij¹ tji̠² mjij¹ ·jɨ² rjur¹ ·ji¹

此 故 四 思 议 可 不 说。 诸 众

可思议,为最至尊,以成正觉,是故名曰四不可思议。诸仁

8.17.7

[illegible]

ljwu² njɨ² tjij¹ dźiã² tsjij² rjur¹ tha¹ rjur¹ pjṳ¹ ·jij¹ seew²

会 等, 若 菩 萨 诸 佛 世 尊 之 思

[illegible]	[illegible]	[illegible]	[illegible]，	[illegible]	[illegible]	[illegible]	[illegible]	[illegible]，	[illegible]
tshjiij[1]	tjị[2]	mjij[1]	mji[1]	ku[1]	tśjiɨr[2]	le[2]	tji[1]	tśhju[1]	kjạ[1]
议	可	不	闻，	则	惊	怖	勿	有，	畏

集会，若闻菩萨，诸位佛世尊不可思议，不当恐怖，

8.18.1

[illegible]①	[illegible]	[illegible]，	[illegible]	[illegible]	[illegible]	[illegible]，	[illegible]	[illegible]	[illegible]
gaa[1]	tji[1]	śjwo[1]	njiij[1]	ljịj[2]	śiə[1]	gjiij[1]	thjij[2]	kjir[2]	dzjwị[1]
忧	无	起，	心	欢	使	舞，	何	敢	恭
[illegible]，	[illegible]	[illegible]	[illegible]	[illegible]	[illegible]	[illegible]	[illegible]	[illegible]。	
lhejr[2]	ku[1]	tśhjɨ[1]	mja[1]	nioow[1]	ljịj[2]	tśja[1]	tsjij[2]	ljɨ[1]	
敬，	则	尔	然	后	大	道	达	也。	

而怀畏惧，益加踊跃，倍抱恭恪，乃达大道。

汉文本

于时，寂意菩萨谓密迹金刚力士：密迹，所云有二事业，近于如来慧，仁能乐住，宣于如来，秘密之业，非诸声闻、缘觉之地，所能及逮，况余凡庶之所及乎！时密迹金刚力士，默然不报。时寂意菩萨前白佛言：密迹力士，岂能屈意为斯众会，随时敷演诸菩萨密、如来秘要！一切众会，普共渴仰，欲得闻之。若闻所说，心中坦然，忻喜大悦，奉菩萨行。具足成就，此要密事。心性调和，入无极慈。佛告密迹金刚力士：仁能重任，为此众会说菩萨密、如来秘要。千佛劝叹，卿宣诸菩萨道品诸行，众会乐闻。密迹金刚力士前白佛言：少能堪任，为诸众会宣菩萨密、如来秘要。假使如来，劝佐威神，而见扶接。乘大慧光，承佛圣旨，乃敢宣布诸菩萨密、如来秘要。犹如，世尊，夜暗冥时，依灯火明，得见形色、往来、好丑、东西、南北，所当进退。如是，世尊，若见建立，承佛圣旨，所知少小，粗举欢说。佛言：善哉！便时宣之。时密迹力士语寂意菩萨：仁者且听，及诸来会，闻诸菩萨密、如来秘要，勿恐勿怖，无以怀怖。时，寂意菩萨告诸会者：如来所宣布四不思议，以是得成无上正真之道，逮最正觉。何谓为四？所造立业，不可思议；志如龙王，行不可计；禅思一心，不可称限；诸佛所行，无有边际，是为四事。仁者当知，是四不可思议，佛道所行不可思议，为最至尊，以成正觉，是故名曰四不可思议。诸仁集会，若闻菩萨，诸位佛世尊不可思议，不当恐怖，而怀畏惧，益加踊跃，倍抱恭恪，乃达大道。

8.18.2

[illegible] [illegible]， [illegible] [illegible] [illegible] [illegible] [illegible] [illegible] [illegible] [illegible]， [illegible]

① [illegible]，据李范文《夏汉字典》引《同音》乙种本 26B78 中例，当作“[illegible]”，意为忧患。“[illegible]”为动词，意为忧、疑；“[illegible]”为名词，意为忧、疑。

tśhjɨ^{1} zjọ^{2} phji^{1} mjij^{1} dźiã^{2} tsjij^{2} thja^{1} dzju^{1} dạ^{2} bju^{1} sã^{1}

尔 时， 意 寂 菩 萨 彼 训 言 随， 三

[illegible]

mej^{2} tśhja^{2} ɣiwej^{1} ·ji^{1} ljwu^{2} ŋowr^{2} ŋowr^{2} ·jij^{1} mjor^{1} ljij^{2}

昧 正 受， 众 会 一 切 之 如 来

尔时，寂意即如其像①，三昧正受，令一切众会，闻如来

8.18.3

[illegible]

tsjiir^{1} mji^{1} phji^{1} pjo^{1} tsjij^{2} tja^{1} mjij^{1} ·jij^{1} twụ^{1} njiij^{1} ljɨ̣j^{2}

法 闻 令， 谤 诽 者 无， 自 各 心 忻，

[illegible]

ŋowr^{2} ŋowr^{2} zji^{2} ·ji^{1} ljwu^{2} lhejr^{2} lhjoor^{1} ·u^{2} dzjɨ̣^{2} mə^{1}

一 切 皆 众 会 道 场 中 集。 天

法，无诽谤者，各心忻豫，一切来集众会场地。天

8.18.4

[illegible]

·ji^{1} wjạ^{1} dzjụ^{2} rjur^{1} njiij^{1} lə wjạ^{1} zjij^{1} zjij^{1} mə^{2} djij^{1}

众 华 雨， 诸 心 念 华 若 干 种 类，

[illegible]

tha^{1} nioow^{1} ·ji^{1} ljwu^{2} tśhjaa^{1} lju^{2} thja^{2} ŋwu^{2} kjụ^{1} tshwew^{1}

佛 及 众 会 上 散， 彼 以 供 养。

雨众华，诸心念华若干种品，散于佛上，及众会上，以用供养。

8.18.5

[illegible]

tśhjɨ^{1} zjọ^{2} dwuu^{2} rjar^{2} ɣie^{1} mjijr^{2} phji^{1} mjij^{1} dźiã^{2} tsjij^{2} ·jij^{1} dạ^{2}

尔 时， 密 迹 力 士 意 寂 菩 萨 之 言

[illegible]

① 寂意即如其像，西夏本作“意寂菩萨，随彼训言”。

·jɨ^{2} djị^{2} nji^{2} djị^{2} nji^{2} njiij^{1} tjị^{1} lə lew^{2} thjɨ^{2} wjɨ^{2}

说： 谛 听， 谛 听。 心 归 念 所。 此 刻

于是，密迹力士语寂意曰：谛听，谛听。善思念之。今

8.18.6

[illegible]

rjur^{1} dźiã^{2} tsjij^{2} ·jij^{1} dwuu^{2} nioow^{1} mjor^{1} ljij^{2} ·jij^{1} dwuu^{2} tshjiij^{1}

诸 菩 萨 之 密， 复 如 来 之 密 说

[illegible]

wji^{1} nja^{2} njiɨ^{2} gjɨ^{2} mjɨ^{2} mji^{2} mjij^{1} sej^{1} dźjɨ djọ^{2}

为 △， 日 夜 默 然， 寂 静 行 修。

当宣布，诸菩萨密、如来秘要，夙夜寂然，而修惔怕。

8.18.7

[illegible]

mjor^{1} ljij^{2} dźiã^{2} tsjij^{2} ŋwuu^{1} dạ^{2} thju^{1} thju^{1} phjo^{2} kar^{2} mjij^{1}

如 来 菩 萨， 论 言 诚 实， 分 别 无

[illegible]

sjij^{2} ŋwu^{2} tśja^{1} la^{1} ɣiwej^{1} ljɨ^{1} thja^{1} nioow^{1} rjijr^{2} dźiã^{2}

智 以， 道 传 授 也， 彼 后 方 菩

如来菩萨，所言至诚，无分别决①，乃授道别，从是以往，顺从菩

8.19.1

[illegible]

tsjij^{2} ·jij^{1} ŋwə^{1} dźjɨ śjij^{1} wji^{1} dźiã^{2} tsjij^{2} lạ^{1} ljoor^{1} mji^{1}

萨 之 五 行 顺 为， 菩 萨 妄 伪 无

[illegible]

dju^{1} mjɨ^{1} ·jij^{1} mji^{1} źjiw^{1} nji ·jij^{1} ·jij^{1} mji^{1} khwẹj^{1}

有， 他 之 不 侵 凌， 自 己 不 骄，

---

① 无分别决，西夏本作"以智无分别"。

萨五行，菩萨无有谀谄，不为匿诞①，不自贡高②，

8.19.2

[illegible] [illegible] [illegible] [illegible]， [illegible] [illegible] [illegible] [illegible]， [illegible] [illegible] [illegible]

dzjɨj1 bju1 wjị2 śja2 wjɨ1 djii2 ·jij1 dzju2 ·jij1 dzju2 njiij1

时 随 变 现， 变 化 自 俱， 自 俱 心

[illegible]， [illegible] [illegible] [illegible] [illegible] [illegible] [illegible] [illegible]， [illegible] [illegible]

ŋwu2 dow1 źjɨɨ1 mji1 tsjiir1 sjwɨj1 mji1 zow2 ljụ2 dźjɨ

以， 邪 佷 不 法 业 不 执， 身 行

现相应时，自在变化，以自在心，不计邪佞非法之业，谨慎身行

8.19.3

[illegible] [illegible] [illegible] [illegible] [illegible] [illegible]， [illegible] [illegible] [illegible] [illegible]， [illegible]

pjụ1 wer1 tjɨj2 bju1 tśhjwɨj1 rjir2 dźiã2 tśhju1 ·jij1 dzjiij2 ljaa2

威 仪 礼 随 禁 治， 众 生 之 化， 口

[illegible] [illegible] [illegible]， [illegible] [illegible] [illegible] [illegible]， [illegible] [illegible] [illegible]

tshjiij1 lew2 mjij1 tśhjwɨj1 ŋwuu1 mji1 thjɨ1 dźiã2 tsjij2 pjụ1

说 所 无， 禁 言 不 说， 菩 萨 威

威仪礼节，开化众生，口无所说，不妄有辞，菩萨威

8.19.4

[illegible]， [illegible] [illegible] [illegible] [illegible]。

wer1 pjụ1 dza2 tshjiij1 mjij1

仪， 量 计 所 无。

仪，不可限量。

汉文本

尔时，寂意即如其像，三昧正受，令一切众会，闻如来法，无诽谤者，各心忻豫，一切来集众会场地。天雨众华，诸心念华若干种品，散于佛上，及众会上，以用供养。于是，密迹力士语寂意曰：谛听，谛听。善思念之。今当宣布，诸菩萨密、如来秘要，夙夜寂然，而修惔怕。如来菩萨，所言至诚，无分别决，乃

① 匿诞，西夏本作"[illegible][illegible]"，意为"侵凌"。

② 贡高，意为傲慢。

授道别，从是以往，顺从菩萨五行，菩萨无有谀谄，不为匿诞，不自贡高，现相应时，自在变化，以自在心，不计邪佞非法之业，谨慎身行威仪礼节，开化众生，口无所说，不妄有辞，菩萨威仪，不可限量。

8.19.5

nioow^1	tśjɨɨ^1	phji^1	sej^1	dźiã^2	tsjij^2	dźiã^2	tśhju^1	·jij^1	dźjɨ	bju^1
复	次	意	寂	菩	萨，	众	生	之	行	随，
pjụ^1	wer^1	tjɨj^2	dạ^2	ŋowr^2	ŋowr^2	dzju^1	neej^2	rjɨr^2	dźjij^1	śjã^1
威	仪	礼	事	一	切	指	示。	所	行	禅

又次寂意，随众生行，因可开化①一切威仪礼节之事。所行学问、禅

8.19.6

djɨj^2	tjɨj^2	dzjo^2	ɣiew^1	·jɨr^1	tśhjɨ^1	zjij^1	mə^2	ɣię^2	ŋwuu^1	dạ^2
定、	礼	节、	学	问，	尔	许	声	音	论	言
ɣiew^1	twụ^1	dźju^1	tsjij^2	phji^1	goor^1	sji^2	dźjij^1	lew^2	lja^1	
学，	各	通	达	令。	男	女	行	所，	来	

思、礼节，使学若干音响、言辞，各令明了。男女所行，

8.19.7

wjij^1	śjɨ^1	dźjiij^1	pjụ^1	wer^1	tjɨj^2	dzjo^2	khwej^2	tsəj^1	mji^1	lwu^1
往	往	住，	威	仪	礼	节。	大	小	不	乱，
zjɨ^1	nwu^1	ɣa^2	njɨ^2	dzju^1	dzjiij^2	wo^2	tja^1	twụ^1	pjụ^1	
孩	婴	上	至，	教	化	义	者，	各	威	

举动进止②，威仪礼节。各以大小，乳下婴孩，应见化者，各慎威

① 开化，西夏本作“指示”。
② 举动进止，西夏本作“来往往住”。

8.20.1

wer¹	tśhjwɨj¹	pjụ¹	nar²	thjwị¹	mjɨr¹	śjwi¹	tsəj¹	njɨ²	djịj¹	dzjiij²
仪	慎。	尊	老、	少	壮、	年	小	等	类,	化
lew²	wo²	tja¹	pjụ¹	wer¹	tjɨj²	dzjo²	bji¹	bjij²	ɣwie¹	
所	义	者,	威	仪	礼	节。	下	高、	豪	

仪。长老、中年、少小之类,所可应化,威仪礼节。尊卑、豪

8.20.2

nji¹	wẹ¹	sjịj²	phie²	tjɨj¹	lhạ²	tsjij²	rjɨr²	dźjij¹	pjụ¹	wer¹
贱、	愚	智,	开	塞	惑	达,	所	行	威	仪
tjɨj²	dzjo²	zjɨɨr¹	khwej²	thjɨ²	nioow¹	dzju¹	dzjiij²	gju¹	lew²	
礼	节	小	大。	此	因	训	化,	度	所	

贱、明愚所行,开塞达骙,所行多少威仪礼节。因依训诲,应得度者①,

8.20.3

wo²	tja¹	tśhjwo¹	dzju¹	neej²	ljɨ¹	djị¹	·jɨj²	śjụ¹	·ju¹	sju²
义	者,	故	指	示	也。	地	狱、	饿	鬼、	畜
dzju²	njɨ²	djịj¹	rjur¹	mə¹	we¹	njạ¹	·ja	sew²	lo¹	
生	等	类,	诸	天	龙	神、	阿	修	罗、	

而开化之。地狱、饿鬼、畜生之类,诸天龙神、阿须轮、

8.20.4

kja¹	lew¹	lo¹	kjĩ¹	no¹	lo¹	mo²	xew¹	lo¹	khja²	dzjwo²

① 应得度者,西夏本作“所度义者”。

迦 楼 罗、 紧 那 罗、 摩 休 罗 伽、 人

mji^{1} dzjwo^{2} njɨ^{2} dzjiij^{2} lew^{2} wo^{2} tja^{1} tśhjwo^{1} dzju^{1} neej^{2}

非 人 等, 化 所 义 者, 故 指 示

迦楼罗、真陀罗、摩休勒、若人非人,所应开化,而诱导之。

8.20.5

ljɨ^{1} phji^{2} khjiw^{2} phji^{2} khjiw^{2} dźji^{1} neew^{2} goor^{1} gji^{2} neew^{2} sji^{2}

也。 比 丘、 比 丘 尼、 善 男 子、 善 女

dzjwo^{2} śjɨ^{2} xiwã^{1} ljɨɨr^{1} ŋwər^{1} njij^{2} khwej^{2} nja̱^{1} thjoo^{1} mə^{1}

人、 释、 梵、 四 天 王、 大 神 妙 天,

比丘、比丘尼、清信士、清信女、释、梵、四天王、大神妙天,

8.20.6

dzjiij^{2} lew^{2} wo^{2} tja^{1} tśhjwo^{1} dzju^{1} neej^{2} ljɨ^{1} dźiã^{2} tsjij^{2} thja^{2}

化 所 义 者, 故 指 示 也。 菩 萨 彼

·jij^{1} tjij^{2} na^{1} la̱^{1} bji^{1} gju^{1} gie^{1} dzjiij^{2} ljɨ^{2} zji^{2}

之 浅 深、 厚 薄, 度 难 化, 易 皆

所应开化,而训诲之。菩萨皆知,深浅薄厚,难度易化,应

8.20.7

nwə^{1} ŋo^{2} śjij^{1} tsə̱^{1} tji̱^{1} thjoo^{1} tsjiir^{1} tshjiij^{1} wji^{1} rjur^{1} tju̱^{2}

知, 病 顺 药 饮, 妙 法 说 为。 诸 淫

dzu^{1} mjijr^{2} ·jij^{1} war^{2} dzu^{1} sjwɨj^{1} mji^{1} wji^{1} phji^{1} pju̱^{1}

贪 者 之 财 贪 业 不 为 令。 威

病与药,而为说法。使诸贪淫,不贪财业。建立威

8.21.1

wer¹ gu¹ śjwo¹ tjɨj² dzjo² bju¹ dźjịj¹ phji¹ dźiã² tsjij² thja²

仪 建 立, 礼 节 随 行 令。 菩 萨 彼

kha¹ mjij¹ sej¹ wji¹ mjij¹ ljụ² ŋwu² djọ² dźjịj¹ mjij¹

中 寂 静 为 无, 身 以 修 行, 寂

仪,随其礼节。菩萨在彼,无为寂然,以身修行,

8.21.2

sej¹ mji¹ dźjɨɨr¹ ljụ² pjụ¹ wer¹ śja² tjij¹ dzjwo² lẹj² zjɨ¹

静 不 弃, 身 威 仪 现。 若 人 贪 嫉,

·jij¹ twụ¹ wjị² śja² ljụ² kạ¹ mji¹ wier¹ dzjɨj¹ bju¹

自 各 变 现, 身 命 不 惜, 时 随

不舍静默,显身威仪。若有贪嫉,各为示现,不惜身命,随时

8.21.3

gjuu² la² ljụ² dźjɨ gji¹ sej¹ kwər¹ bji¹ swew¹ to² rjur¹

救 济, 身 行 清 净, 体 光 明 出。 诸

djị¹ ·jɨj² śjụ¹ ·ju¹ sju² dzju² kha¹ tśjị¹ ɣar¹ lhjij²

地 狱、 饿 鬼、 畜 生 中 苦 甚 受

救济,身行清净,体演光明。诸在地狱、饿鬼、畜生,劝苦

8.21.4

mjijr² ·jij¹ gjuu² la² no² rejr² twụ¹ dźjiij¹ ·ji¹ ŋjir¹ mjij¹

者 之 救 济, 安 乐 处 在, 众 难 无

[illegible]。	[illegible]	[illegible]	[illegible]	[illegible]，	[illegible]	[illegible]	[illegible]	[illegible]，	[illegible]
phji^{1}	tjɨ^{1}	tjij^{1}	dźiā^{2}	tśhju^{1}	lhju̱^{1}	sjwɨj^{1}	rejr^{2}	zji̱j^{2}	ku^{1}
令。	假	若	众	生，	吝	业	多	众，	则

之患，济其危厄，立在安处，令无众难。若有众生，多所吝业，

8.21.5

[illegible]	[illegible]	[illegible]	[illegible]，	[illegible]	[illegible]	[illegible]	[illegible]	[illegible]	[illegible]	[illegible]
thja^{2}	·jij^{1}	dzu^{1}	bju^{1}	tśhjɨ^{1}	zjij^{1}	kiwej^{2}	ljɨ̣^{1}	tji̱^{1}	war^{2}	mə^{2}
彼	之	喜	随，	若	干	珍	宝	食	财	种
[illegible]	[illegible]，	[illegible]	[illegible]	[illegible]	[illegible]。	[illegible]	[illegible]、	[illegible]	[illegible]、	[illegible]
bju^{1}	śja^{2}	·jij^{1}	twụ^{1}	rjir^{1}	phji^{1}	ɣu^{1}	mej^{1}	tśhji^{1}	kjir^{2}	rjɨr^{1}
随	现，	自	各	得	令。	头	目、	肉	腰、	骨

随其所好，现若干种珍宝财业，各使得所。头目、肌肉、骨

8.21.6

[illegible]、	[illegible]	[illegible]、	[illegible]	[illegible]、	[illegible]	[illegible]、	[illegible]	[illegible]、	[illegible]	[illegible]、
tsewr^{1}	lju̱^{2}	war^{2}	lhuu^{2}	no^{2}	tjɨ̣^{1}	gji^{2}	gji^{2}	bjij^{2}	tshji^{2}	mjijr^{2}
节、	身	体、	髓	脑、	儿	子、	妻	妾、	侍	者、
[illegible]	[illegible]、	[illegible]	[illegible]、	[illegible]	[illegible]，	[illegible]	[illegible]	[illegible]	[illegible]，	
ko^{1}	rjijr^{1}	phjii^{1}	lew^{2}	lhwu^{1}	gjwi^{2}	njiij^{1}	kji^{1}	dzu^{1}	bju^{1}	
车	马、	使	所、	衣	服，	心	△	喜	随，	

节、支体①、髓脑、妻子②、群从、车马、奴仆③、衣衾，从志所乐，

8.21.7

[illegible]	[illegible]	[illegible]	[illegible]。	[illegible]	[illegible]	[illegible]、	[illegible]	[illegible]	[illegible]	[illegible]
to^{2}	zji^{2}	mjii^{1}	khjow^{1}	tjij^{1}	tji̱^{1}	ljɨ̣^{2}	phju^{2}	thjoo^{1}	lhwu^{1}	gjwi^{2}
悉	皆	施	授。	若	食	甘、	上	妙	衣	服
[illegible]，	[illegible]	[illegible]	[illegible]	[illegible]	[illegible]	[illegible]，	[illegible]	[illegible]	[illegible]	
śjij^{2}	lja^{1}	zjij^{1}	·jij^{1}	twụ^{1}	mjii^{1}	khjow^{1}	zji^{2}	sə^{1}	lhə	

① 支体，即身体。
② 妻子，即妻与子，西夏本作“儿子、妻妾”
③ 奴仆，西夏文对译“[illegible]”。

求， 来 时 自 各 施 授， 皆 满 足

皆施与之。若求甘膳、上好衣被，皆令充意，各得其所。

8.22.1

[illegible]。 [illegible] [illegible] [illegible] [illegible] [illegible] [illegible] [illegible]， [illegible] [illegible] [illegible]

phji[1] ŋewr[2] mjij[1] rjur[1] dźiã[2] tśhju[1] ljụ[2] lhjịj[2] mjɨ[1] pjụ[1] tsjiir[1]

令。 数 无 诸 众 生 身 受， 无 量 法

[illegible]， [illegible] [illegible] [illegible] [illegible]， [illegible] [illegible] [illegible] [illegible] [illegible]

kięj[2] zji[2] ɣa[2] tow[1] njɨ[2] ŋowr[2] ŋowr[2] ·jij[1] kjwị[1] zjijr[1]

界， 举 于 安 至， 一 切 之 饱 满

受诸众生无央数身，法界无量，举安无处①，饱满一切。

8.22.2

[illegible]。 [illegible] [illegible] [illegible] [illegible]， [illegible] [illegible] [illegible] [illegible]， [illegible] [illegible]

phji[1] tśja[1] sjịj[2] mji[1] sji[1] ·jij[1] twụ[1] ljụ[2] śja[2] śja[1] rjijr[2]

令。 道 智 无 穷， 自 各 身 现， 十 方

[illegible] [illegible]， [illegible] [illegible] [illegible] [illegible]， [illegible] [illegible] [illegible] [illegible]，

ɣa[2] dźjiij[1] tsew[2] du[2] mji[1] dju[1] ·jiw[1] nioow[1] tśier[1] ·ju[2]

于 在， 限 量 不 有， 因 缘 方 便，

道智无穷，各现其身，在于十方，不可限极，因缘方便，

8.22.3

[illegible] [illegible] [illegible] [illegible] [illegible]， [illegible] [illegible] [illegible] [illegible]， [illegible] [illegible]

tsjɨ[1] sji[1] tsew[2] mji[1] dju[1] ŋewr[2] mjij[1] ljụ[2] ŋwu[2] dzjɨj[1] bju[1]

亦 尽 限 不 有， 数 无 身 以， 时 随

[illegible] [illegible]， [illegible] [illegible] [illegible] [illegible]， [illegible] [illegible] [illegible] [illegible]。

ljụ[2] śja[2] dźiã[2] tśhju[1] ·jij[1] dzjiij[2] twụ[1] gjịj[1] rjir[1] phji[1]

身 现， 众 生 之 化， 各 利 得 令。

亦不可尽，以无数身，随时现体，开化众生，各令得所。

---

① 举安无处，即无处不安，西夏本作“普遍安至”。

8.22.4

[illegible]	[illegible]	[illegible]	[illegible]	[illegible]	[illegible]	[illegible]	[illegible]，	[illegible]	[illegible]
tjɨ^{1}	tjij^{1}	dźiã^{2}	tśhju^{1}	tjụ^{2}	kięj^{2}	njiij^{1}	rejr^{2}	sji^{2}	tsə̣^{1}
假	若	众	生	淫	欲	心	多，	女	色

若有众生多贪欲者，淫想

8.1.2

[illegible]	[illegible]，	[illegible]	[illegible]	[illegible]	[illegible]	[illegible]	[illegible]	[illegible]
dzu^{1}	zjịj^{1}	ku^{1}	dźiã^{2}	tsjij^{2}	tśhjɨ^{2}	rjar^{2}	sji^{2}	dzjwo^{2}
喜	着，	则	菩	萨	立	即	女	人
[illegible]	[illegible]，	[illegible]	[illegible]	[illegible]	[illegible]。	[illegible]	[illegible]	[illegible]
lju̱^{2}	śja^{2}	ljuu^{2}	śjwo^{2}	rjar^{1}	gjij^{1}	thja^{1}	dzjwo^{2}	ljij^{2}
身	现，	端	正	妙	殊。	其	人	见

情色，化现女像，端正殊妙。其人见

8.1.3

[illegible]，	[illegible]	[illegible]	[illegible]	[illegible]，	[illegible]	[illegible]	[illegible]	[illegible]，
nio̱w^{1}	njij^{1}	ljịj^{2}	dzu^{1}	·wer^{1}	gu^{2}	ja	·we^{2}	dźjịj^{1}
后，	心	喜	爱	慕，	共	△	处	住，
[illegible]	[illegible]	[illegible]	[illegible]，	[illegible]	[illegible]	[illegible]	[illegible]。	[illegible]
dwər^{1}	tjị^{2}	mji^{1}	dju^{1}	ljɨ^{1}	nji^{2}	su^{1}	·wier^{1}	tśhjɨ^{2}
倦	疲	无	有，	宝	珠	胜	爱。	立

之，喜悦敬向，与共相娱，视之无厌，如宝明珠。

8.1.4

[illegible]	[illegible]	[illegible]	[illegible]，	[illegible]	[illegible]	[illegible]	[illegible]，	[illegible]
rjar^{2}	tshie^{2}	tśior^{2}	we^{2}	mjor^{1}	la̱^{1}	tśjo̱^{1}	niow^{2}	thja^{1}
即	臭	秽	成，	如	颜	丑	恶，	彼
[illegible]	[illegible]	[illegible]，	[illegible]	[illegible]	[illegible]	[illegible]，	[illegible]	[illegible]
dja^{2}	lej^{2}	ljij^{2}	dwər^{1}	khie^{1}	njij^{1}	śjwo^{1}	nio̱w^{1}	sjɨ^{1}
△	变	睹，	厌	恶	心	生，	又	死

卒便臭秽,颜色甚恶,睹是所变,心患厌之,

8.1.5

[illegible] [illegible] [illegible], [illegible] [illegible] [illegible] [illegible], [illegible] [illegible]
·jij1 ·wji̠2 śja2 gjij1 njij2 khie1 phji1 thjɨ2 nio̠w1
相 显 现, 殊 倍 恶 令, 此 故
[illegible] [illegible] [illegible]。 [illegible] [illegible] [illegible] [illegible], [illegible] [illegible]
tsji̠r1 tshjij1 ·wji1 mji1 ·ju2 tśji̠1 ŋa1 so̠1 kie̠j2
法 说 为。 无 常 苦 空, 三 界

便示死亡,益用恶见,因为说法。无常苦空,

8.1.6

[illegible] [illegible], [illegible] [illegible] [illegible] [illegible], [illegible] [illegible] [illegible]
ŋowr2 ŋowr2 ·wjɨ̣1 da̠2 ·wjɨ̣2 sju2 zji2 źjɨr1 ɣiej1
一 切, 幻 事 犹 如, 皆 真 实
[illegible] [illegible], [illegible] [illegible] [illegible] [illegible], [illegible] [illegible] [illegible]
mjij1 jɨ2 mji1 nio̠w1 tśjɨ1 tsjij2 tśhjɨ2 rjar2 zji2
无 谓, 闻 后 了 悟, 立 即 无

一切三界,犹如幻化,无一真谛①,闻之则达,

8.2.1

[illegible] [illegible] [illegible] [illegible] [illegible] [illegible] [illegible], [illegible] [illegible] [illegible]
phju2 tśhja2 ka1 dwewr2 njij1 ja śjwo1 mji1 lhji̠1 lhjwo1
上 正 等 觉 心 △ 发, 不 退 转
[illegible]。 [illegible] [illegible] [illegible] [illegible], [illegible] [illegible] [illegible] [illegible],
rjir2 nio̠w1 thja1 ɲia1 tsjij2 lew1 lji̠1 ɣja2 ŋwu2
得。 又 彼 菩 萨, 一 宝 盖 以,

便发无上正真道意,逮不退转。又彼菩萨,以一宝盖,

8.2.2

[illegible] [illegible] [illegible] [illegible] [illegible] [illegible] [illegible] [illegible] [illegible],

① 无一真谛,西夏本作"皆真实无谓"。

thjɨ^{2}	sọ^{1}	tụ^{1}	tha^{2}	tụ^{1}	rjur^{1}	kiẹj^{2}	tśhja̱^{1}	pjụ^{2}
斯	三	千	大	千	世	界	上	覆，
□	□	□	□，	□	□	□	□	□
mji^{1}	njɨ^{2}	tja^{1}	mjij^{1}	niọw^{1}	lew^{1}	na̱^{2}	mja̱^{1}	·u^{2}
不	到	者	无，	复	一	芥	子	内

覆斯三千，大千世界，靡不周遍，复能内之，于一芥子。

8.2.3

□。	□	□	□	□，	□	□	□	□，
ljwị^{1}	niọw^{1}	kja^{2}	lu^{2}	zjịj^{1}	ŋowr^{2}	ŋowr^{2}	zji^{2}	lhjwi^{1}
纳。	复	劫	烧	时，	一	切	皆	举，
□	□	□	□。	□	□	□	□，	□
lew^{1}	pjạ^{1}	tśhja̱^{1}	tji^{1}	thjɨ^{2}	ljụ^{2}	mji^{1}	khwej^{1}	dzạj^{1}
一	掌	上	放。	斯	身	不	丰，	减

若劫烧时，皆举一切，着其一掌。斯身不大，

8.2.4

□	□	□，	□	□	□	□	□	□
lew^{2}	tsjɨ^{1}	mjij^{1}	thja^{1}	ljụ^{2}	śja^{1}	ljijr^{2}	rjur^{1}	tha^{1}
所	亦	无，	其	身	十	方	诸	佛
□	□	□	□	□	□	□。	□	□
rjur^{1}	pjụ^{1}	·jij^{1}	to^{2}	zji^{2}	kjụ^{1}	tshwew^{1}	niọw^{1}	wjạ^{1}
世	尊	之	悉	皆	供	养。	复	华

亦不增减，其身供养，周于十方，诸佛世尊，

8.2.5

□	□，	□	□	□	□，	□	□	□
·wjɨ^{1}	dji^{2}	sju^{2}	mji^{1}	ŋər^{1}	sju^{2}	dzwew^{1}	·u^{2}	·wjɨ^{2}
变	化，	须	弥	山	如，	襟	内	△
□，	□	□	□	□，	□	□	□	□。
kjur^{1}	wjạ^{1}	ɣja^{2}	śjɨj^{1}	phji^{1}	mjor^{1}	ljij^{2}	do^{2}	khu^{1}
怀，	华	盖	成	令，	如	来	于	贡。

复变化华,如须弥山,怀之裓上,成为华盖,贡上如来。

8.2.6

蘢	虩	豥	豝,	绺	豣	纬	陽	葾
śja[1]	ze̱w[2]	gjɨ[2]	dji̱[2]	rjijr[2]	tu̱[1]	tha[1]	lhji̱j[2]	rjir[2]
香	炉	一	化,	才	千	佛	土	与
豙;	豖	豯	豧	豨,	绺	瓅	蕟	豵
ka[1]	lew[1]	tjij[1]	swew[1]	·wji[1]	rjijr[2]	sju[2]	mji[1]	ŋər[1]
等;	一	灯	炬	作,	才	须	弥	山

化一香炉,如千佛土①;作一灯炬,如须弥山,

8.3.1

瓅,	纬	豰	豶	豷,	豸	豹	豺	豻,
sju[2]	tha[1]	do[2]	kjɨ[1]	khu[1]	khjā[2]	khja[2]	be̱[1]	ŋewr[2]
如,	佛	△	△	供,	殑	伽	沙	数,
豼	纬	陽	豽	豾,	貀	貁	貃	豨。
rjur[1]	tha[1]	lhjij[2]	zjir[2]	swew[1]	nio̱w[1]	kju̱[1]	tshwew[1]	·wji[1]
诸	佛	土	遍	照,	复	供	养	作。

供奉如来,照恒河沙②,诸佛国土,以贡上佛。

8.3.2

貅	貆	貇	貊,	貋	貌	豽	貍,	貀
lew[2]	thjɨ̣[2]	sjij[1]	ŋwu[2]	·jij[1]	lju̱[2]	zjir[2]	tśiə[2]	nio̱w[1]
氎	椁	细	以,	自	身	遍	裹,	复
貎	貏	貐,	貋	貌	貊	豯	豨,	貑
se[1]	lhə	lju[2]	·jij[1]	lju̱[2]	ŋwu[2]	tjij[1]	·wji[1]	thja[1]
麻	油	灌,	己	身	以	灯	为,	其

以细帛氎,裹覆其身,灌用麻油,以为灯火,自然己身③,

① 如千佛土,西夏本字面意思为“才与千佛土同”。

② 恒河沙,西夏本常作“殑伽沙”。旧称恒河沙,新称殑伽沙。《玄应音义》卷八曰:“‘强伽,旧名恒河是也。亦名殑伽,从阿耨大池东面象口流出,入东海,其沙细,与水同流也。’此所以经中有恒河沙数诸佛之譬喻语也。”参见徐时仪校注:《一切经音义三种校本合刊》,上海:上海古籍出版社,2008年,第177页。

③ 以为灯火,自然己身,西夏本作“以己身为灯”。

8.3.3

[illegible]	[illegible]	[illegible]，	[illegible]	[illegible]	[illegible]	[illegible]	[illegible]	[illegible]
tjij^{1}	bji^{1}	swew^{1}	sọ^{1}	tụ^{1}	tha^{2}	tụ^{1}	tha^{1}	lhjịj^{2}
灯	光	明，	三	千	大	千	佛	土
[illegible]	[illegible]。	[illegible]	[illegible]	[illegible]	[illegible]	[illegible]	[illegible]	[illegible]
zjir^{2}	swew^{1}	tjij^{1}	ɲia^{1}	tśhju^{1}	ljij^{2}	zjịj^{1}	dja^{2}	ɣar^{2}
遍	照。	若	众	生	见	时	△	惊

演其光明，照遍三千，大千佛土。若众生见，怪之所以①，

8.3.4

[illegible]，	[illegible]	[illegible]	[illegible]	[illegible]	[illegible]	[illegible]	[illegible]	[illegible]
bji^{2}	ku^{1}	ɲia^{1}	tsjij^{2}	·jij^{1}	mjɨ^{2}	kiẹj^{2}	sjwɨ^{1}	ljɨr^{2}
愕，	则	菩	萨	之	境	界	想	念
[illegible]。	[illegible]	[illegible]	[illegible]	[illegible]	[illegible]，	[illegible]	[illegible]	[illegible]
rjir^{2}	thjɨ^{2}	·wjɨ̣^{1}	dji̱^{2}	ljij^{2}	zjịj^{1}	mjɨ^{1}	pjụ^{1}	ŋewr^{2}
得。	此	变	化	睹	时，	无	量	数

或得想念，菩萨境界。睹此变化，

8.3.5

[illegible]	[illegible]	[illegible]，	[illegible]	[illegible]	[illegible]	[illegible]，	[illegible]	[illegible]
mjij^{1}	ɲia^{1}	tśhju^{1}	to^{2}	zji^{2}	njij^{1}	·o^{2}	ka^{1}	ka^{1}
无	众	生，	悉	皆	心	悦，	同	时
[illegible]	[illegible]	[illegible]	[illegible]，	[illegible]	[illegible]	[illegible]	[illegible]，	[illegible]
tśja^{1}	njij^{1}	ja	śjwo^{1}	zji^{2}	źjɨr^{1}	sə^{1}	lhə	tha^{2}
道	心	△	发，	皆	实	饱	满，	大

无央数众，皆发道心，得悦可意，充实饱满，

8.3.6

[illegible]	[illegible]	[illegible]，	[illegible]	[illegible]	[illegible]	[illegible]	[illegible]，	[illegible]
tji̱^{1}	zjir^{2}	gjwi^{2}	xṳ̃^{1}	lo^{1}	ɣie^{1}	mjijr^{2}	śja^{2}	lạ^{1}

① 若众生见，怪之所以，西夏本译作“若众生见时惊愕”。

誓	铠	衣，	和	罗	势	者	现，	手
[illegible]	[illegible]	[illegible]	[illegible]	[illegible]	[illegible]，	[illegible]	[illegible]	[illegible]
·u^{2}	mji^{1}	sji^{1}	kię^{1}	dźja^{2}	zow^{2}	tha^{1}	·jij^{1}	tshji^{2}
中	无	极	金	刚	执，	佛	之	侍

被弘誓铠，现和罗势①，执于无极，手持金刚，力士侍佛，

8.4.1

[illegible]，	[illegible]	[illegible]	[illegible]	[illegible]。	[illegible]	[illegible]	[illegible]	[illegible]，
ljịj^{1}	kja̱^{1}	le^{2}	·jij^{1}	śja^{2}	·ji^{1}	dzjwo^{2}	dja^{2}	le^{2}
执，	恐	怖	相	显。	众	人	已	恐，
[illegible]	[illegible]	[illegible]	[illegible]。	[illegible]	[illegible]	[illegible]	[illegible]	[illegible]
bju^{1}	tji̱^{1}	tśja^{1}	tshwew^{1}	ɲia^{1}	tsjij^{2}	tha^{2}	mjijr^{2}	lwər^{2}
依	归	敬	礼。	菩	萨	大	士，	经

而自显耀②。众人恐怖，自归作礼。菩萨大士，

8.4.2

[illegible]	[illegible]	[illegible]	[illegible]	[illegible]，	[illegible]	[illegible]	[illegible]	[illegible]
lhejr^{2}	tsji̱r^{1}	nji^{2}	lhjịj^{2}	nio̱w^{1}	ku^{1}	tha^{2}	ɣie^{1}	mjijr^{2}
契	法	听	受	因，	则	大	力	士
[illegible]	[illegible]，	[illegible]	[illegible]	[illegible]	[illegible]。	[illegible]	[illegible]	[illegible]
·wji̱^{2}	śja^{2}	ljɨ̱^{2}	la^{2}	kha^{1}	dźjịj^{1}	·ji^{1}	dzjwo^{2}	·ju^{2}
幻	现，	地	冢	间	在。	众	人	面

听受经法。示大力士，在于冢间。大聚众人，

8.4.3

[illegible]，	[illegible]	[illegible]	[illegible]	[illegible]，	[illegible]	[illegible]	[illegible]	[illegible]，
rjir^{2}	sjɨ^{1}	·jij^{1}	·wji̱^{2}	śja^{2}	lju̱^{2}	kwər^{1}	·wa̱^{2}	tha^{2}
前，	死	相	幻	现，	身	体	广	大，
[illegible]	[illegible]	[illegible]	[illegible]。	[illegible]	[illegible]	[illegible]	[illegible]，	[illegible]
la^{2}	·u^{2}	bə^{1}	dźjwo^{2}	nio̱w^{1}	rjur^{1}	ljwɨ̱^{1}	dźjwow^{1}	thja^{1}

① 被弘誓铠，现和罗势，表示以弘誓为铠甲，显现和罗气势。和罗，又作“和罗那”，译为授记。

② 而自显耀，西夏本作“恐怖相显”。

家	间	遗	弃。	又	诸	兽	禽，	其

自现身死，形体广长，弃大冢间。又诸禽兽，

8.4.4

[illegible]	[illegible]	[illegible]，	[illegible]	[illegible]	[illegible]	[illegible]，	[illegible]	[illegible]
tśhji^{1}	də̱^{1}	dzji^{1}	ljɨ̱r^{1}	rewr^{2}	njɨ^{1}	rewr^{2}	thja^{1}	tśhji^{1}
肉	啖	食，	四	足	两	足，	其	肉
[illegible]	[illegible]，	[illegible]	[illegible]	[illegible]	[illegible]，	[illegible]	[illegible]	[illegible]
dzji^{1}	tja^{1}	kạ^{1}	bja^{2}	nio̱w^{1}	ljijr^{2}	zji^{2}	mə^{1}	tśhja̱^{1}
食	者，	寿	终	之	后，	皆	天	上

食啖其肉，四足两足，服食其体，寿终之后，皆得生天，

8.4.5

[illegible]，	[illegible]	[illegible]	[illegible]	[illegible]	[illegible]	[illegible]	[illegible]	[illegible]，
we̱^{1}	thja^{2}	ɣa^{2}	śjwo^{1}	djij^{2}	phã^{1}	ɣa^{2}	kjɨ^{1}	njɨ^{2}
生，	其	从	生	涅	槃	△	△	至，
[illegible]	[illegible]	[illegible]	[illegible]	[illegible]	[illegible]	[illegible]	[illegible]	[illegible]
zji^{2}	ɲia^{1}	tsjij^{2}	·jij^{1}	mər^{2}	tji̱^{1}	rjar^{1}	gjij^{1}	bju^{1}
悉	菩	萨	之	本	愿	殊	特	依

缘是为本，乃至灭度①，悉是菩萨本愿殊特

8.4.6

[illegible]	[illegible]	[illegible]	[illegible]。	[illegible]	[illegible]	[illegible]	[illegible]？	[illegible]
thjɨ^{2}	sju^{2}	we^{2}	ljɨ^{1}	thjɨ^{2}	tja^{1}	thjij^{2}	sjo^{2}	thja^{1}
此	如	成	也。	此	者	何	云？	彼
[illegible]	[illegible]	[illegible]，	[illegible]	[illegible]	[illegible]	[illegible]	[illegible]，	[illegible]
ɲia^{1}	tsjij^{2}	tja^{1}	mər^{2}	tji̱^{1}	ja	śjwo^{1}	zjọ^{2}	thjɨ^{2}
菩	萨	者，	本	意	△	发	时，	此

之所致也。所以者何？其彼菩萨，本发意时，

---

① 缘是为本，乃至灭度，西夏本作“其从生至涅槃”，意为从生到死。

8.5.1

[illegible] [illegible] [illegible]。 [illegible] [illegible]、 [illegible]、 [illegible]、 [illegible] [illegible]，

sju[2] ljɨr[2] ·wji[1] tjij[1] dzjwo[2] ·wju[1] njijr[1] dźjwow[1] ·we[1]

如 誓 作。 若 人、 兽、 禽、 飞 鸟，

[illegible] [illegible] [illegible] [illegible]， [illegible] [illegible] [illegible] [illegible] [illegible]

ŋa[2] dja[2] sji[2] ljij[2] ŋa[2] ·jij[1] tśhji[1] ·wjɨ[2] dzji[1]

我 △ 死 见， 我 之 肉 △ 啖

心自要誓。设使有人、禽、兽、飞鸟，见我身死，来啖肌肉，

8.5.2

[illegible]， [illegible] [illegible] [illegible] [illegible] [illegible] [illegible] [illegible] [illegible]，

tja[1] ka̱[1] bja[2] nio̱w[1] ljijr[2] mə[1] tśhja̱[1] ·wjij[2] we̱[1]

者， 寿 终 之 后 天 上 能 生，

[illegible] [illegible] [illegible] [illegible]， [illegible] [illegible] [illegible] [illegible]， [illegible]

rjur[1] kha[1] ·wjij[2] lho tśja[1] mja̱[1] kjij[1] lhjụ[2] tśhjwɨj[1]

世 间 △ 出， 道 果 使 度， 禁

寿终生天，度世得道，

8.5.3

[illegible] [illegible] [illegible]， [illegible] [illegible] [illegible] [illegible] [illegible]。 [illegible]

kie[1] rjijr[2] ·jij[1] tji̱[1] bju[1] djij[2] rjir[1] jɨ[2] phji[1]

戒 奉 持， 愿 依 令 得 谓。 意

[illegible] [illegible] [illegible]， [illegible] [illegible] [illegible] [illegible]。 [illegible] [illegible]

mjij[1] ɲia[1] tsjij[2] thjɨ[2] sju[2] bio̱[1] lew[2] ɲia[1] tsjij[2]

寂 菩 萨， 此 如 观 所。 菩 萨

奉持禁戒，所愿者得。如是寂意①，当作是观。

8.5.4

[illegible] [illegible] [illegible]， [illegible] [illegible] [illegible] [illegible]， [illegible] [illegible] [illegible] [illegible] [illegible]。

·jij[1] dźjɨ tja[1] dzjɨj[1] bju[1] tjɨj[2] bju[1] ɲia[1] tśhju[1] ·jij[1] dzjij[2] ljɨ[1]

① 如是寂意，西夏本作“意寂菩萨”，脱“如是”。

之 行 者， 时 随 仪 依， 众 生 之 化 也。

菩萨所行，随时之仪，而开化之。

汉文本

又次寂意，随众生行，因可开化一切威仪礼节之事。所行学问、禅思、礼节，使学若干音响、言辞，各令明了。男女所行，举动进止，威仪礼节。各以大小，乳下婴孩，应见化者，各慎威仪。长老、中年、少小之类，所可应化，威仪礼节。尊卑、豪贱、明愚所行，开塞达骇，所行多少威仪礼节。因依训诲，应得度者，而开化之。地狱、饿鬼、畜生之类，诸天龙神、阿须轮、迦楼罗、真陀罗、摩休勒、若人非人，所应开化，而诱导之。比丘、比丘尼、清信士、清信女、释、梵、四天王、大神妙天，所应开化，而训诲之。菩萨皆知，深浅薄厚，难度易化，应病与药，而为说法。使诸贪淫，不贪财业。建立威仪，随其礼节。菩萨在彼，无为寂然，以身修行，不舍静默，显身威仪。若有贪嫉，各为示现，不惜身命，随时救济，身行清净，体演光明。诸在地狱、饿鬼、畜生，劝苦之患，济其危厄，立在安处，令无众难。若有众生，多所吝业，随其所好，现若干种珍宝财业，各使得所。头目、肌肉、骨节、支体、髓脑、妻子、群从、车马、奴仆、衣衾，从志所乐，皆施与之。若求甘膳、上好衣被，皆令充意，各得其所。受诸众生无央数身，法界无量，举安无处，饱满一切。道智无穷，各现其身，在于十方，不可限极，因缘方便，亦不可尽，以无数身，随时现体，开化众生，各令得所。若有众生多贪欲者，淫想情色，化现女像，端正殊妙。其人见之，喜悦敬向，与共相娱，视之无厌，如宝明珠。卒便臭秽，颜色甚恶，睹是所变，心患厌之，便示死亡，益用恶见，因为说法。无常苦空，一切三界，犹如幻化，无一真谛，闻之则达，便发无上正真道意，逮不退转。又彼菩萨，以一宝盖，覆斯三千，大千世界，靡不周遍，复能内之，于一芥子。若劫烧时，皆举一切，着其一掌。斯身不大，亦不增减，其身供养，周于十方，诸佛世尊，复变化华，如须弥山，怀之裓上，成为华盖，贡上如来。化一香炉，如千佛土；作一灯炬，如须弥山，供奉如来，照恒河沙，诸佛国土，以贡上佛。以细帛氎，裹覆其身，灌用麻油，以为灯火，自然己身，演其光明，照遍三千，大千佛土。若众生见，怪之所以，或得想念，菩萨境界。睹此变化，无央数众，皆发道心，得悦可意，充实饱满，被弘誓铠，现和罗势，执于无极，手持金刚，力士侍佛，而自显耀。众人恐怖，自归作礼。菩萨大士，听受经法。示大力士，在于冢间。大聚众人，自现身死，形体广长，弃大冢间。又诸禽兽，食啖其肉，四足两足，服食其体，寿终之后，皆得生天，缘是为本，乃至灭度，悉是菩萨本愿殊特之所致也。所以者何？其彼菩萨，本发意时，心自要誓。设使有人、禽、兽、飞鸟，见我身死，来啖肌肉，寿终生天，度世得道，奉持禁戒，所愿者得。如是寂意，当作是观。菩萨所行，随时之仪，而开化之。

8.5.4

[illegible]	[illegible]	[illegible]	[illegible]	[illegible]	[illegible]
dzjɨj^{1}	dwu̱^{2}	rjar^{2}	kię^{1}	dźja^{2}	ɣie^{1}
时	密	迹	金	刚	力

密迹金刚力

8.5.5

mjijr²	phji¹	mjij¹	ɲia¹	tsjij²	·jij¹	jɨ²	śji¹	·wjɨ²
士	意	寂	菩	萨	之	谓:	往	△
rar²	zjọ²	dju¹	njij²	thjɨ²	·jã¹	xu¹	thji¹	mə¹
过	世	久	远,	是	阎	浮	提,	天

士谓寂意菩萨:乃往过去,久远世时,是阎浮利①,

8.5.6

khju¹	·wạ²	tha²	mə¹	zjɨ¹	tjịj¹	gjɨ²	wə̣¹	·jar¹
下	广	大,	天	子	独	一	有,	八
khjɨ²	ljịr¹	tụ¹	lhjịj²	·wjij²	niọw¹	ŋewr²	mjij¹	·jir²
万	四	千	国	有,	又	数	无	百

天下广大,周合一域②,有八万四千国,

8.6.1

tụ¹	dzjwị¹	mji̱¹	nji¹	·wjụ²	gjij²	nji¹	·wjij²	sjij²
千	郡、	县、	村、	落、	丘、	聚	有,	人
·ju²	wejr¹	ljij¹	pjụ¹	dza²	tjị²	mjij¹	tśhjɨ¹	zjọ²
民	炽	盛,	计	限	可	不。	尔	时,

其余郡、县、丘、聚,无数百千,人民炽盛,不可计限。尔时,

8.6.2

① 阎浮利,西夏本作"阎浮提"。阎浮提,又作赡部提、阎浮提鞞波。阎浮,梵语 jambu,乃树之名;提,洲之意。梵汉兼译则作剡浮洲、阎浮洲、赡部洲、谵浮洲。略称阎浮。旧译为秽洲、秽树城,乃盛产阎浮树之国土。又出产阎浮檀金,故又有胜金洲、好金土之译名。此洲为须弥山四大洲之南洲,故又称南阎浮提。

② 周合一域,西夏本作"独有一天子"。

ɣa^{1}	ɣa^{1}	rejr^{2}	ljɨ̣^{1}	war^{2}	dźjij^{2}	tji̱^{1}	dzji^{2}	thja^{1}
家	家	多	宝	财	有，	衣	食	自
[illegible]	[illegible]	[illegible]，	[illegible]	[illegible]	[illegible]	[illegible]，	[illegible]	[illegible]
śjij^{1}	·jij^{1}	dju^{1}	·ji^{1}	ljɨ̣^{1}	phu^{2}	źja̱^{1}	·jɨj^{2}	we^{2}
然	自	有，	众	宝	树	间，	屋	宅

多有财宝、衣食自然周匝充满，众奇宝树，交络屋宅①。

8.6.3

[illegible]	[illegible]，	[illegible]	[illegible]	[illegible]	[illegible]。	[illegible]	[illegible]	[illegible]
lwu^{1}	·wjij^{2}	rjur^{1}	rjur^{1}	nja^{1}	swu^{2}	thja^{1}	zjọ^{2}	ɲia^{1}
混	有，	处	处	已	满。	其	时	众
[illegible]	[illegible]	[illegible]	[illegible]	[illegible]，	[illegible]	[illegible]	[illegible]	[illegible]，
tśhju^{1}	rjar^{1}	ŋo^{2}	kjɨ̣^{1}	lji̱^{1}	·ji^{1}	ŋo^{2}	mji^{1}	nej^{2}
生	疾	患	△	有，	众	患	不	安，

斯诸众生，有若干疾，不安众患，

8.6.4

[illegible]	[illegible]	[illegible]	[illegible]，	[illegible]	[illegible]	[illegible]	[illegible]，	[illegible]
lju̱^{2}	kwər^{1}	giej^{1}	rowr^{1}	kię^{1}	mja̱^{1}	tsə̣^{1}	mja̱^{1}	mja̱^{1}
形	体	羸	瘦，	金	痍	疗	疮，	疽
[illegible]	[illegible]	[illegible]，	[illegible]	[illegible]	[illegible]	[illegible]	[illegible]	[illegible]
zji̱^{2}	ŋo^{2}	niow^{2}	ŋewr^{2}	mjij^{1}	·jir^{2}	tu̱^{1}	dji̱^{2}	rjijr^{1}
生	疾	恶，	数	无	百	千	医	良

多羸瘦者，金痍疗疮，疽痛恶疾，又有无数百千良医

8.6.5

[illegible]	[illegible]，	[illegible]	[illegible]	[illegible]	[illegible]。	[illegible]	[illegible]	[illegible]
kjɨ^{1}	dźjij^{1}	zji^{2}	dji̱^{2}	mjɨ^{1}	njwi^{2}	·ji^{1}	dzjwo^{2}	ŋo^{2}
已	有，	皆	疗	无	能。	众	人	疾
[illegible]，	[illegible]	[illegible]	[illegible]	[illegible]，	[illegible]	[illegible]	[illegible]	[illegible]，

① 多有财宝、衣食自然周匝充满，众奇宝树，交络屋宅，西夏本作“家家多有财宝，衣食自然自有，众宝树间，屋宅所有，处处已满”。

thew² kjiw¹ ŋewr² kjɨ¹ rar² ·jij¹ nej² mji¹ rjir¹
得， 年 积 △ 经， 自 安 无 能，

所不能疗。众人得疾，积有年岁，无能自安，

8.6.6

□ □ □ □。 □ □ □ □， □
gju̱² mjijr² kju̱¹ ·ju² thja¹ zjọ² ·ji¹ dzjwo² ŋo²
救 者 求 哀。 当 时 众 人， 厄
□ □ □， □ □ □ □， □ □
ŋjir¹ rjir² ber² gju̱² ·wejr² mjijr² mjij¹ ku¹ ·jij¹
灾 与 遭， 救 护 者 无， 则 自

求哀自归。当是众人，遭是其厄，则无救护，各自

8.7.1

□ □ □， □ □ □ □、 □ □
twụ¹ djọ¹ djịj¹ rjur¹ mə¹ ·we¹ njạ¹ khjã² tha²
各 称 怨， 诸 天 龙 神、 乾 闼
□、 □ □ □、 □ □ □ □、 □、
pho¹ kjĩ¹ no¹ lo¹ mo² xew¹ lo¹ khja² dzjwo²
婆、 紧 那 罗、 摩 睺 罗 伽、 人

称怨，呼天龙神、揵陀罗、真陀罗、摩休勒、人

8.7.2

□ □ □ □ □ □， □ □ □
mji¹ dzjwo² njɨ² ·jij¹ dju¹ rjijr² sjwɨ¹ ŋa² njɨ²
非 人 等 之 告 呼， 谁 我 等
□ □ □ □ □ □ □ □ □？
·jij¹ rjar¹ ŋo² tśjị¹ ŋjir¹ gju̱² njwi² nji² jɨ²
之 病 厄 苦 灾 治 能 △ 谓？

与非人，谁能疗治，消我病厄？

8.7.3

□ □ □ □， □ □ □ □ □

ɲia¹ tsjij² tśhjɨ¹ zjọ² ŋowr² ŋowr² kha¹ phju² ɣu¹
菩 萨 尔 时， 一 切 中 上 首
[illegible]， [illegible] [illegible] [illegible] [illegible] [illegible]， [illegible] [illegible] [illegible]
we² ku¹ djị² rjijr¹ ljụ² śja² ·ji¹ dzjwo² ·jij¹
为， 则 医 良 身 现， 众 人 之

菩萨尔时，为一切首，现为良医，疗众人

8.7.4

[illegible] [illegible]， [illegible] [illegible] [illegible] [illegible]， [illegible] [illegible] [illegible]
ŋo² djị² ·ju² njij² njij¹ śjwo¹ njij¹ tji¹ tshji²
疾 疗， 常 慈 心 用， 心 诚 侍
[illegible]， [illegible] [illegible] [illegible] [illegible]， [illegible] [illegible] [illegible] [illegible]，
ljij¹ tśhjwor² phjii¹ lew² sju² ·ju² niọw¹ ljijr² śio¹
奉， 仆 奴 犹 如， 常 后 方 引，

疾，常用慈心，专精走使，侍从其后，犹如奴仆①，

8.7.5

[illegible] [illegible] [illegible] [illegible]， [illegible] [illegible] [illegible] [illegible]， [illegible]
śjwo¹ śjwo¹ dzjɨ¹ dji² khjwɨ¹ njwi¹ tshja² ljɨ¹ tśjị¹
所 得 供 给， 恩 慈 报 答， 厄
[illegible] [illegible] [illegible] [illegible]。 [illegible] [illegible] [illegible] [illegible]， [illegible]
dzjwo² ·jij¹ gjụ² ljɨ¹ phji¹ mjij¹ ɲia¹ tsjij² thjɨ²
人 之 济 也。 意 寂 菩 萨， 此

给所当得，以报恩慈，济人危厄。是故，寂意，

8.7.6

[illegible] [illegible] [illegible] [illegible] [illegible] [illegible] [illegible] [illegible] [illegible]
·wjɨ² śjɨ² kja¹ rjur¹ pjụ¹ tsjɨ¹ thja¹ zjọ² śjɨ²
刻 释 迦 世 尊 亦 彼 时 释
[illegible] [illegible] [illegible]， [illegible] [illegible] [illegible] [illegible] [illegible]。 [illegible]

① 侍从其后，犹如奴仆，西夏本作“犹如奴仆，常后方引”。

ŋwər^1	dzjwɨ^1	·wji^1	mjij^2	tja^1	·jij^1	dzju^2	njwi^2	mə^1
天	帝	作,	名	者	自	在	善,	天

乃往古世,今斯世尊,当尔世时,作天帝释,名曰善自,在于天

8.8.1

[illegible]	[illegible]	[illegible]	[illegible]	[illegible],	[illegible]	[illegible]	[illegible]	[illegible],
tśhja̱^{1}	dźjo^1	dźjo^1	·ji^1	dzjwo^2	rjur^1	rjar^1	ŋo^2	thew^2
上	长	长	众	人,	诸	病	疾	得,
[illegible]	[illegible]	[illegible]	[illegible]	[illegible],	[illegible]	[illegible]	[illegible]	[illegible]
tśjị^1	ŋjir^1	lhjịj^2	djij^2	ljij^2	mə^1	nju^1	ŋwu^2	rjur^1
困	厄	受	△	见,	天	耳	以	诸

上遥见众人①,得若干病,困厄难言,以天耳闻,众

8.8.2

[illegible]	[illegible]	[illegible]	[illegible]	[illegible]	[illegible]	[illegible]	[illegible],	[illegible]
tśjị^1	dzjwo^2	djọ^1	djij^1	dju^1	rjijr^2	djij^2	mji^1	thjɨ^2
苦	人	悲	嗟	呻	呼	△	闻,	是
[illegible]	[illegible]	[illegible],	[illegible]	[illegible]	[illegible]	[illegible]	[illegible],	[illegible]
sju^2	mji^1	ljij^2	nio̱w^1	tha^2	·wju̱^{1}	njij^1	śjwo^1	thjɨ^2
如	闻	见,	后	大	悲	心	兴,	此

人厄困,呻呼悲嗟,见闻如是,兴大悲哀心,

8.8.3

[illegible]	[illegible]	[illegible]:	[illegible]	[illegible]	[illegible]	[illegible],	[illegible]	[illegible]
sju^2	ljɨr^2	·wji^1	sjij^1	thjɨ^2	·ji^1	dzjwo^2	ŋo^2	ŋjir^1
如	念	作:	今	此	众	人,	病	厄
[illegible]	[illegible],	[illegible]	[illegible]	[illegible]	[illegible],	[illegible]	[illegible]	[illegible]
tśjị^1	ɣar^1	bju^1	gjị^2	tjị^2	mjij^1	ŋa^2	sjij^1	tụ^1
苦	甚,	依	归	可	无,	吾	今	宜

自念言:今此众人,委厄甚困,无所归依,今吾应宜,

① 名曰善自,在于天上遥见众人,西夏本作"名者善自在,天上长长众人"。根据西夏本,汉文本句读或误,当作"善自在,于天上遥见众人"。

8.8.4

[illegible]，	[illegible]	[illegible]	[illegible]	[illegible]，	[illegible]	[illegible]	[illegible]	[illegible]
bju^{1}	·ji^{1}	tśji̱^{1}	ŋjir^{1}	gju̱^{2}	gju̱^{2}	mjij^{1}	tja^{1}	·jij^{1}
应，	众	困	厄	济；	救	无	者	之
[illegible]	[illegible]	[illegible]，	[illegible]	[illegible]	[illegible]	[illegible]	[illegible]	[illegible]
gju̱^{2}	mjijr^{2}	·wji^{1}	bju^{1}	gji̱^{2}	mjij^{1}	tja^{1}	·jij^{1}	bju^{1}
救	者	为；	依	靠	无	者	之	依

济众困厄；其无救者，为立善救；无所依者，为设众依；

8.8.5

[illegible]	[illegible]，	[illegible]	[illegible]	[illegible]	[illegible]	[illegible]	[illegible]	[illegible]
gji̱^{2}	·wji^{1}	tshwew^{1}	tji̱^{2}	mjij^{1}	tja^{1}	·jij^{1}	tshwew^{1}	tji̱^{2}
靠	为，	趣	可	无	者	之	归	可
[illegible]	[illegible]	[illegible]	[illegible]。	[illegible]	[illegible]，	[illegible]	[illegible]	[illegible]
wjo^{1}	ŋa^{2}	lew^{2}	jɨ^{2}	tśhjɨ^{1}	zjọ^{2}	mə^{1}	khju^{1}	·jã^{1}
为	我	所	谓。	尔	时，	天	下	阎

无所归者，为造受归。尔时，天下阎

8.8.6

[illegible]	[illegible]	[illegible]，	[illegible]	[illegible]	[illegible]	[illegible]	[illegible]，	[illegible]
xu^{1}	thji^{2}	·u^{2}	lhjịj^{2}	we^{2}	tha^{2}	gjɨ^{2}	·wjij^{2}	mjịj^{2}
浮	提	中，	国	城	大	一	有，	名
[illegible]	[illegible]	[illegible]。	[illegible]	[illegible]，	[illegible]	[illegible]	[illegible]	[illegible]，
tja^{1}	khju^{2}	ljiw^{1}	tśhjɨ^{1}	zjọ^{2}	śjɨ^{2}	dzjwɨ^{1}	ɲia^{1}	tsjij^{2}
者	具	留。	彼	时，	天	帝	菩	萨，

浮利中，有一大国城，名曰具留。彼时，天帝菩萨，

8.9.1

[illegible]	[illegible]	[illegible]	[illegible]	[illegible]，	[illegible]	[illegible]	[illegible]	[illegible]
thja^{1}	lhjịj^{2}	we^{2}	phja^{1}	ɣa^{2}	lju̱^{2}	tha^{2}	ɲia^{1}	tśhju^{1}
此	国	城	边	上，	身	大	众	生

[illegible]	[illegible]	[illegible]，	[illegible]	[illegible]	[illegible]	[illegible]，	[illegible]	[illegible]
gjɨ^{2}	dji̱^{2}	·wji^{1}	mjịj^{2}	tja^{1}	dźjwu^{1}	new̱^{2}	thja^{1}	śjij^{1}
一	化	作，	名	者	仁	良，	自	然

去国不远，化作一虫兽①，名曰仁良，

8.9.2

[illegible]	[illegible]，	[illegible]	[illegible]	[illegible]	[illegible]。	[illegible]	[illegible]	[illegible]
dji̱^{2}	we̱^{1}	thja^{1}	lhjij^{2}	·u^{2}	dźjịj^{1}	dzjɨj^{1}	śjɨ^{2}	ŋwər^{1}
化	生，	其	国	中	在。	时	释	天
[illegible]，	[illegible]	[illegible]	[illegible]	[illegible]，	[illegible]	[illegible]	[illegible]	[illegible]
dzjwɨ^{1}	ŋa^{1}	gu^{2}	ja	śji^{2}	lja̱^{1}	da̱^{2}	ŋwu^{2}	mə^{1}
帝，	虚	中	△	往，	偈	语	以	天

自然化生，在其国界。时天帝释，往在虚空，以偈②

8.9.3

[illegible]	[illegible]	[illegible]	[illegible]	[illegible]	[illegible]	[illegible]	[illegible]：
khju^{1}	·jã^{1}	xu^{1}	thji^{2}	·u^{2}	dzjwo^{2}	·jij^{1}	mjị^{1}
下	阎	浮	提	中	人	之	告：

告语天下阎浮利人：

8.9.4

[illegible]	[illegible]	[illegible]	[illegible]	[illegible]	[illegible]	[illegible]，
thjɨ^{2}	sju^{2}	phja^{1}	njij^{1}	tha^{2}	mji^{1}	khwa^{1}
此	如	边	近	大	不	远，
[illegible]	[illegible]	[illegible]	[illegible]	[illegible]	[illegible]	[illegible]，
·wju^{1}	njijr^{1}	gjɨ^{2}	dźjịj^{1}	mjịj^{2}	dźjwu^{1}	new̱^{2}

① 化作一虫兽，西夏本作“化作一大众生身”。

② 梵经文体主要包括修多罗、迦陀与祇夜三个部分。修多罗，梵语 sutra，意译为佛经，是文句连续、篇幅较长的长行，不押韵，无字数限制。迦陀，梵语 gāthā，意译为孤起颂，偈前无长行，而直接以韵文记录之教说或偈前已有长行，然散文所说之内容异于偈文之含义。祇夜，梵语 geya，简称“偈”，意译为重颂、应颂，此类偈的内容一般重复前文长行内容，并以韵文表示。后两者被统称为偈颂。但实际上，“偈本是佛经和礼佛仪式中的唱颂词；颂是我国传统文学中早已有之的一种文体。由于偈为对释门‘联美辞而歌颂之者’，与中国颂文所具有的对对象的颂赞性质相类，所以有时又被译为‘颂’，有时还连称为‘偈颂’。”参见颜廷亮：《敦煌文学》，兰州：甘肃教育出版社，2013 年，第 307 页。汉译本《大宝积经·密迹金刚力士会第三之二》中“偈”与“颂”在西夏文本中被统一翻译成了“[illegible]”，说明西夏人认为“偈”与“颂”在概念上并无区别。

兽	野	一	在	名	仁	良，

去此国土不大远，而有一虫①名仁良，

8.9.5

[illegible]	[illegible]	[illegible]	[illegible]	[illegible]	[illegible]	[illegible]，
tjij[1]	thja[1]	·wju[1]	njijr[1]	tśhji[1]	dzji[1]	ku[1]
若	此	兽	野	肉	食	则，
[illegible]	[illegible]	[illegible]	[illegible]	[illegible]	[illegible]	[illegible]。
tśji̱[1]	ŋjir[1]	ŋowr[2]	ŋowr[2]	zji[2]	bie[2]	lhew[2]
苦	厄	一	切	皆	解	脱。

其有服食此虫肉，则得免济一切厄。

8.9.6

[illegible]	[illegible]	[illegible]	[illegible]	[illegible]	[illegible]	[illegible]，
nji[2]	njɨ[2]	kwej[1]	kja̱[1]	kwej[1]	ga̱[1]	nji[2]
汝	等	敬	惧	敬	忧	△，
[illegible]	[illegible]	[illegible]	[illegible]	[illegible]	[illegible]	[illegible]，
thja[1]	·wju[1]	njijr[1]	tśhji[1]	phji[1]	bju[1]	dzji[1]
彼	兽	野	肉	意	依	食，

汝等勿恐莫怀惧，睹其虫身恣取肉，

8.10.1

[illegible]	[illegible]	[illegible]	[illegible]	[illegible]	[illegible]	[illegible]，
tsiow	mji[1]	tshja̱[1]	kwow[2]	mji[1]	dwər[1]	kie[2]
终	不	瞋	怒	无	厌	秽，
[illegible]	[illegible]	[illegible]	[illegible]	[illegible]	[illegible]	[illegible]。
thjɨ[2]	tja[1]	zji[2]	thjo̱[1]	sju[2]	tsə̱[1]	ŋwu[2]
此	者	神	妙	膏	药	是。

终不抱瞋无厌秽，斯是神妙好良药。

① 虫，西夏本作"野兽"，下同。

汉文本

密迹金刚力士谓寂意菩萨:乃往过去,久远世时,是阎浮利,天下广大,周合一域,有八万四千国,其余郡、县、丘、聚,无数百千,人民炽盛,不可计限。尔时,多有财宝、衣食自然周匝充满,众奇宝树,交络屋宅。斯诸众生,有若干疾,不安众患,多羸瘦者,金痍疗疮,疽痛恶疾,又有无数百千良医所不能疗。众人得疾,积有年岁,无能自安,求哀自归。当是众人,遭是其厄,则无救护,各自称怨,呼天龙神、揵陀罗、真陀罗、摩休勒、人与非人,谁能疗治,消我病厄?菩萨尔时,为一切首,现为良医,疗众人疾,常用慈心,专精走使,侍从其后,犹如奴仆,给所当得,以报恩慈,济人危厄。是故,寂意,乃往古世,今斯世尊,当尔世时,作天帝释,名曰善自,在于天上遥见众人,得若干病,困厄难言,以天耳闻,众人厄困,呻呼悲嗟,见闻如是,兴大悲哀心,自念言:今此众人,委厄甚困,无所归依,今吾应宜,济众困厄;其无救者,为立善救;无所依者,为设众依;无所归者,为造受归。尔时,天下阎浮利中,有一大国城,名曰具留。彼时,天帝菩萨,去国不远,化作一虫兽,名曰仁良,自然化生,在其国界。时天帝释,往在虚空,以偈告语天下阎浮利人:

去此国土不大远,而有一虫名仁良,
其有服食此虫肉,则得免济一切厄。
汝等勿恐莫怀惧,睹其虫身恣取肉,
终不抱瞋无厌秽,斯是神妙好良药。

8.10.2

[illegible]	[illegible]	[illegible]	[illegible]	[illegible]	[illegible],	[illegible]	[illegible]	[illegible]
dwu̱^{2}	rjar^{2}	kiẹ^{1}	dźja^{2}	ɣie^{1}	mjijr^{2}	nio̱w^{1}	phji^{1}	mjij^{1}
密	迹	金	刚	力	士,	复	意	寂
[illegible]	[illegible]	[illegible]	[illegible]:	[illegible]	[illegible],	[illegible]	[illegible]	[illegible]
ɲia^{1}	tsjij^{2}	·jij^{1}	jɨ^{2}	tśhjɨ^{1}	zjọ^{2}	thja^{1}	we^{2}	ljịj^{2}
菩	萨	之	谓:	尔	时,	彼	城	大

密迹金刚力士,复语寂意菩萨:尔时,彼大国城,

8.10.3

[illegible]	[illegible]、	[illegible]、	[illegible]、	[illegible]、	[illegible]、	[illegible]	[illegible]	[illegible]
nioow^{1}	dzjwị^{1}	mjii^{1}	nji^{1}	wjụ^{2}	gjij^{2}	nji^{1}	kha^{1}	rjur^{1}
后	郡、	县、	村、	落、	丘、	聚	中	诸
[illegible]	[illegible],	[illegible]	[illegible]	[illegible]	[illegible],	[illegible]	[illegible]	[illegible]
ŋo^{2}	dzjwo^{2}	thja^{1}	mə^{2}	ɣiẹ^{2}	mji^{1}	to^{2}	zji^{2}	khju^{2}
病	人,	此	音	声	闻,	咸	皆	具

郡、县、村、落、丘、聚众疾，诸彼病人，闻此音声，咸皆

8.10.4

[illegible]	[illegible]	[illegible]	[illegible]	[illegible]	[illegible]	[illegible]，	[illegible]	[illegible]
ljiw1	we2	tha2	phja1	ɣa2	tśiow1	dzjɨ2	thja1	·wju1
留	城	大	边	上	聚	集，	其	兽
[illegible]	[illegible]	[illegible]，	[illegible]	[illegible]	[illegible]	[illegible]，	[illegible]	[illegible]
njijr1	do2	njɨ2	zji2	thja1	tśhji1	khjwɨ1	·jij1	twụ1
野	所	到，	皆	其	肉	取，	自	各

集诣，具留大国，到其虫所，取其肌肉，各

8.10.5

[illegible]	[illegible]	[illegible]	[illegible]	[illegible]，	[illegible]	[illegible]	[illegible]	[illegible]
zow2	tśhjij1	thja1	tśhji1	dzji1	nioow1	ŋo2	to2	zji2
持	拿	其	肉	啖，	后	病	悉	皆
[illegible]	[illegible]，	[illegible]	[illegible]	[illegible]	[illegible]，	[illegible]	[illegible]	[illegible]
dja2	ŋwər2	thja1	wju1	njijr1	tśhji1	tsjɨ1	mər2	sju2
△	愈，	彼	兽	野	肉，	亦	故	如

赍来归，以救疗病，各得除愈，其虫身肉，如故

8.10.6

[illegible]	[illegible]。	[illegible]	[illegible]	[illegible]	[illegible]，	[illegible]	[illegible]	[illegible]
mji1	dzəj1	dzjij1	thja1	lhjij2	·u2	gjij2	njijr1	kha1
不	减。	时	其	国	中，	空	野	中
[illegible]	[illegible]	[illegible]	[illegible]，	[illegible]	[illegible]	[illegible]	[illegible]：	
dźjwu1	new2	wju1	njijr1	lja1	dạ2	rjɨr2	tshjiij1	
仁	良	兽	野。	颂	言	所	说：	

不减。时其国界，空野中虫。说是颂曰：

8.11.1

[illegible]	[illegible]	[illegible]	[illegible]	[illegible]，		[illegible]	[illegible]	[illegible]
thjɨ2	sju2	dạ2	kwej1	ŋwu2		·ji1	tha1	tśja1

斯	以	言	要	以，		众	佛	道
[illegible]	[illegible]，		[illegible]	[illegible]	[illegible]	[illegible]	[illegible]，	
śjɨj^{1}	phji^{1}		ŋa^{2}	·jij^{1}	thjo̱^{1}	sjij^{2}	tsjɨ^{1}	
成	令，		吾	之	妙	智	亦，	

以斯之言要，令众成佛道，使吾妙智慧，

8.11.2

[illegible]	[illegible]	[illegible]	[illegible]	[illegible]。		[illegible]	[illegible]	[illegible]
zji^{2}	dźjwa^{1}	sji^{1}	djij^{2}	mjij^{1}		tśhjwɨj^{1}	kie^{1}	zji^{2}
究	竟	穷	尽	无。		禁	戒	周
[illegible]	[illegible]，		[illegible]	[illegible]	[illegible]	[illegible]	[illegible]，	
ɣiew^{1}	dzjɨ̱^{2}		tśhji^{1}	khjwɨ^{1}	mjɨ^{1}	·jij^{1}	mji̱^{1}	
习	学，		肉	取	他	之	施，	

究竟无穷尽。周习学禁戒，取肌肉施与，

8.11.3

[illegible]	[illegible]	[illegible]	[illegible]	[illegible]，		[illegible]	[illegible]	[illegible]	[illegible]	[illegible]。
thjɨ^{2}	źjɨr^{1}	ɣiej^{1}	dạ^{2}	ŋwu^{2}		xja^{1}	tśhja^{2}	ɣiej^{1}	tśja^{1}	rjir^{1}
此	诚	真	辞	以，		速	正	真	道	逮。

以是至诚辞，速逮正真道。

8.11.4

[illegible]	[illegible]	[illegible]	[illegible]	[illegible]	[illegible]	[illegible]	[illegible]	[illegible]
dwu̱^{2}	rjar^{2}	kię^{1}	dźja^{2}	ɣie^{1}	mjijr^{2}	mjij^{1}	phji^{1}	ɲia^{1}
密	迹	金	刚	力	士	意	寂	菩
[illegible]	[illegible]	[illegible]：	[illegible]	[illegible]	[illegible]	[illegible]	[illegible]	[illegible]
tsjij^{2}	·jij^{1}	ji^{2}	thja^{1}	mə^{1}	khju^{1}	·jã^{1}	xu^{1}	thji^{2}
萨	之	谓：	其	天	下	阎	浮	提

密迹金刚力士曰：如是，寂意，其天下阎浮利，

8.11.5

[illegible]	[illegible]	[illegible]	[illegible]	[illegible]，	[illegible]	[illegible]	[illegible]	[illegible]

·u^2	ŋo^2	dzjwo^2	dźjịj^1	dźjịj^1	zji^2	thja^1	dźjwu^1	nẹw^2
中	病	人	所	在，	皆	此	仁	良
[illegible]	[illegible]	[illegible]	[illegible]	[illegible]，	[illegible]	[illegible]	[illegible]	[illegible]，
·wju^1	njijr^1	tśhji^1	lhjwi^1	dzji^1	rjar^1	ŋo^2	ŋowr^2	ŋowr^2
兽	野	肉	取	食，	疗	体	一	切，

诸有病者，皆往取是，仁良虫肉，悉服食之，疗体之病，

8.11.6

[illegible]	[illegible]	[illegible]	[illegible]。	[illegible]	[illegible]，	[illegible]	[illegible]	[illegible]
to^2	zji^2	dja^2	ŋwər^2	tśhjɨ^1	zjọ^2	thja^1	wju^1	njijr^1
尽	皆	△	消。	尔	时，	其	兽	野
[illegible]	[illegible]	[illegible]	[illegible]	[illegible]	[illegible]，	[illegible]	[illegible]	[illegible]
dźiã^2	tśhju^1	·jij^1	njij^2	śjow^1	nioow^1	·jij^1	ljụ^2	mər^2
众	生	之	愍	慈	故，	己	身	本

靡不得瘳。于时，其虫愍慈众生，其身

8.12.1

[illegible]，	[illegible]	[illegible]	[illegible]	[illegible]，	[illegible]	[illegible]	[illegible]	[illegible]，
sju^2	kjɨ^1	dzəj^1	lew^2	mjij^1	no^2	no^2	khjwɨ^1	tśhjij^1
如，	△	减	应	不，	各	各	截	取，
[illegible]	[illegible]	[illegible]	[illegible]，	[illegible]	[illegible]	[illegible]	[illegible]，	[illegible]
khjwɨ^1	nioow^1	·jị^2	to^2	thja^1	ljụ^2	dzjɨ^1	ŋowr^2	dzəj^1
截	复	故	生，	其	身	完	具，	缺

如故，亦不增减，各各截取，复生如故，其身完具，

8.12.2

[illegible]	[illegible]	[illegible]。	[illegible]	[illegible]，	[illegible]	[illegible]	[illegible]	[illegible]
phji^1	mjɨ^1	wjị^2	tśhjɨ^1	zjọ^2	lhjịj^2	we^2	nji^1	wjụ^2
令	不	能。	尔	时，	国	城	村	落
[illegible]，	[illegible]	[illegible]	[illegible]	[illegible]，	[illegible]	[illegible]	[illegible]	[illegible]
kha^1	ŋo^2	dzjwo^2	dźjiij^1	dźjiij^1	thja^1	dźjwu^1	neew^2	wju^1
中，	苦	患	诸	有，	其	仁	良	兽

亦不缺漏。郡国县邑，州城大邦①，诸有苦患，敢来食此仁良虫肉，

8.12.3

[illegible]	[illegible]	[illegible]	[illegible]，	[illegible]	[illegible]	[illegible]	[illegible]。	[illegible]
njijr1	tśhji1	dzji1	nioow1	zji2	no2	nej2	rjir1	śjạ1
野	肉	食	故，	皆	安	隐	得。	七
[illegible]	[illegible]	[illegible]，	[illegible]	[illegible]	[illegible]	[illegible]	[illegible]	[illegible]
·jaar2	iọ1	·u2	mə1	khju1	dźjiij1	dźjiij1	rjar1	ŋo2
日	凡	中，	天	下	所	有	疾	病

皆得安隐。七日之中，使天下人，无复疾病，

8.12.4

[illegible]	[illegible]	[illegible]。	[illegible]	[illegible]	[illegible]	[illegible]	[illegible]	[illegible]，
ŋjir1	zji2	mjij1	lew1	ljụ2	ŋo2	ljɨ̣1	dja2	ŋwər2
难	皆	无。	唯	身	病	虽	△	去，
[illegible]	[illegible]	[illegible]	[illegible]	[illegible]	[illegible]	[illegible]。	[illegible]	[illegible]
njiij1	lẹj2	tshjạ1	lə2	ŋo2	mjij2	ŋwər2	dzjɨj1	mə1
心	贪	瞋	痴	疾	未	消。	时	天

众患之难。唯去身病，未消心疾，淫怒痴疹。时天

8.12.5

[illegible]	[illegible]，	[illegible]	[illegible]	[illegible]	[illegible]，	[illegible]	[illegible]	[illegible]
khju1	dzjwo2	gọr1	sji2	tsəj1	khwej2	zji2	no2	nej2
下	人，	男	女	小	大，	皆	安	隐
[illegible]，	[illegible]	[illegible]	[illegible]	[illegible]。	[illegible]	[illegible]	[illegible]	[illegible]：
rjir1	niọw1	ljụ2	ŋo2	mjij1	·jij1	twụ1	ljɨr2	·wji1
得，	复	身	患	无。	自	各	念	作：

下人，男女大小，皆得安隐，无复身患。各心念言：

8.12.6

[illegible]	[illegible]	[illegible]	[illegible]	[illegible]，	[illegible]	[illegible]	[illegible]	[illegible]

① 郡国县邑，州城大邦，西夏本作"国城村落中"。

thja¹ dźjwu¹ neew² wju¹ njijr¹ nioow¹ ·ji¹ ŋo² dja²
彼 仁 良 兽 野, 故 众 病 △
[illegible], [illegible] [illegible] [illegible] [illegible], [illegible] [illegible] [illegible] [illegible]。
ŋwər² lju̜² no² nej² rjir¹ tśjo ·ji¹ ŋo² mjij¹
愈, 身 安 隐 得, 永 众 患 无。

今我等身,以何方便,报答仁良,所育慈养。

8.13.1

[illegible] [illegible] [illegible] [illegible] [illegible] [illegible] [illegible], [illegible] [illegible]
thjɨ² wjɨ² wa² sju² tśier¹ ·ju² ŋwu² dźjwu¹ neew²
此 刻 何 △ 方 便 以, 仁 良
[illegible] [illegible] [illegible] [illegible] [illegible] [illegible] [illegible]。 [illegible] [illegible]
wju¹ njijr¹ ·jij¹ khjwɨ¹ njwi¹ ljɨɨ¹ nji² ·jaa¹ ·jɨ²
兽 野 之 恩 功 报 △。 诸 曰

乃能被荷,众病得愈,身得安隐,永无众患。①

8.13.2

[illegible] [illegible] [illegible] [illegible], [illegible] [illegible] [illegible] [illegible] [illegible]
rjur¹ dja² ŋwər² dzjwo² zji² khju² ljiw¹ we² do²
诸 △ 愈 者, 普 具 留 城 处
[illegible] [illegible], [illegible] [illegible] [illegible] [illegible] [illegible] [illegible] [illegible],
kjɨ¹ dzjị² dźjwu¹ neew² wju¹ njijr¹ do² rjɨr² śji²
△ 集, 仁 良 兽 野 处 △ 到,

诸病愈者,普共集会,诣具留国,到仁良虫所,

8.13.3

[illegible] [illegible] [illegible] [illegible], [illegible] [illegible] [illegible]
to² zji² la̜¹ dzjwị¹ dźjwu¹ neew² wju¹
皆 共 手 叉, 仁 良 兽
[illegible] [illegible], [illegible] [illegible] [illegible] [illegible]:

① 今我等身,以何方便,报答仁良,所育慈养。乃能被荷,众病得愈,身得安隐,永无众患,西夏本作"彼仁良野兽故众得愈,身得安隐,永无众患。此刻以何方便,报仁良兽之功恩"。

njijr^{1}	do^{2}	ljaa^{1}	dạ^{2}	rjɨr^{2}	tshjiij^{1}
野	处，	偈	言	△	说：

皆共叉手，为仁良虫，说此偈言：

8.13.4

[illegible]	[illegible]	[illegible]	[illegible]	[illegible]，		[illegible]	[illegible]	[illegible]
nji^{2}	ŋa^{2}	·jij^{1}	gjuu^{2}	nioow^{1}		ljṳ^{2}	ŋwu^{2}	sju^{2}
汝	吾	之	救	故，		身	以	医
[illegible]	[illegible]，		[illegible]	[illegible]	[illegible]	[illegible]	[illegible]，	
tsə̣^{1}	wji^{1}		ŋa^{2}	njɨ^{2}	tśjị^{1}	dzjar^{2}	phji^{1}	
药	为，		吾	等	患	除	令，	

仁为是救护，仁身良医药，咸令我除患，

8.13.5

[illegible]	[illegible]	[illegible]	[illegible]	[illegible]？
nja^{2}	ljị^{2}	thjij^{2}	sjo^{2}	ljɨɨ^{1}
汝	恩	何	云	报？

以何报仁养？

8.13.6

[illegible]	[illegible]，	[illegible]	[illegible]	[illegible]	[illegible]	[illegible]	[illegible]	[illegible]
tśhjɨ^{1}	zjọ^{2}	dźjwu^{1}	neew^{2}	wju^{1}	njijr^{1}	·jij^{1}	ljṳ^{2}	dja^{2}
尔	时，	仁	良	兽	野	自	身	△
[illegible]，	[illegible]	[illegible]	[illegible]	[illegible]，	[illegible]	[illegible]	[illegible]	[illegible]
lej^{2}	śjɨ^{2}	dzjwɨ^{1}	ljṳ^{2}	we^{2}	thja^{1}	·ji^{1}	dzjwo^{2}	·jij^{1}
变，	释	帝	身	现，	其	众	人	之

尔时，仁良虫自没其身，现天帝形，为大众人，

8.14.1

[illegible]	[illegible]	[illegible]	[illegible]：
ljaa^{1}	dạ^{2}	rjɨr^{2}	tshjiij^{1}
颂	言	△	说：

而说颂曰：

8.14.2

[illegible]	[illegible]	[illegible]	[illegible]	[illegible]，		[illegible]	[illegible]	[illegible]
thjɨ^{2}	wjɨ^{2}	ŋa^{2}	lju̧^{2}	tja^{1}		·jɨj^{2}	we^{2}	nioow^{1}
此	刻	吾	身	者，		居	业	及
[illegible]	[illegible]，		[illegible]	[illegible]	[illegible]	[illegible]	[illegible]。	
tji̧^{1}	dzji^{1}		kię^{1}	ŋwo^{2}	nioow^{1}	kiwej^{2}	ljɨ̣^{1}	
食	饮，		金	银	及	珍	宝。	

如吾今日身，不用众居业，不以饮食供，金银及珍宝。

8.14.3

[illegible]	[illegible]	[illegible]	[illegible]	[illegible]，		[illegible]	[illegible]	[illegible]
bju^{2}	ko^{1}	rjijr^{1}	ko^{1}	ŋa̧^{2}		to^{2}	zji^{2}	mji^{1}
象	车	马	车	好，		悉	皆	不
[illegible]	[illegible]，		[illegible]	[illegible]	[illegible]	[illegible]	[illegible]，	
śjwi^{2}	ŋa^{2}		rjur^{1}	goor^{1}	sji^{2}	tsəj^{1}	khwej^{2}	
需	吾，		诸	男	女	小	大，	

不以好象车，不快马细车。男女诸大小，

8.14.4

[illegible]	[illegible]	[illegible]	[illegible]	[illegible]。		[illegible]	[illegible]	[illegible]
zji^{2}	gu^{2}	·a	njiij^{1}	thwuu^{1}		wjɨ^{2}	rar^{2}	dzwej^{1}
皆	共	一	心	同。		△	过	罪
[illegible]	[illegible]，		[illegible]	[illegible]	[illegible]	[illegible]	[illegible]，	
rewr^{2}	lhjii^{1}		mjij^{2}	ljij^{2}	neew^{2}	djo̧^{2}	dzjɨɨ^{2}	
悔	改，		未	来	善	修	化，	

咸供心和同。皆改往修来，

8.14.5

[illegible]	[illegible]	[illegible]	[illegible]	[illegible]，		[illegible]	[illegible]	[illegible]
zji^{2}	ɣa̧^{2}	neew^{2}	śjij^{1}	dźjij^{1}		njij^{2}	njiij^{1}	ŋwu^{2}

皆	十	善	奉	行，		慈	心	以
□	□，		□	□	□	□	□。	
dźjwɨ1	·juu1		·jij1	gu2	dźjwɨ1	njij2	śjow1	
相	向，		各	共	相	愍	伤。	

身奉行十善，各相向慈心，展转相愍伤。

8.14.6

□	□	□	□	□，		□	□	□
dzjọ1	wja1	mja1	mjịj1	zji1		njij1	low1	·a
如	父	母	女	子，		近	亲	△
□	□，		□	□	□	□	□，	
ber2	sju2		tśjuu1	njiij1	mji1	tśhju1	ku1	
遇	如，		害	心	不	怀	故，	

相见如骨肉，犹如父母子，心不怀害念，

8.15.1

□	□	□	□	□。
ŋa2	·jij1	ljị2	ljɨɨ1	njwi2
吾	之	恩	报	能。

乃报其慈养。

汉文本

密迹金刚力士，复语寂意菩萨：尔时，彼大国城，郡、县、村、落、丘、聚众疾，诸彼病人，闻此音声，咸皆集诣，具留大国，到其虫所，取其肌肉，各赍来归，以救疗病，各得除愈，其虫身肉，如故不减。时其国界，空野中虫，说是颂曰：

以斯之言要，令众成佛道，

使吾妙智慧，究竟无穷尽。

周习学禁戒，取肌肉施与，

以是至诚辞，速逮正真道。

密迹金刚力士曰：如是，寂意，其天下阎浮利，诸有病者，皆往取是，仁良虫肉，悉服食之，疗体之病，靡不得瘳。于时，其虫愍慈众生，其身如故，亦不增减，各各截取，复生如故，其身完具，亦不缺漏。郡国县邑，州城大邦，诸有苦患，敢来食此仁良虫肉，皆得安隐。七日之中，使天下人，无复疾病，众患之难。唯去身病，未消心疾，淫怒痴疹。时天下人，男女大小，皆得安隐，无复身患。各心念言：今我等身，以何方便，报答仁良，所育慈养。乃能被荷，众病得愈，身得安隐，永无众患。诸病愈者，普共集会，诣具留国，到仁良虫所，皆共叉手，为仁良虫，说此偈言：

仁为是救护，仁身良医药，
咸令我除患，以何报仁养？
尔时，仁良虫自没其身，现天帝形，为大众人，而说颂曰：
如吾今日身，不用众居业，
不以饮食供，金银及珍宝。
不以好象车，不快马细车，
男女诸大小，咸供心和同。
皆改往修来，身奉行十善，
各相向慈心，展转相愍伤。
相见如骨肉，犹如父母子，
心不怀害念，乃报其慈养。

8.15.2

[illegible]	[illegible]	[illegible]	[illegible]	[illegible]	[illegible]，	[illegible]	[illegible]	[illegible]
dwuu^{2}	rjar^{2}	kię^{1}	dźja^{2}	ɣie^{1}	mjijr^{2}	phji^{1}	mjij^{1}	dźiã^{2}
密	迹	金	刚	力	士，	意	寂	菩
[illegible]	[illegible]	[illegible]	[illegible]：	[illegible]	[illegible]	[illegible]	[illegible]，	[illegible]
tsjij^{2}	·jij^{1}	dạ^{2}	·jɨ^{2}	thja^{1}	zjọ^{2}	·ji^{1}	dzjwo^{2}	thja^{1}
萨	之	语	谓：	彼	时	众	人，	其

密迹金刚力士，语寂意菩萨：时彼众人，

8.15.3

[illegible]	[illegible]	[illegible]，	[illegible]	[illegible]	[illegible]	[illegible]，	[illegible]	[illegible]
dzju^{1}	dạ^{2}	mji^{1}	njwo^{2}	ljo^{1}	bju^{1}	ku^{1}	zji^{2}	gu^{2}
训	诲	闻，	宿	福	依	则，	皆	共
[illegible]	[illegible]	[illegible]	[illegible]	[illegible]	[illegible]，	[illegible]	[illegible]	[illegible]
thja^{1}	ɣạ^{2}	nẹw^{2}	sjwɨ^{1}	śjij^{1}	dźjij^{1}	ŋowr^{2}	lhə	gji^{1}
彼	十	善	业	△	行，	具	足	清

闻其训诲，宿福所化，皆共奉行，是十善业，具足清

8.15.4

[illegible]，	[illegible]	[illegible]	[illegible]	[illegible]。	[illegible]	[illegible]	[illegible]	[illegible]，

sej^{1}	lej^{2}	ŋwo^{2}	mji^{1}	dju^{1}	phji^{1}	mjij^{1}	dźiã^{2}	tsjij^{2}
净，	缺	漏	不	有。	意	寂	菩	萨，
[illegible]	[illegible]	[illegible]	[illegible]	[illegible]	[illegible]	[illegible]，	[illegible]	[illegible]
dzjɨj^{1}	mə^{1}	khju^{1}	goor^{1}	sji^{2}	tsəj^{1}	khwej^{2}	ɣạ^{2}	neew^{2}
时	天	下	男	女	小	大，	十	善

净，不令缺漏。如是，寂意，时天下人，男女大小，

8.15.5

[illegible]	[illegible]，	[illegible]	[illegible]	[illegible]	[illegible]	[illegible]	[illegible]	[illegible]
śjij^{1}	dźjịj^{1}	kạ^{1}	bja^{2}	nioow^{1}	rjijr^{2}	sọ^{1}	niow^{2}	tśja^{1}
奉	行，	命	断	之	后	三	厄	道
[illegible]	[illegible]	[illegible]，	[illegible]	[illegible]	[illegible]	[illegible]	[illegible]	[illegible]
·u^{2}	mji^{1}	ljɨ^{1}	thja^{1}	śjij^{1}	tew^{1}	lji^{1}	mə^{1}	tśhjaa^{1}
中	不	堕，	自	然	忉	利	天	上

奉行十善，终身没已，不堕恶趣、三厄之难。寿终之后，自然得生，忉利天上。

8.15.6

[illegible]	[illegible]。	[illegible]	[illegible]	[illegible]	[illegible]，	[illegible]	[illegible]	[illegible]
wee^{1}	rjir^{1}	dzjɨj^{1}	śjɨ^{2}	ŋwər^{1}	dzjwɨ^{1}	nioow^{1}	tsjiir^{1}	tshjiij^{1}
生	得。	时	释	天	帝，	又	法	说
[illegible]，	[illegible]	[illegible]	[illegible]	[illegible]，	[illegible]	[illegible]	[illegible]	[illegible]
wji^{1}	tha^{2}	sjwɨj^{1}	phie^{2}	neej^{2}	zji^{2}	zji^{2}	phju^{2}	tśhja^{2}
为，	大	业	开	示，	皆	无	上	正

又天帝释，为讲说法，开示大业，皆发无上正

8.16.1

[illegible]	[illegible]	[illegible]	[illegible]	[illegible]，	[illegible]	[illegible]	[illegible]	[illegible]
ɣiej^{1}	tśja^{1}	njij^{1}	·a	śjwo^{1}	thja^{1}	tjị^{2}	zji^{2}	mji^{1}
真	道	心	△	发，	彼	可	皆	无
[illegible]	[illegible]	[illegible]	[illegible]。	[illegible]	[illegible]	[illegible]	[illegible]，	[illegible]
lhjii^{1}	lhjwo^{1}	ljɨ̣^{2}	dźjiij^{1}	phji^{1}	mjij^{1}	dźiã^{2}	tsjij^{2}	thjɨ^{2}
退	转	地	住。	意	寂	菩	萨，	此

真道意，应时悉立，不退转地。寂意当了，

8.16.2

[illegible]	[illegible]	[illegible]	[illegible]	[illegible]	[illegible]	[illegible]	[illegible]，	[illegible]
tja1	dźiã2	tsjij2	·jij1	rjɨr2	djọ2	dwuu2	dźjɨ	ljụ2
者	菩	萨	之	△	修	密	行，	身
[illegible]	[illegible]	[illegible]，	[illegible]	[illegible]	[illegible]	[illegible]，	[illegible]	[illegible]
·wejr2	gji1	sej1	ljụ2	kạ1	mji1	wier1	·jij1	ljụ2
护	清	净，	身	命	不	惜，	己	身

是则菩萨所修密行，护身清净，不惜身命，以己

8.16.3

[illegible]	[illegible]，	[illegible]	[illegible]	[illegible]	[illegible]	[illegible]	[illegible]	[illegible]
mjii1	ŋwu2	ŋewr2	mjij1	dźiã2	tśhju1	·jij1	gjuu2	la2
施	以，	数	无	众	生	之	救	济
[illegible]	[illegible]，	[illegible]	[illegible]	[illegible]	[illegible]	[illegible]。	[illegible]	[illegible]
phie2	neej2	ljịj2	tśja1	njɨ2	phji1	ŋwu2	tha1	phji1
开	化，	大	道	至	使	是。	佛	意

用施，开化救济，无数众生，使至大道。佛

8.16.4

[illegible]	[illegible]	[illegible]	[illegible]	[illegible]：	[illegible]	[illegible]	[illegible]	[illegible]
mjij1	dźiã2	tsjij2	·jij1	·jɨ2	dźiã2	tsjij2	·jij1	ljụ2
寂	菩	萨	之	谓：	菩	萨	之	身
[illegible]	[illegible]	[illegible]	[illegible]	[illegible]，	[illegible]	[illegible]	[illegible]	[illegible]，
rjɨr2	dźjịj1	·ji1	dwuu2	tja1	gjwɨ1	lwo2	·joor1	·jijr1
△	行	众	密	者，	坚	固	牢	强，

告寂意：菩萨身所行众密，坚固牢强，

8.16.5

[illegible]	[illegible]	[illegible]	[illegible]，	[illegible]	[illegible]	[illegible]	[illegible]。	[illegible]
kię1	dźja2	wjɨ2	sju2	ŋwo2	ljiij2	tjị2	mjij1	thja1

金 刚 犹 如, 破 坏 可 不。 其

[illegible] [illegible] [illegible] [illegible] [illegible] [illegible] [illegible], [illegible] [illegible]

ljụ^{2} sar^{2} nioow^{1} ·ji^{1} dzjwo^{2} rjɨr^{2} ɣiew^{1} kjur^{2} dzjɨj^{1}

身 散 复 众 人 所 学, 志 律

不可破坏,犹如金刚。其身散以众人所学,从志律

8.16.6

[illegible] [illegible], [illegible] [illegible] [illegible] [illegible] [illegible] [illegible] [illegible]。

nioow^{1} ku^{1} ŋwo^{2} ljiij^{2} tsjɨ^{1} ŋwo^{2} ljiij^{2} mjɨ^{1} wjị^{2}

故 则, 损 坏 亦 损 坏 无 能。

[illegible] [illegible] [illegible] [illegible], [illegible] [illegible] [illegible] [illegible], [illegible]

dźiã^{2} tśhju^{1} ɣiew^{1} nioow^{1} tsjiir^{1} ɣiew^{1} bju^{1} dźjiij^{1} ŋowr^{2}

众 生 学 故, 法 学 从 住, 一

故,虽欲毁之,不能破坏。众生以学,从学法住,一

8.17.1

[illegible] [illegible] [illegible]。 [illegible] [illegible] [illegible] [illegible], [illegible] [illegible]

ŋowr^{2} mji^{1} ljiij^{2} rjɨr^{2} tshjiij^{1} tsjiir^{1} tja^{1} məə^{1} ŋwu^{2}

切 不 坏。 所 言 教 者, 火 以

[illegible] [illegible] [illegible], [illegible] [illegible] [illegible] [illegible] [illegible], [illegible]

lu^{2} mjɨ^{1} njwi^{2} bjɨr^{1} ŋwu^{2} tśjuu^{1} mjɨ^{1} wjị^{2} thja^{1}

烧 不 能, 刀 以 伤 不 能, 其

切不坏。所宣言教,火不能烧,刀不能伤,其

8.17.2

[illegible] [illegible] [illegible] [illegible] [illegible], [illegible] [illegible] [illegible] [illegible]。

ljụ^{2} gjwɨ^{1} lwo^{2} mji^{1} mju^{2} ljiij^{2} tjị^{2} mjij^{1} ljɨ^{1}

身 坚 强 不 动, 坏 可 不 也。

[illegible] [illegible] [illegible] [illegible], [illegible] [illegible] [illegible] [illegible] [illegible],

phji^{1} mjij^{1} dźiã^{2} tsjij^{2} thja^{1} dźiã^{2} tsjij^{2} ljụ^{2} tja^{1}

意 寂 菩 萨, 其 菩 萨 身 者,

身坚强,要不可毁。犹如,寂意,其菩萨身,

8.17.3

[illegible]	[illegible]	[illegible]	[illegible]	[illegible]	[illegible]	[illegible]，	[illegible]	[illegible]	[illegible]
ljụ^{2}	ŋwu^{2}	tsjiir^{1}	dzjɨj^{1}	śjij^{1}	tsjiir^{1}	wji^{1}	dźiã^{2}	tśhju^{1}	·jij^{1}
身	以	法	律	顺	法	为，	众	生	之
[illegible]	[illegible]；	[illegible]	[illegible]	[illegible]	[illegible]，	[illegible]	[illegible]	[illegible]	
·jar^{2}	dzjiij^{2}	thja^{1}	dźiã^{2}	tsjij^{2}	njiij^{1}	mjij^{1}	sej^{1}	mji^{1}	
调	化；	其	菩	萨	心，	寂	然	不	

身顺法律，调化众生；其菩萨心，不以寂然，

8.17.4

[illegible]，	[illegible]	[illegible]	[illegible]	[illegible]	[illegible]。	[illegible]	[illegible]	[illegible]
wji^{1}	lạ^{1}	sjiij^{2}	tsjɨ^{1}	mji^{1}	śjwo^{1}	dźiã^{2}	tśhju^{1}	ŋowr^{2}
以，	妄	想	亦	不	生。	众	生	一
[illegible]	[illegible]	[illegible]，	[illegible]	[illegible]	[illegible]	[illegible]	[illegible]，	[illegible]
ŋowr^{2}	·jij^{1}	ljụ^{2}	mər^{2}	ɣa^{2}	njij^{2}	zji^{2}	mjij^{1}	·jij^{1}
切	之	身，	本	△	昔	悉	无，	己

不怀妄想。一切众生，身悉本无，其己

8.17.5

[illegible]	[illegible]	[illegible]	[illegible]	[illegible]	[illegible]	[illegible]，	[illegible]	[illegible]
ljụ^{2}	tsjɨ^{1}	mər^{2}	ɣa^{2}	njij^{2}	ŋa^{1}	ŋwu^{2}	mər^{2}	mjij^{1}
身	亦	本	△	昔	空	是，	本	无
[illegible]	[illegible]	[illegible]，	[illegible]	[illegible]	[illegible]	[illegible]。	[illegible]	[illegible]
tsjij^{2}	nioow^{1}	ljɨ^{1}	·jij^{1}	ljụ^{2}	mər^{2}	mjij^{1}	ku^{1}	rjur^{1}
悟	因	也，	己	身	本	无。	则	诸

亦然，亦复本空，以了本无，己身本无。

8.17.6

[illegible]	[illegible]	[illegible]	[illegible]	[illegible]	[illegible]，	[illegible]	[illegible]	[illegible]
tsjiir^{1}	ŋowr^{2}	ŋowr^{2}	tsjɨ^{1}	mər^{2}	mjij^{1}	rjur^{1}	tsjiir^{1}	mər^{2}
法	一	切	亦	本	无，	诸	法	本

[illegible]，	[illegible]	[illegible]	[illegible]	[illegible]	[illegible]	[illegible]	[illegible]，	[illegible]
mjij^{1}	nioow^{1}	·jij^{1}	ljụ^{2}	mər^{2}	mjij^{1}	·o^{2}	tsjij^{2}	ku^{1}
无，	复	自	身	本	无	入	悟，	则

一切诸法,亦复本无,诸法本无,又解己身,以归本无。

8.18.1

[illegible]	[illegible]	[illegible]	[illegible]	[illegible]	[illegible]	[illegible]，	[illegible]	[illegible]
rjur^{1}	tsjiir^{1}	ŋowr^{2}	ŋowr^{2}	tsjɨ^{1}	mər^{2}	mjij^{1}	rjur^{1}	tsjiir^{1}
诸	法	一	切	亦	本	无，	诸	法
[illegible]	[illegible]，	[illegible]	[illegible]	[illegible]	[illegible]	[illegible]，	[illegible]	[illegible]
mər^{2}	mjij^{1}	ku^{1}	·jij^{1}	ljụ^{2}	thja^{1}	śjij^{1}	mər^{2}	mjij^{1}
本	无，	则	己	身	自	然，	本	无

一切诸法,亦复本无,诸法本无,己身自然,亦归本无,

8.18.2

[illegible]	[illegible]。	[illegible]	[illegible]	[illegible]、	[illegible]	[illegible]、	[illegible]	[illegible]
kha^{1}	·o^{2}	·jij^{1}	wjɨ^{2}	rar^{2}	mjij^{2}	ljij^{2}	mjor^{1}	dźjiij^{1}
中	入。	己	△	去、	将	来、	现	在
[illegible]	[illegible]	[illegible]，	[illegible]	[illegible]	[illegible]、	[illegible]	[illegible]	[illegible]
tsjiir^{1}	mər^{2}	mjij^{1}	ku^{1}	wjɨ^{2}	rar^{2}	mjij^{2}	ljij^{2}	mjor^{1}
法	本	无，	则	△	去、	将	来	现

己以本无。过去、当来、今现在法,亦复本无,

8.18.3

[illegible]	[illegible]	[illegible]	[illegible]	[illegible]，	[illegible]	[illegible]	[illegible]	[illegible]
dźjiij^{1}	tsjiir^{1}	tsjɨ^{1}	mər^{2}	mjij^{1}	mər^{2}	mjij^{1}	tsjij^{2}	nioow^{1}
在	法	亦	本	无，	本	无	悟	故
[illegible]，	[illegible]	[illegible]	[illegible]	[illegible]	[illegible]	[illegible]，	[illegible]	[illegible]
ljɨ^{1}	nioow^{1}	·jij^{1}	ljụ^{2}	tsjɨ^{1}	mər^{2}	mjij^{1}	ku^{1}	thja^{1}
也，	复	己	身	亦	本	无，	则	其

去来今法,以了本无,又复己身,亦复本无。

8.18.4

[illegible]	[illegible]	[illegible]	[illegible]，	[illegible]	[illegible]	[illegible]	[illegible]，	[illegible]
wjɨ^{2}	rar^{2}	mər^{2}	mjij^{1}	mjij^{2}	ljịj^{2}	mər^{2}	mjij^{1}	rjir^{2}
△	去	本	无，	将	来	本	无，	而
[illegible]	[illegible]	[illegible]。	[illegible]	[illegible]	[illegible]	[illegible]，	[illegible]	[illegible]
mji^{1}	dza^{1}	lwu^{1}	mjij^{2}	ljịj^{2}	mər^{2}	mjij^{1}	tsjɨ^{1}	wjɨ^{2}
不	错	乱。	将	来	本	无，	亦	过

过去本无，当来本无，而不错乱。当来本无，不与过

8.18.5

[illegible]	[illegible]	[illegible]	[illegible]	[illegible]	[illegible]	[illegible]。	[illegible]	[illegible]
rar^{2}	mər^{2}	mjij^{1}	rjir^{2}	dźjwɨ^{1}	mji^{1}	ljwu^{1}	wjɨ^{2}	rar^{2}
去	本	无	与	相	不	违。	△	去
[illegible]	[illegible]，	[illegible]	[illegible]	[illegible]	[illegible]	[illegible]	[illegible]	[illegible]
mər^{2}	mjij^{1}	tsjɨ^{1}	mjor^{1}	dźjiij^{1}	mər^{2}	mjij^{1}	rjir^{2}	dźjwɨ^{1}
本	无，	亦	现	在	本	无	与	相

去本，无相违也。过去本无，不与现在本，无相

8.18.6

[illegible]	[illegible]。	[illegible]	[illegible]	[illegible]	[illegible]，	[illegible]	[illegible]	[illegible]
mji^{1}	ljwu^{1}	mjor^{1}	dźjiij^{1}	mər^{2}	mjij^{1}	tsjɨ^{1}	wjɨ^{2}	rar^{2}
不	违。	现	在	本	无，	亦	△	去
[illegible]	[illegible]	[illegible]	[illegible]	[illegible]	[illegible]；	[illegible]	[illegible]	[illegible]
mər^{2}	mjij^{1}	rjir^{2}	dźjwɨ^{1}	mji^{1}	ljwu^{1}	mjor^{1}	dźjiij^{1}	mər^{2}
本	无	与	相	不	违；	现	在	本

违也。现在本无，不与过去本，无相违也。现在本

8.19.1

[illegible]，	[illegible]	[illegible]	[illegible]、	[illegible]	[illegible]	[illegible]	[illegible]	[illegible]
mjij^{1}	tsjɨ^{1}	wjɨ^{2}	rar^{2}	mjij^{2}	ljịj^{2}	mər^{2}	mjij^{1}	rjir^{2}
无，	亦	△	去、	将	来	本	无	与

[Tangut]	[Tangut]	[Tangut]。	[Tangut]	[Tangut]、	[Tangut]	[Tangut]	[Tangut]	[Tangut],
dźjwɨ^{1}	mji^{1}	ljwu^{1}	wjɨ^{2}	rar^{2}	mjij^{2}	ljij^{2}	mər^{2}	mjij^{1}
相	不	违。	△	去、	将	来	本	无,

无,不与过去、当来相违也。过去、当来本无,

8.19.2

[Tangut]	[Tangut]	[Tangut]	[Tangut]	[Tangut]	[Tangut]	[Tangut]	[Tangut]	[Tangut]。
tsjɨ^{1}	mjor^{1}	dźjiij^{1}	mər^{2}	mjij^{1}	rjir^{2}	dźjwɨ^{1}	mji^{1}	ljwu^{1}
亦	现	在	本	无	与	相	不	违。
[Tangut]	[Tangut]	[Tangut]	[Tangut]	[Tangut],	[Tangut]	[Tangut]	[Tangut]	[Tangut]
thja^{1}	mjij^{2}	ljij^{1}	mər^{2}	mjij^{1}	tsjɨ^{1}	mjor^{1}	dźjiij^{1}	mər^{2}
彼	将	来	本	无,	亦	现	在	本

不与现在本无相违也。其当来本无,不与现在本

8.19.3

[Tangut]	[Tangut]	[Tangut]	[Tangut]	[Tangut]。	[Tangut]	[Tangut]、	[Tangut]	[Tangut]
mjij^{1}	rjir^{2}	dźjwɨ^{1}	mji^{1}	ljwu^{1}	wjɨ^{2}	rar^{2}	mjij^{2}	ljij^{2}
无	与	相	不	违。	△	去、	将	来
[Tangut]	[Tangut]	[Tangut]	[Tangut],	[Tangut]	[Tangut]	[Tangut]	[Tangut]	[Tangut]
mjor^{1}	dźjiij^{1}	mər^{2}	mjij^{1}	mjor^{1}	dźjiij^{1}	mər^{2}	mjij^{1}	rjir^{2}
现	在	本	无,	现	在	本	无	与

无相违也。去来①、今现本无,不与现在本无

8.19.4

[Tangut]	[Tangut]	[Tangut]。	[Tangut]	[Tangut]	[Tangut]、	[Tangut]	[Tangut]、	[Tangut]
dźjwɨ^{1}	mji^{1}	ljwu^{1}	thja^{1}	wjɨ^{2}	rar^{2}	mjij^{2}	ljij^{2}	mjor^{1}
相	不	违。	彼	△	去、	将	来、	现
[Tangut]	[Tangut]	[Tangut],	[Tangut]	[Tangut]	[Tangut]	[Tangut]	[Tangut]	[Tangut]
dźjiij^{1}	mər^{2}	mjij^{1}	tsjɨ^{1}	dźjɨ	dźjij^{1}	tja^{1}	·jij^{1}	rjur^{1}
在	本	无,	亦	行	进	者	之	诸

① 去来,西夏本作"过去、将来",下同。

而相违也。其去、来、今本无，行者诸

8.19.5

[illegible]、	[illegible]	[illegible]、	[illegible]	[illegible]、	[illegible]	[illegible]、	[illegible]	[illegible]
ŋur^1	rjur^1	kiej^2	rjur^1	do^2	tśhjiw^1	lhjɨ^2	ljɨɨr^1	tha^2
阴、	世	界、	诸	入、	六	尘、	四	大
[illegible]	[illegible]	[illegible]。	[illegible]	[illegible]	[illegible]	[illegible]	[illegible]，	[illegible]
rjir^2	mji^1	ljwu^1	rjur^1	źji^1	njɨɨ^2	lhji^2	wee^1	nioow^1
与	不	违。	诸	烦	恼	死	生，	及

阴、诸种、诸入、众衰①，四大未曾相违也。设使生死，

8.19.6

[illegible]	[illegible]	[illegible]，	[illegible]	[illegible]	[illegible]	[illegible]，	[illegible]	[illegible]
dźiəj^2	mə^1	rjir^2	thja^1	śjij^1	mər^2	mjij^1	lhji^2	wee^1
为	无	与，	自	然	本	无，	死	生
[illegible]	[illegible]	[illegible]，	[illegible]	[illegible]	[illegible]	[illegible]	[illegible]。	[illegible]
tsjɨ^1	mər^2	mjij^1	dźjij^1	lew^2	mjij^1	nioow^1	ljɨ^1	thja^1
亦	本	无，	行	所	无	故	也。	自

及与无为，自然本无，生死本无，以无所行。

8.20.1

[illegible]	[illegible]	[illegible]，	[illegible]	[illegible]	[illegible]	[illegible]，	[illegible]	[illegible]
śjij^1	mər^2	mjij^1	mər^2	mjij^1	thja^1	śjij^1	rjur^1	dźjɨ
然	本	无，	本	无	自	然，	诸	行
[illegible]	[illegible]，	[illegible]	[illegible]	[illegible]	[illegible]	[illegible]	[illegible]	[illegible]
mər^2	mjij^1	nioow^1	thja^1	śjij^1	mər^2	mjij^1	rjir^2	mji^1
本	无，	及	自	然	本	无	与	不

本无自然，无行本无②，不违本无、诸行本无自然。

① 众衰，西夏本作“六尘”。六尘，色声香味触法之六境也，此六境有眼等六根入身以尘污净心者，故谓之尘。参见丁福保：《佛学大辞典》，上海：上海书店出版社 2015 年，第 657 页。

② 本无自然，无行本无，西夏本作“本无自然，自然本无”。

8.20.2

[illegible]。	[illegible]	[illegible]	[illegible]	[illegible],	[illegible]	[illegible]	[illegible]	[illegible]
ljwu^{1}	nioow^{1}	neew^{2}	goor^{1}	gji^{2}	thjɨ^{2}	tja^{1}	mər^{2}	mjij^{1}
违。	又	族	姓	子,	此	者	本	无
[illegible],	[illegible]	[illegible]	[illegible]	[illegible],	[illegible]	[illegible]	[illegible]	[illegible],
ŋwu^{2}	thja^{1}	mər^{2}	mjij^{1}	tja^{1}	·a	tsjiir^{1}	do^{2}	mjij^{1}
是,	其	本	无	者,	△	法	异	无,

又族姓子,所谓本无,其本无者,等无有异,

8.20.3

[illegible]	[illegible]	[illegible]	[illegible],	[illegible]	[illegible]	[illegible]	[illegible]。	[illegible]
kięj^{2}	mji^{1}	khwa^{1}	ka^{2}	gu^{1}	śjwo^{1}	lew^{2}	mjij^{1}	mər^{2}
欲	不	远	离,	立	成	所	无。	本
[illegible]	[illegible]	[illegible],	[illegible]	[illegible]	[illegible]	[illegible],	[illegible]	[illegible]
ɣwej^{1}	dzeej^{1}	mjij^{1}	thja^{1}	ɣwej^{1}	dzeej^{1}	tja^{1}	rjur^{1}	ɣwej^{1}
诤	讼	无,	其	诤	讼	者,	诸	诤

不离于欲,无所成立。本无诤讼,是诤讼者,与诸诤

8.20.4

[illegible]	[illegible]	[illegible]	[illegible]	[illegible]	[illegible],	[illegible]	[illegible]	[illegible]
dzeej^{1}	rjir^{2}	dzeej^{1}	lew^{2}	mji^{1}	dju^{1}	dzeej^{1}	lew^{2}	mjij^{1}
讼	与	诤	所	无	有,	诤	所	无
[illegible]	[illegible]。	[illegible]	[illegible]	[illegible]	[illegible]	[illegible]	[illegible]	[illegible],
nioow^{1}	ljɨ^{1}	thja^{1}	mər^{2}	mjij^{1}	tja^{1}	dzeej^{1}	lew^{2}	mjij^{1}
故	也。	彼	本	无	者	诤	所	无,

讼,亦无所诤,以无所诤。其本无者,亦无所诤,

8.20.5

[illegible]	[illegible]	[illegible]	[illegible]	[illegible]	[illegible]	[illegible];	[illegible]	[illegible]
ku^{1}	tśhjwo^{1}	mjor^{1}	ljij^{2}	mər^{2}	mjij^{1}	·jɨ^{2}	mjor^{1}	ljij^{2}
则	故	如	来	本	无	谓;	如	来

swu^{2}	mjij^{1}	thja^{1}	mər^{2}	mjij^{1}	kha^{1}	ljwị^{1}	ku^{1}	tśhjwo^{1}
像	无，	彼	本	无	中	归，	则	故

是则名曰如来本无；如来无像，归斯本无，

8.20.6

mjor^{1}	ljij^{2}	·jwɨr^{1}	·jij^{1}	·jɨ^{2}	rjur^{1}	tsə̣^{1}	·jij^{1}	ŋowr^{2}
如	来	形	像	谓；	诸	色	像	一
ŋowr^{2}	zji^{2}	ljij^{2}	ku^{1}	thjɨ^{2}	nioow^{1}	·jwɨr^{1}	·jij^{1}	nioow^{1}
切	普	现，	则	此	故	形	像	及

是则名曰如来形像；普现一切，诸所色像，

8.21.1

mjor^{1}	ljij^{2}	·jwɨr^{1}	·jij^{1}	ŋowr^{2}	ŋowr^{2}	mər^{2}	mjij^{1}	ku^{1}
如	来	形	像	一	切	本	无，	则
tśhjwo^{1}	mjor^{1}	ljij^{2}	·jij^{1}	·jwɨr^{1}	·jij^{1}	·jɨ^{2}	thjɨ^{2}	nioow^{1}
故	如	来	之	形	像	谓；	此	故

是故形像，如来形像，一切本空，是则名曰如来之像；是故

8.21.2

dźiã^{2}	tsjij^{2}	swu^{2}	ŋowr^{2}	ŋowr^{2}	śja^{2}	mjor^{1}	ljij^{2}	·jwɨr^{1}
菩	萨	像	一	切	现，	如	来	象
·jij^{1}	swu^{2}	mjij^{1}	dzeej^{1}	mjij^{1}	ku^{1}	tśhjɨ^{1}	mja^{1}	nioow^{1}
形。	像	无	诤	无，	则	尔	△	及

菩萨现一切像,如来未曾造现形像①。无像无净,尔乃

8.21.3

[illegible]	[illegible]	[illegible]	[illegible]	[illegible]。	[illegible]	[illegible]	[illegible]	[illegible]
·ji^{1}	swu^{2}	ŋowr^{2}	ŋowr^{2}	śja^{2}	mər^{2}	mjij^{1}	ŋwu^{2}	gu^{1}
众	像	一	切	现。	本	无	以	立
[illegible]	[illegible]	[illegible],	[illegible]	[illegible]	[illegible]	[illegible],	[illegible]	[illegible]
śjwo^{1}	lew^{2}	mjij^{1}	mər^{2}	sjwɨj^{1}	mjij^{1}	ŋwu^{2}	·jij^{1}	ljụ^{2}
成	所	不,	本	业	无	也,	自	身

普现一切众像。不以本无,有所成立,以本无业,自观其身,

8.21.4

[illegible]	[illegible]	[illegible]	[illegible]	[illegible]	[illegible],	[illegible]	[illegible]	[illegible],
nioow^{1}	rjur^{1}	ljụ^{2}	mər^{2}	mjij^{1}	bioo^{1}	·jij^{1}	tsjiir^{1}	ljụ^{2}
及	诸	身	本	无	观,	自	法	身,
[illegible]	[illegible]	[illegible]	[illegible]	[illegible],	[illegible]	[illegible]	[illegible]	[illegible]。
thjuu^{1}	rjur^{1}	ljụ^{2}	ŋowr^{2}	ŋowr^{2}	zji^{2}	ljụ^{2}	mji^{1}	dju^{1}
察	诸	身	一	切,	皆	身	无	有。

诸身本无,自察法身,一切诸身,皆无有身。

8.21.5

[illegible]	[illegible]	[illegible]	[illegible],	[illegible]	[illegible]	[illegible]	[illegible]	[illegible]
mjor^{1}	ljịj^{2}	ljụ^{2}	bioo^{1}	rjur^{1}	ljụ^{2}	ŋowr^{2}	ŋowr^{2}	·jiw^{1}
如	来	身	观,	诸	身	一	切	故
[illegible]	[illegible]	[illegible]	[illegible],	[illegible]	[illegible]	[illegible]	[illegible]	[illegible]
nioow^{1}	bju^{1}	śjwo^{1}	tsjij^{2}	tsjiir^{1}	ljụ^{2}	wjɨ^{2}	rjɨr^{2}	tji^{2}
因	从	生	晓,	法	身	△	去	△

观如来身,晓一切身,从因缘生,以了法身,本所从行②。

8.21.6

[illegible] [illegible]。 [illegible] [illegible] [illegible] [illegible] [illegible] [illegible], [illegible]

① 如来未曾造现形像,西夏本作"如来形象"。

② 以了法身,本所从行,西夏本作"悟过去法身所行"。

dźjɨ	tsjij²	ku¹	·jiw¹	ljɨ̣¹	nioow¹	tsjiir¹	lju̱²	tśhjwo¹
行	悟。	则	因	与	之	法	身，	乃
[illegible]	[illegible]	[illegible]，	[illegible]	[illegible]	[illegible]	[illegible]	[illegible]，	[illegible]
tsjiir¹	lju̱²	śjɨj¹	ŋur¹	kię̱j²	rjur¹	do²	mjij¹	ku¹
法	身	成，	阴	界	诸	入	无，	则

因与法身，乃成法身，无阴种诸入，

8.22.1

[illegible]	[illegible]	[illegible]	[illegible]。	[illegible]	[illegible]	[illegible]	[illegible]，	[illegible]
tśhjwo¹	tsjiir¹	lju̱²	·jɨ²	tśhja²	ka¹	sjwɨj¹	dźjij¹	rjur¹
故	法	身	谓。	平	等	业	行，	诸
[illegible]	[illegible]	[illegible]	[illegible]	[illegible]	[illegible]、	[illegible]	[illegible]	[illegible]
dźiā²	tśhju¹	·jij¹	ljij²	lew²	mji¹	lew²	rjɨr²	daa²
众	生	之	见	所	闻、	所	△	行

则曰法身。行平等业，消除众生，所见之缘，

8.22.2

[illegible]	[illegible]	[illegible]	[illegible]	[illegible]	[illegible]	[illegible]	[illegible]。
tshu¹	sjij¹	njɨ²	·jiw¹	to²	zji²	dźjwi¹	dzjar¹
粗	细	等	缘	悉	皆	消	除。

若有所闻、所更粗细。

汉文本

密迹金刚力士，语寂意菩萨：时彼众人，闻其训海，宿福所化，皆共奉行，是十善业，具足清净，不令缺漏。如是，寂意，时天下人，男女大小，奉行十善，终身没已，不堕恶趣、三厄之难。寿终之后，自然得生，忉利天上。又天帝释，为讲说法，开示大业，皆发无上正真道意，应时悉立，不退转地。寂意当了，是则菩萨所修密行，护身清净，不惜身命，以己用施，开化救济，无数众生，使至大道。佛告寂意：菩萨身所行众密，坚固牢强，不可破坏，犹如金刚。其身散以众人所学，从志律故，虽欲毁之，不能破坏。众生以学，从学法住，一切不坏。所宜言教，火不能烧，刀不能伤，其身坚强，要不可毁。犹如，寂意，其菩萨身，身顺法律，调化众生；其菩萨心，不以寂然，不怀妄想。一切众生，身悉本无，其己亦然，亦复本空，以了本无，己身本无。一切诸法，亦复本无，诸法本无，又解己身，以归本无。一切诸法，亦复本无，诸法本无，己身自然，亦归本无，己以本无。过去、当来、今现在法，亦复本无，去来今法，以了本无，又复己身，亦复本无。过去本无，当来本无，而不错乱。当来本无，不与过去本，无相违也。过去本无，不

与现在本，无相违也。现在本无，不与过去本，无相违也。现在本无，不与过去、当来相违也。过去、当来本无，不与现在本无相违也。其当来本无，不与现在本无相违也。去来、今现本无，不与现在本无而相违也。其去、来、今本无，行者诸阴、诸种、诸入、众衰，四大未曾相违也。设使生死，及与无为，自然本无，生死本无，以无所行。本无自然，无行本无，不违本无、诸行本无自然。又族姓子，所谓本无，其本无者，等无有异，不离于欲，无所成立。本无诤讼，是诤讼者，与诸诤讼，亦无所诤，以无所诤。其本无者，亦无所诤，是则名曰如来本无；如来无像，归斯本无，是则名曰如来形像；普现一切，诸所色像，是故形像，如来形像，一切本空，是则名曰如来之像；是故菩萨现一切像，如来未曾造现形像。无像无诤，尔乃普现一切众像。不以本无，有所成立，以本无业，自观其身，诸身本无，自察法身，一切诸身，皆无有身。观如来身，晓一切身，从因缘生，以了法身，本所从行。因与法身，乃成法身，无阴种诸入，则曰法身。行平等业，消除众生，所见之缘，若有所闻、所更粗细。

8.22.2

[illegible]	[illegible]	[illegible]	[illegible]，	[illegible]	[illegible]，	[illegible]	[illegible]	[illegible]	[illegible]，
phji^{1}	mjij^{1}	dźiã^{2}	tsjij^{2}	dzjọ^{1}	sju^{2}	khji^{1}	we^{2}	djị^{2}	njij^{2}
意	寂	菩	萨，	犹	如，	耆	域	医	王，

犹如，寂意，耆域医王

8.22.3

[illegible]	[illegible]	[illegible]	[illegible]，	[illegible]	[illegible]	[illegible]	[illegible]，	[illegible]
rjur^{1}	tsə̣^{1}	thu^{1}	lwu^{1}	tsə̣^{1}	śjị^{2}	dji^{2}	lhjwi^{1}	zjị^{1}
诸	药	合	集，	药	草	△	取，	童
[illegible]	[illegible]	[illegible]	[illegible]	[illegible]，	[illegible]	[illegible]	[illegible]	[illegible]，
lji^{2}	ljụ^{2}	gjɨ^{2}	rjɨr^{2}	wji^{1}	ljuu^{2}	śjwo^{2}	rjar^{1}	gjij^{1}
子	形	一	△	作，	端	正	姝	倍，

合集诸药，以取药草，作童子形，端正姝好，

8.22.4

[illegible]	[illegible]	[illegible]	[illegible]，	[illegible]	[illegible]	[illegible]	[illegible]，	[illegible]
rjur^{1}	kha^{1}	zjiɨr^{1}	dju^{1}	wji^{1}	lew^{2}	thju^{1}	thju^{1}	wji^{1}
世	中	希	有，	作	所	安	谛，	所
[illegible]	[illegible]	[illegible]，	[illegible]	[illegible]	[illegible]	[illegible]，	[illegible]	[illegible]
wji^{1}	ɣwə^{2}	dźjwa^{1}	śjwo^{2}	thjoo^{1}	ŋwer^{1}	mjij^{1}	rjur^{1}	dźjij^{1}
作	究	竟，	殊	妙	比	无，	诸	行

世之希有，所作安谛，所有究竟，殊异无比，

8.22.5

[illegible]	[illegible]，	[illegible]、	[illegible]、	[illegible]	[illegible]，	[illegible]	[illegible]	[illegible]
lja^{1}	wjij^{1}	dźjij^{1}	dźjiij^{1}	dzuu^{2}	gjwɨr^{1}	ŋowr^{2}	ŋowr^{2}	zji^{2}
来	往，	行	住、	坐	卧，	一	切	皆
[illegible]。	[illegible]	[illegible]	[illegible]	[illegible]，	[illegible]	[illegible]	[illegible]	[illegible]
ljɨɨ^{1}	wjɨ̣^{1}	djii^{2}	sjwɨ̣^{1}	dźju^{1}	tjij^{1}	ɣwie^{1}	lo	lhjịj^{2}
做。	变	化	业	显，	若	权	豪	国

往来周旋，住立、安坐、卧寐、经行①，无所缺漏②。所显变业，或有大豪国

8.22.6

[illegible]、	[illegible]	[illegible]、	[illegible]	[illegible]、	[illegible]	[illegible]、	[illegible]	[illegible]、
njij^{2}	ljịj^{2}	no^{2}	tha^{2}	bji^{2}	mə^{2}	tsjiir^{1}	tsewr^{1}	njij^{1}
王、	太	子、	大	臣、	众	官、	节	亲、
[illegible]	[illegible]，	[illegible]	[illegible]	[illegible]	[illegible]	[illegible]	[illegible]	[illegible]
phə^{1}	bjịj^{1}	thja^{1}	khji^{1}	we^{2}	djị^{2}	njij^{2}	do^{2}	rjɨr^{2}
长	者，	彼	耆	域	医	王	处	△

王、太子、大臣、百官、贵姓③、长者，来到耆域医王所，

8.23.1

[illegible]，	[illegible]	[illegible]	[illegible]	[illegible]	[illegible]	[illegible]，	[illegible]	[illegible]
ljịj^{2}	thja^{1}	tsə̣^{1}	zjɨ̣^{1}	lji^{2}	ljij^{2}	phji^{1}	·jij^{1}	gu^{2}
来，	其	药	童	子	视	令，	己	共
[illegible]	[illegible]，	[illegible]	[illegible]	[illegible]	[illegible]，	[illegible]	[illegible]	[illegible]
·u^{2}	tshjiij^{2}	thja^{1}	mjor^{1}	laa^{1}	·juu^{1}	rjur^{1}	ŋo^{2}	zji^{2}
戏	歌，	彼	容	颜	相，	诸	病	皆

视药童子，与共歌戏，相其颜色④，病皆得

8.23.2

[illegible]，	[illegible]	[illegible]	[illegible]	[illegible]，	[illegible]	[illegible]	[illegible]	[illegible]

① 住立、安坐、卧寐、经行，西夏本作“行住、坐卧”。
② 无所缺漏，西夏本作“一切皆做”。
③ 贵姓，西夏本作“节亲”。
④ 颜色，西夏本作“容颜”。

ŋwər^{2}	xja^{1}	no^{2}	nej^{2}	rjir^{1}	mjij^{1}	sej^{1}	kięj^{2}	mjij^{1}
除，	即	安	隐	得，	寂	静	欲	无
[illegible]。	[illegible]	[illegible]	[illegible]	[illegible]，	[illegible]	[illegible]	[illegible]	[illegible]
ljɨ^{1}	phji^{1}	mjij^{1}	dźiã^{2}	tsjij^{2}	thja^{1}	khji^{1}	we^{2}	dji̩^{2}
也。	意	寂	菩	萨，	其	耆	域	医

除，便致安隐，寂静无欲。寂意且观，其耆域医

8.23.3

[illegible]	[illegible]	[illegible]	[illegible]	[illegible]	[illegible]	[illegible]，	[illegible]	[illegible]
njij^{2}	rjur^{1}	kha^{1}	·jij^{1}	ŋo^{2}	dji̩^{2}	tja^{1}	dzjij^{2}	nioow^{1}
王	世	间	之	治	疗	者，	其	余
[illegible]	[illegible]	[illegible]	[illegible]	[illegible]。	[illegible]	[illegible]	[illegible]	[illegible]，
dji̩^{2}	rjijr^{1}	mjɨ^{1}	不详	ljɨ^{1}	phji^{1}	mjij^{1}	dźiã^{2}	tsjij^{2}
医	仁	不	及	也。	意	寂	菩	萨，

王疗治世间，其余医师所不能及也。如是，寂意，

8.23.4

[illegible]	[illegible]	[illegible]	[illegible]	[illegible]	[illegible]	[illegible]	[illegible]，	[illegible]
tjij^{1}	rjur^{1}	dźiã^{2}	tsjij^{2}	tsjiir^{1}	lju̩^{2}	śjij^{1}	dźji̩j^{1}	ku^{1}
若	诸	菩	萨	法	身	奉	行，	则
[illegible]	[illegible]	[illegible]	[illegible]，	[illegible]	[illegible]	[illegible]	[illegible]	[illegible]，
tjɨ^{1}	tjij^{1}	dźiã^{2}	tśhju^{1}	lej^{2}	tshja̩^{1}	lə	wejr^{1}	lji̩j^{1}
假	使	众	生，	贪	瞋	痴	盛	增，

若菩萨奉行法身，假使众生，淫怒痴盛，

8.23.5

[illegible]	[illegible]	[illegible]	[illegible]，	[illegible]	[illegible]	[illegible]	[illegible]	[illegible]
goor^{1}	sji^{2}	tsəj^{1}	khwej^{2}	·jij^{1}	gu^{2}	dźjwɨ^{1}	dzu^{1}	·u^{2}
男	女	小	大，	己	共	相	慕	乐
[illegible]	[illegible]，	[illegible]	[illegible]	[illegible]	[illegible]	[illegible]	[illegible]	[illegible]，
tshjiij^{2}	kięj^{2}	ku^{1}	tśhjɨ^{2}	rjar^{2}	thja^{1}	rjir^{2}	·u^{2}	tshjiij^{2}
娱	欲，	则	立	即	彼	与	娱	乐，

男女大小，欲相慕乐，即共相娱，

8.23.6

[illegible]	[illegible]	[illegible]	[illegible]，	[illegible]	[illegible]	[illegible]	[illegible]。	[illegible]
lẹj²	kiẹj²	lhjɨ²	tśior²	to²	zji²	djɨj²	tạ¹	djɨj²
贪	欲	尘	污，	悉	皆	休	息。	休
[illegible]	[illegible]	[illegible]，	[illegible]	[illegible]	[illegible]	[illegible]，	[illegible]	[illegible]
tạ¹	nioow¹	ku¹	·u²	tsja¹	źji¹	mjij¹	tsja¹	kiẹj²
息	因	故，	内	息	累	无，	热	欲

贪欲尘劳①，悉得休息。以得休息，于内息想，

8.24.1

[illegible]	[illegible]。	[illegible]	[illegible]	[illegible]	[illegible]	[illegible]，	[illegible]	[illegible]
ka²	nioow¹	ku¹	tśhjwo¹	dzju¹	dzjiij²	lhjịj²	thjɨ²	tja¹
离	故。	则	故	训	化	受，	此	者
[illegible]	[illegible]	[illegible]	[illegible]	[illegible]	[illegible]	[illegible]	[illegible]	[illegible]
zji²	dźiã²	tsjij²	·jij¹	tjị¹	bju¹	ŋowr²	lhə	ŋwu²
皆	菩	萨	之	愿	依	具	足	是

谓离热欲。因斯受化，皆是菩萨，所愿具足。

8.24.2

[illegible]。	[illegible]	[illegible]	[illegible]	[illegible]，	[illegible]	[illegible]	[illegible]	[illegible]，
ljɨ¹	phji¹	mjij¹	dźiã²	tsjij²	tjij¹	rjur¹	dźiã²	tsjij²
也。	意	寂	菩	萨，	若	诸	菩	萨，
[illegible]	[illegible]	[illegible]	[illegible]，	[illegible]	[illegible]	[illegible]	[illegible]	[illegible]，
tsjiir¹	ljụ²	djọ²	njwi²	ku¹	thja¹	rjur¹	dźiã²	tsjij²
法	身	修	善，	则	彼	诸	菩	萨，

如是，寂意，若菩萨行，善修法身，斯诸菩萨，

8.24.3

[illegible]	[illegible]	[illegible]	[illegible]。	[illegible]	[illegible]	[illegible]	[illegible]，	[illegible]

① 尘劳，西夏本作“尘污”。

·jij^1	tsjiir^1	ljụ^2	ŋwu^2	wjị^2	tjị^1	dzji^1	ŋwu^2	thjɨ^2
自	法	身	是。	示	食	饮	以，	此
[illegible]	[illegible]	[illegible]	[illegible]，	[illegible]	[illegible]	[illegible]	[illegible]，	[illegible]
ljụ^2	kwər^1	sə^1	lhə	tsew^2	tjị^1	thji^1	ŋwu^2	ljụ^2
身	体	满	足，	斋	食	饮	以，	身

则是法身。示以饮食，充实斯体，不服抟食，

8.24.4

[illegible]	[illegible]	[illegible]；	[illegible]	[illegible]	[illegible]	[illegible]，	[illegible]	[illegible]
mji^1	·wụ^2	bjịj^2	·ji^1	tjị^1	kjɨ^1	phja^1	dźiã^2	tśhju^1
不	祐	助；	众	食	△	断，	众	生
[illegible]	[illegible]	[illegible]，	[illegible]	[illegible]	[illegible]	[illegible]，	[illegible]	[illegible]
njij^2	śjow^1	nioow^1	tjị^1	thji^1	tjị^1	dzji^2	ljụ^2	·u^2
愍	伤	故，	食	饮	食	饮，	体	中

以安其身①；以断众膳，愍伤众生，而现复食，不以饭食，入于体里，

8.24.5

[illegible]	[illegible]	[illegible]	[illegible]。	[illegible]	[illegible]	[illegible]	[illegible]，	[illegible]
śjɨ^1	lew^2	kjɨ^1	mjij^1	nioow^1	thja^1	tsjiir^1	ljụ^2	ɣie^1
至	△	△	不。	又	彼	法	身，	力
[illegible]	[illegible]	[illegible]，	[illegible]	[illegible]	[illegible]	[illegible]	[illegible]，	[illegible]
lhu^1	tjịj^1	mjij^1	dźiã^2	tsjij^2	·jij^1	tsjiir^1	ljụ^2	wee^1
增	损	不，	菩	萨	之	法	身，	生

不着身中②。又其法身，力不增损，菩萨法身，

8.24.6

[illegible]	[illegible]	[illegible]，	[illegible]	[illegible]	[illegible]	[illegible]，	[illegible]	[illegible]
mjij^1	dzjar^2	mjij^1	ɣu^1	mjij^1	mjiij^2	mjij^1	rjur^1	mur^1
不	死	不，	始	无	终	无，	世	俗
[illegible]	[illegible]，	[illegible]	[illegible]	[illegible]	[illegible]；	[illegible]	[illegible]	[illegible]

① 不服抟食，以安其身，西夏本作"以饮斋食，身不祐助"。

② 而现复食，不以饭食，入于体里，不着身中，西夏本作"饮食饮食，不至体中"。

djij²	bju¹	wji̱²	lhji²	wee¹	śja²	dzjar²	sji¹	kjɨ¹
△	随,	示	死	生	现;	终	没	△

不知所生,亦无有死①,无终无始,而随习俗,现有②生死;虽现终没,

8.25.1

[illegible],	[illegible]	[illegible]	[illegible]	[illegible],	[illegible]	[illegible]	[illegible]	[illegible],
śja²	tsjiir¹	ŋowr²	ŋowr²	zji²	dźji̱j¹	lew²	mjij¹	tsjij²
现,	法	一	切	皆,	行	所	无	解,
[illegible]	[illegible]	[illegible]	[illegible],	[illegible]	[illegible]	[illegible]	[illegible],	[illegible]
wee¹	lhji̱j²	wji̱²	śja²	rjur¹	tsjiir¹	ŋowr²	ŋowr²	wji¹
生	取	示	现,	诸	法	一	切,	为

解一切法,悉无所行,示现所生,畅一切法,无为

8.25.2

[illegible]	[illegible]	[illegible]	[illegible]	[illegible]。	[illegible]	[illegible]	[illegible]	[illegible],
mjij¹	ljwu²	mjij¹	nẹ¹	tshjiij¹	rjur¹	tsjiir¹	ŋowr²	ŋowr²
无	会	无	宣	讲。	诸	法	一	切,
[illegible]	[illegible]	[illegible]	[illegible],	[illegible]	[illegible]	[illegible]	[illegible]。	[illegible]
wee¹	lew²	kjɨ¹	dju¹	zji²	wee¹	lew²	mjij¹	rjur¹
生	所	△	有,	悉	生	所	无。	诸

无会。一切诸法,虽有所生,悉无所生。

8.25.3

[illegible]	[illegible]	[illegible],	[illegible]	[illegible]	[illegible]	[illegible]	[illegible]。	[illegible]
dźjɨ	zji²	tsjij²	ku¹	·jij¹	ljụ²	wji̱²	śja²	rjur¹
行	皆	晓,	则	自	身	变	现。	诸
[illegible]	[illegible]	[illegible],	[illegible]	[illegible]	[illegible]	[illegible],	[illegible]	[illegible]
tśhji²	mji¹	ŋowr²	ljo̱²	kheej¹	dźjij¹	twụ¹	tsjiir¹	ljụ²
根	不	具,	所	游	行	处,	法	身

① 不知所生,亦无有死,西夏本作"不生不死"。

② 有,西夏本直译为"示"。

皆晓诸行，自现其身。诸根阙灭①，而所游行，不毁法身，

8.25.4

[illegible]	[illegible]，	[illegible]	[illegible]	[illegible]、	[illegible]	[illegible]、	[illegible]	[illegible]，
mji1	ljiij2	nioow1	tsjiir1	ljụ2	tsjiir1	tjị1	tsjiir1	ɣie1
不	毁，	又	法	身、	法	食、	法	力，
[illegible]	[illegible]	[illegible]	[illegible]，	[illegible]	[illegible]	[illegible]	[illegible]。	[illegible]
tsjiir1	bju1	tjị1	ŋwu2	mjor1	ljịj2	ljụ2	kạ1	phji1
法	依	归	以，	如	来	身	命。	意

则以法身、法食、法力，以法自归，了如来身。

8.25.5

[illegible]	[illegible]	[illegible]，	[illegible]	[illegible]	[illegible]	[illegible]	[illegible]	[illegible]，
mjij1	dźiã2	tsjij2	mjor1	ljịj2	·jij1	ljụ2	nwə1	kięj2
寂	菩	萨，	如	来	之	身	知	欲，
[illegible]	[illegible]	[illegible]	[illegible]	[illegible]，	[illegible]	[illegible]	[illegible]	[illegible]，
ku1	tshọ2	ŋa1	ljụ2	ŋwu2	ŋwer1	ka1	dźjwɨ1	mjij1
则	虚	空	身	是，	同	等	相	无，

寂意，欲知如来身者，即虚空身，而无等伦，

8.25.6

[illegible]	[illegible]	[illegible]	[illegible]	[illegible]	[illegible]	[illegible]，	[illegible]	[illegible]
sọ1	kiej2	·u2	zji2	kha1	pjụ1	bjuu1	dźiã2	tśhju1
三	界	中	至	间	尊	敬，	众	生
[illegible]	[illegible]，	[illegible]	[illegible]	[illegible]	[illegible]，	[illegible]	[illegible]	[illegible]
·jij1	dzjiij2	ljụ2	bju1	tjị2	mjij1	dzjọ1	dza2	tjị2
之	施，	身	归	△	无，	譬	喻	可

处于三界为最至尊，施于众生，身无所归，

8.26.1

[illegible]，	[illegible]	[illegible]	[illegible]	[illegible]。	[illegible]	[illegible]	[illegible]	[illegible]，

① 阙灭，西夏本作“不具”。

mjij^{1} kjɨ^{1} ŋwer^{1} tji̩^{2} mjij^{1} thja^{1} ljụ^{2} gji^{1} sej^{1}

不， △ 比 可 无。 其 身 清 净，

[illegible] [illegible] [illegible] [illegible]； [illegible] [illegible] [illegible] [illegible]， [illegible]

lhjɨ^{2} ror^{2} zji^{2} ka^{2} thja^{1} ljụ^{2} mər^{2} sej^{1} tśior^{1}

尘 垢 皆 舍； 其 身 本 净， 垢

不可譬喻，而无比类。其身清净，舍垢无尘；其身本净，

8.26.2

[illegible] [illegible] [illegible]， [illegible] [illegible] [illegible] [illegible]， [illegible] [illegible]

laa^{1} tji̩^{2} mjij^{1} thja^{1} śjij^{1} swew^{1} sej^{1} tśjo ror^{2}

污 可 不， 自 然 明 鲜， 永 尘

[illegible] [illegible]， [illegible] [illegible] [illegible] [illegible]， [illegible] [illegible] [illegible]

na^{1} mjij^{1} mər^{2} tsjiir^{2} wəə^{1} lhjii^{1} zji^{2} wee^{1} lew^{2}

冥 无， 本 性 柔 和， 悉 生 所

而无沾污，自然鲜明，永无尘冥，本性仁和，悉无所生。

8.26.3

[illegible]。 [illegible] [illegible] [illegible] [illegible]， [illegible] [illegible] [illegible] [illegible]

mjij^{1} thja^{1} ljụ^{2} mjij^{1} sej^{1} njiij^{1} phji^{1} sjij^{2} ljij^{2}

无。 彼 身 寂 然， 心 意 识 见

[illegible] [illegible] [illegible] [illegible] [illegible] [illegible]； [illegible] [illegible] [illegible]

·jij^{1} phej^{1} tśjiir^{2} lew^{2} mji^{1} we^{2} thja^{1} ljụ^{2} thja^{1}

之 拘 系 所 不 为； 彼 身 自

其身寂然，不为心意识所见拘系；其身自

8.26.4

[illegible]， [illegible] [illegible]、 [illegible] [illegible] [illegible]、 [illegible] [illegible] [illegible]

śjij^{1} wjɨ^{1} sju^{2} so^{2} dju^{2} sju^{2} zjɨɨr^{2} kha^{1} lhjij^{2}

然， 幻 如、 阳 气 如、 水 中 月

[illegible]。 [illegible] [illegible] [illegible] [illegible]， [illegible] [illegible] [illegible] [illegible]；

sju^{2} thja^{1} ljụ^{2} ŋa^{1} ·jij^{1} mjij^{1} tji^{1} mjij^{1} lhjụ^{2}

如。 其 身 空 相， 无 愿 无 度；

然，犹如幻化、野马①、水月。其身已度，空无相愿；

8.26.5

[illegible]	[illegible]	[illegible]	[illegible]	[illegible]	[illegible]	[illegible]	[illegible]，	[illegible]
thja¹	lju̧²	śja¹	rjijr²	tsho̧²	ŋa¹	zji²	njɨ²	njiij¹
其	身	十	方	虚	空	普	周，	心
[illegible]	[illegible]	[illegible]	[illegible]	[illegible]	[illegible]	[illegible]，	[illegible]	[illegible]
zji²	tśhja²	ka¹	so̧¹	kiȩj²	mər²	tsjij²	dźiã²	tśhju¹
悉	平	等	三	界	本	了，	众	生

其身普周，十方虚空，心悉平等，了三界本，

8.26.6

[illegible]	[illegible]，	[illegible]	[illegible]	[illegible]	[illegible]。	[illegible]	[illegible]	[illegible]
ŋowr²	ŋowr²	nja²	ŋa²	mji¹	dju¹	thja¹	lju̧²	wji¹
一	切，	汝	吾	无	有。	彼	身	为
[illegible]，	[illegible]	[illegible]	[illegible]	[illegible]，	[illegible]	[illegible]	[illegible]	[illegible]。
mjij¹	pju̧¹	dza²	tji̧²	mjij¹	wji¹	mjij¹	sjiij²	mjij¹
无，	限	量	可	不，	作	无	想	无。

一切众生，无有吾我。其身无底，不可限量，无作无想。

8.27.1

[illegible]	[illegible]	[illegible]	[illegible]，	[illegible]	[illegible]	[illegible]	[illegible]，	[illegible]
thja¹	lju̧²	zji̧j¹	mjij¹	sjwɨ¹	lə	lew²	mjij¹	ɣiej¹
彼	身	着	无，	思	念	所	无，	真
[illegible]	[illegible]	[illegible]，	[illegible]	[illegible]	[illegible]	[illegible]。	[illegible]	[illegible]
dźjar²	ɣa²	dźjiij¹	mji¹	lhjii¹	lhjwo¹	rjir²	thja¹	lju̧²
谛	所	住，	不	退	还	得。	其	身

斯身无着，无所思念，所住真谛，致不可还。其身

8.27.2

[illegible]	[illegible]，	[illegible]	[illegible]	[illegible]	[illegible]，	[illegible]	[illegible]	[illegible]

① 野马，西夏本作“阳气”。

·jij^{1}	mjij^{1}	thja^{1}	śjij^{1}	·jij^{1}	śja^{2}	lhjij^{2}	mjij^{1}	lhjij^{2}
像	无，	自	然	像	现，	承	无	承
[illegible]，	[illegible]	[illegible]	[illegible]	[illegible]	[illegible]	[illegible]	[illegible]，	[illegible]
śja^{2}	sjiij^{2}	mjij^{1}	kha^{1}	thja^{1}	śjij^{1}	sjiij^{2}	śja^{2}	lhji^{2}
现，	想	无	中	自	然	想	现，	死

无像，自然现像，无痛现痛，自然无想，而现有想，

8.27.3

[illegible]	[illegible]	[illegible]	[illegible]	[illegible]	[illegible]	[illegible]	[illegible]	[illegible]
wee^{1}	sjij^{2}	mjij^{1}	kha^{1}	thja^{1}	śjij^{1}	rjur^{1}	lhji^{2}	wee^{1}
生	识	无	中	自	然	诸	死	生
[illegible]	[illegible]，	[illegible]	[illegible]	[illegible]	[illegible]	[illegible]	[illegible]	[illegible]
sjij^{2}	śja^{2}	ljɨ̣^{2}	zjɨɨr^{2}	məə^{1}	ljɨ^{1}	mjij^{1}	kha^{1}	ljɨ̣^{2}
识	现，	地	水	火	风	无	中	地

无生死识，而自然现诸生死识，无地水火风，因其示现，地

8.27.4

[illegible]	[illegible]	[illegible]，	[illegible]	[illegible]	[illegible]	[illegible]	[illegible]。	[illegible]
zjɨɨr^{2}	məə^{1}	ljɨ^{1}	ljɨɨr^{1}	tha^{2}	ljụ^{2}	wjị^{2}	śja^{2}	rjur^{1}
水	火	风，	四	大	身	示	现。	诸
[illegible]	[illegible]	[illegible]，	[illegible]	[illegible]	[illegible]	[illegible]，	[illegible]	[illegible]
rjur^{1}	kię̣j^{2}	kha^{1}	śja^{2}	tsjiir^{1}	ŋowr^{2}	ŋowr^{2}	zji^{2}	dź-
世	界	中，	现	法	一	切，	皆	虚

水火风，四大之身。解诸世间，一切现法，

8.27.5

[illegible]	[illegible]	[illegible]	[illegible]，	[illegible]	[illegible]	[illegible]	[illegible]，	[illegible]
mji^{1}	źjɨr^{1}	tśjɨ^{1}	tsjij^{2}	mej^{1}	ljij^{2}	lew^{2}	mjij^{1}	nju^{1}
不	实	悟	解，	眼	见	所	无，	耳
[illegible]	[illegible]	[illegible]，	[illegible]	[illegible]	[illegible]	[illegible]，	[illegible]	[illegible]
mji^{1}	lew^{2}	mjij^{1}	njii^{2}	ljii^{1}	lew^{2}	mjij^{1}	lhjwa^{1}	wjị^{1}
闻	所	无，	鼻	嗅	所	无，	舌	味

皆虚不实,眼无所见,耳无所闻,鼻无嗅香,舌不在味,

8.27.6

[illegible]	[illegible],	[illegible]	[illegible]	[illegible]	[illegible],	[illegible]	[illegible]	[illegible]
mji1	·juu1	ljụ2	tsjụ1	mji1	dwewr2	·ji1	sjij2	tśjo
不	闻,	身	触	不	觉,	众	识	永
[illegible],	[illegible]	[illegible]	[illegible]	[illegible],	[illegible]	[illegible]	[illegible]	[illegible],
dzjar2	phji1	lhjịj2	lew2	mjij1	njiij1	dji1	nar2	mjij1
消,	意	受	所	无,	心	转	移	无,

身不倚行①,永消众识,意无所受,心无转移,

8.28.1

[illegible]	[illegible]	[illegible]	[illegible],	[illegible]	[illegible]	[illegible]	[illegible],	[illegible]	[illegible]	[illegible]	[illegible]。
njiij1	phji1	sjij2	mjij1	ɣiej1	dźjar2	tśjɨ1	tsjij2	·jɨr2	low2	mjij2	djij2
心	意	识	无,	真	谛	醒	悟,	进	退	未	曾。

无心意识,解了真谛,未曾进退。

汉文本

犹如,寂意,耆域医王合集诸药,以取药草,作童子形,端正姝好,世之希有,所作安谛,所有究竟,殊异无比,往来周旋,住立、安坐、卧寐、经行,无所缺漏。所显变业,或有大豪国王、太子、大臣、百官、贵姓、长者,来到耆域医王所,视药童子,与共歌戏,相其颜色,病皆得除,便致安隐,寂静无欲。寂意且观,其耆域医王疗治世间,其余医师所不能及也。如是,寂意,若菩萨奉行法身,假使众生,淫怒痴盛,男女大小,欲相慕乐,即共相娱,贪欲尘劳,悉得休息。以得休息,于内息想,谓离热欲。因斯受化,皆是菩萨,所愿具足。如是,寂意,若菩萨行,善修法身,斯诸菩萨,则是法身。示以饮食,充实斯体,不服抟食,以安其身;以断众膳,愍伤众生,而现复食,不以饭食,入于体里,不着身中。又其法身,力不增损,菩萨法身,不知所生,亦无有死,无终无始,而随习俗,现有生死;虽现终没,解一切法,悉无所行,示现所生,畅一切法,无为无会。一切诸法,虽有所生,悉无所生。皆晓诸行,自现其身。诸根阙减,而所游行,不毁法身,则以法身、法食、法力,以法自归,了如来身。寂意,欲知如来身者,即虚空身,而无等伦,处于三界为最至尊,施于众生,身无所归,不可譬喻,而无比类。其身清净,舍垢无尘;其身本净,而无沾污,自然鲜明,永无尘冥,本性仁和,悉无所生。其身寂然,不为心意识所见拘系;其身自然,犹如幻化、野马、水月。其身已度,空无相愿;其身普周,十方虚空,心悉平等,了三界本,一切众生,无有吾我。其身无底,不可限量,无作无想。斯身无着,无所思念,所住真谛,致不可还。其身无像,自然现

① 身不倚行,西夏本作"身不觉触"。

像，无痛现痛，自然无想，而现有想，无生死识，而自然现诸生死识，无地水火风，因其示现，地水火风，四大之身。解诸世间，一切现法，皆虚不实，眼无所见，耳无所闻，鼻无嗅香，舌不在味，身不倚行，永消众识，意无所受，心无转移，无心意识，解了真谛，未曾进退。

8.28.1

[illegible]	[illegible]，	[illegible]	[illegible]	[illegible]	[illegible]，
tśhjɨ^{1}	zjọ^{2}	phji^{1}	mjij^{1}	dźiã^{2}	tsjij^{2}
尔	时，	意	寂	菩	萨，

尔时，寂意，

8.28.2

[illegible]	[illegible]	[illegible]	[illegible]	[illegible]	[illegible]，	[illegible]	[illegible]	[illegible]
mjor^{1}	ljịj^{2}	·jij^{1}	tsjiir^{1}	ljụ^{2}	tja^{1}	tjɨ^{1}	tjij^{1}	dźiã^{2}
如	来	之	法	身	者，	假	若	菩
[illegible]，	[illegible]	[illegible]	[illegible]	[illegible]	[illegible]	[illegible]	[illegible]，	[illegible]
tsjij^{2}	thja^{1}	mjor^{1}	ljịj^{2}	njɨ^{2}	ljụ^{2}	rjir^{1}	njwi^{2}	ku^{1}
萨，	彼	如	来	等	身	得	能，	则

如来法身，若有菩萨，以能逮斯，如来等身，

8.28.3

[illegible]	[illegible]	[illegible]	[illegible]，	[illegible]	[illegible]	[illegible]	[illegible]。	[illegible]
dźiã^{2}	tsjij^{2}	·jij^{1}	dźjɨ	mji^{1}	śjij^{1}	dźjịj^{1}	mjij^{1}	thjɨ^{2}
菩	萨	之	行，	不	奉	行	无。	此
[illegible]	[illegible]	[illegible]	[illegible]	[illegible]	[illegible]	[illegible]，	[illegible]	[illegible]
so̱^{1}	tụ^{1}	tha^{2}	tụ^{1}	rjur^{1}	kiẹj^{2}	·u^{2}	rjur^{1}	ljɨɨr^{1}
三	千	大	千	世	界	中，	诸	四

靡不周普，奉菩萨行。在此三千大千世界，

8.28.4

[illegible]	[illegible]，	[illegible]	[illegible]	[illegible]	[illegible]	[illegible]	[illegible]	[illegible]，
rjijr^{2}	lhjịj^{2}	dzjwị^{1}	mjii^{1}	nji^{1}	wjụ^{2}	gjij^{2}	nji^{1}	kha^{1}
方	国，	郡	县	村	落	丘	聚	中，

[illegible]	[illegible]	[illegible]	[illegible]，	[illegible]	[illegible]	[illegible]	[illegible]。	[illegible]
zji^{2}	do^{2}	ljụ^{2}	śja^{2}	mji^{1}	njɨ^{2}	tja^{1}	mjij^{1}	·ji^{1}
皆	化	身	现，	不	遍	者	无。	众

诸四方域，郡国县邑，州城大邦，悉化其身，皆遍现之①。

8.28.5

[illegible]	[illegible]	[illegible]，	[illegible]	[illegible]	[illegible]	[illegible]	[illegible]，	[illegible]
ljiij^{2}	ŋowr^{2}	ŋowr^{2}	dźiã^{2}	tsjij^{2}	·jij^{1}	wji^{1}	lew^{2}	tjij^{1}
魔	一	切，	菩	萨	之	为	所，	若
[illegible]	[illegible]	[illegible]，	[illegible]	[illegible]	[illegible]	[illegible]，	[illegible]	[illegible]
śja^{2}	mji^{1}	śja^{2}	nwə^{1}	ljij^{2}	mjɨ^{1}	njwi^{2}	zji^{1}	thjoo^{1}
现	不	现，	知	见	无	能，	微	妙

一切众魔，不能见知，菩萨所为，现若不现，悉能明了，微妙之业，

8.28.6

[illegible]	[illegible]，	[illegible]	[illegible]	[illegible]	[illegible]。	[illegible]	[illegible]	[illegible]
dźjɨ	sjwɨj^{1}	zji^{2}	dźju^{1}	tsjij^{2}	njwi^{2}	śja^{2}	lew^{2}	kjɨ^{1}
行	业，	皆	明	达	能。	现	所	△
[illegible]	[illegible]，	[illegible]	[illegible]	[illegible]	[illegible]，	[illegible]	[illegible]	[illegible]
mjij^{1}	lə	mjij^{2}	djij^{2}	lə	dźjɨ	ŋowr^{2}	ŋowr^{2}	zji^{2}
无	念，	未	曾	念	行，	一	切	普

虽无所现，普现一切，未曾念行。

8.29.1

[illegible]。	[illegible]	[illegible]	[illegible]	[illegible]，	[illegible]	[illegible]	[illegible]	[illegible]，
śja^{2}	mji^{1}	ljij^{2}	nwə^{1}	sjij^{2}	djọ^{2}	dźjịj^{1}	lew^{2}	dju^{1}
现。	闻	见	知	识，	修	行	所	有，
[illegible]	[illegible]	[illegible]	[illegible]，	[illegible]	[illegible]	[illegible]	[illegible]	[illegible]
dźiã^{2}	tśhju^{1}	·jij^{1}	dzjiij^{2}	ljụ^{2}	dźjɨ	ŋwu^{2}	ljɨɨr^{1}	lə
众	生	之	化，	身	行	以	四	意

---

① 皆遍现之，西夏本作“无不遍者”。

见闻知识，有所修行，开化众生，不以身行，失四意

8.29.2

[illegible]	[illegible]	[illegible]	[illegible]。	[illegible]	[illegible]	[illegible]	[illegible]，	[illegible]
dźjiij[1]	rjir[2]	mji[1]	ljwu[1]	dźiã[2]	tśhju[1]	djij[1]	nioow[1]	thja[1]
住	与	不	违。	众	生	类	故，	彼
[illegible]	[illegible]、	[illegible]、	[illegible]	[illegible]、	[illegible]	[illegible]	[illegible]	[illegible]
lju̠[2]	tśji̠[1]	ŋa[1]	mji[1]	·ju[2]	lju̠[2]	njaa[2]	wo[2]	wji̠[2]
身	苦、	空、	无	常、	身	非	义	示

止①。为众生类，因现其身，无常、苦、空、非身之义，

8.29.3

[illegible]，	[illegible]	[illegible]	[illegible]	[illegible]，	[illegible]	[illegible]	[illegible]	[illegible]。
śja[2]	rjur[1]	lju̠[2]	tsjij[2]	dar[1]	mər[2]	tsjiir[2]	zji[2]	mjij[1]
现，	诸	身	通	达，	本	法	皆	寂。
[illegible]	[illegible]	[illegible]	[illegible]，	[illegible]	[illegible]	[illegible]	[illegible]，	[illegible]
dźiã[2]	tśhju[1]	nioow[1]	śja[2]	lju̠[2]	ljiij[2]	dzjar[2]	dju[1]	tjij[1]
众	生	故	现，	身	坏	败	有，	若

解达诸身，本法悉寂。为众生现，身归坏败，

8.29.4

[illegible]	[illegible]	[illegible]，	[illegible]	[illegible]	[illegible]	[illegible]，	[illegible]	[illegible]
mjaa[1]	tshja[2]	ŋwu[2]	lju̠[2]	kju̠[1]	·ju[2]	tja[1]	thja[1]	nioow[1]
应	报	以，	身	求	寻	者，	彼	故
[illegible]	[illegible]，	[illegible]	[illegible]	[illegible]	[illegible]，	[illegible]	[illegible]	[illegible]
lhjii[1]	lhjwo[1]	thja[1]	tshja[2]	kju̠[1]	ku[1]	ljɨɨr[1]	tśhjɨɨ[2]	tśhjuu[2]
退	转，	彼	报	求	则，	四	颠	倒

其以报应，求于身者，以是退转，以是求报。随四颠倒，

8.29.5

[illegible]	[illegible]。	[illegible]	[illegible]	[illegible]	[illegible]	[illegible]	[illegible]，	[illegible]

① 不以身行，失四意止，西夏本作“不违以身行与四意住”。

bju^{1}	śjwɨ̣^{2}	tjij^{1}	thja^{1}	wji^{1}	mjij^{1}	ljij^{2}	mjij^{1}	tsjij^{2}
依	随。	若	彼	作	无	见	无，	通
[illegible]	[illegible]	[illegible]，	[illegible]	[illegible]、	[illegible]	[illegible]、	[illegible]	[illegible]
dar^{1}	thja^{1}	ljụ^{2}	sji^{1}	śjị^{2}	we^{2}	dzjwɨ̣^{1}	ɣjɨ̣^{1}	lụ^{1}
达	彼	身，	木	草、	墙	壁、	瓦	石

其有解睹，无作无见，晓知其身，犹如草木、墙壁、瓦石，

8.29.6

[illegible]	[illegible]，	[illegible]	[illegible]	[illegible]	[illegible]	[illegible]	[illegible]	[illegible]
sju^{2}	tsjij^{2}	ku^{1}	rjur^{1}	dźiã^{2}	tśhju^{1}	·jij^{1}	gji^{1}	sej^{1}
如	晓，	则	诸	众	生	之	清	净
[illegible]	[illegible]。	[illegible]	[illegible]	[illegible]	[illegible]，	[illegible]	[illegible]	[illegible]
ljụ^{2}	śja^{2}	phji^{1}	mjij^{1}	dźiã^{2}	tsjij^{2}	ŋa^{2}	śji^{1}	dźiã^{2}
身	现。	意	寂	菩	萨，	我	曾	菩

为诸众生，现清净身。如是，寂意，曾为菩

8.30.1

[illegible]	[illegible]	[illegible]，	[illegible]	[illegible]	[illegible]	[illegible]	[illegible]	[illegible]
tsjij^{2}	wjo^{1}	ŋa^{2}	zjọ^{2}	tjij^{1}	njwɨ̣^{2}	tha^{1}	do^{2}	la^{1}
萨	做	我，	时	光	锭	佛	处	记
[illegible]	[illegible]，	[illegible]	[illegible]	[illegible]	[illegible]	[illegible]	[illegible]	[illegible]
ɣiwej^{1}	rjir^{2}	nioow^{1}	rjijr^{2}	dwuu^{2}	ljụ^{2}	gji^{1}	sej^{1}	kwər^{1}
授	得，	之	后	密	身	清	净	体

萨，从锭光佛授决以来，致于密身，清净之体。

8.30.2

[illegible]	[illegible]。	[illegible]	[illegible]	[illegible]	[illegible]，	[illegible]	[illegible]
rjor^{2}	ŋa^{2}	tjɨ^{1}	tjij^{1}	dźiã^{2}	tsjij^{2}	nẹ^{1}	tshjiij^{1}
得	我。	假	若	菩	萨，	口	说
[illegible]	[illegible]，	[illegible]	[illegible]	[illegible]	[illegible]	[illegible]。	
djij^{2}	dju^{1}	tsjɨ^{1}	ŋwuu^{1}	dạ^{2}	ka^{2}	ljɨ^{1}	
△	有，	亦	言	说	绝	也。	

正使菩萨，口有所宜，悉无言说。

8.30.3

[illegible]	[illegible]，	[illegible]	[illegible]	[illegible]	[illegible]，	[illegible]	[illegible]	[illegible]	[illegible]
nioow^1	tśjɨɨ^1	phji^1	mjij^1	dźiã^2	tsjij^2	mjor^1	ljij^2	rjɨr^2	tshjiij^1
又	次，	意	寂	菩	萨，	如	来	所	说
[illegible]，	[illegible]	[illegible]	[illegible]	[illegible]，	[illegible]	[illegible]	[illegible]	[illegible]	
tja^1	zji^2	dzjɨj^1	rjir^2	śjwii^2	sjiij^2	lə	mjijr^2	wji^1	
者，	皆	时	随	宜，	想	念	者	作	

又有，寂意，如来所说，随时之宜，因其想念，

8.30.4

[illegible]，	[illegible]	[illegible]	[illegible]	[illegible]	[illegible]	[illegible]	[illegible]	[illegible]
nioow^1	ku^1	dźiã^2	tsjij^2	·jij^1	dwuu^2	ljụ^2	mjij^1	sej^1
因，	则	菩	萨	之	密	身	寂	静
[illegible]，	[illegible]	[illegible]	[illegible]	[illegible]，	[illegible]	[illegible]	[illegible]	[illegible]，
tshjiij^1	thjɨ^2	nioow^1	gjij^1	·jɨr^2	tśhjwo^1	tśjị^1	ŋjir^1	ka^2
说，	此	故	甚	勤，	故	苦	难	离，

说菩萨密身之寂静，从是转进，而得拔济，

8.30.5

[illegible]	[illegible]	[illegible]	[illegible]，	[illegible]	[illegible]	[illegible]	[illegible]	[illegible]
bju^2	mjij^1	ɣa^2	njɨ^2	thjɨ^2	tja^1	dźiã^2	tsjij^2	·jij^1
际	无	上	至，	此	者	菩	萨	之
[illegible]	[illegible]	[illegible]	[illegible]，	[illegible]	[illegible]	[illegible]	[illegible]。	[illegible]
dwuu^2	rjɨj^2	ljụ^2	ŋwu^2	·jij^1	dzju^2	rjir^2	nioow^1	ku^1
密	谋	身	是，	自	在	得	由。	则

所至无际，所谓菩萨身之秘密①，由得自在。

8.30.6

[illegible]	[illegible]	[illegible]	[illegible]	[illegible]	[illegible]	[illegible]	[illegible]，	[illegible]

① 秘密，西夏本作“密谋”。

dźiã^2	tsjij^2	·jij^1	ljụ^2	mjij^1	dwuu^2	tshjiij^1	nioow^1	ljow^2
菩	萨	己	身	秘	密	宣	故，	边
[illegible]	[illegible]	[illegible]	[illegible]	[illegible]。	[illegible]	[illegible]	[illegible]	[illegible]
zjịj^1	ɣu^1	·a	tśhjij^1	wji^1	tjij^1	ŋowr^2	tshjiij^1	ku^1
略	要	△	举	作。	若	具	说	则

菩萨以宣己身秘密，粗举其要。假欲具

8.31.1

[illegible]	[illegible]	[illegible]	[illegible]，	[illegible]	[illegible]	[illegible]	[illegible]	[illegible]。
khjã^2	khja^2	kja^2	zar^2	tsjɨ^1	tshjiij^1	sji^1	tjị^2	mjij^1
殑	伽	劫	受，	亦	说	尽	能	不。
[illegible]	[illegible]	[illegible]	[illegible]	[illegible]	[illegible]	[illegible]	[illegible]	[illegible]
dwuu^2	rjar^2	kię^1	dźja^2	ɣie^1	mjijr^2	phji^1	mjij^1	dźiã^2
密	迹	金	刚	力	士	意	寂	菩

说，江河①沙劫，不能究畅。密迹金刚力士谓寂意菩萨：

8.31.2

[illegible]	[illegible]	[illegible]	[illegible]：	[illegible]	[illegible]	[illegible]	[illegible]？	[illegible]
tsjij^2	·jij^1	dạ^2	·jɨ^2	dwuu^2	tja^1	thjij^2	sjo^2	thja^1
萨	之	言	谓：	密	者	何	谓？	彼
[illegible]	[illegible]	[illegible]，	[illegible]	[illegible]	[illegible]	[illegible]，	[illegible]	[illegible]
dạ^2	gji^1	sej^1	dźiã^2	tśhju^1	djij^1	bju^1	sju^2	dzju^2
言	清	净，	众	生	类	随，	畜	生

何谓言密？其言清净，随众生类，堕畜生

8.31.3

[illegible]	[illegible]，	[illegible]	[illegible]	[illegible]	[illegible]	[illegible]。	[illegible]	[illegible]
kha^1	wee^1	pjụ^1	ŋewr^2	rejr^2	zjɨɨr^1	bju^1	dźiã^2	tsjij^2
中	生，	量	数	多	少	堕。	菩	萨
[illegible]	[illegible]	[illegible]	[illegible]	[illegible]	[illegible]。	[illegible]	[illegible]	[illegible]

① 江河，西夏本作"殑伽"，意为恒河。

tsjɨ^1	tśhjɨ^1	zjij^1	mə^2	ɣię^2	śja^2	thja^1	mə^2	ɣię^2
亦	若	干	音	响	现。	其	声	响

中，多少限数。菩萨亦现若干音响、言语。其察音响，

8.31.4

[illegible]，	[illegible]	[illegible]	[illegible]	[illegible]	[illegible]，	[illegible]	[illegible]	[illegible]
bju^1	tśhjɨ^1	zjij^1	dwuu^2	dạ^2	śja^2	thja^1	dźiā^2	tśhju^1
随，	若	干	密	言	现，	其	众	生
[illegible]	[illegible]	[illegible]	[illegible]	[illegible]	[illegible]，	[illegible]	[illegible]	[illegible]
·jij^1	gjwi^2	dzwə^1	ŋwuu^1	dạ^2	bju^1	thjoo^1	tsjiir^1	tshjiij^1
之	句	章	言	语	随，	妙	法	言

现若干辞，顺其众生，章句言语，而演言教，

8.31.5

[illegible]，	[illegible]	[illegible]	[illegible]	[illegible]，	[illegible]	[illegible]	[illegible]	[illegible]，
wji^1	dzjɨj^1	bju^1	nẹ^1	dạ^2	thja^1	rjir^2	ŋwuu^1	lwụ^1
作，	时	随	宣	言，	彼	与	言	谈，
[illegible]	[illegible]	[illegible]	[illegible]	[illegible]	[illegible]	[illegible]。	[illegible]	[illegible]
tśjị^1	rejr^2	neew^2	niow^2	·jiw^1	tshjiij^1	wji^1	thja^1	dźiā^2
苦	乐	善	恶	缘	说	为。	其	菩

随时颁宣，而与谈语，说其苦乐善恶之处。其菩

8.31.6

[illegible]	[illegible]，	[illegible]	[illegible]	[illegible]	[illegible]，	[illegible]	[illegible]	[illegible]
tsjij^2	ɣię^2	ŋowr^2	ŋowr^2	zji^2	·o^2	mji^1	tsjij^2	dar^1
萨	音，	一	切	普	入，	不	晓	达
[illegible]。	[illegible]	[illegible]①	[illegible]	[illegible]，	[illegible]	[illegible]	[illegible]	[illegible]
mjij^1	tśhioow^1	tśhioow^1	·jow^2	kją^1	wjɨ^1	djii^2	tshją^1	de^2
无。	或	△	赞	歌，	幻	化	瞋	喜

① [illegible]，译为“或”。《文海》：此者物也，现所说者未说话头见之谓也。或，一般作连词或副词，表示选择、列举、不确定等意思。西夏文中两“或”连用有转折义。或，也可表示某人，有的人，此句中“或”当有此意。参见史金波、白滨、黄振华：《文海研究》，北京：中国社会科学出版社，1983 年，第 488 页；郝振宇：《西夏文〈大宝积经〉卷一考释》，陕西师范大学 2015 年硕士学位论文，第 34 页。

萨音，一切普入，靡所不达。或有歌戏①，幻化瞋喜，

8.32.1

[illegible]，	[illegible]	[illegible]	[illegible]	[illegible]，	[illegible]	[illegible]	[illegible]	[illegible]
bju¹	ŋwuu¹	gjwi²	nẹ¹	tshjiij¹	thja¹	dźiã²	tśhju¹	·jij¹
随，	言	词	宣	说，	彼	众	生	之
[illegible]	[illegible]、	[illegible]	[illegible]	[illegible]	[illegible]	[illegible]，	[illegible]	[illegible]
mə²	ɣiẹ²	ŋwuu¹	dạ²	bju¹	dzju¹	dzjiij²	thja¹	njɨ²
声	音、	言	论	随	教	化，	彼	等

演其音句，随其众生，言辞音响，而入训诲，

8.32.2

[illegible]	[illegible]，	[illegible]	[illegible]	[illegible]	[illegible]	[illegible]，	[illegible]	[illegible]
·jij¹	ljụ²	ŋowr²	ŋowr²	phji¹	dja²	dźiej²	njiij¹	kjɨ¹
之	身，	一	切	意	△	信，	心	△
[illegible]	[illegible]，	[illegible]	[illegible]	[illegible]	[illegible]，	[illegible]	[illegible]	[illegible]
dzu¹	tja¹	dźiã²	tsjij²	zji²	tsjij²	zji²	phjo²	kar²
乐	者，	菩	萨	皆	晓，	皆	分	别

因其一切，身意所信，心所好乐，菩萨悉解，而分别之，

8.32.3

[illegible]，	[illegible]	[illegible]	[illegible]	[illegible]。
njwi²	twụ¹	mji¹	tsjij²	phji¹
能，	各	闻	晓	令。

各使闻了。

汉文本

尔时，寂意，如来法身，若有菩萨，以能逮斯，如来等身，靡不周普，奉菩萨行。在此三千大千世界，诸四方域，郡国县邑，州城大邦，悉化其身，皆遍现之。一切众魔，不能见知，菩萨所为，现若不现，悉能明了，微妙之业，虽无所现，普现一切，未曾念行。见闻知识，有所修行，开化众生，不以身行，失四意止。为众生类，因现其身，无常、苦、空、非身之义，解达诸身，本法悉寂。为众生现，身归坏败，其以报

① 歌戏，西夏本作“赞歌”。

应,求于身者,以是退转,以是求报。随四颠倒,其有解睹,无作无见,晓知其身,犹如草木、墙壁、瓦石,为诸众生,现清净身。如是,寂意,曾为菩萨,从锭光佛授决以来,致于密身,清净之体。正使菩萨,口有所宣,悉无言说。又有,寂意,如来所说,随时之宜,因其想念,说菩萨密身之寂静,从是转进,而得拔济,所至无际,所谓菩萨身之秘密,由得自在。菩萨以宣己身秘密,粗举其要。假欲具说,江河沙劫,不能究畅。密迹金刚力士谓寂意菩萨:何谓言密?其言清净,随众生类,堕畜生中,多少限数。菩萨亦现若干音响、言语。其察音响,现若干辞,顺其众生,章句言语,而演言教,随时颁宣,而与谈语,说其苦乐善恶之处。其菩萨音,一切普入,靡所不达。或有歌戏,幻化瞋喜,演其音句,随其众生,言辞音响,而入训诲,因其一切,身意所信,心所好乐,菩萨悉解,而分别之,各使闻了。

8.32.3

[illegible]	[illegible]	[illegible]	[illegible]	[illegible]	[illegible]	[illegible]	[illegible]	[illegible]	[illegible]	[illegible]:	[illegible]	[illegible]
phji^{1}	mjij^{1}	dźiã^{2}	tsjij^{2}	dwuu^{2}	rjar^{2}	ɣie^{1}	mjijr^{2}	·jij^{1}	dạ^{2}	·jɨ^{2}	dźiã^{2}	tsjij^{2}
意	寂	菩	萨	密	迹	力	士	之	言	谓:	菩	萨

寂意菩萨问密迹力士:

8.32.4

[illegible]	[illegible]	[illegible]	[illegible]	[illegible]	[illegible]	[illegible]?	[illegible]	[illegible]
wjɨ^{2}	djii^{2}	mə^{2}	ɣię^{2}	tja^{1}	thjij^{2}	sjo^{2}	dwuu^{2}	nẹ^{1}
所	化	声	音	者	何	如?	密	迹
[illegible]	[illegible]:	[illegible]	[illegible]	[illegible]	[illegible]	[illegible]	[illegible]	[illegible]
kụ^{2}	dạ^{2}	thja^{1}	dźiã^{2}	tśhju^{1}	·jij^{1}	mə^{2}	ɣię^{2}	ŋowr^{2}
答	言:	彼	众	生	之	声	音	一

菩萨所化音响如何?密迹答曰:从其众生一

8.32.5

[illegible]	[illegible]。	[illegible]	[illegible]	[illegible]	[illegible],	[illegible]	[illegible]	[illegible]
ŋowr^{2}	bju^{1}	dźiã^{2}	tsjij^{2}	·jij^{1}	ɣię^{2}	tsjɨ^{1}	thja^{1}	bju^{1}
切	依。	菩	萨	之	音,	亦	彼	随
[illegible]	[illegible],	[illegible]	[illegible]	[illegible]	[illegible]	[illegible]	[illegible]	[illegible]
bju^{2}	mjij^{1}	dzjọ^{1}	sju^{2}	dźiã^{2}	tśhju^{1}	rjɨr^{2}	wee^{1}	tjị^{2}
限	无,	犹	如	众	生	△	生	△

切音响。又菩萨音,所顺无限,犹如众生所生之

8.32.6

[illegible]，	[illegible]	[illegible]	[illegible]	[illegible]。	[illegible]	[illegible]	[illegible]	[illegible]，
twụ^1	njiij^1	lə	do^2	pha^1	ŋwə^1	tshwew^1	ŋwuu^1	ɣię^2
处，	心	念	各	异。	五	趣	言	声，
[illegible]	[illegible]	[illegible]	[illegible]，	[illegible]	[illegible]	[illegible]	[illegible]。	[illegible]
·jij^1	twụ^1	mji^1	lew^2	pjụ^1	dza^2	tji^2	mjij^1	dźiã^2
各	处	不	同，	量	计	可	不。	菩

处，心念各异。五趣音辞，各各不同，不可称计。菩

8.33.1

[illegible]	[illegible]	[illegible]，	[illegible]	[illegible]	[illegible]	[illegible]，	[illegible]	[illegible]
tsjij^2	thjɨ^2	sju^2	twụ^1	ŋwuu^1	dạ^2	bju^1	ŋwuu^1	dạ^2
萨	此	如，	各	言	辞	随，	言	辞
[illegible]	[illegible]，	[illegible]	[illegible]	[illegible]	[illegible]	[illegible]	[illegible]	[illegible]
ka^2	ku^1	thjɨ^2	tja^1	dźiã^2	tśhju^1	bju^1	mə^2	ɣię^2
离	则，	此	者	众	生	随	音	响

萨如是，各从音辞，亦无言辞，是则名曰，随众生音，

8.33.2

[illegible]，	[illegible]	[illegible]	[illegible]	[illegible]，	[illegible]	[illegible]	[illegible]	[illegible]，
ŋwu^2	to^2	zji^2	dźju^1	sjwij^1	dju^1	lew^2	mjij^1	tsjij^2
是，	悉	皆	达	显，	有	所	无	晓，
[illegible]	[illegible]	[illegible]	[illegible]，	[illegible]	[illegible]	[illegible]	[illegible]，	[illegible]
thjɨ^2	sju^2	bioo^1	lew^2	·ji^1	ɣię^2	ŋowr^2	ŋowr^2	rjɨr^2
此	如	观	所，	众	响	一	切，	所

无不达之，晓无所有，当作是观，一切众响，所

8.33.3

[illegible]	[illegible]	[illegible]，	[illegible]	[illegible]	[illegible]	[illegible]，	[illegible]	[illegible]
tshjiij^1	ŋwuu^1	dạ^2	zji^2	dźjwa^1	to^2	zji^2	seew^2	tshjiij^1
宣	言	辞，	最	终	一	切，	思	议

[illegible]	[illegible]。	[illegible]	[illegible]	[illegible]	[illegible]，	[illegible]	[illegible]	[illegible]
tjị^{2}	mjij^{1}	ŋwuu^{1}	dzjwɨr^{1}	bja^{2}	mjij^{1}	thjɨ^{2}	tja^{1}	dźiã^{2}
可	不。	言	穷	断	无，	此	者	菩

宣言辞，终竟一切，不可思议。言无穷极，是为菩

8.33.4

[illegible]	[illegible]	[illegible]	[illegible]	[illegible]	[illegible]，	[illegible]	[illegible]	[illegible]
tsjij^{2}	·jij^{1}	dzjɨj^{1}	bju^{1}	dzju^{1}	dzjiij^{2}	dzjọ^{1}	tjị^{2}	mjij^{1}
萨	之	时	随	开	化，	喻	可	不
[illegible]，	[illegible]	[illegible]	[illegible]	[illegible]	[illegible]	[illegible]	[illegible]。	[illegible]
ŋwu^{2}	phji^{1}	bju^{1}	pjụ^{1}	tjị^{2}	mjij^{1}	ŋwuu^{1}	tshjiij^{1}	tjij^{1}
也，	意	随	量	可	不	言	说。	若

萨，所化随时，不可喻尽，自恣颁宣①，不可计响。或

8.33.5

[illegible]、	[illegible]、	[illegible]	[illegible]	[illegible]	[illegible]	[illegible]，	[illegible]	[illegible]
śjɨ^{2}	xiwã^{1}	ljɨɨr^{1}	ŋwər^{1}	njij^{2}	ɣię^{2}	to^{2}	tjij^{1}	rjur^{1}
释、	梵、	四	天	王	音	出，	若	诸
[illegible]	[illegible]	[illegible]、	[illegible]	[illegible]	[illegible]、	[illegible]	[illegible]	[illegible]、
mee^{2}	we^{1}	njạ^{1}	·ja	sew^{2}	lo^{1}	kja^{1}	lew^{1}	lo^{1}
天	龙	神、	阿	修	罗、	迦	楼	罗、

演释、梵、四天王音，或复恣宣②，诸天龙神、阿须轮、迦楼罗、

8.33.6

[illegible]	[illegible]	[illegible]、	[illegible]	[illegible]	[illegible]、	[illegible]	[illegible]	[illegible]
kjĩ^{1}	no^{1}	lo^{1}	khjã^{2}	tha^{2}	pho^{1}	mo^{2}	xew^{1}	lo^{1}
紧	那	罗、	揵	闼	婆、	摩	睺	罗
[illegible]、	[illegible]、	[illegible]	[illegible]	[illegible]，	[illegible]	[illegible]	[illegible]	[illegible]，
khja^{2}	dzjwo^{2}	mji^{1}	dzjwo^{2}	njɨ^{2}	dźiã^{2}	tśhju^{1}	ɣię^{2}	bju^{1}
伽、	人、	非	人	等，	众	生	音	随，

① 自恣颁宣，不可计响，西夏本作“随意量，不可言说”。

② 西夏本未译出。

真陀罗、揵沓和、摩休勒、人与非人，随众生音，

8.34.1

[illegible]	[illegible]	[illegible]	[illegible]，	[illegible]	[illegible]、	[illegible]	[illegible]，	[illegible]
phju2	gu2	mjiij2	ɣię2	tshu1	sjij1	ŋạ2	niow2	ŋwuu1
上	中	下	声，	粗	细、	好	丑，	言
[illegible]	[illegible]	[illegible]，	[illegible]	[illegible]	[illegible]	[illegible]	[illegible]	[illegible]。
dạ2	to2	śja2	ŋowr2	ŋowr2	·jij1	njiij1	ljɨ̣j2	phji1
辞	出	现，	一	切	之	心	喜	令。

上中下声，粗细、好丑，而演音响，喜悦一切。

8.34.2

[illegible]	[illegible]	[illegible]	[illegible]：
ljaa1	dạ2	rjɨr2	tshjiij1
颂	言	△	说：

于是颂曰：

8.34.3

[illegible]	[illegible]	[illegible]	[illegible]，	[illegible]	[illegible]	[illegible]	[illegible]，
thjɨ2	sju2	ŋwuu1	dạ2	rejr2	tśjɨ1	tsjij2	phji1
此	如	言	辞，	多	悟	解	令，
[illegible]	[illegible]	[illegible]	[illegible]，	[illegible]	[illegible]	[illegible]	[illegible]。
rjɨr2	tshjiij1	ŋewr2	mjij1	tśhja2	tsjiir1	ŋwuu1	dạ2
所	说	数	无，	正	教	言	辞。

以如言辞，多所解决①，敷演无数，所说言教。

8.34.4

[illegible]	[illegible]	[illegible]	[illegible]，	[illegible]	[illegible]	[illegible]	[illegible]，
njij2	njiij1	djọ2	dźjij1	dzu1	njiij1	tsjij2	phji1
慈	心	修	行，	爱	心	达	令，

① 解决，西夏本作“解悟”。

[illegible]	[illegible]	[illegible]	[illegible]，	[illegible]	[illegible]	[illegible]	[illegible]。
de^{2}	rejr^{2}	phji^{1}	·wejr^{2}	wạ^{2}	deej^{1}	nẹ^{1}	tshjiij^{1}
喜	悦	意	护，	广	布	宣	说。

疗以慈心，达入愍哀，宣布广说，喜悦护意①。

8.34.5

[illegible]	[illegible]	[illegible]	[illegible]，	[illegible]	[illegible]	[illegible]	[illegible]，
śjɨ^{2}	dzjwɨ^{1}	ljwu^{2}	dzjɨ^{2}	wəə^{1}	lhjii^{1}	ŋwej^{2}	neew^{2}
释	帝	会	集，	柔	软	和	善，
[illegible]	[illegible]	[illegible]	[illegible]，	[illegible]	[illegible]	[illegible]	[illegible]。
tjij^{1}	thjɨ^{2}	mji^{1}	tja^{1}	·ji^{1}	mə^{2}	ɣiẹ^{2}	t-
若	此	闻	者，	众	声	音	拒。

天帝合集，柔软和调，若有闻斯，蔽众音响。

8.34.6

[illegible]	[illegible]	[illegible]	[illegible]，	[illegible]	[illegible]	[illegible]	[illegible]，
tshow^{1}	wjɨ^{1}	ɣie^{1}	bju^{1}	wjuu^{1}	ɣiẹ^{2}	to^{2}	śja^{2}
乐	伎	力	依，	悲	音	出	现，
[illegible]	[illegible]	[illegible]	[illegible]，	[illegible]	[illegible]	[illegible]	[illegible]。
lwər^{2}	lhejr^{2}	dzju^{1}	dạ^{2}	thjɨ^{2}	nioow^{1}	nẹ^{1}	tshjiij^{1}
经	典	训	诲，	此	故	宣	说。

因从伎乐，所演悲声，颁宣斯出，经典训诲。

8.35.1

[illegible]	[illegible]	[illegible]	[illegible]，	[illegible]	[illegible]	[illegible]	[illegible]，
rjur^{1}	kjĩ^{1}	no^{1}	lo^{1}	ljaa^{1}	śjwii^{2}	ŋạ^{2}	sjwɨ^{1}
诸	真	陀	罗，	颂	雅	好	思，
[illegible]	[illegible]	[illegible]	[illegible]，	[illegible]	[illegible]	[illegible]	[illegible]。
thja^{1}	ɣiẹ^{2}	thjɨ^{2}	dzjọ^{1}	to^{2}	zji^{2}	ŋowr^{2}	lhə
彼	音	此	喻，	悉	皆	具	足。

① 宣布广说，喜悦护意，西夏本作“喜悦护意，宣布广说”，疑语序颠倒。

诸真陀罗,思好雅颂,其音喻此,普悉具足。

8.35.2

thja^{1}	mji^{1}	mjijr^{2}	·jij^{1}	kięj^{2}	mji^{1}	śjwo^{1}	phji^{1}
彼	闻	者	之,	欲	不	兴	令,
ŋər^{1}	nją^{1}	ŋowr^{2}	ŋowr^{2}	zji^{2}	tshow^{1}	ɣię^{2}	dzu^{1}
山	神	一	切,	皆	乐	音	喜。

闻令欲止,淫心不兴,一切山神,皆好音乐。

8.35.3

thjɨ^{2}	kięj^{2}	kięj^{2}	·u^{2}	·ji^{1}	rjur^{1}	thjoo^{1}	ɣię^{2}
此	欲	界	中,	众	诸	妙	音,
rjur^{1}	tshow^{1}	wjɨ^{1}	to^{2}	rjur^{1}	mə^{1}	mə^{2}	ɣię^{2}
诸	乐	幻	出,	诸	天	声	音。

计于欲界,众诸妙音,诸伎乐①出,诸天声响。

8.35.4

zji^{2}	thjɨ^{2}	ɣa^{2}	wor^{1}	njiij^{1}	·o^{2}	ɣiej^{1}	ŋwu^{2}
皆	此	上	起,	心	悦	诚	是,
thja^{1}	tsjiir^{1}	mə^{2}	ɣię^{2}	dzjɨj^{1}	bju^{1}	tśier^{1}	·ju^{2}
彼	法	声	音,	时	随	方	便。

皆悉起此,诚可爱悦,其法音声,随时方便。

8.35.5

① 伎乐,西夏本作"幻乐"。

rjɨr^{2}	tshjiij^{1}	kjạ^{1}	ljaa^{1}	tshjạ^{1}	kwow^{2}	kiẹj^{2}	dźjwu^{1}
所	宣	歌	颂，	瞋	恚	欲	消，
[illegible]	[illegible]	[illegible]	[illegible]，	[illegible]	[illegible]	[illegible]	[illegible]。
wẹ^{1}	lə	nioow^{1}	khwẹj^{1}	·jij^{1}	bjij^{1}	dźjɨ	phja^{1}
愚	痴	及	慢，	自	大	行	除。

所宣歌颂，消瞋恚欲，除去痴慢，自大之行。

8.35.6

[illegible]	[illegible]	[illegible]	[illegible]，	[illegible]	[illegible]	[illegible]	[illegible]，
dźjɨ	bju^{1}	tshwew^{1}	tjị^{2}	phjo^{2}	kar^{2}	nẹ^{1}	tshjiij^{1}
行	随	趣	所，	别	分	宣	说，
[illegible]	[illegible]	[illegible]	[illegible]，	[illegible]	[illegible]	[illegible]	[illegible]。
rjɨr^{2}	tshjiij^{1}	tśja^{1}	tsjiir^{1}	mji^{1}	rjir^{1}	nioow^{1}	ku^{1}
乃	说	道	法，	闻	得	故	则。

分别畅了，行所归趣①，以闻道术，宣传之故。

8.36.1

[illegible]	[illegible]	[illegible]	[illegible]，	[illegible]	[illegible]	[illegible]	[illegible]，
thja^{1}	tsə̣^{1}	kiẹj^{2}	dźjiij^{1}	rjur^{1}	mə^{1}	ŋowr^{2}	ŋowr^{2}
彼	色	界	住，	诸	天	一	切，
[illegible]	[illegible]	[illegible]	[illegible]，	[illegible]	[illegible]	[illegible]	[illegible]。
to^{2}	zji^{2}	njiij^{1}	ljɨj^{2}	thja^{1}	rjur^{1}	mə^{1}	njɨ^{2}
尽	皆	心	悦，	彼	诸	天	至。

其在色界，一切诸天，皆能悦可，斯诸天意。

8.36.2

[illegible]	[illegible]	[illegible]	[illegible]，	[illegible]	[illegible]	[illegible]	[illegible]，
rjar^{1}	gjij^{1}	tsjiir^{1}	dạ^{2}	nji^{2}	lhjɨj^{1}	nioow^{1}	ku^{1}
殊	异	法	事，	听	闻	因	则，
[illegible]	[illegible]	[illegible]	[illegible]，	[illegible]	[illegible]	[illegible]	[illegible]。

① 分别畅了，行所归趣，西夏本作“行随趣所，别分宣说”。

mjor[1] zjo̱[2] njiij[1] śjwo[1] kụ[1] tha[1] tśja[1] śjɨ̱j[1]
现 世 意 发, 后 佛 道 成。

因得听闻,殊异言教,在世发意,当成佛道。

8.36.3

[illegible]
we[1] khja[2] thow[1] lo[1] mo[2] xew[1] lo[1] njɨ[2]
龙 揵 陀 罗、 摩 睺 罗 等,
[illegible]
tshow[1] wjɨ̱[1] ŋowr[2] ŋowr[2] tśhjɨ[1] zji̱j[1] mə[2] djij[1]
乐 妓 一 切, 若 干 种 品。

龙揵陀罗、摩休勒等,一切妓乐,若干种品。

8.36.4

[illegible]
tśhja[2] ŋjow[2] tjɨ[1] tjij[1] thjoo[1] tsjiir[1] tshjiij[1] ku[1]
德 海 假 若, 妙 法 说 则,
[illegible]
dźiã[2] tśhju[1] zji[2] de[2] njiij[1] ljɨ̱j[2] rjɨr[2] gjiij[1]
众 生 皆 悦, 心 跃 △ 踊。

德海若宣,微妙音教,众生皆悦,心豫踊跃。

8.36.5

[illegible]
ŋewr[2] pjụ[1] mjij[1] ·o[2] tśhjɨ[1] zji̱j[1] mə[2] ɣie̱[2]
数 量 无 入, 若 干 声 音,
[illegible]
·jã[1] xu[1] mə[1] khju[1] dźjiij[1] dźjiij[1] sjij[2] ·ju[2]
阎 浮 天 下, 居 住 人 民。

入无央数,若干音响,阎浮天下,所居人民。

8.36.6

[illegible]

thja^1	ɣię^2	zji^2	njɨ^2	thjɨ^2	dźiã^2	tśhju^1	·o^2
彼	音	皆	至，	此	众	生	入，
[illegible]	[illegible]	[illegible]	[illegible]，	[illegible]	[illegible]	[illegible]	[illegible]。
tjɨ^1	tjij^1	mji^1	ku^1	zji^2	gju^1	dzjij^1	rjir^1
假	若	闻	则，	悉	度	脱	得。

其音普遍，入斯众生，若得闻者，悉得度脱。

8.37.1

[illegible]	[illegible]	[illegible]	[illegible]，	[illegible]	[illegible]	[illegible]	[illegible]，
tshọ^2	ŋa^1	mə^1	njạ^1	nioow^1	thjɨ^2	ljɨ̣^{2}	sji^2
虚	空	天	神，	及	此	地	祇，
[illegible]	[illegible]	[illegible]	[illegible]，	[illegible]	[illegible]	[illegible]	[illegible]。
thja^1	ɣię^2	tsjij^2	dar^1	zji^2	thja^1	kha^1	njɨ^2
彼	声	通	达，	皆	彼	间	至。

虚空天神，及此地祇，其声通达，咸至彼间。

8.37.2

[illegible]	[illegible]	[illegible]	[illegible]，	[illegible]	[illegible]	[illegible]	[illegible]，
to^2	zji^2	tsjiir^1	mji^1	mji^2	njiij^1	ljɨ̣j^2	mjij^1
悉	皆	教	闻，	无	心	悦	不，
[illegible]	[illegible]	[illegible]	[illegible]，	[illegible]	[illegible]	[illegible]	[illegible]。
zji^2	·jiw^2	tjij^1	phja^1	njiij^1	ljɨ̣j^2	njiij^1	śjwo^1
皆	疑	除	绝，	心	欢	心	生。

皆得闻教，莫不悦豫，佥然决疑，悉心欢欣。

8.37.3

[illegible]	[illegible]	[illegible]	[illegible]，	[illegible]①	[illegible]	[illegible]	[illegible]，
ku^1	kiej^1	dźju^2	dze^1	kjụ^1	zji^1	mər^1	njij^1
凤	凰	鹄	雁，	鹦	雄	嘴	赤，
[illegible]	[illegible]	[illegible]	[illegible]，	[illegible]	[illegible]	[illegible]	[illegible]。

① [illegible]，与“[illegible]”字形相似，字义相同。

lụ^{1} we^{1} wor^{1} le^{2} ljuu^{2} we^{1} mjɨɨ^{1} wejr^{1}

山 鸟 孔 雀， 鹉 鹦 鸥 鸡。

哀鸾鹄雁，赤嘴鸦音，山鸟孔雀，鹦鹉鸥鸡。

8.37.4

[illegible]

khji^{1} we^{2} bə^{2} wor^{1} rjar^{1} gjij^{1} dźjwow^{1} we^{1}

耆 卫 鸳 鸯， 殊 特 鸟 雀，

[illegible]

tjij^{1} thjɨ^{2} ɣię^{2} mji^{1} to^{2} zji^{2} njiij^{1} ljɨj^{2}

若 此 音 闻， 悉 皆 心 欢。

雁殊异鸟，耆域鸳鸯①，若闻此声，皆可意悦。

8.37.5

[illegible]

ka^{2} tśjij^{2} le^{2} ljɨɨ^{1} rjɨj^{2} ·jow^{2} khə^{2} swẽ^{1}

狮 子 虎 狼， 熊 罴 猿 猴，

[illegible]

lha^{1} tser^{1} ljɨ^{2} we^{2} nə dźiə^{1} ljɨ^{2} ·o^{2}

麈 鹿 骡 驴， 狐 野 兔 子。

狮子虎狼，熊罴猿猴，麈鹿骡驴，野狐诸兔。

8.37.6

[illegible]

bju^{2} rjijr^{1} nioow^{1} khjwɨ^{1} gur^{1} ·jij^{2} wa^{1} djij^{1}

象 马 及 犬， 牛 羊 猪 类，

[illegible]

thja^{1} ɣię^{2} mji^{1} ku^{1} njiij^{1} phji^{1} de^{2} ljɨj^{2}

其 声 闻 则， 心 意 喜 可。

象马狗犬，牛羊猪类，闻其音声，可意喜悦。

---

① 雁殊异鸟，耆域鸳鸯，西夏本作“耆卫鸳鸯，特殊鸟雀”。

8.38.1

[illegible]	[illegible]	[illegible]	[illegible]，	[illegible]	[illegible]	[illegible]	[illegible]，
ljɨɨr^{1}	rewr^{2}	njɨɨ^{1}	rewr^{2}	rjur^{1}	·jwɨr^{1}	·jij^{1}	dju^{1}
四	足	二	足，	诸	形	貌	有，
[illegible]	[illegible]	[illegible]	[illegible]，	[illegible]	[illegible]	[illegible]	[illegible]。
nioow^{1}	rjur^{1}	rejr^{2}	rewr^{2}	rjur^{1}	rewr^{2}	mjij^{1}	tja^{1}
及	诸	多	足，	诸	足	无	者。

四足二足，诸有形貌，其多诸足，诸无足者。

8.38.2

[illegible]	[illegible]	[illegible]	[illegible]，	[illegible]	[illegible]	[illegible]	[illegible]，
zji^{2}	thja^{1}	mə^{2}	dzu^{1}	mə^{2}	ɣiẹ^{2}	tsjij^{2}	ku^{1}
皆	彼	声	乐，	声	音	晓	则，
[illegible]	[illegible]	[illegible]	[illegible]，	[illegible]	[illegible]	[illegible]	[illegible]。
dzju^{1}	dzjiij^{2}	dạ^{2}	lhjịj^{2}	·ji^{1}	dow^{1}	sjwɨj^{1}	phjɨ^{1}
开	化	言	受，	众	邪	业	舍。

皆乐闻是，解知音声，宣布受诲，舍众邪业。

8.38.3

[illegible]	[illegible]	[illegible]	[illegible]，	[illegible]	[illegible]	[illegible]	[illegible]，
thjɨ^{2}	sọ^{1}	tụ^{1}	kiẹj^{2}	rjur^{1}	lhjịj^{2}	mə^{2}	ɣiẹ^{2}
此	三	千	界，	诸	国	声	音，
[illegible]	[illegible]	[illegible]	[illegible]，	[illegible]	[illegible]	[illegible]	[illegible]。
zji^{2}	phju^{2}	gu^{2}	mji^{1}	nioow^{1}	ɣwie^{1}	nji	tśjị^{1}
最	上	中	闻，	及	贵	凌	苦。

于斯三千，诸国有音，最上中间，及豪下贱。

8.38.4

[illegible]	[illegible]	[illegible]	[illegible]，	[illegible]	[illegible]	[illegible]	[illegible]，
djị^{1}	·jɨj^{2}	śjụ^{1}	·ju^{1}	sju^{2}	dzju^{2}	djij^{1}	njɨ^{2}
地	狱	魔	鬼，	畜	生	类	等，

[illegible]	[illegible]	[illegible]	[illegible],	[illegible]	[illegible]	[illegible]	[illegible]。
rjur1	mə1	sjij2	·ju2	·ji1	rjur1	mə2	ɣię2
诸	天	人	民,	众	诸	声	音。

地狱饿鬼,至畜生类,诸天人民,众诸音响。

8.38.5

[illegible]	[illegible]	[illegible]	[illegible],	[illegible]	[illegible]	[illegible]	[illegible],
lwow1	mjij1	ljij2	dźjịj1	lew1	źjɨr1	ɣiej1	lə
妄	无	见	行,	唯	真	实	念,
[illegible]	[illegible]	[illegible]	[illegible],	[illegible]	[illegible]	[illegible]	[illegible]。
sjiij2	kjụ1	tsjɨ1	mjij1	ɣwej1	dzeej1	mjij2	djij2
想	求	亦	无,	诤	讼	未	曾。

行无妄见,唯念至真,亦无想求,未曾诤讼。

8.38.6

[illegible]	[illegible]	[illegible]	[illegible],	[illegible]	[illegible]	[illegible]	[illegible],
sjwɨj1	bju1	śjij1	dźjịj1	njiij1	tśja1	tśhjaa1	tjị1
业	随	奉	行,	心	道	上	置,
[illegible]	[illegible]	[illegible]	[illegible],	[illegible]	[illegible]	[illegible]	[illegible]。
tshjiij1	ŋwu2	śja2	phji1	dzjɨj1	rjir2	bju1	śjij1
宣	以	现	令,	时	与	随	△。

奉行所业,志存道心,颁宣令现,当应时节。

8.39.1

[illegible]	[illegible]	[illegible]	[illegible],	[illegible]	[illegible]	[illegible]	[illegible],
·a	śjij1	njiij1	ŋwu2	dźiã2	tśhju1	dzeej1	zeew2
一	顺	心	以,	众	生	意	忍,
[illegible]	[illegible]	[illegible]	[illegible],	[illegible]	[illegible]	[illegible]	[illegible]。
ɣię2	ŋwu2	·jir2	rjir2	lhjij2	·u2	dzju1	dzjiij2
音	以	百	亿,	国	中	教	化。

已以专一,忍众生诤,以音教告,百亿国土。

8.39.2

[illegible]	[illegible]	[illegible]	[illegible]，	[illegible]	[illegible]	[illegible]	[illegible]，
thjɨ^{2}	nioow^{1}	tsjij^{2}	dar^{1}	khjã^{2}	khja^{2}	bẹ^{1}	ŋewr^{2}
此	故	通	达，	殑	伽	沙	数，
[illegible]	[illegible]	[illegible]	[illegible]，	[illegible]	[illegible]	[illegible]	[illegible]。
war^{2}	ɣa^{2}	mji^{1}	tha^{2}	njiij^{1}	dźjịj^{1}	lew^{2}	mjij^{1}
财	上	不	恃，	心	行	所	无。

从是通达，江河沙数，不倚财业，心无所行。

8.39.3

[illegible]	[illegible]	[illegible]	[illegible]，	[illegible]	[illegible]	[illegible]	[illegible]，
rjur^{1}	tha^{1}	lhjịj^{2}	·u^{2}	dźjiij^{1}	dźjiij^{1}	·ji^{1}	ljiij^{2}
诸	佛	国	中，	所	在	众	魔，
[illegible]	[illegible]	[illegible]	[illegible]，	[illegible]	[illegible]	[illegible]	[illegible]。
thja^{1}	njɨ^{2}	thjɨ^{2}	tha^{2}	śjwii^{2}	ɣię^{2}	mji^{1}	ku^{1}
彼	等	此	大，	和	声	闻	则。

诸佛国土，所有众魔，此等得闻，斯大和声。

8.39.4

[illegible]	[illegible]	[illegible]	[illegible]，	[illegible]	[illegible]	[illegible]	[illegible]，
njij^{2}	śjow^{1}	khjuu^{2}	·wejr^{2}	gjuu^{2}	lew^{2}	thjɨ^{2}	sju^{2}
悲	哀	守	护，	救	所	此	如，
[illegible]	[illegible]	[illegible]	[illegible]，	[illegible]	[illegible]	[illegible]	[illegible]。
lho	·o^{2}	lja^{1}	wjij^{1}	to^{2}	zji^{2}	tśja^{1}	tshwew^{1}
出	入	来	往，	悉	皆	礼	兴。

悲哀将护，所救如是，出入行步，悉为兴礼。

8.39.5

[illegible]	[illegible]	[illegible]	[illegible]，	[illegible]	[illegible]	[illegible]	[illegible]，
tjɨ^{1}	tjij^{1}	dźiã^{2}	tśhju^{1}	ŋewr^{2}	·jir^{2}	tụ^{1}	rjir^{2}
假	若	众	生，	数	百	千	亿，

□ □ □ □，　□ □ □ □。

·jij[1] twụ[1] njiij[1] ·u[2]　tśhjɨ[1] zjij[1] kjur[2] tśhju[1]

自 各 心 中，　若 干 志 念。

正使众生，有百千亿，其心各抱，若干志念。

8.39.6

□ □ □ □，　□ □ □ □，

thja[1] dạ[2] mji[1] nioow[1]　ɣię[2] lụ[2] mji[1] dju[1]

彼 言 闻 后，　障 碍 不 得，

□ □ □ □，　□ □ □ □。

lạ[1] tśja[1] pjạ[1] phjoo[2]　dzjwį[1] lhejr[2] tśja[1] tshwew[1]

手 叉 掌 合，　恭 敬 礼 敬。

闻是言辞，不以蔽碍，叉其十指，稽首作礼。

8.40.1

□ □ □ □，　□ □ □ □，

gjwɨr[1] me[2] ba[1] ·ọ[2]　ŋwuu[1] dạ[2] mjɨ[1] kjir[2]

卧 寐 聋 哑，　言 论 不 能，

□ □ □ □，　□ □ □ □。

kjwij[1] dźiəj[2] khjɨ[1] mjij[1]　rjur[1] ŋo[2] tśhju[1] mjijr[2]

痉 跛 足 无，　诸 疾 病 者。

卧寐聋哑，口不能言，跛蹇无足，诸大疾病。

8.40.2

□ □ □ □，　□ □ □ □，

tjij[1] thjɨ[2] zji[2] thjoo[1]　neew[2] dạ[2] mji[1] ku[1]

若 此 最 妙，　善 语 闻 则，

□ □ □ □，　□ □ □ □。

wəə[1] lhjii[1] zji[2] ŋạ[2]　tsjiir[1] dạ[2] tshjiij[1] njwi[2]

柔 和 最 好，　法 言 说 能。

彼若闻此，微妙善语，宣畅柔和，至好音教。

8.40.3

[illegible] [illegible] [illegible] [illegible]，　[illegible] [illegible] [illegible] [illegible]，
njiij^{1} ·ju^{2} źji̤^{1} njɨɨ^{2}　xo̱^{2} ŋjir^{1} sjwɨ^{1} lə
心 常 烦 恼，　危 厄 思 念，
[illegible] [illegible] [illegible] [illegible]，　[illegible] [illegible] [illegible] [illegible]。
ljaa^{2} ·u^{2} rjir^{2} kjiw^{1}　lhjɨ^{2} ror^{2} ne̱^{1} tshjiij^{1}
口 中 亿 年，　尘 劳 宣 说。

心常怀念，尘劳①危厄，口所宣说，亿载尘劳。

8.40.4

[illegible] [illegible] [illegible] [illegible]，　[illegible] [illegible] [illegible] [illegible]，
tjij^{1} thjɨ^{2} gji^{1} sej^{1}　tsjiir^{1} ɣie̱^{2} mji^{1} ku^{1}
若 此 清 净，　法 音 闻 故，
[illegible] [illegible] [illegible] [illegible]，　[illegible] [illegible] [illegible] [illegible]。
dźjwow^{1} we^{1} dzju^{1} dzjiij^{2}　gji^{1} śjuu^{1} rjir^{1} phji^{1}
乌 鸟 开 化，　清 凉 得 令。

其得闻是，清净法音，开化乌鸟，致于清凉。

8.40.5

[illegible] [illegible] [illegible] [illegible]，　[illegible] [illegible] [illegible] [illegible]，
rjɨr^{2} tshjiij^{1} tshjiij^{1} tja^{1}　dźiã^{2} tśhju^{1} zji^{2} mji^{1}
所 宣 言 者　众 生 皆 闻，
[illegible] [illegible] [illegible] [illegible]，　[illegible] [illegible] [illegible] [illegible]。
rjur^{1} tha^{1} tsjiir^{1} lwər^{2}　nioow^{1} rjur^{1} śjɨj^{2} ·ji^{1}
诸 佛 法 经，　及 诸 圣 众。

口所宣布，众生悉闻，诸佛经法，及诸圣众。

8.40.6

[illegible] [illegible] [illegible] [illegible]，　[illegible] [illegible] [illegible] [illegible]，
zji^{1} mjii^{1} kie^{1} sej^{1}　no^{2} zeew^{2} da̱^{2} dźjij^{1}

① 尘劳，西夏本作"烦恼"。

布	施	戒	清，	安	忍	事	行，
[illegible]	[illegible]	[illegible]	[illegible]，	[illegible]	[illegible]	[illegible]	[illegible]。
khu^1	dźjij^1	mjij^1	sjwɨ^1	sjij^2	źjɨr^1	tsjiir^1	djọ^2
进	精	静	虑，	智	慧	法	修。

布施禁戒，行忍辱事，精进一心，智慧之法。

8.41.1

[illegible]	[illegible]	[illegible]	[illegible]，	[illegible]	[illegible]	[illegible]	[illegible]，
·ji^1	dźjɨ	rjijr^2	·ioow^1	·ju^2	njiij^1	tśhjaa^1	tjị^2
众	行	恩	功，	常	心	在	所，
[illegible]	[illegible]	[illegible]	[illegible]，	[illegible]	[illegible]	[illegible]	[illegible]。
rjir^2	·jir^2	tụ^1	kja^2	tshjiij^1	sji^1	mjɨ^1	njwi^2
亿	百	千	劫，	说	尽	不	能。

说意所存，功勋众行①，亿百千劫，不能畅尽。

8.41.2

[illegible]	[illegible]	[illegible]	[illegible]，	[illegible]	[illegible]	[illegible]	[illegible]，
mər^2	bju^2	wji^2	mjij^1	thja^1	phji^1	mjɨ^1	pjụ^1
本	际	底	无，	彼	意	无	量，
[illegible]	[illegible]	[illegible]	[illegible]，	[illegible]	[illegible]	[illegible]	[illegible]。
tha^1	·jij^1	ɣię^2	tshjiij^1	śjɨ^1	twụ^1	tsew^2	mjij^1
佛	之	音	说，	往	处	极	无。

本际无底，其意无量，演于佛音，所往无极。

8.41.3

[illegible]	[illegible]	[illegible]	[illegible]	[illegible]	[illegible]	[illegible]	[illegible]	[illegible]
tha^2	ljɨ^1	tśiow^1	lwər^2	lhejr^2	来日母	·jar^1	tsew^2	zeew^2
大	宝	积	经	契	卷	八	第	忍

《大宝积经》卷第八

① 说意所存，功勋众行，西夏本作“功恩众行，常心所在”。

汉文本

寂意菩萨问密迹力士：菩萨所化音响如何？密迹答曰：从其众生一切音响。又菩萨音，所顺无限，犹如众生所生之处，心念各异。五趣音辞，各各不同，不可称计。菩萨如是，各从音辞，亦无言辞，是则名曰，随众生音，无不达之，晓无所有，当作是观，一切众响，所宣言辞，终竟一切，不可思议。言无穷极，是为菩萨，所化随时，不可喻尽，自恣颁宣，不可计响。或演释、梵、四天王音，或复恣宣，诸天龙神、阿须轮、迦楼罗、真陀罗、揵沓和、摩休勒、人与非人，随众生音，上中下声，粗细、好丑，而演音响，喜悦一切。于是颂曰：

以如言辞，多所解决，
敷演无数，所说言教。
疗以慈心，达人愍哀，
宣布广说，喜悦护意。
天帝合集，柔软和调，
若有闻斯，蔽众音响。
因从伎乐，所演悲声，
颁宣斯出，经典训诲。
诸真陀罗、思好雅颂，
其音喻此，普悉具足。
闻令欲止，淫心不兴，
一切山神，皆好音乐。
计于欲界，众诸妙音，
诸伎乐出，诸天声响。
皆悉起此，诚可爱悦，
其法音声，随时方便。
所宣歌颂，消瞋恚欲，
除去痴慢，自大之行。
分别畅了，行所归趣，
以闻道术，宣传之故。
其在色界，一切诸天，
皆能悦可，斯诸天意。
因得听闻，殊异言教，
在世发意，当成佛道。
龙揵陀罗、摩休勒等，
一切妓乐，若干种品。
德海若宣，微妙音教，
众生皆悦，心豫踊跃。
入无央数，若干音响，

阎浮天下,所居人民。
其音普遍,入斯众生,
若得闻者,悉得度脱。
虚空天神,及此地祇,
其声通达,咸至彼间。
皆得闻教,莫不悦豫,
佥然决疑,悉心欢欣。
哀鸾鹄雁,赤嘴鸦音,
山鸟孔雀,鹦鹉鹍鸡。
雁殊异鸟,耆域鸳鸯,
若闻此声,皆可意悦。
狮子虎狼,熊罴猿猴,
麋鹿骡驴,野狐诸兔。
象马狗犬,牛羊猪类,
闻其音声,可意喜悦。
四足二足,诸有形貌,
其多诸足,诸无足者。
皆乐闻是,解知音声,
宣布受诲,舍众邪业。
于斯三千,诸国有音,
最上中间,及豪下贱。
地狱饿鬼,至畜生类,
诸天人民,众诸音响。
行无妄见,唯念至真,
亦无想求,未曾诤讼。
奉行所业,志存道心,
颁宣令现,当应时节。
己以专一,忍众生诤,
以音教告,百亿国土。
从是通达,江河沙数,
不倚财业,心无所行。
诸佛国土,所有众魔,
此等得闻,斯大和声。
悲哀将护,所救如是,
出入行步,悉为兴礼。
正使众生,有百千亿,
其心各抱,若干志念。
闻是言辞,不以蔽碍,

叉其十指，稽首作礼。
卧寐聋哑，口不能言，
跛蹇无足，诸大疾病。
彼若闻此，微妙善语，
宣畅柔和，至好音教。
心常怀念，尘劳危厄，
口所宣说，亿载尘劳。
其得闻是，清净法音，
开化乌鸟，致于清凉。
口所宣布，众生悉闻，
诸佛经法，及诸圣众。
布施禁戒，行忍辱事，
精进一心，智慧之法。
说意所存，功勋众行，
亿百千劫，不能畅尽。
本际无底，其意无量，
演于佛音，所往无极。

《大宝积经》卷第八

西夏文《大宝积经》

·卷九·

《密迹金刚力士会》第三之二整理与研究

张映晖

内容和版本介绍

《大宝积经》卷九《密迹金刚力士会》主要讲述勇郡王的儿子法意皈依佛法后发愿，希望常常亲近佛祖，“愿为金刚力士，普闻一切诸佛秘要密迹之事”。身密、口密和意密即佛教中的三密，秘密三业，常为密教所用。西夏文《密迹金刚力士会》并无品目之分，可以断定其翻译底本为西晋竺法护所译汉文本《大宝积经·密迹金刚力士会》。竺法护所译《密迹金刚力士会》言语朴实，忠于原文，西夏译本就是在汉译本基础上，结合自身对佛经的理解完成的。

据克恰诺夫《西夏佛典目录》，俄罗斯科学院东方文献研究所所藏《大宝积经·密迹金刚力士会》第三之二的编号 инв.№ 377，其基本信息为：黑绢护封，写本，经折装，乌丝栏，纸幅（33—33.5）厘米×12 厘米，版框高 25.8 厘米，每折 6 行，行 19 字。现存 82 折，保存完整。结尾重复标题，内容为第九卷。本文研究的西夏文《大宝积经》第九卷使用此编号图版。根据《大宝积经》卷九题记中的“奉天显道”字样，可以判定该本为仁宗校译本。

文本释读

9.1.1

[illegible]	[illegible]	[illegible]	[illegible]	[illegible]	[illegible]	[illegible]	[illegible]	[illegible]①
tha1	ljị1	tśiow1	lwər2	lhejr2	来日母	gjɨɨ1	tsew2	zeew2
大	宝	积	经	契	卷	九	第	忍

《大宝积经》卷第九

9.1.2

[illegible]	[illegible]	[illegible]	[illegible]②
tshjwu1	bju1	tśja1	dźju1
天	奉	道	显

奉天显道

9.1.3

[illegible]	[illegible]	[illegible]	[illegible]	[illegible]	[illegible]	[illegible]	[illegible]	[illegible]	[illegible]
dwuu2	rjar2	kię1	dźja2	ɣie1	mjijr2	sọ1	tsew2	·jij1	njɨɨ1
密	迹	金	刚	力	士	三	第	之	二

《密迹金刚力士会》第三之二

9.1.4

[illegible]	[illegible]	[illegible]	[illegible]	[illegible]	[illegible]	[illegible]	[illegible]	[illegible]
dwuu2	rjar2	kię1	dźja2	ɣie1	mjijr2	phji1	mjij1	dźiã2
密	迹	金	刚	力	士	意	寂	菩
[illegible]	[illegible]	[illegible]:	[illegible]	[illegible]	[illegible]	[illegible],	[illegible]	[illegible]
tsjij2	·jij1	·jɨ2	dźiã2	tsjij2	rjɨr2	tshjiij1	dạ2	kha1
萨	之	谓:	菩	萨	所	说,	辞	中

密迹金刚力士语寂意菩萨:菩萨所说,口

① [illegible],译为“忍”,为西夏佛经的帙号。

② [illegible][illegible][illegible][illegible],译为“奉天显道”。仁宗时期校译的很多佛经中都有这四个字,这说明此卷乃仁宗时期所校译。

9.1.5

[illegible]	[illegible]	[illegible]	[illegible]、	[illegible]	[illegible]	[illegible]	[illegible]、	[illegible]
laa^{1}	tśior^{2}	dạ^{2}	niow^{2}	mji^{1}	wəə^{1}	neew^{2}	dạ^{2}	tshjạ^{1}
染	污	言	恶、	不	仁	良	辞、	瞋
[illegible]	[illegible]	[illegible]，	[illegible]	[illegible]	[illegible]	[illegible]	[illegible]、	[illegible]
kwow^{2}	lə	dạ^{2}	lạ^{1}	ljoor^{1}	·joor^{1}	·jijr^{1}	dạ^{2}	mji^{1}
恚	痴	言，	虚	妄	结	刚	言、	不

未曾宣污染恶言、不仁之辞、瞋恚痴言，亦无谀谄，无刚结言、

9.1.6

[illegible]	[illegible]、	[illegible]	[illegible]	[illegible]	[illegible]、	[illegible]	[illegible]	[illegible]
twụ^{1}	dạ^{2}	·u^{2}	tshjiij^{2}	dzjụ^{1}	ŋwuu^{1}	gjịj^{1}	ɣie^{2}	mjij^{1}
忠	言、	调	戏	俳	说、	利	益	无
[illegible]	[illegible]	[illegible]，	[illegible]	[illegible]	[illegible]	□	□	□
dạ^{2}	tshjiij^{1}	mjɨ^{1}	tśhjɨ^{1}	djij^{2}	mjịj^{1}	□	□	□
语	言	不，	尔	曾	女	□	□	□

崎岖之语①、调戏俳说、无益之文语②，

9.2.1

[illegible]、	[illegible]	[illegible]、	[illegible]	[illegible]	[illegible]	[illegible]	[illegible]，	[illegible]
djuu^{1}	dzjwɨ^{1}	lhjwa^{1}	djɨɨ^{2}	rjijr^{2}	dạ^{2}	mji^{1}	wji^{1}	ŋwuu^{1}③
谗	牙	舌、	笑	妄	言	不	为，	言
[illegible]	[illegible]	[illegible]，	[illegible]	[illegible]	[illegible]	□	[illegible]④	□，
mji^{1}	·joor^{1}	kjọ^{2}	dạ^{2}	bjạ^{1}	lhjwɨ^{2}	□	wjụ^{2}	□
不	硬	刚，	辞	粗	暴	□	卒	□，

不妄笑、谗言、两舌，不顾男女⑤，不坚硬，无有粗辞卒暴之性，

① 崎岖之语，西夏本作“不忠言”。
② 无益之文语，西夏本作“不无利益语言”。
③ 据汉文本，西夏本增“言([illegible])”字。西夏本缺漏，据汉文本补。
④ 据汉文本，西夏本补“[illegible]”字。
⑤ 不妄笑、谗言、两舌，不顾男女，西夏文译作“[illegible]□□□[illegible]、[illegible]”。

9.2.2

[illegible]	[illegible]	[illegible]	[illegible]	[illegible]，	[illegible]	[illegible]	[illegible]	[illegible]，
źjị[1]	źjɨɨ[1]	tśjuu[1]	njiij[1]	mjij[1]	lhjwi[1]	dźjɨɨr[1]	mji[1]	dju[1]
恼	害	妒	心	无，	取	舍	不	有，
[illegible]	[illegible]	[illegible]	[illegible]	[illegible]，	[illegible]	[illegible]	[illegible]	[illegible]，
tsjiir[1]	dzjo[2]	mji[1]	phjɨ[1]	kjur[2]	tśhiow[1]	źjị[1]	mjij[1]	njiij[1]
礼	仪	不	失	志，	结	恼	无	心，

不有怀害，无取舍心，不失仪节志，亦无结心①，

9.2.3

[illegible]	[illegible]	[illegible]，	[illegible]	[illegible]	[illegible]	[illegible]，	[illegible]	[illegible]
zjij[1]	lew[2]	mjij[1]	ɣwej[1]	dzeej[1]	dạ[2]	mjij[1]	bju[1]	gjị[2]
着	所	无，	斗	讼	言	无，	依	倚
[illegible]	[illegible]，	[illegible]	[illegible]、	[illegible]	[illegible]	[illegible]，	[illegible]	[illegible]
tjị[2]	mjij[1]	źjị[1]	njɨɨ[2]	tsjɨ[1]	mju[2]	bjij[1]	śja[1]	wjạ[2]
所	无，	恼	烦、	亦	动	举，	逸	放

无所着，无斗讼言，无所倚，无尘劳，无所举②，

9.2.4

[illegible]	[illegible]，	[illegible]	[illegible]	[illegible]，	[illegible]	[illegible]	[illegible]	[illegible]
mjij[1]	mjɨ[1]	gjiw[1]	khwej[1]	mjij[1]	mji[1]	wo[2]	mji[1]	tjɨj[2]
无	不，	傲	慢	无，	非	理	非	宜
[illegible]	[illegible]，	[illegible]	[illegible]	[illegible]	[illegible]	[illegible]	[illegible]，	[illegible]
dźjɨ	mjij[1]	dzjɨj[1]	rjir[2]	mji[1]	śjwii[2]	dạ[2]	mjij[1]	lej[2]
行	无，	时	与	非	合	辞	无，	贪

无轻放逸，无自态，无横理无宜之行，无非时辞，无贪

9.2.5

[illegible]	[illegible]	[illegible]，	[illegible]	[illegible]	[illegible]	[illegible]，	[illegible]	[illegible]

① 亦无结心，西夏本作“结恼无心”，不合乎西夏文语法，疑“[illegible]”和“[illegible]”倒。

② 无尘劳，无所举，西夏本作“尘劳、亦举动”。

kięj^{2}	njiij^{1}	mjij^{1}	mji^{1}	tjɨj^{2}	niow^{2}	mjij^{1}	dzu^{1}	ŋwe^{1}
欲	心	无,	非	礼	恶	无,	爱	乐
[illegible]	[illegible],	[illegible]	[illegible]	[illegible]	[illegible],	[illegible]	[illegible]	[illegible]
lew^{2}	mjij^{1}	dźjiij^{1}	tjị^{2}	mji^{1}	dju^{1}	mji^{1}	sej^{1}	tsjɨ^{1}
所	无,	处	所	无	有,	非	净	亦

欲,无非恶,无所爱乐,无有处所,亦无非净,

9.2.6

[illegible],	[illegible]	[illegible]	[illegible]	[illegible]	[illegible],	[illegible]	[illegible]	[illegible]
mjij^{1}	dzjɨj^{1}	kja^{2}	rjir^{2}	mji^{1}	ljwu^{1}	rjur^{1}	tśhji^{2}	mji^{1}
无,	时	节	与	无	违,	诸	根	无
[illegible],	[illegible]	[illegible]	[illegible]	[illegible],	[illegible]	[illegible]	[illegible],	[illegible]
ljiij^{2}	mə^{2}	ɣię^{2}	dźjar^{2}	mjij^{1}	źjɨɨ^{1}	tśjuu^{1}	mjij^{1}	mji^{1}
毁,	音	声	瑕	无,	恨	嫉	无,	不

无违时,无失节,诸根无毁,音声无瑕,心不怀害,亦无

9.3.1

[illegible]	[illegible]	[illegible],	[illegible]	[illegible]	[illegible]	[illegible],	[illegible]	[illegible]
tśhja^{2}	ka^{1}	mjij^{1}	pjo^{1}	tsjij^{2}	mji^{1}	dju^{1}	dzjuu^{2}	ɣja^{2}
正	等	无,	恣	詑	无	有,	蔽	覆
[illegible]	[illegible],	[illegible]	[illegible]	[illegible]	[illegible],	[illegible]	[illegible]	[illegible]
mji^{1}	dju^{1}	dzeej^{1}	dạ^{2}	tsjɨ^{1}	mjij^{1}	ljwịj^{1}	khie^{1}	mji^{1}
无	有,	净	言	亦	不,	怨	嫌	不

偏党①,无恣詑,无覆蔽,不净言语,不有怨嫌,

9.3.2

[illegible],	[illegible]	[illegible]	[illegible]	[illegible],	[illegible]	[illegible]	[illegible]	[illegible],
dju^{1}	tśhiow^{1}	źjɨɨ^{1}	tsjɨ^{1}	mjij^{1}	dow^{1}	tsjiir^{1}	mji^{1}	lhjij^{2}
有,	结	恨	亦	无,	邪	法	不	受,
[illegible]	[illegible]	[illegible]	[illegible],	[illegible]	[illegible]	[illegible]	[illegible],	[illegible]

① 亦无偏党,西夏本作"无不正等"。

·jij¹	bju¹	tj̣i¹	dju¹	ŋa²	mji¹	zow²	zjij1	mjɨ¹
自	依	归	有，	我	不	计	着，	他

无有结根，不妄受邪非，无自归①，不计吾我，

9.3.3

[illegible]	[illegible]	[illegible]，	[illegible]	[illegible]	[illegible]	[illegible]，	[illegible]	[illegible]
·jij¹	mji¹	tsjụ¹	·jij¹	tsjij¹	mji¹	źji¹	ŋwo²	tśjuu¹
之	不	犯，	己	彼	不	恼，	伤	害
[illegible]	[illegible]，	[illegible]	[illegible]	[illegible]	[illegible]，	[illegible]	[illegible]	[illegible]
mji¹	tshjiij¹	dźjar²	dzwej¹	tsjiir¹	mjij¹	ŋwuu¹	rjir²	mji¹
不	宣，	殃	罪	法	无，	言	与	不

不娆他人，不恼彼己，不宣伤害，无殃罪法，不失所言②，

9.3.4

[illegible]，	[illegible]	[illegible]	[illegible]	[illegible]，	[illegible]	[illegible]	[illegible]	[illegible]，
ljwu¹	to²	zji²	ɣiwej¹	dźjij¹	zeew²	lew²	mji¹	dju¹
失，	悉	皆	受	行，	忍	可	无	有，
[illegible]	[illegible]	[illegible]	[illegible]	[illegible]	[illegible]，	[illegible]	[illegible]	[illegible]
rjɨr²	tshjiij¹	ŋwuu¹	dạ²	wəə¹	lo¹	mər²	sjwɨ¹	dạ²
所	宣	言	论	柔	和，	种	姓	事

无不③受行，（无不顺业，）④无不可忍，所宣言和，无种姓事，

9.3.5

[illegible]，	[illegible]	[illegible]	[illegible]	[illegible]，	[illegible]	[illegible]	[illegible]	[illegible]，
mjij¹	djɨj¹	·jij¹	tsjiir¹	mjij¹	mji¹	tsjiir¹	dźjɨ	phja¹
无，	浅	轻	教	无，	非	法	行	断，
[illegible]	[illegible]	[illegible]	[illegible]，	[illegible]	[illegible]	[illegible]	[illegible]	[illegible]，
tsjiir¹	dźjɨ	mji¹	ljiij²	dzjɨj¹	kja²	rjir²	mji¹	ljwu¹
法	行	不	毁，	时	节	与	不	违，

① 无自归，西夏本作"有自依归"。
② 不失所言，西夏本作"与言不失"。
③ 无不，西夏本作"悉皆"。
④ 据汉文本则下缺"无不顺业"一句。

无轻调之教①,去非法之行,不毁法行,不越时节,

9.3.6

[illegible]	[illegible]	[illegible]	[illegible],	[illegible]	[illegible]、	[illegible]	[illegible]	[illegible]
tjɨj^{2}	dzjo^{2}	mji^{1}	dzjij^{1}	tsej^{2}	zjij^{1}	·jij^{1}	djij^{1}	dźjwɨ^{1}
仪	式	不	逾,	须	臾、	自	类	属
[illegible]	[illegible]	[illegible]	[illegible]	[illegible],	[illegible]	[illegible]	□	[illegible]
·jij^{1}	ɣiẹ^{2}	dạ^{2}	mji^{1}	wji^{1}	mjɨ^{1}	·jij^{1}	□	mji^{1}
之	损	言	不	作,	他	之	□	不

不违宜度②,不宣须臾,不自叹类③,不坏他伴,

9.4.1

[illegible],	[illegible]	[illegible]	[illegible]	[illegible],	[illegible]	[illegible]	[illegible]	[illegible]
ljiij^{2}	·jij^{1}	·jij^{1}	·jow^{2}	djij^{2}	ljij^{2}	zjij^{1}	njiij^{1}	mji^{1}
坏,	己	之	誉	△,	见	时	心	不
[illegible]	[illegible],	[illegible]	[illegible]	[illegible]	[illegible],	[illegible]	□	□
de^{2}	ljɨj^{2}	mjɨ^{1}	·jij^{1}	·jow^{2}	djij^{2}	ljij^{2}	□	□
喜	悦,	他	之	叹	△,	见	□	□

于己得誉不以喜悦,见叹他人亦

9.4.2

[illegible]	[illegible]	[illegible],	[illegible]	[illegible]	[illegible]	[illegible],	[illegible]	[illegible]
mji^{1}	ɣa^{1}	sjwɨ^{1}	·jij^{1}	tśhjwɨj^{1}	kjur^{2}	zow^{2}	mjɨ^{1}	·jij^{1}
不	愁	愦,	己	慎	志	守,	他	之
[illegible]	[illegible]	[illegible]	[illegible],	[illegible]	[illegible]	[illegible]	[illegible]	[illegible],
mjɨ^{1}	kjiwr^{2}	mji^{1}	wji^{1}	mji^{1}	śjwii^{2}	dạ^{2}	mji^{1}	tshjiij^{1}
不	畏	不	为,	非	宜	言	不	说,

不愁愦,谨慎守节,不轻慢人,不说非宜,

① 无轻调之教,西夏本作"无轻浅教"。
② 不违宜度,西夏本作"不逾仪式"。
③ 不宣须臾,不自叹类,西夏本作"不作须臾、自属类之损言"。

9.4.3

[illegible]	[illegible]	[illegible]	[illegible]，	[illegible]	[illegible]	[illegible]	[illegible]，	[illegible]
śjwii^2	dạ^2	mji^1	lha^1	dwuu^2	dạ^2	mji^1	pjo^1	·ju^2
宜	言	不	毁，	密	言	不	诽，	常
[illegible]	[illegible]	[illegible]，	[illegible]	[illegible]	[illegible]	[illegible]	[illegible]，	[illegible]
dzjɨj^1	bju^1	·wejr^2	bju^1	sjij^2	·jij^1	mji^1	pjo^1	mee^2
时	随	护，	明	智	之	不	谤，	贤

不毁有宜，不诽密言，常随时护，不谤明智，

9.4.4

[illegible]	[illegible]	[illegible]	[illegible]，	[illegible]	[illegible]	[illegible]	[illegible]，	[illegible]
śjij^2	·jij^1	mji^1	źier^1	ŋwuu^1	dạ^2	mji^1	lạ^1	mjɨ^1
圣	之	不	呵，	言	语	不	妄，	他
[illegible]	[illegible]	[illegible]，	[illegible]	[illegible]	[illegible]	[illegible]，	[illegible]	[illegible]
dạ^2	mji^1	tsjiir^1	mjɨ^1	·jij^1	mji^1	djuu^1	mjɨ^1	dźjar^2
言	不	法，	他	之	不	讼，	他	罪

不呵贤圣，言不虚妄，不非证明①，不入人罪，不求他短，

9.4.5

[illegible]	[illegible]，	[illegible]	[illegible]	[illegible]	[illegible]	[illegible]，	[illegible]	[illegible]
mji^1	·ju^2	ŋwuu^1	thjɨ^1	thjɨ^1	mjɨ^1	dzjiij^2	dạ^2	niow^2
不	求，	言	所	唤	彼	教，	语	恶
[illegible]	[illegible]	[illegible]	[illegible]	[illegible]，	[illegible]	[illegible]	[illegible]	[illegible]，
ŋwu^2	mjɨ^1	·jij^1	mji^1	mjạ^1	mjɨ^1	niow^2	mji^1	tshjiij^1
以	彼	之	不	伤，	他	恶	不	称，

所言转教，不伤筋骨②，不称他恶，

9.4.6

[illegible]	[illegible]	[illegible]	[illegible]，	[illegible]	[illegible]	[illegible]	[illegible]，	[illegible]

① 不非证明，西夏本作“他言不法”。

② 所言转教，不伤筋骨，西夏本作“教彼言说，不以彼之恶语伤”。

zji² phju² kjụ¹ ŋwe¹ tsə¹ laa¹ mji¹ bioo¹ do²

无 上 志 愿, 色 颜 不 相, 异

[illegible] [illegible] [illegible], [illegible] [illegible] [illegible] [illegible], [illegible] [illegible]

dźjwɨ¹ mji¹ ·ju² sjwɨj¹ tśier¹ mji¹ lə ljwu¹ dạ²

党 不 求, 业 便 不 念, 逆 言

志愿无上,不相颜色,不求异党,不念业便,

9.5.1

[illegible] [illegible], [illegible] [illegible] [illegible] [illegible] [illegible]。

mji¹ dźjij¹ njiij¹ ·ju² wəə¹ lo¹ ljɨ¹

不 行, 心 常 柔 顺 也①。

不行逆事②,心常柔顺。

汉文本

《大宝积经》卷第九③

西晋三藏法师竺法护译

《密迹金刚力士会》第三之二

密迹金刚力士语寂意菩萨:"菩萨所说,口未曾宣污染恶言、不仁之辞、瞋恚痴言,亦无谀谄,无刚结言、崎岖之语、调戏俳说、无益之文语,不妄笑、谗言、两舌,不顾男女,不坚硬,无有粗辞卒暴之性,不有怀害,无取舍心,不失仪节志,亦无结心,无所着,无斗讼言,无所倚,无尘劳,无所举,无轻放逸,无自态,无横理无宜之行,无非时辞,无贪欲,无非恶,无所爱乐,无有处所,亦无非净,无违时,无失节,诸根无毁,音声无瑕,心不怀害,亦无偏党,无恣訑,无覆蔽,不净言语,不有怨嫌,无有结恨,不妄受邪非,无自归,不计吾我,不娆他人,不恼彼己,不宣伤害,无殃罪法,不失所言,无不受行,(无不顺业),无不可忍,所宣言和,无种姓事,无轻调之教,去非法之行,不毁法行,不越时节,不违宜度,不宣须臾,不自叹类,不坏他伴,于己得誉不以喜悦,见叹他人亦不愁愦,谨慎守节,不轻慢人,不说非宜,不毁有宜,不诽密言,常随时护,不谤明智,不呵贤圣,言不虚妄,不非证明,不入人罪,不求他短,所言转教,不伤筋骨,不称他恶,志愿无上,不相颜色,不求异党,不念业便,不行逆事,心常柔顺。

9.5.1

[illegible] [illegible] [illegible] [illegible] [illegible] [illegible] [illegible] [illegible]: [illegible] [illegible]④ [illegible]

---

① 据汉文本,西夏本增"也([illegible])",下同。

② 不行逆事,西夏本作"不行逆言"。

③ 参见(日)高楠顺次郎、渡边海旭、小野玄妙编:《大正新修大藏经》第11册,台北:新文丰出版公司,1983年版,第47—53页。

④ [illegible],在此句表示判断。

dwuu²	rjar²	ɣie¹	mjijr²	phji¹	mjij¹	·jij¹	·jɨ²	thjɨ²	tja¹	dźiã²
密	迹	力	士	意	寂	之	谓：	此	者	菩

密迹力士语寂意：是为菩

9.5.2

[illegible]	[illegible]	[illegible]	[illegible]	[illegible]	[illegible]	[illegible]。	[illegible]	[illegible]
tsjij²	·jij¹	ŋwuu¹	dźjɨ	bju¹	śjij¹	ŋwu²	ŋa¹	mə²
萨	之	言	行	相	应	是。	空	恍
[illegible]	[illegible]	[illegible]	[illegible]	[illegible]	[illegible]，	[illegible]	[illegible]	[illegible]
sjiij²	ŋwu²	kjir¹	lji̠²	ɣie¹	we²	tśhja²	·ioow¹	mjaa¹
惚	以	勇	猛	力	为，	德	功	果

萨言行相应。以空恍惚神勇为力，功德报

9.5.3

[illegible]，	[illegible]	[illegible]	[illegible]	[illegible]，	[illegible]	[illegible]	[illegible]	[illegible]。
tshja²	zji²	·jiw¹	bju¹	śjwo¹	źjɨr¹	bju¹	rjar²	tshjiij¹
报，	皆	缘	随	发，	诚	依	辞	宣。
[illegible]	[illegible]	[illegible]	[illegible]	[illegible]	[illegible]	[illegible]	[illegible]，	[illegible]
tjɨ¹	tjij¹	dzjwo²	dju¹	phu²	ljij²	khju¹	śjɨ¹	thja¹
假	如	人	有	树	大	下	往，	其

应，所作果实，宣至诚辞，从所作报①。假使有人行诣大树下，若

9.5.4

[illegible]	[illegible]	[illegible]，	[illegible]	[illegible]	[illegible]	[illegible]，	[illegible]	[illegible]
phu²	khju¹	·jar¹	phu²	·jij¹	bioo¹	thjuu¹	dzjij²	dzjwo²
树	下	立，	树	之	观	察，	他	人
[illegible]	[illegible]	[illegible]：	[illegible]	[illegible]	[illegible]	[illegible]	[illegible]，	[illegible]
·jij¹	dja²	·jɨr²	rjur¹	neew²	goor¹	gji²	njɨ²	thjɨ²
之	△	问：	诸	善	男	子	等，	此

① 功德报应，所作果实，宣至诚辞，从所作报，西夏本作“功德果报，皆随缘发，宣依诚辞”。据汉文本，西夏本缺“从所作报”一句。

复住立,作是观树,以观转问他人言:男子①,

9.5.5

[illegible]	[illegible]	[illegible]	[illegible]	[illegible]	[illegible]	[illegible],	[illegible]	[illegible]
phu^{2}	tśhjaa^{1}	wjɨ^{2}	to^{2}	ba̱^{2}	ŋewr^{2}	tja^{1}	zjɨ^{1}	rjijr^{2}
树	上	所	生	叶	数	者,	何	计
[illegible]	[illegible]	[illegible]	[illegible]	[illegible]	[illegible]?	[illegible]	[illegible]	[illegible]
zjij^{1}	·o^{1}	·a	nwə^{1}	nji^{2}	·jɨ^{2}	dzjɨj^{1}	tha^{2}	sjij^{2}
几	有	△	知	△	谓?	时	大	智

能知此树所生,叶数为有几枚? 有大智

9.5.6

[illegible]	[illegible]②,	[illegible]	[illegible]	[illegible]	[illegible]	[illegible]③,	[illegible]	[illegible]
dzjwo^{2}	gjɨ^{2}	tśhja^{2}	mjii^{1}	ljɨ^{1}	mjij^{2}	njɨ^{2}	phu^{2}	rjijr^{2}
人	一,	正	宫	者	未	到,	树	方
[illegible]	[illegible]	[illegible],	[illegible]	[illegible]	[illegible]	[illegible]	□	□
wjɨ^{2}	mjij^{2}	·ju^{2}	mjɨ^{1}	tśhjɨ^{1}	tsjɨ^{1}	ŋewr^{1}	□	□
所	未	观,	未	彼	亦	计	□	□

人,不观树木,亦未计数,知彼

9.6.1

[illegible]	[illegible]	[illegible],	[illegible]	[illegible]	[illegible]	[illegible]	[illegible]	[illegible]
ba̱^{2}	ŋewr^{2}	nwə^{1}	thja^{1}	dzjwo^{2}	·jij^{1}	ku̱^{2}	ŋewr^{2}	thjɨ^{2}
叶	数	知,	其	人	之	答	数	此
[illegible]	[illegible]	[illegible]	[illegible],	[illegible]	[illegible]	[illegible]	[illegible]	□
zjij^{1}	gjɨ^{2}	·o^{1}	·jɨ^{2}	thja^{1}	tji̱^{2}	·a	we^{2}	□
几	一	自	说,	彼	处	所	俱	□

树叶,便口出辞,其数如是。与侣俱

① 男子,西夏本作“诸善男子等”。善男子,表示信佛闻法在家出家的男子。
② 据汉文本,则西夏本增“一([illegible])”字。
③ 据汉文本,则此处增“[illegible]”一句。

9.6.2

dzuu^{2}	thjɨ^{2}	sju^{2}	rjur^{1}	dzjwo^{2}	zji^{2}	rjijr^{2}	·jɨr^{1}	lja^{1}
坐，	此	如	众	人，	皆	愿	问	来，
tsjɨ^{1}	to^{2}	zji^{2}	kụ^{2}	njwi^{2}	dzji^{1}	dạ^{2}	mji^{1}	dju^{1}
亦	悉	皆	答	能；	苦	惑	无	有。

坐①，亦不计之②；既未能度，至于道德即知其数，来在一切而演若干，其人语词等无有异③。

9.6.3

tjij^{1}	dzjwo^{2}	tha^{2}	mja^{1}	śjwa^{1}	kha^{1}	bẹ^{1}	ŋewr^{2}	·a
若	人	大	河	江	中，	沙	数	一
lju^{2}	zjị^{1}	rjijr^{2}	gjiwr^{2}	zjịj^{1}	ljɨ^{1}	ljɨ^{1}	·jij^{1}	twụ^{1}
共	何	计	粒	几？	一	一	自	各

若有来问：大江河沙，能有几沙？一一计之

9.6.4

zjị^{1}	rjijr^{2}	gjiwr^{2}	zjịj^{1}	dju^{1}	nioow^{1}	thja^{1}	·u^{2}	zjɨɨr^{2}
何	计	粒	几	有？	复	其	中	水
zjị^{1}	rjijr^{2}	dźjaa^{1}	zjịj^{1}	tśhju^{1}	·a	nwə^{1}	nja^{2}	·jɨr^{1}
何	计	斛	几	有？	所	知	△④	问

能得几枚？几百、千、亿、兆、载、垓数？⑤ 水有几升、斗、斛限数？不可以喻量度⑥，

① 与侣俱坐，西夏本作"其处所俱□坐"。

② 据汉文本，此处脱"亦不计之"一句。

③ 既未能度，至于道德即知其数，来在一切而演若干，其人语词等无有异，西夏本作"如此众人皆愿问，来亦悉皆能问，苦惑不有"。

④ [Tangut]，不论主语有无"[Tangut]"（汝），谓语动词之后加"[Tangut]"，知主语为单数第二人称。

⑤ 若有来问：大江河沙，能有几沙？一一计之，能得几枚？几百、千、亿、兆、载、垓数，西夏本作"若人大江河中，沙数一共几粒？各自一一有几粒"。

⑥ 不可以喻量度，西夏本作"所知△来问"。

9.6.5

[illegible]。	[illegible]	[illegible]	[illegible]	[illegible]，	[illegible]	[illegible]	[illegible]	[illegible]
lja1	zjịj1	thja1	dzjwo2	mji1	nioow1	zjɨɨr2	rjijr2	mji1
来。	时	其	人	闻，	复	水	几	不
[illegible]，	[illegible]	[illegible]	[illegible]	[illegible]，	[illegible]	[illegible]	[illegible]	[illegible]，
·juu1	bẹ1	tsjɨ1	mji1	ŋewr1	thja1	mja1	śjwa1	·u2
观，	沙	亦	不	计，	彼	河	江	中，

不观其限，亦不数之，悉知江河沙之

9.6.6

[illegible]	[illegible]	[illegible]	[illegible]	[illegible]	[illegible]	[illegible]	[illegible]	[illegible]
bẹ1	ŋewr2	nioow1	zjɨɨr2	rejr2	bẹ1	rejr2	zjịj2	rjir2
沙	数	及	水	流	沙	多	繁	亿
[illegible]	[illegible]	[illegible]	[illegible]	[illegible]。	[illegible]	[illegible]	[illegible]	[illegible]
dźjaa1	ŋewr2	zji2	djij2	nwə1	tsjɨ1	dźiā2	tśhju1	·jij1
斛	数	悉	△	知。	亦	众	生	之

多少几亿兆载，皆知水升斗斛限。各各

9.7.1

[illegible]，	[illegible]	[illegible]	[illegible]	[illegible]，	[illegible]	[illegible]	[illegible]	[illegible]，
mə2	njijr2	ŋwuu1	njij2	ŋwu2	tsjiir1	tshjiij1	mjɨ1	njwi2
种，	诸	语	言	以，	法	说	无	能，
[illegible]	[illegible]	[illegible]	[illegible]	[illegible]	[illegible]，	[illegible]	[illegible]	[illegible]
lew1	tha2	śjɨj2	nwə1	njwi2	ljɨ1	mə1	nwə1	mjɨ1
唯	大	圣	知	能	也，	天	知	不

为演，若干品语①，唯大圣知，天不能证。

9.7.2

[illegible]。	[illegible]	[illegible]、	[illegible]	[illegible]、	[illegible]	[illegible]	[illegible]、	[illegible]
njwi2	rjur1	we1	·ju1	njạ1	·ja	sew2	lo1	kja1

① 各各为演，若干品语，西夏本作“亦以众生之种，无能以诸语言说法”。

能。	诸	龙、	鬼	神、	阿	修	罗、	迦
[illegible]	[illegible]、	[illegible]	[illegible]	[illegible]、	[illegible]	[illegible]	[illegible]、	[illegible]
lew^{1}	lo^{1}	kjĩ^{1}	no^{1}	lo^{1}	khjā^{2}	tha^{2}	pho^{1}	mo^{2}
楼	罗、	真	陀	罗、	揵	闼	婆、	摩

诸龙、鬼神、阿须轮、迦楼罗、真陀罗、揵沓和、摩

9.7.3

[illegible]	[illegible]	[illegible]、	[illegible]、	[illegible]	[illegible]	[illegible]，	[illegible]	[illegible]、
xu^{1}	lo^{1}	khja^{2}	dzjwo^{2}	mji^{1}	dzjwo^{2}	njɨ^{2}	ɣiẹ^{2}	mji^{1}
睺	罗	伽、	人、	非	人	等，	声	闻、
[illegible]	[illegible]	[illegible]	[illegible]	[illegible]	[illegible]	[illegible]，	[illegible]	[illegible]
tjij^{1}	dwewr^{2}	tsjɨ^{1}	zji^{2}	nwə^{1}	mjɨ^{1}	njwi^{2}	lew^{1}	tha^{1}
独	觉	亦	悉	知	不	能，	独	佛

休勒、人与非人，声闻、缘觉①，悉不能证明，独佛

9.7.4

[illegible]	[illegible]	[illegible]	[illegible]，	[illegible]	[illegible]	[illegible]	[illegible]，	[illegible]
rjur^{1}	pjụ^{1}	nwə^{1}	njwi^{2}	thja^{1}	bju^{1}	seew^{2}	nji^{2}	ku^{1}
世	尊	知	能，	彼	依	观	当，	则
[illegible]	[illegible]、	[illegible]	[illegible]、	[illegible]	[illegible]	[illegible]	[illegible]	[illegible]
mjor^{1}	ljij^{2}	bju^{1}	wo^{2}	tśhja^{2}	ka^{1}	dwewr^{2}	·jij^{1}	źjɨr^{1}
如	来、	应	供、	正	等	觉	之	慧

世尊乃能知之。以是观之，如来、至真②、等正觉慧，

9.7.5

[illegible]，	[illegible]	[illegible]	[illegible]	[illegible]，	[illegible]	[illegible]	[illegible]	[illegible]，
tja^{1}	pjụ^{1}	dza^{2}	tjị^{2}	mjij^{1}	khjɨ^{2}	rjir^{2}	dạ^{2}	tshjiij^{1}
者，	计	量	可	不，	万	亿	宣	言，

① 缘觉，西夏本作“独觉”。缘觉，梵语 Pratyekabuddha，旧称辟支佛，又曰辟支迦罗，新称钵剌翳伽佛陀。缘觉者，一，观十二因缘之理而断惑证理；一，因飞花落叶之外缘而自觉悟无常，断惑证理。独觉者，彼于无佛之世，宿因所萌，或观十二因缘，或观飞花落叶，而独自觉悟也。

② 至真，西夏本作“应供”，为佛十名号之一。至真，如来离一切之虚伪，故曰至真。《行事钞》下之二曰：“南无如来无所着至真等正觉。”

[illegible]	[illegible]	[illegible]	[illegible],	[illegible]	[illegible]	[illegible]	[illegible]	[illegible]。
dźiã²	tśhju¹	zji²	mji¹	·jij¹	twụ¹	tśjɨ¹	tsjij²	ljɨ¹
众	生	皆	闻,	自	各	开	解	也。

不可计量,宣万亿音,众生皆闻,各得开解。

汉文本

密迹力士语寂意:是为菩萨言行相应。以空恍惚神勇为力,功德报应,所作果实,宣至诚辞,从所作报。假使有人行诣大树下,若复住立,作是观树,以观转问他人言:男子能知此树所生,叶数为有几枚?有大智人,不观树木,亦未计数,知彼树叶,便口出辞,其数如是。与侣俱坐,亦不计之;既未能度,至于道德即知其数,来在一切而演若干,其人语词等无有异。若有来问:大江河沙,能有几沙?一一计之能得几枚?几百、千、亿、兆、载、垓数?水有几升、斗、斛限数?不可以喻量度,不观其限,亦不数之,悉知江河沙之多少几亿兆载,皆知水升斗斛限。各各为演,若干品语,唯大圣知,天不能证。诸龙、鬼神、阿须轮、迦楼罗、真陀罗、揵沓和、摩休勒、人与非人,声闻、缘觉,悉不能证明,独佛世尊乃能知之。以是观之,如来、至真、等正觉慧,不可计量,宣万亿音,众生皆闻,各得开解。

9.7.6

[illegible]	[illegible]	[illegible]	[illegible]	[illegible]	[illegible]	[illegible]	[illegible]	[illegible]
dwuu²	rjar²	kię¹	dźja²	ɣie¹	mjijr²	phji¹	mjij¹	dźiã²
密	迹	金	刚	力	士	意	寂	菩
[illegible]	[illegible]	[illegible]:	[illegible]	[illegible]	[illegible]	[illegible],	[illegible]	[illegible]
tsjij²	·jij¹	·jɨ²	wjɨ²	rar²	dju¹	njij²	śji¹	nją¹
萨	之	谓:	所	过	久	远,	仙	神

密迹金刚力士语寂意菩萨:乃往过去久远世时,有一神仙,

9.8.1

[illegible],	[illegible]	[illegible]	[illegible]	[illegible]。	[illegible]	[illegible],	[illegible]	[illegible]
gjɨ²	mjiij²	tja¹	lew¹	·ji¹	thja¹	zjọ²	sej¹	tjị¹
一,	名	者	楼	夷。	尔	时,	净	归
[illegible],	[illegible]	[illegible]	[illegible]	[illegible]。	[illegible],	[illegible]	[illegible]	[illegible]
gjɨ²	mjiij²	tja¹	mjij¹	sej¹	dzjɨj¹	thja¹	lhjịj²	·u²
一,	名	者	寂	静。	时,	彼	国	中

名曰楼夷。尔时之世，有一梵志①，名曰寂然。时，国有

9.8.2

[illegible]	[illegible]	[illegible]	[illegible]，	[illegible]	[illegible]	[illegible]	[illegible]，	[illegible]
tha^{2}	phu^{2}	gjɨ^{2}	dzuu^{2}	mjiij^{2}	tja^{1}	dźjwu^{1}	mee^{2}	thja^{1}
大	树	一	根，	名	者	仁	贤，	其
[illegible]	[illegible]	[illegible]	[illegible]	[illegible]	[illegible]	[illegible]。	[illegible]	[illegible]
phu^{2}	war^{2}	bạ^{2}	wjạ^{1}	mjaa^{1}	wejr^{1}	ljij^{1}	thja^{1}	lew^{1}
树	枝	叶	华	实	茂	盛。	其	楼

一大树，名曰仁贤，其树枝叶华实茂盛。

9.8.3

[illegible]	[illegible]	[illegible]	[illegible]	[illegible]	[illegible]	[illegible]，	[illegible]	[illegible]
·ji^{1}	śji^{1}	njạ^{1}	·ju^{2}	thja^{1}	phu^{2}	khju^{1}	ɣạ^{2}	njɨɨ^{1}
夷	仙	神	常	彼	树	下，	十	二
[illegible]	[illegible]	[illegible]	[illegible]，	[illegible]	[illegible]	[illegible]	[illegible]	[illegible]
kjiw^{1}	tśjɨj^{1}	·jij^{1}	dźjiij^{1}	thja^{1}	phu^{2}	bạ^{2}	ŋewr^{1}	nioow^{1}
年	足	△	处，	其	树	叶	数	复

其楼夷神仙常处其下，具足十二岁，数其树叶而复

9.8.4

[illegible]	[illegible]	[illegible]。	[illegible]	[illegible]	[illegible]	[illegible]，	[illegible]	[illegible]
tsjɨ^{1}	bioo^{1}	thjuu^{1}	tjɨ^{1}	njɨɨ^{2}	be^{2}	khju^{1}	thja^{1}	mjij^{1}
亦	观	察。	一	日	日	后，	其	寂
[illegible]	[illegible]	[illegible]	[illegible]	[illegible]	[illegible]	[illegible]，	[illegible]	[illegible]
sej^{1}	sej^{1}	tjị^{1}	we^{2}	·u^{2}	wjɨ^{2}	lho	dźjwu^{1}	mee^{2}
静	净	归	城	中	△	出，	仁	贤

观之。彼于后日②，寂然梵志从城中出，往至仁贤

① 梵志，梵文 Brahmacārin，指婆罗门四时期之一。又志求梵天之法者。又一切"外道"出家者名梵志。原意为"寂静"，谓"涅槃"，"志"是汉文译者所加，"志求于梵"之义。《瑜伽论记》卷十九曰："梵者，西国音。此翻为寂静，谓涅槃也。志是此方语，志求于梵。故云梵志也。"汉文本"梵志"是将音译和意译结合起来，而西夏本作"归净"，实则是对二字进行意译。

② 后日，西夏本作"一日日后"。

9.8.5

[illegible]	[illegible]	[illegible]，	[illegible]	[illegible]	[illegible]	[illegible]，	[illegible]	[illegible]
phu^{2}	khju^{1}	njɨ^{2}	njɨɨ^{2}	gjɨ^{2}	kheej^{1}	dźji	tjị^{1}	tsew^{2}
树	下	至，	昼	夜	游	观，	食	饭
[illegible]	[illegible]，	[illegible]	[illegible]	[illegible]	[illegible]	[illegible]	[illegible]	[illegible]，
dźjwa^{1}	nioow^{1}	thja^{1}	phu^{2}	war^{2}	bą^{2}	ŋewr^{1}	dźju^{1}	sjwij^{1}
已	后，	其	树	茎	叶	数	显	现，

树所，昼夜游观，饭食已后，数树茎叶，

9.8.6

[illegible]	[illegible]	[illegible]	[illegible]	[illegible]	[illegible]	[illegible]	[illegible]。	[illegible]
nioow^{1}	sjịj^{2}	źjɨr^{1}	·a	njiij^{1}	ŋwu^{2}	ŋewr^{1}	sej^{1}	lew^{1}
又	智	慧	一	心	以	数	算。	楼
[illegible]	[illegible]	[illegible]	[illegible]	[illegible]	[illegible]：	[illegible]	[illegible]	[illegible]
·ji^{1}	śji^{1}	nją^{1}	·jij^{1}	dą^{2}	·jɨ^{2}	thju^{2}	wa^{2}	sju^{2}
夷	仙	神	之	言	谓：	此	何	如

又以圣明，一心数之。又曰：何谓？

9.9.1

[illegible]	[illegible]	[illegible]？	[illegible]	[illegible]	[illegible]	[illegible]：	[illegible]	[illegible]
kjụ^{1}	·jo^{2}	nja^{2}	lew^{1}	·ji^{1}	kụ^{2}	dą^{2}	thja^{1}	phu^{2}
求	寻	△？	楼	夷	答	言：	其	树
[illegible]	[illegible]	[illegible]，	[illegible]	[illegible]	[illegible]	[illegible]	[illegible]	[illegible]
bą^{2}	sej^{1}	bjii^{2}	ŋewr^{2}	zjɨ^{1}	rjijr^{2}	zjij^{1}	nwə^{1}	kięj^{2}
叶	算	数，	数	何	计	几	知	欲

告启神仙：我当数之，知有几枚。①

9.9.2

[illegible]	[illegible]。	[illegible]	[illegible]	[illegible]	[illegible]	[illegible]，	[illegible]	[illegible]

① 又曰：何谓？告启神仙：我当数之，知有几枚。西夏本作"楼夷神仙言之谓：高何如当寻求？楼夷答曰：谓数算其树叶，我欲知其数何几枚"。

ŋa²	·jɨ²	dzjɨj¹	mjij¹	sej¹	sej¹	tji̱¹	phu²	rjijr²
我	谓。	时	寂	静	净	归，	树	向
[illegible]	[illegible]	[illegible]，	[illegible]	[illegible]	[illegible]	[illegible]，	[illegible]	[illegible]
wjɨ²	mji¹	·ju²	mjɨ¹	tśhjɨ¹	tsjɨ¹	ŋewr¹	tśhjɨ²	rjar²
△	不	观，	不	尔	亦	数，	立	即

时寂然梵志，不观其树，不数其叶，寻时

9.9.3

[illegible]	[illegible]	[illegible]	[illegible]：
ljaa¹	da̱²	rjɨr²	tshjiij¹
颂	言	乃	说：

说颂曰：

9.9.4

[illegible]	[illegible]	[illegible]	[illegible]①，	[illegible]	[illegible]	[illegible]	[illegible]，
ba̱²	·jar¹	tu̱¹	rjɨj²	·jar¹	tu̱¹	rjir²	dju¹
叶	八	千	匝，	八	千	亿	有，
[illegible]	[illegible]	[illegible]	[illegible]，	[illegible]	[illegible]	[illegible]	[illegible]。
khiew²	tsewr¹	gjɨɨ¹	tu̱¹	tśhjiw¹	tu̱¹	njɨɨ¹	ɣa̱²
弓	节	九	千，	六	百	二	十。

有八千垓，八千亿叶，节有九千，六百二十。

9.9.5

[illegible]	[illegible]	[illegible]	[illegible]，	[illegible]	[illegible]	[illegible]	[illegible]，
war²	ŋwə¹	biej¹	·o¹	thja¹	war²	ɣa²	śiew¹
茎	五	株	有，	彼	茎	上	条②，
[illegible]	[illegible]	[illegible]	[illegible]，	[illegible]	[illegible]	[illegible]	[illegible]，
njɨɨ¹	·jir²	ŋwə¹	ɣa̱²	bə²	djɨr²	tśhjiw¹	tu̱¹
二	百	五	十，	痱	瘤	六	千，

觚有五枚，二百五十，痱瘤六千，

---

① [illegible]（rjɨj²），疑误，当作“[illegible]（mjijr²）”。

② 西夏本增“彼茎上条”。

9.9.6

[illegible]	[illegible]	[illegible]	[illegible]。	[illegible]	[illegible]	[illegible]	[illegible],
tśhjiw^{1}	·jir^{2}	tśhjiw^{1}	ɣạ^{2}	śjɨj^{2}	dzjiij^{2}	tśhjɨ^{1}	zjij^{1}
六	百	六	十。	圣	师	若	干,
[illegible]	[illegible]	[illegible]	[illegible],	[illegible]	[illegible]	□	[illegible],
bạ^{2}	nwə^{1}	kięj^{2}	ku^{1}	thja^{1}	phu^{2}	□	phju^{2}
叶	知	欲	则,	其	树	□	上,

六百六十。圣师欲知,叶有若干,数其树茎,

9.10.1

[illegible]	[illegible]	[illegible]	[illegible]。	[illegible]	[illegible]	[illegible]	[illegible],
·o^{1}	tjị^{2}	dźju^{1}	sjwij^{1}	ŋewr^{2}	dja^{2}	sjwij^{1}	bju^{1}
在	所	显	现。	数	所	显	随,
[illegible]	[illegible]	[illegible]	[illegible],	[illegible]	[illegible]	[illegible]	[illegible],
thja^{2}	·jij^{1}	tshjiij^{1}	wji^{1}	tjij^{1}	mji^{1}	wją^{2}	ku^{1}
他	之	说	为,	或	不	放	则,

分布所在①。并所知解,启曰如是②,今无放逸,

9.10.2

[illegible]	[illegible]	[illegible]	[illegible]。
nji^{2}	wjɨ^{2}	ŋewr^{1}	nja^{2}
汝	△	数	△。

有疑数之。③

汉文本

密迹金刚力士语寂意菩萨:乃往过去久远世时,有一神仙,名曰楼夷。尔时之世,有一梵志,名曰

① 分布所在,西夏本作“显现所在”。

② 并所知解,启曰如是,西夏本作“数所随显,他之为说”。

③ 《大宝积经·密迹金刚力士第三之二》第一段偈颂为孤起颂,其在形式上遵照汉译本,为四言偈语。与汉译本不同之处主要在以下几个方面:第一,使用“[illegible]”来对译“[illegible]”;第二,增译“[illegible]”,使偈颂整体便于理解;第三,调换词汇,以“[illegible],[illegible]”对译“圣师欲知,叶有若干”。此外,通过西夏译本与汉译本的对译可以发现,汉译本的偈颂翻译为四言四句偈,整个偈颂是比较对称的偶数句;西夏译本翻译为四言,但整个偈颂分布是不对称的,为奇数句。从形式上来看,西夏译本中出现的四言五句式的表达方式,实际上破坏了汉译本偈颂翻译中的对称美,是西夏人对汉译偈颂这一表达形式理解不足造成的。

寂然。时，国有一大树，名曰仁贤，其树枝叶华实茂盛。其楼夷神仙常处其下，具足十二岁，数其树叶而复观之。彼于后日，寂然梵志从城中出，往至仁贤树所，昼夜游观，饭食已后，数树茎叶，又以圣明，一心数之。又曰：何谓？告启神仙：我当数之，知有几枚。时寂然梵志，不观其树，不数其叶，寻时说颂曰：

有八千垓，八千亿叶，
节有九千，六百二十。
觚有五枚，二百五十，
痱瘤六千，六百六十。
圣师欲知，叶有若干，
数其树茎，分布所在。
并所知解，启曰如是，
今无放逸，有疑数之。

9.10.3

[illegible]	[illegible]①，	[illegible]	[illegible]	[illegible]	[illegible]	[illegible]	[illegible]	[illegible]
tśhjɨ^{1}	zjọ^{2}	lew^{1}	·ji^{1}	śji^{1}	njạ^{1}	·jij^{1}	dja^{2}	ɣar^{2}
尔	时，	楼	夷	仙	神	已	△	惊
[illegible]	[illegible]	[illegible]：	[illegible]	[illegible]！	[illegible]	[illegible]	[illegible]	[illegible]
bji^{2}	·jow^{2}	dạ^{2}	tjij^{2}	rjijr^{2}	źjɨr^{1}	ɣiej^{1}	mji^{1}	lạ^{1}
愕	叹	言：	善	哉！	实	真	无	欺

楼夷神仙，嗟而说言：善哉！至少言谛辞无欺！

9.10.4

[illegible]	[illegible]	[illegible]	[illegible]！	[illegible]	[illegible]	[illegible]	[illegible]	[illegible]，
dạ^{2}	mjor^{1}	ŋwu^{2}	nja^{2}	ŋa^{2}	ɣạ^{2}	njɨɨ^{1}	kjiw^{1}	tśjɨj^{1}
言	实	是	△！	吾	十	二	年	整，
[illegible]	[illegible]	[illegible]	[illegible]，	[illegible]	[illegible]	[illegible]	[illegible]	[illegible]
phu^{2}	bạ^{2}	rjɨr^{2}	ŋewr^{1}	ŋa^{2}	ljɨ̣^{1}	ŋewr^{1}	mjɨ^{1}	nwə^{1}
树	叶	△	数，	我	虽	数	不	知

吾十二年，坐计限之②，其树叶数，亦不数之③，

① 据汉文本则增“尔时（[illegible][illegible]）”。
② 据汉文本则脱“坐计限之”。
③ 亦不数之，西夏本作“数不知吾”

9.10.5

ŋa^2	nji^2	mjɨ^1	tśhjɨ^1	tsjɨ^1	ŋewr^1	tśhjɨ^1	zjịj^1	bạ^2
吾,	汝	不	尔	亦	数,	若	干	叶
ŋewr^2	zji^2	nwə^1	njwi^2	nja^2	lew^1	tjị^1	sej^1	tjị^1
数	悉	知	能	△。	唯	愿	净	归

悉知本末,叶有若干。唯愿梵志,为我说之,

9.10.6

thja^1	mə^2	ɣiẹ^2	dźjɨ	wa^2	sju^2	rjir^2	ŋwer^1	rjɨr^2
其	音	声	行,	何	如	与	匹?	乃
tshjiij^1	wji^1	ŋa^2	mjij^1	sej^1	dạ^2	śji^1	njạ^1	wjɨ^2
说	为	△。	寂	静	曰:	仙	神	△

其音声行,何所以类? 寂然即曰:神仙

9.11.1

nji^2	nja^2	mə^1	nioow^1	rjur^1	dzjwo^2	ŋa^2	·jij^1	kjɨ^1
听	△,	天	及	世	人	我	之	所
·wụ^2	bjịj^2	ljị^1	njaa^2	njiij^1	tjị^1	nioow^1	ku^1	tha^2
助	祐	△	非。	心	归	故,	则	大

听之,天不助我,亦非世人。以至诚故,传大

9.11.2

tśhja^2	dźjɨ	deej^1	zji^2	sej^1	ɣiej^1	ɣwej^1	dzeej^1	mjij^1
正	行	传,	皆	净	真	诤	讼	无

[illegible]	[illegible]。	[illegible]	[illegible]，	[illegible]	[illegible]	[illegible]	[illegible]	[illegible]，
nioow^{1}	ljɨ^{1}	thja^{1}	zjọ^{2}	lew^{1}	·ji^{1}	śji^{1}	njạ^{1}	tja^{1}
故	也。	尔	时①，	楼	夷	仙	神	者，

正行，皆以真净，无所诤讼。楼夷神仙，

9.11.3

[illegible]	[illegible]	[illegible]	[illegible]，	[illegible]	[illegible]	[illegible]	[illegible]	[illegible]，
śja^{1}	rjir^{2}	gji^{2}	ŋwu^{2}	mjij^{1}	sej^{1}	sej^{1}	tjị^{1}	tja^{1}
舍	利	子	是，	寂	静	净	归	者，
[illegible]	[illegible]	[illegible]	[illegible]。	[illegible]	[illegible]	[illegible]	[illegible]，	[illegible]
śjĩ^{1}	ka^{2}	tśjij^{2}	ŋwu^{2}	thja^{1}	źjɨr^{1}	ŋwuu^{1}	dạ^{2}	zow^{2}
释	狮	子	是。	此	真	言	论，	执

舍利弗②是；寂然梵志，释狮子是。当执持此，至真言教，

9.11.4

[illegible]	[illegible]	[illegible]	[illegible]，	[illegible]	[illegible]	[illegible]	[illegible]	[illegible]。
·jiij^{1}	njiij^{1}	tjị^{1}	ŋwu^{2}	tsjiir^{1}	rjir^{2}	bju^{1}	śjij^{1}	lew^{2}
持	心	诚	以，	法	与	应	顺	所。
[illegible]	[illegible]	[illegible]	[illegible]	[illegible]	[illegible]	[illegible]	[illegible]	[illegible]
dwuu^{2}	rjar^{2}	kiẹ^{1}	dźja^{2}	ɣie^{1}	mjijr^{2}	phji^{1}	mjij^{1}	dźiã^{2}
密	迹	金	刚	力	士	意	寂	菩

住于至诚，以应法宜。密迹金刚力士谓寂意：

9.11.5

[illegible]	[illegible]	[illegible]：	[illegible]	[illegible]	[illegible]	[illegible]	[illegible]	[illegible]
tsjij^{2}	·jij^{1}	·jɨ^{2}	thjɨ^{2}	tja^{1}	dźiã^{2}	tsjij^{2}	·jij^{1}	zji^{2}
萨	之	谓：	此	者	菩	萨	之	至
[illegible]	[illegible]	[illegible]、	[illegible]	[illegible]	[illegible]	[illegible]。	[illegible]	[illegible]
kha^{1}	dwuu^{2}	sjwɨj^{1}	gji^{1}	sej^{1}	mər^{2}	ŋwu^{2}	thja^{1}	zji^{2}

① 据汉文本则增"尔时（[illegible]）"。

② 舍利弗，西夏本"舍利子"，意为舍利之子。《玄应音义》曰："舍利子，梵言奢利富多罗，或言舍利弗多罗，此梵音转耳。舍利，母名，眼之青精名舍利，又母眼似鹳鸰眼，因以名焉。"

中	密	业、	清	净	元	也。	其	最

是则菩萨至密之业、清净之元。其无

9.11.6

[illegible]	[illegible],	[illegible]	[illegible]	[illegible]	[illegible],	[illegible]	[illegible]	[illegible]
na¹	źjɨr¹	mjɨ¹	pjụ¹	na¹	·o²	ljwụ¹	ljwụ¹	pjụ¹
玄	实,	无	量	深	入,	巍	巍	量
[illegible];	[illegible]	[illegible]	[illegible]	[illegible],	[illegible]	[illegible]	[illegible]	[illegible],
gie¹	dzjɨj²	bju¹	wjị²	śja²	źjɨr¹	ɣiej¹	·jij¹	mjij¹
难;	宜	随	示	现,	实	真	相	无,

极慧,深入无量,巍巍无限;随时示现,至真无形,

9.12.1

[illegible]	[illegible]	[illegible]。
tshjiij¹	tjị²	mjij¹
说	可	不。

不可说名。

汉文本

楼夷神仙,嗟而说言:善哉!至少言谛辞无欺!吾十二年,坐计限之,其树叶数,亦不数之,悉知本末,叶有若干。唯愿梵志,为我说之,其音声行,何所以类?寂然即曰:神仙听之,天不助我,亦非世人。以至诚故,传大正行,皆以真净,无所诤讼。楼夷神仙,舍利弗是;寂然梵志,释狮子是。当执持此,至真言教,住于至诚,以应法宜。

密迹金刚力士谓寂意:是则菩萨至密之业、清净之元。其无极慧,深入无量,巍巍无限;随时示现,至真无形,不可说名。

9.12.1

[illegible]	[illegible]	[illegible]	[illegible]	[illegible]	[illegible]	[illegible]	[illegible]
dwuu²	rjar²	kię¹	dźja²	ɣie¹	mjijr²	nioow¹	phji¹
密	迹	金	刚	力	士	复	意
[illegible]	[illegible]	[illegible]	[illegible]	[illegible]:	[illegible]	[illegible]	
mjij¹	dźiā²	tsjij²	·jij¹	·jɨ²	njiij¹	dwuu²	

寂	菩	萨	之	谓:	心	密

密迹金刚力士复谓寂意菩萨:何谓心密?

9.12.2

[illegible]	[illegible]	[illegible]	[illegible]?	[illegible]	[illegible]	[illegible]	[illegible],	[illegible]
tja[1]	ljɨ̣[1]	kjɨ[1]	ŋwu[2]	njiij[1]	dźjɨ	gji[1]	sej[1]	mee[2]
者	何	谓	是?	心	行	清	净,	神
[illegible]	[illegible]	[illegible],	[illegible]	[illegible]	[illegible]	[illegible];	[illegible]	[illegible]
mjijr[2]	mji[1]	phjɨ[1]	źjɨr[1]	sjwɨj[1]	gu[1]	śjwo[1]	mee[2]	mjijr[2]
通	不	失,	慧	业	立	造;	神	通

心行清净,不失神通,造立慧业;神通

9.12.3

[illegible]	[illegible],	[illegible]	[illegible]	[illegible]	[illegible],	[illegible]	[illegible]	[illegible]
·jij[1]	dzju[2]	dźjiij[1]	twụ[1]	wjị[2]	śja[2]	tśhja[2]	dźjiij[1]	tha[2]
自	娱,	在	处	示	现,	正	住	大
[illegible]	[illegible]	[illegible]	[illegible]	[illegible]	[illegible],	[illegible]	[illegible]	[illegible]
wjuu[1]	zji[2]	phju[2]	sjwɨj[1]	gu[1]	śjwo[1]	mee[2]	mjijr[2]	ŋwu[2]
哀	无	极	业	建	立,	神	通	以

自娱,在所示现,正住神通,建立大哀无极之业,以神通

9.12.4

[illegible]	[illegible]	[illegible]	[illegible]。	[illegible]	[illegible]	[illegible]	[illegible]	[illegible]
mjɨ[1]	pjụ[1]	lej[2]	djii[2]	ŋowr[2]	ŋowr[2]	zji[2]	dźju[1]	źjɨr[1]
无	量	变	化。	一	切	普	显	实
[illegible]	[illegible],	[illegible]	[illegible]	[illegible]	[illegible]	[illegible],	[illegible]	[illegible]
ɣiej[1]	mjijr[2]	sjịj[2]	źjɨr[1]	ŋwu[2]	·jɨj[2]	we[2]	rjur[1]	tsjiir[1]
真	通,	智	慧	以	室	为,	诸	法

化无央数变。一切普显以诚谛通,智慧为室,

9.12.5

[illegible]	[illegible]	[illegible]	[illegible]	[illegible]	[illegible]。	[illegible]	[illegible]	[illegible]

ŋowr2	ŋowr2	mjor1	dźju1	ljij2	njwi2	thjɨ2	tja1	dźiã2
一	切	现	显	见	能。	此	者	菩
[illegible]	[illegible]	[illegible]	[illegible]	[illegible]	[illegible]，	[illegible]	[illegible]	[illegible]
tsjij2	·jij1	tśhja2	ɣiej1	tsjiir1	ŋwu2	źjɨr1	mjijr2	zji2
萨	之	正	真	法	是，	慧	通	最

现目睹见一切诸法。是则菩萨正真之法，慧通无极，

9.12.6

[illegible]，	[illegible]	[illegible]	[illegible]	[illegible]。	[illegible]	[illegible]	[illegible]	[illegible]
phju2	ŋowr2	ŋowr2	zji2	ɣjiw1	thja1	mee2	mjijr2	źjɨr1
高，	一	切	普	御。	其	神	通	慧
[illegible]	[illegible]	[illegible]	[illegible]，	[illegible]	[illegible]	[illegible]	[illegible]	[illegible]
·ji1	swu2	dźju1	sjwij1	rjur1	tsə̣1	mər2	ɣa2	njij2
众	像	显	明，	诸	色	本	来	昔

普御一切。其神通慧，皆显众像，解畅诸色，本无有色。

9.13.1

[illegible]	[illegible]	[illegible]。	[illegible]	[illegible]	[illegible]	[illegible]	[illegible]	[illegible]
mjij1	tśjɨ1	tsjij2	mee2	mjijr2	ɣie1	ŋwu2	rjur1	ɣie1
无	解	畅。	神	通	力	以	诸	力
[illegible]	[illegible]	[illegible]	[illegible]	[illegible]	[illegible]	[illegible]，	[illegible]	[illegible]
mə2	ɣię2	dźiwe1	rjir2	ka1	zji2	·o2	dźiã2	tśhju1
音	声	响	与	等	普	入，	众	生

其以神通，普入诸音等本音响，皆能观察一切众生

9.13.2

[illegible]	[illegible]	[illegible]	[illegible]	[illegible]	[illegible]	[illegible]	[illegible]	[illegible]。
ŋowr2	ŋowr2	·jij1	njiij1	dźjɨ	zji2	bioo1	thjuu1	njwi2
一	切	之	心	行	皆	观	察	能。
[illegible]	[illegible]	[illegible]	[illegible]	[illegible]	[illegible]	[illegible]	[illegible]	[illegible]
mər2	sej1	ljij2	nioow1	·ju2	ŋowr2	ŋowr2	ljij2	dzjɨj1
本	净	见	又	常	一	切	见	时

心念诸行。因见本净，常见一切随时

9.13.3

□	□	□，	□	□	□	□	□	□
bju^{1}	dzju^{1}	dzjiij^{2}	twẹ^{2}	twẹ^{2}	sjwɨ^{1}	lə	tsej^{2}	zjịj^{1}
随	开	化，	连	续	思	念	暂	时
□	□，	□	□	□	□，	□	□	□
mji^{1}	mjɨ̣^{2}	lạ^{1}	sjiij^{2}	njiij^{1}	phja^{1}	mee^{2}	rewr^{2}	zji^{2}
未	忘，	妄	想	心	断，	神	足	普

开化，常念识之未曾忽忘。断去来心，普现神足

9.13.4

□，	□	□	□	□，	□	□	□	□
śja^{2}	ɣiẹ^{2}	lụ^{2}	mji^{1}	dju^{1}	sọ^{1}	kiẹj^{2}	·u^{2}	tjịj^{1}
现，	碍	挂	不	有，	三	界	内	独
□	□	□	□	□	□，	□	□	□
pjụ^{1}	phej^{1}	tśjɨɨr^{2}	lew^{2}	mjij^{1}	wji^{1}	lew^{2}	mji^{1}	dju^{1}
尊	拘	束	所	不	为，	所	无	有

无所挂碍，独步三界不以为拘，悉无所有

9.13.5

□	□	□	□，	□	□	□	□，	□
dźjɨ	mji^{1}	gu^{1}	śjwo^{1}	mee^{2}	mjijr^{2}	swew^{1}	bju^{1}	rar^{2}
行	不	立	生，	神	通	明	聪，	漏
□	□	□，	□	□	□	□，	□	□
ŋowr^{2}	ŋowr^{2}	dzjar^{2}	dzjɨ̣j^{1}	bju^{1}	dźju^{1}	sjwij^{1}	kjur^{2}	njiij^{1}
一	切	尽，	时	随	显	现，	志	心

不造立行，其神通明，尽一切漏，晓了随时①，

9.13.6

□	□，	□	□	□	□，	□	□	□

① 随时晓了，西夏本作“随时显现”。

mji^{1}	phjɨ^{1}	lhji^{2}	wee^{1}	ŋjir^{1}	śja^{2}	rjur^{1}	gju^{1}	sjwɨj^{1}
不	失，	死	生	难	现，	世	度	业
[illegible]	[illegible]，	[illegible]	[illegible]	[illegible]	[illegible]。	[illegible]	[illegible]	[illegible]
wji̱^{2}	wji^{1}	śiaa^{2}	tji̱^{2}	zji^{2}	na^{1}	mee^{2}	mjijr^{2}	swew^{1}
示	为，	察	所	最	玄。	神	通	明

不失其节，现生死难，示度世业，所察玄远。其神通明，

9.14.1

[illegible]，	[illegible]	[illegible]、	[illegible]	[illegible]	[illegible]	[illegible]	[illegible]	[illegible]，
bju^{1}	ɣię^{2}	mji^{1}	tjij^{1}	dwewr^{2}	ŋowr^{2}	ŋowr^{2}	su^{1}	dzjij^{1}
聪，	声	闻、	独	觉	一	切	胜	过，
[illegible]	[illegible]	[illegible]	[illegible]，	[illegible]	[illegible]	[illegible]	[illegible]，	[illegible]
zji^{2}	thjoo^{1}	na^{1}	·o^{2}	tha^{1}	phu^{2}	khju^{1}	dzuu^{2}	ljiij^{2}
最	妙	深	入，	佛	树	下	坐，	魔

皆超声闻、一切缘觉，深入微妙，坐佛树下，降伏魔

9.14.2

[illegible]	[illegible]	[illegible]，	[illegible]	[illegible]	[illegible]	[illegible]	[illegible]	[illegible]
gja^{1}	rjur^{1}	·jar^{2}	rjur^{1}	tha^{1}	tśja^{1}	tsjiir^{1}	ŋowr^{2}	ŋowr^{2}
官	降	伏，	诸	佛	道	法	一	切
[illegible]	[illegible]，	[illegible]	[illegible]	[illegible]	[illegible]	[illegible]	[illegible]	[illegible]
tśjɨ^{1}	tsjij^{2}	dzjɨj^{1}	rjir^{2}	bju^{1}	śjij^{1}	śjɨj^{2}	tśja^{1}	tsjiir^{1}
解	畅，	时	跟	随	顺	圣	道	法

官，解畅一切诸佛道法，而转顺时，道法圣

9.14.3

[illegible]	[illegible]，	[illegible]	[illegible]	[illegible]	[illegible]	[illegible]	[illegible]	[illegible]
dźiej^{2}	deej^{1}	śja^{1}	rjijr^{2}	dźiã^{2}	tśhju^{1}	ŋowr^{2}	ŋowr^{2}	·jij^{1}
轮	转，	十	方	众	生	一	切	之
[illegible]	[illegible]，	[illegible]	[illegible]	[illegible]	[illegible]	[illegible]	[illegible]	[illegible]
dzju^{1}	dzjiij^{2}	tsjiir^{1}	dzjɨj^{1}	dzjɨj^{1}	phji^{1}	·ja	wji^{2}	ŋiaa^{2}
开	化，	法	律	入	使	阿	惟	颜

轮，开化一切十方众生，使入法律，至阿惟颜①

9.14.4

[illegible]	[illegible]，	[illegible]	[illegible]	[illegible]	[illegible]。	[illegible]	[illegible]	[illegible]
ɣa²	nji²	tsjiir¹	ŋowr²	ŋowr²	deej¹	phji¹	mjij¹	nwə¹
上	至	法	一	切	转。	意	寂	知
[illegible]，	[illegible]	[illegible]	[illegible]	[illegible]	[illegible]	[illegible]	[illegible]	[illegible]
lew²	thji²	tja¹	dźiã²	tsjij²	·jij¹	njiij¹	dwuu²	sjwij¹
所，	此	者	菩	萨	之	心	密	业

转一切法。寂意欲知，是为菩萨心密之业，

9.14.5

[illegible]，	[illegible]	[illegible]	[illegible]	[illegible]，	[illegible]	[illegible]	[illegible]	[illegible]
ŋwu²	njiij¹	dźji	gji¹	sej¹	tjij¹	njiij¹	sej¹	ɣiej¹
也，	心	行	清	净，	若	心	真	净
[illegible]，	[illegible]	[illegible]	[illegible]	[illegible]	[illegible]，	[illegible]	[illegible]	[illegible]
we²	ku¹	tśjo	bju¹	lew²	mjij¹	mji¹	de²	tsji¹
成，	则	永	归	所	无，	不	喜	亦

心行清净，若心真净，永无所归，亦无不喜，

9.14.6

[illegible]，	[illegible]	[illegible]	[illegible]	[illegible]，	[illegible]	[illegible]	[illegible]	[illegible]。
mjij¹	tsjiir²	rjar¹	wəə¹	lo¹	wji¹	wji¹	zji²	śjwii²
无，	性	气	柔	软，	所	作	皆	随。
[illegible]	[illegible]	[illegible]	[illegible]	[illegible]	[illegible]	[illegible]	[illegible]，	[illegible]
tśhjwo¹	nji²	źjir¹	sã¹	mej²	djij²	phji¹	ŋwu²	tśhja²
故	普	慧	三	昧	定	意	以，	正

性安调和，随行极良②，则以普慧三昧定意，

9.15.1

[illegible]	[illegible]	[illegible]，	[illegible]	[illegible]	[illegible]	[illegible]，	[illegible]	[illegible]

① 阿惟颜，一生补处，即灌顶。

② 性安调和，随行极良，西夏本作“性气柔软，皆随所作”。

djɨj^{2}	djọ^{2}	dźjij^{1}	tśjo	mji^{1}	gju^{1}	dzjar^{2}	kiej^{2}	kiẹj^{2}
定	修	行,	永	不	度	灭,	欲	界
[illegible]	[illegible]。	[illegible]	[illegible]	[illegible]	[illegible],	[illegible]	[illegible]	[illegible]
mji^{1}	dwər^{1}	thja^{2}	kha^{1}	wjij^{2}	wee^{1}	tsjɨ^{1}	zow^{2}	zjịj^{1}
不	厌。	其	中	愿	生,	亦	系	着

而行正受,不永灭度,不厌欲界。设生其中,无所系着,

9.15.2

[illegible]	[illegible],	[illegible]	[illegible]	[illegible]	[illegible],	[illegible]	[illegible]	[illegible]
lew^{2}	mjij^{1}	phej^{1}	tśjɨɨr^{2}	lew^{2}	mjij^{1}	śjwo^{1}	śjwo^{1}	mjor^{1}
所	无,	缠	缚	所	无,	所	生	现
[illegible],	[illegible]	[illegible]	[illegible]	[illegible]。	[illegible]	[illegible]	[illegible]	[illegible]?
tsjij^{2}	tśhiow^{1}	źjị^{1}	mjij^{1}	ljɨ^{1}	thjɨ^{2}	tja^{1}	thjij^{2}	sjo^{2}
决,	结	苦	不	为。	此	者	何	云?

不为所缚,所生现决,未曾有结。所以者何?

9.15.3

[illegible]	[illegible]	[illegible]	[illegible]	[illegible]	[illegible]	[illegible]	[illegible],	[illegible]
tshọ^{2}	ŋa^{1}	lạ^{1}	sjiij^{2}	ŋowr^{2}	ŋowr^{2}	gjiij^{1}	dzjij^{1}	·ji^{1}
虚	空	妄	想	一	切	超	越,	众
[illegible]	[illegible]	[illegible]	[illegible]	[illegible]	[illegible]	[illegible],	[illegible]	[illegible]
lhjɨ^{2}	tśhiow^{1}	źjị^{1}	tśhjɨɨ^{2}	tśhjuu^{2}	lhjij^{2}	tsjij^{2}	njiij^{1}	zjịj^{1}
尘	结	苦	颠	倒	受	解,	心	着

以度一切虚空妄想,解众尘结,颠倒所受,心

9.15.4

[illegible]	[illegible]。	[illegible]	[illegible]	[illegible],	[illegible]	[illegible]	[illegible]	[illegible]
lew^{2}	mjij^{1}	ku^{1}	thjɨ^{2}	nioow^{1}	wee^{1}	nar^{2}	ŋo^{2}	sjɨ^{1}
所	无。	则	此	故,	生	老	病	死
[illegible]	[illegible],	[illegible]	[illegible]	[illegible]	[illegible],	[illegible]	[illegible]	[illegible]
lhew^{2}	ljɨ^{1}	wee^{1}	kjɨ^{1}	dju^{1}	sju^{2}	zji^{2}	wee^{1}	lew^{2}
脱	得,	生	所	有	如,	悉	生	所

无所着。由是之故，得脱生老病死，虽有所生，悉无所生，

9.15.5

𗅋，	𘜶	[illegible]	[illegible]	𗗙，	𗠁	𘓐	𗙫	𗹦，
mjij1	tha2	·ụ2	mər2	ŋwu2	rjur1	tha1	tśja1	tsjiir1
无，	大	乘	本	是，	诸	佛	道	法，
𗏁	𗏁	[illegible]	[illegible]。	[illegible]	𗠁	𘓐	𗹦	𗰗
ŋowr2	ŋowr2	śjɨj1	·jiw2	thjɨ2	rjur1	tha1	tsjiir1	śja1
一	切	成	就。	斯	诸	佛	法	十

以大乘本，成就一切诸佛道法。斯诸佛法，救护十

9.15.6

[illegible]	[illegible]	[illegible]，	[illegible]	[illegible]	[illegible]	[illegible]	[illegible]	[illegible]
rjijr2	·jij1	gjuu2	tjij1	dźjiij1	tjị2	kjụ1	·ju2	zji2
方	之	救，	若	处	可	求	寻	皆
[illegible]	[illegible]	𗅋，	[illegible]	[illegible]	𗠁	𘓐	𗹦	𗏁
rjir1	tjị2	mjij1	ku1	tśhjwo1	rjur1	tha1	tsjiir1	ŋowr2
得	可	不，	则	故	诸	佛	法	一

方，求之无处，而不可得，乃了一切诸佛之法。

9.16.1

𗏁	[illegible]	[illegible]。	𗠁	𘓐	𗏁	𗏁	[illegible]	𗠁
ŋowr2	tsjij2	njwi2	rjur1	tha1	ŋowr2	ŋowr2	zji2	rjur1
切	了	能。	诸	佛	一	切	悉	诸
𗹦	[illegible]	[illegible]，	[illegible]	𗠁	𘓐	𗹦	[illegible]	𗹦
tsjiir1	kha1	·o2	thja1	rjur1	tha1	tsjiir1	zji2	tsjiir1
法	中	入，	其	诸	佛	法	悉	法

一切诸法，悉归佛法，是诸佛之法，悉一切法。

9.16.2

𗏁	𗏁	𗗙，	[illegible]	𗹦	𗏁	𗏁	[illegible]	𗠁
ŋowr2	ŋowr2	ŋwu2	thja1	tsjiir1	ŋowr2	ŋowr2	nioow1	rjur1

一	切	是，	其	法	一	切	亦	诸
[illegible]	[illegible]，	[illegible]	[illegible]	[illegible]	[illegible]，	[illegible]	[illegible]	[illegible]
tha^{1}	tsjiir^{1}	ŋwu^{2}	tsjiir^{1}	njaa^{2}	mji^{1}	ŋwu^{2}	tsjiir^{1}	tsjɨ^{1}
佛	法，	是	法	非	不，	是	法	亦

是一切法及与佛法，不是是法，亦非非法①。

9.16.3

[illegible]。	[illegible]	[illegible]	[illegible]	[illegible]？	[illegible]	[illegible]	[illegible]	[illegible]
njaa^{2}	thjɨ^{2}	tja^{1}	thjij^{2}	sjo^{2}	rjur^{1}	tsjiir^{1}	ŋowr^{2}	ŋowr^{2}
非。	此	者	何	云？	诸	法	一	切
[illegible]	[illegible]	[illegible]	[illegible]	[illegible]	[illegible]	[illegible]	[illegible]。	[illegible]
mər^{2}	tśji^{2}	dźjiij^{1}	tji̤^{2}	·ju^{2}	rjir^{1}	tji̤^{2}	mjij^{1}	tjij^{1}
本	源	处	所	寻	得	可	不。	若

所以者何？求一切法本末处所而不可得。若

9.16.4

[illegible]	[illegible]	[illegible]	[illegible]	[illegible]	[illegible]	[illegible]，	[illegible]	[illegible]
rjur^{1}	tsjiir^{1}	kjṳ^{1}	dźjiij^{1}	tji̤^{2}	zji^{2}	mjij^{1}	ku^{1}	rjur^{1}
诸	法	求	处	可	悉	不，	则	诸
[illegible]	[illegible]	[illegible]；	[illegible]	[illegible]	[illegible]	[illegible]	[illegible]	[illegible]
ŋewr^{2}	kha^{1}	wjij^{1}	rjur^{1}	tsjiir^{1}	ŋowr^{2}	ŋowr^{2}	gu^{1}	śjwo^{1}
数	中	有；	诸	法	一	切	立	生

求诸法悉无处所，则无有数；超诸住数一切诸法

9.16.5

[illegible]	[illegible]	[illegible]，	[illegible]	[illegible]	[illegible]	[illegible]	[illegible]	[illegible]
sji^{2}	ŋewr^{2}	mjij^{1}	tsjiir^{1}	ŋowr^{2}	ŋowr^{2}	nwə^{1}	rjur^{1}	tsjiir^{1}
△	数	无，	法	一	切	知	诸	法
[illegible]	[illegible]	[illegible]	[illegible]，	[illegible]	[illegible]	[illegible]	[illegible]	[illegible]
ɣa^{2}	mji^{1}	gjwɨ^{1}	gji̤^{2}	rjur^{1}	tsjiir^{1}	ŋowr^{2}	ŋowr^{2}	mji^{1}

① 不是是法，亦非非法，西夏本作"是法不非，是法亦非"。

上	不	依	倚，	诸	法	一	切	不

知一切法，则不依倚一切诸法。

9.16.6

gjwɨ^{1}	gjị^{2}	ku^{1}	kjụ^{1}	lew^{2}	wo^{2}	gjịj^{1}	zji^{2}	xja^{1}
依	倚，	则	求	所	义	利	皆	疾
ŋwer^{2}	lhjwo^{1}	sjwɨ^{1}	kjụ^{1}	mjij^{1}	ku^{1}	tśhjwo^{1}	thja^{1}	gjịj^{1}
懈；	退	思	求	无，	则	故	其	利

以不依倚一切诸法，其求利义便致大衰①；其无思求，彼则

9.17.1

mjij^{1}	ŋwer^{2}	lhjwo^{1}	tsjɨ^{1}	mjij^{1}	ɣie^{1}	gjịj^{1}	ljịj^{1}	njij^{2}
无	懈	退	亦	无，	力	殊	增	倍
thja^{1}	wo^{2}	gjịj^{1}	ljij^{2}	njiij^{1}	sjwɨ^{1}	źjị^{1}	mjij^{1}	de^{2}
其	义	利	见，	心	忧	戚	无，	喜

无利，亦无衰折，转进学前③，其见利义，心无忧戚，

9.17.2

ljɨj^{2}	tsjɨ^{1}	mjij^{1}	njiij^{1}	phji^{1}	sjwɨ^{1}	mjij^{1}	kjur^{2}	njiij^{1}
欢	亦	无；	心	意	忧	无，	志	心
ɣiẹ^{2}	mjij^{1}	ku^{1}	tśhjwo^{1}	dźjiij^{1}	lew^{2}	mjij^{1}	dźjiij^{1}	lew^{2}
碍	无，	则	故	住	所	无；	住	所

亦不喜欢；其心无忧，志无挂碍，则无所住；其

① 其求利义便致大衰，西夏本作“则所求利义，皆疾懈”。
② [illegible]，字面意思为“退懈”，与汉文本“衰折”对译。
③ 转进学前，西夏本作“殊力倍增”。

9.17.3

[illegible]，	[illegible]	[illegible]	[illegible]	[illegible]	[illegible]；	[illegible]	[illegible]	[illegible]，
mjij^{1}	ku^{1}	tśhjwo^{1}	dza^{1}	lwu^{1}	mjij^{1}	dza^{1}	lwu^{1}	mjij^{1}
无，	则	故	杂	碎	无；	杂	碎	无，
[illegible]	[illegible]	[illegible]	[illegible]；	[illegible]	[illegible]	[illegible]，	[illegible]	[illegible]
ku^{1}	tshwew^{1}	tjị^{2}	mjij^{1}	tshwew^{1}	tjị^{2}	mjij^{1}	ku^{1}	tśhjwo^{1}
则	向	所	无；	向	所	无，	则	故

无所住，乃无杂碎；其无杂碎，则无所向；其无所向，

9.17.4

[illegible]	[illegible]	[illegible]，	[illegible]	[illegible]	[illegible]，	[illegible]	[illegible]	[illegible]
thjɨ^{2}	sju^{2}	tshwew^{1}	thjɨ^{2}	sju^{2}	tshwew^{1}	ku^{1}	tshwew^{1}	lew^{2}
此	如	向，	此	如	向，	则	向	所
[illegible]，	[illegible]	[illegible]	[illegible]，	[illegible]	[illegible]	[illegible]	[illegible]	[illegible]；
mjij^{1}	tshwew^{1}	lew^{2}	mjij^{1}	ku^{1}	ŋa^{2}	mji^{1}	zow^{2}	zjịj^{1}
无；	向	所	无，	则	我	不	执	着；

如是乃向，如是乃向者，尔乃无向；其无所向，乃无吾我①；

9.17.5

[illegible]	[illegible]	[illegible]	[illegible]，	[illegible]	[illegible]	[illegible]	[illegible]；	[illegible]
ŋa^{2}	mji^{1}	zow^{2}	zjịj^{1}	ku^{1}	lhjịj^{2}	lew^{2}	mjij^{1}	lhjịj^{2}
我	不	执	着，	则	受	所	无；	受
[illegible]	[illegible]，	[illegible]	[illegible]	[illegible]	[illegible]；	[illegible]	[illegible]	[illegible]，
lew^{2}	mjij^{1}	ku^{1}	ɣwej^{1}	dzeej^{1}	mjij^{1}	ɣwej^{1}	dzeej^{1}	mjij^{1}
所	无，	则	诤	讼	无；	诤	讼	无，

其无吾我，则无所受；其无所受，则无诤讼；其无诤讼，

9.17.6

[illegible]	[illegible]	[illegible]	[illegible]；	[illegible]	[illegible]	[illegible]，	[illegible]	[illegible]
ku^{1}	ŋewr^{1}	khiee^{1}	mjij^{1}	ŋewr^{1}	khiee^{1}	mjij^{1}	ku^{1}	śia^{1}

① 乃无吾我，西夏本作“我不执着”。

则	斗	乱	无；	斗	乱	无，	则	沙
[illegible]	[illegible]	[illegible]。	[illegible]	[illegible]	[illegible]	[illegible]	[illegible]	[illegible]
mẽ^{1}	tsjiir^{1}	ŋwu^{2}	njiij^{1}	phji^{1}	tśhja^{2}	ka^{1}	tshọ^{2}	ŋa^{1}
门	法	是。	心	意	平	等	虚	空

则无斗乱；其无斗乱，是沙门法。其心平等犹如虚空，

9.18.1

[illegible]	[illegible]，	[illegible]	[illegible]	[illegible]	[illegible]	[illegible]	[illegible]	[illegible]
wjɨ^{2}	sju^{2}	thja^{1}	tśhja^{2}	ka^{1}	dźjiij^{1}	tshọ^{2}	ŋa^{1}	wjɨ^{2}
犹	如，	其	平	等	住	虚	空	犹
[illegible]	[illegible]	[illegible]	[illegible]	[illegible]	[illegible]，	[illegible]	[illegible]	[illegible]
sju^{2}	kięj^{2}	kięj^{2}	bju^{1}	mji^{1}	śjwɨ̣^{2}	tsə̣^{1}	kięj^{2}	mji^{1}
如	欲	界	依	不	随，	色	界	不

住其平等如虚不随欲界，不处色界，

9.18.2

[illegible]，	[illegible]	[illegible]	[illegible]	[illegible]	[illegible]。	[illegible]	[illegible]	[illegible]
dźjiij^{1}	tsə̣^{1}	mjij^{1}	kięj^{2}	mji^{1}	zjịj^{1}	tjij^{1}	ŋowr^{2}	ŋowr^{2}
处，	色	无	界	不	着。	若	一	切
[illegible]	[illegible]	[illegible]	[illegible]，	[illegible]	[illegible]	[illegible]	[illegible]	[illegible]。
zji^{2}	zjịj^{1}	lew^{2}	mjij^{1}	ku^{1}	·jow^{2}	mjij^{1}	pjo^{1}	mjij^{1}
悉	着	所	无，	则	誉	无	毁	无。

不着无色①。若以一切悉无所着，无誉无毁。

9.18.3

[illegible]	[illegible]	[illegible]	[illegible]	[illegible]	[illegible]	[illegible]	[illegible]	[illegible]。
·jow^{2}	mjij^{1}	pjo^{1}	mjij^{1}	ku^{1}	tsjiir^{1}	ŋowr^{2}	ŋowr^{2}	ŋwu^{2}
誉	无	毁	无	则	法	一	切	是。
[illegible]	[illegible]	[illegible]	[illegible]	[illegible]	[illegible]	[illegible]	[illegible]	[illegible]，
thja^{1}	njɨ^{2}	zji^{2}	thjɨ^{2}	sju^{2}	na^{1}	wo^{2}	tśjɨ^{1}	tsjij^{2}

① 不着无色，西夏本作“不着无色界”。

斯 等 皆 此 如 深 义 醒 悟，

其无誉无毁，谓一切法。斯等皆解如是深义，

9.18.4

[illegible]

thja^{1} tśhjiw^{1} dạ^{2} sjwɨj^{1} nwə^{1} njwi^{2} ku^{1} nẹ^{1} tshjiij^{1}

其 六 事 业 知 能， 则 宣 说

[illegible]

phjo^{2} kar^{2} tsjɨ^{1} thja^{1} wjɨ^{2} sju^{2} wa^{2} ·jiw^{1} nioow^{1}

分 别 亦 其 犹 如。 何 因 故

以能知是六事之业，宣畅分别亦复如是。

9.18.5

[illegible]

bju^{1} nẹ^{1} tshjiij^{1} phjo^{2} kar^{2} ljɨ^{1} ·jiw^{1} nioow^{1} bju^{1}

随 宣 言 分 别 作？ 因 故 随

[illegible]

rjur^{1} tsjiir^{1} ŋowr^{2} ŋowr^{2} rjir^{1} tjị^{2} mjij^{1} ku^{1} tśhjwo^{1}

诸 法 一 切 得 可 不。 则 故

以何等故解畅分别？以是之故，一切诸法不可得也。

9.18.6

[illegible]

nẹ^{1} tshjiij^{1} phjo^{2} kar^{2} ·jɨ^{2} thja^{1} nẹ^{1} tshjiij^{1} phjo^{2}

宣 言 分 别 谓 其 宣 言 分

[illegible]

kar^{2} thja^{1} rjur^{1} tsjiir^{1} mər^{2} mjij^{1} dźjiij^{1} tjị^{2} sọ^{1}

别 彼 诸 法， 本 无 住 所， 三

其能解畅，分别诸法①，本无所处，三

---

① 其能解畅，分别诸法，西夏本作“则故谓彼诸法宣言分别，其宣言分别”。

9.19.1

[illegible]	[illegible]	[illegible],	[illegible]	[illegible]	[illegible]	[illegible]	[illegible]	[illegible]
kiẹj^{2}	zji^{2}	ŋạ^{2}	ku^{1}	tśhjwo^{1}	nẹ^{1}	tshjiij^{1}	zji^{2}	phjo^{2}
界	悉	善,	则	故	宣	言	悉	分
[illegible]	[illegible],	[illegible]	[illegible]	[illegible]	[illegible]	[illegible]	[illegible]。	[illegible]
kar^{2}	njwi^{2}	thjɨ^{2}	tja^{1}	njiij^{1}	dwuu^{2}	ŋwu^{2}	ljɨ^{1}	dwuu^{2}
别	能,	此	者	心	密	是	为。	密

界悉虚①,乃能解畅悉以分别,是为心密。密

汉文本

密迹金刚力士复谓寂意菩萨:何谓心密?心行清净,不失神通,造立慧业;神通自娱,在所示现,正住神通,建立大哀无极之业,以神通化无央数变。一切普显以诚谛通,智慧为室,现目睹见一切诸法。是则菩萨正真之法,慧通无极,普御一切。其神通慧,皆显众像,解畅诸色,本无有色。其以神通,普入诸音等本音响,皆能观察一切众生心念诸行。因见本净,常见一切随时开化,常念识之未曾忽忘。断去来心,普现神足无所挂碍,独步三界不以为拘,悉无所有不造立行,其神通明,尽一切漏,晓了随时,不失其节,现生死难,示度世业,所察玄远。其神通明,皆超声闻、一切缘觉,深入微妙,坐佛树下,降伏魔官,解畅一切诸佛道法,而转顺时,道法圣轮,开化一切十方众生,使入法律,至阿惟颜转一切法。

寂意欲知,是为菩萨心密之业,心行清净,若心真净,永无所归,亦无不喜,性安调和,随行极良,则以普慧三昧定意,而行正受,不永灭度,不厌欲界。设生其中,无所系着,不为所缚,所生现决,未曾有结。所以者何?以度一切虚空妄想,解众尘结,颠倒所受,心无所着。由是之故,得脱生老病死,虽有所生,悉无所生,以大乘本,成就一切诸佛道法。斯诸佛法,救护十方,求之无处,而不可得,乃了一切诸佛之法。一切诸法,悉归佛法,是诸佛之法,悉一切法。是一切法及与佛法,不是是法,亦非非法。所以者何?求一切法本末处所而不可得。若求诸法悉无处所,则无有数;超诸住数一切诸法知一切法,则不依倚一切诸法。以不依倚一切诸法,其求利义便致大衰;其无思求,彼则无利,亦无衰折,转进学前,其见利义,心无忧戚,亦不喜欢;其心无忧,志无挂碍,则无所住;其无所住,乃无杂碎;其无杂碎,则无所向;其无所向,如是乃向,如是乃向者,尔乃无向;其无所向,乃无吾我;其无吾我,则无所受;其无所受,则无诤讼;其无诤讼,则无斗乱;其无斗乱,是沙门法。其心平等犹如虚空,住其平等如虚不随欲界,不处色界,不着无色。若以一切悉无所着,无誉无毁。其无誉无毁,谓一切法。斯等皆解如是深义,以能知是六事之业,宣畅分别亦复如是。以何等故解畅分别?以是之故,一切诸法不可得也。其能解畅,分别诸法,本无所处,三界悉虚,乃能解畅悉以分别,是为心密。

9.19.2

[illegible] [illegible] [illegible] [illegible] [illegible] [illegible] [illegible] [illegible] [illegible]

① 三界悉虚,西夏本作"三界悉善"。

rjar^2 kię^1 dźja^2 ɣie^1 mjijr^2 nioow^1 phji^1 mjij^1 dźiã^2

迹 金 刚 力 士 复 意 寂 菩

[illegible] [illegible] [illegible]： [illegible] [illegible] [illegible] [illegible] [illegible]， [illegible]

tsjij^2 ·jij^1 ·jɨ^2 thja^1 njiij^1 dźjɨ dwuu^2 tja^1 thjɨ^2

萨 之 谓： 其 心 行 密 者， 斯

迹金刚力士复谓寂意菩萨：其心行密，

9.19.3

[illegible] [illegible] [illegible]， [illegible] [illegible] [illegible] [illegible] [illegible] [illegible]；

njij^2 njiij^1 dźjịj^1 ku^1 ŋa^2 mji^1 zow^2 zjịj^1 ljɨ^1

慈 心 行， 则 吾 不 持 着 也；

[illegible] [illegible] [illegible] [illegible]， [illegible] [illegible] [illegible] [illegible]， [illegible]

tha^2 wjuu^1 djọ^2 dźjịj^1 dźiã^2 tśhju^1 mjij^1 ljɨ^1 njiij^1

大 悲 修 行， 众 生 无 也， 心

斯行慈愍，不计吾我故；其行悲哀，无有众生故；

9.19.4

[illegible] [illegible] [illegible] [illegible]， [illegible] [illegible] [illegible] [illegible]； [illegible] [illegible]

ljịj^2 śjwo^1 ku^1 tsjij^2 kạ^1 mji^1 dju^1 ljɨ^1 gjuu^2 ·wejr^2

欢 生 则 悟， 命 无 有 也； 济 护

[illegible]， [illegible] [illegible] [illegible] [illegible] [illegible]； [illegible] [illegible] [illegible]

njwi^2 ku^1 zjọ^2 mjij^1 tsjij^2 ljɨ^1 ljɨɨr^1 zji^1 mjii^1

能， 则 寿 无 达 也； 四 布 施

以行欢喜，则无命故；以能济护，乃达无寿故；

9.19.5

[illegible]， [illegible] [illegible] [illegible] [illegible] [illegible]； [illegible] [illegible] [illegible]，

dźjịj^1 ku^1 lhjụ^1 njiij^1 mjij^1 ljɨ^1 tśhjwɨj^1 kie^1 ·jiij^1

行， 则 悭 心 无 也； 禁 戒 奉，

[illegible] [illegible] [illegible] [illegible] [illegible]； [illegible] [illegible] [illegible]， [illegible]

ku^1 njiij^1 wəə^1 lo^1 ljɨ^1 no^2 zeew^2 dźjịj^1 ku^1

则 心 调 和 也； 安 忍 行， 则

行四布施，心无铿故；奉行禁戒，调和其心故；斯忍辱行，

9.19.6

[illegible]	[illegible]	[illegible]	[illegible]；	[illegible]	[illegible]	[illegible]，	[illegible]	[illegible]
njiij^{1}	sjwɨj^{1}	sji^{1}	ljɨ^{1}	khu^{1}	dźjij^{1}	djọ^{2}	ku^{1}	mjij^{1}
心	业	尽	也；	进	精	修，	则	寂
[illegible]	[illegible]	[illegible]	[illegible]；	[illegible]	[illegible]	[illegible]	[illegible]	[illegible]，
sej^{1}	sjwɨ^{1}	sjiij^{2}	sjwɨj^{1}	·a	njiij^{1}	mjij^{1}	sej^{1}	tja^{1}
静	思	维	业；	一	心	寂	静	者，

尽心之业故；若修精进，思维寂静故；其寂一心，

9.20.1

[illegible]	[illegible]	[illegible]	[illegible]	[illegible]；	[illegible]	[illegible]	[illegible]	[illegible]
njiij^{1}	dźjiij^{1}	tjị^{2}	phjɨ^{1}	ljɨ^{1}	nwə^{1}	sji^{2}	śjij^{2}	njiij^{1}
心	在	所	弃	故；	知	△	圣	心
[illegible]，	[illegible]	[illegible]	[illegible]	[illegible]；	[illegible]	[illegible]	[illegible]	[illegible]，
tja^{1}	thjuu^{1}	lew^{2}	mjij^{1}	ljɨ^{1}	ljɨɨr^{1}	lə	dźjiij^{1}	tja^{1}
者，	察	所	无	也；	四	意	止	者，

弃心所在故；其知圣心，无所行故①；其四意止，

9.20.2

[illegible]	[illegible]	[illegible]	[illegible]	[illegible]；	[illegible]	[illegible]	[illegible]	[illegible]，
phji^{1}	mjij^{1}	lə	mjij^{1}	ljɨ^{1}	ljɨɨr^{1}	tśhja^{2}	phja^{1}	tja^{1}
意	寂	念	无	也；	四	正	断	者，
[illegible]	[illegible]	[illegible]，	[illegible]	[illegible]	[illegible]	[illegible]	[illegible]	[illegible]；
njiij^{1}	tśjɨ^{1}	tsjij^{2}	ku^{1}	mji^{1}	śjwo^{1}	mji^{1}	dzjar^{2}	ljɨ^{1}
心	了	悟，	则	不	生	不	灭	也；

① 无所行故，西夏本作“无所察也。”

无意无念故;若四意断①,其心以了,以不起不灭故;

9.20.3

[illegible]	[illegible]	[illegible],	[illegible]	[illegible]	[illegible]	[illegible]	[illegible]	[illegible];
mee^{2}	rewr^{2}	dźjwow^{1}	njiij^{1}	tja^{1}	wạ^{2}	bju^{2}	mjij^{1}	ljɨ^{1}
神	足	飞,	心	者	广	际	无	也;
[illegible]	[illegible]	[illegible],	[illegible]	[illegible]	[illegible]	[illegible]	[illegible]	[illegible];
na^{1}	dźiej^{2}	dźjịj^{1}	ku^{1}	njiij^{1}	ɣię^{2}	lụ^{2}	mjij^{1}	ljɨ^{1}
笃	信	行,	则	心	碍	挂	无	也;

其神足飞,心广无际故;以行笃信,心无挂碍故;

9.20.4

[illegible]	[illegible]	[illegible],	[illegible]	[illegible]	[illegible]	[illegible]	[illegible]	[illegible];
khu^{1}	dźjij^{1}	djọ^{2}	ku^{1}	njiij^{1}	dźjɨ	mjij^{1}	sej^{1}	ljɨ^{1}
进	精	修,	则	心	行	寂	静	也;
[illegible]	[illegible]	[illegible]	[illegible],	[illegible]	[illegible]	[illegible]	[illegible]	[illegible]
phji^{1}	wjɨ^{2}	lə	nioow^{1}	njiij^{1}	dźjɨ	·jij^{1}	dzju^{2}	rjir^{1}
意	已	念	故,	心	行	自	在	得

若修精进,心行寂静故;其意已念,心行得自在

9.20.5

[illegible];	[illegible]	[illegible]	[illegible]	[illegible],	[illegible]	[illegible]	[illegible]	[illegible]
ljɨ^{1}	śjã^{1}	djɨj^{2}	phji^{1}	tja^{1}	thja^{1}	tśhja^{2}	ka^{1}	njiij^{1}
也;	禅	定	意	者,	斯	平	等	心
[illegible]	[illegible]	[illegible]	[illegible];	[illegible]	[illegible]	[illegible]	[illegible],	[illegible]
mə^{2}	njijr^{2}	mjij^{1}	ljɨ^{1}	sjij^{2}	źjɨr^{1}	tśhji^{2}	tja^{1}	njiij^{1}
种	诸	无	也;	智	慧	根	者,	心

① 四意断,西夏本作“四正断”。四正断,又名四正勤、四意断、四正胜。为三十七科道品中,次四念处所修之行品也。《法界次第》中之下谓:“一对已生之恶为除断而勤精进。二对未生之恶更为使不生而勤精进。三对未生之善为生而勤精进。四对已生之善为使增长而勤精进。”一心精进,行此四法,故名四正勤;能断懈怠,故名四正断;于正策励身语意中,此为最胜,故名四正胜;意中决定,而断行之,故名四意断。《智度论》十九曰:“破邪法,正道中行,故名正勤。”又曰:“四念处观时,若有懈怠心、五盖等诸烦恼覆心,离五种信等善根时,不善法若已生为断故,未生不令生故,勤精进。信等善根未生为生故,已生为增长故,勤精进。”《俱舍论》二十五曰:“何故说勤名为正断?于正修习渐习位中此勤力能断懈怠故,或名正胜,于正持策身语意中此最胜故。”

故；其定意者，斯平等心无有若干故；其智慧根，

9.20.6

[illegible]	[illegible]	[illegible]；	[illegible]	[illegible]	[illegible]	[illegible]，	[illegible]	[illegible]
sjiij^{2}	mjij^{1}	ljɨ^{1}	thja^{1}	ɣwie^{1}	ɣie^{1}	tja^{1}	njiij^{1}	mər^{2}
想	无	也；	其	势	力	者，	心	本
[illegible]	[illegible]	[illegible]；	[illegible]	[illegible]	[illegible]，	[illegible]	[illegible]	[illegible]
śjij^{1}	·o^{2}	ljɨ^{1}	dwewr^{2}	phji^{1}	nioow^{1}	ku^{1}	njiij^{1}	źjɨr^{1}
△	入	也；	觉	意	故，	则	心	慧

心无想故；其势力者，顺流心本故；若以觉意，心分别慧故；

9.21.1

[illegible]	[illegible]	[illegible]；	[illegible]	[illegible]	[illegible]，	[illegible]	[illegible]	[illegible]
phjo^{2}	kar^{2}	ljɨ^{1}	tśja^{1}	sjwɨj^{1}	dźjij^{1}	ku^{1}	njiij^{1}	sjwɨ^{1}
分	别	也；	道	业	行，	则	心	思
[illegible]	[illegible]	[illegible]；	[illegible]	[illegible]	[illegible]	[illegible]，	[illegible]	[illegible]
lew^{2}	mjij^{1}	ljɨ^{1}	thja^{1}	mjij^{1}	sej^{1}	tja^{1}	mjij^{1}	sej^{1}
所	无	也；	其	寂	静	者，	寂	静

奉行道业，心无所想故；其寂然者，

9.21.2

[illegible]	[illegible]	[illegible]；	[illegible]	[illegible]	[illegible]	[illegible]，	[illegible]	[illegible]
sjwɨ^{1}	sjiij^{2}	ljɨ^{1}	tsjiir^{1}	bioo^{1}	njiij^{1}	tja^{1}	ljij^{2}	zjij^{1}
思	想	也；	法	观	心	者，	见	着
[illegible]	[illegible]；	[illegible]	[illegible]	[illegible]	[illegible]，	[illegible]	[illegible]	[illegible]
mjij^{1}	ljɨ^{1}	mee^{2}	śjɨj^{2}	djọ^{2}	dźjij^{1}	tsjij^{2}	njiij^{1}	zji^{2}
无	故；	贤	圣	修	行，	解	心	究

淡泊静思故①；其观法心，见无着故；修行贤圣，究竟解心故；

9.21.3

[illegible]	[illegible]；	[illegible]	[illegible]	[illegible]	[illegible]，	[illegible]	[illegible]	[illegible]

① 淡泊静思故，西夏本作“寂静思想也”。

dźjwa[1]	ljɨ[1]	njiij[1]	tha[1]	·jij[1]	lə	bju[1]	źjɨr[1]	mjijr[2]
竟	也；	心	佛	之	念，	明	慧	士
[illegible]，	[illegible]	[illegible]	[illegible]	[illegible]	[illegible]；	[illegible]	[illegible]	[illegible]
tja[1]	njiij[1]	lạ[1]	sjiij[2]	mjij[1]	ljɨ[1]	njiij[1]	ŋwu[2]	tśja[1]
者，	心	妄	想	不	也；	心	以	道

心念于佛，其明慧者①，心不妄想故；其心

9.21.4

[illegible]，	[illegible]	[illegible]	[illegible]	[illegible]	[illegible]；	[illegible]	[illegible]	[illegible]
lə	kjur[2]	pjụ[1]	tjị[2]	mjij[1]	ljɨ[1]	tsjiir[1]	sjwɨ[1]	lə
思，	志	量	可	不	也；	法	思	念
[illegible]，	[illegible]	[illegible]	[illegible]	[illegible]；	[illegible]	[illegible]	[illegible]	[illegible]
tja[1]	njiij[1]	tśhja[2]	ka[1]	ljɨ[1]	śjɨj[2]	·ji[1]	sjwɨ[1]	lə
者，	心	平	等	故；	圣	众	思	念

思道，志不可量故；其思念法，心平等故；思念圣众，

9.21.5

[illegible]，	[illegible]	[illegible]	[illegible]	[illegible]	[illegible]，	[illegible]	[illegible]	[illegible]
tja[1]	njiij[1]	njiij[1]	dźjiij[1]	lew[2]	mjij[1]	dźiã[2]	tśhju[1]	nwə[1]
者，	心	心	住	所	无，	众	生	诲
[illegible]	[illegible]	[illegible]；	[illegible]	[illegible]	[illegible]	[illegible]，	[illegible]	[illegible]
dzju[1]	dzjiij[2]	ljɨ[1]	njiij[1]	gji[1]	sej[1]	tja[1]	tśhja[2]	tsjiir[1]
训	化	故；	心	湛	净	者，	正	法

心无所住，训诲众生故；其心湛净，护于正

9.21.6

[illegible]	[illegible]；	[illegible]	[illegible]	[illegible]	[illegible]	[illegible]，	[illegible]	[illegible]
tjij[1]	ljɨ[1]	thja[1]	tsjiir[1]	rjur[1]	kiej[2]	tja[1]	njiij[1]	ljiij[2]
若	也；	其	法	诸	界	者，	心	坏
[illegible]	[illegible]	[illegible]，	[illegible]	[illegible]	[illegible]	[illegible]	[illegible]，	[illegible]

① 者，放在形容词后，表示“……的人”，西夏文用“[illegible]”来对译，后面的“[illegible]”为助词，表示语气停顿并构成判断句的句式。

lew2	mjij1	ljɨ1	tha1	lhjij2	gji1	sej1	tja1	njiij1
所	无	也，	佛	土	清	净	者，	心

法故①；其法诸界，心无所坏故；佛土清净，心

9.22.1

[illegible]	[illegible]	[illegible]	[illegible]	[illegible]；	[illegible]	[illegible]	[illegible]	[illegible]，	[illegible]
ka1	tsho̜2	ŋa1	sju2	ljɨ1	·ji1	·jij1	ŋowr2	lhə	njiij1
等	虚	空	如	也；	众	相	具	足，	心
[illegible]	[illegible]	[illegible]	[illegible]	[illegible]	[illegible]	也；	[illegible]	[illegible]	
tja1	pha1	gjiij1	tja1	·jij1	mjij1	ljɨ1	no2	zeew2	
者	别	超	者	形	无	故；	安	忍	

等如空故；众相具足，心无别形相故；

9.22.2

[illegible]	[illegible]，	[illegible]	[illegible]	[illegible]	[illegible]	[illegible]	[illegible]；	[illegible]
lhju̜2	rjir1	ku1	njiij1	mji1	tśhjɨɨ2	tśhjuu2	ljɨ1	·ja
逮	及，	则	心	无	颠	倒	也；	阿
[illegible]	[illegible]	[illegible]，	[illegible]	[illegible]	[illegible]	[illegible]	[illegible]	[illegible]；
phji1	pha1	tśji2	ku1	njiij1	mji1	ŋwer2	lhjwo1	ljɨ1
鞞	跋	致，	则	心	不	懈	退	也；

逮致忍辱，心无颠倒故；阿惟越致②，心不复回还故③；

9.22.3

[illegible]	[illegible]	[illegible]	[illegible]	[illegible]	[illegible]	[illegible]，	[illegible]	[illegible]
lhejr2	lhjoor1	ljuu2	tshjij2	so̜1	kiej2	dźjiij1	njiij1	mji1
道	场	庄	严	三	界	在，	心	不
[illegible]	[illegible]；	[illegible]	[illegible]	[illegible]	[illegible]，	[illegible]	[illegible]	[illegible]
lhjii1	ljɨ1	ljiij2	sjwɨj1	rjur1	·jar2	ku1	njiij1	ŋwu2

① 护于正法故，西夏本作“若正法也”。

② 阿惟越致，又作阿鞞跋致，译曰不退转。不退转成佛进路之义，是菩萨阶位之名。经一大阿僧祇劫之修行，则至此位。《阿弥陀经》曰：“极乐国土，众生生者，皆是阿鞞跋致。”《同慈恩疏》曰：“阿鞞跋致者，阿之言无，鞞跋致之言退转。故《大品经》云：‘不退转故，名阿鞞跋致。……是人不为诸魔所动，更无退转。’”

③ 心不复回还故，西夏本作“则心无懈退也”，都是对前面阿惟越致的解释。

堕	也；	魔	业	降	伏，	则	心	以

庄严道场在于三界，心不堕故；降伏魔业，心

9.22.4

[illegible]	[illegible]	[illegible]	[illegible]	[illegible]；	[illegible]	[illegible]	[illegible]	[illegible]
dźiã^{2}	tśhju^{1}	·jij^{1}	ɣjiw^{1}	ljɨ^{1}	tśja^{1}	·jij^{1}	śio^{1}	sjwi^{2}
众	生	之	摄	也；	道	之	引	领
[illegible]	[illegible]，	[illegible]	[illegible]	[illegible]	[illegible]	[illegible]	[illegible]	[illegible]
lew^{2}	we^{2}	ku^{1}	tsjiir^{1}	ŋowr^{2}	ŋowr^{2}	njiij^{1}	tśhja^{2}	ka^{1}
所	为，	则	法	一	切	心	平	等

摄众生故；道所训诲①，一切法心平等

9.22.5

[illegible]	[illegible]；	[illegible]	[illegible]	[illegible]，	[illegible]	[illegible]	[illegible]	[illegible]
dwewr^{2}	ljɨ^{1}	tsjiir^{1}	dźiej^{2}	deej^{1}	ku^{1}	rjur^{1}	tsjiir^{1}	deej^{1}
觉	也；	法	轮	转，	则	诸	法	转
[illegible]	[illegible]	[illegible]，	[illegible]	[illegible]	[illegible]	[illegible]；	[illegible]	[illegible]
·jiw^{1}	mji^{1}	dju^{1}	njiij^{1}	mji^{1}	lhjwo^{1}	ljɨ^{1}	tha^{2}	gju^{1}
故	无	有，	心	不	还	也；	大	度

觉故；以转法轮，诸法无转，用心不还故；现大灭度，

9.22.6

[illegible]	[illegible]，	[illegible]	[illegible]	[illegible]	[illegible]，	[illegible]	[illegible]	[illegible]	[illegible]	[illegible]	[illegible]。
dzjar^{2}	śja^{2}	lhji^{2}	wee^{1}	wee^{1}	tsjij^{2}	thja^{1}	śjij^{1}	njiij^{1}	tśhja^{2}	ka^{1}	ljɨ^{1}
灭	现，	死	生	源	解，	自	然	心	平	等	也。

解生死源，以心平等自然之故。

汉文本

密迹金刚力士复谓寂意菩萨：其心行密，斯行慈愍，不计吾我故；其行悲哀，无有众生故；以行欢喜，则无命故；以能济护，乃达无寿故；行四布施，心无铿故；奉行禁戒，调和其心故；斯忍辱行，尽心之

① 道所训诲，西夏本作“为道之所引领”。

业故；若修精进，思惟寂静故；其寂一心，弃心所在故；其知圣心，无所行故；其四意止，无意无念故；若四意断，其心以了，以不起不灭故；其神足飞，心广无际故；以行笃信，心无挂碍故；若修精进，心行寂静故；其意已念，心行得自在故；其定意者，斯平等心无有若干故；其智慧根，心无想故；其势力者，顺流心本故；若以觉意，心分别慧故；奉行道业，心无所想故；其寂然者，淡泊静思故；其观法心，见无着故；修行贤圣，究竟解心故；心念于佛，其明慧者，心不妄想故；其心思道，志不可量故；其思念法，心平等故；思念圣众，心无所住，训诲众生故；其心湛净，护于正法故；其法诸界，心无所坏故；佛土清净，心等如空故；众相具足，心无别形相故；逮致忍辱，心无颠倒故；阿惟越致，心不复回还故；庄严道场在于三界，心不堕故；降伏魔业，心摄众生故；道所训诲，一切法心平等觉故；以转法轮，诸法无转，用心不还故；现大灭度，解生死源，以心平等自然之故。

9.22.6

[illegible]	[illegible]	[illegible]	[illegible]	[illegible]	[illegible]
dwuu²	rjar²	kię¹	dźja²	ɣie¹	mjijr²
密	迹	金	刚	力	士

密迹金刚力士

9.23.1

[illegible]	[illegible]	[illegible]	[illegible]	[illegible]	[illegible]：	[illegible]	[illegible]	[illegible]
phji¹	mjij¹	dźiã²	tsjij²	·jij¹	·jɨ²	dźiã²	tsjij²	mji¹
意	寂	菩	萨	之	谓：	菩	萨	不
[illegible]	[illegible]	[illegible]	[illegible]	[illegible]，	[illegible]	[illegible]	[illegible]	[illegible]
śjwo¹	tsjiir¹	zeew²	njiij¹	rjir¹	ku¹	zji²	kha¹	dwuu²
起	法	忍	心	得，	则	无	间	密

谓寂意曰：菩萨若得不起法忍，心则甚密①，

9.23.2

[illegible]，	[illegible]	[illegible]	[illegible]	[illegible]。	[illegible]	[illegible]	[illegible]，	[illegible]
rjɨj²	njiij¹	tsjɨ¹	gji¹	sej¹	njiij¹	gji¹	sej¹	ku¹
谋，	心	亦	清	净。	心	清	净，	则
[illegible]	[illegible]	[illegible]	[illegible]	[illegible]	[illegible]	[illegible]	[illegible]	[illegible]
tśhjɨ²	rjar²	dźiã²	tśhju¹	ŋowr²	ŋowr²	·jij¹	sej¹	njiij¹
立	即	众	生	一	切	之	净	心

① 菩萨若得不起法忍，心则甚密，西夏本作“菩萨不起，心得法忍，则无间密谋”。

心亦清净。心已清净,便解一切众生心净,

9.23.3

[illegible]	[illegible],	[illegible]	[illegible]	[illegible]	[illegible]。	[illegible]	[illegible]	[illegible]
tśjɨ^{1}	tsjij^{2}	zji^{2}	mji^{1}	·o^{2}	mjij^{1}	thja^{1}	dźiã^{2}	tśhju^{1}
了	悟,	普	不	入	无。	其	众	生
[illegible]	[illegible]	[illegible]	[illegible]	[illegible],	[illegible]	[illegible]	[illegible]	[illegible]
njiij^{1}	tśja^{1}	njiij^{1}	kha^{1}	·o^{2}	dźiã^{2}	tśhju^{1}	ŋowr^{2}	ŋowr^{2}
心	道	心	中	入,	众	生	一	切

普无不入。其众生心,入于道心,

9.23.4

[illegible]	[illegible]	[illegible]	[illegible]	[illegible]	[illegible]	[illegible]	[illegible]	[illegible]
njiij^{1}	nioow^{1}	tśja^{1}	tshwew^{1}	njiij^{1}	thja^{2}	·jij^{1}	swew^{1}	lew^{2}
心	复	道	趣	心	其	之	照	所
[illegible]。	[illegible]	[illegible]	[illegible]	[illegible]	[illegible],	[illegible]	[illegible]	[illegible]
we^{2}	ku^{1}	tshǫ^{2}	ŋa^{1}	wjɨ^{2}	sju^{2}	to^{2}	zji^{2}	tśhja^{2}
是。	则	虚	空	犹	如,	普	悉	平

一切众生心趣道心而被照明。犹如虚空,普悉平

9.23.5

[illegible],	[illegible]	[illegible]	[illegible]	[illegible],	[illegible]	[illegible]	[illegible]	[illegible]
ka^{1}	·jij^{1}	dju^{1}	tśja^{1}	njiij^{1}	ŋowr^{2}	ŋowr^{2}	kha^{1}	zji^{2}
等,	形	有	道	心,	一	切	中	皆
[illegible],	[illegible]	[illegible]	[illegible]	[illegible],	[illegible]	[illegible]	[illegible]	[illegible]
·o^{2}	thjɨ^{2}	sju^{2}	ŋowr^{2}	ŋowr^{2}	zji^{2}	dźiã^{2}	tśhju^{1}	·jij^{1}
入,	此	如	一	切,	皆	众	生	之

等,遍入一切,有形、无形①道心,如是一切,皆入众生

9.23.6

[illegible]	[illegible]	[illegible]	[illegible]	[illegible]。	[illegible]	[illegible]	[illegible]	[illegible]

① 据汉文本,则西夏本脱"无形"二字。

njiij^{1}	dźjɨ	kha^{1}	·o^{2}	ljɨ^{1}	dwuu^{2}	rjar^{2}	kię^{1}	dźja^{2}
心	行	中	入	也。	密	迹	金	刚
[illegible]	[illegible]，	[illegible]	[illegible]	[illegible]	[illegible]	[illegible]	[illegible]	[illegible]
ɣie^{1}	mjijr^{2}	thja^{1}	dźiā^{2}	tsjij^{2}	·jij^{1}	ljụ^{2}	ljaa^{2}	njiij^{1}
力	士，	其	菩	萨	之	身	口	心

心行。密迹金刚力士，说是菩萨身口心

9.24.1

[illegible]	[illegible]	[illegible]	[illegible]	[illegible]	[illegible]	[illegible]，	[illegible]	[illegible]
dwuu^{2}	seew^{2}	tshjiij^{1}	tjị^{2}	mjij^{1}	tshjiij^{1}	zjọ^{2}	śjạ^{1}	khjɨ^{2}
密	思	议	可	不	言	时，	七	万
[illegible]	[illegible]	[illegible]	[illegible]	[illegible]	[illegible]，	[illegible]	[illegible]	[illegible]
njɨɨ^{1}	tụ^{1}	rjur^{1}	dzjwo^{2}	mə^{1}	·ji^{1}	zji^{2}	zji^{2}	phju^{2}
二	千	诸	人	天	众，	皆	无	上

密不可思议时，七万二千诸天人众，皆发无上

9.24.2

[illegible]	[illegible]	[illegible]	[illegible]	[illegible]	[illegible]，	[illegible]	[illegible]	[illegible]
tśhja^{2}	ɣiej^{1}	tśja^{1}	njiij^{1}	·a	śjwo^{1}	sọ^{1}	khjɨ^{2}	njɨɨ^{1}
正	真	道	心	△	发，	三	万	二
[illegible]	[illegible]	[illegible]，	[illegible]	[illegible]	[illegible]	[illegible]	[illegible]，	[illegible]
tụ^{1}	dźiā^{2}	tsjij^{2}	wee^{1}	mjij^{1}	tsjiir^{1}	zeew^{2}	rjir^{1}	·a
千	菩	萨，	生	无	法	忍	得，	一

正真道意，三万二千菩萨，逮得无所从生法忍，

9.24.3

[illegible]	[illegible]	[illegible]	[illegible]，	[illegible]	[illegible]	[illegible]	[illegible]，	[illegible]
khjɨ^{2}	ljɨɨr^{1}	tụ^{1}	dzjwo^{2}	lhjɨ^{2}	khwa^{1}	ror^{2}	ka^{2}	rjur^{1}
万	四	千	人，	尘	远	垢	离，	诸
[illegible]	[illegible]	[illegible]	[illegible]，	[illegible]	[illegible]	[illegible]	[illegible]，	[illegible]
sej^{1}	tsjiir^{1}	mej^{1}	rjir^{1}	·jar^{1}	tụ^{1}	phji^{2}	khjiw^{2}	rar^{2}
净	法	眼	得，	八	千	比	丘，	漏

万四千人，远尘离垢，诸法眼净，八千比丘，意解无漏。

9.24.4

[illegible]	[illegible]	[illegible]。	[illegible]	[illegible]	[illegible]	[illegible]	[illegible]	[illegible]
mjij^{1}	tśjɨ^{1}	tsjij^{2}	thjɨ^{2}	sọ^{1}	tụ^{1}	tha^{2}	tụ^{1}	rjur^{1}
无	意	解。	此	三	千	大	千	世
[illegible]，	[illegible]	[illegible]	[illegible]	[illegible]，	[illegible]	[illegible]	[illegible]	[illegible]，
kiẹj^{2}	tśhjiw^{1}	mə^{2}	saar^{1}	mju^{2}	thja^{1}	tha^{2}	bji^{1}	swew^{1}
界，	六	种	震	动，	其	大	光	明，

是三千大千世界，六返震动，其大光明，

9.24.5

[illegible]	[illegible]	[illegible]	[illegible]。	[illegible]	[illegible]	[illegible]	[illegible]，	[illegible]
śja^{1}	rjijr^{2}	zjir^{2}	swew^{1}	phju^{2}	tshọ^{2}	ŋa^{1}	gu^{2}	rjur^{1}
十	方	普	照。	上	虚	空	中，	诸
[illegible]	[illegible]	[illegible]，	[illegible]	[illegible]	[illegible]	[illegible]，	[illegible]	[illegible]
mə^{1}	wjạ^{1}	dzjụ^{2}	rjur^{1}	tshow^{1}	gju^{2}	ka^{1}	mji^{1}	tsjụ^{1}
天	华	雨，	诸	乐	器	等，	不	鼓

普照十方。上虚空中，天雨众华，箜篌乐器①，不鼓

9.24.6

[illegible]	[illegible]，	[illegible]	[illegible]	[illegible]	[illegible]，	[illegible]	[illegible]	[illegible]
·jij^{1}	ŋewr^{1}	thja^{1}	tshow^{1}	ɣiẹ^{2}	kha^{1}	thjɨ^{2}	sju^{2}	dạ^{2}
自	鸣，	其	乐	音	中，	此	如	演
[illegible]：	[illegible]	[illegible]	[illegible]	[illegible]	[illegible]	[illegible]	[illegible]	[illegible]
·jɨ^{2}	tjɨ^{1}	tjij^{1}	dwuu^{2}	rjar^{2}	kiẹ^{1}	dźja^{2}	ɣiew^{1}	mjijr^{2}
说：	假	若	密	迹	金	刚	力	士

自鸣，其妓乐音中，演出如是：其有闻是密迹金刚力士

9.25.1

[illegible]	[illegible]	[illegible]	[illegible]，	[illegible]	[illegible]	[illegible]	[illegible]，	[illegible]

① 箜篌乐器，西夏本作“诸乐器等”。

rjɨr^{2}	tshjiij^{1}	tsjiir^{1}	mji^{1}	dźiej^{2}	dzu^{1}	njiij^{1}	śjwo^{1}	ku^{1}
所	说	法	闻，	信	乐	心	生，	则
[illegible]	[illegible]	[illegible]	[illegible]	[illegible]	[illegible]	[illegible]	[illegible]	[illegible]，
thja^{1}	dzjwo^{2}	thja^{1}	tjị^{2}	xja^{1}	la^{1}	ɣiwej^{1}	rjir^{1}	·jɨ^{2}
其	人	其	可	立	记	授	得	决，

所说法谊，若有乐信，是等之人，得立授决，

9.25.2

[illegible]	[illegible]	[illegible]	[illegible]	[illegible]，	[illegible]	[illegible]	[illegible]	[illegible]，
nioow^{1}	lwər^{2}	lhejr^{2}	dzu^{1}	wier^{1}	ɣiwej^{1}	·jiij^{1}	do^{1}	tshjɨɨ^{1}
复	经	典	喜	爱，	受	持	读	诵，
[illegible]	[illegible]	[illegible]	[illegible]，	[illegible]	[illegible]	[illegible]	[illegible]	[illegible]
mjɨ^{1}	·jij^{1}	wạ^{2}	tshjiij^{1}	ku^{1}	thja^{1}	dzjwo^{2}	śji^{1}	mjɨ^{1}
彼	之	广	说，	则	其	人	前	无

爱喜经典，受持读诵，广为人说，不失道心①，

9.25.3

[illegible]	[illegible]，	[illegible]	[illegible]	[illegible]	[illegible]，	[illegible]	[illegible]	[illegible]
pjụ^{1}	ŋewr^{2}	tha^{1}	·jij^{1}	kjụ^{1}	tshwew^{1}	·ji^{1}	tśhja^{2}	mər^{2}
量	数，	佛	之	供	养，	众	德	本
[illegible]，	[illegible]	[illegible]	[illegible]	[illegible]	[illegible]	[illegible]	[illegible]	[illegible]，
ljị^{1}	rjur^{1}	dźiã^{2}	tśhju^{1}	·jij^{1}	gjuu^{2}	la^{2}	djij^{2}	sji^{2}
植，	诸	众	生	之	救	济	曾	用，

积功德本，终不虚妄，曾以供养无央数佛，植众德本，

9.25.4

[illegible]	[illegible]	[illegible]	[illegible]，	[illegible]	[illegible]	[illegible]	[illegible]，	[illegible]	[illegible]
tśja^{1}	njiij^{1}	mji^{1}	phjɨ^{1}	tśhja^{2}	·ioow^{1}	mər^{2}	dzjị^{2}	tśjo	tśhjwɨj^{1}
道	心	不	失，	功	德	本	积，	常	禁
[illegible]	[illegible]	[illegible]	[illegible]。						

① 不失道心，西夏本作“则其人前无量数”。

mji[1]	ljɨ[1]	lji[1]	·jɨ[2]
不	堕	也	谓。

益于众生,靡不蒙济。①

汉文本

密迹金刚力士谓寂意曰:菩萨若得不起法忍,心则甚密,心亦清净。心已清净,便解一切众生心净,普无不入。其众生心,入于道心,一切众生心趣道心而被照明。犹如虚空,普悉平等,遍入一切,有形、无形道心,如是一切,皆入众生心行。

密迹金刚力士,说是菩萨身口心密不可思议时,七万二千诸天人众,皆发无上正真道意,三万二千菩萨,逮得无所从生法忍,万四千人,远尘离垢,诸法眼净,八千比丘,意解无漏。是三千大千世界,六返震动,其大光明,普照十方。上虚空中,天雨众华,箜篌乐器,不鼓自鸣,其妓乐音中,演出如是:其有闻是密迹金刚力士所说法谊,若有乐信,是等之人,得立授决,爱喜经典,受持读诵,广为人说,不失道心,积功德本,终不虚妄,曾以供养无央数佛,植众德本,益于众生,靡不蒙济。

9.25.4

[illegible]	[illegible]	[illegible]	[illegible]
tśhjɨ[1]	dzjɨj[1]	rjur[1]	pjụ[1]
尔	时	世	尊

于是②世尊

9.25.5

[illegible]	[illegible]	[illegible]	[illegible]	[illegible]	[illegible]:	[illegible]	[illegible]	[illegible]
phji[1]	mjij[1]	dźiā[2]	tsjij[2]	·jij[1]	·jɨ[2]	nji[2]	thja[1]	tshow[1]
意	寂	菩	萨	之	谓:	汝	彼	伎
[illegible]	[illegible]	[illegible]	[illegible]	[illegible]	[illegible]	[illegible]	[illegible]	[illegible]
ɣię[2]	kha[1]	wjɨ[2]	to[2]	ɣię[2]	tja[1]	·a	tśhjɨ[1]	nji[2]
乐	中	所	现	声	者	△	其	闻

告寂意:汝宁闻彼伎乐所畅言响乎?

9.25.6

[illegible]。	[illegible]	[illegible]:	[illegible]	[illegible],	[illegible]	[illegible]。	[illegible]	[illegible]

① 积功德本,终不虚妄,曾以供养无央数佛,植众德本,益于众生,靡不蒙济,西夏本为"[illegible],[illegible],[illegible],[illegible]",据汉文本疑语序颠倒。

② 于是,西夏本作"尔时"。

nja²	kụ²	dạ²	mjo¹	ŋa²	rjur¹	pjụ¹	tha²	śjɨj²
△。	答	曰：	闻	我，	世	尊。	大	圣
[illegible]	[illegible]	[illegible]	[illegible]	[illegible]	[illegible]	[illegible]?	[illegible]	[illegible]
sjwɨ¹	·jij¹	pjụ¹	mee²	ɣie¹	ŋwu²	ljɨ¹	tha¹	phji¹
谁	之	威	神	力	是	也？	佛	意

答曰：已闻，世尊。唯然大圣，谁之威神？

9.26.1

[illegible]	[illegible]	[illegible]	[illegible]	[illegible]：	[illegible]	[illegible]	[illegible]	[illegible]
mjij¹	dźiã²	tsjij²	·jij¹	·jɨ²	mə¹	djii¹	ɣię²	njij²
寂	菩	萨	之	谓：	天	雷	音	王
[illegible]	[illegible]	[illegible]	[illegible]	[illegible]	[illegible]，	[illegible]	[illegible]	[illegible]
mjor¹	ljij²	tha¹	lhjij²	gjɨ²	wjij²	mjiij²	tja¹	njɨɨ¹
如	来	佛	国	一	有，	名	者	两

佛语寂意：有菩萨名雷音①，

9.26.2

[illegible]，	[illegible]	[illegible]	[illegible]	[illegible]	[illegible]，	[illegible]	[illegible]	[illegible]
mə²	thja¹	·u²	dźiã²	tsjij²	gjɨ²	mjiij²	tja¹	mə¹
氏，	其	中	菩	萨	有，	名	者	天
[illegible]	[illegible]。	[illegible]	[illegible]	[illegible]	[illegible]	[illegible]	[illegible]	[illegible]
djii¹	ɣię²	thja¹	do²	gu¹	wor¹	thjɨ²	zeew²	njwi²
雷	音。	其	处	建	起	此	忍	能

从雷音王如来佛国发，其国土名两氏。来诣忍

9.26.3

[illegible]	[illegible]，	[illegible]	[illegible]	[illegible]	[illegible]，	[illegible]	[illegible]	[illegible]
kiẹj²	·u²	ŋa²	ljụ²	·jij¹	ljij²	bju¹	tji¹	tśja¹
界	中，	吾	身	之	见，	依	归	礼
[illegible]，	[illegible]	[illegible]	[illegible]	[illegible]，	[illegible]	[illegible]	[illegible]	[illegible]

① 雷音，西夏本作“天雷音”。

tshwew^{1}	tsjiir^{1}	tshji^{1}	ɣju^{1}	·jɨr^{1}	nioow^{1}	thjɨ^{2}	mjor^{1}	ljịj^{2}
作，	法	要	请	问，	复	此	如	来

界①,欲见吾身,稽首作礼②,启问法要,

9.26.4

[illegible]	[illegible]	[illegible]	[illegible]	[illegible]	[illegible]	[illegible]	[illegible]，	[illegible]
·jij^{1}	dwuu^{2}	tsjiir^{1}	nji^{2}	kięj^{2}	nioow^{1}	rjɨr^{2}	lja^{1}	thjɨ^{2}
之	秘	法	闻	欲	故	所	来，	此
[illegible]	[illegible]	[illegible]，	[illegible]	[illegible]	[illegible]	[illegible]，	[illegible]	[illegible]
wjɨ^{2}	ŋa^{1}	gu^{2}	ljụ^{2}	lwu^{2}	mji^{1}	śja^{2}	mjor^{1}	ljịj^{2}
刻	虚	中，	身	隐	不	现，	如	来

欲听说是如来秘要法教,在于虚空,不现其身,

9.26.5

[illegible]	[illegible]	[illegible]	[illegible]	[illegible]	[illegible]	[illegible]	[illegible]	[illegible]，
·jij^{1}	nioow^{1}	thjɨ^{2}	lwər^{2}	lhejr^{2}	·jij^{1}	kjụ^{1}	tshwew^{1}	nioow^{1}
之	及	此	经	典	之	供	养	故，
[illegible]	[illegible]	[illegible]	[illegible]，	[illegible]	[illegible]	[illegible]	[illegible]，	[illegible]
rjur^{1}	mə^{1}	wjạ^{1}	dzjụ^{2}	rjur^{1}	tshow^{1}	wjɨ̣^{1}	wji^{1}	thja^{1}
诸	天	华	雨，	诸	伎	乐	作，	其

供养如来,及斯经典,故雨天华,作诸伎乐,

9.26.6

[illegible]	[illegible]	[illegible]	[illegible]	[illegible]	[illegible]	[illegible]。	[illegible]	[illegible]
tshow^{1}	gju^{2}	·u^{2}	thjɨ^{2}	sju^{2}	ɣię^{2}	to^{2}	tha^{1}	·jɨ^{2}
乐	器	中	此	如	声	现。	佛	说
[illegible]	[illegible]	[illegible]	[illegible]	[illegible]，	[illegible]	[illegible]	[illegible]	[illegible]
dja^{2}	dźjwa^{1}	tha^{2}	mjij^{2}	we^{2}	mə^{1}	djii^{1}	ɣię^{2}	dźiã^{2}
△	完	大	未	作，	天	雷	音	菩

从其伎乐,出是辈声。佛说未久,雷音菩

---

① 来诣忍界,西夏本作"其处此能忍界中建起"。

② 稽首作礼,西夏本作"归依作礼"。

9.27.1

[illegible]	[illegible]	[illegible]	[illegible]	[illegible]	[illegible]，	[illegible]	[illegible]	[illegible]
tsjij²	tshọ²	ŋa¹	gu²	nja¹	lhjị²	tha¹	rewr²	tśja¹
萨	虚	空	中	△	下，	佛	足	礼
[illegible]，	[illegible]	[illegible]	[illegible]	[illegible]，	[illegible]	[illegible]	[illegible]	[illegible]，
tshwew¹	śją¹	dźjow¹	tśier¹	ror²	·ju²	rjir²	wjɨ²	·jar¹
作，	七	匝	右	绕，	面	前	所	立，

萨，从虚空下，稽首佛足，绕佛七匝，住于佛前，

9.27.2

[illegible]	[illegible]	[illegible]	[illegible]：	[illegible]	[illegible]。	[illegible]	[illegible]	[illegible]
tha¹	·jij¹	dạ²	·jɨ²	rjur¹	pjụ¹	mə¹	djii¹	ɣię²
佛	之	言	谓：	世	尊。	天	雷	音
[illegible]	[illegible]	[illegible]，	[illegible]	[illegible]	[illegible]	[illegible]，	[illegible]	[illegible]
njij²	mjor¹	ljij²	mjɨ¹	pjụ¹	bjuu¹	·jɨr¹	dźjij¹	dźjiij¹
王	如	来，	无	量	敬	问，	行	居

白天师言：唯然①！世尊。雷音王如来，敬问无量，

9.27.3

[illegible]	[illegible]，	[illegible]	[illegible]	[illegible]	[illegible]	[illegible]	[illegible]！
dzuu²	gjwɨr¹	·a	no²	rejr²	nja²	·jɨ²	djij²
坐	卧，	一	安	乐	△	谓	曾！

兴起轻便，游步康宁！②

汉文本

于是世尊告寂意：汝宁闻彼伎乐所畅言响乎？

答曰：已闻，世尊。唯然大圣，谁之威神？

佛语寂意：有菩萨名雷音，从雷音王如来佛国发，其国土名两氏。来诣忍界，欲见吾身，稽首作礼，启问法要，欲听说是如来秘要法教，在于虚空，不现其身，供养如来，及斯经典，故雨天华，作诸伎乐，从

① 据汉文本则西夏本脱“唯然”。
② 兴起轻便，游步康宁，西夏本作“行居坐卧，曾谓一安乐”。

其伎乐,出是辈声。

佛说未久,雷音菩萨,从虚空下,稽首佛足,绕佛七匝,住于佛前,白天师言:唯然! 世尊。雷音王如来,敬问无量,兴起轻便,游步康宁!

9.27.4

[illegible]	[illegible],	[illegible]	[illegible]	[illegible]	[illegible]	[illegible]	[illegible]	[illegible]
tśhjɨ^{1}	zjọ^{2}	rjur^{1}	pjụ^{1}	mə^{1}	djii^{1}	ɣię^{2}	dźiã^{2}	tsjij^{2}
尔	时,	世	尊	天	雷	音	菩	萨
[illegible]	[illegible]:	[illegible]	[illegible]	[illegible]	[illegible]	[illegible]	[illegible],	[illegible]
·jij^{1}	·jɨ^{2}	nej^{2}	nej^{2}	ljịj^{2}	nja^{2}	tha^{2}	mjijr^{2}	tjij^{2}
之	谓:	善	善	来	△	大	士,	善

尔时,世尊告问雷音菩萨:善来①正士,快

9.27.5

[illegible]!	[illegible]	[illegible]	[illegible]	[illegible]	[illegible],	[illegible]	[illegible]	[illegible]
rjijr^{2}	nji^{2}	wo^{2}	tshwew^{1}	gjii^{2}	nioow^{1}	nioow^{1}	mjor^{1}	ljịj^{2}
哉!	汝	义	趣	求	故,	复	如	来
[illegible]	[illegible]	[illegible]	[illegible]	[illegible]	[illegible]	[illegible]	[illegible]	[illegible]
·jij^{1}	dwuu^{2}	rjɨj^{2}	lwər^{2}	lhejr^{2}	źjɨr^{1}	nji^{2}	lhjịj^{2}	kiej^{2}
之	秘	要	经	典	慧	听	受	欲

哉②! 顾义故致奉现,宁欲听受如来秘要经典之慧?

9.27.6

[illegible],	[illegible]	[illegible]	[illegible]	[illegible]	[illegible]	[illegible]。	[illegible]	[illegible]
nioow^{1}	tśhjwo^{1}	kew^{1}	rjɨr^{2}	ljịj^{2}	nja^{2}	·jɨ^{2}	tśhjɨ^{1}	dzjɨj^{1}
故,	然	后	所	来	△	说。	尔	时
[illegible]	[illegible]	[illegible]	[illegible]	[illegible]	[illegible],	[illegible]	[illegible]	[illegible]
dwuu^{2}	rjar^{2}	kię^{1}	dźja^{2}	ɣie^{1}	mjijr^{2}	tha^{1}	pjụ^{1}	ɣie^{1}
密	迹	金	刚	力	士,	佛	威	力

① 善来,西夏本作"善善来",疑增。善来,音译作沙竭陀、莎揭哆、娑婆揭多,为印度比丘欢迎来客所用之客套语,即"其来正好"。

② 快哉,西夏本作"善哉",为称赞之词。

今①密迹金刚力士，承佛威神，

9.28.1

[illegible]	[illegible]	[illegible]	[illegible]。	[illegible]	[illegible]	[illegible]	[illegible]	[illegible]
bju^{1}	tsjiir^{1}	rjɨr^{2}	tshjiij^{1}	zjọ^{2}	·ji^{1}	ljwu^{2}	kha^{1}	dźiã^{2}
依	法	所	宣。	时	众	会	中	菩
[illegible]，	[illegible]	[illegible]	[illegible]	[illegible]：	[illegible]	[illegible]	[illegible]	[illegible]
tsjij^{2}	njiij^{1}	khju^{1}	lə	wji^{1}	dwuu^{2}	rjar^{2}	kiẹ^{1}	dźja^{2}
萨，	心	下	念	作：	密	迹	金	刚

而颁宣之。于是众会或有菩萨，心自念言：斯密迹金刚

9.28.2

[illegible]	[illegible]，	[illegible]	[illegible]	[illegible]	[illegible]	[illegible]	[illegible]	[illegible]
ɣie^{1}	mjijr^{2}	wa^{2}	sju^{2}	rjur^{1}	kięj^{2}	·u^{2}	dźjiij^{1}	·ji^{1}
力	士，	何	如	世	界	中	在	众
[illegible]	[illegible]	[illegible]？	[illegible]	[illegible]	[illegible]	[illegible]	[illegible]	[illegible]
tśhja^{2}	mər^{2}	ljị^{1}	wa^{2}	sju^{2}	tha^{1}	do^{2}	tśja^{1}	njiij^{1}
德	本	积？	何	如	佛	于	道	心

力士，在于何世，积众德本？在何佛所，而发道心？

9.28.3

[illegible]	[illegible]？	[illegible]	[illegible]	[illegible]	[illegible]，	[illegible]	[illegible]	[illegible]
·a	śjwo^{1}	wa^{2}	sju^{2}	tjị^{1}	bju^{1}	nwə	ŋwo^{2}	wạ^{2}
△	发？	何	如	誓	随，	辩	才	广
[illegible]	[illegible]	[illegible]	[illegible]	[illegible]	[illegible]	[illegible]，	[illegible]	[illegible]
tha^{2}	zji^{2}	buu^{2}	nwə	ŋwo^{2}	lhjụ^{2}	rjir^{1}	thjɨ^{2}	sju^{2}
大	无	极	辩	才	逮	得，	此	如

本何誓愿，所逮辩才，广大无极，

9.28.4

[illegible]	[illegible]	[illegible]	[illegible]	[illegible]？	[illegible]，	[illegible]	[illegible]	[illegible]

① 今，西夏本作“尔时”。

rjar^{1}	gjij^{1}	wa^{2}	kjɨ^{1}	·jɨ^{2}	dzjɨj^{1}	tha^{1}	thja^{1}	rjur^{1}
殊	胜	何	以	说?	时,	佛	其	诸
[illegible]	[illegible]	[illegible]	[illegible]	[illegible]	[illegible]	[illegible],	[illegible]	[illegible]
dźiã^{2}	tsjij^{2}	·jij^{1}	njiij^{1}	khju^{1}	lə	tja^{1}	djwu^{1}	phji^{1}
菩	萨	之	心	下	念	者,	仪	意

巍巍如是①? 时,佛悉知是诸菩萨心中所念,

9.28.5

[illegible]	[illegible]	[illegible]	[illegible]	[illegible]:	[illegible]	[illegible]	[illegible]	[illegible]
mjij^{1}	dźiã^{2}	tsjij^{2}	·jij^{1}	·jɨ^{2}	dju^{1}	njij^{2}	wjɨ^{2}	rar^{2}
寂	菩	萨	之	谓:	久	远	乃	过
[illegible],	[illegible]	[illegible]	[illegible]	[illegible]	[illegible]	[illegible]	[illegible]	[illegible]
zjọ^{2}	mjɨ^{1}	pjụ^{1}	ŋewr^{2}	mjij^{1}	seew^{2}	tshjiij^{1}	tjị^{2}	mjij^{1}
世,	无	量	数	无	思	议	可	不

告寂意菩萨:乃往过去,久远世时,无央数劫,不可思议,

9.28.6

[illegible]	[illegible]	[illegible]	[illegible]。	[illegible]	[illegible]	[illegible]	[illegible]	[illegible]
kja^{2}	su^{1}	ɣwə^{2}	rjir^{2}	tśhjɨ^{1}	zjọ^{2}	tha^{1}	gjɨ^{2}	rjur^{1}
劫	于	以	前。	尔	时	佛	一	世
[illegible]	[illegible]	[illegible],	[illegible]	[illegible]	[illegible]	[illegible]	[illegible]	[illegible]
kha^{1}	to^{2}	śja^{2}	mjiij^{2}	tja^{1}	mjɨ^{1}	pjụ^{1}	rjijr^{2}	·ioow^{1}
中	出	现,	名	者	无	量	德	功

尔时有佛,名无量勋

9.29.1

[illegible]	[illegible]	[illegible]	[illegible],	[illegible]	[illegible]、	[illegible]	[illegible]、	[illegible]
ljị^{1}	koor^{1}	sej^{1}	njij^{2}	mjor^{1}	ljịj^{2}	bju^{1}	wo^{2}	tśhja^{2}
宝	锦	净	王,	如	来、	应	供、	正
[illegible]	[illegible]、	[illegible]	[illegible]	[illegible]	[illegible]、	[illegible]	[illegible]、	[illegible]

① 巍巍如是,西夏本作"此如殊胜何以说"。

njɨ^{2}	nwə^{1}	swew^{1}	dźjɨ	io̱^{1}	sə^{1}	neew^{2}	bjiij^{2}	rjur^{1}
等	觉、	明	行	圆	满、	善	逝、	世

宝锦净王，出现于世，如来、至真、等正觉、明行成①、为善逝、世

9.29.2

[illegible]	[illegible]、	[illegible]	[illegible]	[illegible]	[illegible]	[illegible]、	[illegible]	[illegible]
kha^{1}	tsjij^{2}	goor^{1}	kiej^{2}	·jij^{1}	rjur^{1}	·jar^{2}	zji^{2}	phju^{2}
间	解、	君	子	之	调	御、	无	上
[illegible]、	[illegible]	[illegible]	[illegible]，	[illegible]、	[illegible]	[illegible]。	[illegible]	[illegible]
mjijr^{2}	mee^{2}	dzjwo^{2}	dzjiij^{2}	tha^{1}	rjur^{1}	pju̱^{1}	rjur^{1}	kiẹj^{2}
士、	天	人	师，	佛、	世	尊。	世	界

间解、无上士、道法御、天人师，号佛、世尊。

9.29.3

[illegible]	[illegible]	[illegible]	[illegible]，	[illegible]	[illegible]	[illegible]	[illegible]。	[illegible]
mjiij^{2}	tja^{1}	ljuu^{2}	tshjij^{2}	kja^{2}	mjiij^{2}	neew^{2}	ljij^{2}	thja^{1}
名	者	庄	严，	劫	名	善	见。	其
[illegible]	[illegible]	[illegible]	[illegible]	[illegible]	[illegible]	[illegible]，	[illegible]	[illegible]
tha^{1}	lhjij^{2}	·u^{2}	do^{2}	pju̱^{1}	tśhja^{2}	dju^{1}	sjij^{2}	·ju^{2}
佛	国	中	异	量	德	有，	人	民

世界曰庄严，劫名善见。其佛国土，有异威德，

9.29.4

[illegible]	[illegible]，	[illegible]	[illegible]	[illegible]	[illegible]，	[illegible]	[illegible]	[illegible]
wejr^{1}	ljij^{1}	zji^{2}	no^{2}	nej^{2}	źiejr^{2}	wer^{1}	rjijr^{1}	śjij^{1}
炽	盛，	皆	稳	安	居，	丰	善	稔
[illegible]，	[illegible]	[illegible]	[illegible]	[illegible]，	[illegible]	[illegible]	[illegible]	[illegible]。

① 明行成，西夏本作“明行圆满”，为佛十尊号之一。《瑜伽师地论》八十三卷云：“明行圆满，所谓三明。遮行，行行，皆悉圆满。又复四种增上心法，现法乐住，皆悉圆满。前，是行行，后，是住行。此中清净身语意业现行正命，是行圆满。密护根门，是遮圆满。由此二种，显示如来三种不护，无忘失法。”《法蕴足论》二卷云：“明行圆满者：何等为明？谓佛所有无学三明。一者，无学宿住随念智作证明，二者，无学死生智作证明，三者，无学漏尽智作证明。是谓为明。何等为行？谓佛所有无学身律仪，语律仪，命清净。是谓为行。又佛所有上妙威仪，往来顾视，屈伸俯仰，服僧伽胝，执持衣钵，悉皆严整。是谓为行。此行，前明，总谓明行。如来具足圆满成就如是明行，一向鲜白，一向微妙，一向无罪。是故名为明行圆满。”

ŋạ^{2}	to^{2}	zji^{2}	bieej^{1}	rejr^{2}	dzjwo^{2}	mə^{1}	wejr^{1}	ljịj^{1}
善，	咸	共	快	乐，	人	天	繁	炽。

人民炽盛，皆得安隐，五谷丰收，土地大盛①，咸共快乐，天人繁炽。

9.29.5

[illegible]	[illegible]	[illegible]	[illegible]，	[illegible]	[illegible]	[illegible]	[illegible]，	[illegible]
ljɨ^{2}	zji^{2}	tśhja^{2}	djịj^{1}	pjạ^{1}	wji^{2}	wjɨ^{2}	sju^{2}	bẹ^{1}
地	悉	平	等，	掌	砥	犹	如，	沙
[illegible]	[illegible]、	[illegible]	[illegible]、	[illegible]	[illegible]	[illegible]	[illegible]，	[illegible]
lhjɨ^{2}	tśior^{1}	kə^{1}	dze^{2}	ɣjɨ^{1}	lụ^{1}	zji^{2}	mjij^{1}	lew^{1}
尘	秽、	荆	棘、	瓦	石	悉	无，	唯

地悉平等，犹如砥掌，无沙尘秽、荆棘、瓦石，

9.29.6

[illegible]	[illegible]、	[illegible]	[illegible]、	[illegible]	[illegible]、	[illegible]	[illegible]、	[illegible]
niaa^{2}	ɣjɨ^{1}	zjɨɨr^{2}	nji^{2}	swew^{1}	lhjịj^{2}	nji^{2}	ɣjiw^{2}	śiwə^{1}
琉	璃、	水	晶、	明	月、	珠	宝、	珊
[illegible]、	[illegible]	[illegible]、	[illegible]	[illegible]、	[illegible]	[illegible]	[illegible]，	[illegible]
khiwə^{1}	ljɨ^{1}	tśjwiw^{2}	lew^{2}	njiij^{1}	nji^{2}	·o^{1}	dźjij	ljɨ^{2}
瑚、	琥	珀、	砗	磲、	玛	瑙	纯，	地

唯琉璃、水精、明月、珠玉、珊瑚、琥珀、砗磲、玛瑙，

9.30.1

[illegible]	[illegible]	[illegible]。	[illegible]	[illegible]	[illegible]	[illegible]，	[illegible]	[illegible]	[illegible]
njijr^{2}	zji^{2}	laa^{1}	thja^{1}	ljɨ^{2}	wəə^{1}	lo^{1}	mə^{1}	·ụ^{2}	wjɨ^{2}
面	皆	色。	其	地	柔	软，	天	衣	犹
[illegible]，	[illegible]	[illegible]	[illegible]	[illegible]，	[illegible]	[illegible]	[illegible]	[illegible]。	
sju^{2}	thjwi^{1}	ljɨj^{2}	lji^{2}	to^{2}	bji^{1}	tsə̣^{1}	zji^{2}	thjoo^{1}	
如，	甘	甜	香	有，	光	色	甚	好。	

遍布其地②。其地柔软，犹如天衣，有甘美香，光色甚好。

① 五谷丰收，土地大盛，西夏本作“丰善稔善”。

② 遍布其地，西夏本作“地面皆色”。

9.30.2

[illegible]	[illegible]	[illegible]	[illegible]，	[illegible]	[illegible]	[illegible]	[illegible]，	[illegible]
śjị^{2}	ŋạ^{2}	dźjij^{1}	·o^{1}	mə^{1}	·ụ^{2}	wjɨ^{2}	sju^{2}	khjɨ^{1}
草	好	实	有，	天	府	犹	如，	足
[illegible]	[illegible]	[illegible]	[illegible]	[illegible]	[illegible]	[illegible]，	[illegible]	[illegible]
ŋwu^{2}	lej^{2}	twụ^{1}	ljɨɨr^{1}	tshjwĩ^{1}	zjij^{1}	dzjɨj^{2}	khjɨ^{1}	tśhjij^{1}
以	蹈	各	四	寸	许	容，	足	举

生其好草，如天绵綖①，以足蹈上足下四寸，举足

9.30.3

[illegible]	[illegible]。	[illegible]	[illegible]	[illegible]	[illegible]，	[illegible]	[illegible]	[illegible]
śji^{1}	sju^{2}	thja^{1}	lhjij^{2}	bieej^{1}	rejr^{2}	mji^{1}	tsja^{1}	mji^{1}
故	如。	其	土	快	乐，	不	热	不
[illegible]。	[illegible]	[illegible]	[illegible]	[illegible]，	[illegible]	[illegible]	[illegible]	[illegible]，
dạ^{2}	sjij^{2}	·ju^{2}	njiij^{1}	wəə^{1}	tsjiir^{2}	rjar^{1}	wəə^{1}	neew^{2}
冷。	人	民	心	慈，	性	气	柔	善，

如故。其土快乐，无有大寒，亦不大热②。人民仁慈，性行和调③，

9.30.4

[illegible]	[illegible]	[illegible]	[illegible]。	[illegible]	[illegible]	[illegible]	[illegible]，	[illegible]
ljụ^{2}	ljaa^{2}	phji^{1}	djɨj^{2}	śja^{1}	śjị^{2}	ljɨ̣^{2}	mee^{1}	tsə̣^{1}
身	口	意	定。	香	草	地	芬，	色
[illegible]	[illegible]	[illegible]	[illegible]。	[illegible]	[illegible]	[illegible]	[illegible]	[illegible]
tshjɨj^{2}	ŋwər^{1}	niaa^{2}	ɣjɨ^{1}	thja^{1}	lhjịj^{2}	sjij^{2}	·ju^{2}	to^{2}
绀	青	琉	璃。	彼	国	人	民	普

身口心④定。香芬熏地，绀琉璃色。彼国人民，普

9.30.5

[illegible]	[illegible]	[illegible]，	[illegible]	[illegible]	[illegible]	[illegible]，	[illegible]	[illegible]

① 生其好草，如天绵綖，西夏本作“实有好草，犹如天府”。
② 无有大寒，亦不大热，西夏本作“不热不冷”。
③ 性行和调，西夏本作“性气柔善”。
④ 身口心，西夏本作“身口意”。

zji^{2} ·jij^{1} dzju^{2} zji^{2} dzju^{1} dạ^{2} lhjịj^{2} lẹj^{2} tshjạ^{1}

皆 自 在, 皆 训 诲 受, 贪 瞋

[illegible] [illegible], [illegible] [illegible] [illegible] [illegible], [illegible] [illegible] [illegible]

lə bji^{1} no^{2} nej^{2} mjij^{1} sej^{1} zji^{2} pjụ^{1} ɣie^{1}

痴 薄, 安 隐 寂 静, 悉 威 力

得自在,皆受训诲,淫怒痴①薄,安隐寂静,悉有威力,

9.30.6

[illegible], [illegible] [illegible] [illegible] [illegible], [illegible] [illegible] [illegible] [illegible]。

dźjij^{2} tsjiir^{1} tshjiij^{1} dạ^{2} mji^{1} zji^{2} wo^{2} tshwew^{1} tsjij^{2}

有, 法 言 说 闻, 皆 义 趣 识。

[illegible] [illegible] [illegible] [illegible], [illegible] [illegible] [illegible], [illegible] [illegible]

thja^{1} tha^{1} rjur^{1} pjụ^{1} ɣạ^{2} njɨɨ^{1} mjijr^{2} rjur^{1} ɣiẹ^{2}

其 佛 世 尊, 十 二 垓, 诸 声

闻说法言,皆识议理②。其佛世尊,时诸声闻众,有十二垓③,诸

9.31.1

[illegible] [illegible], [illegible] [illegible] [illegible] [illegible] [illegible] [illegible] [illegible]

mji^{1} ·ji^{1} sọ^{1} tụ^{1} njɨɨ^{1} rjir^{2} rjur^{1} dźiã^{2} tsjij^{2}

闻 众, 三 千 二 亿 诸 菩 萨

[illegible]。 [illegible] [illegible] [illegible] [illegible] [illegible] [illegible] [illegible] [illegible],

·ji^{1} thja^{1} tha^{1} zjọ^{2} sọ^{1} ɣạ^{2} tśhjiw^{1} rjir^{2} kjiw^{1}

众。 其 佛 寿 三 十 六 亿 年,

菩萨三千二亿。其佛寿命,三十六亿岁,

9.31.2

[illegible] [illegible] [illegible] [illegible]。 [illegible] [illegible] [illegible] [illegible] [illegible],

rjir^{2} wər^{1} mji^{1} dju^{1} thja^{1} ljuu^{2} tshjịj^{2} lhjịj^{2} ·u^{2}

死 夭 无 有。 斯 庄 严 国 中,

---

① 淫怒痴,西夏本作“贪瞋痴”。

② 议理,西夏本作“义趣”。义趣,义理之所归趣也。《法华经·方便品》曰:“了达诸义趣。”《法华经玄赞》卷三曰:“是所说义,何所归趣。”

③ 时诸声闻众,有十二垓,西夏本作“十二垓,诸声闻众”,疑语序颠倒。

[illegible]	[illegible]	[illegible]	[illegible]，	[illegible]	[illegible]	[illegible]	[illegible]，	[illegible]
ljɨɨr^1	we^2	tha^2	wjij^2	mjiij^2	tja^1	ljij^2	ŋwe^1	zji^2
四	城	大	有，	名	者	见	乐，	甚

无中夭者。斯庄严国，其中四城，名曰快见①，甚

9.31.3

[illegible]	[illegible]	[illegible]。	[illegible]	[illegible]	[illegible]	[illegible]，	[illegible]	[illegible]
tha^2	wạ^2	dźjo^1	ljɨ^1	dzjụ^2	dzjɨj^1	bju^1	wer^1	rjijr^1
大	广	长。	风	雨	时	随，	丰	善
[illegible]	[illegible]。	[illegible]	[illegible]	[illegible]	[illegible]，	[illegible]	[illegible]	[illegible]
śjij^1	ŋạ^2	sjij^2	·ju^2	no^2	nej^2	khjow^1	dźju^2	·jij^1
丰	饶。	人	民	宁	安，	强	弱	之

大广长。风雨时节②，五谷丰饶③。人民安宁，强不凌弱，

9.31.4

[illegible]	[illegible]	[illegible]，	[illegible]	[illegible]	[illegible]	[illegible]。	[illegible]	[illegible]
mji^1	źjiw^1	nji	·jij^1	twụ^1	nej^2	rjir^1	ljɨ^1	ljɨ^1
不	侵	凌，	自	各	安	得。	一	一
[illegible]	[illegible]，	[illegible]	[illegible]	[illegible]	[illegible]	[illegible]	[illegible]	[illegible]，
we^2	tha^2	zjir^2	low^2	twụ^1	·jar^1	ɣạ^2	khjɨ^2	bjuu^2
城	大，	纵	广	各	八	十	万	里，

各得其所。一一方城，广长各八十万里，

9.31.5

[illegible]	[illegible]	[illegible]	[illegible]	[illegible]	[illegible]，	[illegible]	[illegible]	[illegible]
rjar^1	gji^2	ljɨɨr^1	we^2	tshjɨɨ^1	ljwu^1	twụ^1	ljɨɨr^1	·jir^2
而	各	四	城	列	转，	各	四	百
[illegible]，	[illegible]	[illegible]	[illegible]	[illegible]。	[illegible]	[illegible]	[illegible]	[illegible]
bjuu^2	rjar^1	gji^2	njɨɨ^2	ljwu^1	nioow^1	lhjij^2	gji^2	gjɨ^2

① 快见，西夏本作“乐见”。
② 风雨时节，西夏本作“风雨随时”。
③ 五谷丰饶，西夏本作“丰善丰饶”。

里，	而	各	二	转。	又	国	乃	一

相去四百里①。有一大国，

9.31.6

wjij^{2}	lji^{1}	lji^{1}	lhjịj^{2}	tha^{2}	twụ^{1}	tụ^{1}	gji^{2}	we^{2}
有，	一	一	国	大，	各	千	或	城
tsəj^{1}	rjur^{1}	nji^{1}	wjụ^{2}	gjij^{2}	njijr^{1}	ŋowr^{2}	thja^{1}	lhjịj^{2}
小、	诸	村	落、	丘	野、	聚，	其	土

一一大国，各有千郡、县及诸村、落、丘、聚，其土

9.32.1

sjij^{2}	·ju^{2}	ljụ^{2}	dzar^{1}	ljɨɨr^{1}	bjuu^{2}	rjar^{1}	tśhjɨ^{1}	zjọ^{2}
人	民，	身	长	四	里。	而	尔	时
ljij^{2}	ŋwe^{1}	ljɨɨr^{1}	we^{2}	rjɨr^{2}	nioow^{1}	sju^{2}	tha^{2}	gjɨ^{2}
见	乐	四	城	方	又	城	大	一

人民，身长四里。是时大城，快见四方大城，复有大城，

9.32.2

wjij^{2}	mjiij^{2}	tja^{1}	gji^{1}	sej^{1}	njij^{2}	dźjiij^{1}	tjị^{2}	phjo^{1}
有，	名	者	清	净。	王	居	处，	地
ljɨ̣^{2}	wạ^{2}	zjij^{1}	thja^{1}	we^{2}	wjɨ̣^{2}	lji^{2}	dźjo^{1}	zjir^{2}
土	广	长，	其	城	东	西	长	纵

名曰清净。王所治处，土地广长，其城东西长

① 相去四百里，西夏本作“而或转四城列，各四百里，而或二转”。

9.32.3

[illegible]	[illegible]	[illegible]	[illegible]	[illegible]	[illegible]	[illegible]，	[illegible]	[illegible]
njɨɨ1	tṵ1	ŋwə1	·jir2	tśhjiw1	ɣa̱2	bjuu2	rjar1	zjɨr1
二	千	五	百	六	十	里，	而	南
[illegible]	[illegible]	[illegible]	[illegible]	[illegible]	[illegible]	[illegible]	[illegible]	[illegible]，
lja̱1	tśhjɨ1	low2	tṵ1	njɨɨ1	·jir2	·jar1	ɣa̱2	bjuu2
北	狭	长	千	二	百	八	十	里，

二千五百六十里，南北广千二百八十里，

9.32.4

[illegible]	[illegible]	[illegible]	[illegible]	[illegible]，	[illegible]	[illegible]	[illegible]	[illegible]
rjar1	we2	tsəj1	nji1	wjṳ2	twṳ1	·a	khjɨ2	gji2
而	城	小	县	邑，	各	一	万	乃
[illegible]，	[illegible]	[illegible]	[illegible]	[illegible]。	[illegible]	[illegible]	[illegible]	[illegible]
wjij2	bieej1	rejr2	ŋowr2	lhə	rjur1	kheej1	dźjij1	tji̱2
有，	快	乐	具	足。	诸	游	行	△

郡国县邑，各有一万，具足快乐。诸游观

9.32.5

[illegible]，	[illegible]	[illegible]	[illegible]	[illegible]	[illegible]，	[illegible]	[illegible]	[illegible]
·io̱2	twṳ1	·a	khjɨ2	gji2	wjij2	zji2	kha1	gji1
园，	各	一	万	或	有，	无	间	清
[illegible]，	[illegible]	[illegible]	[illegible]	[illegible]	[illegible]。			
sej1	śja̱1	ljɨ̱1	ŋwu2	dja2	śjɨj1			
净，	七	宝	以	△	成。			

园，各有一万，极甚清净，七宝合成。

汉文本

尔时，世尊告问雷音菩萨：善来正士，快哉！顾义故致奉现，宁欲听受如来秘要经典之慧？今密迹金刚力士，承佛威神，而颁宣之。

于是众会或有菩萨，心自念言：斯密迹金刚力士，在于何世，积众德本？在何佛所，而发道心？本何誓愿,所逮辩才,广大无极,巍巍如是?

时,佛悉知是诸菩萨心中所念,告寂意菩萨:乃往过去,久远世时,无央数劫,不可思议,尔时有佛,名无量勋宝锦净王,出现于世,如来、至真、等正觉、明行成、为善逝、世间解、无上士、道法御、天人师,号佛、世尊。世界曰庄严,劫名善见。其佛国土,有异威德,人民炽盛,皆得安隐,五谷丰收,土地大盛,咸共快乐,天人繁炽。地悉平等,犹如砥掌,无沙尘秽、荆棘、瓦石,唯琉璃、水精、明月、珠玉、珊瑚、琥珀、砗磲、玛瑙,遍布其地。其地柔软,犹如天衣,有甘美香,光色甚好。生其好草,如天绹綖,以足蹈上足下四寸,举足如故。其土快乐,无有大寒,亦不大热。人民仁慈,性行和调,身口心定。香芬熏地,绀琉璃色。彼国人民,普得自在,皆受训诲,淫怒痴薄,安隐寂静,悉有威力,闻说法言,皆识议理。其佛世尊,时诸声闻众,有十二垓,诸菩萨三千二亿。其佛寿命三十六亿岁,无中夭者。斯庄严国,其中四城,名曰快见,甚大广长。风雨时节,五谷丰饶。人民安宁,强不凌弱,各得其所。一一方城,广长各八十万里,相去四百里。有一大国,一一大国,各有千郡、县及诸村、落、丘、聚,其土人民,身长四里。是时大城,快见四方大城,复有大城,名曰清净。王所治处,土地广长,其城东西长二千五百六十里,南北广千二百八十里,郡国县邑,各有一万,具足快乐。诸游观园,各有一万,极甚清净,七宝合成。

9.32.5

[illegible],	[illegible]	[illegible]
dzjɨj^{1}	dźiej^{2}	deej^{1}
时,	轮	转

时,有转轮

9.32.6

[illegible]	[illegible]	[illegible],	[illegible]	[illegible]	[illegible]	[illegible]	[illegible],	[illegible]
śjɨj^{2}	njij^{2}	gjɨ^{2}	mjiij^{2}	tja^{1}	kjir^{1}	ljị^{2}	we^{2}	śjạ^{1}
圣	王	一,	名	者	勇	猛	郡,	七
[illegible]	[illegible]	[illegible],	[illegible]	[illegible]	[illegible]	[illegible],	[illegible]	[illegible]
ljɨ̣^{1}	ŋowr^{2}	lhə	lew^{1}	tja^{1}	kię^{1}	dźiej^{2}	njɨɨ^{1}	tja^{1}
宝	具	足,	一	者	金	轮,	二	者

圣王,名曰勇郡王①,有七宝:一曰金轮,二曰

9.33.1

[illegible]	[illegible]	[illegible]	[illegible]	[illegible],	[illegible]	[illegible]、	[illegible]	[illegible]
tśhjiw^{1}	dźjij^{1}	·o^{1}	bju^{2}	phiow^{1}	sọ^{1}	tja^{1}	ljụ^{2}	tsə̣^{1}

① 勇郡王,西夏本作"勇猛郡"。

六	牙	有	象	白，	三	者	身	色
[illegible]	[illegible]	[illegible]	[illegible]	[illegible]	[illegible]，	[illegible]	[illegible]	[illegible]
tshjɨj^2	ŋwər^1	mjiij^1	meej^2	njij^1	rjijr^1	ljɨɨr^1	tja^1	lhjịj^2
绀	青	尾	马	朱	马，	四	者	月

白象有六牙，三曰绀色马朱髦尾，四曰

9.33.2

[illegible]	[illegible]	[illegible]，	[illegible]	[illegible]	[illegible]	[illegible]，	[illegible]	[illegible]
swew^1	njạ^1	nji^2	ŋwə^1	tja^1	ɣjiw^2	mjịj^1	tśhjiw^1	tja^1
明	神	珠，	五	者	玉	女，	六	者
[illegible]	[illegible]	[illegible]	[illegible]，	[illegible]	[illegible]	[illegible]	[illegible]	[illegible]
·ụ^2	dzju^2	njạ^1	ljɨ̣^{1}	śjạ^1	tja^1	gja^1	dzju^2	tha^2
藏	主	圣	宝，	七	者	兵	主	大

明月神珠，五曰玉女妻，六曰主藏圣臣①，七曰主兵大

9.33.3

[illegible]	[illegible]。	[illegible]②	[illegible]	[illegible]	[illegible]	[illegible]，	[illegible]	[illegible]
gja^1	dzju^2	ljɨ̣^{1}	ljɨɨr^1	mə^1	khju^1	dzju^2	wjɨ^2	rar^2
军	将。	宝	四	天	下	主，	所	过
[illegible]	[illegible]	[illegible]	[illegible]	[illegible]，	[illegible]	[illegible]	[illegible]	[illegible]
tha^1	·jij^1	rjɨr^2	kjụ^1	tshwew^1	·ji^1	tśhja^2	mər^2	ljị^1
佛	之	所	求	供，	众	德	本	植

将军。主四天下，供过去佛，植众德本，

9.33.4

[illegible]，	[illegible]	[illegible]	[illegible]	[illegible]；	[illegible]	[illegible]	[illegible]	[illegible]
djij^2	pjụ^1	mee^2	seew^2	gie^1	zji^2	phju^2	tśhja^2	ɣiej^1
曾，	威	神	测	难；	无	上	正	真
[illegible]	[illegible]	[illegible]	[illegible]，	[illegible]	[illegible]	[illegible]	[illegible]。	[illegible]
tśja^1	njiij^1	·a	śjwo^1	mji^1	lhjii^1	lhjwo^1	rjir^2	thja^1

① 主藏圣臣，西夏本作“主藏圣宝”。
② 据汉文本则疑增“[illegible]”字。

道	心	△	发,	不	退	转	逮。	此

威神难量;发无上正真之道心,逮不退转。

9.33.5

[illegible]	[illegible]	[illegible]	[illegible]	[illegible]	[illegible]	[illegible],	[illegible]	[illegible]
we^2	gjɨ^2	ka^1	·jɨj^2	we^2	rjɨr^2	wji^1	wạ^2	dźjo^1
城	当	中	屋	城	所	立,	广	长
[illegible]	[illegible],	[illegible]	[illegible]	[illegible]	[illegible]	[illegible]	[illegible]	[illegible]
so^1	tha^2	zjir^2	low^2	twụ^1	tśhjiw^1	·jir^2	ljɨɨr^1	ɣạ^2
高	大,	纵	广	各	六	百	四	十

在城中央立一屋宅,广长高大,长广各六百四十

9.33.6

[illegible]。	[illegible]	[illegible]	[illegible]	[illegible]	[illegible]	[illegible]	[illegible]	[illegible]
bjuu^2	rjar^1	gji^2	śjạ^1	ljɨ̣^{1}	ŋwu^2	śjɨj^1	śjạ^1	rjɨj^2
里。	而	或	七	宝	以	立	七	重
[illegible]	[illegible]①,	[illegible]	[illegible]	[illegible]	[illegible],	[illegible]	[illegible]	[illegible]
we^2	dzjwɨ̣^{1}	śjạ^1	rjɨj^2	sji^1	tụ^1	śjạ^1	rjɨj^2	ljɨ̣^{1}
墙	恭,	七	重	交	道,	七	重	宝

里。以七宝立七重墙壁,栏楯七重②,交道七重,宝

9.34.1

[illegible]	[illegible],	[illegible]	[illegible]	[illegible]	[illegible]	[illegible]	[illegible]。	[illegible]
śjɨ^2	we^2	rjɨj^2	śja^2	dzjɨj^2	na^1	·wiọ^1	tśjɨ̣^{1}	thja^1
幔	帐,	七	重	堑	深	围	绕。	其
[illegible]	[illegible]	[illegible],	[illegible]	[illegible]	[illegible]	[illegible]	[illegible],	[illegible]
nji^1	·u^2	rjijr^2	ljɨɨr^1	tha^2	sji^1	śja^1	wjij^2	tśhjɨ^1
宅	中	方,	四	大	木	香	有,	若

幔七重,七重深堑。其宅里内,有四大果园③,生若

---

① [illegible],当作"[illegible](dzjwɨ̣^{1})",意为"壁",两字通假。
② 据汉文本,则西夏本脱"栏楯七重"一句。
③ 果园,西夏本作"木香"。

9.34.2

[illegible]	[illegible]	[illegible]，	[illegible]	[illegible]	[illegible]	[illegible]，	[illegible]	[illegible]
zjịj^{1}	wjạ^{1}	to^{2}	lew^{1}	mjiij^{2}	thjoo^{1}	wjạ^{1}	njɨɨ^{1}	mjiij^{2}
干	华	生，	一	名	妙	华，	二	名
[illegible]	[illegible]	[illegible]，	[illegible]	[illegible]	[illegible]	[illegible]，	[illegible]	[illegible]
rjijr^{2}	·ioow^{1}	mjij^{1}	sọ^{1}	mjiij^{2}	ŋər^{1}	mja^{1}	ljɨɨr^{1}	mjiij^{2}
功	勋	非，	三	名	山	河，	四	名

干华，一名妙华，二名功勋阿①，三名山河，四名

9.34.3

[illegible]②	[illegible]。	[illegible]	[illegible]	[illegible]	[illegible]，	[illegible]	[illegible]	[illegible]
dźjwij^{2}	nej^{2}	dźiəj^{2}	zjɨɨr^{2}	nja^{1}	swu^{2}	zjir^{2}	low^{2}	twụ^{1}
夏	安。	池	水	而	满，	纵	广	各
[illegible]	[illegible]	[illegible]，	[illegible]	[illegible]	[illegible]	[illegible]	[illegible]	[illegible]
njɨɨ^{1}	ɣạ^{2}	bjuu^{2}	rjar^{1}	gji^{2}	zji^{2}	·ji^{1}	ljị^{1}	ŋwu^{2}
二	十	里，	而	或	皆	众	宝	以

春安。有池水满，广长各二十里，皆以众宝

9.34.4

[illegible]	[illegible]	[illegible]，	[illegible]	[illegible]	[illegible]	[illegible]	[illegible]	[illegible]，
sji^{1}	tụ^{1}	wji^{1}	tshjɨj^{2}	kię^{1}	ŋwu^{2}	dźiəj^{2}	rewr^{2}	we^{2}
栏	楯	为，	紫	金	以	池	岸	为，
[illegible]	[illegible]	[illegible]	[illegible]，	[illegible]	[illegible]	[illegible]	[illegible]	[illegible]
tshjɨj^{2}	kię^{1}	niaa^{2}	ɣjị^{1}	ŋwu^{2}	bẹ^{1}	wji^{2}	dźiəj^{2}	wjɨ^{2}
紫	金	琉	璃，	以	沙	底	池	所

而作栏楯，紫金为池，紫金琉璃，以为底沙，

9.34.5

[illegible]，	[illegible]	[illegible]	[illegible]	[illegible]，	[illegible]	[illegible]	[illegible]	[illegible]，

① 功勋阿，西夏本作“功勋非”。

② [illegible]，疑误，当作“[illegible]”。

kụ^{2}	·jar^{1}	wji̤^{1}	zjɨɨr^{2}	sə^{2}	ljɨ̣^{1}	wja̤^{1}	dźjij^{1}	to^{2}
盛，	八	味	水	满，	宝	华	实	生，
[illegible]	[illegible]、	[illegible]①	[illegible]	[illegible]	[illegible]	[illegible]	[illegible]，	[illegible]
dze^{1}	kia^{2}	bə^{2}	wor^{1}	mə^{2}	djij^{1}	dźjwow^{1}	we^{1}	thja^{1}
雁	鸭、	鸳	鸯	诸	类	鸟	禽，	其

满八味水，合生宝华，凫雁、鸳鸯异类之鸟②，游戏其

9.34.6

[illegible]	[illegible]	[illegible]。	[illegible]	[illegible]	[illegible]	[illegible]	[illegible]	[illegible]
dźiəj^{2}	·u^{2}	·u^{2}	lew^{1}	dzjiw^{1}	dźiəj^{2}	mjiij^{2}	tja^{1}	war^{2}
池	中	戏。	一	浴	池	名	者	财
[illegible]，	[illegible]	[illegible]	[illegible]	[illegible]，	[illegible]	[illegible]	[illegible]	[illegible]，
mjii^{1}	njɨɨ^{1}	mjiij^{2}	phju^{2}	dźjwo^{2}	so̤^{1}	mjiij^{2}	phju^{2}	śja^{1}
施，	二	名	上	窟，	三	名	上	香，

中。一浴池名施财，二名上窟，三名上香，

9.35.1

[illegible]	[illegible]	[illegible]	[illegible]。	[illegible]	[illegible]	[illegible]	[illegible]	[illegible]
ljɨɨr^{1}	mjiij^{2}	thjoo^{1}	ɣjiw^{1}	kụ^{2}	mjii^{1}	śja̤^{1}	khjɨ^{2}	tśhjiw^{1}
四	名	妙	御。	后	宫	七	万	六
[illegible]	[illegible]	[illegible]	[illegible]，	[illegible]	[illegible]	[illegible]	[illegible]，	[illegible]
tụ^{1}	śjwo^{2}	mjij̣^{1}	dźjiij^{1}	mə^{1}	ɣjiw^{2}	mjij̣^{1}	sju^{2}	·jij^{1}
千	婇	女	住，	天	玉	女	如，	自

四名妙御。中宫婇女七万六千，如天玉女，

9.35.2

[illegible]	[illegible]	[illegible]，	[illegible]	[illegible]	[illegible]	[illegible]，	[illegible]	[illegible]
twụ^{1}	·jij^{1}	ŋa̤^{2}	ljuu^{2}	tshjij^{2}	rjar^{1}	gjij^{1}	rjur^{1}	kha^{1}
各	相	好，	端	正	殊	特，	世	间
[illegible]	[illegible]。	[illegible]	[illegible]	[illegible]	[illegible]	[illegible]	[illegible]	[illegible]

① [illegible]，该字义为“虫”，于义不通，当作“[illegible]（bə^{2}）”，两字通假。

② 凫雁、鸳鸯异类之鸟，西夏本作“雁鸭、鸳鸯诸类鸟禽”。

ŋwer^{1}	mjij^{1}	thja^{1}	njij^{2}	·jij^{1}	ŋwər^{1}	dzow^{1}	ɣjiw^{2}	mjịj^{1}
同	非。	其	王	之	皇	后	玉	女

各有好相，端正殊好，非世之有。其王正后玉女

9.35.3

[illegible]	[illegible]	[illegible]	[illegible]	[illegible]，	[illegible]	[illegible]	[illegible]	[illegible]
ljɨ̣^{1}	nioow^{1}	rjur^{1}	śjwo^{2}	mjịj^{1}	zji^{2}	zji^{2}	phju^{2}	tśhja^{2}
宝	及	诸	婇	女，	皆	无	上	正
[illegible]	[illegible]	[illegible]	[illegible]。	[illegible]	[illegible]	[illegible]	[illegible]，	[illegible]
ɣiej^{1}	tśja^{1}	njiij^{1}	śjwo^{1}	njij^{2}	tụ^{1}	gji^{2}	dźjij^{2}	kjir^{1}
真	道	心	发。	王	千	子	有，	勇

宝及诸婇女，皆发无上正真道意。王有千子，

9.35.4

[illegible]	[illegible]	[illegible]，	[illegible]	[illegible]	[illegible]	[illegible]，	[illegible]	[illegible]
ljị^{2}	齿头	dzjɨ̣^{2}	mjɨ^{1}	su^{1}	rjar^{1}	gjij^{1}	ljuu^{2}	śjwo^{2}
猛	聚	集，	彼	胜	殊	异，	端	正
[illegible]	[illegible]，	[illegible]	[illegible]	[illegible]	[illegible]	[illegible]	[illegible]	[illegible]
ŋwer^{1}	mjij^{1}	njɨɨ^{1}	ɣạ^{2}	·jar^{1}	·jij^{1}	ljụ^{2}	ɣa^{2}	ljuu^{2}
同	非，	二	十	八	相	身	上	庄

具足①勇猛，与众殊异，端正超绝，二十八相严饰其身，

9.35.5

[illegible]，	[illegible]	[illegible]	[illegible]	[illegible]，	[illegible]	[illegible]	[illegible]	[illegible]	[illegible]。
tshjij^{2}	tsjiir^{2}	rjar^{1}	wəə^{1}	lo^{1}	thja^{1}	tha^{2}	tśja^{1}	njiij^{1}	śjwo^{1}
严，	性	气	仁	和，	其	大	道	心	发。

志性仁和，亦俱同心②发大道意。

汉文本

时，有转轮圣王，名曰勇郡王，有七宝：一曰金轮，二曰白象有六牙，三曰绀色马朱髦尾，四曰明月

① 具足，西夏本作“聚集”。
② 据汉文本则西夏本脱“亦俱同心”。

神珠，五曰玉女妻，六曰主藏圣臣，七曰主兵大将军。主四天下，供过去佛，植众德本，威神难量；发无上正真之道心，逮不退转。在城中央立一屋宅，广长高大，长广各六百四十里。以七宝立七重墙壁，栏楯七重，交道七重，宝幔七重，七重深堑。其宅里内，有四大果园，生若干华，一名妙华，二名功勋阿，三名山河，四名春安。有池水满，广长各二十里，皆以众宝而作栏楯，紫金为池，紫金琉璃，以为底沙，满八味水，合生宝华，凫雁、鸳鸯异类之鸟，游戏其中。一浴池名施财，二名上窟，三名上香，四名妙御。中宫婇女七万六千，如天玉女，各有好相，端正殊好，非世之有。其王正后玉女宝及诸婇女，皆发无上正真道意。王有千子，具足勇猛，与众殊异，端正超绝，二十八相严饰其身，志性仁和，亦俱同心发大道意。

9.35.5

[illegible]	[illegible]，	[illegible]	[illegible]	[illegible]	[illegible]	[illegible]	[illegible]
tśhjɨ^{1}	zjọ^{2}	thja^{1}	tha^{1}	gji^{1}	sej^{1}	tha^{2}	lhjij^{2}
尔	时，	其	佛	清	净	大	国

尔时，其佛游在清净大国，

9.35.6

[illegible]	[illegible]	[illegible]	[illegible]	[illegible]	[illegible]	[illegible]	[illegible]，	[illegible]
·u^{2}	dźjij^{1}	bjiij^{2}	thja^{1}	kjir^{1}	·jiw^{2}	we^{2}	njij^{2}	mjɨ^{1}
中	游	行，	其	勇	猛	郡	王，	无
[illegible]	[illegible]	[illegible]	[illegible]	[illegible]	[illegible]	[illegible]	[illegible]	[illegible]
pju̧^{1}	rjijr^{2}	·ioow^{1}	ljɨ̣^{1}	koor^{1}	sej^{1}	njij^{2}	mjor^{1}	ljij^{2}
量	勋	功	宝	锦	净	王	，如	来

其王勇郡，供养无量勋宝罽①净王如来，

9.36.1

[illegible]	[illegible]	[illegible]，	[illegible]	[illegible]	[illegible]	[illegible]②，	[illegible]	[illegible]
·jij^{1}	kjụ^{1}	tshwew^{1}	rjir^{2}	kjiw^{1}	wjɨ^{2}	lhə	nioow^{1}	·ụ^{2}
之	供	养，	亿	岁	已	足，	复	被
[illegible]、	[illegible]	[illegible]、	[illegible]	[illegible]、	[illegible]	[illegible]	[illegible]	[illegible]
gjwi^{2}	tjị^{1}	lji^{2}	dźjwi^{2}	ljuu^{2}	tser^{1}	tsə^{1}	wo^{2}	śjwo^{1}
衣、	食	香、	床	卧、	医	药	安	所

① 罽，为皮织品、毛织物。参见欧阳荣苑：《释“罽”》，《汉字文化》2013 年第 1 期，第 71—73 页。李范文：《简明夏汉字典》，北京：中国社会科学出版社，2012 年，第 569 页。

② [illegible][illegible]，对译汉文本“具足”。

具足亿岁；诸菩萨众、声闻等，衣被、饮食、床卧、医药一切所安，

9.36.2

[illegible]	[illegible]，	[illegible]	[illegible]、	[illegible]	[illegible]、	[illegible]	[illegible]、	[illegible]
ŋowr^{2}	ŋowr^{2}	·io̧^{2}	bo^{1}	dzjiw^{1}	dźiəj^{2}	kjɨɨr^{2}	·jɨj^{2}	·ji^{1}
一	切，	园	林、	浴	池、	屋	宅、	众
[illegible]、	[illegible]	[illegible]、	[illegible]	[illegible]，	[illegible]	[illegible]	[illegible]	[illegible]
mjii^{1}	wjo^{1}	bjij^{2}	du^{1}	rjɨj^{2}	rjur^{1}	dźiã^{2}	tsjij^{2}	·ji^{1}
舍、	台	高、	楼	阁，	诸	菩	萨	众

园观、浴池、屋宅、讲堂、房室①、精舍②、高台、楼阁，

9.36.3

[illegible]	[illegible]	[illegible]	[illegible]	[illegible]。	[illegible]	[illegible]	[illegible]	[illegible]
ɣię^{2}	mji^{1}	njɨ^{2}	·jij^{1}	mjii^{1}	ljɨ^{1}	ljɨ^{1}	phji^{2}	khjiw^{2}
声	闻	等	之	施。	一	一	比	丘
[illegible]	[illegible]	[illegible]	[illegible]	[illegible]	[illegible]	[illegible]	[illegible]	[illegible]
·jij^{1}	njɨɨ^{1}	gji^{2}	tshji^{2}	mjijr^{2}	dja^{2}	khjow^{1}	wo^{2}	śjwo^{1}
之	二	而	侍	者	所	给	理	得

一一比丘，与二侍使给所当得。

9.36.4

[illegible]	[illegible]	[illegible]③。	[illegible]	[illegible]	[illegible]	[illegible]	[illegible]，	[illegible]
dzjɨ^{1}	djɨ^{2}	phji^{1}	thja^{1}	njij^{2}	·jij^{1}	rjur^{1}	gji^{2}	tsjiir^{2}
供	给	令。	其	王	之	诸	子，	性
[illegible]	[illegible]	[illegible]，	[illegible]	[illegible]	[illegible]	[illegible]，	[illegible]	[illegible]
rjar^{1}	wəə^{1}	lo^{1}	śja^{1}	wją^{2}	dźjɨ	mjij^{1}	·ju^{2}	njiij^{1}
气	安	和，	逸	放	行	无，	常	心

其王诸子，志性安和，无放逸行，常

① 据汉文本，西夏本脱“讲堂、房室”。

② 精舍，西夏本作“众舍”。

③ [illegible]，对译汉文本“一一比丘，与二侍使给所当得”。

9.36.5

[illegible]	[illegible]，	[illegible]	[illegible]	[illegible]	[illegible]	[illegible]，	[illegible]	[illegible]
tjị^1	ŋwu^2	mjor^1	ljịj^2	·jij^1	kjụ^1	tshwew^1	lwər^2	lhejr^2
欲	以，	如	来	之	供	养，	经	典
[illegible]	[illegible]，	[illegible]	[illegible]	[illegible]	[illegible]	[illegible]	[illegible]	[illegible]
nji^2	lhjịj^2	dzu^1	kięj^2	kheej^1	·u^2	dow^1	sjwɨj^1	mji^1
听	受，	乐	欲	戏	游	邪	业	不

以至心，供奉如来，听受经典，不乐爱欲，戏笑邪业；

9.36.6

[illegible]；	[illegible]	[illegible]	[illegible]	[illegible]，	[illegible]	[illegible]	[illegible]	[illegible]，
dzu^1	mji^1	śja^1	wjạ^2	ŋwu^2	lwər^2	lhejr^2	nji^2	lhjịj^2
喜；	不	逸	放	以，	经	典	听	受，
[illegible]	[illegible]	[illegible]	[illegible]，	[illegible]	[illegible]	[illegible]	[illegible]	[illegible]
bji^1	ɣie^1	mji^1	śjɨ^1	tśhjɨ^2	rjar^2	ŋwə^1	mee^2	mjijr^2
威	力	不	往，	立	刻	五	神	通

以无放逸，听受经典，不以生心①，不久即逮，兴五神通②；

9.37.1

[illegible]；	[illegible]	[illegible]	[illegible]	[illegible]，	[illegible]	[illegible]	[illegible]	[illegible]，
lhjụ^2	mee^2	mjijr^2	ɣie^1	ŋwu^2	ŋa^1	gu^2	wjɨ^2	śji^2
逮；	神	通	力	以，	空	中	所	往，
[illegible]	[illegible]	[illegible]	[illegible]，	[illegible]	[illegible]	[illegible]	[illegible]，	[illegible]
dze^1	njij^2	wjɨ^2	sju^2	dźjwow^1	dźjij^1	·jij^1	dzju^2	ɣię^2
雁	王	犹	如，	飞	行	自	在，	碍

以得神通，踊在虚空③，犹如雁王，飞行自在，

9.37.2

[illegible]	[illegible]	[illegible]，	[illegible]	[illegible]	[illegible]	[illegible]	[illegible]	[illegible]

① 不以生心，西夏本作“威力不往”。

② 不久即逮，兴五神通，西夏本作“立即逮五神通”。

③ 踊在虚空，西夏本作“空中所往”。

lụ^{2}	lew^{2}	ŋwə^{1}	lew^{1}	mjii^{1}	ɣa^{2}	śjwo^{1}	lew^{1}	mjii^{1}
挂	所	无，	一	观	从	自	一	观
ɣa^{2}	nji^{2}	lew^{1}	nji^{1}	wjụ^{2}	ɣa^{2}	śjwo^{1}	lew^{1}	nji^{1}
而	至，	一	聚	落	从	自	一	聚

无所挂碍，从其一观，复至一观，从县至县，

9.37.3

wjụ^{2}	ɣa^{2}	nji^{2}	lew^{1}	lhjij^{2}	ɣa^{2}	śjwo^{1}	lew^{1}	lhjij^{2}
落	而	至，	一	国	从	自	一	国
ɣa^{2}	nji^{2}	lew^{1}	mə^{1}	khju^{1}	śjwo^{1}	lew^{1}	mə^{1}	khju^{1}
而	至，	一	天	下	自	一	天	下

从国游国，从一天下至一天下，

9.37.4

nji^{2}	rjur^{1}	rjur^{1}	dźjij^{1}	daa^{2}	nioow^{1}	ljaa^{1}	dạ^{2}	ŋwu^{2}	tha^{2}	·ji^{1}	·jij^{1}	tshjiij^{1}
至，	普	悉	行	游，	又	偈	言	以，	大	众	之	说：

普行游观，以是要偈，为大众说：

9.37.5

rjur^{1}	tha^{1}	rjur^{1}	kha^{1}	to^{2}		zji^{2}	kha^{1}	dźju^{2}
诸	佛	世	间	出，		最	中	遇
ber^{2}	gie^{1}		dzjwo^{2}	rjur^{1}	kha^{1}	wee^{1}	dźjiij^{1}	
遭	难，		人	世	间	生	在，	

诸佛兴出世，玄远甚难值①，人生在世间，

① 玄远甚难值，西夏本作“最中难遭遇”。

9.37.6

[illegible]	[illegible]	[illegible]	[illegible]	[illegible]。		[illegible]	[illegible]	[illegible]
thja^{1}	tsjɨ^{1}	zji^{2}	kha^{1}	gie^{1}		rjur^{1}	dzjwo^{2}	·a
其	亦	最	中	难。		诸	人	一
[illegible]	[illegible]，		[illegible]	[illegible]	[illegible]	[illegible]	[illegible]，	
njiij^{1}	ŋwu^{2}		zji^{2}	lwər^{2}	lhejr^{2}	nji^{2}	dźiej^{2}	
心	以，		俱	经	典	听	信，	

亦甚难得遇。诸人咸同志，俱信乐听经，

9.38.1

[illegible]	[illegible]	[illegible]	[illegible]	[illegible]		[illegible]	[illegible]	[illegible]
rjir^{2}	·jir^{2}	tụ^{1}	kja^{2}	kha^{1}		gji^{2}	tjɨ̣^{1}	tsjɨ^{1}
亿	百	千	劫	中，		一	时	亦
[illegible]	[illegible]。		[illegible]	[illegible]	[illegible]	[illegible]	[illegible]，	
mji^{1}	ber^{2}		sjij^{1}	dzjwo^{2}	kha^{1}	kjir^{1}	ljị^{2}	
不	遭。		今	人	中	勇	猛，	

于亿百千劫，甚复不可遭①。今人中之雄，

9.38.2

[illegible]	[illegible]	[illegible]	[illegible]	[illegible]，		[illegible]	[illegible]	[illegible]
rjur^{1}	kięj^{2}	kha^{1}	to^{2}	śja^{2}		mjij^{1}	djɨ̣^{2}	·o^{2}
世	界	间	出	现，		寂	定	入
[illegible]，	[illegible]		[illegible]	[illegible]	[illegible]	[illegible]	[illegible]。	
phji^{1}	nioow^{1}		tśhjwo^{1}	lwər^{2}	lhejr^{2}	tsjiir^{1}	tshjiij^{1}	
令，	因		故	经	典	法	说。	

以出于世间，欲令寂然定，故说经法义。

9.38.3

[illegible]	[illegible]	[illegible]	[illegible]	[illegible]，		[illegible]	[illegible]	[illegible]
no^{2}	dźjiij^{1}	rjur^{1}	pjụ^{1}	do^{2}		phji^{2}	bju^{1}	dzju^{1}

① 甚复不可遭，西夏本作“一时亦不遭”。

安	住	世	尊	从，		意	随	教
[illegible]	[illegible]①，		[illegible]	[illegible]	[illegible]	[illegible]	[illegible]，	
dạ^2	lhjịj^2		tha^2	śjɨj^2	swew^1	kjụ^1	kię̣j^2	
训	受，		大	圣	明	求	欲，	

从安住世尊，咨受教训诲，求于大圣明，

9.38.4

[illegible]	[illegible]	[illegible]	[illegible]	[illegible]。		[illegible]	[illegible]	[illegible]
tha^1	dạ^2	bjuu^1	bjịj^1	lew^2		lwər^2	lhejr^2	tsjiir^1
佛	言	奉	举	所。		经	典	法
[illegible]	[illegible]，		[illegible]	[illegible]	[illegible]	[illegible]	[illegible]，	
nji^2	nioow^1		rjur^1	niow^2	tshwew^1	khwa^1	ka^2	
听	故，		诸	恶	趣	远	离，	

奉启佛至言。以听受经法，弃捐②于恶趣，

9.38.5

[illegible]	[illegible]	[illegible]	[illegible]	[illegible]，		[illegible]	[illegible]	[illegible]
tśhja^2	tsjiir^1	mji^1	rjir^1	nioow^1		zji^2	nej^2	twụ^1
正	法	闻	得	故，		极	安	处
[illegible]	[illegible]。		[illegible]	[illegible]	[illegible]	[illegible]	[illegible]，	
dzuu^2	rjir^1		tśhja^2	tsjiir^1	mji^1	rjir^1	nioow^1	
坐	得。		正	法	闻	得	故，	

以逮闻正法，得坐极安处。以逮闻正法，

9.38.6

[illegible]	[illegible]	[illegible]	[illegible]	[illegible]，		[illegible]	[illegible]	[illegible]
·ji^1	lhjɨ^2	ror^2	tjịj^1	phja^1		sjịj^2	źjɨr^1	nji^2
众	尘	劳	除	消，		智	慧	听
[illegible]	[illegible]，		[illegible]	[illegible]	[illegible]	[illegible]	[illegible]。	
lhjịj^2	nioow^1		tśhja^2	ɣiej^1	tsjiir^1	lhjụ^2	rjir^1	

① [illegible]，对译汉文本“咨受教训诲”。
② 弃捐，西夏本作“远离”。

受	故，		正	真	法	致	得。	

消除众尘劳，因其听受慧，得致正真法。

9.39.1

[illegible]	[illegible]	[illegible]	[illegible]	[illegible]，		[illegible]	[illegible]	[illegible]
thja^{2}	zjọ^{2}	zər^{2}	ljɨj^{2}	tsjiir^{1}		phjo^{2}	kar^{2}	nẹ^{1}
彼	时	露	甘	法，		分	别	宣
[illegible]	[illegible]，		[illegible]	[illegible]	[illegible]	[illegible]	[illegible]，	
tshjiij^{1}	zjọ^{2}		thjɨ^{2}	nioow^{1}	lja^{2}	·jij^{1}	śja^{2}	
训	时，		其	缘	瑞	相	应，	

彼时布宣训，而演是甘香，缘其斯瑞应，

9.39.2

[illegible]	[illegible]	[illegible]	[illegible]	[illegible]。		[illegible]	[illegible]	[illegible]
ljɨ^{2}	tśhjiw^{1}	mə^{2}	saar^{1}	mju^{2}		rjur^{1}	dzjwo^{2}	mə^{1}
地	六	种	震	动。		诸	人	天
[illegible]	[illegible]，		[illegible]	[illegible]	[illegible]	[illegible]	[illegible]，	
zji^{2}	mjị^{1}		rjur^{1}	mə^{1}	zji^{2}	·jow^{2}	śja^{2}	
普	布，		诸	天	举	赞	叹，	

地六返震动。普布告天人，诸天举叹曰，

9.39.3

[illegible]	[illegible]	[illegible]	[illegible]	[illegible]，		[illegible]	[illegible]	[illegible]
tśhjɨ^{1}	dzjɨj^{1}	tśhjɨ^{1}	zjịj^{1}	mə^{2}		mə^{1}	thjoo^{1}	wją^{1}
尔	时	若	干	种，		天	妙	华
[illegible]	[illegible]。		[illegible]	[illegible]	[illegible]	[illegible]	[illegible]，	
dźjij^{1}	dzjụ^{2}		dźiã^{2}	tśhju^{1}	zji^{2}	kjɨ^{1}	dzjɨ^{2}	
真	雨。		众	生	皆	所	集，	

即时雨天华，其华若干种。众生皆来集，

9.39.4

[illegible]	[illegible]	[illegible]	[illegible]	[illegible]，		[illegible]	[illegible]	[illegible]

ŋewr²	pjụ¹	kaar¹	tji²	mjij¹		zji²	buu²	dzju¹
数	称	计	可	不，		最	胜	开
[illegible]	[illegible]，		[illegible]	[illegible]	[illegible]	[illegible]	[illegible]。	
dzjiij²	ŋwu²		zji²	tśja¹	tsjiir¹	·o²	phji¹	
化	是，		皆	道	法	入	令。	

不可称计数，最胜之开化，皆入于道法。

9.39.5

[illegible]	[illegible]	[illegible]	[illegible]	[illegible]，		[illegible]	[illegible]	[illegible]
mə¹	dzjwo²	pjụ¹	·jij¹	rewr²		bju¹	kięj²	dzjwɨ¹
天	人	尊	之	足，		依	欲	恭
[illegible]	[illegible]，		[illegible]	[illegible]	[illegible]	[illegible]	[illegible]，	
tśja¹	tshwew¹		zji²	lạ¹	dzjwɨ¹	pjạ¹	phjoo²	
礼	敬，		皆	手	叉	掌	合，	

前稽首足下，礼于天人尊，皆俱以叉手，

9.39.6

[illegible]	[illegible]	[illegible]	[illegible]	[illegible]。		[illegible]	[illegible]	[illegible]
·a	njijr²	dzjwɨ¹	lhejr²	·jar¹		thja¹	zji²	buu²
一	面	恭	恪	立。		其	最	胜
[illegible]	[illegible]，		[illegible]	[illegible]	[illegible]	[illegible]	[illegible]，	
śjɨj²	dzjiij²		thja¹	njiij¹	lhjụ²	rjir¹	ku¹	
圣	师，		其	心	逮	得	则，	

恭恪而住立。其最胜圣师，是逮得是心，

9.40.1

[illegible]	[illegible]	[illegible]	[illegible]	[illegible]，		[illegible]	[illegible]	[illegible]
dzjɨj¹	bju¹	wo²	rjir²	śjwii²		lwər²	lhejr²	tsjiir¹
时	随	理	与	顺，		经	典	法
[illegible]	[illegible]。		[illegible]	[illegible]	[illegible]	[illegible]	[illegible]，	
nẹ¹	tshjiij¹		thjɨ²	sju²	njɨ²	djịj¹	dźjwɨ¹	
演	说。		斯	如	等	侣	伴，	

随时顺义理,而为说经法。斯等之伴侣,

9.40.2

[illegible]	[illegible]	[illegible]	[illegible]	[illegible],		[illegible]	[illegible]	[illegible]
ŋewr^{2}	so̱^{1}	ɣa̱^{2}	tśhjiw^{1}	rjir^{2}		no^{2}	nej^{2}	tsjiir^{1}
数	三	十	六	亿,		安	稳	法
[illegible]	[illegible],		[illegible]	[illegible]	[illegible]	[illegible]	[illegible]。	
mji^{1}	nioow^{1}		zji^{2}	tha^{2}	tśja^{1}	njiij^{1}	śjwo^{1}	
闻	故,		悉	大	道	心	发。	

得闻安住法,三十六亿俱①,悉发大道心。

9.40.3

[illegible]	[illegible]	[illegible]	[illegible]	[illegible],		[illegible]	[illegible]	[illegible]
thja^{1}	so̱^{1}	·jir^{2}	rjir^{2}	·ji^{1}		ŋowr^{2}	lhə	mji^{1}
其	三	百	亿	众,		具	足	不
[illegible]	[illegible],		[illegible]	[illegible]	[illegible]	[illegible]	[illegible],	
lhu^{1}	tji̱j^{1}		zji^{2}	gji^{1}	sej^{1}	zji^{2}	phju^{2}	
增	减,		皆	清	净	无	上,	

其三百亿众,具足不减一,皆以得清净,

9.40.4

[illegible]	[illegible]	[illegible]	[illegible]	[illegible]。		[illegible]	[illegible]	[illegible]
rjur^{1}	tsjiir^{1}	mej^{1}	lhju̱	rjir^{1}		njiij^{1}	khju^{1}	zjir^{2}
诸	法	眼	获	得。		心	下	遍
[illegible]	[illegible],		[illegible]	[illegible]	[illegible]	[illegible]	[illegible],	
dźjiij^{1}	sjwɨj^{1}		ŋowr^{2}	ŋowr^{2}	zji^{2}	dwər^{1}	ka^{2}	
家	业,		一	切	皆	厌	弃,	

极上之法眼。其心以厌患,于俗之家业,

9.40.5

[illegible]	[illegible]	[illegible]	[illegible]	[illegible],		[illegible]	[illegible]	[illegible]

① 得闻安住法,三十六亿俱,西夏本作"数三十六亿,故闻安稳法",据汉文本疑语序颠倒。

zji^{2}	gu^{2}	thja^{1}	rjur^{1}	kha^{1}		nji^{1}	phjɨ^{1}	tśja^{1}
悉	共	彼	世	间，		家	弃	道
[illegible]	[illegible]。		[illegible]	[illegible]	[illegible]	[illegible]	[illegible]，	
djo̜^{2}	ɣie^{1}		rjur^{1}	dzjwo^{2}	ŋewr^{2}	mjij^{1}	·ji^{1}	
学	行。		诸	人	数	无	众，	

悉共在彼世，弃家行学道。诸人无数众，

9.40.6

[illegible]	[illegible]	[illegible]	[illegible]	[illegible]，		[illegible]	[illegible]	[illegible]
rjir^{2}	bjuu^{2}	sej^{1}	mjijr^{2}	dzjwo^{2}		zji^{2}	lwər^{2}	lhejr^{2}
亿	将	数	垓	人，		咸	经	典
[illegible]	[illegible]，		[illegible]	[illegible]	[illegible]	[illegible]	[illegible]。	
kie^{1}	lhjij^{2}		sej^{1}	dźiej^{2}	sji^{2}	dzjwo^{2}	we^{2}	
戒	受，		清	信	妇	人	作。	

亿载兆垓人，咸启受经戒，皆作清信士①。

9.41.1

[illegible]	[illegible]	[illegible]	[illegible]	[illegible]，		[illegible]	[illegible]	[illegible]
lwər^{2}	lhejr^{2}	tsjiir^{1}	mji^{1}	nioow^{1}		tha^{1}	rewr^{2}	·jij^{1}
经	典	法	闻	故，		佛	足	之
[illegible]	[illegible]，		[illegible]	[illegible]	[illegible]	[illegible]	[illegible]，	
tśjiw^{2}	tshwew^{1}		zji^{2}	·jij^{1}	twụ^{1}	bji^{2}	bjiij^{2}	
首	稽，		皆	自	各	步	行，	

以逮闻经法，稽首佛足下，各各前辞别②，

9.41.2

[illegible]	[illegible]	[illegible]	[illegible]	[illegible]。
mər^{2}	dźjiij^{1}	tji^{2}	wjɨ^{2}	lhjwo^{1}
家	居	所	回	归。

① 清信士，西夏本作“清信妇人”。旧宋本作“清信女”，西夏本从旧宋本。

② 各各前辞别，西夏本作“皆各自步行”。

悉自还归家①。

汉文本

尔时,其佛游在清净大国,其王勇郡,供养无量勋宝罽净王如来,具足亿岁;诸菩萨众、声闻等,衣被、饮食、床卧、医药一切所安,园观、浴池、屋宅、讲堂、房室、精舍、高台、楼阁,一一比丘,与二侍使给所当得。其王诸子,志性安和,无放逸行,常以至心,供奉如来,听受经典,不乐爱欲,戏笑邪业;以无放逸,听受经典,不以生心,不久即逮,兴五神通;以得神通,踊在虚空,犹如雁王,飞行自在,无所挂碍,从其一观,复至一观,从县至县,从国游国,从一天下至一天下,普行游观,以是要偈,为大众说:

诸佛兴出世,玄远甚难值,
人生在世间,亦甚难得遇。
诸人咸同志,俱信乐听经,
于亿百千劫,甚复不可遭。
今人中之雄,以出于世间,
欲令寂然定,故说经法义。
从安住世尊,咨受教训诲,
求于大圣明,奉启佛至言。
以听受经法,弃捐于恶趣,
以逮闻正法,得坐极安处。
以逮闻正法,消除众尘劳,
因其听受慧,得致正真法。
彼时布宣训,而演是甘香,
缘其斯瑞应,地六返震动。
普布告天人,诸天举叹曰,
即时雨天华,其华若干种。
众生皆来集,不可称计数,
最胜之开化,皆入于道法。
前稽首足下,礼于天人尊,
皆俱以叉手,恭恪而住立。
其最胜圣师,是逮得是心,
随时顺义理,而为说经法。
斯等之伴侣,得闻安住法,
三十六亿俱,悉发大道心。

---

① 悉自还归家,西夏本作"回归所居家"。从整段偈颂来看,西夏本偈颂在形式上与汉文本相同,为五言八句颂,非常对称。其主要特点是西夏在据汉译本翻译佛经偈颂时,会用颠倒语序的方式来处理句子的逻辑关系。例如,"[illegible]"一句,可译为"数三十六亿,故闻安稳法",汉译本作"得闻安住法,三十六亿俱"。此外,调换词汇也是一种常见的翻译手段。例如,"[illegible]"一句,可译为"心下遍家业,一切皆厌弃",汉译本作"其心以厌患,于俗之家业"。可以发现,西夏文在调换词汇时,遵循动词在句末的语法表达。

其三百亿众，具足不减一，
皆以得清净，极上之法眼。
其心以厌患，于俗之家业，
悉共在彼世，弃家行学道。
诸人无数众，亿载兆垓人，
咸启受经戒，皆作清信士。
以逮闻经法，稽首佛足下，
各各前辞别，悉自还归家。

9.41.3

[illegible]	[illegible]	[illegible]	[illegible]	[illegible]	[illegible]	[illegible]:	[illegible]	[illegible],
tha^{1}	phji^{1}	mjij^{1}	dźiã^{2}	tsjij^{2}	·jij^{1}	·jɨ^{2}	tśhjɨ^{1}	zjọ^{2}
佛	意	寂	菩	萨	之	谓：	尔	时，
[illegible]	[illegible]	[illegible]	[illegible]	[illegible]	[illegible]	[illegible]	[illegible]	[illegible]
ljịj^{2}	no^{2}	nioow^{1}	wja^{1}	njij^{2}	rjir^{2}	tśja^{1}	thã^{1}	sji^{1}
太	子	并	父	王	共	栴	檀	木

佛告寂意：尔时，王太子并共父王，以栴檀

9.41.4

[illegible]	[illegible]	[illegible]	[illegible]	[illegible],	[illegible]①	[illegible]	[illegible]	[illegible],
ŋwu^{2}	du^{1}	rjịj^{2}	·a	djọ^{2}	ɣu^{1}	so^{1}	gji^{1}	sej^{1}
以	楼	阁	一	造，	神	高	清	净，
[illegible]	[illegible]	[illegible]	[illegible],	[illegible]	[illegible]	[illegible]	[illegible]	[illegible]
ljuu^{2}	tshjịj^{2}	tjạ^{1}	wer^{1}	·ji^{1}	ljɨ̣^{1}	ŋwu^{2}	rjur^{1}	phio^{2}
庄	严	饰	装，	众	宝	以	诸	窗

造立楼阁，广长清净，好校饰之，作诸窗牖，以众宝成。

9.41.5

[illegible]	[illegible],	[illegible]	[illegible]	[illegible]	[illegible]	[illegible],	[illegible]	[illegible]
meej^{2}	wji^{1}	gur^{1}	ɣu^{1}	tśja^{1}	thã^{1}	śja^{1}	·a	śjɨj^{2}
牖	作，	牛	头	栴	檀	香，	一	升
[illegible]	[illegible],	[illegible]	[illegible]	[illegible]	[illegible]	[illegible]	[illegible]	[illegible]

① [illegible]，误，当作“[illegible]”。

zjịj1	njwị2	ljɨɨr1	mə1	khju1	zjir2	śja1	lji2	zji2
△	烧，	四	天	下	遍	美	香	皆

以牛头栴檀香，一升烧气，遍天下皆有美香，

9.41.6

[illegible]，	[illegible]	[illegible]	[illegible]	[illegible]	[illegible]	[illegible]	[illegible]	[illegible]
mee1	thjɨ2	sju2	tśja1	thã1	sji1	ŋwu2	du1	rjɨj2
芬，	此	如	栴	檀	木	以	楼	阁
[illegible]	[illegible]，	[illegible]	[illegible]	[illegible]	[illegible]	[illegible]	[illegible]	[illegible]
·a	djọ2	zjir2	low2	wạ2	so2	ljɨɨr1	·jir2	bjuu2
△	造，	纵	广	大	高	四	百	里

以是栴檀，造立楼阁，广长高大，高四百里，庄严校饰，

9.42.1

[illegible]	[illegible]	[illegible]	[illegible]	[illegible]，	[illegible]	[illegible]	[illegible]	[illegible]，
rjar1	ljuu2	tshjịj2	tja1	wer1	pjụ1	mee2	dźju1	sjwij1
而	庄	严	饰	校，	威	神	显	明，
[illegible]	[illegible]	[illegible]	[illegible]，	[illegible]	[illegible]	[illegible]	[illegible]，	[illegible]
ljwụ1	ljwụ1	mjɨ1	pjụ1	ljɨɨr1	njijr2	zji2	śjwii2	ljɨɨr1
巍	巍	无	量，	四	面	皆	正，	四

威神显现，巍巍无量，正四方好，四

9.42.2

[illegible]	[illegible]	[illegible]，	[illegible]	[illegible]	[illegible]	[illegible]，	[illegible]	[illegible]
dzjɨj2	ljɨɨr1	dzjị2	ljɨ2	lji2	njwɨ1	śjwii2	mji1	mju2
角	四	柱，	牖	圆	美	正，	不	动
[illegible]	[illegible]。	[illegible]	[illegible]	[illegible]	[illegible]	[illegible]，	[illegible]	[illegible]
mji1	lhjwij1	thja1	kjir1	ljị2	we2	njij2	mjɨ1	pjụ1
不	斜。	其	勇	猛	城	王，	无	量

角四柱，所作平正，安不倾斜。其王勇郡，

9.42.3

[illegible]	[illegible]	[illegible]	[illegible]	[illegible]	[illegible]	[illegible]	[illegible]，	[illegible]

rjijr^{2}	·ioow^{1}	ljɨ̣^{1}	koor^{1}	njij^{2}	mjor^{1}	ljịj^{2}	do^{2}	dzjwɨ̣^{1}
勋	功	宝	锦	王	如	来	所，	恭
[illegible]	[illegible]	[illegible]，	[illegible]	[illegible]	[illegible]	[illegible]	[illegible]	[illegible]
lhejr^{2}	tśja^{1}	tshwew^{1}	lwər^{2}	lhejr^{2}	ɣju^{1}	·jɨr^{1}	nji^{2}	lhjịj^{2}
敬	礼	敬，	经	典	咨	问	听	受

因欲往到无量勋宝罽净王①如来所，奉视稽首，咨问听受经典，

9.42.4

[illegible]	[illegible]，	[illegible]	[illegible]	[illegible]	[illegible]	[illegible]：	[illegible]	[illegible]
śjɨ^{1}	kiẹj^{2}	·jij^{1}	wjɨ̣^{1}	dźjwɨ^{1}	·jij^{1}	pjwɨɨr^{1}	dzjwo^{2}	ljụ^{2}
往	欲，	己	眷	属	之	劝：	人	身
[illegible]	[illegible]！	[illegible]	[illegible]	[illegible]	[illegible]	[illegible]	[illegible]	[illegible]
rjir^{1}	gie^{1}	tha^{1}	to^{2}	ber^{2}	gie^{1}	rjir^{2}	kjiw^{1}	wjɨ^{2}
得	难！	佛	兴	值	难！	亿	载	所

劝王眷属：人命难得！佛兴难值！亿载

9.42.5

[illegible]，	[illegible]	[illegible]	[illegible]	[illegible]，	[illegible]	[illegible]	[illegible]	[illegible]！
rar^{2}	gji^{2}	tjɨ̣^{1}	to^{2}	śja^{2}	lwər^{1}	lhejr^{2}	mji^{1}	gie^{1}
去	一	时	出	现，	经	典	闻	难！
[illegible]	[illegible]	[illegible]	[illegible]	[illegible]	[illegible]，	[illegible]	[illegible]	[illegible]
dzjɨj^{2}	bju^{1}	lwər^{2}	lhejr^{2}	ɣju^{1}	lhjịj^{2}	nji^{2}	lhjịj^{2}	śjɨ^{1}
宜	依	经	典	咨	受，	听	受	往

时有，经道难闻！宜往奉视，咨受经典。

9.42.6

[illegible]	[illegible]。	[illegible]	[illegible]	[illegible]	[illegible]、	[illegible]	[illegible]②、	[illegible]
nji^{2}	·jɨ^{2}	njij^{2}	nioow^{1}	ljịj^{2}	no^{2}	ŋwər^{1}	dzow^{1}	śjwo^{2}
当	谓。	王	及	太	子、	皇	后、	婇
[illegible]，	[illegible]	[illegible]、	[illegible]	[illegible]、	[illegible]	[illegible]，	[illegible]	[illegible]

① 罽净王，即锦净王，西夏文为“[illegible]”。根据汉文本，则西夏本脱“[illegible]”字。

② [illegible]，对译汉文本“夫人”。

mjịj¹	tha²	bji²	mər²	tsjiir¹	sjij²	·ju²	zji²	ljɨ¹
女,	大	臣、	本	官、	人	民,	皆	宝

王及太子、夫人、婇女,大臣、百官①、人民大小②,皆

9.43.1

[illegible]	[illegible]	[illegible]	[illegible]	[illegible]	[illegible]	[illegible]	[illegible]	[illegible],
ŋwu²	ljuu²	tshjịj²	njir²	so²	du¹	rjɨj²	·u²	·o²
以	庄	严	台	高	楼	阁	中	入,
[illegible]	[illegible]	[illegible]	[illegible]	[illegible]	[illegible]	[illegible]	[illegible]	[illegible]
·jir²	tụ¹	ljɨ¹	ŋwu²	ljuu²	tshjịj²	dźjwi²	tśhjaa¹	dzuu²
百	千	宝	以	庄	严	床	上	坐

入校露③高台楼阁,坐于百千严饰宝床,

9.43.2

[illegible],	[illegible]	[illegible]、	[illegible]	[illegible]、	[illegible]	[illegible]、	[illegible]	[illegible]、
gjwɨr¹	śja¹	wjạ¹	mə²	śja¹	·ụ²	gjwi²	ljɨ¹	ɣja²
卧,	香	华、	杂	香、	衣	服、	宝	盖、
[illegible]	[illegible]	[illegible],	[illegible]	[illegible]	[illegible]	[illegible],	[illegible]	[illegible]
ljɨɨ¹	dźjow¹	zow²	rjur¹	tshow¹	wjɨ¹	wji¹	nioow¹	ljɨ¹
幡	幢	持,	诸	乐	妓	为,	又	宝

以众华香、杂香、衣服、宝盖、幢幡、鼓诸妓乐,

9.43.3

[illegible]	[illegible],	[illegible]	[illegible]	[illegible]	[illegible]	[illegible],	[illegible]	[illegible]
ljuu²	tshjịj²	njir²	so²	du¹	rjɨj²	tśhjaa¹	·jij¹	twụ¹
庄	严,	台	高	楼	阁	上,	自	各
[illegible]	[illegible]	[illegible]	[illegible],	[illegible]	[illegible]	[illegible]	[illegible]。	[illegible]
dzjwɨ¹	lhejr²	tshji²	ljij¹	pjụ¹	bjuu¹	njiij¹	śjwo¹	ŋowr²
尊	敬	事	奉,	恭	恪	心	生。	一

① 百官,西夏本作“本官”。

② 据汉文本则西夏本脱“大小”二字。

③ 校露,据下文当作“交露”,(物名)以珠交错造幔,其形如垂露者。《无量寿经》上曰:“以真珠、明月、摩尼众宝,以为交露,覆盖其上。”西夏本作“庄严”,下同。

以恭恪心，奉事尊敬，宝珠交露，高台楼阁，以贡上之①。一

9.43.4

□	□	□	□	□、	□	□，	□	□
ŋowr^{2}	to^{2}	zji^{2}	wəə^{1}	lo^{1}	njiij^{1}	thwuu^{1}	tshọ^{2}	ŋa^{1}
切	悉	皆	仁	和、	心	同，	虚	空
□	□，	□	□	□	□，	□	□	□
gu^{2}	śjɨ^{1}	ku^{1}	kiej^{1}	njij^{2}	sju^{2}	rjur^{1}	·ji^{1}	rjir^{2}
中	往，	风	凰	王	如，	诸	众	与

切同心、仁和之意，上在虚空，犹凤凰王，与诸众

9.43.5

□	□，	□	□	□	□，	□	□	□
śiə^{1}	śio^{1}	dźjwow^{1}	dźjij^{1}	dzjɨr^{1}	ljị^{2}	ɣiẹ^{2}	lụ^{2}	lew^{2}
伴	随，	飞	行	疾	速，	碍	挂	所
□，	□	□	□	□。	□	□	□	□
mjij^{1}	tha^{1}	do^{2}	rjɨr^{2}	śji^{2}	thja^{1}	ljɨ^{1}	ŋwu^{2}	ljuu^{2}
无，	佛	处	所	往。	其	宝	以	庄

俱，无所挂碍，飞行浮疾②，往诣佛所。其宝

9.43.6

□，	□	□	□	□，	□	□	□	□
tshjij^{2}	njir^{2}	so^{2}	du^{1}	rjɨj^{2}	tsjɨ^{1}	tha^{2}	ljwu^{2}	do^{2}
严，	台	高	楼	阁，	亦	大	会	入
□，	□	□	□	□。	□	□	□	□，
njɨ^{2}	tha^{1}	·ju^{2}	rjir^{2}	śjɨ^{1}	thja^{1}	ljɨ^{1}	ljuu^{2}	tshjij^{2}
到，	佛	同	前	往。	斯	宝	庄	严，

交露，高台楼阁，以到大会，前诣佛所。斯宝

① 以恭恪心，奉事尊敬，宝珠交露，高台楼阁，以贡上之，西夏本作“又宝庄严，高台楼阁上，各自奉事尊敬，生恭恪心”。

② 无所挂碍，飞行浮疾，西夏本作“飞行疾速，无所挂碍”。

9.44.1

[illegible]	[illegible]	[illegible]	[illegible]，	[illegible]	[illegible]	[illegible]	[illegible]	[illegible]
njir^{2}	so^{2}	du^{1}	rjɨj^{2}	tha^{1}	·jij^{1}	śjạ^{1}	dźjow^{1}	tśier^{1}
台	高	楼	阁，	佛	之	七	匝	右
[illegible]，	[illegible]	[illegible]	[illegible]	[illegible]①，	[illegible]	[illegible]	[illegible]	[illegible]
ror^{2}	·a	njijr^{2}	wjɨ^{2}	djɨj^{1}	nioow^{1}	tha^{2}	·ji^{1}	to^{2}
绕，	一	面	△	停。	及	大	众	悉

交露，高台楼阁，绕佛七匝，还住一面。王及大众

9.44.2

[illegible]	[illegible]	[illegible]	[illegible]	[illegible]	[illegible]	[illegible]，	[illegible]	[illegible]
zji^{2}	nja^{1}	lhjị^{2}	du^{1}	rjɨj^{2}	·u^{2}	lho	tha^{1}	rewr^{2}
皆	△	下	楼	阁	中	出，	佛	足
[illegible]	[illegible]	[illegible]	[illegible]	[illegible]	[illegible]	[illegible]	[illegible]，	[illegible]
tśja^{1}	tshwew^{1}	nioow^{1}	śjɨj^{2}	·ji^{1}	·jij^{1}	tśja^{1}	tshwew^{1}	tha^{1}
礼	敬	及	圣	众	之	礼	敬，	佛

各下以出，前礼佛足及礼圣众，

9.44.3

[illegible]	[illegible]	[illegible]	[illegible]	[illegible]，	[illegible]	[illegible]	[illegible]	[illegible]，
·jij^{1}	śjạ^{1}	dźjow^{1}	tśier^{1}	ror^{2}	·ju^{2}	rjir^{2}	wjɨ^{2}	·jar^{1}
之	七	匝	右	绕，	面	前	所	立，
[illegible]	[illegible]	[illegible]	[illegible]	[illegible]，	[illegible]	[illegible]	[illegible]	[illegible]，
tha^{1}	·jij^{1}	śjɨj^{2}	mjiij^{2}	ljɨ^{1}	dju^{1}	njij^{2}	mji^{1}	nji^{2}
佛	之	圣	名	者，	永	久	闻	△，

绕佛七匝，因在前住，白世尊曰②：久服圣音，

9.44.4

[illegible]	[illegible]	[illegible]	[illegible]	[illegible]，	[illegible]	[illegible]	[illegible]	[illegible]

① [illegible]，与义不合，疑为通假，当作“[illegible](djɨj^{2})”。

② 西夏本脱“白世尊曰”一句。

lhjij^{2}	dạ^{2}	kjɨ^{1}	ljiij^{1}	nioow^{1}	tśja^{1}	tshwew^{1}	lja^{1}	mjɨ^{1}
国	言	△	停	故，	礼	敬	来	不
[illegible]	[illegible]，	[illegible]	[illegible]	[illegible]	[illegible]	[illegible]	[illegible]	[illegible]，
·o^{2}	nji^{2}	thjɨ^{2}	nioow^{1}	dja^{2}	bow^{1}	dja^{2}	zar^{2}	nji^{2}
容	△，	此	故	△	惭	△	愧	△，

国有多事①，不寻奉现②，惭愧无颜，

9.44.5

[illegible]	[illegible]	[illegible]	[illegible]	[illegible]	[illegible]，	[illegible]	[illegible]	[illegible]	[illegible]	[illegible]	[illegible]	[illegible]。
sjuu^{1}	pạ^{2}	njiij^{1}	rjir^{2}	pjɨ^{1}	njɨɨ^{2}	mja^{1}	nioow^{1}	wjɨ^{2}	dźjow^{1}	ka^{2}	nji^{2}	·jɨ^{2}
慕	渴	心	与	今	日，	然	后	所	分	离	△	谓。

饥虚之情，今日乃果③。

汉文本

佛告寂意：尔时，王太子并共父王，以栴檀造立楼阁，广长清净，好校饰之，作诸窗牖，以众宝成。以牛头栴檀香，一升烧气，遍天下皆有美香，以是栴檀，造立楼阁，广长高大，高四百里，庄严校饰，威神显现，巍巍无量，正四方好，四角四柱，所作平正，安不倾斜。其王勇郡，因欲往到无量勋宝阙净王如来所，奉视稽首，咨问听受经典，劝王眷属：人命难得！佛兴难值！亿载时有，经道难闻！宜往奉视，咨受经典。王及太子、夫人、婇女，大臣、百官、人民大小，皆入校露高台楼阁，坐于百千严饰宝床，以众华香、杂香、衣服、宝盖、幢幡、鼓诸妓乐，以恭恪心，奉事尊敬，宝珠交露，高台楼阁，以贡上之。一切同心、仁和之意，上在虚空，犹凤凰王，与诸众俱，无所挂碍，飞行浮疾，往诣佛所。其宝交露，高台楼阁，以到大会，前诣佛所。斯宝交露，高台楼阁，绕佛七匝，还住一面。王及大众，各下以出，前礼佛足及礼圣众，绕佛七匝，因在前住，白世尊曰：久服圣音，国有多事，不寻奉现，惭愧无颜，饥虚之情，今日乃果。

9.44.5

[illegible]	[illegible]	[illegible]	[illegible]，	[illegible]
dzjɨj^{1}	tha^{1}	tha^{2}	śjɨj^{2}	thja^{1}
时	佛	大	圣，	其

时佛大圣，

① 国有多事，西夏本作“国言停故”。

② 不寻奉现，西夏本作“不容来礼敬”。

③ 饥虚之情，今日乃果，西夏本作“与今日渴慕心，然后所分离”。

9.44.6

njij^{2}	nioow^{1}	mjii^{1}	·u^{2}	dzjwo^{2}	wjɨ^{1}	dźjwɨ^{1}	njɨ^{2}	njiij^{1}
王	及	宫	中	人	眷	属	等	心
njaa^{1}	ŋwu^{2}	tsjiir^{1}	nji^{2}	ljij^{2}	sji^{2}	dwewr^{2}	ku^{1}	tśhjɨ^{2}
冥	以,	法	听	来	具	知,	则	立

见王真心,宫人眷属,故来听法,则

9.45.1

rjar^{2}	·jij^{1}	twụ^{1}	njiij^{1}	mə^{2}①	bioo^{1}	thjuu^{1}	ŋo^{2}	śjij^{1}
即	自	各	心	没	观	察,	病	应
tsə̣^{1}	tjị^{1}	lwər^{2}	lhejr^{2}	tsjiir^{1}	tshjiij^{1}	tha^{1}	njij^{2}	tha^{2}
药	服,	经	典	法	宣。	佛	王	大

以随观,从其心本,应病与药,颁宣经法。佛

9.45.2

·jij^{1}	·jɨ^{2}	tha^{2}	·ụ^{2}	gu^{1}	śjwo^{1}	ku^{1}	ljɨɨr^{1}	mə^{2}
之	告:	大	乘	建	立,	则	四	种
tsjiir^{1}	dju^{1}	wji^{1}	wji^{1}	rjar^{1}	gjij^{1}	tha^{2}	tśja^{1}	rjir^{2}
法	有,	所	为	殊	特,	大	道	相

告大王:志建大乘,有四事法,所游殊特②,不违大道。

9.45.3

① [illegible],疑为通假,当作“[illegible](mər^{2})”。

② 所游殊特,西夏本作“所为殊特”,下同。

mji^{1}	ljwu^{1}	ljɨ^{1}	ljɨɨr^{1}	tja^{1}	thjij^{2}	sjo^{2}	tjij^{1}	tha^{2}
不	违	也。	四	者	何	谓？	若	大
[illegible]	[illegible]	[illegible]，	[illegible]	[illegible]	[illegible]	[illegible]，	[illegible]	[illegible]
·ụ^{2}	ɣie^{1}	zjij^{1}	na^{1}	dźiej^{2}	njiij^{1}	śjwo^{1}	mjɨ^{1}	·jij^{1}
乘	力	时，	笃	信	心	发，	彼	之

何谓为四？若学大乘①，笃信重人，

9.45.4

[illegible]	[illegible]	[illegible]	[illegible]	[illegible]	[illegible]，	[illegible]	[illegible]	[illegible]
bjuu^{1}	ku^{1}	wji^{1}	wji^{1}	rjar^{1}	gjij^{1}	tśja^{1}	njiij^{1}	rjir^{2}
敬	则	所	为	殊	特，	道	意	相
[illegible]	[illegible]	[illegible]。	[illegible]	[illegible]	[illegible]	[illegible]？	[illegible]	[illegible]
mji^{1}	ljwu^{1}	ljɨ^{1}	dźiej^{2}	tja^{1}	thjij^{2}	sjo^{2}	tjij^{1}	de^{2}
不	违	也。	信	者	何	谓？	若	喜

所游殊特，不违道意。何谓为信？若以喜

9.45.5

[illegible]	[illegible]	[illegible]，	[illegible]	[illegible]	[illegible]	[illegible]	[illegible]	[illegible]，
rejr^{2}	njiij^{1}	ŋwu^{2}	rjur^{1}	mee^{2}	śjɨj^{2}	·jij^{1}	tshji^{2}	ljij^{1}
乐	心	以，	诸	贤	圣	之	奉	侍，
[illegible]	[illegible]	[illegible]	[illegible]	[illegible]	[illegible]。	[illegible]	[illegible]	[illegible]
tśjo	wji^{1}	lew^{2}	njaa^{2}	mji^{1}	dźjij^{1}	njij^{2}	tha^{2}	dzjwị^{1}
终	当	所	无	不	行。	王	大	恭

乐，奉诸贤圣，所不当造，终不行之。大王恭

9.45.6

[illegible]	[illegible]，	[illegible]	[illegible]	[illegible]	[illegible]	[illegible]	[illegible]	[illegible]
lhejr^{2}	ŋwu^{2}	tha^{2}	·ụ^{2}	ɣie^{1}	ku^{1}	wji^{1}	wji^{1}	rjar^{1}
敬	以，	大	乘	势	则	所	作	殊
[illegible]，	[illegible]	[illegible]	[illegible]	[illegible]	[illegible]	[illegible]；	[illegible]	[illegible]

① 若学大乘，西夏本作“若大乘力时”。

gjij¹	tha²	tśja¹	rjir²	mji¹	ljwu¹	ljɨ¹	tjij¹	·jij¹
特，	大	道	相	不	违	也；	若	自

敬，则学大乘，所游殊特，不违大道；

9.46.1

[illegible]	[illegible]，	[illegible]	[illegible]	[illegible]	[illegible]	[illegible]	[illegible]	[illegible]，
tsjɨ̣j¹	ŋwu²	mee²	śjɨj²	do²	lwər²	lhejr²	nji²	lhjịj²
谦	以，	贤	圣	于	经	典	听	受，
[illegible]	[illegible]	[illegible]	[illegible]，	[illegible]	[illegible]	[illegible]	[illegible]，	[illegible]
njiij¹	tjị¹	mji¹	·o²	mji¹	nioow¹	ɣiwej¹	·jiij¹	·jij¹
心	至	闻	入，	闻	则	持	受，	自

若谦恪听于贤圣经，至心入耳①，闻则受持，以不自

9.46.2

[illegible]	[illegible]	[illegible]	[illegible]。	[illegible]	[illegible]	[illegible]	[illegible]	[illegible]
khwẹj¹	mji¹	śjwo¹	ŋwu²	tha²	·ụ²	ɣie¹	ku¹	wji¹
傲	不	生	以。	大	乘	力	则	所
[illegible]	[illegible]	[illegible]，	[illegible]	[illegible]	[illegible]	[illegible]	[illegible]	[illegible]；
wji¹	rjar¹	gjij¹	tha²	tśja¹	rjir²	mji¹	ljwu¹	ljɨ¹
作	殊	特，	大	道	相	不	违	也；

大。学于大乘，所游殊特，不违大道；

9.46.3

[illegible]	[illegible]	[illegible]	[illegible]	[illegible]，	[illegible]	[illegible]	[illegible]	[illegible]，
tjij¹	·jij¹	mji¹	bjịj¹	ŋwu²	·ji¹	śjɨj²	bioo¹	ljij²
若	自	不	傲	以，	众	圣	观	见，
[illegible]	[illegible]	[illegible]	[illegible]，	[illegible]	[illegible]	[illegible]	[illegible]，	[illegible]
dzjwị¹	lhejr²	tśja¹	tshwew¹	·a	njiij¹	bju¹	tjị¹	khu¹
恭	敬	礼	拜，	一	心	依	归，	进

以不自大，观见众圣，稽首作礼，一心归命，

① 至心入耳，西夏本作“至心闻入”。

9.46.4

[illegible]	[illegible]	[illegible]，	[illegible]	[illegible]	[illegible]	[illegible]	[illegible]	[illegible]
dźjij^{1}	śjwo^{1}	ŋwu^{2}	tha^{2}	·ụ^{2}	ɣiew^{1}	ku^{1}	wji^{1}	wji^{1}
精	生	以，	大	乘	学	则	所	作
[illegible]	[illegible]，	[illegible]	[illegible]	[illegible]	[illegible]	[illegible]	[illegible]；	[illegible]
rjar^{1}	gjij^{1}	tha^{2}	tśja^{1}	rjir^{2}	mji^{1}	ljwu^{1}	ljɨ^{1}	khu^{1}
殊	特，	大	道	相	不	违	也；	进

若尊精进，学于大乘，所游殊特，不违大道；

9.46.5

[illegible]	[illegible]	[illegible]，	[illegible]	[illegible]	[illegible]	[illegible]①，	[illegible]	[illegible]
dźjij^{1}	njiij^{1}	ŋwu^{2}	ljụ^{2}	ljaa^{2}	phji^{1}	mə^{2}	wji^{1}	wji^{1}
精	心	以，	身	口	意	没，	举	动
[illegible]	[illegible]，	[illegible]	[illegible]	[illegible]	[illegible]	[illegible]	[illegible]	[illegible]
zji^{2}	tjɨj^{2}	rjir^{2}	śjwii^{2}	gju^{1}	dzjịj^{1}	sji^{2}	dźjɨ	ŋowr^{2}
皆	法，	与	合	度	越	用	行	一

以用精进，轻身口心，举动便宜，行以越度于一切行。

9.46.6

[illegible]	[illegible]，	[illegible]	[illegible]	[illegible]	[illegible]	[illegible]	[illegible]。	[illegible]
ŋowr^{2}	dźjij^{1}	thji^{2}	tja^{1}	ljɨɨr^{1}	mə^{2}	dạ^{2}	ŋwu^{2}	tha^{1}
切	行，	此	者	四	种	事	是。	佛
[illegible]	[illegible]	[illegible]	[illegible]：	[illegible]	[illegible]	[illegible]	[illegible]	[illegible]，
njij^{2}	·jij^{1}	dạ^{2}	·jɨ^{2}	nioow^{1}	ljɨɨr^{1}	mə^{2}	dạ^{2}	dju^{1}
王	之	言	说：	复	四	种	事	有，

是为四事。佛告王曰：复有四事，

9.47.1

[illegible]	[illegible]	[illegible]	[illegible]，	[illegible]	[illegible]	[illegible]	[illegible]。	[illegible]
śja^{1}	wjạ^{2}	mjij^{1}	ljij^{2}	ljij^{2}	tja^{1}	zji^{2}	·wejr^{2}	ljɨɨr^{1}

① [illegible]，于义不合，疑为通假，当作"[illegible](·jij^{1})"，意为"轻"，形容词。

逸　放　无　见，　见　者　皆　护。　四

[illegible]　[illegible]　[illegible]?　[illegible]　[illegible]　[illegible]　[illegible]，　[illegible]　[illegible]

tja¹　thjij²　sjo²　rjur¹　tśhji²　khjuu²　·wejr²　dzu¹　kiẹj²

者　何　谓?　诸　根　监　护，　爱　欲

见无放逸,所见拥护。何谓为四? 将护诸根,见爱欲

9.47.2

[illegible]　[illegible]；　[illegible]　[illegible]　[illegible]　[illegible]　[illegible]；　[illegible]　[illegible]

ŋjir¹　ljij²　lhjịj²　sjiij²　ŋowr²　ŋowr²　tsjij²　mji¹　·ju²

难　见；　受　想　一　切　晓；　无　常

[illegible]　[illegible]　[illegible]；　[illegible]　[illegible]　[illegible]　[illegible]　[illegible]　[illegible]；

·jiw¹　tsjiir²　nwə¹　phju²　tsew²　kạ¹　tśhji²　gu¹　śjwo¹

因　性　知；　一　第　命　根　发　生；

难;晓一切受想;知无常因法;得生命根第一;

9.47.3

[illegible]　[illegible]　[illegible]　[illegible]　[illegible]　[illegible]。　[illegible]　[illegible]　[illegible]

thjɨ²　tja¹　ljɨɨr¹　mə²　dạ²　ŋwu²　dźiā²　tsjij²　nioow¹

此　者　四　种　事　是。　菩　萨　复

[illegible]　[illegible]　[illegible]　[illegible]，　[illegible]　[illegible]　[illegible]　[illegible]。　[illegible]

ljɨɨr¹　mə²　dạ²　dju¹　mjiij²　tja¹　tsjiir¹　śjwo¹　ljɨɨr¹

四　种　事　有，　名　者　法　立。　四

是为四事。菩萨有四事,名曰法王①。

9.47.4

[illegible]　[illegible]　[illegible]?　[illegible]　[illegible]　[illegible]　[illegible]　[illegible]　[illegible]；

tja¹　thjij²　sjo²　lew¹　tja¹　tśja¹　njiij¹　mji¹　phjɨ¹

者　何　谓?　一　者　道　心　不　舍；

[illegible]　[illegible]　[illegible]　[illegible]　[illegible]　[illegible]　[illegible]　[illegible]　[illegible]

njɨɨ¹　tja¹　nioow¹　tsjɨ¹　mjɨ¹　·jij¹　pjwɨɨr¹　dzjiij²　tśja¹

① 法王,西夏本作“立法”。

二 者 复 亦 他 之 劝 化 道

何谓为四？一曰，不舍道心；二曰，亦复劝化他人发意；

9.47.5

[illegible] [illegible] [illegible]； [illegible] [illegible] [illegible] [illegible] [illegible] [illegible]，

njiij^1 śjwo^1 phji^1 sọ^1 tja^1 rjur^1 tśhja^2 mər^2 ŋwu^2

心 发 令； 三 者 诸 德 本 以，

[illegible] [illegible] [illegible] [illegible]， [illegible] [illegible] [illegible] [illegible]， [illegible]

tśja^1 njiij^1 pjwɨɨr^1 ·wụ^2 mji^1 lew^2 wo^2 tja^1 phji^1

道 心 劝 助， 闻 所 议 者， 意

三曰，以诸德本，劝助道心，所可闻者，意

9.47.6

[illegible] [illegible] [illegible]； [illegible] [illegible] [illegible]、 [illegible]、 [illegible] [illegible]

wạ^2 mji^1 sji^1 ljɨɨr^1 tja^1 śjɨ^2 xiwã^1 ljɨɨr^1 ŋwər^1

广 无 极； 四 者 释、 梵、 四 天

[illegible] [illegible] [illegible]， [illegible] [illegible] [illegible] [illegible] [illegible] [illegible]

njij^2 ŋowr^2 ŋowr^2 thja^1 rjur^1 ɣiẹ^2 mji^1 nioow^1 tjịj^1

王 一 切， 其 诸 声 闻 并 独

广无极；四曰，一切释、梵及四天王，其诸声闻并缘

9.48.1

[illegible] [illegible]， [illegible] [illegible] [illegible] [illegible] [illegible] [illegible] [illegible]

dwewr^2 ljɨ^2 mji^1 sji^1 mji^1 ljiij^2 wạ^2 ljịj^2 mji^1

觉 地， 无 极 无 坏 广 弘 无

[illegible] [illegible] [illegible] [illegible]， [illegible] [illegible] [illegible] [illegible] [illegible]

sji^1 sjwɨj^1 ɣa^2 njɨ^2 thjɨ^2 tja^1 ljɨɨr^1 mə^2 dạ^2

穷 业 于 至， 此 者 四 种 事

觉地，至于无极无坏弘广无穷之业，是为四事。

9.48.2

[illegible]。 [illegible] [illegible]， [illegible] [illegible]， [illegible] [illegible] [illegible] [illegible]，

ŋwu²	njij²	tha²	thjɨ²	nioow¹	śja¹	wją²	mjij¹	dźjij¹
是。	王	大，	是	故，	逸	放	无	行，
[illegible]	[illegible]	[illegible]	[illegible]，	[illegible]	[illegible]	[illegible]	[illegible]	[illegible]，
·ju²	na¹	dźiej²	djọ²	mjɨ¹	pjụ¹	tśja¹	tsjiir¹	wo²
常	笃	信	修，	无	量	道	法	义

是故，大王①，当行无放逸，常修笃信，好喜无量道法之义，

9.48.3

[illegible]	[illegible]	[illegible]，	[illegible]	[illegible]	[illegible]	[illegible]，	[illegible]	[illegible]
tshwew¹	dzu¹	zjij¹	·ju²	tśhja²	tsjiir¹	lhjij²	tsjiir¹	bieej¹
趣	喜	着，	常	正	法	受，	法	娱
[illegible]	[illegible]，	[illegible]	[illegible]	[illegible]	[illegible]。	[illegible]	[illegible]	[illegible]
rejr²	ŋwu²	thja¹	bju¹	rejr²	lhjij²	·jɨr²	khu¹	dźjij¹
乐	以，	其	因	娱	受。	勤	进	精

常受正法，以法之乐，而以自娱。若以精进，

9.48.4

[illegible]，	[illegible]	[illegible]	[illegible]	[illegible]，	[illegible]	[illegible]	[illegible]	[illegible]
ŋwu²	tśja¹	tsjiir¹	kjụ¹	lew²	njij²	tha²	dźjij¹	mjɨɨ²
以，	道	法	求	所，	王	大	行	境
[illegible]	[illegible]	[illegible]。	[illegible]	[illegible]	[illegible]	[illegible]？	[illegible]	[illegible]
kięj²	mji¹	dzu¹	thjɨ²	tja¹	thjij²	sjo²	njij²	tha²
界	不	喜。	此	者	何	谓？	王	大

求于道法，大王所行，不贪境界。所以者何？大王

9.48.5

[illegible]	[illegible]，	[illegible]	[illegible]	[illegible]	[illegible]，	[illegible]	[illegible]	[illegible]
nwə¹	lew²	lęj²	kięj²	dwər¹	mjij¹	pạ²	dzjwo²	zjɨɨr²
解	当，	贪	欲	厌	无，	渴	人	水
[illegible]	[illegible]，	[illegible]	[illegible]	[illegible]	[illegible]	[illegible]	[illegible]	[illegible]

① 是故，大王，西夏本作"大王，是故"。

tśhjwi¹	thji¹	sju²	mee²	śjɨj²	·jij¹	sjij²	źjɨr¹	swew¹
咸	饮,	如	贤	圣	之	智	慧	明

当解,贪欲无厌,犹饮咸水,其见贤圣,智慧之明,

9.48.6

[illegible],	[illegible]	[illegible]	[illegible]	[illegible]	[illegible]。	[illegible]	[illegible]	[illegible]
ljij²	ku¹	thjɨ²	nioow¹	dzjwo²	ka̱¹	tsew²	du²	zji²
见,	则	此	故	人	命。	量	限	甚
[illegible],	[illegible]	[illegible]	[illegible]	[illegible],	[illegible]	[illegible]	[illegible]	[illegible],
wjij¹	rejr²	zjɨɨr¹	tśji̱¹	rejr²	wee¹	tja¹	zji²	dzjar²
短,	安	少	苦	多,	生	者	皆	终,

乃知限节。人命甚短,安少苦多,生无不①终,

9.49.1

[illegible]	[illegible]	[illegible]	[illegible],	[illegible]	[illegible]	[illegible]	[illegible],	[illegible]
kjɨ¹	djɨj²	xja¹	rar²	·ju²	ku̱¹	lja¹	kja̱¹	njiij¹
△	定	早	过,	常	将	来	畏,	心
[illegible]	[illegible]	[illegible]	[illegible]	[illegible]	[illegible]。	[illegible]	[illegible]	[illegible]
phjo¹	wa̱²	tji̱²	mjij¹	nwə¹	ljɨ¹	pjɨ¹	njɨɨ²	njij²
检	查	可	不	知	也。	今	日	王

当就后世②,常畏将来,心不可保。今日

9.49.2

[illegible]	[illegible]	[illegible]	[illegible]	[illegible]	[illegible]	[illegible],	[illegible]	[illegible]
tha²	tha¹	·jij¹	rjɨr²	kju̱¹	tshwew¹	tja¹	thja¹	tśhja²
大	佛	之	所	供	养	者,	其	德
[illegible]	[illegible],	[illegible]	[illegible]	[illegible]	[illegible],	[illegible]	[illegible]	[illegible]
mər²	nioow¹	ljɨɨr¹	mə²	da̱²	ŋwu²	ŋowr²	lhə	pjwɨɨr¹
本	故,	四	种	事	以,	具	足	劝

大王所供养佛,因是德本,以有四事,具足劝

① 无不,西夏本作“皆”。
② 当就后世,西夏本作“早过所定”。

9.49.3

·wụ^{2}	ljɨɨr^{1}	tja^{1}	thjij^{2}	sjo^{2}	zjọ^{2}	zjọ^{2}	war^{2}	dźjij^{2}
助。	四	者	何	谓?	世	世	财	有,
pjụ^{1}	dza^{2}	tjị^{2}	mjij^{1}	tśhja^{2}	·ioow^{1}	ljo^{1}	tshja^{2}	dzjwɨr^{1}
量	测	可	不,	德	功	福	报,	尽

助。何谓为四?世世财富,不可限量,功德福报,不可尽

9.49.4

bja^{2}	mji^{1}	dju^{1}	śjɨj^{2}	swew^{1}	źjɨr^{1}	tja^{1}	bju^{2}	ljow^{2}
断	不	有,	圣	明	慧	者,	涯	边
mji^{1}	dju^{1}	nwə^{1}	ŋwo^{2}	sjij^{2}	tja^{1}	zji^{2}	mji^{1}	dzjwɨr^{1}
不	有,	辩	才	智	者,	悉	无	尽

极①,圣明之慧,而无涯底,辩才之智,悉无穷尽,

9.49.5

sji^{1}	thjɨ^{2}	tja^{1}	ljɨɨr^{1}	mə^{2}	dạ^{2}	ŋwu^{2}	nioow^{1}	ljɨɨr^{1}
穷,	此	者	四	种	事	是。	复	四
mə^{2}	dạ^{2}	dju^{1}	thjɨ^{2}	ŋwu^{2}	pjwɨɨr^{1}	·wụ^{2}	ljɨɨr^{1}	tja^{1}
种	事	有,	此	以	劝	助,	四	者

是为四。复有四事,而当劝助,

9.49.6

thjij^{2}	sjo^{2}	ljụ^{2}	dźjɨ	gji^{1}	sej^{1}	tśhja^{2}	·ioow^{1}	sjwɨj^{1}

① 不可尽极,西夏本作"不有尽断"。

何	谓？	身	行	清	净，	德	功	业
[illegible]；	[illegible]	[illegible]	[illegible]	[illegible]，	[illegible]	[illegible]	[illegible]	[illegible]；
djọ^2	ljaa^2	dźjɨ	gji^1	sej^1	tśhjwɨj^1	kie^1	ŋowr^2	lhə
修；	口	行	清	净，	禁	戒	具	足；

何谓为四？身行清净，功德之业；言行清净，戒禁具足；

9.50.1

[illegible]	[illegible]	[illegible]	[illegible]，	[illegible]	[illegible]	[illegible]	[illegible]；	[illegible]
njiij^1	dźjɨ	gji^1	sej^1	rejr^2	mji^1	mji^1	dwər^1	thja^1
心	行	清	净，	博	闻	不	厌；	其
[illegible]	[illegible]	[illegible]，	[illegible]	[illegible]	[illegible]	[illegible]	[illegible]，	[illegible]
tsjiir^1	gji^1	sej^1	śjɨj^2	swew^1	ŋwu^2	dźjwɨ^1	we^2	thjɨ^2
法	清	净，	圣	明	以	相	成，	此

心行清净，博闻无厌；其法清净，圣明为党①，

9.50.2

[illegible]，	[illegible]	[illegible]	[illegible]	[illegible]。	[illegible]	[illegible]	[illegible]	[illegible]
tja^2	ljɨɨr^1	mə^2	dạ^2	ŋwu^2	nioow^1	ljɨɨr^1	mə^2	dạ^2
者，	四	种	事	以。	复	四	种	事
[illegible]，	[illegible]	[illegible]	[illegible]	[illegible]	[illegible]	[illegible]。	[illegible]	[illegible]
dju^1	thjɨ^2	ŋwu^2	tśhja^2	mər^2	pjwɨɨr^1	·wụ^2	ljɨɨr^1	tja^1
有，	此	以	德	本	劝	助。	四	者

是为四。复有四事，劝助德本。

9.50.3

[illegible]	[illegible]？	[illegible]	[illegible]	[illegible]	[illegible]	[illegible]，	[illegible]	[illegible]
thjij^2	sjo^2	tśier^1	·ju^2	neew^2	ɣjɨr^1	ŋwu^2	gji^1	sej^1
何	谓？	方	便	善	作	以，	清	净
[illegible]	[illegible]；	[illegible]	[illegible]	[illegible]	[illegible]	[illegible]，	[illegible]	[illegible]
dźjɨ	djọ^2	dźiā^2	tśhju^1	·jij^1	dzju^1	dzjiij^2	sjij^2	po^1

① 圣明为党，西夏本作“此以圣明相成者”。

行 修； 众 生 之 训 化， 智 波

何谓为四？善权方便，修清净行；训诲众生，智度

9.50.4

lo[1] bjii[2] gji[1] sej[1] sjwɨj[1] ŋwu[2] gja[1] ·jij[1] rjur[1]

罗 密； 清 净 业 以， 官 之 伏

·jar[2] kjur[2] tjị[1] gji[1] ŋwuu[1] dźjɨ bju[1] śjij[1] rjur[1]

魔 志 归 清， 言 行 相 应； 诸

无极①；以清净业，降伏魔官，誓愿清净②，言行相应；

9.50.5

tha[1] ŋowr[2] ŋowr[2] tsjiir[1] zji[2] gji[1] sej[1] tśhja[2] ·ioow[1]

佛 一 切 法 皆 清 净， 德 功

duu[1] dzjị[2] rjur[1] tha[1] ·jij[1] ljij[2] thjɨ[2] ljɨɨr[1] mə[2]

积 累， 诸 佛 之 见， 此 四 种

一切诸佛法悉清净，积功累德，逮见诸佛。

9.50.6

dạ[2] ŋwu[2]

事 是。

是为四。

汉文本

时佛大圣，见王真心，宫人眷属，故来听法，则以随观，从其心本，应病与药，颁宣经法。佛告大王：

① 智度无极，西夏本作“智波罗蜜”。智度，六度之一。智度，即般若波罗蜜也。般若译曰智，波罗蜜译曰度，智度无极，即般若波罗蜜多。无极，谓行法无际限也，即彼岸，涅槃。

② 降伏魔官，誓愿清净，西夏本作“魔官之伏，志归清”。

志建大乘，有四事法，所游殊特，不违大道。何谓为四？若学大乘，笃信重人，所游殊特，不违道意。何谓为信？若以喜乐，奉诸贤圣，所不当造，终不行之。大王恭敬，则学大乘，所游殊特，不违大道；若谦恪听于贤圣经，至心入耳，闻则受持，以不自大。学于大乘，所游殊特，不违大道；以不自大，观见众圣，稽首作礼，一心归命，若尊精进，学于大乘，所游殊特，不违大道；以用精进，轻身口心，举动便宜，行以越度于一切行，是为四事。

佛告王曰：复有四事，见无放逸，所见拥护。何谓为四？将护诸根，见爱欲难；晓一切受想；知无常因法；得生命根第一，是为四事。菩萨有四事，名曰法王。何谓为四？一曰，不舍道心；二曰，亦复劝化他人发意；三曰，以诸德本，劝助道心，所可闻者，意广无极；四曰，一切释、梵及四天王，其诸声闻并缘觉地，至于无极无坏弘广无穷之业，是为四事。是故，大王，当行无放逸，常修笃信，好喜无量道法之义，常受正法；以法之乐，而以自娱。若以精进，求于道法，大王所行，不贪境界。所以者何？大王当解，贪欲无厌，犹饮咸水，其见贤圣，智慧之明，乃知限节。人命甚短，安少苦多，生无不终，当就后世，常畏将来，心不可保。今日大王所供养佛，因是德本，以有四事，具足劝助。何谓为四？世世财富，不可限量，功德福报，不可尽极，圣明之慧，而无涯底，辩才之智，悉无穷尽，是为四。复有四事，而当劝助，何谓为四？身行清净，功德之业；言行清净，戒禁具足；心行清净，博闻无厌；其法清净，圣明为党，是为四。复有四事，劝助德本。何谓为四？善权方便，修清净行；训诲众生，智度无极；以清净业，降伏魔官，誓愿清净，言行相应；一切诸佛法悉清净，积功累德，逮见诸佛。是为四。

9.51.1

[illegible]	[illegible]，	[illegible]	[illegible]	[illegible]	[illegible]	[illegible]	[illegible]	[illegible]
tśhjɨ1	zjọ2	rjur1	pjụ1	kjir1	·jiw2	we2	dźiej2	deej1
尔	时，	世	尊	勇	猛	郡	轮	转
[illegible]	[illegible]	[illegible]	[illegible]	[illegible]	[illegible]	[illegible]	[illegible]	[illegible]
śjij2	njij2	·jij1	thja1	lwər2	lhejr2	kha1	źjɨr1	na1
圣	王	之	其	经	典	中	慧	深

尔时，世尊为勇郡转轮圣王，说经中慧分别深

9.51.2

[illegible]	[illegible]	[illegible]	[illegible]	[illegible]。	[illegible]	[illegible]	[illegible]	[illegible]，
wo2	phjo2	kar2	tshjiij1	wji1	thja1	njij2	tśjɨ1	tsjij2
义	分	别	说	为。	其	王	醒	悟，
[illegible]	[illegible]	[illegible]	[illegible]	[illegible]	[illegible]，	[illegible]	[illegible]	[illegible]
tśhjɨ2	rjar2	njiij1	ljɨ̣2	njiij1	śjwo1	ljụ2	ɣa2	ŋewr2
立	即	心	欣	心	生，	身	上	数

义。其王心解，即时欣然，便解身

9.51.3

[illegible]	[illegible]	[illegible]	[illegible]	[illegible]	[illegible]	[illegible]	[illegible]，	[illegible]
mjij^{1}	·jir^{2}	tụ^{1}	rjar^{1}	gjij^{1}	·jɨr^{2}	rer^{2}	·o^{1}	tha^{1}
无	百	千	殊	特	璎	络	有，	佛
[illegible]	[illegible]	[illegible]，	[illegible]	[illegible]	[illegible]	[illegible]	[illegible]	[illegible]
do^{2}	zji^{1}	mjii^{1}	lhjịj^{2}	iọ^{1}	dźjiij^{1}	dźjiij^{1}	dzjwo^{2}	ŋowr^{2}
处	布	施，	国	家	所	居	人	一

颈无数百千奇珍珠缨,以贡上佛,举国

9.51.4

[illegible]	[illegible]	[illegible]	[illegible]	[illegible]	[illegible]	[illegible]	[illegible]	[illegible]
ŋowr^{2}	zji^{2}	tha^{1}	·jij^{1}	tshji^{2}	ljij^{1}	śjwo^{1}	śjwo^{1}	dzjɨ^{1}
切	皆	佛	之	侍	奉	所	需	准
[illegible]，	[illegible]	[illegible]	[illegible]	[illegible]，	[illegible]	[illegible]	[illegible]	[illegible]
djɨ^{2}	ŋwə^{1}	kie^{1}	zow^{2}	·jiij^{1}	zjọ^{2}	sji^{1}	ɣa^{2}	kjɨ^{1}
备，	五	戒	持	奉，	寿	尽	从	△

事佛给所当得,奉持五戒,尽其形寿①,

9.51.5

[illegible]，	[illegible]	[illegible]	[illegible]	[illegible]。	[illegible]	[illegible]	[illegible]	[illegible]
njɨ^{2}	sej^{1}	xiwã^{1}	dźjɨ	djọ^{2}	thja^{1}	njij^{2}	·jij^{1}	kụ^{2}
至，	净	梵	行	修。	其	王	之	后
[illegible]	[illegible]	[illegible]	[illegible]	[illegible]	[illegible]，	[illegible]	[illegible]	[illegible]
mjii^{1}	·u^{2}	ŋwər^{1}	dzow^{1}	śjwo^{2}	mjij^{1}	tha^{1}	do^{2}	tsjiir^{1}
宫	中	皇	后	婇	女，	佛	处	法

净修梵行。其王中宫夫人婇女,从佛

9.51.6

[illegible]，	[illegible]	[illegible]	[illegible]	[illegible]，	[illegible]	[illegible]	[illegible]	[illegible]
mji^{1}	njiij^{1}	ljịj^{2}	njiij^{1}	śjwo^{1}	thja^{1}	bju^{1}	njiij^{1}	phji^{1}

① 尽其形寿,西夏本作“从至寿尽”。

闻，	心	喜	心	生，	其	随	心	意
[illegible]	[illegible]，	[illegible]	[illegible]	[illegible]	[illegible]，	[illegible]	[illegible]	[illegible]
wəə^{1}	lo^{1}	ŋur^{1}	ɣja^{2}	njiij^{1}	mjij^{1}	ljų^{2}	ɣa^{2}	·ụ^{2}
柔	和，	阴	盖	心	无，	身	上	被

闻法，心中喜悦，随时之心，抱柔和意，无阴盖心，脱身

9.52.1

[illegible]，	[illegible]	[illegible]	[illegible]	[illegible]	[illegible]，	[illegible]	[illegible]	[illegible]
gjwi^{2}	rjar^{1}	gjij^{1}	·jɨr^{2}	rer^{2}	·o^{1}	tha^{1}	·jij^{1}	·a
衣，	奇	异	璎	络	有，	佛	之	上
[illegible]，	[illegible]	[illegible]	[illegible]	[illegible]	[illegible]：	[illegible]	[illegible]	[illegible]
gjwị^{1}	njij^{2}	tha^{1}	·jij^{1}	dạ^{2}	·jɨ^{1}	ŋa^{2}	njɨ^{2}	phjɨ^{1}
覆，	王	佛	之	言	谓：	吾	等	舍

衣被，奇异宝璎，以覆佛上，启白报王：欲得舍

9.52.2

[illegible]	[illegible]	[illegible]	[illegible]	[illegible]，	[illegible]	[illegible]	[illegible]	[illegible]，
dźjɨɨr^{1}	śia^{1}	mẽ^{1}	wji^{1}	śjij^{2}	sej^{1}	xiwã^{1}	dźjɨ	djọ^{2}
弃	沙	门	为	乞，	净	梵	行	修，
[illegible]	[illegible]	[illegible]	[illegible]	[illegible]，	[illegible]	[illegible]	[illegible]	[illegible]
zjọ^{2}	sji^{1}	ɣa^{2}	kjɨ^{1}	njɨ^{2}	kie^{1}	tśhjwɨj^{1}	zow^{2}	·jiij^{1}
寿	尽	从	△	至，	戒	禁	持	禀

家，出为沙门，净修梵行，尽其形寿，奉持禁戒。

9.52.3

[illegible]	[illegible]	[illegible]。	[illegible]	[illegible]，	[illegible]	[illegible]	[illegible]	[illegible]	[illegible]	[illegible]。
kiẹj^{2}	nji^{2}	·jɨ^{2}	tśhjɨ^{1}	zjọ^{2}	njij^{2}	tha^{2}	tśhjɨ^{2}	rjar^{2}	·a	wjạ^{1}
欲	△	谓。	尔	时①，	王	大	即	立	△	听。

王即听之。

① 西夏本衍“尔时”。

汉文本

尔时,世尊为勇郡转轮圣王,说经中慧分别深义。其王心解,即时欣然,便解身颈无数百千奇珍珠缨,以贡上佛,举国事佛给所当得,奉持五戒,尽其形寿,净修梵行。其王中宫夫人婇女,从佛闻法,心中喜悦,随时之心,抱柔和意,无阴盖心,脱身衣被,奇异宝璎,以覆佛上,启白报王:欲得舍家,出为沙门,净修梵行,尽其形寿,奉持禁戒。王即听之。

9.52.3

[illegible]	[illegible]	[illegible]	[illegible],	[illegible]	[illegible]	[illegible]
phji^{1}	mjij^{1}	dźiã^{2}	tsjij^{2}	thja^{1}	kjir^{1}	·jiw^{2}
意	寂	菩	萨,	其	勇	猛

如是①,寂意,其勇

9.52.4

[illegible]	[illegible],	[illegible]	[illegible]	[illegible]	[illegible],	[illegible]	[illegible]	[illegible]
we^{2}	njij^{2}	zji^{2}	phju^{2}	tsjiir^{1}	ɣiwej^{1}	tsjiir^{1}	war^{2}	lo
郡	王,	最	上	法	持,	法	财	富
[illegible],	[illegible]	[illegible]	[illegible]	[illegible],	[illegible]	[illegible]	[illegible]	[illegible],
tha^{2}	tha^{1}	rewr^{2}	tśja^{1}	tshwew^{1}	śjạ^{1}	dźjow^{1}	tśier^{1}	ror^{2}
大,	佛	足	礼	敬,	七	匝	右	绕,

郡王,奉无极法,逮法财富,稽首佛足,绕佛七匝,

9.52.5

[illegible]	[illegible]	[illegible]	[illegible]	[illegible]	[illegible]	[illegible]	[illegible]	[illegible]
kụ^{2}	mjii^{1}	śjwo^{2}	mjij^{1}	nioow^{1}	rjur^{1}	wjị^{1}	dźjwɨ^{1}	ljị^{1}
后	宫	婇	女	及	诸	眷	属	宝
[illegible],	[illegible]	[illegible]	[illegible]	[illegible]	[illegible]	[illegible]	[illegible]	[illegible]
ŋwu^{2}	ljuu^{2}	tshjịj^{2}	wạ^{2}	tha^{2}	njir^{2}	so^{2}	du^{1}	rjɨj^{2}
以,	庄	严	广	大	台	高	楼	阁

与中宫婇女及其官属,入大高台楼阁交露,

① 西夏本脱"如是"。

9.52.6

[illegible]	[illegible]，	[illegible]	[illegible]	[illegible]	[illegible]，	[illegible]	[illegible]	[illegible]
·u^2	·o^2	ŋa^1	gu^2	wjɨ^2	śji^2	tśhia^1	no^1	ljiij^1
中	入，	虚	中	所	往，	刹	那	△
[illegible]，	[illegible]	[illegible]	[illegible]	[illegible]	[illegible]	[illegible]	[illegible]	[illegible]
zjịj^1	·jị^2	mər^2	gji^1	sej^1	tha^2	lhjịj^2	·u^2	wjɨ^2
时，	复	本	清	净	大	国	中	复

便涌出上于虚空中，须臾之间，即复还服清净大国。

9.53.1

[illegible]。	[illegible]	[illegible]①，	[illegible]	[illegible]	[illegible]	[illegible]	[illegible]	[illegible]
lhjwo^1	tśhjɨ^1	zjọ^2	śjịj^2	njij^2	śja^1	rjijr^2	njɨɨ^2	lhjịj^2
还。	尔	时，	圣	王	十	方	日	月
[illegible]	[illegible]	[illegible]，	[illegible]	[illegible]	[illegible]	[illegible]	[illegible]，	[illegible]
iọ^1	sə^1	zjịj^1	tśhjɨ^1	zjịj^1	mə^2	wjạ^1	kha^1	lho
圆	满	时，	若	干	种	华	间，	出

于是圣王，以十五日，月盛满时②，若干种华，出

9.53.2

[illegible]	[illegible]	[illegible]	[illegible]	[illegible]	[illegible]	[illegible]	[illegible]，	[illegible]
·o^2	kheej^1	·u^2	tjị^2	·iọ^2	·u^2	njɨ^2	śji^2	kụ^2
入	游	戏	所	园	中	到	往，	内
[illegible]	[illegible]	[illegible]，	[illegible]	[illegible]	[illegible]	[illegible]，	[illegible]	[illegible]，
mjii^1	wjị^1	dźjwɨ^1	ljị^2	ŋạ^2	bioo^1	dźji	tśhjɨ^1	zjọ^2
宫	眷	属，	地	好	游	观，	尔	时，

入行到，游观之园，中宫眷属，观见好地，彼时

9.53.3

[illegible]	[illegible]	[illegible]	[illegible]	[illegible]	[illegible]，	[illegible]	[illegible]	[illegible]

① [illegible]，对译汉文本“于是”。
② 以十五日，月盛满时，西夏本作“十方日月圆满时”。

śjɨj^{2}	njij^{2}	·io̜^{2}	·u^{2}	kheej^{1}	dźjij^{1}	·ji^{1}	tshow^{1}	wjɨ̣^{1}
圣	王	园	中	游	行，	众	妓	乐
[illegible]。	[illegible]	[illegible]	[illegible]	[illegible]	[illegible]，	[illegible]	[illegible]	[illegible]
wji^{1}	thja^{1}	njɨɨ^{1}	ŋwər^{1}	dzow^{1}	dźjij^{2}	lew^{1}	mjiij^{2}	mji^{1}
作。	其	二	皇	后	有，	一	名	不

圣王在游观园，作众妓乐。其二正夫人，一名不

9.53.4

[illegible]	[illegible]，	[illegible]	[illegible]	[illegible]	[illegible]	[illegible]，	[illegible]	[illegible]	[illegible]
dzjwɨ^{2}	dźjij^{1}	njɨɨ^{1}	mjiij^{2}	lwow^{1}	ŋwo^{2}	mjij^{1}	kụ^{2}	mjii^{1}	·u^{2}
走	行，	二	名	虚	损	无，	后	宫	中
[illegible]，	[illegible]	[illegible]	[illegible]	[illegible]	[illegible]，	[illegible]	[illegible]	[illegible]	
lho	ljụ^{2}	kwər^{1}	dzjwɨ^{2}	dzjiw^{1}	dźjwa^{1}	nioow^{1}	śja^{1}	ŋwu^{2}	
出，	身	体	沐	浴	毕，	及	香	以	

行步，二名无虚损，从宫中出，洗身沐浴，适还去已①，

9.53.4

[illegible]	[illegible]，	[illegible]	[illegible]	[illegible]	[illegible]	[illegible]	[illegible]	[illegible]
lhwu^{1}	kjij^{1}	wja̜^{1}	sej^{1}	njir^{2}	thjoo^{1}	buu^{2}	dźjwi^{2}	tśhjaa^{1}
衣	熏，	华	莲	台	妙	胜	床	上
[illegible]。	[illegible]	[illegible]	[illegible]	[illegible]	[illegible]	[illegible]	[illegible]，	[illegible]
dzuu^{2}	njɨɨ^{1}	zjɨ̣^{1}	lji^{2}	thja^{1}	śjij^{1}	rjɨr^{2}	ljij^{2}	njɨɨ^{1}
坐。	二	孩	童	自	然	△	来，	二

以香熏衣，坐莲华台妙胜床席。有二孩童，自然来上，

9.53.6

[illegible]	[illegible]	[illegible]	[illegible]	[illegible]，	[illegible]	[illegible]	[illegible]	[illegible]②，
ŋwər^{1}	dzow^{1}	·jij^{1}	ŋwer^{2}	tśhjaa^{1}	khjɨ^{1}	ljɨɨ^{1}	tśja^{1}	dzuu^{2}
皇	后	之	膝	上，	足	屈	结	坐，
[illegible]	[illegible]	[illegible]	[illegible]，	[illegible]	[illegible]	[illegible]	[illegible]，	[illegible]

① 据汉文本，则西夏本脱“适还去已”一句。

② [illegible]，对译汉文本“结跏趺坐”。

ljuu²	ljuu²	rjar¹	gjij¹	rjur¹	kha¹	ŋwer¹	mjij¹	njɨɨ¹
端	正	殊	特，	世	间	比	非，	二

夫人膝上，结跏趺坐，端正殊好，非世所见，有二

9.54.1

[illegible]	[illegible]	[illegible]	[illegible]	[illegible]①	[illegible]，	[illegible]	[illegible]	[illegible]
ɣạ²	·jar¹	tha²	goor¹	kiej²	·jij¹	ljụ²	ɣa²	ljuu²
十	八	大	丈	夫	相，	身	上	庄
[illegible]。	[illegible]	[illegible]	[illegible]	[illegible]，	[illegible]	[illegible]	[illegible]	[illegible]
tshjịj²	thja¹	śjij¹	wjɨ²	śja²	nioow¹	rjijr²	tśhjɨ²	rjar²
严。	自	然	所	现，	后	方	即	立

十八大人之相，庄严其身。适自然现，即时

9.54.2

[illegible]	[illegible]，	[illegible]	[illegible]	[illegible]	[illegible]，	[illegible]	[illegible]	[illegible]
ŋa¹	gu²	·jir²	tụ¹	rjur¹	mə¹	ɣiẹ²	kạ²	·jow²
虚	中，	百	千	诸	天，	声	举	叹
[illegible]：	[illegible]	[illegible]	[illegible]	[illegible]，	[illegible]	[illegible]	[illegible]	[illegible]，
śja²	thja¹	njɨɨ¹	zjɨ̣¹	lji2	tsjiir¹	mee²	śjɨj²	ŋwu²
现：	其	二	孩	童，	法	神	圣	是，

虚空中，百千诸天，举声叹曰：是二孩童，则法神圣，

9.54.3

[illegible]	[illegible]	[illegible]	[illegible]，	[illegible]	[illegible]	[illegible]	[illegible]。	[illegible]
lew¹	mjiij²	tsjiir¹	phji¹	njɨɨ¹	mjiij²	tsjiir¹	lə	thja¹
一	名	法	意，	二	名	法	念。	其
[illegible]	[illegible]	[illegible]，	[illegible]	[illegible]	[illegible]	[illegible]，	[illegible]	[illegible]
njɨɨ¹	zjɨ̣¹	lji²	thja¹	śjij¹	wjɨ²	śja²	zjọ²	tsjiir¹
二	孩	童，	自	然	所	现，	时	法

一名法意，二名法念。是二孩童，适自然现，时其名法

① [illegible][illegible][illegible]，对译汉文本“大人”，指有成就的人、伟大的人。

9.54.4

lə	zjɨ̣^{1}	lji^{2}	mji^{1}	dzjwɨ^{2}	dźjij^{1}	ŋwər^{1}	dzow^{1}	ŋwer^{2}
念	孩	童，	不	走	行	皇	后	膝
tśhjaa^{1}	mji^{1}	mju^{2}	tsjiir^{1}	phji^{1}	zjɨ̣^{1}	lji^{2}	lwow^{1}	ŋwo^{2}
上	不	移；	法	意	孩	童，	妄	损

念孩童，坐不移夫人膝上；其法意孩童子，化生无损，

9.54.5

mjij^{1}	ŋwər^{1}	dzow^{1}	·jij^{1}	ŋwer^{2}	tśhjaa^{1}	djii^{2}	wee^{1}	khjɨ^{1}
无	皇	后	之	膝	上	化	生。	足
ljɨɨ^{1}	tśja^{1}	dzuu^{2}	ljaa^{2}	do^{2}	ɣię^{2}	lew^{2}	ljaa^{1}	dạ^{2}
屈	结	坐，	口	异	声	同	颂	言

夫人膝上。适跏趺坐，异口同音，而说颂

9.54.6

rjɨr^{2}	tshjiij^{1}
△	曰：

曰：

9.55.1

tjɨ^{1}	tjij^{1}	·jij^{1}	ljụ^{2}	tśhjwɨj^{1}		po^{1}	tjɨj^{1}	njiij^{1}
假	若	己	身	守，		菩	提	心
śjwo^{1}	njwi^{2}		thja^{1}	njɨ^{2}	ɣie^{1}	mjijr^{2}	tja^{1}	
发	能，		斯	等	力	士	者，	

若有守己身，能发菩提心，斯等之学士，

9.55.2

[illegible]

neew^{2} ljo^{1} gjịj^{1} ɣie^{2} rjir^{1}　　mjor^{1} ljij^{2} rjur^{1}

善 福 利 益 得。　　如 来 世

[illegible]

to^{2} zjọ^{2}　　thja^{1} njɨɨ^{1} bioo^{1} ljij^{2} djij^{2}

出 时，　　其 二 观 见 曾，

为致善福庆。以为曾睹见，护吼兴现世①，

9.55.3

[illegible]

·ju^{2} de^{2} ljɨj^{2} śjwo^{1} ŋwu^{2}　　njiij^{1} tjị^{1} tha^{1}

常 欢 悦 生 以，　　心 志 佛

[illegible]

kjụ^{1} tshwew^{1}　　tha^{2} mee^{2} mjijr^{2} sjwɨj^{1} nioow^{1}

供 养。　　大 神 通 业 故，

常以欢悦心，一志供事佛。为大神通业，

9.55.4

[illegible]②

xja^{1} gjuu^{2} ·wejr^{2} lhjụ^{2} rjir^{1}　　rewr^{2} wee^{1} dźiej^{2}

快 救 护 受 得，　　足 生 轮

[illegible]

ljiij^{2} dźiej^{2}　　xja^{1} dzjar^{2} śjwo^{1} lew^{2} mjij^{1}

消 轮，　　疾 灭 生 所 无。

快得受救护，得消生死轮，疾灭无所生。

9.55.5

[illegible]

① 以为曾睹见，护吼兴现世，西夏本作“如来出世时，曾见其二观”。

② [illegible]，疑误，当作“[illegible]（lhji^{2}）”。

tjij1	po1	tjɨj1	njiij1	śjwo1		tsej2	zjịj1	mjɨ̣2
若	菩	提	心	发,		暂	略	忘
[illegible]	[illegible],		[illegible]	[illegible]	[illegible]	[illegible]	[illegible],	
mjij2	djij2		dźjā2	tśhju1	gjuu2	·wejr2	nioow1	
未	曾,		众	生	救	护	故,	

若发菩提心,未曾忽忘之,以救摄众生,

9.55.6

[illegible]	[illegible]	[illegible]	[illegible]	[illegible]。		[illegible]	[illegible]	[illegible]
lhji2	wee1	ŋjir1	ŋwo2	ljiij2		rjɨr2	phju2	rjijr2
死	生	难	坏	破。		方	上	方
[illegible]	[illegible],		[illegible]	[illegible]	[illegible]	[illegible]	[illegible],	
kiẹj2	·u2		pjụ1	mjij1	tha1	lhjịj2	wjij2	
界	中,		量	无	佛	土	有,	

坏破生死难。其上方境界,不可计佛土,

9.56.1

[illegible]	[illegible]	[illegible]	[illegible]	[illegible],		[illegible]	[illegible]	[illegible]
thja1	lhjịj2	·u2	tha1	gjɨ2		mjiij2	we2	tja1
彼	土	中	佛	有,		名	号	者
[illegible]	[illegible]。		[illegible]	[illegible]	[illegible]	[illegible]	[illegible],	
dzjɨj1	kja2		rjijr2	·ioow1	lhjịj2	iọ1	·u2	
时	节。		勋	功	国	家	中,	

彼土而有佛,号名曰时节。从彼佛土来①,

9.56.2

[illegible]	[illegible]	[illegible]	[illegible]	[illegible],		[illegible]	[illegible]	[illegible]
tha1	tsjiir1	nji2	lhjịj2	kiẹj2		lhjịj2	ljuu2	tshjịj2
佛	法	听	受	欲,		国	庄	严
[illegible]	[illegible],		[illegible]	[illegible]	[illegible]	[illegible]	[illegible]。	

① 从彼佛土来,西夏本作"功乐国家中"。

ljij^{2}	nioow^{1}		thja^{1}	lhjịj^{2}	·u^{2}	wjɨ^{2}	to^{2}	
见	亦，		彼	国	中	所	出。	

以用法故举，亦欲见功勋，国土之所有①。

9.56.3

[illegible]	[illegible]	[illegible]	[illegible]	[illegible]，		[illegible]	[illegible]	[illegible]
tśhjɨ^{1}	dzjɨj^{1}	njɨɨ^{1}	zjɨ̣^{1}	lji^{2}		twụ^{1}	dzuu^{2}	tjɨ̣^{2}
尔	时	二	孩	童，		各	坐	所
[illegible]	[illegible]，		[illegible]	[illegible]	[illegible]	[illegible]	[illegible]，	
·a	wor^{1}		mja^{1}	ŋwer^{2}	tśhjaa^{1}	nja^{1}	lhjị^{2}	
△	起，		母	膝	上	而	下，	

于时二孩童，各从所坐起，因便从母膝，

9.56.4

[illegible]	[illegible]	[illegible]	[illegible]	[illegible]。		[illegible]	[illegible]	[illegible]
mjiij^{2}	mjiij^{2}	ljɨ̣^{2}	tśhjaa^{1}	njɨ̣^{2}		zjɨ̣^{2}	njɨɨ^{1}	rjɨr^{2}
移	下	地	于	至。		俱	二	△
[illegible]	[illegible]，		[illegible]	[illegible]	[illegible]	[illegible]	[illegible]，	
dźji	ŋwu^{2}		dzjwo^{2}	mə^{1}	pjụ^{1}	do^{2}	śjɨ^{1}	
进	以，		人	天	尊	处	往，	

移下在于地。俱发进其路，行诣天人尊，

9.56.5

[illegible]	[illegible]	[illegible]	[illegible]	[illegible]，		[illegible]	[illegible]	[illegible]
tha^{1}	·jij^{1}	rewr^{2}	tśjiw^{2}	tshwew^{1}		nioow^{1}	zji^{2}	pjạ^{1}
佛	之	足	首	稽，		又	皆	掌
[illegible]	[illegible]。		[illegible]	[illegible]	[illegible]	[illegible]	[illegible]②，	
phjoo^{2}	·jar^{1}		tha^{1}	tśhja^{2}	ljɨɨr^{1}	rjijr^{2}	dźjwow^{1}	
合	立。		佛	德	四	方	浮，	

前稽首佛足，却退叉手住。四方宣佛德，

---

① 以用法故举，亦欲见功勋，国土之所有，西夏本作"欲听受佛法，亦见庄严国，彼国中所出"。

② [illegible]，与义不合，疑为通假，当作"[illegible]（dźjwow^{1}）"。

9.56.6

[illegible]	[illegible]	[illegible]	[illegible]	[illegible]，		[illegible]	[illegible]	[illegible]
sjij[1]	tsjiir[1]	nji[2]	ljịj[2]	kjɨ[1]		tha[1]	tsjiir[1]	dźju[2]
今	法	听	来	△，		佛	法	遇
[illegible]	[illegible]，		[illegible]	[illegible]	[illegible]	[illegible]	[illegible]！	
ber[2]	gie[1]		tsjiir[1]	nji[2]	lhjịj[2]	tsjɨ[1]	gie[1]	
值	难，		法	闻	受	亦	难！	

今故来听经，佛法甚难致，闻受亦难遇！

9.57.1

[illegible]	[illegible]	[illegible]	[illegible]	[illegible]，		[illegible]	[illegible]	[illegible]
thja[1]	tsjiir[1]	mji[1]	rjir[1]	nioow[1]		dzjwo[2]	pjụ[1]	buu[2]
其	法	不	得	故，		人	尊	胜
[illegible]	[illegible]，		[illegible]	[illegible]	[illegible]	[illegible]	[illegible]，	
·jiw[1]	śjwo[1]		njiij[1]	tjị[1]	tha[1]	tśja[1]	kjụ[1]	
因	启，		心	诚	佛	道	求，	

以得闻是法，当启人尊胜，至诚于佛道，

9.57.2

[illegible]	[illegible]	[illegible]	[illegible]	[illegible]。		[illegible]	[illegible]	[illegible]
zji[2]	phju[2]	tśhja[2]	ɣiej[1]	sjwɨj[1]		rjur[1]	tha[1]	·jij[1]
无	上	正	真	业。		诸	佛	之
[illegible]	[illegible]，		[illegible]	[illegible]	[illegible]	[illegible]	[illegible]，	
tśja[1]	tsjiir[1]		zji[2]	kha[1]	dźju[2]	ber[2]	gie[1]	
道	法，		甚	中	遇	值	难，	

无上正真业。诸佛之道法，为甚难得值，

9.57.3

[illegible]	[illegible]	[illegible]	[illegible]	[illegible]，		[illegible]	[illegible]	[illegible]
lwər[2]	wo[2]	dzu[1]	mjijr[2]	tsjɨ[1]		thja[1]	tsjɨ[1]	gjij[1]
经	义	爱	者	亦，		其	亦	倍

[illegible]	[illegible]!		[illegible]	[illegible]	[illegible]	[illegible]	[illegible],	
dźju²	ber²		pjɨ¹	njɨɨ²	njiij¹	mjij¹	sej¹	
遇	遭!		今	日	心	闲	静,	

爱乐经义者,亦复倍难遭!今日以闲静,

9.57.4

[illegible]	[illegible]	[illegible]	[illegible]	[illegible],		[illegible]	[illegible]①	[illegible]
njij¹	low²	tsjiir¹	dzu¹	nioow¹		tjɨ̣j²	dzjo²	bju¹
友	亲	法	好	故,		礼	仪	随
[illegible]	[illegible],		[illegible]	[illegible]	[illegible]	[illegible]	[illegible]。	
śjij¹	wji¹		tha¹	tsjiir¹	dzjwɨ̣¹	lhejr²	dźiej²	
顺	为,		佛	法	敬	奉	信。	

用亲友好法,随顺之威则,奉敬信法教。

9.57.5

[illegible]	[illegible]	[illegible]	[illegible]	[illegible],		[illegible]	[illegible]	[illegible]
·jɨr²	khu¹	dźjij¹	śjwo¹	dzu¹		dźjij¹	dźjij¹	śja¹
勤	进	精	生	慕,		所	行	逸
[illegible]	[illegible],		[illegible]	[illegible]	[illegible]	[illegible]	[illegible],	
wja̠²	mjij¹		thjɨ²	nioow¹	śia¹	mẽ¹	rjir¹	
放	无,		此	故	沙	门	得,	

慕嘉于精进,所行无放逸,以得为沙门,

9.57.6

[illegible]	[illegible]	[illegible]	[illegible]	[illegible]。		[illegible]	[illegible]	[illegible]
thjɨ²	sju²	mjij¹	sej¹	dźjiij¹		njij²	śjow¹	dźjiij¹
是	如	闲	静	居。		愍	念	住
[illegible]	[illegible],		[illegible]	[illegible]	[illegible]	[illegible]	[illegible],	
thjɨ²	sju²		tjɨ̣¹	war²	ka¹	do²	mjij¹	
是	如,		食	货	俱	差	无,	

① [illegible][illegible],对译汉文本“威则”。

如是处闲居。愍念住如是，质朴等无量①，

9.58.1

[illegible]	[illegible]	[illegible]	[illegible]	[illegible]，		[illegible]	[illegible]	[illegible]
·ju^{2}	bjuu^{1}	·ju^{2}	njiij^{1}	tśhju^{1}		rejr^{2}	mji^{1}	ber^{2}
常	惭	愧	心	抱，		多	闻	遇
[illegible]	[illegible]。		[illegible]	[illegible]	[illegible]	[illegible]	[illegible]，	
gie^{1}	nwə^{1}		njij^{2}	njiij^{1}	zji^{2}	ŋowr^{2}	lhə	
难	知。		慈	心	普	具	足，	

常抱惭愧心，知博闻难遇。其慈普具足，

9.58.2

[illegible]	[illegible]	[illegible]	[illegible]	[illegible]，		[illegible]	[illegible]	[illegible]
dźiā^{2}	tśhju^{1}	·jij^{1}	njij^{2}	śjow^{1}		na^{1}	tsjiir^{1}	tsjij^{2}
众	生	之	愍	念，		深	法	达
[illegible]	[illegible]，		[illegible]	[illegible]	[illegible]	[illegible]	[illegible]。	
njwi^{2}	ku^{1}		thjɨ^{2}	nioow^{1}	tsjiir^{1}	zeew^{2}	rjir^{1}	
能	则，		此	故	法	忍	得。	

愍念于众生，以能达深法，乃可逮法忍。

9.58.3

[illegible]	[illegible]	[illegible]	[illegible]	[illegible]，		[illegible]	[illegible]	[illegible]
rjur^{1}	pjụ^{1}	ɣie^{1}	ɣwie^{1}	dźjij^{2}		njiij^{1}	phji^{1}	dźju^{2}
诸	威	力	势	有，		心	意	怯
[illegible]	[illegible]，		[illegible]	[illegible]	[illegible]	[illegible]	[illegible]，	
noo^{1}	mjij^{1}		dźiā^{2}	tśhju^{1}	·jij^{1}	gjuu^{2}	·wejr^{2}	
弱	不，		众	生	之	救	护，	

计诸威力势，其心无怯羸，摄救诸众生，

9.58.4

[illegible]	[illegible]	[illegible]	[illegible]	[illegible]。		[illegible]	[illegible]	[illegible]

① 质朴等无量，西夏本作“食货俱无差”，旧宋本作“资财等无量”。西夏本从旧宋本。

ŋjir^{1}	ŋowr^{2}	ŋowr^{2}	lhew^{2}	phji^{1}		tjij^{1}	mjij^{1}	sej^{1}
难	一	切	化	令。		若	寂	静
twụ^{1}	dźjiij^{1}		sjwɨj^{1}	wji^{1}	seew^{2}	tshjiij^{1}	mjij^{1}	
处	在，		业	造	思	议	无，	

开化一切难。若在于独处，造业无思议，

9.58.5

ljụ^{2}	kwər^{1}	mji^{1}	dzu^{1}	wier^{1}		kạ^{1}	tśhji^{2}	tsjɨ^{1}
身	体	不	喜	爱，		命	根	亦
thja^{1}	sju^{2}		kie^{1}	ɣiew^{1}	·jiij^{1}	dwər^{1}	mjij^{1}	
犹	如。		戒	学	持	厌	无，	

以不贪其身，寿命根亦然。于学禁无厌①，

9.58.6

ŋa^{2}	tśja^{1}	tsjiir^{1}	sjwɨ^{1}	sjiij^{2}		thjɨ^{2}	nioow^{1}	tśjɨ^{1}
我	道	法	思	想，		是	故	了
tsjij^{2}	njwi^{2}		thjɨ^{2}	sju^{2}	rjijr^{2}	·ioow^{1}	śjɨj^{1}	
晓	能，		斯	若	勋	功	逮。	

我思于道法，以是能晓了，逮功勋若斯。

9.59.1

tjij^{1}	thjɨ^{2}	sju^{2}	ɣie^{1}	njwi^{2}		phju^{2}	tsew^{2}	zji^{2}
若	是	如	学	能，		一	第	甚

① 于学禁无厌，西夏本作“持戒学无厌”。

rjir^1	gie^1		tsjiir^1	njij^2	·jij^1	dạ^2	sjwɨj^1	
得	难，		法	王	之	事	业，	

若能学如是，第一甚难得，其法王之业，

9.59.2

[illegible]	[illegible]	[illegible]	[illegible]	[illegible]。		[illegible]	[illegible]	[illegible]
zji^2	phju^2	we^2	·jow^2	śja^2		thjɨ^2	sju^2	rjur^1
最	上	作	叹	嗟。		斯	如	诸
[illegible]	[illegible]，		[illegible]	[illegible]	[illegible]	[illegible]	[illegible]，	
tsjiir^1	tshji^1		·jiw^1	tshja^2	zji^2	ŋowr^2	lhə	
法	要，		应	报	普	具	足，	

谘嗟此最上。斯诸法之要，报应普备足，

9.59.3

[illegible]	[illegible]	[illegible]	[illegible]	[illegible]，		[illegible]	[illegible]	[illegible]
śjɨj^2	no^2	dźjiij^1	tha^1	do^2		to^2	zji^2	śiə^1
圣	安	住	佛	所，		悉	皆	伴
[illegible]	[illegible]。		[illegible]	[illegible]	[illegible]	[illegible]	[illegible]，	
śio^1	śjɨ^1		thjɨ^2	sju^2	rjur^1	sjij^2	mjijr^2	
随	往。		斯	如	诸	智	者，	

当发往俱到，圣安住佛所①。其斯诸明智，

9.59.4

[illegible]	[illegible]	[illegible]	[illegible]	[illegible]，		[illegible]	[illegible]	[illegible]
dźiã^2	tsjij^2	tśja^1	dźjɨ	lhjịj^2		phiow^1	sej^1	tsjiir^1
菩	萨	道	行	受，		白	清	法
[illegible]	[illegible]，		[illegible]	[illegible]	[illegible]	[illegible]	[illegible]。	
zow^2	dźjij^1		thjɨ^2	ŋwu^2	tsjiir^1	nẹ^1	tshjiij^1	
奉	行，		是	以	教	宣	言。	

受菩萨道行，奉行清白法，以用宣布教。

① 当发往俱到，圣安住佛所，西夏本作"圣安住佛所，悉皆伴随往"，疑语序颠倒。

9.59.5

dzjɨj^{1}	bju^{1}	mjij^{1}	sej^{1}	dźjiij^{1}		ŋwə^{1}	mee^{2}	mjijr^{2}
时	随	闲	静	住，		五	神	通
lhjụ^{2}	rjir^{1}		thja^{1}	sjij^{2}	zji^{2}	lə	nioow^{1}	
逮	得，		其	识	皆	念	故，	

随时而闲静，逮到五神通，因其识皆念，

9.59.6

mjij^{1}	sej^{1}	tsjiir^{1}	rjɨr^{2}	dźjij^{1}		thja^{1}	njij^{2}	njɨɨ^{1}
清	净	法	所	行。		其	王	二
ljij^{2}	no^{2}		nioow^{1}	ŋwər^{1}	dzow^{1}	śjwo^{2}	mjịj^{1}	
太	子，		与	皇	后	婇	女，	

所以法淡泊①。其王二太子，与夫人婇女，

9.60.1

thjɨ^{2}	njɨɨ^{1}	swew^{1}	sjij^{2}	njɨ^{2}		dźiã^{2}	tsjij^{2}	·jij^{1}
斯	二	明	智	等，		菩	萨	之
tsjiir^{1}	dźjịj^{1}		mee^{2}	mjijr^{2}	źjɨr^{1}	rjir^{1}	nioow^{1}	
法	行。		神	通	慧	获	及，	

斯二明智等，行菩萨之法。以获神通慧，

9.60.2

tshọ^{2}	ŋa^{1}	gu^{2}	dzjwɨ^{2}	dźjij^{1}		tśhja^{2}	·ioow^{1}	sjij^{2}

① 所以法淡泊，西夏本作“所行清净法”。

虚 空 中 行 经， 德 功 智

[Tangut]

źjɨr[1] ŋjow[2] rjur[1] pjụ[1] do[2] njɨ[2] śji[2]

慧 海， 世 尊 所 到 往。

经行虚空中，往到世尊所，功勋智慧海①。

9.60.3

[Tangut]

tha[1] rewr[2] ·jij[1] tśjiw[2] tshwew[1] dzjwo[2] kha[1] pjụ[1]

佛 足 之 首 稽， 人 中 尊

[Tangut]

bju[1] tjị[1] ŋowr[2] ŋowr[2] zji[2] dzow[1] ŋwej[2]

依 归， 一 切 悉 同 和，

前稽首佛足，自归人中尊，一切悉和同，

9.60.4

[Tangut]

zji[2] pjạ[1] phjoo[2] tśja[1] tshwew[1] tsjiir[1] phji[1] nioow[1]

俱 手 叉 礼 敬。 法 意 及

[Tangut]

rjur[1] ·ji[1] tha[1] ·ju[2] rjir[2] thjɨ[2] ·jɨ[2]

诸 众， 佛 面 前 此 谓，

俱往叉手礼。法意前启佛，并余一切众，

9.60.5

[Tangut]

lew[1] tjị[1] tha[2] śjɨj[2] pjụ[1] ŋa[2] ·jij[1] tśja[1]

唯 愿 大 圣 尊， 我 之 道

[Tangut]

tsjiir[1] tshjiij[1] zji[2] buu[2] thjɨ[2] sju[2] njɨ[2]

---

① 往到世尊所，功勋智慧海，西夏本作“功德智慧海，往到世尊所”，疑语序颠倒。

法	说。		最	胜	是	如	等，	

唯愿大圣尊，为我说道法。最胜知是等，

9.60.6

[illegible]	[illegible]	[illegible]	[illegible]	[illegible]，		[illegible]	[illegible]	[illegible]
njiij[1]	khju[1]	lə	tja[1]	dwewr[2]		tśhjwo[1]	zji[2]	na[1]
心	底	念	者	知，		则	甚	深
[illegible]	[illegible]，		[illegible]	[illegible]	[illegible]	[illegible]	[illegible]。	
tsjiir[1]	wo[2]		thja[2]	·jij[1]	phjo[2]	kar[2]	tshjiij[1]	
法	义，		彼	之	分	别	说。	

心中之所念，则为分别说，深妙之法义①。

9.61.1

[illegible]	[illegible]	[illegible]	[illegible]	[illegible]，		[illegible]	[illegible]	[illegible]
thja[1]	rjur[1]	tsjiir[1]	ŋowr[2]	ŋowr[2]		zji[2]	·jiw[1]	nioow[1]
是	诸	法	一	切，		皆	因	缘
[illegible]	[illegible]，		[illegible]	[illegible]	[illegible]	[illegible]	[illegible]，	
bju[1]	śjwo[1]		mər[2]	wə[1]	dzjiij[2]	tsjiir[1]	mjij[1]	
随	生，		本	主	师	教	无，	

是一切诸法，皆从因缘起，本无主师教，

9.61.2

[illegible]	[illegible]	[illegible]	[illegible]	[illegible]。		[illegible]	[illegible]	[illegible]
wji[1]	ɣjɨr[1]	bju[1]	wjɨ[2]	śja[2]		tsjij[2]	ku[1]	·u[2]
造	化	随	△	现。		解	则	内
[illegible]	[illegible]，		[illegible]	[illegible]	[illegible]	[illegible]	[illegible]，	
tsjɨ[1]	ŋa[1]		djɨr[2]	nioow[1]	·jiw[1]	nioow[1]	mjij[1]	
亦	空，		外	则	因	缘	无，	

从造化现生。其解内以空，外则无因缘，

① 则为分别说，深妙之法义，西夏本作“则甚深法义，彼之分别说”，疑语序颠倒。

9.61.3

[illegible]	[illegible]	[illegible]	[illegible]	[illegible],		[illegible]	[illegible]①	[illegible]
thja^{1}	rjur^{1}	tsjiir^{1}	ŋowr^{2}	ŋowr^{2}		sjwɨ^{1}	sjiij^{2}	zji^{2}
是	诸	法	一	切,		虑	忧	悉
[illegible]	[illegible]。		[illegible]	[illegible]	[illegible]	[illegible]	[illegible],	
ŋa^{1}	dź-		ɣu^{1}	mjiij^{2}	seew^{2}	njwi^{2}	ku^{1}	
空	虚。		本	末	察	能	则,	

是一切诸法,恍惚悉空虚。以能察本末,

9.61.4

[illegible]	[illegible]	[illegible]	[illegible]	[illegible],		[illegible]	[illegible]	[illegible]
wji^{1}	mjij^{1}	gji^{1}	sej^{1}	ljij^{2}		pjụ^{1}	dza^{2}	tshọ^{2}
作	无	清	净	见,		量	计	虚
[illegible]	[illegible],		[illegible]	[illegible]	[illegible]	[illegible]	[illegible]。	
ŋa^{1}	sju^{2}		·ju^{2}	·wejr^{2}	·jiij^{1}	tjị^{2}	mjij^{1}	
空	犹,		常	护	持	可	不。	

无作见清净,计之犹虚空,常不可护持。

9.61.5

[illegible]	[illegible]	[illegible]	[illegible]	[illegible],		[illegible]	[illegible]	[illegible]
tha^{1}	ŋewr^{2}	mjij^{1}	tśier^{1}	·ju^{2}		thjɨ^{2}	njɨ^{2}	·jij^{1}
佛	数	无	方	便,		此	等	之
[illegible]	[illegible],		[illegible]	[illegible]	[illegible]	[illegible]	[illegible],	
nẹ^{1}	tshjiij^{1}		na^{1}	dwuu^{2}	tśhja^{2}	ɣiej^{1}	tsjiir^{1}	
宣	颁,		深	密	正	真	法,	

佛以无数便,为此等颁宣,分别敷演此,

9.61.6

[illegible]	[illegible]	[illegible]	[illegible]	[illegible]。		[illegible]	[illegible]	[illegible]
zji^{2}	phju^{2}	ka^{1}	neew^{2}	tshjiij^{1}		śjạ^{1}	ɣạ^{2}	tśhjiw^{1}

① [illegible][illegible],对译汉文本“恍惚”。

无	上	倶	善	演。		七	十	六

[illegible]	[illegible]，		[illegible]	[illegible]	[illegible]①	[illegible]	[illegible]，
mjijr²	dzjwo²		nioow¹	njɨɨ¹	·jir²	bjuu²	·ji¹
垓	人，		及	二	百	将	众，

深奥之正真②。七十六垓人，及二亿载众，

9.62.1

[illegible]	[illegible]	[illegible]	[illegible]	[illegible]，	[illegible]	[illegible]	[illegible]	[illegible]	[illegible]。
zji²	wəə¹	śjij¹	tsjiir¹	zeew²	ka¹	ka¹	śjɨj¹	·jiw²	rjir¹
皆	柔	顺	法	忍，	一	时	成	就	得。

一时皆得成，柔顺之法忍③。

汉文本

如是，寂意，其勇郡王，奉无极法，逮法财富，稽首佛足，绕佛七匝，与中宫婇女及其官属，入大高台楼阁交露，便涌出上于虚空中，须臾之间，即复还服清净大国。于是圣王，以十五日，月盛满时，若干种华，出入行到，游观之园，中宫眷属，观见好地，彼时圣王在游观园，作众妓乐。其二正夫人，一名不行步，二名无虚损，从宫中出，洗身沐浴，适还去已，以香熏衣，坐莲华台妙胜床席。有二孩童，自然来上，夫人膝上，结跏趺坐，端正殊好，非世所见，有二十八大人之相，庄严其身。适自然现，即时虚空中，百千诸天，举声叹曰：是二孩童，则法神圣，一名法意，二名法念。是二孩童，适自然现，时其名法念孩童，坐不移夫人膝上；其法意孩童子，化生无损，夫人膝上。适跏趺坐，异口同音，而说颂曰：

若有守己身，能发菩提心，
斯等之学士，为致善福庆。
以为曾睹见，护吼兴现世，
常以欢悦心，一志供事佛。
为大神通业，快得受救护，
得消生死轮，疾灭无所生。
若发菩提心，未曾忽忘之，
以救摄众生，坏破生死难。
其上方境界，不可计佛土，
彼土而有佛，号名曰时节。
从彼佛土来，以用法故举，
亦欲见功勋，国土之所有。

---

① [illegible]，于义不合，疑为通假，当作“[illegible]（rjir²）”。
② 分别敷演此，深奥之正真，西夏本作“深密正真法，演无上倶善”。
③ 一时皆得成，柔顺之法忍，西夏本作“皆柔顺法忍，得一时成就”，疑语序颠倒。

于时二孩童,各从所坐起,
因便从母膝,移下在于地。
俱发进其路,行诣天人尊,
前稽首佛足,却退叉手住。
四方宣佛德,今故来听经,
佛法甚难致,闻受亦难遇!
以得闻是法,当启人尊胜,
至诚于佛道,无上正真业。
诸佛之道法,为甚难得值,
爱乐经义者,亦复倍难遭!
今日以闲静,用亲友好法,
随顺之威则,奉敬信法教。
慕嘉于精进,所行无放逸,
以得为沙门,如是处闲居。
愍念住如是,质朴等无量,
常抱惭愧心,知博闻难遇。
其慈普具足,愍念于众生,
以能达深法,乃可逮法忍。
计诸威力势,其心无怯羸,
摄救诸众生,开化一切难。
若在于独处,造业无思议,
以不贪其身,寿命根亦然。
于学禁无厌,我思于道法,
以是能晓了,逮功勋若斯。
若能学如是,第一甚难得,
其法王之业,谘嗟此最上。
斯诸法之要,报应普备足,
当发往俱到,圣安住佛所。
其斯诸明智,受菩萨道行,
奉行清白法,以用宣布教。
随时而闲静,逮到五神通,
因其识皆念,所以法淡泊。
其王二太子,与夫人婇女,
斯二明智等,行菩萨之法。
以获神通慧,经行虚空中,
往到世尊所,功勋智慧海。
前稽首佛足,自归人中尊,
一切悉和同,俱往叉手礼。

法意前启佛，并余一切众，
唯愿大圣尊，为我说道法。
最胜知是等，心中之所念，
则为分别说，深妙之法义。
是一切诸法，皆从因缘起，
本无主师教，从造化现生。
其解内以空，外则无因缘，
是一切诸法，恍惚悉空虚。
以能察本末，无作见清净，
计之犹虚空，常不可护持。
佛以无数便，为此等颁宣，
分别敷演此，深奥之正真。
七十六垓人，及二亿载众，
一时皆得成，柔顺之法忍。

9.62.2

[illegible]	[illegible]	[illegible]	[illegible]	[illegible]	[illegible]	[illegible]	[illegible]	[illegible]，
tśhjɨ^{1}	zjọ^{2}	kjir^{1}	·jiw^{2}	we^{2}	dźiej^{2}	deej^{1}	śjɨj^{2}	njij^{2}
尔	时	勇	猛	郡	轮	转	圣	王，
[illegible]	[illegible]	[illegible]	[illegible]	[illegible]，	[illegible]	[illegible]	[illegible]	[illegible]，
kụ^{2}	mjii^{1}	·u^{2}	ljij^{2}	no^{2}	wjị^{1}	dźjwɨ^{1}	sjij^{2}	·ju^{2}
后	宫	中	太	子，	眷	属	人	民，

是时转轮圣王勇郡，中宫太子，眷属万民，

9.62.3

[illegible]	[illegible]	[illegible]	[illegible]	[illegible]	[illegible]，	[illegible]	[illegible]	[illegible]
tha^{1}	·jij^{1}	tśjɨ^{1}	ror^{2}	tśja^{1}	tshwew^{1}	rjur^{1}	pjụ^{1}	nioow^{1}
佛	之	围	绕	礼	作，	世	尊	及
[illegible]	[illegible]	[illegible]	[illegible]	[illegible]，	[illegible]	[illegible]	[illegible]	[illegible]
śjɨj^{2}	·ji^{1}	·jij^{1}	kjụ^{1}	tshwew^{1}	śjạ^{1}	njɨɨ^{2}	śjạ^{1}	gjɨ^{2}
圣	众	之	供	养，	七	昼	七	夜

绕佛作礼，供养世尊，及与圣众，昼夜七日毕，

9.62.4

[illegible]	[illegible]	[illegible]	[illegible]，	[illegible]	[illegible]	[illegible]	[illegible]。	[illegible]

kjụ¹	tshwew¹	dja²	dźjwa¹	mər²	mjii¹	·u²	lhjwo¹	tśhjɨ¹
供	养	△	竟，	本	宫	中	还。	尔
[illegible]	[illegible]	[illegible]	[illegible]	[illegible]	[illegible]	[illegible]	[illegible]	[illegible]
dzjɨj¹	kjir¹	·jiw²	we²	dźiej²	deej¹	śjɨj²	njij²	·ji¹
时	勇	猛	郡	转	轮	圣	王	众

竟还归其宫。于是勇郡转轮圣王，

9.62.5

[illegible]	[illegible]	[illegible]	[illegible]	[illegible]	[illegible]	[illegible]	[illegible]	[illegible]
gji¹	sej¹	ljɨ¹	ŋwu²	ljuu²	tshjij²	du¹	so²	tśhjaa¹
清	净	宝	以	庄	严	楼	高	上
[illegible]，	[illegible]	[illegible]	[illegible]	[illegible]，	[illegible]	[illegible]	[illegible]	[illegible]：
dźjiij¹	·jij¹	tjij¹	śjā¹	dzuu²	njiij¹	khju¹	sjwɨ¹	lə
住，	自	独	禅	坐，	心	底	思	念：

独处宴坐①，在于清净高阁交露，自心念言：

9.62.6

[illegible]	[illegible]	[illegible]	[illegible]，	[illegible]	[illegible]	[illegible]	[illegible]	[illegible]
thja¹	rjur¹	gji²	njɨ²	zji²	zji²	phju²	tśhja²	ɣiej¹
其	诸	子	等，	皆	无	上	正	真
[illegible]	[illegible]	[illegible]	[illegible]。	[illegible]	[illegible]	[illegible]	[illegible]	[illegible]
tśja¹	njiij¹	·a	śjwo¹	ljɨ¹	kjɨ¹	zji²	ɣu¹	bju¹
道	意	△	发。	何	所	最	初	依

是吾诸子，皆发无上正真道意。今当试之②，

9.63.1

[illegible]	[illegible]	[illegible]	[illegible]	[illegible]	[illegible]，	[illegible]	[illegible]	[illegible]
zji²	phju²	tśhja²	ɣiej¹	tśja¹	lhjụ²	tśhja²	ka¹	dwewr²
无	上	正	真	道	逮，	正	等	觉
[illegible]	[illegible]？	[illegible]	[illegible]	[illegible]	[illegible]	[illegible]	[illegible]	[illegible]，

① 宴坐，西夏本作“禅坐”。
② 西夏本脱“今当试之”。

mjijr^2	we^2	thjɨ^2	wjɨ^2	sjwij^1	phjo^2	ŋa^2	lew^2	xja^1
者	为?	此	刻	明	使	我	所	急,

何所太子先当,逮致无上正真之道,为最正觉者?

9.63.2

[illegible]	[illegible]	[illegible]	[illegible],	[illegible]	[illegible]	[illegible]	[illegible]	[illegible]
kjɨɨr^1	·jij^1	dzju^1	bji^2	śją^1	ljɨ̣^{1}	ljɨj^2	tsəj^1	gjɨ^2
工	之	旨	敕,	七	宝	瓶	小	一
[illegible]	[illegible]	[illegible],	[illegible]	[illegible]	[illegible]	[illegible],	[illegible]	[illegible]
rjɨr^2	wji^1	phji^1	ljɨ^2	lji^2	ljuu^2	ŋą^2	nioow^1	śją^1
乃	作	令,	团	圆	美	好,	及	七

便敕工师,作七宝瓶,极好团圆,作七

9.63.3

[illegible]	[illegible]	[illegible]	[illegible]	[illegible]	[illegible]	[illegible],	[illegible]	[illegible]
ljɨ̣^{1}	ljɨj^2	tha^2	gjɨ^2	rjɨr^2	wji^1	phji^1	zji^2	thjoo^1
宝	瓶	大	一	乃	作	令,	玄	妙
[illegible]	[illegible],	[illegible]	[illegible]	[illegible]	[illegible]	[illegible]	[illegible]。	[illegible]
dźju^1	śja^2	bji^1	bjij^2	ljɨɨr^1	ɣạ^2	gjɨɨ^1	tśhjaa^2	śją^1
显	现,	下	高	四	十	九	尺。	七

宝瓶,显现微妙,又高七仞为四十九尺①。

9.63.4

[illegible]	[illegible]	[illegible]	[illegible]	[illegible]	[illegible]	[illegible]	[illegible]	[illegible]
ljɨ̣^{1}	dźju^1	ɣa^2	tụ^1	ljij^2	no^2	·jij^1	·jij^1	twụ^1
宝	筹	而	千	太	子	之	自	各
[illegible]	[illegible]	[illegible]	[illegible]	[illegible]	[illegible],	[illegible]	[illegible]	[illegible]
tśięj^2	bju^1	mjiij^2	nja^1	rjar^1	wji^1	zji^2	ljɨj^2	tsəj^1
次	依	名	△	疏	作,	皆	瓶	小

使诸千太子,各各疏名,作七宝筹,着瓶

---

① 又高七仞为四十九尺,西夏本作"高下四十九尺"。

9.63.5

□	□，	□	□	□	□	□	□，	□
·u^{2}	kjur^{1}	thja^{1}	ljɨj^{2}	tha^{2}	tśhjaa^{1}	rjɨr^{2}	tjị^{1}	zji^{2}
中	盛，	其	瓶	大	上	所	置，	咸
□	□	□	□	□。	□	□	□、	□、
gu^{2}	śją^{1}	njɨɨ^{2}	śją^{1}	gjɨ^{2}	mə^{1}	wją^{1}	śja^{1}	mẹ^{2}
共	七	昼	七	夜。	天	华	香、	末、

中举，瓶着瓶上，咸共夙夜，七日供养。以天华香、捣香①、

9.63.6

□	□、	□	□、	□	□	□	□	□，
mə^{2}	śja^{1}	wją^{1}	ɣja^{2}	ljɨɨ^{1}	dźjow^{1}	ŋwu^{2}	kjụ^{1}	tshwew^{1}
杂	香、	华	盖、	幡	幢	以	供	养，
□	□	□	□	□，	□	□	□	□
·ji^{1}	tshow^{1}	wjɨ^{1}	wji^{1}	ŋwu^{2}	ljɨ^{1}	ljɨj^{2}	·u^{2}	mjiij^{2}
众	乐	伎	作	以，	宝	瓶	中	名

杂香、华盖、幢幡，作众伎乐，供养宝瓶

9.64.1

□	□	□	□	□	□。	□	□	□
·o^{1}	dźju^{1}	·jij^{1}	kjụ^{1}	tshwew^{1}	phji^{1}	nioow^{1}	ɣạ^{2}	tụ^{1}
有	筹	之	供	养	令。	及	十	千
□	□、	□	□	□	□	□	□，	□
mə^{1}	zjɨ^{1}	ljij^{2}	no^{2}	mjiij^{2}	dji^{2}	kjụ^{1}	tshwew^{1}	do^{2}
天	子、	太	子②	名	字	供	养，	佐

所疏名号。十千天子，来佐劝助，供养名号。

9.64.2

□	□	□。	□	□	□	□，	□	□

① 捣香，西夏本作“末”，意为“末香”，西夏文省略“香”字。

② 据汉文本则下衍“太子”。

pjwɨɨr^{1}	·wụ^{2}	ljịj^{2}	dzjɨj^{1}	dźiej^{2}	deej^{1}	njij^{2}	śją^{1}	·jaar^{2}
劝	助	来。	时	转	轮	王，	七	日
[illegible]	[illegible]，	[illegible]	[illegible]	[illegible]	[illegible]	[illegible]	[illegible]，	[illegible]
wjɨ^{2}	rar^{2}	nioow^{1}	rjijr^{2}	thja^{1}	ljɨ̣^{1}	ljɨj^{2}	lhjwi^{1}	kụ^{2}
已	过，	之	后	其	宝	瓶	取，	后

时转轮王，过七日后，取是七宝瓶，在中

9.64.3

[illegible]	[illegible]	[illegible]、	[illegible]	[illegible]、	[illegible]	[illegible]	[illegible]	[illegible]
mjii^{1}	ŋwər^{1}	dzow^{1}	śjwo^{2}	mjij^{1}	rjur^{1}	ljịj^{2}	no^{2}	·ji^{1}
宫	皇	后、	婇	女、	诸	太	子	众
[illegible]	[illegible]，	[illegible]	[illegible]	[illegible]	[illegible]	[illegible]	[illegible]，	[illegible]
·ju^{2}	rjir^{2}	tshjɨj^{2}	kię^{1}	lhjoor^{1}	tśhjaa^{1}	rjɨr^{2}	tjị^{1}	nioow^{1}
面	前，	紫	金	案	上	乃	置，	及

宫夫人、婇女、诸太子众前，举着紫金案上，

9.64.4

[illegible]	[illegible]	[illegible]	[illegible]	[illegible]	[illegible]，	[illegible]	[illegible]	[illegible]
dzjwo^{2}	gjɨ^{2}	thja^{1}	ljɨj^{2}	·a	zow^{2}	rjur^{1}	ljịj^{2}	no^{2}
人	一	其	瓶	△	举，	诸	太	子
[illegible]	[illegible]	[illegible]	[illegible]	[illegible]	[illegible]。	[illegible]	[illegible]	[illegible]
·jij^{1}	·jij^{1}	twụ^{1}	dźju^{1}	lhjwi^{1}	phji^{1}	thja^{1}	kha^{1}	ljịj^{2}
之	自	各	筹	取	令。	其	间	太

使人举瓶，令诸太子，各各探筹。有太

9.64.5

[illegible]	[illegible]	[illegible]，	[illegible]	[illegible]	[illegible]	[illegible]，	[illegible]	[illegible]
no^{2}	gjɨ^{2}	dju^{1}	mjiij^{2}	mjijr^{2}	phji^{1}	sej^{1}	phju^{2}	tsew^{2}
子	一	有，	名	者	意	净，	一	第
[illegible]	[illegible]。	[illegible]	[illegible]	[illegible]，	[illegible]	[illegible]	[illegible]	[illegible]
dźju^{1}	rjir^{2}	thja^{1}	dźju^{1}	rjir^{2}	zjọ^{2}	tśhjɨ^{2}	rjar^{2}	sọ^{1}
筹	得。	此	筹	得，	时	即	立	三

子名曰净意，得第一筹。适得此筹，于时三

9.64.6

[illegible]	[illegible]	[illegible]	[illegible]	[illegible]，	[illegible]	[illegible]	[illegible]	[illegible]，
tụ^{1}	tha^{2}	tụ^{1}	rjur^{1}	kięj^{2}	tśhjiw^{1}	mə^{2}	saar^{1}	mju^{2}
千	大	千	世	界，	六	种	震	动，
[illegible]	[illegible]	[illegible]	[illegible]、	[illegible]	[illegible]	[illegible]	[illegible]	[illegible]
kụ^{2}	mjii^{1}	ŋwər^{1}	dzow^{1}	śjwo^{2}	mjịj^{1}	·jij^{1}	tshow^{1}	wjị^{1}
后	宫	皇	后、	婇	女	之	乐	妓

千大千国土，六返震动，中宫夫人、婇女、

9.65.1

[illegible]	[illegible]，	[illegible]	[illegible]	[illegible]	[illegible]。
ŋowr^{2}	ŋowr^{2}	mji^{1}	tsjụ^{1}	·jij^{1}	ŋewr^{1}
一	切，	不	鼓	自	鸣。

一切妓乐，不鼓自鸣。

汉文本

是时转轮圣王勇郡，中宫太子，眷属万民，绕佛作礼，供养世尊，及与圣众，昼夜七日毕，竟还归其宫。于是勇郡转轮圣王，独处宴坐，在于清净高阁交露，自心念言：是吾诸子，皆发无上正真道意。今当试之，何所太子先当，逮致无上正真之道，为最正觉者？便敕工师，作七宝瓶，极好团圆，作七宝瓶，显现微妙，又高七仞为四十九尺。使诸千太子，各各疏名，作七宝筹，着瓶中举，瓶着瓶上，咸共夙夜，七日供养。以天华香、捣香、杂香、华盖、幢幡，作众伎乐，供养宝瓶，所疏名号。十千天子，来佐劝助，供养名号。时转轮王，过七日后，取是七宝瓶，在中宫夫人、婇女、诸太子众前，举着紫金案上，使人举瓶，令诸太子，各各探筹。有太子名曰净意，得第一筹。适得此筹，于时三千大千国土，六返震动，中宫夫人、婇女、一切妓乐，不鼓自鸣。

9.65.1

[illegible]	[illegible]	[illegible]	[illegible]，	[illegible]	[illegible]	[illegible]	[illegible]	[illegible]？	[illegible]	[illegible]	[illegible]
phji^{1}	mjij^{1}	dźiã^{2}	tsjij^{2}	nji^{2}	phji^{1}	ɣa^{2}	thjij^{2}	sjo^{2}	thja^{1}	zjọ^{2}	phji^{1}
意	寂	菩	萨，	汝	意	于	何	云？	彼	时	意

于寂意所念云何？彼时净意

9.65.2

sej^{1}	ljij^{2}	no^{2}	tja^{1}	dzjij^{2}	dzjwo^{2}	tśhjaa^{1}	kwej^{1}	dze^{2}
净	太	子	者，	他	人	上	莫	称
nja^{2}	kju^{1}	ljiw^{1}	swẽ^{1}	tha^{1}	ŋwu^{2}	tśjɨɨ^{1}	mjiij^{2}	dźjwow^{1}
△？	拘	留	孙	佛	是；	次	名	号

太子，岂异人乎？莫造异观！所以者何？① 则拘留孙如来是也；从次

9.65.3

gja^{1}	ka^{2}	ljij^{2}	no^{2}	tja^{1}	kju^{1}	no^{1}	xã^{1}	mo^{2}
兵	离	太	子	者，	拘	那	含	牟
nji^{2}	tha^{1}	ŋwu^{2}	tśjɨɨ^{1}	ljij^{2}	no^{2}	gjɨ^{2}	mjiij^{2}	tja^{1}
尼	佛	是；	次	太	子	有，	名	者

太子名，离名闻兵，则拘那含牟尼佛是也；次有太子，名

9.65.4

mjij^{1}	tśhji^{2}	kja^{1}	śja^{1}	tha^{1}	ŋwu^{2}	tśjɨɨ^{1}	rjur^{1}	tśji̱^{1}
寂	根，	迦	叶	佛	是；	次	诸	苦
gji̱j^{1}	ɣie^{2}	ljij^{2}	no^{2}	tja^{1}	mjor^{1}	ŋa^{2}	lju̱^{2}	ŋwu^{2}
利	益	太	子	者，	则	吾	身	是；

寂根，则迦叶如来是也；次有太子，名一切苦利，则吾身是也；

9.65.5

tśjɨɨ^{1}	dzju̱^{2}	·jij^{2}	ljij^{2}	no^{2}	tja^{1}	mji^{1}	le^{2}	tha^{1}

① 岂异人乎？莫造异观！所以者何，西夏本作“他人上莫称”。

次	雨	室	太	子	者，	弥	勒	佛
[illegible]；	[illegible]	[illegible]	[illegible]	[illegible]	[illegible]	[illegible]	[illegible]	[illegible]，
ŋwu²	tśjɨɨ¹	lhjịj²	swew¹	nji²	·ụ²	ljịj²	no²	tja¹
是；	次	月	明	珠	服	太	子	者，

次有太子，名雨室，则弥勒如来是也；次有太子，名明月珠服，

9.65.6

[illegible]	[illegible]	[illegible]	[illegible]，	[illegible]	[illegible]	[illegible]	[illegible]；	[illegible]
kụ¹	tha¹	we²	zjịj¹	mjiij²	tja¹	ka²	tśjij²	tśjɨɨ¹
后	佛	成	时，	名	者	狮	子；	次
[illegible]	[illegible]	[illegible]，	[illegible]	[illegible]	[illegible]	[illegible]，	[illegible]	[illegible]
ljịj²	no²	gjɨ²	kụ¹	tha¹	we²	zjịj¹	mjiij²	tja¹
太	子	有，	后	佛	成	时，	名	者

将来作佛，名曰狮子；次有太子，于将来世成佛，

9.66.1

[illegible]	[illegible]；	[illegible]	[illegible]	[illegible]	[illegible]，	[illegible]	[illegible]	[illegible]
thjoo¹	mee²	tśjɨɨ¹	ljịj²	no²	gjɨ²	mjiij²	tja¹	mee²
妙	贤；	次	太	子	有，	名	者	贤
[illegible]，	[illegible]	[illegible]	[illegible]	[illegible]，	[illegible]	[illegible]	[illegible]	[illegible]；
mə²	kụ¹	tha¹	we²	zjịj¹	mjiij²	tja¹	kjụ¹	tshwew¹
氏，	后	佛	成	时，	名	者	供	养；

名曰妙英①；次有太子，名贤氏，将来成佛，名曰供养；

9.66.2

[illegible]	[illegible]	[illegible]	[illegible]，	[illegible]	[illegible]	[illegible]	[illegible]，	[illegible]
tśjɨɨ¹	ljịj²	no²	gjɨ²	mjiij²	tja¹	bji¹	ɣu¹	kụ¹
次	太	子	有，	名	者	光	首，	后
[illegible]	[illegible]	[illegible]，	[illegible]	[illegible]	[illegible]	[illegible]；	[illegible]	[illegible]
tha¹	we²	zjịj¹	mjiij²	tja¹	thjoo¹	wją¹	tśjɨɨ¹	ljịj²

① 妙英，西夏本作“妙贤”。

佛	成	时，	号	者	妙	华；	次	太

次有太子，名曰光首，后成佛时，号曰妙华；次有太

9.66.3

[illegible]	[illegible]，	[illegible]	[illegible]	[illegible]	[illegible]	[illegible]，	[illegible]	[illegible]
no^2	gjɨ^2	mjiij^2	tja^1	wja̱^{1}	sej^1	mə^2	kụ^1	tha^1
子	有，	名	者	华	莲	氏，	后	佛
[illegible]	[illegible]，	[illegible]	[illegible]	[illegible]	[illegible]；	[illegible]	[illegible]	[illegible]
we^2	zjij^1	mjiij^2	tja^1	·jur^1	khjij^1	tśjɨɨ^1	ljij^2	no^2
成	时，	号	者	奉	养；	次	太	子

子，名曰莲华氏，后成佛时，号曰奉养；次有太子，

9.66.4

[illegible]，	[illegible]	[illegible]	[illegible]	[illegible]	[illegible]，	[illegible]	[illegible]	[illegible]
gjɨ^2	mjiij^2	tja^1	ror^2	ka^2	bji^1	kụ^1	tha^1	we^2
有，	名	者	垢	离	光，	后	佛	成
[illegible]，	[illegible]	[illegible]	[illegible]	[illegible]；	[illegible]	[illegible]	[illegible]	[illegible]，
zjij^1	mjiij^2	tja^1	neew^2	mej^1	tśjɨɨ^1	ljij^2	no^2	gjɨ^2
时，	号	者	善	目；	次	太	子	有，

名离垢光，后成佛时，号曰善目；次有太子，

9.66.5

[illegible]	[illegible]	[illegible]	[illegible]，	[illegible]	[illegible]	[illegible]	[illegible]，	[illegible]
mjiij^2	tja^1	gja^1	mə^2	kụ^1	tha^1	we^2	zjij^1	mjiij^2
名	者	兵	氏，	后	佛	成	时，	号
[illegible]	[illegible]	[illegible]；	[illegible]	[illegible]	[illegible]	[illegible]，	[illegible]	[illegible]
tja^1	thjoo^1	la̱^{1}	tśjɨɨ^1	ljij^2	no^2	gjɨ^2	mjiij^2	tja^1
者	妙	臂；	次	太	子	有，	名	者

名兵氏，后成佛时，号曰快臂①；次有太子，名曰

① 快臂，西夏本作“妙臂”。

9.66.6

[illegible]	[illegible]，	[illegible]	[illegible]	[illegible]	[illegible]，	[illegible]	[illegible]	[illegible]
thjoo^{1}	phji^{1}	kụ^{1}	tha^{1}	we^{2}	zjịj^{1}	mjiij^{2}	tja^{1}	ljoor^{1}
妙	意，	后	佛	成	时，	号	者	焰
[illegible]；	[illegible]	[illegible]	[illegible]	[illegible]，	[illegible]	[illegible]	[illegible]	[illegible]
bji^{1}	tśjɨɨ^{1}	ljịj^{2}	no^{2}	gjɨ^{2}	mjiij^{2}	tja^{1}	sej^{1}	tśhjaa^{1}
光；	次	太	子	有，	名	者	净	上

意妙，后成佛时，号曰焰光；次有太子，名曰净复

9.67.1

[illegible]，	[illegible]	[illegible]	[illegible]	[illegible]，	[illegible]	[illegible]	[illegible]	[illegible]；
sej^{1}	kụ^{1}	tha^{1}	we^{2}	zjịj^{1}	mjiij^{2}	tja^{1}	ljoor^{1}	wjị^{1}
净，	后	佛	成	时，	号	者	焰	味；
[illegible]	[illegible]	[illegible]	[illegible]，	[illegible]	[illegible]	[illegible]	[illegible]，	[illegible]
tśjɨɨ^{1}	ljịj^{2}	no^{2}	gjɨ^{2}	mjiij^{2}	tja^{1}	dju^{1}	djịj^{1}	kụ^{1}
次	太	子	有，	名	者	富	党，	后

净，后成佛时，号曰焰味；次有太子，名曰富党①，后

9.67.2

[illegible]	[illegible]	[illegible]，	[illegible]	[illegible]	[illegible]	[illegible]	[illegible]；	[illegible]
tha^{1}	we^{2}	zjịj^{1}	mjiij^{2}	tja^{1}	ŋwer^{2}	lhjwo^{1}	mjij^{1}	tśjɨɨ^{1}
佛	成	时，	号	者	懈	退	无；	次
[illegible]	[illegible]	[illegible]，	[illegible]	[illegible]	[illegible]	[illegible]	[illegible]，	[illegible]
ljịj^{2}	no^{2}	gjɨ^{2}	mjiij^{2}	tja^{1}	ror^{2}	ka^{2}	sej^{1}	kụ^{1}
太	子	有，	名	者	垢	离	净，	后

成佛时，号无退没；次有太子，名曰离垢净，后

9.67.3

[illegible]	[illegible]	[illegible]，	[illegible]	[illegible]	[illegible]	[illegible]；	[illegible]	[illegible]
tha^{1}	we^{2}	zjịj^{1}	mjiij^{2}	tja^{1}	tśhja^{2}	·jiij^{1}	tśjɨɨ^{1}	ljịj^{2}

① 富党，西夏本字面意思是“有部”，拟音“dju^{1} djịj^{1}”。

佛	成	时，	号	者	德	执；	次	太
[illegible]	[illegible]，	[illegible]	[illegible]	[illegible]	[illegible]，	[illegible]	[illegible]	[illegible]
no^{2}	gjɨ^{2}	mjiij^{2}	tja^{1}	gjwɨ^{1}	lwo^{2}	kụ^{1}	tha^{1}	we^{2}
子	有，	名	者	坚	强，	后	佛	成

成佛时，号曰执德；次有太子，名曰坚强，后成佛

9.67.4

[illegible]，	[illegible]	[illegible]	[illegible]	[illegible]；	[illegible]	[illegible]	[illegible]	[illegible]，
zjịj^{1}	mjiij^{2}	tja^{1}	ljɨ̣^{1}	dạ^{2}	tśjɨɨ^{1}	ljịj^{2}	no^{2}	gjɨ^{2}
时，	号	者	宝	事；	次	太	子	有，
[illegible]	[illegible]	[illegible]	[illegible]，	[illegible]	[illegible]	[illegible]	[illegible]，	[illegible]
mjiij^{2}	tja^{1}	ljɨ̣^{1}	·jow^{2}	kụ^{1}	tha^{1}	we^{2}	zjịj^{1}	mjiij^{2}
名	者	宝	称，	后	佛	成	时，	号

时，号曰宝事；次有太子，名曰宝称，后成佛时，号

9.67.5

[illegible]	[illegible]	[illegible]	[illegible]	[illegible]。	[illegible]	[illegible]	[illegible]	[illegible]，
tja^{1}	rjur^{1}	mji^{1}	źjiw^{1}	nji	phji^{1}	mjij^{1}	dźiã^{2}	tsjij^{2}
者	世	无	侵	欺。	意	寂	菩	萨，
[illegible]	[illegible]	[illegible]	[illegible]	[illegible]，	[illegible]	[illegible]	[illegible]	[illegible]，
śji^{1}	tshji^{1}	rjijr^{2}	zjɨɨr^{1}	tshjiij^{1}	tjij^{1}	wạ^{2}	tshjiij^{1}	nji^{2}
首	要	方	微	言，	若	广	言	△，

曰无欺世。于是寂意，取要言之，次广

9.67.6

[illegible]	[illegible]	[illegible]	[illegible]	[illegible]。	[illegible]	[illegible]	[illegible]	[illegible]，
ku^{1}	thjɨ^{2}	sju^{2}	rjɨr^{2}	njɨ^{2}	tśjɨɨ^{1}	ljịj^{2}	no^{2}	gjɨ^{2}
则	此	如	所	到。	次	太	子	有，
[illegible]	[illegible]	[illegible]	[illegible]	[illegible]	[illegible]	[illegible]，	[illegible]	[illegible]
mjiij^{2}	tja^{1}	zər^{2}	ljɨ̣j^{2}	zjir^{2}	ljuu^{2}	tshjịj^{2}	kụ^{1}	tha^{1}
名	者	露	甘	铠	庄	严，	后	佛

具足。有太子，名曰甘铠，庄严第九百九十九，

9.68.1

we²	zjij¹	mjiij²	tja¹	mjɨ¹	pju̧¹	tśhja²	ljɨ̣¹	·jow²
成	时,	号	者	无	量	德	宝	称,
·a	lju²	gjɨɨ¹	·jir²	gjɨɨ¹	ɣa̧²	gjɨɨ¹	dzjwo²	tu̧¹
一	共	九	百	九	十	九	人,	千

千不满一,后成佛时,号曰无量德宝称①,

9.68.2

kha¹	tjij¹	mjɨ¹	lew¹	to²	zji²	ku̧¹	lja¹
中	独	不	足。	悉	皆	后	来,
thjɨ²	mee²	kja²	kha¹	rjur¹	kha¹	to²	śja²
此	神	劫	间,	世	间	出	现。

在是贤劫,立兴来世。

汉文本

于寂意所念云何?彼时净意太子,岂异人乎?莫造异观!所以者何?则拘留孙如来是也;从次太子,名离名闻兵,则拘那含牟尼佛是也;次有太子,名寂根,则迦叶如来是也;次有太子,名一切苦利,则吾身是也;次有太子,名雨室,则弥勒如来是也;次有太子,名明月珠服,将来作佛,名曰狮子;次有太子,于将来世成佛,名曰妙英;次有太子,名贤氏,将来成佛,名曰供养;次有太子,名曰光首,后成佛时,号曰妙华;次有太子,名曰莲华氏,后成佛时,号曰奉养;次有太子,名离垢光,后成佛时,号曰善目;次有太子,名兵氏,后成佛时,号曰快臂;次有太子,名曰意妙,后成佛时,号曰焰光;次有太子,名曰净复净,后成佛时,号曰焰味;次有太子,名曰富党,后成佛时,号无退没;次有太子,名曰离垢净,后成佛时,号曰执德;次有太子,名曰坚强,后成佛时,号曰宝事;次有太子,名曰宝称,后成佛时,号曰无欺世。于是寂意,取要言之,次广具足。有太子,名曰甘铠,庄严第九百九十九,千不满一,后成佛时,号曰无量德宝称,在是贤劫,立兴来世。

① 有太子,名曰甘铠,庄严第九百九十九,千不满一,后成佛时,号曰无量德宝称,西夏本作"次有太子,名者甘露铠庄严,后来成佛时,号者无量德宝称,一共九百九十九人,千中独不足"。

9.68.2

[illegible]	[illegible]
tha^{1}	dạ^{2}
佛	言

佛言：

9.68.3

[illegible]	[illegible]	[illegible]	[illegible]，	[illegible]	[illegible]	[illegible]	[illegible]	[illegible]
phji^{1}	mjij^{1}	dźiã^{2}	tsjij^{2}	nioow^{1}	ljɨj^{2}	no^{2}	gjɨ^{2}	mjiij^{2}
意	寂	菩	萨，	及	太	子	有	名
[illegible]，	[illegible]	[illegible]	[illegible]，	[illegible]	[illegible]	[illegible]	[illegible]	[illegible]，
tja^{1}	phji^{1}	mjɨ^{1}	pjụ^{1}	nja^{1}	mjiij^{2}	bju^{1}	dźju^{1}	rjir^{1}
者，	意	无	量，	而	下	依	筹	得，

如是①，寂意②，有太子，名意无量，得最后筹，

9.68.4

[illegible]	[illegible]	[illegible]	[illegible]	[illegible]	[illegible]	[illegible]	[illegible]	[illegible]
thja^{1}	njij^{2}	·jij^{1}	ljɨj^{2}	no^{2}	kha^{1}	zji^{2}	kwə^{1}	nioow^{1}
其	王	之	太	子	中	最	后	及
[illegible]	[illegible]	[illegible]	[illegible]	[illegible]。	[illegible]	[illegible]，	[illegible]	[illegible]
tśhja^{2}	dwewr^{2}	tśja^{1}	śjɨj^{1}	lew^{2}	tśhjɨ^{1}	zjọ^{2}	dzjij^{2}	rjur^{1}
正	觉	道	成	所。	尔	时，	其	诸

是王太子，当在最后，成行觉道。时，其诸

9.68.5

[illegible]	[illegible]，	[illegible]	[illegible]	[illegible]	[illegible]	[illegible]	[illegible]	[illegible]
ljɨj^{2}	no^{2}	zji^{2}	tsəj^{1}	ljɨj^{2}	no^{2}	·jij^{1}	mjɨ^{1}	kjiwr^{2}
太	子，	皆	轻	太	子	之	不	敬
[illegible]	[illegible]，	[illegible]	[illegible]	[illegible]	[illegible]	[illegible]，	[illegible]	[illegible]

① 如是，西夏本无。

② 寂意，西夏本作“寂意菩萨”，下同。

tshow²	tshjiij²	śjwɨ¹	śjwɨ¹	djɨɨ²	rjijr²	wji¹	·jij¹	twụ¹
嘲	笑,	时	时	笑	嗤	作,	自	各

太子,轻易调戏,数数笑之,众等各

9.68.6

dạ²	·jɨ²	ŋa²	ka¹	kụ¹	tha¹	we²	zjịj¹	ljiij²
言	谓:	我	等	后	佛	成	时,	魔
·ji¹	·jij¹	rjur¹	·jar²	thjoo¹	tsjiir¹	dźiej²	deej¹	mjɨ¹
众	之	降	伏,	妙	法	轮	转,	无

言:我当成佛时,降魔官属,转于法轮,

9.69.1

pjụ¹	dźiã²	tśhju¹	·jij¹	dzju¹	dzjiij²	gju¹	dzjịj¹	djiij²
量	众	生	之	开	化	度	超,	涅
phã¹	ɣa²	njɨ²	phji¹	nji²	tśhjɨ¹	bjij²	dźiã²	tśhju¹
槃	于	至	令。	汝	尔	时	众	生

开化度脱,无量众生,令至灭度。假众生

9.69.2

ljɨ¹	zji²	sji¹	rjur¹	kięj²	kha¹	lho	sjwɨ¹	·jij¹
及	皆	尽,	世	界	间	过,	谁	之
gjuu²	la²	nja²	·jɨ²	thja¹	phji¹	mjɨ¹	pjụ¹	ljij²
救	济	△	谓?	其	意	无	量	太

尽,后何所设②,当何救济?其后太子,名意无量,

---

① [Tangut],对译汉文本“灭度”,上文使用“[Tangut]”来表示“灭度”。

② 后何所设,西夏本作“世界间过”。

9.69.3

[illegible]，	[illegible]	[illegible]	[illegible]	[illegible]	[illegible]	[illegible]，	[illegible]	[illegible]
no^{2}	zji^{2}	mjiij^{2}	bju^{1}	dźju^{1}	rjir^{2}	nioow^{1}	zji^{2}	kwə^{1}
子，	穷	底	因	筹	得	故，	最	后
[illegible]	[illegible]	[illegible]，	[illegible]	[illegible]	[illegible]	[illegible]	[illegible]：	[illegible]
nioow^{1}	tha^{1}	we^{2}	dwewr^{2}	ŋo^{2}	djiij^{2}	ɣa^{1}	sjwɨ^{1}	ŋa^{2}
及	佛	成，	知	病	恼	愁	虑：	吾

目自睹见①，得最后筹，穷底成佛，应时愁恼：吾

9.69.4

[illegible]	[illegible]	[illegible]	[illegible]，	[illegible]	[illegible]	[illegible]	[illegible]	[illegible]
wa^{2}	sju^{2}	dzwej^{1}	·o^{1}	nioow^{1}	nja^{1}	mjiij^{2}	bju^{1}	dźju^{1}
何	如	罪	有，	故	△	末	△	筹
[illegible]？	[illegible]	[illegible]	[illegible]	[illegible]	[illegible]	[illegible]	[illegible]？	[illegible]
rjor^{2}	ŋa^{2}	tja^{1}	wa^{2}	kjɨ^{1}	·jɨ^{2}	tśhjɨ2	rjar^{2}	ŋwə^{1}
得？	吾	者	何	△	谓	即	立？	五

独何衅，穷底得筹？五

9.69.5

[illegible]	[illegible]	[illegible]，	[illegible]	[illegible]	[illegible]	[illegible]，	[illegible]	[illegible]
war^{2}	ljɨ̣^{2}	njɨ̣^{1}	ŋər^{1}	ljịj^{2}	kiew^{1}	sju^{2}	thjɨ^{2}	sju^{2}
体	地	投，	山	太	崩	犹，	此	如
[illegible]	[illegible]：	[illegible]	[illegible]	[illegible]	[illegible]，	[illegible]	[illegible]	[illegible]
dạ^{2}	·jɨ^{2}	rjur^{1}	tha^{1}	tśja^{1}	tsjiir^{1}	pjụ^{1}	dza^{2}	tjị^{2}
言	宣：	诸	佛	道	法，	量	称	可

体投地，犹太山崩，口自宣言：诸佛道法，不可称量，

9.69.6

[illegible]，	[illegible]	[illegible]	[illegible]	[illegible]	[illegible]	[illegible]	[illegible]	[illegible]，
mjij^{1}	dźiā^{2}	tśhju^{1}	kięj^{2}	tsjɨ^{1}	tsew^{2}	du^{2}	mji^{1}	dju^{1}

① 据汉文本则西夏本脱“目自睹见”。

不，	众	生	界	亦	限	量	无	有，
[illegible]	[illegible]	[illegible]	[illegible]，	[illegible]	[illegible]	[illegible]	[illegible]。	[illegible]
ŋwụ1	tj̣i1	rjar1	gjij1	seew2	tshjiij1	tj̣i2	mjij1	tśhjɨ2
誓	愿	殊	特，	思	议	可	不。	即

众生之界，亦无有限，所愿殊特，不可思议。

9.70.1

[illegible]	[illegible]	[illegible]	[illegible]	[illegible]：	[illegible]	[illegible]	[illegible]	[illegible]
rjar2	tj̣i1	ŋowr2	ŋowr2	śjwo1	ŋa2	ljo2	gjɨɨ1	·jir2
立	愿	一	切	立：	我	兄	九	百
[illegible]	[illegible]	[illegible]	[illegible]，	[illegible]	[illegible]	[illegible]	[illegible]，	[illegible]
gjɨɨ1	ɣạ2	gjɨɨ1	dzjwo2	kụ1	tha1	we2	zjịj1	zjọ2
九	十	九	人，	后	佛	成	时，	寿

寻即立一切愿：令我兄弟，千人①成佛，

9.70.2

[illegible]	[illegible]	[illegible]，	[illegible]	[illegible]	[illegible]	[illegible]	[illegible]	[illegible]
tsew2	dźjo1	wjịj1	rjɨr2	dzjiij2	rjur1	śjɨj2	·ji1	dzjiij2
命	长	短，	所	教	诸	圣	众	弟
[illegible]	[illegible]，	[illegible]	[illegible]	[illegible]	[illegible]	[illegible]	[illegible]，	[illegible]
gji2	ŋewr2	rjɨr2	gju1	rjur1	dźiã2	tśhju1	ŋewr2	to2
子	数，	所	度	诸	菩	萨	数，	悉

后所教弟子，所度多少，其寿长短，

9.70.3

[illegible]	[illegible]	[illegible]，	[illegible]	[illegible]	[illegible]	[illegible]，	[illegible]	[illegible]
zji2	thjwɨ2	lj̣i2	ŋa2	tha1	we2	zjịj1	ŋa2	tjịj1
皆	结	合，	我	佛	成	时，	我	独
[illegible]	[illegible]	[illegible]	[illegible]	[illegible]	[illegible]，	[illegible]	[illegible]	[illegible]
gjɨ2	·jij1	zjọ2	tsew2	dźjo1	wjịj1	rjɨr2	dzjiij2	śjɨj2

① 千人，西夏本作“九百九十九人”。

有	之	寿	命	长	短，	所	教	圣

计合是等一切寿命，与我成佛道时，所寿久长，若干适同。

9.70.4

[illegible]	[illegible]	[illegible]	[illegible]，	[illegible]	[illegible]	[illegible]	[illegible]	[illegible]
·ji^{1}	dzjiij^{2}	gji^{2}	ŋewr^{2}	rjɨr^{2}	gju^{1}	rjur^{1}	dźiã^{2}	tśhju^{1}
众	弟	子	数，	所	度	诸	菩	萨
[illegible]，	[illegible]	[illegible]	[illegible]	[illegible]	[illegible]	[illegible]	[illegible]	[illegible]
ŋewr^{2}	thja^{1}	ljo^{2}	khwej^{2}	njɨ^{2}	rjir^{2}	kjij^{1}	ka^{1}	ŋa^{2}
数，	其	兄	长	等	与	△	等	我

仁等所有一切圣众，我成佛时，圣众独尔，颁宣经法，所化度脱，一切众生，

9.70.5

[illegible]，	[illegible]	[illegible]	[illegible]	[illegible]	[illegible]	[illegible]，	[illegible]	[illegible]
·jɨ^{2}	tjɨ^{1}	tjij^{1}	ŋa^{2}	dạ^{2}	źjɨr^{1}	ɣiej^{1}	rjur^{1}	ljo^{2}
谓，	假	使	吾	言	实	真，	诸	兄
[illegible]	[illegible]	[illegible]	[illegible]	[illegible]	[illegible]，	[illegible]	[illegible]	[illegible]
khwej^{2}	rjir^{2}	rjijr^{2}	·ioow^{1}	ljwụ^{1}	ljwụ^{1}	pjụ^{1}	dza^{2}	tjị^{2}
长	同	功	勋	巍	巍，	量	限	可

亦复如是。与仁千人，功勋巍巍，适等无异，不可限量。

9.70.6

[illegible]。	[illegible]	[illegible]	[illegible]	[illegible]	[illegible]	[illegible]，	[illegible]	[illegible]
mjij^{1}	·a	tjịj^{2}	we^{2}	wo^{2}	mə^{2}	ljị^{1}	la^{2}	ku^{1}
不。	△	法	成	理	诚	何，	然	则
[illegible]	[illegible]	[illegible]	[illegible]	[illegible]	[illegible]	[illegible]	[illegible]	[illegible]
thjɨ^{2}	sọ^{1}	tụ^{1}	tha^{2}	tụ^{1}	rjur^{1}	kiẹj^{2}	·u^{2}	lja^{2}
此	三	千	大	千	世	界	中	瑞

假使吾身，所言至诚，合成不虚，三千大千世界，为吾现瑞，

9.71.1

[illegible]	[illegible]	[illegible]，	[illegible]	[illegible]	[illegible]	[illegible]，	[illegible]	[illegible]

·jij1	wjij2	śja2	tśhjiw1	mə2	djij2	saar1	mə1	wją1
相	以	现,	六	种	△	震,	天	华
[illegible]	[illegible],	[illegible]	[illegible]	[illegible]	[illegible],	[illegible]	[illegible]	[illegible]
njij2	dzjụ2	tshow1	gju2	mə2	njijr2	mji1	tsjụ1	ɣię2
△	雨,	乐	器	种	各,	不	鼓	声

六返震动①,天雨众华,箜篌乐器,不鼓

9.71.2

[illegible]	[illegible]	[illegible]。	[illegible]	[illegible]	[illegible]	[illegible]	[illegible]	[illegible]
wjij2	to2	·jɨ2	dzjɨj1	phji1	mjɨ1	pjụ1	ljij2	no2
△	出	谓。	时	意	无	量	太	子
[illegible]	[illegible]	[illegible],	[illegible]	[illegible]	[illegible]	[illegible]	[illegible]	[illegible]
thja1	tji1	śjwo1	zjọ2	tśhjɨ2	rjar2	sọ1	tụ1	tha2
斯	誓	立,	时	即	立	三	千	大

自鸣。时意无量国王太子,适立斯誓,寻时三千大

9.71.3

[illegible]	[illegible]	[illegible],	[illegible]	[illegible]	[illegible]	[illegible],	[illegible]	[illegible]
tụ1	rjur1	kięj2	tśhjiw1	mə2	saar1	mju2	mə1	·ji1
千	世	界,	六	种	震	动,	天	众
[illegible]	[illegible],	[illegible]	[illegible]	[illegible]	[illegible],	[illegible]	[illegible]	[illegible]
wją1	dzjụ2	tshow1	gju2	mə2	njijr2	mji1	tsjụ1	·jij1
华	雨,	乐	器	类	诸,	不	鼓	自

千世界,六返震动,天雨众华,箜篌乐器,不鼓自

9.71.4

[illegible]。	[illegible]	[illegible]	[illegible]	[illegible],	[illegible]	[illegible]	[illegible]	[illegible]
ŋewr1	phju2	tshọ2	ŋa1	gu2	·jir2	tụ1	rjur1	mə1
鸣。	上	虚	空	中,	百	千	诸	天
[illegible]	[illegible]	[illegible]	[illegible]	[illegible]:	[illegible]	[illegible]	[illegible]	[illegible]

① 六返震动,西夏文常作"[illegible]"。

ljaa¹	ŋwu²	neew²	śja²	dạ²	mjor¹	ŋwu²	nja²	·jɨ²
颂	以	善	叹	言：	如	是	△	谓

鸣。上虚空中，诸天百千而叹颂曰：当如所愿，

9.71.5

[illegible]	[illegible]	[illegible]	[illegible]，	[illegible]	[illegible]	（[illegible]	[illegible]	[illegible]	[illegible]）	[illegible]
zji²	mjiij²	tha¹	we²	lew¹	tśji²	mji²	ŋwuu¹	sjịj²	lwụ¹	mjor¹
最	后	佛	成，	楼	至	（番	言	写	泣）	如
[illegible]、	[illegible]	[illegible]、	[illegible]	[illegible]	[illegible]	[illegible]	[illegible]	[illegible]。	[illegible]	
ljịj²	bju¹	wo²	tśhja²	ka¹	dwewr²	ŋwu²	nja²	·jɨ²	tha¹	
来、	应	供、	正	等	觉	也	△	谓。	佛	

最后成佛，名曰楼由①如来、至真、等正觉。佛

汉文本

佛言：如是，寂意，有太子，名意无量，得最后筹，是王太子，当在最后，成行觉道。时，其诸太子，轻易调戏，数数笑之，众等各言：我当成佛时，降魔官属，转于法轮，开化度脱，无量众生，令至灭度。假众生尽，后何所设，当何救济？其后太子，名意无量，目自睹见，得最后筹，穷底成佛，应时愁恼：吾独何衅，穷底得筹？五体投地，犹太山崩，口自宣言：诸佛道法，不可称量，众生之界，亦无有限，所愿殊特，不可思议。寻即立一切愿：令我兄弟，千人成佛，后所教弟子，所度多少，其寿长短，计合是等一切寿命，与我成佛道时，所寿久长，若干适同。仁等所有一切圣众，我成佛时，圣众独尔，颁宣经法，所化度脱，一切众生，亦复如是。与仁千人，功勋巍巍，适等无异，不可限量。假使吾身，所言至诚，合成不虚，三千大千世界，为吾现瑞，六返震动，天雨众华，箜篌乐器，不鼓自鸣。时意无量国王太子，适立斯誓，寻时三千大千世界，六返震动，天雨众华，箜篌乐器，不鼓自鸣。上虚空中，诸天百千而叹颂曰：当如所愿，最后成佛，名曰楼由如来、至真、等正觉。

9.71.6

[illegible]	[illegible]	[illegible]	[illegible]	[illegible]	[illegible]：	[illegible]	[illegible]	[illegible]
phji¹	mjij¹	dźiā²	tsjij²	·jij¹	·jɨ²	wa²	nioow¹	lew¹
意	寂	菩	萨	之	谓：	何	故	楼
[illegible]	[illegible]	[illegible]	[illegible]？	[illegible]：	[illegible]	[illegible]	[illegible]	[illegible]
tśji²	mjiij²	rjir¹	ljɨ¹	·jɨ²	thja¹	zjọ²	zji²	mjiij²

① 楼由，梵语 Rudita，西夏文从梵语译为“楼至”，意译爱乐佛、啼哭佛。

至 名 得 也? 说: 尔 时 最 后

言:寂意,何故名之楼由? 尔时

9.72.1

[illegible]	[illegible]	[illegible]	[illegible],	[illegible]	[illegible]	[illegible]	[illegible],	[illegible]
bju^{1}	dźju^{1}	rjir^{2}	nioow^{1}	ŋo^{2}	djiij^{2}	ɣa^{1}	sjwɨ^{1}	ljɨ̣^{2}
因	筹	得	故,	病	痛	忧	愁,	地
[illegible]	[illegible]	[illegible],	[illegible]	[illegible]	[illegible]	[illegible],	[illegible]	[illegible]
tśhjaa^{1}	·jij^{1}	tsewr^{2}	ljij^{2}	tjị^{1}	·a	śjwo^{1}	thjɨ^{2}	nioow^{1}
于	自	投,	弘	誓	△	立,	此	故

愁感,自投于地,用得下筹,自积誓愿,由斯

9.72.2

[illegible]	[illegible]	[illegible]	[illegible]。	[illegible]	[illegible],	[illegible]	[illegible]	[illegible]
lew^{1}	tśji^{2}	mjiij^{2}	we^{2}	thja^{1}	zjọ^{2}	njij^{2}	ljij^{2}	no^{2}
楼	至	号	为。	彼	时,	王	太	子
[illegible]	[illegible]	[illegible]	[illegible],	[illegible]	[illegible]	[illegible]	[illegible]:	
tjị^{1}	śjwo^{1}	dja^{2}	dźjwa^{1}	ljaa^{1}	dạ^{2}	rjɨr^{2}	tshjiij^{1}	
誓	起	已	竟,	偈	言	乃	说:	

世尊号之楼由。于彼世时,其王太子誓愿已竟,说此偈言:

9.72.3

[illegible]	[illegible]	[illegible]	[illegible]	[illegible],		[illegible]	[illegible]	[illegible]
thja^{1}	rjur^{1}	tha^{1}	tśja^{1}	tsjiir^{1}		rjijr^{2}	tshọ^{2}	ŋa^{1}
是	诸	佛	道	法,		才	虚	空
[illegible]	[illegible],		[illegible]	[illegible]	[illegible]	[illegible]	[illegible],	
rjir^{2}	ka^{1}		phji^{1}	dwewr^{2}	wjɨ^{1}	djii^{2}	sju^{2}	
同	等,		意	觉	幻	化	如,	

是诸佛道法,犹等如虚空,意觉若如幻,

9.72.4

[illegible]	[illegible]	[illegible]	[illegible]	[illegible]。		[illegible]	[illegible]	[illegible]

dźiā^{2}	tśhju^{1}	sji^{1}	be^{2}	mjij^{1}		gjuu^{2}	rjur^{1}	ŋwụ^{1}
菩	萨	尽	日	不。		吉	祥	誓
[illegible]	[illegible]，		[illegible]	[illegible]	[illegible]	[illegible]	[illegible]，	
tji̱^{1}	śjwo^{1}		gji^{1}	sej^{1}	tśhjwɨj^{1}	kie^{1}	śjɨj^{1}	
愿	起，		清	净	禁	戒	成，	

众生不可尽。所愿誓吉祥，戒禁成清净，

9.72.5

[illegible]	[illegible]	[illegible]	[illegible]	[illegible]，		[illegible]	[illegible]	[illegible]
ŋa^{2}	tji̱^{1}	śjwi^{1}	ŋa^{2}	·jij^{1}		ljo^{2}	njɨ^{2}	wjɨ^{2}
我	愿	发	我	欲，		兄	等	所
[illegible]	[illegible]。		[illegible]	[illegible]	[illegible]	[illegible]	[illegible]，	
nji^{2}	nji^{2}		nji^{2}	njɨ^{2}	·jij^{1}	zjọ^{2}	tsew^{2}	
听	△。		汝	等	之	寿	命，	

诸仁且听是，我所欲誓愿。合集诸仁君，

9.72.6

[illegible]	[illegible]	[illegible]	[illegible]	[illegible]，		[illegible]①	[illegible]	[illegible]
ŋowr^{2}	ŋowr^{2}	zji^{2}	dzow^{1}	lji̱^{2}		rjur^{1}	pjụ^{1}	bjuu^{1}
一	切	皆	合	结，		世	尊	重
[illegible]	[illegible]，		[illegible]	[illegible]	[illegible]	[illegible]	[illegible]。	
śjɨj^{2}	njij^{2}		ŋowr^{2}	ŋowr^{2}	to^{2}	zji^{2}	ljij^{2}	
圣	王，		一	切	皆	尽	见。	

所寿之有限，诸重尊圣王，一切皆尽见。

9.73.1

[illegible]	[illegible]	[illegible]	[illegible]	[illegible]，		[illegible]	[illegible]	[illegible]
thji^{2}	sju^{2}	rjur^{1}	tha^{1}	njɨ^{2}		ŋa^{2}	rjir^{2}	zjọ^{2}
此	如	诸	佛	等，		我	与	寿
[illegible]	[illegible]，		[illegible]	[illegible]	[illegible]	[illegible]	[illegible]，	

① [illegible]，于义不合，疑为通假，当作“[illegible]”，[illegible]，可译为“诸重尊圣王”。

wjij^{2} ka^{1} phji^{2} khjiw^{2} tsjɨ^{1} thja^{1} sju^{2}

△ 等, 比 丘 亦 此 如,

计是诸佛名,与我一寿等,成佛名楼由,

9.73.2

[illegible] [illegible] [illegible] [illegible] [illegible]。 [illegible] [illegible] [illegible]

tha^{1} śjɨj^{1} mjiij^{2} lew^{1} tśji^{2} tśhjɨ^{1} zjọ^{2} thja^{1}

佛 成 名 楼 至。 尔 时 其

[illegible] [illegible], [illegible] [illegible] [illegible] [illegible] [illegible],

tha^{2} no^{2} źjɨr^{1} ŋwuu^{1} dạ^{2} ·jɨ^{2} zjọ^{2}

太 子, 实 言 辞 宣 时,

比丘众如是①。其王太子感,故宣是言辞,

9.73.3

[illegible] [illegible] [illegible] [illegible] [illegible], [illegible] [illegible] [illegible]

rjur^{1} mə^{1} ŋa^{1} gu^{2} ·jar^{1} ɣiẹ^{2} bjịj^{1} ·jow^{2}

诸 天 空 中 立, 声 举 叹

[illegible] [illegible]。 [illegible] [illegible] [illegible] [illegible] [illegible],

dạ^{2} tshjiij^{1} thjɨ^{2} wjɨ^{2} gji^{1} sej^{1} dzjwo^{2}

言 说。 此 刻 清 净 人,

诸天立虚空,举声叹颂曰。如今清净人,

9.73.4

[illegible] [illegible] [illegible] [illegible] [illegible], [illegible] [illegible] [illegible]

dźiej^{2} bju^{1} kjɨ^{1} djɨj^{2} śjɨj^{1} dźiã^{2} tśhju^{1} ·jiw^{1}

愿 依 △ 定 成, 众 生 因

[illegible] [illegible], [illegible] [illegible] [illegible] [illegible] [illegible]。

nioow^{1} ku^{1} tjị^{1} bju^{1} zji^{2} śjɨj^{1} ·jiw^{2}

故 以, 誓 愿 皆 成 就。

所愿必当成,因以众生故,会成所要誓。

① 成佛名楼由,比丘众如是,西夏本作"比丘亦如此,成佛名楼由",疑语序颠倒。

汉文本

佛言：寂意，何故名之楼由？尔时愁感，自投于地，用得下筹，自积誓愿，由斯世尊号之楼由。于彼世时，其王太子誓愿已竟，说此偈言：

是诸佛道法，犹等如虚空，
意觉若如幻，众生不可尽。
所愿誓吉祥，戒禁成清净，
诸仁且听是，我所欲誓愿。
合集诸仁君，所寿之有限，
诸重尊圣王，一切皆尽见。
计是诸佛名，与我一寿等，
成佛名楼由，比丘众如是。
其王太子感，故宣是言辞，
诸天立虚空，举声叹颂曰。
如今清净人，所愿必当成，
因以众生故，会成所要誓。

9.73.5

[illegible]	[illegible]	[illegible]	[illegible]	[illegible]	[illegible]	[illegible]：	[illegible]	[illegible]
tha^{1}	phji^{1}	mjij^{1}	dźiã^{2}	tsjij^{2}	·jij^{1}	·jɨ^{2}	thja^{1}	zjọ^{2}
佛	意	寂	菩	萨	之	谓：	其	时
[illegible]	[illegible]	[illegible]	[illegible]	[illegible]	[illegible]	[illegible]	[illegible]	[illegible]？
phji^{1}	mjɨ^{1}	pjụ^{1}	ljij^{2}	no^{2}	·jij^{1}	·a	sjo^{2}	nja^{2}
意	无	量	太	子	之	△	熟	△？

佛告寂意菩萨：欲知尔时意无量太子乎？

9.73.6

[illegible]	[illegible]：	[illegible]	[illegible]	[illegible]。	[illegible]	[illegible]：	[illegible]	[illegible]
kụ^{2}	dạ^{2}	mjɨ^{1}	sjo^{2}	ŋa^{2}	tha^{1}	dạ^{2}	thjɨ^{2}	mee^{2}
答	曰：	不	熟	我。	佛	言：	是	贤
[illegible]	[illegible]，	[illegible]	[illegible]	[illegible]	[illegible]	[illegible]	[illegible]，	[illegible]
kja^{2}	kha^{1}	zji^{2}	mjiij^{2}	bju^{1}	tha^{1}	we^{2}	mjijr^{2}	lew^{1}
劫	中，	最	后	因	佛	成	者，	楼

答曰：不及。佛言：在是贤劫，最后成佛，号曰楼

9.74.1

[illegible]	[illegible]	[illegible]	[illegible]。	[illegible]	[illegible]	[illegible]	[illegible]	[illegible]
tśji^{2}	mjor^{1}	ljịj^{2}	ŋwu^{2}	thja^{1}	zji^{2}	mjiij^{2}	bju^{1}	lew^{1}
至	如	来	是。	其	最	后	依	楼
[illegible]	[illegible]	[illegible],	[illegible]	[illegible]	[illegible]	[illegible]	[illegible]	[illegible]
tśji^{2}	mjor^{1}	ljịj^{2}	zjọ^{2}	tsew^{2}	khwə^{1}	kja^{2}	ŋjir^{1}	rjɨr^{2}
至	如	来,	寿	命	半	劫	难	所

由。于贤劫中,所与诸佛,千不满一,

9.74.2

[illegible]	[illegible],	[illegible]	[illegible]、	[illegible]	[illegible]	[illegible]、	[illegible]	[illegible]
dzju^{1}	dzjiij^{2}	dźiã^{2}	tśhju^{1}	rjur^{1}	dźiã^{2}	tsjij^{2}	phji^{2}	khjiw^{2}
开	化,	众	生、	诸	菩	萨、	比	丘
[illegible]	[illegible],	[illegible]	[illegible]	[illegible]	[illegible],	[illegible]	[illegible]	[illegible]
śjɨj^{2}	·ji^{1}	thja^{1}	mee^{2}	kja^{2}	kha^{1}	gjɨɨ^{1}	·jir^{2}	gjɨɨ^{1}
圣	众,	其	贤	劫	中,	九	百	九

所度众生、诸菩萨、学比丘圣众,不及楼由。最后成佛,而寿半劫,

9.74.3

[illegible]	[illegible]	[illegible]	[illegible]	[illegible]	[illegible],	[illegible]	[illegible]、	[illegible]
ɣạ^{2}	gjɨɨ^{1}	tha^{1}	rjɨr^{2}	dzju^{1}	dzjiij^{2}	dźiã^{2}	tśhju^{1}	dźiã^{2}
十	九	佛	所	教	化,	众	生、	菩
[illegible]、	[illegible]	[illegible]、	[illegible]	[illegible]	[illegible]	[illegible]	[illegible]	[illegible]
tsjij^{2}	ɣię^{2}	mji^{1}	śjɨj^{2}	·ji^{1}	ŋowr^{2}	ŋowr^{2}	rjir^{2}	·a
萨、	声	闻、	圣	众	一	切	与	△

所度众生、菩萨、声闻、一切圣众,竟于贤劫,与九百九十九佛所度适等

9.74.4

[illegible]	[illegible]	[illegible]	[illegible]。	[illegible]	[illegible]	[illegible]	[illegible]	[illegible]
tjɨj^{2}	mji^{1}	do^{2}	ljɨ^{1}	tha^{1}	phji^{1}	mjij^{1}	dźiã^{2}	tsjij^{2}
法	不	异	也。	佛	意	寂	菩	萨

[illegible]	[illegible]：	[illegible]	[illegible]	[illegible]	[illegible]	[illegible]	[illegible]	[illegible]
·jij^{1}	·jɨ^{2}	dźiã^{2}	tsjij^{2}	neew^{2}	ɣjɨr^{1}	tśier^{1}	·ju^{2}	ŋwu^{2}
之	谓：	菩	萨	善	权	方	便	以

无有差特。佛告寂意：且观菩萨，善权方便，

9.74.5

[illegible]	[illegible]	[illegible]	[illegible]	[illegible]	[illegible]，	[illegible]	[illegible]	[illegible]
kie^{1}	tśhjwɨj^{1}	śjɨj^{1}	·jiw^{2}	rjar^{1}	gjij^{1}	ŋowr^{2}	lhə	ŋwụ^{1}
戒	禁	成	就	殊	特，	具	足	誓
[illegible]	[illegible]	[illegible]，	[illegible]	[illegible]	[illegible]	[illegible]，	[illegible]	[illegible]
tjị^{1}	gu^{1}	śjwo^{1}	tjịj^{1}	dźjij^{1}	tjịj^{1}	dzuu^{2}	sọ^{1}	kiẹj^{2}
愿	发	起，	独	行	独	坐，	三	界

成就禁戒，而有殊特，具足誓愿，独步独坐，

9.74.6

[illegible]	[illegible]，	[illegible]	[illegible]	[illegible]	[illegible]	[illegible]。	[illegible]	[illegible]
zjir^{2}	daa^{2}	tsej^{2}	zjij^{1}	mji^{1}	djɨj^{2}	ljɨ^{1}	thjɨ^{2}	tja^{1}
周	旋，	暂	几	不	废	也。	此	者
[illegible]	[illegible]？	[illegible]	[illegible]	[illegible]	[illegible]，	[illegible]	[illegible]	[illegible]
thjij^{2}	sjo^{2}	lew^{1}	tśji^{2}	mjor^{1}	ljịj^{2}	ljụ^{2}	tjịj^{1}	gjɨ^{2}
何	云？	楼	至	如	来，	身	独	一

周旋三界，曾无休废①。所以者何？楼由如来，独以一身，

9.75.1

[illegible]，	[illegible]	[illegible]	[illegible]	[illegible]	[illegible]，	[illegible]	[illegible]	[illegible]
ŋwu^{2}	dźiã^{2}	tśhju^{1}	·jij^{1}	dzju^{1}	dzjiij^{2}	tụ^{1}	tha^{1}	rjɨr^{2}
是，	众	生	之	开	化，	千	佛	所
[illegible]	[illegible]，	[illegible]	[illegible]	[illegible]	[illegible]	[illegible]	[illegible]	[illegible]
dzju^{1}	dzjiij^{2}	dźiã^{2}	tśhju^{1}	ŋewr^{2}	rjir^{2}	·a	tjɨj^{2}	mji^{1}
开	化，	众	生	数	与	△	法	无

① 曾无休废，西夏本作“暂几不废也”。

开化众生,与千佛兴,所度无

9.75.2

[illegible]	[illegible]	[illegible]	[illegible]	[illegible]	[illegible]	[illegible]	[illegible]	[illegible]
do^{2}	gjịj^{1}	ɣie^{2}	pjụ^{1}	mjịj^{1}	ljwụ^{1}	ljwụ^{1}	thjɨ^{2}	sju^{2}
异,	利	益	限	无,	巍	巍	斯	若
[illegible]	[illegible]	[illegible]	[illegible]	[illegible]	[illegible]	[illegible]	[illegible]	[illegible]
ljɨ^{1}	phji^{1}	mjij^{1}	dźiã^{2}	tsjij^{2}	thja^{1}	tụ^{1}	ljịj^{2}	no^{2}
也。	意	寂	菩	萨,	其	千	太	子,

异,所益无限,巍巍若斯。如是①,寂意,王千太子,

9.75.3

[illegible]	[illegible]	[illegible]	[illegible]	[illegible]	[illegible]	[illegible]	[illegible]	[illegible]
njɨɨ^{1}	djii^{2}	wee^{1}	zjɨ̣^{1}	lji^{2}	·jij^{1}	dja^{2}	·jɨr^{2}	tśhja^{2}
二	化	生	儿	童	之	△	问:	正
[illegible]	[illegible]	[illegible]	[illegible]	[illegible]	[illegible]	[illegible]	[illegible]	[illegible]
mjijr^{2}	nji^{2}	njɨ^{2}	wa^{2}	sju^{2}	wji^{1}	kięj^{2}	tsjɨ^{1}	·jɨ^{2}
士,	汝	等	何	如	作	欲	亦	说?

其后二子各心念言:汝等正士,所志云何?

9.75.4

[illegible]	[illegible]	[illegible]	[illegible]	[illegible]	[illegible]	[illegible]	[illegible]	[illegible]
tsjiir^{1}	phji^{1}	ljịj^{2}	no^{2}	dạ^{2}	ŋa^{2}	tjị^{1}	bju^{1}	nji^{2}
法	意	太	子	言:	我	誓	愿	汝
[illegible]	[illegible]	[illegible]	[illegible]	[illegible]	[illegible]	[illegible]	[illegible]	[illegible]
njɨ^{2}	kụ^{1}	tha^{1}	we^{2}	zjịj^{1}	kię^{1}	dźja^{2}	ɣie^{1}	mjijr^{2}
等,	后	佛	成	时,	金	刚	力	士

法意太子曰:吾自要誓,诸人成得佛时,

9.75.5

[illegible]	[illegible]	[illegible]	[illegible]	[illegible]	[illegible]	[illegible]	[illegible]	[illegible]

① 据汉文本则西夏本脱“如是”,下同。

gjɨ²	djij²	we²	ŋa²	·ju²	tha¹	do²	rjijr²	不详
有	△	作，	我	常	佛	处	愿	亲
[illegible]，	[illegible]	[illegible]	[illegible]	[illegible]	[illegible]	[illegible]	[illegible]	[illegible]
njij¹	ŋa²	djɨr²	nioow¹	pju̧¹	wer¹	wji¹	mjijr²	djij²
近，	我	外	及	威	仪	为	者	当

当作金刚力士，常亲近佛，在外威仪，

9.75.6

[illegible]，	[illegible]	[illegible]	[illegible]	[illegible]	[illegible]	[illegible]	[illegible]	[illegible]
we²	ŋa²	rjur¹	mjor¹	lji̧j²	·jij¹	dwuu²	rjɨj²	tsjiir¹
作，	我	诸	如	来	之	秘	要	法
[illegible]	[illegible]	[illegible]	[illegible]	[illegible]	[illegible]，	[illegible]	[illegible]	[illegible]
ŋowr²	ŋowr²	ɣju¹	mjijr²	djij²	we²	ŋa²	·ju²	tha¹
一	切	召	者	当	成，	我	常	佛

省诸如来，一切秘要，常委托依，

9.76.1

[illegible]	[illegible]	[illegible]	[illegible]	[illegible]，	[illegible]	[illegible]	[illegible]	[illegible]
tsjiir¹	bju¹	rjijr²	gjwɨ¹	gji̧²	rjur¹	tha¹	dwuu²	rjɨj²
法	依	愿	坚	依，	诸	佛	秘	要
[illegible]	[illegible]	[illegible]	[illegible]	[illegible]	[illegible]，	[illegible]	[illegible]	[illegible]
dwuu²	rjar²	da̧²	zji²	djij²	mjo¹	ŋa²	tji̧¹	ɣiwej¹
密	迹	事	普	当	闻，	我	愿	受

普闻一切诸佛，秘要密迹之事，

9.76.2

[illegible]	[illegible]，	[illegible]	[illegible]	[illegible]	[illegible]	[illegible]	[illegible]。	[illegible]
dzu¹	ŋwe¹	·jiw²	njiij¹	mji¹	śjwi¹	ŋa²	·jɨ²	tsjiir¹
喜	乐，	疑	心	不	怀	△	说。	法
[illegible]	[illegible]	[illegible]	[illegible]：	[illegible]	[illegible]	[illegible]	[illegible]	[illegible]，
lə	lji̧j²	no²	da̧²	rjur¹	tśhja²	mjijr²	wjɨ²	nji²
念	太	子	曰：	诸	正	士	所	听

信乐受喜，不怀疑结。法念太子曰：诸正士听，

9.76.3

[illegible]，	[illegible]	[illegible]	[illegible]，	[illegible]	[illegible]	[illegible]	[illegible]	[illegible]
nji^{2}	ŋa^{2}	tjị^{1}	bju^{1}	rjur^{1}	tśhja^{2}	mjijr^{2}	kụ^{1}	tha^{1}
△，	吾	誓	愿，	诸	仁	者	后	佛
[illegible]	[illegible]，	[illegible]	[illegible]	[illegible]	[illegible]	[illegible]	[illegible]	[illegible]
we^{2}	zjij^{1}	tśhja^{2}	tsjiir^{1}	dźiej^{2}	deej^{1}	do^{2}	pjwɨɨr^{1}	śjwo^{1}
成	时，	正	法	轮	转	处	劝	生

吾心自誓言：诸仁成佛道，身当劝助，使转法轮，

9.76.4

[illegible]	[illegible]	[illegible]，	[illegible]	[illegible]	[illegible]	[illegible]	[illegible]	[illegible]
mjijr^{2}	djij^{2}	we^{2}	ŋa^{2}	·ju^{2}	pjwɨɨr^{1}	ŋwu^{2}	tsjiir^{1}	dźiej^{2}
者	△	成，	我	常	劝	以	法	轮
[illegible]	[illegible]	[illegible]	[illegible]。	[illegible]	[illegible]	[illegible]	[illegible]，	[illegible]
deej^{1}	phjo^{2}	ŋa^{2}	·jɨ^{2}	phji^{1}	mjij^{1}	dźiã^{2}	tsjij^{2}	thja^{1}
转	令	△	谓。	意	寂	菩	萨，	尔

适见相劝，辄转法轮。寂意，

9.76.5

[illegible]	[illegible]	[illegible]	[illegible]	[illegible]	[illegible]	[illegible]	[illegible]	[illegible]
zjọ^{2}	kjir^{1}	·jiw^{2}	we^{2}	dźiej^{2}	deej^{1}	śjɨj^{2}	njij^{2}	tja^{1}
时	勇	猛	郡	转	轮	圣	王	者
[illegible]	[illegible]	[illegible]？	[illegible]	[illegible]：	[illegible]	[illegible]	[illegible]。	[illegible]
·a	sjo^{2}	nja^{2}	kụ^{2}	dạ^{2}	mjɨ^{1}	sjo^{2}	ŋa^{2}	tha^{1}
△	熟	△？	答	曰：	不	熟	我。	佛

欲知尔时勇郡转轮圣王乎？答曰：不及也。

9.76.6

[illegible]：	[illegible]	[illegible]	[illegible]	[illegible]	[illegible]	[illegible]	[illegible]	[illegible]。
dạ^{2}	wjɨ^{2}	rar^{2}	djɨj^{2}	bji^{1}	mjor^{1}	ljij^{2}	ŋwu^{2}	ljɨ^{1}

言：	所	过	定	光	如	来	是	也。
tśhjɨ¹	zjọ²	rjur¹	gji²	tja¹	thjɨ²	mee²	kja²	kha¹
其	时	诸	子	者，	此	贤	劫	中，

佛言：则往过去，定光如来是也。其时诸子，此贤劫中，

9.77.1

tụ¹	tha¹	ŋwu²	kju¹	ljiw¹	swẽ¹	tha¹	zji²	ɣu¹
千	佛	是。	拘	留	孙	佛	初	始
bju¹	śjɨj¹	lew¹	tśji²	mjor¹	ljịj²	zji²	mjiij²	bju¹
从	成，	楼	至	如	来	最	后	从

千佛兴者是也。从拘留孙为始作佛，至楼由竟千佛也。

9.77.2

śjɨj¹	thja¹	tsjiir¹	phji¹	ljịj²	no²	tja¹	thjɨ²	wjɨ²
成。	其	法	意	太	子	者，	此	刻
dwuu²	rjar²	kiẹ¹	dźja²	ɣie¹	mjijr²	ŋwu²	thja¹	tsjiir¹
密	迹	金	刚	力	士	是。	其	法

其法意太子，则今金刚力士，名密迹是也。其法

9.77.3

lə	ljịj²	no²	tja¹	thjɨ²	wjɨ²	xiwã¹	mə¹	mjor¹
念	太	子	者，	此	刻	梵	天	如
ŋwu²	thja¹	zjọ²	śjɨj²	njij²	·jij¹	kụ²	mjii¹	·u²
是。	彼	时	圣	王	之	后	宫	中

念太子者，今识其梵天是也。彼时圣王中宫

9.77.4

[illegible]	[illegible]、	[illegible]	[illegible]	[illegible],	[illegible]	[illegible]	[illegible]	[illegible]
ŋwər^{1}	dzow^{1}	śjwo^{2}	mjịj^{1}	tja^{1}	thjɨ^{2}	wjɨ^{2}	rjur^{1}	ljịj^{2}
皇	后、	婇	女	者,	此	刻	诸	来
[illegible]	[illegible]	[illegible]。	[illegible]	[illegible],	[illegible]	[illegible]	[illegible]	[illegible]
tha^{2}	·ji^{1}	ŋwu^{2}	thja^{1}	zjọ^{2}	njij^{2}	rjur^{1}	ljịj^{2}	no^{2}
大	众	是。	彼	时,	王	诸	太	子

夫人、婇女,今诸来会者是也①。彼世之时,王诸太子

9.77.5

[illegible]	[illegible],	[illegible]	[illegible]	[illegible]	[illegible]	[illegible]	[illegible],	[illegible]
rjɨr^{2}	pjwɨɨr^{1}	nji^{1}	phjɨ^{1}	śia^{1}	mẽ^{1}	wji^{1}	mjijr^{2}	nioow^{1}
所	劝,	家	出	沙	门	作	者,	及
[illegible]	[illegible]	[illegible],	[illegible]	[illegible]	[illegible]	[illegible]	[illegible]	[illegible],
rjɨr^{2}	dzju^{1}	dzjiij^{2}	dzjwo^{2}	zji^{2}	thjɨ^{2}	mee^{2}	kja^{2}	kha^{1}
所	教	化,	人	皆	此	贤	劫	中,

所劝,出家作沙门者,及所教化,皆此贤劫,

9.77.6

[illegible]	[illegible]	[illegible]	[illegible],	[illegible]	[illegible]	[illegible]	[illegible]	[illegible]	[illegible]	[illegible]。
mjiij^{2}	mjiij^{2}	la^{1}	ɣiwej^{1}	tśjɨɨ^{1}	bju^{1}	tśhja^{2}	ka^{1}	dwewr^{2}	śjɨj^{1}	lew^{2}
渐	渐	决	受,	次	因	正	等	觉	成	所。

稍渐受决,当次第成最正觉。

汉文本

佛告寂意菩萨:欲知尔时意无量太子乎?

答曰:不及。

佛言:在是贤劫,最后成佛,号曰楼由。于贤劫中,所与诸佛,千不满一,所度众生、诸菩萨、学比丘圣众,不及楼由。最后成佛,而寿半劫,所度众生、菩萨、声闻、一切圣众,竟于贤劫,与九百九十九佛所度适等无有差特。

① 今诸来会者是也,西夏本作"诸来大众是"。

佛告寂意：且观菩萨，善权方便，成就禁戒，而有殊特，具足誓愿，独步独坐，周旋三界，曾无休废。所以者何？楼由如来，独以一身，开化众生，与千佛兴，所度无异，所益无限，巍巍若斯。

如是，寂意，王千太子，其后二子各心念言：汝等正士，所志云何？法意太子曰：吾自要誓，诸人成得佛时，当作金刚力士，常亲近佛，在外威仪，省诸如来，一切秘要，常委托依，普闻一切诸佛，秘要密迹之事，信乐受喜，不怀疑结。法念太子曰：诸正士听，吾心自誓言：诸仁成佛道，身当劝助，使转法轮，适见相劝，辄转法轮。寂意，欲知尔时勇郡转轮圣王乎？

答曰：不及也。

佛言：则往过去，定光如来是也。其时诸子，此贤劫中，千佛兴者是也。从拘留孙为始作佛，至楼由竟千佛也。其法意太子，则今金刚力士，名密迹是也。其法念太子者，今识其梵天是也。彼时圣王中宫夫人、婇女，今诸来会者是也。彼世之时，王诸太子所劝，出家作沙门者，及所教化，皆此贤劫，稍渐受决，当次第成最正觉。

9.77.6

[illegible]	[illegible]	[illegible]	[illegible]，	[illegible]	[illegible]	[illegible]
phji^{1}	mjij^{1}	dźiã^{2}	tsjij^{2}	ɣạ^{2}	njɨɨ^{1}	·jiw^{1}
意	寂	菩	萨，	十	二	因

寂意，且观十二缘起，

9.78.1

[illegible]	[illegible]，	[illegible]	[illegible]	[illegible]	[illegible]	[illegible]，	[illegible]	[illegible]
nioow^{1}	bioo^{1}	ku^{1}	tśhja^{2}	mər^{2}	mji^{1}	ŋewr^{1}	mjaa^{1}	tshja^{2}
缘	观，	则	德	本	不	乱，	果	报
[illegible]	[illegible]，	[illegible]	[illegible]	[illegible]	[illegible]，	[illegible]	[illegible]	[illegible]
lhjụ^{2}	rjir^{1}	tjị^{1}	·a	śjwo^{1}	śjwo^{1}	zji^{2}	lwow^{1}	mji^{1}
获	得，	意	△	所	发，	诸	妄	不

不乱德本，获报应果，诸所发意，不失其功，

9.78.2

[illegible]，	[illegible]	[illegible]	[illegible]	[illegible]	[illegible]，	[illegible]	[illegible]	[illegible]
ljɨ^{1}	thjɨ^{2}	njɨ^{2}	tśhja^{2}	mjijr^{2}	njɨ^{2}	ɣạ^{2}	ɣie^{1}	ŋowr^{2}
堕，	斯	等	正	士	等，	十	力	普
[illegible]，	[illegible]	[illegible]	[illegible]	[illegible]。	[illegible]	[illegible]	[illegible]	[illegible]
lhə	tjị^{1}	bju^{1}	zji^{2}	rjir^{1}	phji^{1}	mjij^{1}	dźiã^{2}	tsjij^{2}
备，	誓	愿	悉	获。	意	寂	菩	萨

斯等正士，十力普备，悉获所愿。是故①，寂意，

9.78.3

[illegible]	[illegible]	[illegible]	[illegible]	[illegible]	[illegible]	[illegible]	[illegible]	[illegible]
tjɨ^{1}	tjij^{1}	dźiā^{2}	tsjij^{2}	xja^{1}	zji^{2}	phju^{2}	tśhja^{2}	ɣiej^{1}
假	若	菩	萨	疾	无	上	正	真
[illegible]，	[illegible]	[illegible]	[illegible]	[illegible]	[illegible]	[illegible]，	[illegible]	[illegible]
śjɨj^{1}	tśja^{1}	zji^{2}	phju^{2}	dwewr^{2}	we^{2}	kięj^{2}	ku^{1}	thjɨ^{2}
成，	道	无	上	觉	成	欲，	则	斯

若有菩萨，疾欲逮成，无上正真道，为最正觉，当学斯

9.78.4

[illegible]	[illegible]	[illegible]	[illegible]	[illegible]，	[illegible]	[illegible]	[illegible]	[illegible]，
njɨ^{2}	rjur^{1}	tśhja^{2}	mjijr^{2}	dźjɨ	·jɨr^{2}	djọ^{2}	ɣiew^{1}	dźjij^{1}
等	诸	正	士	业，	勤	修	学	行，
[illegible]	[illegible]	[illegible]	[illegible]	[illegible]	[illegible]。	[illegible]	[illegible]	[illegible]
zji^{2}	tha^{1}	tśja^{1}	rjijr^{2}	tshwew^{1}	lew^{2}	tha^{1}	tśja^{1}	tja^{1}
悉	佛	道	存	施	所。	佛	道	者

等诸正士业，勤修奉行，悉存佛道。

9.78.5

[illegible]	[illegible]	[illegible]？	[illegible]	[illegible]	[illegible]	[illegible]	[illegible]	[illegible]
ljɨ̣^{1}	kjɨ^{1}	ŋwu^{2}	rjur^{1}	dźiā^{2}	tśhju^{1}	ɣa^{2}	ljɨ^{1}	njiij^{1}
何	△	是？	诸	众	生	于	害	心
[illegible]	[illegible]，	[illegible]	[illegible]	[illegible]	[illegible]，	[illegible]	[illegible]	[illegible]
mji^{1}	dju^{1}	njij^{2}	njiij^{1}	gu^{1}	śjwo^{1}	po^{1}	lo^{1}	bjii^{2}
不	有，	慈	心	兴	生，	波	罗	蜜

彼何谓佛道？不以害心于众生，兴乎慈心，奉度无极，

9.78.6

[illegible]，	[illegible]	[illegible]	[illegible]	[illegible]，	[illegible]	[illegible]	[illegible]	[illegible]，

① 西夏本脱“是故”。

dźjịj^{1} ·ju^{2} ljɨɨr^{1} ljị^{2} tshja^{2} ·ju^{2} xiwã^{1} dźjɨ djọ^{2}

行, 常 四 恩 报, 常 梵 行 修,

[illegible] [illegible] [illegible] [illegible], [illegible] [illegible] [illegible] [illegible], [illegible]

tśja^{1} ·wụ^{2} tsjiir^{1} ɣiew^{1} mee^{2} mjijr^{2} lhu^{1} ljịj^{1} neew^{2}

道 资 法 习, 神 通 进 增, 善

习行四恩,常修梵行,遵道品法①,具进神通,

9.79.1

[illegible] [illegible] [illegible], [illegible] [illegible] [illegible] [illegible], [illegible] [illegible] [illegible] [illegible] [illegible]。

tśier^{1} ·ju^{2} djọ^{2} tśhja^{2} mər^{2} śjɨj^{1} ·jiw^{2} ku^{1} tśhjwo^{1} tha^{1} tśja^{1} ŋwu^{2}

方 便 修, 德 本 成 就, 则 故 佛 道 是。

行权方便,成就德本,是为佛道。

汉文本

寂意,且观十二缘起,不乱德本,获报应果,诸所发意,不失其功,斯等正士,十力普备,悉获所愿。是故,寂意,若有菩萨,疾欲逮成,无上正真道,为最正觉,当学斯等诸正士业,勤修奉行,悉存佛道。彼何谓佛道?不以害心于众生,兴乎慈心,奉度无极,习行四恩,常修梵行,遵道品法,具进神通,行权方便,成就德本,是为佛道。

9.79.1

[illegible] [illegible] [illegible] [illegible] [illegible] [illegible]

tha^{1} nioow^{1} phji^{1} mjij^{1} dźiã^{2} tsjij^{2}

佛 复 意 寂 菩 萨

佛复告寂意:

9.79.2

[illegible] [illegible]: [illegible] [illegible] [illegible] [illegible] [illegible] [illegible] [illegible]

·jij^{1} ·jɨ^{2} thja^{1} tśja^{1} njiij^{1} sej^{1} thja^{1} tsjiir^{2} tsjij^{2}

之 谓: 其 道 心 净, 斯 性 通

[illegible]; [illegible] [illegible] [illegible] [illegible], [illegible] [illegible] [illegible] [illegible];

① 遵道品法,西夏本作“资道习法”。

dar1	thja1	tśja1	wəə1	lo1	tsjiir2	rjar1	no2	nej2
达；	其	道	雅	和，	性	气	隐	安；

其道心净，斯性通达；其道和雅，志性安隐；

9.79.3

[illegible]	[illegible]	[illegible]	[illegible]	[illegible]，	[illegible]	[illegible]	[illegible]	[illegible]；
thja1	tśhja2	tśja1	tśhja2	twụ1	lạ1	ljoor1	zji2	mjij1
其	正	道	正	直，	谀	谄	皆	无；
[illegible]	[illegible]	[illegible]	[illegible]，	[illegible]	[illegible]	[illegible]	[illegible]；	[illegible]
thja1	tśja1	wạ2	ljịj2	ɣię2	lụ2	lew2	mjij1	tha1
其	道	弘	广，	碍	挂	所	无；	佛

其道质朴，而无谀谄；其道广普，无所挂碍；

9.79.4

[illegible]	[illegible]	[illegible]，	[illegible]	[illegible]	[illegible]	[illegible]	[illegible]；	[illegible]
tśja1	tśhja2	ka1	mji1	tśhja2	ka1	njiij1	mjij1	thja1
道	平	等，	不	平	等	心	无；	其
[illegible]	[illegible]	[illegible]，	[illegible]	[illegible]	[illegible]	[illegible]；	[illegible]	[illegible]
tśja1	le2	lew2	·ji1	niow2	mji1	wji1	thja1	tśja1
道	畏	所，	众	恶	不	犯；	其	道

其道平等，心无偏党；其道无畏①，不犯众恶；

9.79.5

[illegible]	[illegible]，	[illegible]	[illegible]	[illegible]	[illegible]	[illegible]；	[illegible]	[illegible]
dju1	tha2	mjii1	po1	lo1	bjii2	ŋwu2	thja1	tśja1
有	大，	施	波	罗	蜜	是；	其	道
[illegible]	[illegible]，	[illegible]	[illegible]	[illegible]	[illegible]	[illegible]；	[illegible]	[illegible]
wejr1	ljij1	kie1	po1	lo1	bjii2	ŋwu2	thja1	tśja1
饶	丰，	戒	波	罗	蜜	是；	其	道

其道财富②，施度无极；其道丰饶，戒度无极；

① 其道无畏，西夏本作“其道所畏”。
② 其道财富，西夏本作“大有其道”。

9.79.6

[illegible]	[illegible],	[illegible]	[illegible]	[illegible]	[illegible]	[illegible]	[illegible];	[illegible]
mji1	djọ1	djịj1	zeew2	po1	lo1	bjii2	ŋwu2	thja1
不	咨,	叹	忍	波	罗	蜜	是;	其
[illegible]	[illegible]	[illegible],	[illegible]	[illegible]	[illegible]	[illegible]	[illegible];	[illegible]
tśja1	do2	ka2	·jɨr2	po1	lo1	bjii2	ŋwu2	thja1
道	处	离,	进	波	罗	蜜	是;	其

其道不咨,忍度无极;其道离处,进度无极;

9.80.1

[illegible]	[illegible]	[illegible],	[illegible]	[illegible]	[illegible]	[illegible]	[illegible];	[illegible]
tśja1	mji1	ŋewr1	śjã1	po1	lo1	bjii2	ŋwu2	thja1
道	不	乱,	定	波	罗	蜜	是;	其
[illegible]	[illegible]	[illegible],	[illegible]	[illegible]	[illegible]	[illegible]	[illegible];	[illegible]
tśja1	tsjiir1	gjịj1	sjịj2	po1	lo1	bjii2	ŋwu2	tśja1
道	选	择,	智	波	罗	蜜	是;	道

其道不乱,寂度无极;其道善择,智度无极;

9.80.2

[illegible]	[illegible]	[illegible],	[illegible]	[illegible]	[illegible]	[illegible];	[illegible]	[illegible]
·jij1	źjɨr1	bju1	tha2	njij2	ɣiwej1	dźjij1	tśja1	njiij1
己	慧	归,	大	慈	奉	行;	道	意
[illegible]	[illegible],	[illegible]	[illegible]	[illegible]	[illegible];	[illegible]	[illegible]	[illegible]
tśhja2	twụ1	tha2	wjuu1	ɣa2	njɨ2	tśja1	de2	rejr2
正	直,	大	哀	于	至;	道	喜	悦

道归己慧,奉于大慈;道不曲意①,至于大哀;道受喜悦,

9.80.3

[illegible],	[illegible]	[illegible]	[illegible]	[illegible];	[illegible]	[illegible]	[illegible]	[illegible],
lhjịj2	tha2	de2	djọ2	dźjịj1	tśja1	ljɨɨr1	ɣjiw1	bju1

① 道不曲意,西夏本作“道意正直”。

受， 大 喜 修 行； 道 四 摄 归，

[illegible]

tha^{2} ·wejr^{2} ɣa^{2} njɨ^{2} thja^{1} tśja^{1} ·ji^{1} tśjị^{1} źjị^{1}

大 护 于 至； 其 道 众 苦 恼

行以大喜；道归妙御，至于大护；其道以除众苦之恼，

9.80.4

[illegible]

phja^{1} lẹj^{2} tśjuu^{1} tshjạ^{1} kwow^{2} sjiij^{2} ka^{2} thja^{1} tśja^{1}

除， 贪 害 瞋 恚 想 消； 其 道

[illegible]

no^{2} nej^{2} rjijr^{2} tshwew^{1} njiij^{1} tsə̣^{1} mji^{1} tśhju^{1} ·jar^{2}

稳 安 △ 趣， 心 色 不 怀， 调

消去贪害瞋恚之想；其道趣安，心不怀色；

9.80.5

[illegible]

gie^{1} mjijr^{2} ·jij^{1} dzju^{1} dzjiij^{2} ɣiẹ^{2} lji^{2} wjị^{1} tsjụ^{1}

难 者 之 训 化， 声 香 味 触

[illegible]

tsjiir^{1} phja^{1} ljiij^{2} gja^{1} rjur^{1} ·jar^{2} ·jij^{1} khwẹj^{1} njiij^{1}

法 断； 魔 官 降 伏， 自 傲 心

道化难调，刈色声香味细滑之法；道降魔官属，

9.80.6

[illegible]

ka^{2} phji^{1} nioow^{1} ·ji^{1} ljwịj^{1} kjwir^{1} phja^{1} phji^{1} thja^{1}

去 令， 及 众 怨 贼 绝 令； 其

[illegible]

tśja^{1} ŋur^{1} kiẹj^{2} rjur^{1} do^{2} dźjwi^{1} dzjar^{2} zji^{2} zjịj^{1}

道 阴、 种、 诸 入 消 除， 悉 着

令化去心自大，及众怨贼；道消除阴①、种②、诸入③，悉

9.81.1

[illegible]	[illegible]；	[illegible]	[illegible]	[illegible]	[illegible]	[illegible]	[illegible]，	[illegible]
lew^{2}	mjij^{1}	thja^{1}	tśja^{1}	ljiij^{2}	dạ^{2}	phjɨ^{1}	dźjɨɨr^{1}	źjị^{1}
所	无；	其	道	魔	事	舍	弃，	尘
[illegible]	[illegible]	[illegible]，	[illegible]	[illegible]	[illegible]	[illegible]；	[illegible]	[illegible]
njɨɨ^{2}	kha^{1}	dźjiij^{1}	·jij^{1}	dzju^{2}	rjir^{1}	ljɨ^{1}	thja^{1}	tśja^{1}
劳	间	在，	自	在	得	也；	其	道

无所着；道舍魔事，在众尘劳，而得自在；道

9.81.2

[illegible]	[illegible]	[illegible]	[illegible]，	[illegible]	[illegible]、	[illegible]	[illegible]	[illegible]
phju^{2}	njiij^{1}	bju^{1}	tjị^{1}	ɣiẹ^{2}	mji^{1}	tjij^{1}	dwewr^{2}	lə
上	心	依	归，	声	闻、	独	觉	念
[illegible]；	[illegible]	[illegible]	[illegible]	[illegible]	[illegible]	[illegible]	[illegible]，	[illegible]
ka^{2}	thja^{1}	tśja^{1}	rjur^{1}	lja^{1}	wjij^{1}	dźjɨ	dźjij^{1}	tśhja^{2}
离；	其	道	诸	来	去	行	遣，	正

归上心，离于声闻、缘觉之念；道习诸去来所行，

9.81.3

[illegible]	[illegible]	[illegible]；	[illegible]	[illegible]	[illegible]	[illegible]	[illegible]	[illegible]，
ka^{1}	dwewr^{2}	rjir^{1}	thja^{1}	tśja^{1}	tha^{2}	ljị^{1}	zow^{2}	·jiij^{1}
等	觉	致；	其	道	大	宝	执	持，
[illegible]	[illegible]	[illegible]	[illegible]	[illegible]	[illegible]；	[illegible]	[illegible]	[illegible]
ŋowr^{2}	ŋowr^{2}	sjịj^{2}	rjir^{2}	bju^{1}	śjij^{1}	thja^{1}	tśja^{1}	·ju^{2}
一	切	智	与	依	顺；	其	道	常

致平等觉；道御大宝，顺一切智；道常

① 阴，代表五阴或五蕴，即色、受、想、行、识。
② 种，表示人生的四大苦，一者生老病死，二者求不得，三者怨憎会，四者爱别离。
③ 诸入，代表眼耳鼻舌身意六入处。

9.81.4

[illegible]	[illegible]	[illegible],	[illegible]	[illegible]	[illegible]	[illegible];	[illegible]	[illegible]
ɣiẹ^{2}	lụ^{2}	mjij^{1}	źjɨr^{1}	swew^{1}	phjo^{2}	kar^{2}	thja^{1}	tśja^{1}
碍	障	无,	慧	明	分	别;	其	道
[illegible]	[illegible]	[illegible]	[illegible],	[illegible]	[illegible]	[illegible]	[illegible];	[illegible]
neew^{2}	dźjɨ	nẹ^{1}	tshjiij^{1}	neew^{2}	wjɨ̣^{1}	dźjwɨ^{1}	ɣjiw^{1}	thja^{1}
善	行	宣	说,	善	亲	友	摄;	其

分别无碍慧明;道宣善行,摄善亲友;

9.81.5

[illegible]	[illegible]	[illegible]	[illegible]	[illegible],	[illegible]	[illegible]	[illegible]	[illegible];
tśja^{1}	rjur^{1}	lə	tsjiir^{2}	luu^{1}	·ji^{1}	tśhiow^{1}	zjịj^{1}	ka^{2}
道	诸	愚	性	掘,	众	结	着	消;
[illegible]	[illegible]	[illegible]	[illegible]	[illegible]	[illegible],	[illegible]	[illegible]	[illegible]
thja^{1}	tśja^{1}	źjị^{1}	njɨɨ^{2}	khwa^{1}	ka^{2}	tshjạ^{1}	dzeej^{1}	ljɨ̣^{2}
其	道	尘	劳	远	弃,	瞋	诤	地

道废坑堑,消众结着;道弃尘劳,越瞋诤地;

9.81.6

[illegible];	[illegible]	[illegible]	[illegible]	[illegible]	[illegible]	[illegible],	[illegible]	[illegible]
dzjịj^{1}	thja^{1}	tśja^{1}	no^{2}	nej^{2}	bju^{1}	tjị^{1}	·ji^{1}	sjwɨ^{1}
越;	其	道	隐	安	依	归,	众	虑
[illegible]	[illegible];	[illegible]	[illegible]	[illegible]	[illegible]	[illegible]	[illegible],	[illegible]
niow^{2}	phja^{1}	thja^{1}	tśja^{1}	gjuu^{2}	rjur^{1}	bju^{1}	tjị^{1}	djiij^{2}
恶	除;	其	道	吉	祥	依	归,	涅

道归安隐,捐众非恶①;道归吉祥,

9.82.1

[illegible]	[illegible]	[illegible]	[illegible]	[illegible]	[illegible]。	[illegible]	[illegible]	[illegible]
phã^{1}	rjijr^{2}	tshwew^{1}	sji^{2}	sjwɨ̣^{1}	we^{2}	thjɨ^{2}	tja^{1}	dźiã^{2}

① 捐众非恶,西夏本作“除众虑恶”。

槃	△	趣	△	业	成。	此	者	菩
[illegible]	[illegible]	[illegible]	[illegible]	[illegible]	[illegible]	[illegible]	[illegible]	[illegible]
tsjij^{2}	·jij^{1}	tha^{1}	tśja^{1}	dźjij^{1}	sjwɨj^{1}	so̱^{1}	ɣa̱^{2}	njɨɨ^{1}
萨	之	佛	道	行	业	三	十	二

趣泥洹业。是为菩萨行佛道业三十二

9.82.2

[illegible]	[illegible]。	[illegible]	[illegible]	[illegible]	[illegible]	[illegible]，	[illegible]	[illegible]
da̱^{2}	ŋwu^{2}	dźiã^{2}	tsjij^{2}	thjɨ^{2}	bju^{1}	dźjiij^{1}	ku^{1}	xja^{1}
事	是。	菩	萨	此	依	住，	则	疾
[illegible]	[illegible]	[illegible]	[illegible]	□	[illegible]，	[illegible]	[illegible]	□
zji^{2}	phju^{2}	tśhja^{2}	ɣiej^{1}	□	śjɨj^{1}	tśhja^{2}	dwewr^{2}	□
无	上	正	真	□	成，	正	觉	□

事。菩萨住此，疾成无上正真之道，

9.82.3

[illegible]	[illegible]。
we^{2}	ljɨ^{1}
成	也。

逮最正觉。

9.82.4

[illegible]	[illegible]	[illegible]	[illegible]	[illegible]	[illegible]	[illegible]	[illegible]	[illegible]
tha^{2}	lji̱^{1}	tśiow^{1}	lwər^{2}	lhejr^{2}	来日	gjɨɨ^{1}	tsew^{2}	zeew^{2}
大	宝	积	经	契	卷	九	第	忍①

《大宝积经》卷第九

汉文本

佛复告寂意：其道心净，斯性通达；其道和雅，志性安隐；其道质朴，而无谀谄；其道广普，无所挂碍；其道平等，心无偏党；其道无畏，不犯众恶；其道财富，施度无极；其道丰饶，戒度无极；其道不咨，忍

① 忍，西夏文《大宝积经》帙号，首尾呼应。

度无极;其道离处,进度无极;其道不乱,寂度无极;其道善择,智度无极;道归己慧,奉于大慈;道不曲意,至于大哀;道受喜悦,行以大喜;道归妙御,至于大护;其道以除众苦之恼,消去贪害瞋恚之想;其道趣安,心不怀色;道化难调,刈色声香味细滑之法;道降魔官属,令化去心自大,及众怨贼;道消除阴、种、诸入,悉无所着;道舍魔事,在众尘劳,而得自在;道归上心,离于声闻、缘觉之念;道习诸去来所行,致平等觉;道御大宝,顺一切智;道常分别无碍慧明;道宣善行,摄善亲友;道废坑堑,消众结着;道弃尘劳,越瞋诤地;道归安隐,捐众非恶;道归吉祥,趣泥洹业。是为菩萨行佛道业三十二事。菩萨住此,疾成无上正真之道,逮最正觉。

《大宝积经》卷第九

西夏文《大宝积经》

·卷十·

《密迹金刚力士会》第三之三整理与研究

张映晖

内容和版本介绍

西夏文《密迹金刚力士会》并无品目之分，可以断定其翻译底本为西晋竺法护所译汉文本《大宝积经·密迹金刚力士会》。竺法护所译《密迹金刚力士会》言语朴实，忠于原文，西夏译本就是在汉译本基础上，结合自身对佛经的理解完成的。根据《大宝积经》卷九《密迹金刚力士会》中的说法，勇郡王的儿子法意皈依佛法后发愿，希望常常亲近佛祖，“愿为金刚力士，普闻一切诸佛秘要密迹之事”。《大宝积经》卷十则是密迹金刚力士为寂意菩萨讲如来身密、口密和意密。身密、口密和意密即佛教中的三密，秘密三业，常为密教所用。

据克恰诺夫《西夏佛典目录》，俄罗斯科学院东方文献研究所所藏《大宝积经·密迹金刚力士会》之三编号为 инв.№ 2386。инв.№ 2386，白棉纸，写本，经折装，乌丝栏，纸幅 34.5 厘米×13.5 厘米，版框高 27.7 厘米，每折约 7 行，行 21 字。现存 8 折，卷首尾皆残，内容为第十卷。

文本释读

10.1.1

……	[illegible]	[illegible]	[illegible]	[illegible]。	□	[illegible]	[illegible]	[illegible]	□	□	□	[illegible]
……	sọ1	tja1	phji1	dwuu2	□	mji1	tjịj1	goor1	□	□	□	zji2
……	三	者	意	密。	□	闻	独	男	□	□	□	咸

(今当敷演如来秘要,有三事。何谓为三?一曰身密,二曰口密①,)三曰意密。

10.1.2

……	[illegible]	[illegible]	[illegible]	[illegible],	[illegible]	[illegible]	[illegible]	[illegible]!	[illegible]	[illegible]	[illegible]	[illegible]
……	wẹ1	lə	mjijr2	tja1	来日	tjị2	ljọ2	wjij2	ljụ2	dwuu2	tja1	thjij2
……	愚	痴	人	者,	及	可	岂	有!	身	密	者	何

何况凡庶暗蔽之类!何谓②身密?

10.1.3

[illegible]?	……	[illegible]	[illegible]	[illegible],	[illegible]	[illegible]	[illegible]
sjo2	……	lə	lew2	mjij1	mji1	tsjɨ1	seew2
谓?	……	思	所	无,	不	亦	惟
[illegible],	[illegible]	[illegible]	[illegible]	[illegible]	[illegible]	[illegible]	[illegible]
sjiij2	pjụ1	wer1	tjịj2	dzjo2	ŋowr2	ŋowr2	zji2
念,	威	仪	礼	节	一	切	普

(如来于斯,)无所思(想),亦不惟念,普(现)一切,威仪③礼节。

---

① 《大宝积经·密迹金刚力士会》第三品首尾皆残,根据第三会第一品、第二品以及《大宝积经》的汉文版可以判断,卷十前面应该还有一折,此开头实为卷十的第二折。卷首可拟为:[illegible];[illegible];[illegible]。密迹金刚,又被称为金刚、金刚手,本为印度毗纽天的侍从,后为佛教吸收,成为佛教的护法,常手持金刚杵,作忿怒相。根据《大宝积经》卷九《密迹金刚力士会》中的说法,勇郡王的儿子法意皈依佛法后发愿,希望常常亲近佛祖,"愿为金刚力士,普闻一切诸佛秘要密迹之事"。《大日经疏》中记载:"西方以夜叉为秘密,以其身口意速疾,隐秘难可了知,故旧翻或云密迹。若浅略明义,秘密主,即夜叉王也,执金刚杵,常侍卫。"身密、口密和意密即佛教中的三密,秘密三业,常为密教所用。西夏文部分"[illegible],[illegible]"与汉文本"一切声闻、诸缘觉地所不能及也,何况凡庶暗蔽之类"意思比较一致,但是语序和字数似不合。

② 何谓,西夏本阙,根据汉文本,拟补"[illegible]",表示动词"云"。

③ 威仪,西夏本阙,根据上下文及汉文本,补"[illegible]","[illegible]"表示"威仪",佛教中有行、住、坐、卧四威仪。

10.1.4

……。	[illegible]	[illegible]	[illegible]	[illegible]	[illegible]，	[illegible]	[illegible]	[illegible]	[illegible]，
……	tjij^{1}	rjur^{1}	mə^{1}	sjij^{2}	·ju^{2}	·jij^{1}	dzjɨɨ^{2}	dźjij^{1}	dzu^{1}
……。	或	诸	天	人	民，	自	化	行	喜，
[illegible]	[illegible]	[illegible]	[illegible]	□	[illegible]，	[illegible]	[illegible]	[illegible]	
mjor^{1}	ljij^{2}	dzjɨɨ^{2}	dźjij^{1}	□	zjịj^{1}	rjur^{1}	mə^{1}	sjij^{2}	
如	来	化	行	□	时，	诸	天	人	

或有诸天人民，自喜经行，见睹如来，经行①之时，诸天人

10.1.5

[illegible]	……	[illegible]：	[illegible]	[illegible]	[illegible]	[illegible]	[illegible]	[illegible]
·ju^{2}	……	dạ^{2}	rjur^{1}	pjụ^{1}	tsjɨ^{1}	dzjɨɨ^{2}	dźjij^{1}	djij^{2}
民	……	言：	世	尊	亦	化	行	△
[illegible]。	……	[illegible]	[illegible]	[illegible]	[illegible]	[illegible]	[illegible]	[illegible]。
·jɨ^{2}	……	mjor^{1}	ljij^{2}	·jij^{1}	ljụ^{2}	dwuu^{2}	ljij^{2}	rjir^{1}
说。	……	如	来	之	身	密	见	逮。

民，(心自念)言：世尊为上②。斯等逮见，如来③身密。

10.1.6

[illegible]	[illegible]	[illegible]	[illegible]	[illegible]	[illegible]	[illegible]	[illegible]	[illegible]	[illegible]
tha^{1}	njiij^{1}	khju^{1}	dźiã^{2}	tśhju^{1}	ŋowr^{2}	ŋowr^{2}	ŋa^{2}	·jij^{1}	zji^{2}
佛	心	下	众	生	一	切	我	之	至
[illegible]	[illegible]	[illegible]	[illegible]	[illegible]	[illegible]	[illegible]	[illegible]	[illegible]。	[illegible]
ɣiej^{1}	thjoo^{1}	tśhja^{2}	pjụ^{1}	wer^{1}	kjij^{1}	ljij^{2}	·jɨ^{2}	njaa^{2}	tjij^{1}
真	妙	德	威	仪	△	见	谓	不。	若

佛之所念，亦不思望，一切众生睹见如来至真妙德威仪。

10.1.7

□	□	[illegible]	[illegible]	[illegible]	[illegible]，	[illegible]	[illegible]

① 经行，西夏本阙，根据上下文及汉文本，补“[illegible]”，“[illegible][illegible]”译为化行，汉文本作“经行”，两者意思并不冲突，皆指修行。据《瑜伽师地论·声闻地》：“言经行者，谓于广长称其度量一地方所，若往、若来，相应身业。”

② 世尊为上，西夏本作“如来亦经行”。

③ 如来，西夏本阙，根据上下文及汉文本，补“[illegible](mjor^{1})[illegible](ljij^{2})”，译为“如来”。

□	□	mə^{1}	dzuu^{2}	dzu^{1}	ŋwe^{1}	ku^{1}	mjor^{1}
□	□	天	坐	喜	乐，	则	如
[西夏字]	[西夏字]	[西夏字]	[西夏字]；	[西夏字]	……	[西夏字]	[西夏字]
ljij^{2}	dja^{2}	dzuu^{2}	ljij^{2}	dwuu^{2}	……	ku^{1}	mjor^{1}
来	△	坐	见；	若	……	则	如

若（诸）天（人）喜坐，见如来坐；若①（诸天人喜卧），

10.2.1

[西夏字]	[西夏字]	[西夏字]	[西夏字]；	[西夏字]	[西夏字]	[西夏字]②	[西夏字]	[西夏字]，	[西夏字]	[西夏字]
ljij^{2}	dja^{2}	gjwɨr^{2}	ljij^{2}	tjij^{1}	lwər^{2}	lhejr^{2}	nji^{2}	dzu^{1}	ku^{1}	mjor^{1}
来	△	卧	见；	若	经	契	听	喜，	则	如
[西夏字]	[西夏字]	[西夏字]	[西夏字]	[西夏字]	[西夏字]；	[西夏字]	[西夏字]	[西夏字]	[西夏字]	
ljij^{2}	lwər^{2}	lhejr^{2}	tshjiij^{1}	djij^{2}	ljij^{2}	tjij^{1}	mjij^{1}	sej^{1}	dzu^{1}	
来	经	契	说	△	见；	若	寂	静	喜	

见如来卧；若喜听经，见如来说经；若喜寂静，

10.2.2

[西夏字]	[西夏字]	[西夏字]	[西夏字]	[西夏字]	[西夏字]	[西夏字]；	[西夏字]	[西夏字]	[西夏字]	[西夏字]，
ku^{1}	mjor^{1}	ljij^{2}	mjɨ^{2}	mji^{2}	djij^{2}	ljij^{2}	tjij^{1}	śja^{1}	djɨj^{2}	dzu^{1}
则	如	来	默	然	△	见；	若	禅	定	喜，
[西夏字]	[西夏字]	[西夏字]	[西夏字]	[西夏字]③	[西夏字]	[西夏字]	[西夏字]。	[西夏字]	[西夏字]	
ku^{1}	mjor^{1}	ljij^{2}	sã^{1}	mej^{2}	·o^{2}	djij^{2}	ljij^{2}	tjij^{1}	mə^{1}	
则	如	来	三	昧	入	△	见。	若	天	

见如来默然；若喜禅思，见如来三昧。若天

10.2.3

□	□	□	□	□	[西夏字]	[西夏字]，	[西夏字]	[西夏字]	[西夏字]	[西夏字]

① 若，西夏本阙，根据上下文及汉文本，补“[西夏字]”字。

② 西夏本[西夏字]（lwər^{2}）[西夏字]（lhejr^{2}），汉文译作契经。梵语“修多罗”。契经，“契者合也，上契诸佛之理，下契众生之机，具有贯、摄、常、法四义。贯者，贯穿所应知义理；摄者，摄化所应度众生；常者，三世不能易其说；法者，十界所遵其轨”。

③ [西夏字][西夏字]，音译汉文“三昧”，梵语 samādhi。三昧，又作“三摩地”“三摩提”“三摩帝”，意译为“等持”“定”“正定”“正受”“定意”“调直定”“正心行处”等，即将心定于一处或一境的一种安定状态。又一般俗语形容妙处、极致、蕴奥、诀窍等之时，皆以“三昧”称之，即套用佛教用语而转意，当然已与原义迥然有别。

□	□	□	□	□	tśhjɨ1	phjii1	ku1	mjor1	ljịj2	mej1
□	□	□	□	□	其	晌，	则	如	来	目

[illegible]	[illegible]	[illegible]	[illegible]；	[illegible]	[illegible]	[illegible]	[illegible]，	[illegible]	[illegible]
mji1	phjii1	djij2	ljij2	tjij1	phji1	·jij1	dzju1	bji1	swew1
未	晌	△	见；	若	意	自	在，	光	明

（人民，目视不）晌者，见如来目未曾晌；若意自在，有喜光（者，

10.2.4

□	□	□	□	[illegible]	[illegible]	[illegible]	[illegible]	[illegible]	[illegible]	[illegible]；
□	□	□	□	mjor1	ljịj2	bji1	ɣię2	lụ2	mjij1	ljij2
□	□	□	□	如	来	光	挂	碍	无	见；

[illegible]	[illegible]	[illegible]	[illegible]，	[illegible]	[illegible]	[illegible]	[illegible]	[illegible]。	[illegible]
tshjɨj2	kię1	tsə̣1	dzu1	ku1	tshjɨj2	kię1	tsə̣1	ljij2	tjij1
紫	金	色	喜，	亦	紫	金	色	见。	若

便）见如来，光无所碍；喜紫金色者，亦见紫磨金色①。若

10.2.5

[illegible]	[illegible]	[illegible]	[illegible]	□	[illegible]、	[illegible]	[illegible]	[illegible]、	[illegible]
rjur1	mə1	sjij2	·ju2	□	tsə̣1	zjiɨr2	nji2	tsə̣1	niaa2
诸	天	人	民	□	色、	水	晶	色、	琉

[illegible]	[illegible]、	[illegible]	[illegible]	[illegible]、	□	[illegible]、	[illegible]	[illegible]、
ɣjɨ̣1	tsə̣1	nji2	kjɨɨ1	tsə̣1	□	njiij1	nər2	tsə̣1
璃	色、	瑙	玛	色、	□	磲、	黄	色、

诸天人民喜（银）色、水精②色、琉璃色、玛瑙色、（砗）磲③、黄色、

10.2.6

[illegible]	[illegible]、	□	□	□	□	[illegible]	[illegible]	[illegible]	[illegible]
nji2	ɣiej1	□	□	□	□	phiow1	dzjɨ̣2	tshjɨj2	tsə̣1
珠	真、	□	□	□	□	白	红	紫	色

① 西夏文译为"紫金色"，不见"磨"字。紫磨金色，代表金色中最为殊胜的颜色，指金的颜色永恒不变。正如佛相是金色身，称之为"紫磨金身"，代表佛的身色相好永恒不变。

② 水精，即"水晶"，是佛教七宝之一。

③ 砗磲，西夏文应作"[illegible]（lew2）[illegible] njiij1"，本文中砗磲作"□[illegible]（njiij1）"，"[illegible]（njiij1）"疑为"[illegible]（njiij1）"通假。

[illegible]，	[illegible]	[illegible]	[illegible]	[illegible]	[illegible]、	[illegible]	[illegible]	[illegible]、
dźjij^1	tjij^1	lhjịj^2	swew^1	nji^2	tsə̣^{1}	lhjwɨ^2	ŋewr^1	tsə̣^{1}
正，	若	月	明	珠	色、	暴	乱	色、

真珠、(正白、正赤、黄)白红紫色，或取明月珠色、暴乱色、

10.2.7

[illegible]	[illegible]、	[illegible]、	[illegible]、	□	□	□	[illegible]、	[illegible]、	[illegible]
ljoor^1	bji^1	be^2	lhjịj^2	□	□	□	śjɨ^2	xiwã^1	·ja
炎	光、	日、	月、	□	□	□	释、	梵、	阿
[illegible]	[illegible]，	[illegible]	[illegible]	[illegible]	[illegible]、	[illegible]	[illegible]	[illegible]	[illegible]，
sew^2	lo^1	tjij^1	gu^2	phiaa^2	tsə̣^{1}	sju^2	mji^1	wjạ^1	tsə̣^{1}
修	罗，	或	中	分	色、	须	弥	华	色，

炎光、日、月、(四天王)、释、梵、阿须轮，或中分色、须弥华色，

10.3.1

[illegible]	[illegible]	[illegible]	[illegible]，	[illegible]	□	[illegible]	[illegible]，	[illegible]	[illegible]
tjij^1	thjoo^1	sjwɨ^1	tsə̣^{1}	tjij^1	□	·jij^1	tsə̣^{1}	tjij^1	ŋwər^1
或	妙	思	色，	或	□	形	色，	若	碧
[illegible]	[illegible]①，	[illegible]	[illegible]	[illegible]	[illegible]	[illegible]	[illegible]	[illegible]，	[illegible]
lụ^1	tsə̣^{1}	tjij^1	sjwɨ^1	mjij^1	wjạ^1	tśja^1	pho^1	tsə̣^{1}	tjij^1
石	色，	或	忧	无	华	旃	匐	色，	或

或思妙色，或(药)形色，或碧石色，或无忧华旃匐色，

10.3.2

[illegible]	[illegible]	[illegible]	□	□	□	□	[illegible]	[illegible]	[illegible]	[illegible]
sə^1	·ji^1	wjạ^1	□	□	□	□	nər^2	njij^1	phiow^1	wjạ^1
思	夷	华	□	□	□	□	黄	红	白	华
[illegible]，	[illegible]	[illegible]	[illegible]	[illegible]	[illegible]，	[illegible]	[illegible]	[illegible]	[illegible]	
tsə̣^{1}	tjij^1	tew^1	lji^2	mə^1	tsə̣^{1}	tjij^1	phji^1	śia^1	mẽ^1	
色，	或	切	利	天	色，	或	毗	沙	门	

① [illegible]，直译“天石色”，天为碧蓝色，因此西夏文使用“[illegible]”字来翻译“碧”。

或思夷华(色,或青莲)红黄白华色,或了忉利天色①,或毗沙门

10.3.3

[illegible]	[illegible],	[illegible]	□	□	[illegible]	[illegible],	[illegible]	[illegible]	[illegible]、	[illegible]
njij^{2}	tsə̣^{1}	tjij^{1}	□	□	njij^{2}	tsə̣^{1}	dzjwɨ^{1}	·ụ^{2}	ŋwər^{1}	dzjwɨ^{1}
王	颜,	或	□	□	王	颜,	帝	藏	青、	帝
[illegible]、	[illegible]	[illegible]、	[illegible]	[illegible],	[illegible]	[illegible]	[illegible]	[illegible]。	[illegible]	
nər^{2}	dzjwɨ^{1}	dzjɨ̣^{2}	dzjwɨ^{1}	phiow^{1}	tjij^{1}	tshọ^{2}	ŋa^{1}	sej^{1}	thja^{1}	
黄、	帝	赤、	帝	白,	或	虚	空	净。	其	

王颜,或(四天)王形,首藏青帝、黄帝、赤帝、白帝,或虚空净。

10.3.4

□	[illegible]	[illegible]	[illegible]	[illegible],	[illegible]	[illegible]	[illegible]	[illegible],	[illegible]	[illegible]
□	rjur^{1}	mə^{1}	sjij^{2}	·ju^{2}	njiij^{1}	kjɨ^{1}	dzu^{1}	bju^{1}	mjɨ^{1}	pjụ^{1}
□	诸	天	人	民,	心	所	喜	依,	无	量
[illegible]	[illegible],	[illegible]	[illegible]	[illegible]	[illegible]	[illegible]	[illegible],	[illegible]	[illegible]	
mə^{2}	tsə̣^{1}	mjor^{1}	ljịj^{2}	tśhjɨ^{1}	zjịj^{1}	mə^{2}	djịj^{1}	tśhja^{2}	·ioow^{1}	
品	色,	如	来	若	干	种	类,	德	功	

(或)天人民,心志无量,品色各异②,亦见如来,若干品种,功(勋)

10.3.5

□	□	□	□。	[illegible]	[illegible],	[illegible]	[illegible]	[illegible]	[illegible],	[illegible]
□	□	□	□	njwi^{2}	ljɨ^{1}	phji^{1}	mjij^{1}	dźiã^{2}	tsjij^{2}	tjɨ^{1}
□	□	□	□。	能	也,	意	寂	菩	萨,	正
[illegible]	[illegible]	[illegible]	[illegible]	[illegible]	[illegible]	[illegible]	[illegible]	[illegible]	[illegible]	
tjij^{1}	kạ^{1}	khja^{2}	bẹ^{1}	njɨ^{2}	rjur^{1}	tha^{1}	rjur^{1}	kięj^{2}	·u^{2}	
使	殑	伽	沙	等	诸	佛	世	界	中	

德(色)。如是,寂意,正使江河沙③等诸佛世界满中

① 西夏文脱“了”字。
② 品色各异,西夏本作“品色无量”。
③ 江河沙,西夏本译为“[illegible]”,直译为“殑伽沙”,即“恒河沙”。

10.3.6

[illegible]	[illegible]	[illegible]	[illegible]	[illegible]，	[illegible]	[illegible]	[illegible]	[illegible]	[illegible]
dźiã^{2}	tśhju^{1}	dźjij^{1}	njij^{2}	sə^{1}	thja^{1}	dźiã^{2}	tśhju^{1}	njɨ^{2}	·jij^{1}
众	生	精	△	满，	其	众	生	等	展
[illegible]	[illegible]	[illegible]，	[illegible]	[illegible]	[illegible]	[illegible]，	[illegible]	[illegible]	[illegible]
gu^{2}	dźjwɨ^{1}	dzu^{1}	·jij^{1}	gu^{2}	dźjwɨ^{1}	wee^{1}	zji^{2}	dzwej^{1}	wjij^{2}
转	相	爱，	展	转	相	生，	皆	罪	决

众生有含命类①，展转相爱，展转相生，皆决罪毕，

10.3.7

[illegible]，	[illegible]	[illegible]	[illegible]	[illegible]，	[illegible]	□	□	□	□
dzjar^{2}	dzjwo^{2}	ljụ^{2}	djij^{2}	rjir^{1}	thja^{1}	□	□	□	□
毕，	人	形	当	为，	其	□	□	□	□
[illegible]	[illegible]	[illegible]	[illegible]。	[illegible]	[illegible]	[illegible]	[illegible]	[illegible]	[illegible]
sjwɨ^{1}	sjiij^{2}	bju^{1}	wee^{1}	ku^{1}	dźiã^{2}	tśhju^{1}	ŋowr^{2}	ŋowr^{2}	tsjɨ^{1}
者	想	从	生。	故	众	生	一	切	亦

得为人形，从思想生。其（中一人，正使所生）②，亦犹如彼一切众生。

10.4.1

[illegible]	[illegible]	[illegible]。	[illegible]	[illegible]	[illegible]	[illegible]	[illegible]	□	□	[illegible]
thja^{1}	wjɨ^{2}	sju^{2}	mjor^{1}	ljij^{2}	tśhjɨ^{1}	zjij^{1}	mə^{2}	□	□	wer^{1}
彼	犹	如。	如	来	若	干	品	□	□	威
[illegible]	[illegible]，	[illegible]	[illegible]	[illegible]	[illegible]，	[illegible]	[illegible]	[illegible]	[illegible]；	
tjịj^{2}	dzjo^{2}	njiij^{1}	kjɨ^{1}	dzu^{1}	dạ^{2}	pjụ^{1}	dza^{2}	tjị^{2}	mjij^{1}	
仪	礼，	心	所	好	事，	量	限	可	不；	

如来亦（见），若干品（色），威仪礼节，心所好乐③，不可限量；

10.4.2

[illegible]	[illegible]	[illegible]	[illegible]。	[illegible]	[illegible]	[illegible]	[illegible]，	[illegible]	[illegible]

---

① 众生有含命类，西夏本译为"[illegible]"，意思是众生精△满，"[illegible]"字疑应作"[illegible] dju^{1}"，译为"有"。

② 中一人，正使所生，据汉文本则西夏本脱此句。

③ 心所好乐，西夏本作"心所好事"。

to^{2} zji^{2} nwə^{1} njwi^{2} mjor^{1} ljij^{2} tśhja^{2} dwewr^{2} thjɨ^{2} ·jiw^{1}
悉 皆 知 能。 如 来 正 觉， 此 因
[illegible] [illegible]， [illegible] [illegible] [illegible] [illegible] [illegible] [illegible] [illegible] [illegible]
nioow^{1} bju^{1} rjur^{1} dźiã^{2} tśhju^{1} ·jij^{1} mjor^{1} ljij^{2} ljụ^{2} swu^{2}
缘 依， 诸 众 生 之 如 来 形 像

悉欲察知，本末言行，亦复如是①。如来至真，有以是缘，各于众生，

10.4.3

□ □ □ □ [illegible] [illegible]， [illegible] [illegible] [illegible] [illegible]。 [illegible]
□ □ □ □ wjɨ^{2} śja^{2} ŋwuu^{1} dźjɨ thjɨ^{2} sju^{2} dzjọ^{1}
□ □ □ □ 如 现， 言 行 此 如。 犹
[illegible] [illegible] [illegible]， [illegible] [illegible] [illegible] [illegible]， [illegible] [illegible] [illegible]
sju^{2} ·a dzjwo^{2} njiij^{1} bie^{2} lhew^{2} rjir^{2} dzjij^{2} dzjwo^{2} rjir^{2}
如 一 人， 心 解 脱 得， 其 人 与

现如来像，（威仪礼节，）言行使然。犹如一人，心得解脱，（不与二人，

10.4.4

□ □ □ [illegible] [illegible]， [illegible] [illegible] [illegible] [illegible]， [illegible] [illegible]
□ □ □ źjɨr^{1} ɣiej^{1} njiij^{1} bie^{2} lhew^{2} rjir^{2} rjɨr nji^{2}
□ □ □ 实 真， 心 解 脱 得， 乃 至
[illegible] [illegible]， [illegible] [illegible] [illegible] [illegible]， [illegible] [illegible] [illegible] [illegible]，
tha^{1} tśja^{1} źjɨr^{1} bju^{1} nẹ^{1} tshjiij^{1} mjor^{1} ljij^{2} nwə^{1} dwewr^{2}
佛 道， 实 依 宣 说， 如 来 正 觉，

俱共同也。）欲宣至实，心得解脱，乃至乎道，如来至真，

10.4.5

[illegible] [illegible] [illegible] [illegible] [illegible] [illegible] [illegible] [illegible] [illegible] [illegible] [illegible]。
thjɨ^{2} nioow^{1} dźiã^{2} tśhju^{1} ŋowr^{2} ŋowr^{2} ·jij^{1} njiij^{1} ljɨj^{2} śjwo^{1} phji^{1}
此 因 众 生 一 切 之 心 悦 显 令。
[illegible] [illegible] [illegible] [illegible] [illegible]， [illegible] [illegible] [illegible] [illegible] [illegible]

① 本末言行，亦复如是，西夏本阙。

dźiã²	tśhju¹	·jij¹	de²	phji¹	nioow¹	tsə̣¹	swu²	pju̦¹	wer¹
众	生	之	悦	令，	以	色	像	威	仪

乃能可悦，一切众生。以悦众生，显示色像，

10.4.6

[illegible]	[illegible]	[illegible]，	□	□	□	[illegible]	[illegible]。	[illegible]	[illegible]
tjɨj²	dzjo²	dźju¹	□	□	□	tsjɨ¹	thja¹	wjɨ²	sju²
礼	节	显，	□	□	□	亦	然。	犹	如
[illegible]	[illegible]	[illegible]	[illegible]，	[illegible]	[illegible]	[illegible]	[illegible]	[illegible]	[illegible]，
phji¹	mjij¹	dźiã²	tsjij²	dzjọ¹	sju²	gji¹	sej¹	swew¹	tjɨj²
意	寂	菩	萨，	譬	如	清	净	明	镜，

威仪礼节，(言行)亦然。犹如寂意，清净明镜，

10.4.7

[illegible]	[illegible]	[illegible]	[illegible]	□	□	[illegible]	[illegible]，	[illegible]	[illegible]
tsə̣¹	·jwɨr¹	·jij¹	bju¹	□	□	rər²	śja²	thja¹	tsə̣¹
色	貌	像	随，	□	□	像	现，	其	色
[illegible]	[illegible]	[illegible]	[illegible]	[illegible]	[illegible]	[illegible]	[illegible]，	[illegible]	[illegible]
djij¹	rjir²	tha¹	swu²	·a	tjɨj²	mji¹	do²	ljij¹	lej²
类	与	佛	像	一	样	无	异，	改	变

随其色貌，以往照之，则现其像，不失本类，等示无异①，未曾变改，

10.5.1

[illegible]	[illegible]，	[illegible]	[illegible]	[illegible]	[illegible]，	[illegible]	[illegible]	[illegible]	[illegible]。
mjij²	djij²	thja¹	swew¹	tjɨj²	khwej²	sjwɨ¹	lə	mjij¹	ljɨ¹
未	曾，	其	明	镜	大，	想	念	无	也。
[illegible]	[illegible]	[illegible]	[illegible]	[illegible]，	[illegible]	[illegible]	[illegible]	[illegible]	[illegible]
mjor¹	ljij²	tsjɨ¹	thja¹	sju²	tsjiir¹	ŋwu²	dźiã²	tśhju¹	ŋowr²
如	来	亦	是	如，	法	以	众	生	一

明镜照形，亦无想念。如来如是，虽以法济，一切众生，

① 不失本类，等示无异，西夏本作“其色类与佛像一样无异”。

10.5.2

[illegible]	[illegible]	[illegible]，	□	□	[illegible]	[illegible]	[illegible]，	[illegible]	[illegible]	[illegible]
ŋowr^{2}	·jij^{1}	gjuu^{2}	□	□	lə	mji^{1}	dju^{1}	gjij^{1}	ɣie^{2}	njiij^{1}
切	之	济，	□	□	念	无	有，	利	益	心
[illegible]，	[illegible]	[illegible]	[illegible]	[illegible]	[illegible]	[illegible]	[illegible]	[illegible]	[illegible]	
mjij^{1}	thja^{1}	śjij^{1}	dźiã^{2}	tśhju^{1}	ŋowr^{2}	ŋowr^{2}	·jij^{1}	njiij^{1}	dźjɨ	
无，	自	然	众	生	一	切	之	心	行	

无有想念，无利养心，可悦一切众生心行。

10.5.3

[illegible]	[illegible]	[illegible]。	[illegible]	□	[illegible]	[illegible]，	[illegible]	[illegible]	[illegible]
bju^{1}	de^{2}	phji^{1}	phju^{2}	□	mjiij^{2}	bju^{1}	djɨj^{1}	na^{1}	tsjiir^{1}
可	悦	使。	上	□	下	随，	浅	深	法
[illegible]，	[illegible]	[illegible]	[illegible]	[illegible]	[illegible]	[illegible]	[illegible]	[illegible]	[illegible]。
ŋwu^{2}	so̱^{1}	kiẹj^{2}	lha̱^{2}	mjijr^{2}	·jij^{1}	phie^{2}	tsjij^{2}	gju^{1}	dzjij^{1}
以，	三	界	迷	者	之	开	化	度	脱。

随上(中)下，深浅之法，开化度脱，三界迷惑。

10.5.4

□	□	[illegible]	[illegible]	[illegible]	[illegible]	[illegible]	[illegible]	[illegible]	[illegible]	[illegible]。
□	□	mjor^{1}	ljij^{2}	·jij^{1}	ljụ^{2}	dźjɨ	dwuu^{2}	rjɨj^{2}	ŋwu^{2}	ljɨ^{1}
□	□	如	来	之	身	行	秘	要	是	也。

(是)为如来，身行秘要。

汉文本

密迹力士谓寂意曰：谛听！谛听！善思念之，今当敷演如来秘要，有三事。何谓为三？一曰、身密，二曰口密，)三曰、意密。

尔时，寂意复问密迹金刚力士：如来有几事秘要？一切声闻、诸缘觉地所不能及也，何况凡庶暗蔽之类！善哉！密迹，愿意乐任，颁宣如来秘要普入，一切众会咸欲闻之。

何谓身密？(如来于斯，)无所思(想)，亦不惟念，普(现)一切，威仪礼节。或有诸天人民，自喜经行，见睹如来，经行之时，诸天人民，(心自念)言：世尊为上。斯等逮见，如来身密。佛之所念，亦不思望，一切众生睹见如来至真妙德威仪。若(诸)天(人)喜坐，见如来坐；若(诸天人喜卧)，见如来卧；若喜听经，见如来说经；若喜寂静，见如来默然；若喜禅思，见如来三昧。若天（人民，目视不）眴者，见如来目未曾眴；若意自在，有喜光（者，便）见如来，光无所碍；喜紫金色者，亦见紫磨金色。若诸天人民喜（银）色、水精色、琉璃色、玛瑙色、（砗）磲、黄色、真珠、（正白、正赤、黄）白红紫色，或取明月珠色、暴乱色、炎光、日、月、（四天王）、释、梵、阿须轮，或中分色、须弥华色，或思妙色，或（药）形色，或碧石色，或无忧华旃匐色，或思夷华（色，或青莲）红黄白华色，或了忉利天色，或毗沙门王颜，或（四天）王形，首藏青帝、黄帝、赤帝、白帝，或虚空净。（或）天人民，心志无量，品色各异，亦见如来，若干品种，功（勋）德（色）。

如是，寂意，正使江河沙等诸佛世界满中众生有含命类，展转相爱，展转相生，皆决罪毕，得为人形，从思想生。其（中一人，正使所生），亦犹如彼一切众生。如来亦（见），若干品（色），威仪礼节，心所好乐，不可限量；悉欲察知，本末言行，亦复如是。如来至真，有以是缘，各于众生，现如来像，（威仪礼节，）言行使然。犹如一人，心得解脱，（不与二人，俱共同也。）欲宣至实，心得解脱，乃至乎道，如来至真，乃能可悦，一切众生。以悦众生，显示色像，威仪礼节，（言行）亦然。犹如寂意，清净明镜，随其色貌，以往照之，则现其像，不失本类，等示无异，未曾变改，明镜照形，亦无想念。如来如是，虽以法济，一切众生，无有想念，无利养心，可悦一切众生心行。随上（中）下，深浅之法，开化度脱，三界迷惑。（是）为如来，身行秘要。

10.5.4

[illegible]	[illegible]	[illegible]	[illegible]	[illegible]	[illegible]	[illegible]	[illegible]	[illegible]
dwuu^{2}	rjar^{2}	kię^{1}	dźja^{2}	ɣie^{1}	mjijr^{2}	nioow^{1}	phji^{1}	mjij^{1}
密	迹	金	刚	力	士	复	意	寂

密迹金刚力士复谓寂意（菩萨）：

10.5.5

□	□	□	□	[illegible]	[illegible]	[illegible]	[illegible]	[illegible]	[illegible]，
□	□	□	□	mjor^{1}	ljịj^{2}	·jij^{1}	dwuu^{2}	rjɨj^{2}	tja^{1}
□	□	□	□	如	来	之	秘	要	者，
[illegible]	[illegible]	[illegible]	[illegible]	[illegible]	[illegible]	[illegible]，	[illegible]	[illegible]	[illegible]
ŋur^{1}	kiẹj^{2}	rjur^{1}	do^{2}	mji^{1}	phjo^{2}	kar^{2}	dzwej^{1}	ljo^{1}	kha^{1}
阴	界、	诸	入	不	分	别，	罪	福	中

如来秘要，亦不分别，阴种诸入①，不归罪福，

10.5.6

[illegible]	[illegible]，	[illegible]	[illegible]	[illegible]	[illegible]，	[illegible]	[illegible]	[illegible]	[illegible]，

① 阴种诸入，西夏本作“阴界、诸入”，疑脱“种”。

mji^{1}	wjij^{1}	źjị^{1}	njɨɨ^{2}	mji^{1}	śjwo^{1}	wja^{1}	mja^{1}	mji^{1}	śjɨj^{1}
无	有,	尘	劳	不	生,	父	母	不	成,
[illegible]	[illegible]	[illegible]	[illegible],	[illegible]	[illegible]	[illegible]	[illegible]。	[illegible]	[illegible]
ljɨɨr^{1}	tha^{2}	zjur^{2}	mjij^{1}	rjɨr^{1}	kạ^{1}	tsjɨ^{1}	mjij^{1}	mji^{1}	lew^{2}
四	大	胎	无,	骨	肉	亦	无。	闻	所

不生尘劳,不成父母,无四大胞胎,亦无骨肉。所闻

10.5.7

[illegible]	[illegible],	[illegible]	[illegible]	[illegible]	[illegible]	[illegible]	[illegible]	□	[illegible],
tśhja^{2}	·ioow^{1}	ma^{2}	śja^{1}	wją^{1}	śja^{1}	to^{2}	zji^{2}	□	dju^{1}
勋	功,	涂	香	华	香	悉	皆	□	有,
[illegible]	[illegible]	[illegible]	[illegible],	[illegible]	[illegible]	[illegible]	[illegible]	[illegible],	□
tsə̣^{1}	ɣa^{2}	mji^{1}	bej^{1}	wəə^{1}	ɣię^{2}	lho	·a	mjij^{1}	□
色	上	不	系,	属 ·	息	出	△	无,	□

功勋,无涂华香,悉无所有,不系在色,无出入息,

10.6.1

[illegible]	[illegible]	[illegible]。	[illegible]	[illegible]	[illegible]	[illegible],	[illegible]	□	[illegible]
kạ^{1}	dzjar^{2}	sji^{1}	tha^{1}	·jij^{1}	ljụ^{2}	tja^{1}	tsjiir^{1}	□	ŋwu^{2}
命	灭	尽。	佛	之	身	者,	法	□	是
[illegible]	[illegible],	[illegible]	[illegible]	[illegible]	[illegible],	[illegible]	[illegible]	[illegible]	[illegible],
nwə^{1}	kięj^{2}	ljụ^{2}	tsə̣^{1}	mji^{1}	dju^{1}	·ji^{1}	lạ^{1}	sjiij^{2}	mjij^{1}
知	欲,	身	色	无	有,	众	妄	想	无,

寿命灭尽。欲知佛身,则是法(身),身无有色,无众妄想,

10.6.2

[illegible]	[illegible]	[illegible]	[illegible]	[illegible]	[illegible]	[illegible]	[illegible]	[illegible]	[illegible]
wjɨ^{2}	śja^{2}	tsə̣^{1}	·jij^{1}	ɣiwe^{1}	lo	pjụ^{1}	lu^{2}	lẹj^{2}	zjịj^{1}
所	现	色	相	权	豪	尊	位	贪	滞
[illegible]	[illegible]	[illegible]	[illegible]	[illegible],	[illegible]	[illegible]	[illegible]	[illegible],	[illegible]
dzu^{1}	kjụ^{1}	dźiã^{2}	tśhju^{1}	nioow^{1}	·jwɨr^{1}	·jij^{1}	wjị^{2}	śja^{2}	thja^{2}
好	求	众	生	故,	相	形	示	显,	其

所现色相为贪慕好求豪尊位众生之故，而示形相，令目睹矣。

10.6.3

□	□	□	□	[illegible]	[illegible]	[illegible]，	[illegible]	[illegible]	[illegible]，
□	□	□	□	·jij^{1}	mjij^{1}	sej^{1}	njiij^{1}	źjɨr^{1}	nioow^{1}
□	□	□	□	相	寂	静，	心	慧	故，
[illegible]	[illegible]	[illegible]	[illegible]	[illegible]	[illegible]	[illegible]	[illegible]	[illegible]	[illegible]。
ku^{1}	dźiã^{2}	tśhju^{1}	ŋowr^{2}	ŋowr^{2}	·jij^{1}	mə^{1}	mej^{1}	tshwew^{1}	phji^{1}
则	众	生	一	切	之	天	眼	趣	令。

（法）相静寂，为敬慧故，一切众生，使趣天眼。

10.6.4

[illegible]①	□	□	[illegible]	[illegible]	[illegible]	[illegible]	[illegible]	[illegible]：	[illegible]	[illegible]
dwuu^{2}	□	□	phji^{1}	mjij^{1}	dźiã^{2}	tsjij^{2}	·jij^{1}	·jɨ^{2}	tjɨ^{1}	tjij^{1}
密	□	□	意	寂	菩	萨	之	谓：	假	若
[illegible]	[illegible]	[illegible]	[illegible]	[illegible]	[illegible]，	[illegible]	[illegible]	[illegible]	[illegible]，	
dźiã^{2}	tśhju^{1}	·a	ljwu^{2}	kha^{1}	dźjiij^{1}	twụ^{1}	tha^{1}	ljụ^{2}	ljij^{2}	
众	生	一	会	中	在，	各	佛	身	见，	

密（迹复）谓寂意：若有众生，俱在一会，各见佛身，

10.6.5

[illegible]	[illegible]	[illegible]	[illegible]	[illegible]	[illegible]，	[illegible]	[illegible]	[illegible]	[illegible]，
phji^{1}	ŋwu^{2}	khwa^{1}	dźjiij^{1}	ljij^{2}	njwi^{2}	dźjiij^{1}	mər^{2}	bioo^{1}	thjuu^{1}
意	以	远	住	观	能，	住	本	睹	缘，
[illegible]	[illegible]	[illegible]	[illegible]。	[illegible]	[illegible]	[illegible]	[illegible]	[illegible]，	[illegible]
dźjiij^{1}	mər^{2}	mji^{1}	ljij^{2}	khwa^{1}	dźjiij^{1}	mji^{1}	ljij^{2}	tja^{1}	thjuu^{1}
住	本	不	见。	远	住	不	见	者，	缘

以缘意睹。其远住观，住本不见。其住本也，见住远不见者，

10.6.6

[illegible]	[illegible]	[illegible]。	□	□	[illegible]	[illegible]，	[illegible]	[illegible]	[illegible]。

① 西夏本阙，根据上下文及汉文本补“[illegible]（密）”字。

sji^2 phji^1 mjij^1 □ □ ŋewr^1 ŋwu^2 tsjɨ^1 ljij^2 mjɨ^1 njwi^2

用 意 无。 □ □ 乱 以， 亦 见 不 能。

[illegible] [illegible] [illegible] [illegible] [illegible] [illegible]， [illegible] [illegible] [illegible] [illegible]

phji^1 ŋwu^2 thjuu^1 mji^1 ljij^2 tja^1 ·jij^1 ljụ^2 bioo^1 thjuu^1

意 以 缘 不 见 者， 己 身 察 见

无意缘也。（见者）以乱，意缘不见也。若以意缘，不得见者，若以己身，而察见之。

10.6.7

[illegible]。 [illegible] [illegible] [illegible] [illegible] [illegible] [illegible] [illegible] [illegible]。 [illegible] [illegible]

ŋwu^2 mjɨ^1 ljij^2 kiej^2 tja^1 thja^1 tsjɨ^1 ljij^2 njaa^2 nioow^1 tsjɨ^1

以。 他 见 欲 者， 其 亦 见 不。 又 亦

[illegible] [illegible] [illegible] [illegible]， [illegible] [illegible] [illegible] [illegible]， [illegible] [illegible]

mjɨ^1 ·jij^1 ljij^2 ŋwu^2 ·jij^1 ljụ^2 ljij^2 tja^1 thja^1 tsjɨ^1

他 之 见 以， 己 身 见 者， 其 亦

用见他人故，不见之也。又见他人故，复能见者，用见己心故，不见之也。

10.7.1

[illegible] [illegible]。 [illegible] [illegible] [illegible] [illegible] [illegible] [illegible]， [illegible] [illegible] [illegible]

ljij^2 njaa^2 thja^1 mjiij^1 gu^2 ljij^2 lew^2 tja^1 ·a me^2 tjị^2

见 不。 其 梦 中 见 所 者， △ 睡 醒

[illegible]， [illegible] [illegible] [illegible] [illegible]。 [illegible] [illegible] [illegible] [illegible] [illegible]，

zjịj^1 mjɨ^1 tśhjɨ^1 ljij^2 ljɨ^1 djɨj^2 gu^2 ljij^2 lew^2 tja^1

时， 不 尔 见 也。 定 中 见 所 者，

其在梦中，有所见者，从梦觉①已，则无所见也。定意所见，

10.7.2

[illegible] [illegible] [illegible] [illegible] □ □ [illegible] [illegible] [illegible] [illegible] [illegible]

djɨj^2 lho zjịj^1 mji^1 □ □ mjij^2 ·o^2 zjịj^1 ljij^2 lew^2

定 出 时 不 □ □ 未 入 时 见 所

[illegible]， [illegible] [illegible] [illegible] [illegible] [illegible]。 [illegible] [illegible] [illegible] [illegible] [illegible]，

① 梦觉，西夏文译为“[illegible][illegible]”，意为睡醒。

tja¹ djɨj² gu² mji¹ ljij² ljɨ¹ mjij¹ sej¹ ljij² lew² tja¹

者， 定 中 不 见 也。 空 静 见 所 者，

起无所见，起往所见，定无所见。其空静所见，

10.7.3

mji¹ mjij¹ sej¹ mji¹ ljij² tjij¹ mjij¹ sej¹ dźjiij¹ ku¹ zji²

不 空 静 不 见。 若 空 静 在， 则 皆

mji¹ ljij² mjij¹ thja¹ ljij² sjwɨj¹ mjij¹ sjwɨj¹ mjij¹ ka²

不 见 无。 其 见 业 无， 业 无 离，

不静不见。其在空静，则无不见。其见无业，离于无业，

10.7.4

ku¹ □ lew² mji¹ dju¹ thja¹ sjwɨj¹ mjij¹ ka² to² zji²

则 □ 所 不 有。 其 业 无 离， 悉 皆

mji¹ ljij² mjij¹ nioow¹ lew¹ ljij² lew² mjij¹ ljɨ¹ dwuu²

不 见 无， 复 一 见 所 无 也。 密

无所(见)之。其离无业，乃有所见，一无所见。密

10.7.5

□ □ □ □ dźiã² tsjij² ·jij¹ ·jɨ² thja¹ mjor¹ ljij²

□ □ □ □ 菩 萨 之 谓： 其 如 来

ljụ² ŋewr² mjij¹ dạ² bju¹ ·jij¹ twụ¹ dźju¹ sjwij¹ thja¹

身， 数 无 事 从， 自 各 现 显。 其

(迹复)谓(寂意)：其如来身，从无数事，各随显现。

---

① 西夏本残缺，根据上下文及汉文本补“[则](则)”字和“[所](所)”字。

10.7.6

[illegible] [illegible] [illegible] [illegible], [illegible] [illegible] [illegible] [illegible] [illegible] [illegible] [illegible],
tsə^{1} kięj^{2} mə^{1} ljụ^{2} dźjɨ mjij^{1} sej^{1} pjụ^{1} wer^{1} tjɨj^{2} dzjo^{2}
色 界 天 身, 行 寂 然 威 仪 礼 节,

[illegible] [illegible] [illegible] [illegible] [illegible] [illegible]。 [illegible] [illegible] [illegible] [illegible],
njiij^{1} phji^{1} djɨj^{2} lho ku^{1} ŋewr^{1} thjɨ^{2} mjor^{1} ljij^{2} ljụ^{2}
心 意 定 出 则 乱。 斯 如 来 身,

其色行天身,行寂然威仪礼节,而心自定,然后复乱。斯如来身,

10.7.7

[illegible] [illegible] [illegible] [illegible], [illegible] [illegible] [illegible] [illegible], [illegible]① [illegible] [illegible]
bju^{2} ljow^{2} mji^{1} dju^{1} ɣię^{2} lụ^{2} tsjɨ^{1} mjij^{1} lạ^{1} sjiij^{2} tsjɨ^{1}
边 际 无 有, 碍 障 亦 无, 妄 想 亦

[illegible], [illegible] [illegible] [illegible] [illegible]。 [illegible] [illegible] [illegible] [illegible], [illegible]
mjij^{1} seew^{2} dza^{2} tjị^{2} mjij^{1} mjor^{1} ljij^{2} ljụ^{2} tja^{1} tsew^{2}
无, 量 限 可 不。 如 来 身 者, 限

无有边际,亦无限碍,亦无(妄)想,不可想节②。如来身者,

10.8.1

[illegible] [illegible] [illegible], [illegible] [illegible] [illegible] [illegible]。 [illegible] [illegible] [illegible], [illegible]
du^{2} mji^{1} dju^{1} tśhjɨ^{1} zjij^{1} ·jij^{1} mjij^{1} mjor^{1} ljij^{2} ljụ^{2} tsjɨ^{1}
量 不 有, 若 干 像 无。 如 来 身, 亦

[illegible] [illegible] [illegible], [illegible] [illegible] [illegible] [illegible]。 [illegible] [illegible] [illegible]
thja^{1} wjɨ^{2} sju^{2} zji^{2} mji^{1} njɨ^{2} mjij^{1} tshọ^{2} ŋa^{1} wjɨ^{2}
其 犹 如, 悉 不 遍 无。 虚 空 犹

不可限取,无若干像。如来身者,亦复如是,无所不遍。犹如虚空,

10.8.2

[illegible], [illegible] [illegible] [illegible] [illegible]; [illegible] [illegible] [illegible] [illegible], [illegible] [illegible]

---

① 西夏本阙,拟补"[illegible]",译为"妄"。

② 不可想节,西夏文译为"[illegible][illegible][illegible][illegible]",意"不可限量"。

sju^2	la̧^{1}	sjiij^2	mji^1	dju^1	mjor^1	ljịj^2	thjɨ^2	sju^2	zjọ^2	sjwɨ^1
如，	妄	想	无	有；	如	来	此	如	永	思
[illegible]	[illegible]。	[illegible]	[illegible]	[illegible]	[illegible]，	[illegible]	[illegible]	[illegible]	[illegible]	
sjiij^2	mjij^1	tshọ^2	ŋa^1	wjɨ^2	sju^2	tsə̣^{1}	·jij^1	ŋowr^2	ŋowr^2	
想	无。	虚	空	犹	如，	色	形	一	切	

不有妄想；如来若斯，永无思想。犹如虚空，皆以遍入①，一切形色；

10.8.3

□	□	□	□	[illegible]	[illegible]	[illegible]	[illegible]，	[illegible]	[illegible]	[illegible]
□	□	□	□	seew^2	tsjɨ^1	thja^1	sju^2	zji^2	ɣa^2	kjɨ^1
□	□	□	□	思	亦	斯	若，	悉	△	已
[illegible]，	[illegible]	[illegible]	[illegible]	[illegible]	[illegible]。	[illegible]	[illegible]	[illegible]	[illegible]，	
njɨ^2	rjur^1	dźiã^2	tśhju^1	tśhjaa^1	swew^1	tshọ^2	ŋa^1	wjɨ^2	sju^2	
遍，	诸	众	生	上	照。	虚	空	犹	如，	

如来若斯，悉以周遍，照诸众生。犹如虚空，

10.8.4

[illegible]	[illegible]	[illegible]	[illegible]，	[illegible]	[illegible]	[illegible]	[illegible]；	[illegible]	[illegible]	[illegible]，
tsə̣^{1}	ŋowr^2	ŋowr^2	kha^1	to^2	zji^2	dzjɨj^2	·o^2	mjor^1	ljịj^2	ljụ^2
色	一	切	间，	悉	皆	关	入；	如	来	身，
[illegible]	[illegible]	[illegible]	[illegible]，	[illegible]	[illegible]	[illegible]	[illegible]，	[illegible]	[illegible]	
tsjɨ^1	thja^1	wjɨ^2	sju^2	dźiã^2	tśhju^1	tśhjaa^1	swew^1	zji^2	mji^1	
亦	其	犹	如，	众	生	上	照，	靡	不	

普入诸色，间关其里；如来之身，亦复如是，普照众生，

10.8.5

[illegible]	[illegible]	[illegible]。	[illegible]	[illegible]	[illegible]	[illegible]，	[illegible]	[illegible]	[illegible]	[illegible]
njɨ^2	tja^1	mjij^1	tshọ^2	ŋa^1	wjɨ^2	sju^2	zji^2	śioow^1	śji^2	sjɨ^1
遍	者	无。	虚	空	犹	如，	皆	谷	物	木
[illegible]	[illegible]	[illegible]	[illegible]	[illegible]；	[illegible]	[illegible]	[illegible]	[illegible]	[illegible]，	

① 西夏本阙“皆以遍入”一句。

śjị2　ŋowr2　ŋowr2　to2　dzja1　mjor1　ljịj2　tsjɨ1　thja1　sju2
草　一　切　生　长；　如　来　亦　斯　若，

靡所不遍。犹如虚空，皆长一切，百谷草木；如来若斯，

10.8.6

[illegible]　[illegible]　[illegible]　[illegible]，　[illegible]　[illegible]　[illegible]　[illegible]。　[illegible]　[illegible]　[illegible]
tśhja2　ɣiej1　kwər1　tsjiir1　tśhja2　mər2　dzja1　ljịj1　tshọ2　ŋa1　wjɨ2
至　真　体　教，　德　本　长　盛。　虚　空　犹
[illegible]，　[illegible]　[illegible]　[illegible]　[illegible]　[illegible]，　[illegible]　[illegible]　[illegible]　[illegible]；　[illegible]
sju2　·ju2　mji1　·ju2　mji1　zow2　njɨɨ2　gjɨ2　tsjɨ1　mjij1　mjor1
如，　常　不　常　无　计，　昼　夜　亦　无；　如

至真之体，长育德本。犹如虚空，不计有常，及与无常，亦无昼夜；如

10.8.7

[illegible]　[illegible]　[illegible]　[illegible]，　[illegible]　[illegible]、　[illegible]　[illegible]　[illegible]　[illegible]，　[illegible]
ljịj2　tsjɨ1　thja1　sju2　ljụ2　·ju2　mji1　·ju2　mji1　·jɨ2　tśjiw2
来　亦　斯　若，　身　常、　不　常　无　云，　顶
[illegible]　[illegible]　[illegible]。　[illegible]　[illegible]　[illegible]　[illegible]　[illegible]，　[illegible]　[illegible]①　……
ljij2　mjɨ1　njwi2　nioow1　phji1　mjij1　dźiã2　tsjij2　rjur1　tha1　……
见　不　能。　又　意　寂　菩　萨，　诸　佛　……

来若斯，身不有常，不云无常，不能见顶。又复，寂意，诸佛……

汉文本

密迹金刚力士复谓寂意(菩萨)：如来秘要，亦不分别，阴种诸入，不归罪福，不生尘劳，不成父母，无四大胞胎，亦无骨肉。所闻功勋，无涂华香，悉无所有，不系在色，无出入息，寿命灭尽。欲知佛身，则是法(身)，身无有色，无众妄想，所现色相为贪慕好求豪尊位众生之故，而示形相，令目睹矣。(法)相静寂，为敬慧故，一切众生，使趣天眼。

密(迹复)谓寂意：若有众生，俱在一会，各见佛身，以缘意睹。其远住观，住本不见。其住本也，见住远不见者，无意缘也。(见者)以乱，意缘不见也。若以意缘，不得见者，若以己身，而察见之。用见他人故，不见之也。又见他人故，复能见者，用见己心故，不见之也。其在梦中，有所见者，从梦觉已，则无所见也。定意所见，起无所见，起往所见，定无所见。其空静所见，不静不见。其在空静，则无不

① 西夏文本以下残。

见。其见无业,离于无业,无所(见)之。其离无业,乃有所见,一无所见。

密(迹复)谓(寂意):其如来身,从无数事,各随显现。其色行天身,行寂然威仪礼节,而心自定,然后复乱。斯如来身,无有边际,亦无限碍,亦无(妄)想,不可想节。如来身者,不可限取,无若干像。如来身者,亦复如是,无所不遍。犹如虚空,不有妄想;如来若斯,永无思想。犹如虚空,皆以遍入,一切形色;如来若斯,悉以周遍,照诸众生。犹如虚空,普入诸色,间关其里;如来之身,亦复如是,普照众生,靡所不遍。犹如虚空,皆长一切,百谷草木;如来若斯,至真之体,长育德本。犹如虚空,不计有常,及与无常,亦无昼夜;如来若斯,身不有常,不云无常,不能见顶。

又复,寂意,诸佛……

西夏文《大宝积经》

·卷十一·

《密迹金刚力士会》

第三之四整理与研究

郭垚垚

内容和版本介绍

《大宝积经·密迹金刚力士会》的主要内容是，“竺法护译佛游灵鹫山，与四万二千比丘、八万四千菩萨，及天龙八部、四众人等说大士业。法名净济，金刚密迹称叹方便、智度二业，当成佛道。寂意菩萨请密迹敷演如来秘要，佛亦敕之。密迹诫众勿恐勿怖，先说四不思议，寂意入定，散华作供。密迹乃说诸菩萨密，引古帝释善自在化作仁良虫，以身肉普救国人病，明身秘密。明言密，引古寂然梵志，答楼夷仙树叶多少之数。楼夷，即舍利弗。寂然，即释尊也。次说心密竟，大众获益，地动雨华。雷音菩萨以神通力，先于天乐赞叹法门，次来礼佛，传雷音王佛问讯之命。众会乃问密迹夙因，佛具述千佛探筹，楼由最后，及法意、法念二弟，一愿作金刚力士，侍卫千佛；一愿作梵天，劝请千佛转法轮。今密迹，即法意也。次说行佛道业三十二事。寂意复问如来三密，密迹先说身密，引应持菩萨不见佛顶事证。又明佛不受食诸天取去济苦众生等事。大众获益，天乐自鸣。世尊摩顶赞印。次说口密，具明六十种音，引大目连穷佛音声不得边际事证，及说咒二十二首，广明如来言辞不可限量，大众获益。次说心秘要，现瑞获益又地裂出水，高洒世界，表持经瑞。寂意复请密迹具说如来苦行、庄严道树、降魔、受供、转法轮事。众复获益，佛赞印之。寂意又问寂然惔怕等义，佛详答之。众又获益，欲知密迹何时成佛，佛为授记密迹请佛于旷野国七日受供。佛于毗沙门宫应病演法，令各获益。又为护世四王说十法、八法、六事、四事、二事，为密迹说菩萨十事无瞋恚法。八法心无恐惧，四事而得自在。四事入于法门，八力致开士行。密迹宣咒，诸天偈叹。佛还灵鹫，阿世王来见，佛为说密迹夙因。密迹以金刚着地，王及帝释、目连皆不能举。因为王说有十大法，逮得大力，及说仁和八法，往来周旋四法。又答世王信坐之问，答贤王天子寂然之义，赞其从阿閦国来，人法室总持。密迹请佛建立法典。佛周观四方，说颂建立，并述往事以结成之。”（智旭《阅藏知津》）

西夏文《大宝积经》卷十一《密迹金刚力士会》第三之四，1909 年科兹洛夫率领的俄国皇家蒙古四川地理考察队发现于黑水城遗址，现藏于俄罗斯科学院东方文献研究所。据克恰诺夫《西夏佛典目录》，该卷在第一部中残卷首，入藏编号 инв.№398，写本，经折装，共 54 折。卷首、卷尾均有标题；第二部中残卷尾，编号 инв.№ 399，写本，经折装，共 72 折，天头 4.5 厘米，地脚 2.5 厘米。经名后有仁宗皇帝尊号的省称“奉天显道”。后者首次刊布于《俄藏黑水城文献》第 21 册第 102—105 页，每折 6 行，行 18 字。

西夏文《大宝积经》卷十一经名后有仁宗皇帝尊号“奉天显道”，可知其为仁宗皇帝时期（1139—1193 在位）的校译本。

文本释读

11.1.1

[illegible]	[illegible]	[illegible]	[illegible]	[illegible]	[illegible]	[illegible]	[illegible]	[illegible]	□
ljij^{2}	ljɨ̣^{1}	tśiow^{1}	lwər^{2}	lhejr^{2}	来日母	ɣạ^{2}	lew^{1}	tsew^{2}	□
大	宝	积	经	契	卷	十	一	第	□

《大宝积经》卷第十一

11.1.2

[illegible]	[illegible]	[illegible]	[illegible]
tshjwu^{1}	bju^{1}	tśja^{1}	dźju^{1}
天	奉	道	显

奉天显道

11.1.3

[illegible]	[illegible]	[illegible]	[illegible]	[illegible]	[illegible]	[illegible]	[illegible]	[illegible]	[illegible]	[illegible]
dwu̱^{2}	rjar^{1}	kię^{1}	dźja^{2}	ɣie^{1}	mjijr^{2}	ljwu^{2}	sọ^{1}	tsew^{2}	·jij^{1}	ljɨ̣r^{1}
密	迹	金	刚	力	士	会	三	第	之	四

《密迹金刚力士会》第三之四①

11.1.4

[illegible]	[illegible]	[illegible]	[illegible]	[illegible]	[illegible]，	[illegible]	[illegible]	[illegible]
dwu̱^{2}	rjar^{1}	kię^{1}	dźja^{2}	ɣie^{1}	mjijr^{2}	niọw^{1}	phji^{1}	mjij^{1}
密	迹	金	刚	力	士，	复	意	寂
[illegible]	[illegible]	[illegible]	[illegible]：	[illegible]	[illegible]	[illegible]	[illegible]	
dźiã^{2}	tsjij^{2}	·jij^{1}	·jɨ^{2}	mjor^{1}	ljij^{2}	·jij^{1}	njij^{1}	
菩	萨	之	谓：	如	来	之	心	

密迹金刚力士复谓寂意菩萨：何谓为如来心秘要②？

---

① 此处汉文本署“西晋三藏竺法护译”，西夏本无。

② 秘要，西夏本无。

11.1.5

□	[illegible]	[illegible]	[illegible]	[illegible]①，	[illegible]	[illegible]	[illegible]	[illegible]
□	sjwɨj^{1}	gji^{1}	sej^{1}	sji^{2}	·jiw^{1}	nio̱w^{1}	tja^{1}	ljɨ̣^{1}
□	业	清	净	△，	因	缘	者	何

[illegible]②	[illegible]？	[illegible]	[illegible]	[illegible]	[illegible]	[illegible]	[illegible]
kjɨ^{1}	ŋwu^{2}	dzjo̱^{1}	sju^{2}	rjur^{1}	mə^{1}	ŋowr^{2}	ŋowr^{2}
△	也？	譬	如	诸	天	一	切

其业清净，所以因缘。一切诸天子③所生，

11.1.6

……	[illegible]	[illegible]	[illegible]	[illegible]	[illegible]	[illegible]
……	tsew^{2}	·jar^{1}	khjɨ^{2}	ljɨ̣r^{1}	tu̱^{1}	kja^{2}
……	第	八	万	四	千	劫

[illegible]，	[illegible]	[illegible]	[illegible]	[illegible]	[illegible]	[illegible]
dźjij^{1}	nio̱w^{1}	thja^{1}	mjijr^{2}	sjij^{2}	mji^{1}	ljij^{1}
住，	又	其	神	识	不	转

以一识慧寿八万四千劫，又其神识不转不变，

11.2.1

……	[illegible]	[illegible]	[illegible]	[illegible]④	[illegible]	[illegible]	[illegible]
……	nio̱w^{1}	dzjij^{2}	sjij^{2}	rjɨr^{2}	njɨ^{2}	djɨj^{2}	phji^{1}
……	为	余	识	乃	至	定	意

[illegible]	[illegible]	[illegible]	[illegible]；	[illegible]	[illegible]	[illegible]
·jɨ̣^{2}	zjo̱^{2}	ka̱^{1}	rjir^{2}	thja^{1}	do^{2}	ka̱^{1}
还	寿	命	得；	彼	从	命

以为余识乃至定意还得寿命；从彼终没，

11.2.2

□	□	[illegible]	[illegible]	[illegible]，	[illegible]	[illegible]	[illegible]	[illegible]。

① [illegible]，为名物化助词。
② [illegible]，动词趋向前缀。
③ 天子，西夏本作“天”。
④ [illegible]，动词趋向前缀。

□ □ dźjij¹ ·jiw¹ bju¹ niow¹ tsjɨ¹ lju² lhjij

□ □ 行 因 依, 复 亦 身 受。

[illegible] [illegible] [illegible] [illegible]! [illegible] [illegible] [illegible] [illegible] [illegible]

phji¹ mjij¹ dźiā² tsjij² mjor¹ ljij² thja¹ gjɨ² na¹

意 寂 菩 萨! 如 来 其 夜 晚

因其所行,受身而生。如是①寂意!如来从其夜

11.2.3

[illegible] [illegible] [illegible] [illegible] [illegible] [illegible] [illegible] [illegible] [illegible] [illegible],

khju¹ tha¹ śjɨj¹ dju¹ ɣa² djij² phā¹ ɣa² kjɨ¹ njɨ²

下 佛 成 有 于 灭 度 于 △ 至,

[illegible] [illegible] [illegible] [illegible], [illegible] [illegible] [illegible] [illegible], [illegible]

thja¹ njɨ¹ njɨ¹ ljwu¹ mjor¹ ljij² ·jiw² mjij¹ lhji¹

其 二 二 间, 如 来 疑 无, 退

得成②佛道,至灭度日③,于其中间④,如来无疑亦不回

11.2.4

[illegible] [illegible] [illegible], [illegible] [illegible] [illegible] [illegible]、 [illegible] [illegible]

lej² tsjɨ¹ mjij¹ njij¹ sjwɨ¹ dźjɨ mjij¹ njij¹ khej¹

转 亦 无, 心 思 行 无、 心 游

[illegible] [illegible]、 [illegible] [illegible] [illegible] [illegible]、 [illegible] [illegible] [illegible]

dźjij¹ mjij¹ njij¹ mji¹ gjwɨ¹ mjij¹ njij¹ phjo² lew²

行 无、 心 不 坚 无、 心 合 所

转,心无思行、心无游行、心无不坚、心无所合、

11.2.5

[illegible]、 [illegible] [illegible] [illegible] [illegible]、 [illegible] [illegible] [illegible] [illegible]、

mjij¹ njij¹ sar² lew² mjij¹ njij¹ ŋewr¹ khie¹ mjij¹

无、 心 散 所 无、 心 杂 乱 无、

① 如是,西夏本无。11.6.6 同。
② 得成,西夏本作"有得"。
③ 日,西夏本无。
④ 中间,西夏文译作"[illegible]",字面意思是"二二间"。

[illegible]	[illegible]	[illegible]	[illegible]、	[illegible]	[illegible]	[illegible]	[illegible]、	[illegible]
njɨj^{1}	dji^{1}	nar^{2}	mjij^{1}	njɨj^{1}	khẹj^{1}	·u^{2}	mjij^{1}	njɨj^{1}
心	惊	慌	无、	心	游	戏	无、	心

心无所散、心无乱、心无移①、心无游、心无

11.2.6

[illegible]	[illegible]、	[illegible]	[illegible]	[illegible]	[illegible]、	[illegible]	[illegible]	[illegible]、
·wejr^{2}	mjij^{1}	njɨj^{1}	mjij^{1}	sej^{1}	mjij^{1}	njɨj^{1}	lhjo^{1}	be^{2}
护	无、	心	寂	静	无、	心	失	时
[illegible]、	[illegible]	[illegible]	[illegible]、	[illegible]	[illegible]	[illegible]	[illegible]、	[illegible]
mjij^{1}	njɨj^{1}	lha	mjij^{1}	njɨj^{1}	kjụ^{1}	·wo^{2}	mjij^{1}	njɨj^{1}
无、	心	迷	无、	心	求	理	无、	心

护、心无寂、心无失时、心无迷、心无求理、

11.3.1

[illegible]	[illegible]、	[illegible]	[illegible]	[illegible]、	[illegible]	[illegible]	[illegible]、	[illegible]
na^{1}	mjij^{1}	njɨj^{1}	wẹ^{1}	mjij^{1}	njɨj^{1}	de^{2}	mjij^{1}	njɨj^{1}
暗	无、	心	生	无、	心	喜	无、	心
[illegible]	[illegible]、	[illegible]	[illegible]	[illegible]、	[illegible]	[illegible]	[illegible]、	[illegible]
dźju^{1}	mjij^{1}	njɨj^{1}	dźjij^{1}	mjij^{1}	njɨj^{1}	śjɨ^{1}	mjij^{1}	njɨj^{1}
怯	无、	心	住	无、	心	往	无、	心

心无暗、心无生、心无喜、心无怯、心无住、心无往、

11.3.2

[illegible]	[illegible]、	[illegible]	[illegible]	[illegible]、	[illegible]	[illegible]	[illegible]	[illegible]、
sjij^{2}	mjij^{1}	njɨj^{1}	gjɨ̣^{2}	mjij^{1}	njɨj^{1}	kjụ^{1}	·wo^{2}	mjij^{1}
想	无、	心	望	无、	心	求	想	无、
[illegible]	[illegible]	[illegible]	[illegible]、	[illegible]	[illegible]	[illegible]	[illegible]、	[illegible]
njɨj^{1}	dźjwị^{1}	dzjar^{2}	mjij^{1}	njɨj^{1}	biọ^{1}	lew^{2}	mjij^{1}	njɨj^{1}
心	消	灭	无、	心	观	所	无、	心

① 移，西夏本作“惊慌”。

心无想、心无望、心无求想、心无消灭、心无所观、心

11.3.3

[illegible]	[illegible]	[illegible]、	[illegible]	[illegible]	[illegible]	[illegible]、	[illegible]	[illegible]
tśhjwɨj1	sji̱j2	mjij1	nji̱j1	dźji̱j1	tji̱2	mjij1	nji̱j1	mjɨ1
谨	思	无、	心	住	处	无、	心	他
[illegible]	[illegible]、	[illegible]	[illegible]	[illegible]	[illegible]	[illegible]、	[illegible]	[illegible]
bio̱1	mjij1	nji̱j1	mej1	ljij2	lew2	mjij1	nji̱j1	nju1
观	无、	心	目	睹	所	无、	心	耳

无御识①、心无住处、心无观他、心目无睹、耳无所

11.3.4

[illegible]	[illegible]	[illegible]、	[illegible]	[illegible]	[illegible]	[illegible]	[illegible]、	[illegible]
nji2	lew2	mjij1	nji̱j1	nji̱2	lja̱2	lju̱2	mjij1	nji̱j1
听	所	无、	心	鼻	口	身	无、	心
[illegible]	[illegible]、	[illegible]	[illegible]	[illegible]	[illegible]	[illegible]	[illegible]、	[illegible]
sji̱j2	lə	phji1	mjij1	tsə̣1	mji1	bju1	gji̱2	ɣie̱2
想	念、	意	寂	色	不	依	靠、	声

听、无鼻口身、心无想念②、意不倚色、无声

11.3.5

[illegible]	[illegible]	[illegible]	[illegible]。	[illegible]	[illegible]	[illegible]	[illegible]	[illegible]
lji2	wji̱1	tsju̱1	mjij1	nji̱j1	tsji̱r1	ɣa2	mji1	bju1
香	味	触	无。	心	法	于	不	依
[illegible]、	[illegible]	[illegible]	[illegible]	[illegible]、	[illegible]	[illegible]	[illegible]	[illegible]。
gji̱2	nji̱j1	dzu1	tji̱2	mjij1	nji̱j1	mji1	dzu1	nja̱2
靠、	心	乐	处	无、	心	不	乐	非。

香味细滑③。心不依法、心无乐处、心不非乐。

① 御识，西夏文译作“[illegible]”，字面意思为“谨思”。
② 心无想念，西夏本作“心想念”。
③ 细滑，西夏本作“触”。

11.3.6

[illegible]	[illegible]	[illegible]	[illegible]	[illegible]	[illegible]	[illegible]	[illegible]、	[illegible]	[illegible]
njij¹	·u²	mji¹	dźjij¹	djɨr²	tsjɨ¹	mji¹	dźjij¹	njij¹	tsjir¹
心	内	不	住	外	亦	不	住、	心	法
[illegible]	[illegible]、	[illegible]	[illegible]	[illegible]	[illegible]	[illegible]，	[illegible]	[illegible]①	
mji¹	·o²	njij¹	zjɨr¹	mji¹	dzjij¹	zjɨr¹	njij¹	·wjɨ²	
不	入、	心	慧	不	越	慧，	心	过	

心不住内亦不住外、心不入法、心不越慧，心不

11.4.1

[illegible]	[illegible]	[illegible]、	[illegible]	[illegible]	[illegible]	[illegible]	[illegible]、	[illegible]
rar²	mji¹	bio¹	njij¹	mjij²	ljij²	mji¹	bio¹	njij¹
去	不	观、	心	当	来	不	观、	心
[illegible]	[illegible]	[illegible]	[illegible]。	[illegible]	[illegible]	[illegible]	[illegible]	[illegible]。
ku¹	dźjij¹	mji¹	bio¹	njij¹	mjor¹	ljij²	śjɨj²	ŋwu²
现	在	不	观。	心	如	来	圣	是，

观过去、心不观当来、心不观现在。心如来圣，

11.4.2

[illegible]	[illegible]	[illegible]	[illegible]	[illegible]。	[illegible]	[illegible]	[illegible]	[illegible]
njij¹	gji¹	sej¹	ljwu¹	ljwu¹	thja²	njij¹	rjur¹	dzwej¹
心	清	净	巍	巍。	其	心	诸	罪
[illegible]	[illegible]	[illegible]	[illegible]，	[illegible]	[illegible]	[illegible]	[illegible]	[illegible]
lhjou¹	sjwɨj¹	mji¹	·wji¹	tsjir¹	ŋowr²	ŋowr²	ɣa²	zjɨr¹
福	业	不	造，	法	一	切	于	慧

心清净巍巍。其心不造罪福之业，于一切法慧

11.4.3

[illegible]	[illegible]	[illegible]，	[illegible]	[illegible]	[illegible]	[illegible]	[illegible]	[illegible]
ɣię²	lu²	mjij¹	thjɨ²	ŋwu²	·jij¹	njij¹	gji¹	sej¹

① [illegible]，为动词趋向前缀，表完成。

挂 碍 无， 此 以 自 心 清 净

□ □， □ □ □ □ □ □ □

dźju1 ljij2 mjɨ1 dzjwo2 ·jij1 njij1 mji1 gji1 sej1

显 现， 他 人 之 心 不 清 净

无挂碍，而普示现已，心清净①，不见他人心不

11.4.4

□ □。 □ □ □ □， □ □ □

mji1 ljij2 thja1 ljij2 lew2 tja1 nio̱w1 bio̱1 lew2

不 见。 其 见 所 者， 亦 观 所

□。 □ □ □ □， □ □ □ □。

mjij1 thja1 bio̱1 lew2 tja1 nio̱w1 la̱1 sjij2 mjij1

无。 其 观 所 者， 亦 妄 想 无。

清净。其所见者，亦无所观。若所观者，亦无妄想。

11.4.5

□ □ □ □。 □ □ □ □， □

thju̱1 śja1 ·wja̱2 mjij1 bio̱1 ljij2 lew2 ljij2 thja1

察 逸 放 无， 观 见 所 睹， 彼

□ □ □， □ □ □ □， □ □。

bju1 mji1 śjɨ1 dju1 lew2 ljij2 bio̱1 tsiow ljij2

依 不 往， 有 所 见 观， 永 见

察无放逸，睹所观见，亦无驰骋②，观有所见，永无

11.4.6

□ □。 □ □ □ □ □ □， □

lew2 mjij1 mjor1 ljij2 ·jij1 ljij2 lew2 tja1 tśhji1

所 无。 如 来 之 见 所 者， 肉

□ □ □ □、 □ □ □ □ □、

mej1 ŋwu2 mji1 ljij2 mə1 mej1 ŋwu2 mji1 ljij2

---

① 而普示现已，心清净，西夏文字面意思是“是以显现己心清净”。

② 亦无驰骋，西夏本作“依彼不往”。

眼	以	不	视、	天	眼	以	不	睹、

所见。如来所见，不肉眼视、不天眼睹、

11.5.1

[illegible]	[illegible]	[illegible]	[illegible]	[illegible]、	[illegible]	[illegible]	[illegible]	[illegible]
zjɨr^{1}	mej^{1}	ŋwu^{2}	mji^{1}	ljij^{2}	tsji̱r^{1}	mej^{1}	ŋwu^{2}	mji^{1}
慧	眼	以	不	察、	法	眼	以	不
[illegible]、	[illegible]	[illegible]	[illegible]	[illegible]	[illegible]。	[illegible]	[illegible]	[illegible]
ljij^{2}	tha^{1}	mej^{1}	ŋwu^{2}	mji^{1}	ljij^{2}	mə^{1}	nju^{1}	ŋwu^{2}
看、	佛	眼	以	不	观。	天	耳	以

不慧眼察、不法眼看、不佛眼观。不合天

11.5.2

[illegible]	[illegible]，	[illegible]	[illegible]	[illegible]	[illegible]，	[illegible]	[illegible]	[illegible]
mji^{1}	mji^{1}	tsjij^{1}	nji̱j^{1}	mji^{1}	bio̱^{1}	·wjɨ^{2}	rar^{2}	zjo̱^{2}
不	听，	他	心	不	观，	△	去	世
[illegible]	[illegible]	[illegible]	[illegible]	[illegible]	[illegible]，	[illegible]	[illegible]	[illegible]
rjur^{1}	njwo^{2}	dźjij^{1}	dạ^{2}	mji^{1}	lə	nio̱w^{1}	me̱^{2}	mjijr^{2}
诸	昔	住	事	不	念，	亦	神	通

耳听，不合观他心，不杂念识过去世事①，不依神足②

11.5.3

[illegible]	[illegible]	[illegible]	[illegible]	[illegible]。	[illegible]	[illegible]	[illegible]	[illegible]，
bju^{1}	·wjɨ̣^{1}	dji̱^{2}	mji^{1}	śja^{2}	rjur^{1}	rar^{2}	dju^{1}	sji^{1}
依	变	化	不	显。	诸	漏	有	尽，
[illegible]	[illegible]	[illegible]	[illegible]。	[illegible]	[illegible]	[illegible]	[illegible]，	[illegible]
bju^{1}	mji^{1}	gjwɨ^{1}	gji̱^{2}	tsji̱r^{1}	ŋowr^{2}	ŋowr^{2}	ɣa^{2}	zji^{2}
倚	不	坚	固。	法	一	切	于，	悉

而为变化，不倚所有③。诸漏已尽，于一切法

---

① 不杂念识过去世事，西夏文字面意思是“不念过去世诸往昔事”。
② 神足，西夏本作“神通”。
③ 不倚所有，西夏本作“不坚固倚”。

11.5.4

[illegible]	[illegible]	[illegible]。	[illegible]	[illegible]	[illegible]	[illegible]	[illegible]	[illegible]
phjo̱^{2}	dzjɨ̱^{2}	mjij^{1}	tsji̱r^{1}	ŋowr^{2}	ŋowr^{2}	ɣa^{2}	ɣię^{2}	lụ^{2}
合	会	无。	法	一	切	于	挂	碍
[illegible]	[illegible]，	[illegible]	[illegible]	[illegible]	[illegible]、	[illegible]	[illegible]	[illegible]
mji^{1}	dju^{1}	thja^{1}	gju̱^{2}	rjur^{1}	mjij^{1}	·ji^{1}	sjwɨj^{1}	mji^{1}
无	有，	其	吉	祥	无、	众	业	无

悉无合会。应于诸法无所挂碍，其无吉祥、无有众

11.5.5

[illegible]、	[illegible]	[illegible]	[illegible]	[illegible]。	[illegible]	[illegible]	[illegible]	[illegible]，
dju^{1}	tsiow	dźjij^{1}	lew^{2}	mjij^{1}	thja^{1}	zjɨr^{1}	dźjij^{1}	tji̱^{2}
有、	永	行	所	无。	其	慧	所	住，
[illegible]	[illegible]	[illegible]	[illegible]，	[illegible]	[illegible]	[illegible]	[illegible]	[illegible]
mər^{2}	mjij^{1}	rjir^{2}	thwu̱^{1}	rjur^{1}	dźiã^{2}	tśhju^{1}	·jij^{1}	nji̱j^{1}
本	无	与	同，	诸	众	生	之	心

业、永无所行。其慧所住，犹若本无，皆知一切众生

11.5.6

[illegible]	[illegible]	[illegible]。	[illegible]	[illegible]	[illegible]	[illegible]、	[illegible]	[illegible]
dźjɨ	zji^{2}	nwə^{1}	ɣạ^{2}	mə^{2}	ɣie^{1}	sjwɨj^{1}	lji̱r^{1}	le^{2}
行	皆	知。	十	种	力	业、	四	畏
[illegible]	[illegible]、	[illegible]	[illegible]	[illegible]	[illegible]	[illegible]	[illegible]	[illegible]
mjij^{1}	zjɨr^{1}	rjur^{1}	tha^{1}	·jij^{1}	ɣạ^{2}	·jar^{1}	mji^{1}	gu^{2}
无	慧、	诸	佛	之	十	八	不	共

心行。十种力业、四无畏慧、十八不共诸佛①之

11.6.1

[illegible]，	[illegible]	[illegible]	[illegible]。	[illegible]	[illegible]	[illegible]	[illegible]，	[illegible]
tsji̱r^{1}	tsjɨ^{1}	thja^{1}	sju^{2}	·jɨr^{2}	low^{2}	sjwɨj^{1}	mjij^{1}	nji̱j^{1}

① 诸佛，西夏本无。

法，	亦	斯	若。	进	退	业	无，	心
[Tangut]	[Tangut]	[Tangut]，	[Tangut]	[Tangut]	[Tangut]	[Tangut]	[Tangut]	[Tangut]
phji¹	sjij²	dźjɨr¹	mjor¹	ljij²	sã¹	mej²	djɨj²	rjir²
意	识	舍，	如	来	三	昧	定	与

法，是亦若斯。进退无业，舍心意识，不离如来三昧定

11.6.2

[Tangut]	[Tangut]，	[Tangut]	[Tangut]	[Tangut]	[Tangut]	[Tangut]	[Tangut]	[Tangut]
mji¹	ka²	rjur¹	tha¹	tśja¹	dạ²	ŋowr²	ŋowr²	zji²
不	离，	诸	佛	道	事	一	切	普
[Tangut]，	[Tangut]	[Tangut]	[Tangut]	[Tangut]	[Tangut]	[Tangut]	[Tangut]	[Tangut]，
·wji¹	rjur¹	tsjɨr¹	ŋowr²	ŋowr²	zjɨr¹	ɣię²	lụ²	mjij¹
造，	诸	法	一	切	慧	碍	挂	无，

住，普造一切诸佛道事，一切诸法慧无挂碍，

11.6.3

[Tangut]	[Tangut]	[Tangut]	[Tangut]。	[Tangut]	[Tangut]	[Tangut]	[Tangut]！	[Tangut]
zji²	zjij¹	lew²	mjij¹	phji¹	mjij¹	dźiã²	tsjij²	dzjọ¹
悉	著	所	无。	意	寂	菩	萨！	犹
[Tangut]	[Tangut]	[Tangut]	[Tangut]	[Tangut]	[Tangut]①	[Tangut]	[Tangut]	[Tangut]
sju²	mjor¹	ljij²	tśhja²	dwewr²	dja²	·wjɨ¹	dji̱²	mjor¹
如	如	来	正	觉	已	变	化	如

悉无所著。犹如寂意！如来正觉化如来像，其化

11.6.4

[Tangut]	[Tangut]，	[Tangut]	[Tangut]	[Tangut]	[Tangut]。	[Tangut]	[Tangut]	[Tangut]
ljij²	swu²	thja¹	dji̱²	mjor¹	ljij²	njij¹	phji¹	sjij²
来	像，	其	化	如	来。	心	意	识
[Tangut]	[Tangut]	[Tangut]	[Tangut]②	[Tangut]。	[Tangut]	[Tangut]	[Tangut]	[Tangut]
ljụ²	lja²	phji¹	ljɨ¹	mjij¹	thja¹	tśhja²	dwewr²	ɣa²

① [Tangut]，动词趋向前缀。

② [Tangut]，连词，本义为"并""及"。用在复句中，表示转折，相当于"却""而"。

身　口　意　及　无。　其　正　觉　于

如来,无心意识身口意。其行所在①

11.6.5

□　□,　□　□　□　□　□　□　□

gjwɨ¹　gji̠²　dzjɨj¹　bju¹　·wji̠²　śja²　tha¹　tśju¹　·wji¹

坚　牢,　时　随　示　现　佛　事　作

□,　□　□　□　□　□　□　□　□。

njwi²　dji̠²　tha¹　sjij²　mjij¹　kjṳ¹　lə　tsjɨ¹　mjij¹

能,　化　佛　想　无　求　念　亦　无。

至真②示现随时能作佛事,化亦无想亦无求念。

11.6.6

□　□　□　□!　□　□　□　□　□,

phji¹　mjij¹　dźiã²　tsjij²　tśja¹　njij¹　tsjɨ¹　thja¹　dji̠²

寂　意　菩　萨!　道　心　亦　斯　化,

□　□　□　□　□　□　□。　□　□

mjor¹　ljij²　rjir²　·a　tjɨj²　mji¹　do²　thja¹　dji̠²

如　来　与　一　同　无　异。　其　化

如是寂意!道心如斯,犹如来化等无有异。其所

11.7.1

□　□　□　□　□　□、　□　□　□

tha¹　tja¹　lə　lə　mjij¹　lew²　ljṳ²　lja̠²　phji¹

佛　者　念　念　无　所、　身　口　意

□,　□　□　□　□　□　□。　□　□

njij¹　·jiw¹　nio̠w¹　·jir²　low²　tsjɨ¹　mjij¹　mej¹　ŋwu²

心,　因　缘　进　退　亦　无。　目　以

化者所念无念、无身口心③,因缘进退。目睹④

---

① 其行所在,西夏本无。

② 至真,西夏本作"正觉",下同。

③ 意,西夏本无。

④ 目睹,西夏文字面意思是"以目"。

11.7.2

[illegible]	[illegible]	[illegible]	[illegible]	[illegible]	[illegible]	[illegible]①	[illegible],	[illegible]
ljịj^{2}	zjịj^{1}	zji^{2}	tha^{1}	tśju^{1}	·wji^{1}	djij^{2}	sju^{2}	thja^{1}
见	时	皆	佛	事	作	△	如,	此
[illegible]	[illegible]	[illegible]。	[illegible]	[illegible]	[illegible]	[illegible],	[illegible]	[illegible]
tsjɨ^{1}	zji^{2}	mjij^{1}	thja^{1}	dji̠^{2}	tha^{1}	tja^{1}	zji^{2}	·wji^{1}
亦	皆	无。	其	化	佛	者,	悉	作

见之皆作佛事,亦无所有。所谓②化者,悉无

11.7.3

[illegible]	[illegible]。	[illegible]	[illegible]	[illegible]	[illegible],	[illegible]	[illegible]	[illegible]
lew^{2}	mjij^{1}	rjur^{1}	tsji̠r^{1}	dji̠^{2}	sju^{2}	mjor^{1}	ljịj^{2}	thja^{1}
所	无。	诸	法	化	如,	如	来	是
[illegible]	[illegible]	[illegible]	[illegible]	[illegible]。	[illegible]	[illegible]	[illegible]	[illegible],
tsjij^{2}	tśhja^{2}	lhjɨr^{1}	dwewr^{2}	śjɨj^{1}	tśhja^{2}	dwewr^{2}	śjɨj^{1}	nio̠w^{1}
解	正	等	觉	成。	正	觉	成	因,

所行。诸法如化,如来解是成最正觉③。已④成正觉,

11.7.4

[illegible]	[illegible]	[illegible]	[illegible],	[illegible]	[illegible]	[illegible]	[illegible],	[illegible]
mjor^{1}	ljịj^{2}	zjɨr^{1}	sjij^{2}	ŋwə^{1}	ŋur^{1}	mji^{1}	dźjij^{1}	ɣạ^{2}
如	来	慧	识,	五	阴	不	住,	十
[illegible]	[illegible]	[illegible],	[illegible]	[illegible]	[illegible]	[illegible]。	[illegible]	[illegible]
·jar^{1}	kiẹj^{2}	mjij^{1}	rjur^{1}	do^{2}	tsjɨ^{1}	mjij^{1}	djɨr^{2}	·u^{2}
八	界	无,	诸	入	亦	无。	外	内

如来慧识不住五阴,无十八种⑤亦无诸入,不住

---

① [illegible],连词,在复句中表示转折。

② 所谓,西夏本作“其……者”。

③ 最正觉,西夏本作“正等觉”。正等觉,即称诸佛无上之正智;最正觉,梵文 abhisambuddha,指最上至极之佛正觉,“佛”的他称。详见丁福保:《佛学大辞典》,上海:上海书店出版社,2015 年,第 2136 页。

④ 已,西夏本作“因”。

⑤ 种,西夏本作“界”。

11.7.5

[illegible]	[illegible]，	[illegible]	[illegible]	[illegible]	[illegible]	[illegible]	[illegible]、	[illegible]
mji^{1}	dźjịj^{1}	nẹw^{2}	mjij^{1}	mji^{1}	nẹw^{2}	tsjɨ^{1}	mjij^{1}	ku^{1}
不	住，	善	无	不	善	亦	无、	现
[illegible]	[illegible]	[illegible]、	[illegible]	[illegible]	[illegible]	[illegible]、	[illegible]	[illegible]
dźjịj^{1}	zjọ^{2}	mjij^{1}	·wjɨ^{2}	rar^{2}	zjọ^{2}	mjij^{1}	rar^{2}	dju^{1}
住	世	无、	△	去	世	无、	漏	有

内外，无善无不善，无现世①、无度②世、无有

11.7.6

[illegible]、	[illegible]	[illegible]	[illegible]、	[illegible]	[illegible]	[illegible]	[illegible]	[illegible]
mjij^{1}	rar^{2}	mji^{1}	mjij^{1}	zjị^{1}	njɨ^{2}	ɣwej^{1}	dzej^{1}	dwər^{1}
无、	漏	不	无、	烦	恼	争	斗	厌
[illegible]、	[illegible]	[illegible]	[illegible]	[illegible]	[illegible]	[illegible]	[illegible]	[illegible]
mjij^{1}	mə̣^{1}	dźiəj^{2}	ŋewr^{2}	dju^{1}	ŋewr^{2}	mjij^{1}	mji^{1}	dźjịj^{1}
无、	无	为	数	有	数	无	不	住

漏、无不漏、无尘劳诤讼③之厌、不住无为有数无数、

11.8.1

[illegible]	[illegible]	[illegible]	[illegible]	[illegible]	[illegible]	[illegible]，	[illegible]	[illegible]
śji^{1}	kụ^{1}	ku^{1}	sọ^{1}	zjọ^{2}	dźjɨ	mjij^{1}	·wiọ^{1}	tśjɨ^{1}
去	来	今	三	世	行	无，	周	旋
[illegible]	[illegible]，	[illegible]	[illegible]	[illegible]	[illegible]	[illegible]	[illegible]	[illegible]
lja^{1}	·wjij^{1}	dźiəj^{2}	lhẹw^{2}	bio̱^{1}	thjụ^{1}	dju^{1}	ɣa^{2}	mji^{1}
返	往，	为	有	观	察	有	于	不

无有三世去来今行，周旋往返④，不住有为有所观

11.8.2

[illegible]，	[illegible]	[illegible]	[illegible]	[illegible]	[illegible]	[illegible]	[illegible]。	[illegible]

① 现世，西夏文字面意思是“现住世”。
② 度，西夏本作“过去”。
③ 尘劳诤讼，西夏本作“烦恼争斗”。
④ 往返，西夏本作“来往”，下同。

dźji̱j^{1}	dźiə̱j^{2}	mə̱^{1}	bio̱^{1}	thju̱^{1}	ɣa^{2}	dźji̱j^{1}	mji^{1}	thja^{1}
住，	为	无	观	察	于	住	不。	其
[illegible]	[illegible]	[illegible]	[illegible]，	[illegible]	[illegible]	[illegible]	[illegible]。	[illegible]
zjɨr^{1}	tsjɨ^{1}	thja^{1}	sju^{2}	zji^{2}	dźji̱j^{1}	lew^{2}	mji̱j^{1}	ku^{1}
慧	亦	是	如，	悉	住	所	无。	如

察,不住无为观也。其慧亦如是,悉无所住。如

11.8.3

[illegible]	[illegible]	[illegible]	[illegible]	[illegible]	[illegible]	[illegible]	[illegible]	[illegible]
lji̱j^{2}	tśhja^{2}	dwewr^{2}	dźiã^{2}	tśhju^{1}	ŋowr^{2}	ŋowr^{2}	kha^{1}	dźji̱j^{1}
来	正	觉	众	生	一	切	中	处
[illegible]	[illegible]	[illegible]，	[illegible]	[illegible]	[illegible]	[illegible]	[illegible]	[illegible]、
tsji̱r^{2}	tsji̱r^{2}	rjar^{1}	·wə̱^{1}	lhjii^{1}	njij^{2}	·wju̱^{1}	nji̱j^{1}	tśhju^{1}
性	性	得，	柔	软	慈	悲	心	生、

来至真处于一切众生志性①,显仁慈慧②、

11.8.4

[illegible]	[illegible]	[illegible]	[illegible]、	[illegible]	[illegible]	[illegible]	[illegible]。	[illegible]
ŋwo^{2}	tśju̱^{1}	lew^{2}	mjij^{1}	tśji̱^{1}	ŋjir^{1}	·jij^{1}	gju̱$_{2}$	tjij^{1}
伤	害	所	无、	危	厄	之	救。	若
[illegible]	[illegible]	[illegible]	[illegible]	[illegible]	[illegible]	[illegible]	[illegible]，	[illegible]
phji^{1}	mjij^{1}	dźiã^{2}	tsjij^{2}	nji^{2}	sjij^{1}	nwə^{1}	lew^{2}	thja^{1}
意	寂	菩	萨	汝	今	知	当，	是

无所伤害,救济危厄。寂意当知,是

11.8.5

[illegible]	[illegible]	[illegible]	[illegible]	[illegible]，	[illegible]	[illegible]	[illegible]	[illegible]
mjor^{1}	lji̱j^{2}	dwu̱^{2}	rjɨ̱j^{2}	tja^{1}	tjij^{1}	dzjwo^{2}	tsjij^{2}	·o^{2}
如	来	秘	要	者，	若	人	悟	入
[illegible]	[illegible]	[illegible]	[illegible]	[illegible]	[illegible]	[illegible]	[illegible]。	[illegible]

① 志性,西夏文字面意思为"性性"。
② 显仁慈慧,西夏文字面意思是"生柔软慈悲心"。

nẹ¹ tshjịj¹ njwi² ku¹ mji¹ tsjij² dar¹ mjij¹ niọw¹

宣 说 能 则 不 悟 达 无。 又

如来秘要,若有所入①,其所班宣无不普达②。又

11.8.6

[illegible] [illegible] [illegible] [illegible]! [illegible] [illegible] [illegible] [illegible] [illegible]

phji¹ mjij¹ dźiã² tsjij² mjor¹ ljịj² ·jij¹ dwu̱² rjɨj²

意 寂 菩 萨! 如 来 之 秘 要

[illegible] [illegible] [illegible] [illegible] [illegible], [illegible] [illegible] [illegible] [illegible]

tja¹ pjụ¹ ka̱r¹ tjị² mjij¹ rjɨr² tshjịj¹ dwu̱² rjɨj²

者 限 量 可 不, 所 宣 秘 密

有寂意!如来秘要不可限量,所宣秘密

11.9.1

[illegible] [illegible] [illegible] [illegible]。

sji¹ tjị² mjij¹ ljɨ¹

尽 可 不 也。

不可得底③。

汉文本

《大宝积经》卷第十一

西晋三藏竺法护译

《密迹金刚力士会》第三之四

密迹金刚力士复谓寂意菩萨:何谓为如来心秘要?其业清净,所以因缘。一切诸天子所生,以一识慧寿八万四千劫,又其神识不转不变,以为余识乃至定意还得寿命;从彼终没,因其所行,受身而生。如是寂意!如来从其夜得成佛道,至灭度日,于其中间,如来无疑亦不回转,心无思行、心无游行、心无不坚、心无所合、心无所散、心无乱、心无移、心无游、心无护、心无寂、心无失时、心无迷、心无求理、心无暗、心无生、心无喜、心无怯、心无住、心无往、心无想、心无望、心无求想、心无消灭、心无所观、心无御识、心无住处、心无观他、心目无睹、耳无所听、无鼻口身、心无想念、意不倚色、无声香味细滑。心不依法、心无乐处、心不非乐。心不住内亦不住外、心不入法、心不越慧,心不观过去、心不观当来、心不

① 若有所入,西夏本作"若人入悟"。

② 普达,西夏本作"悟达"。

③ 得底,西夏本作"尽",下同。

观现在。心如来圣，心清净巍巍。其心不造罪福之业，于一切法慧无挂碍，而普示现已，心清净，不见他人心不清净。其所见者，亦无所观。若所观者，亦无妄想。察无放逸，睹所观见，亦无驰骋，观有所见，永无所见。如来所见，不肉眼视、不天眼睹、不慧眼察、不法眼看、不佛眼观。不合天耳听，不合观他心，不杂念识过去世事，不依神足而为变化，不倚所有。诸漏已尽，于一切法悉无合会。应于诸法无所挂碍，其无吉祥、无有众业、永无所行。其慧所住，犹若本无，皆知一切众生心行。十种力业、四无畏慧、十八不共诸佛之法，是亦若斯。进退无业，舍心意识，不离如来三昧定住，普造一切诸佛道事，一切诸法慧无挂碍，悉无所著。犹如寂意！如来正觉化如来像，其化如来，无心意识身口意。其行所在至真示现随时能作佛事，化亦无想亦无求念。如是寂意！道心如斯，犹如来化等无有异。其所化者所念无念、无身口心，因缘进退。目睹见之皆作佛事，亦无所有。所谓化者，悉无所行。诸法如化，如来解是成最正觉。已成正觉，如来慧识不住五阴，无十八种亦无诸入，不住内外，无善无不善，无现世、无度世、无有漏、无不漏、无尘劳诤讼之厌、不住无为有数无数、无有三世去来今行，周旋往返，不住有为有所观察，不住无为观也。其慧亦如是，悉无所住。如来至真处于一切众生志性，显仁慈慧、无所伤害，救济危厄。寂意当知，是如来秘要，若有所入，其所班宣无不普达。又有寂意！如来秘要不可限量，所宣秘密不可得底。

11.9.1

[illegible]	[illegible]	[illegible]	[illegible]	[illegible]	[illegible]	[illegible]
dwu̱²	rjar¹	kię̣¹	dźja²	ɣie¹	mjijr²	mjor¹
密	迹	金	刚	力	士	如
[illegible]	[illegible]	[illegible]	[illegible]	[illegible]	[illegible]，	[illegible]
ljịj²	dwu̱²	rjịj²	tjij¹	tshjịj¹	zjọ²	mjɨ¹
来	秘	要	品	说	时，	无

密迹金刚力士说如来秘要品时，无

11.9.2

[illegible]	[illegible]	[illegible]	[illegible]	[illegible]	[illegible]	[illegible]	[illegible]	[illegible]
pju̱¹	ŋewr²	rjur¹	tha¹	rjur¹	kię̣j²	tśhjiw¹	mə²	sa̱r¹
量	数	诸	佛	世	界	六	种	震
[illegible]，	[illegible]	[illegible]	[illegible]	[illegible]	[illegible]	[illegible]	[illegible]	[illegible]。
mju²	ljịj²	bji¹	swew¹	·wją²	śja¹	ljijr²	zji²	swew¹
动，	大	光	明	放	十	方	皆	照。

无央数诸佛世界六反①震动，其大光明照于十方，

① 反，西夏文字面意思是“种”。六反震动，即大地震动的六种相状。

11.9.3

[illegible]	[illegible]	[illegible]	[illegible]	[illegible]	[illegible]	[illegible]。	[illegible]	[illegible]
śja^1	ljijr^2	mjɨ^1	pjụ^1	tha^1	lhjịj	ljij^2	mə^1	·ji^1
十	方	无	量	佛	土	睹。	天	众
[illegible]	[illegible]	[illegible]	[illegible]，	[illegible]	[illegible]	[illegible]	[illegible]	[illegible]
wją^1	dew^2	mə^2	bju^1	tshow^1	gju^2	mji^1	tsjụ^1	·jij^1
花	雨	诸	依，	乐	器	不	鼓	自

睹于十方无量佛土。天雨众花、箜篌①乐器不鼓自

11.9.4

[illegible]。	[illegible]	[illegible]	[illegible]	[illegible]	[illegible]	[illegible]	[illegible]	[illegible]
ŋewr^1	mjɨ^1	pjụ^1	ŋewr^2	dzjwo^2	zji^2	zji^2	phju^2	tśhja^2
鸣。	无	量	数	人	皆	无	上	正
[illegible]	[illegible]	[illegible]	[illegible]	[illegible]。	[illegible]	[illegible]	[illegible]	[illegible]
dwewr^2	tśja^1	njiij^1	·a	śjwo^1	pjụ^1	tjị^2	mjij^1	tshjɨ^1
觉	道	心	△	发。	量	可	不	菩

鸣。无央数人皆发无上正觉道意,不可计菩

11.9.5

[illegible]	[illegible]	[illegible]	[illegible]	[illegible]	[illegible]，	[illegible]	[illegible]	[illegible]
tsjij^2	we̱^{1}	mjij^1	tsjiir^1	ze̱w^2	rjir^2	pjụ^1	tjị^2	mjij^1
萨	生	无	法	忍	得，	限	可	不
[illegible]	[illegible]	[illegible]	[illegible]	[illegible]	[illegible]，	[illegible]	[illegible]	[illegible]
dzjwo^2	·wə̱^{1}	ne̱w^2	tsji̱r^1	zeew^2	rjir^1	pjụ^1	tjị^2	mjij^1
人	柔	顺	法	忍	得，	量	可	不

萨逮得无生法忍,不可限人逮得柔顺法忍,倍复不可

11.9.6

[illegible]	[illegible]	[illegible]	[illegible]	[illegible]	[illegible]	[illegible]	[illegible]。	[illegible]	[illegible]
bjij^1	tshjɨ^1	tsjij^2	lew^1	we̱^{1}	tśiẹj^2	twẹ^1	rjir^1	tśhja^2	mər^2

① 箜篌,西夏本无。

倍 菩 萨 一 生 补 缀 得。 德 本

[illegible]

·jij1 djij2 thjɨ2 ·jiw1 nioẉ1 bju1 śja1 ljijr2 ·wjij2

淳 淑， 是 因 缘 故。 十 方 有

计菩萨得一生补处①，德本淳淑，以是因缘。故十方

11.10.1

[illegible]

·wjij2 rjur1 tha1 lhjij ·iọ1 mẹ2 kja2 kha1 ·ji1

有， 诸 佛 国 土， 贤 劫 中 众

[illegible]

tshjɨ1 tsjij2 nji2 ·jij1 twụ1 rjur1 tha1 rjur1 pjụ1

菩 萨 等， 各 自 诸 佛 世 尊

所在诸佛国土贤劫中众菩萨等，各各在诸佛世尊

11.10.2

[illegible]

do2 sej1 xiwã1 dźjɨ djọ2 thja1 rjur1 tshjɨ1 tsjij2

于 净 梵 行 修。 是 诸 菩 萨

[illegible]

tsji̱r1 kjụ1 tshwew1 ŋwu2 ·jij1 twụ1 wją1 lju2 dźjo1

法 供 养 以， 各 自 花 散， 远

于贤劫中，众菩萨等净修梵行。是诸菩萨以法供养，皆各散花，

11.10.3

[illegible]

dźjo1 dwụ2 rjar1 kię1 dźja2 ɣie1 mjijr2 ljijr2 sjij2

远 密 迹 金 刚 力 士 △ 写

[illegible]

rejr2 kjụ1 tshwew1 thja1 ·wjɨ2 lju2 wją1 lej2 wją1

① 补处，西夏本作“补缀”。

敬	供	养。	其	所	散	花	化	花

奉事贡上①密迹金刚力士。其所散花化成

11.10.4

ɣja^2	śjɨj^1	tha^1	pju^1	me̱^{2}	bju^1	thja^2	rjur^1	wja̧^{1}
盖	成。	佛	威	神	依,	是	诸	华
ɣja^2	ŋowr^2	ŋowr^2	zji^2	tha^1	do^2	njɨ^2	ljɨj^2	
盖	一	切	咸	佛	所	至	来。	

花盖。承佛威神,是诸花盖一切咸来在于佛所,

11.10.5

tha^1	ljɨ^1	nio̱w^1	dwu̱^{2}	rjar^1	kię^1	dźja^2	ɣie^1	mjijr^2
佛	及	又	密	迹	金	迹	力	士
·jij^1	sọ^1	dźjow^1	tśjɨ^1	ror^2	·ji^1	ljwu^2	tśhja̱^{1}	pju̧^{2}
△	三	匝	围	绕,	众	会	上	覆。

而绕佛及密迹金刚力士三匝,普覆众会。

11.10.6

nio̱w^1	thja^1	ljɨ^1	ɣja^2	ŋa^1	gu^2	·wjɨ^{2}②	djɨj^2	tha^1	ɣu^1
又	其	宝	盖	空	中	△	停,	佛	头
tśhja̱^{1}	twụ^1	twụ^1	thja^1	ljɨ^1	ɣja^2	tśhja̱^{1}	thjɨ^2	sju^2	
上	各	处	其	宝	盖	上。	是	如	

又其宝盖住③虚空中,当于佛上从宝盖出如

① 奉事贡上,西夏文字面意思是"敬写供养"。
② 𗅋,为动词趋向前缀。
③ 住,西夏本作"停"。

11.11.1

[illegible]	[illegible]	[illegible]	[illegible]。	[illegible]	[illegible]	[illegible]	[illegible]	[illegible]：
thjo̱^{1}	śjwii^{2}	ɣie̱^{2}	to^{2}	rjur^{1}	pju̱^{1}	·jij^{1}	da̱^{2}	·jɨ^{2}
妙	合	音	出。	世	尊	△	言	谓：
[illegible]	[illegible]	[illegible]	[illegible]	[illegible]	[illegible]	[illegible]	[illegible]	[illegible]，
me̱^{2}	kja^{2}	tshjɨ^{1}	tsjij^{2}	ŋa^{2}	njɨ^{2}	·jij^{1}	rjɨr^{2}	wji̱j^{2}
贤	劫	菩	萨	我	等	△	乃	遣，

是比好①妙音声②：唯然世尊③！贤劫菩萨遣我等来，

11.11.2

[illegible]	[illegible]	[illegible]	[illegible]	[illegible]	[illegible]	[illegible]	[illegible]	[illegible]
ljij^{2}	śjɨj^{2}	nio̱w^{1}	dwu̱^{2}	rjar^{1}	kie̱^{1}	dźja^{2}	ɣie^{1}	mjijr^{2}
大	圣	及	密	迹	金	刚	力	士
[illegible]	[illegible]	[illegible]	[illegible]	[illegible]	[illegible]④。	[illegible]	[illegible]	[illegible]
·jij^{1}	kju̱^{1}	tshwew^{1}	lja^{1}	phji^{1}	nji^{2}	nio̱w^{1}	thja^{1}	mjor^{1}
于	供	养	来	令	△。	复	是	如

供养大圣及密迹金刚力士，奉法供养及班宣⑤是如

11.11.3

[illegible]	[illegible]	[illegible]	[illegible]	[illegible]	[illegible]	[illegible]	[illegible]	[illegible]
ljij^{2}	tśhja^{2}	dwewr^{2}	·jij^{1}	se̱w^{2}	tshji̱j^{1}	tji̱^{2}	mjij^{1}	dwu̱^{2}
来	正	觉	之	思	议	可	不	秘
[illegible]	[illegible]	[illegible]	[illegible]，	[illegible]	[illegible]	[illegible]	[illegible]	[illegible]
rjɨj^{2}	rjɨr^{2}	tshji̱j^{1}	tja^{1}	zji^{2}	tha^{1}	·jij^{1}	pju^{1}	me̱^{2}
要	所	说	者，	皆	佛	之	威	神

来至真不可思议所说秘要。皆佛威

① 比好，西夏本无。
② 妙音声，西夏本作“妙合音”。
③ 唯然世尊，西夏本作“谓世尊言”。
④ [illegible]，为第二人称复数动词人称呼应后缀，与前句中的“[illegible][illegible]”呼应。
⑤ 奉法供养及班宣，西夏本无。

11.11.4

[illegible]	[illegible]	[illegible]	[illegible]①。	[illegible]	[illegible]，	[illegible]	[illegible]	[illegible]
ɣie^1	ŋwu^2	ljɨ^1	·jɨ^2	tśhjɨ^1	zjo̱^{2}	rjur^1	ljij^2	·ji^1
力	是	也	谓。	尔	时，	诸	来	众
[illegible]	[illegible]	[illegible]	[illegible]	[illegible]	[illegible]	[illegible]，	[illegible]	
ljwu^2	ŋowr^2	ŋowr^2	thja^1	tsjɨ̱r^1	tshjij^1	mji^1	ljij^2	
会	一	切	是	法	说	闻，	大	

变②之所为③也。尔时，一切诸来众会闻说是法，

11.11.5

[illegible]	[illegible]	[illegible]，	[illegible]	[illegible]	[illegible]	[illegible]，	[illegible]	[illegible]	[illegible]
njiij^1	ljɨ̣j^2	śjwo^1	zji^2	gu^2	pja̱^{1}	phjo̱^{2}	gjij^1	njij^2	dwu̱^{2}
欢	心	生，	皆	共	手	合，	殊	倍	密
[illegible]	[illegible]	[illegible]	[illegible]	[illegible]	[illegible]	[illegible]	[illegible]	[illegible]	
rjar^1	kię^1	dźja^2	ɣie^1	mjijr^2	·jij^1	dzjwɨ̣^{1}	rejr^2	tśja^1	
迹	金	刚	力	士	之	尊	敬	道	

欣然大悦④，皆共叉手⑤，咸礼稽首⑥密迹金刚力士，益加恭敬⑦，

11.11.6

[illegible]，	[illegible]	[illegible]	[illegible]	[illegible]。	[illegible]	[illegible]	[illegible]	[illegible]：
tshwew^1	tśhjɨ^1	zjij^1	·wjɨ̣^{1}	śja^2	thjɨ^2	sju^2	da̱^{2}	·jɨ^2
礼，	若	干	变	现。	是	如	言	说：
[illegible]	[illegible]！	[illegible]	[illegible]	[illegible]	[illegible]	[illegible]	[illegible]，	[illegible]
rjur^1	pju̱^{1}	ŋa^2	njɨ^2	ne̱w^2	gjij^1	lhjṳ^2	rjir^1	bju^2
世	尊！	我	等	善	利	获	得，	极

现若干变。宣说是言：我等，世尊！为得善利，

① [illegible]，义为"谓"，这里是引语标记。
② 威变，西夏本作"威神力"。
③ 之所为，西夏本无。
④ 欣然大悦，西夏本作"生大欢心"。
⑤ 叉手，西夏文字面意思是"合手"。
⑥ 咸礼稽首，西夏本作"恭敬顶礼"。顶礼，西夏文译作"[illegible][illegible]"，这里译作"[illegible][illegible]"，误。其中"[illegible]"与"[illegible]"形近通假。
⑦ 益加恭敬，西夏本无。

11.12.1

[illegible]	[illegible]	[illegible]	[illegible]，	[illegible]	[illegible]	[illegible]	[illegible]	[illegible]
mjij^{1}	tśhja^{2}	rjir^{1}	nio̱w^{1}	ku^{1}	tśhjɨ^{1}	mja^{1}	nio̱w^{1}	dwu̱^{2}
无	正	获	因，	乃	然	后	复	密
[illegible]	[illegible]	[illegible]	[illegible]	[illegible]	[illegible]	[illegible]	[illegible]	[illegible]
rjar^{1}	kie̱^{1}	dźja^{2}	ɣie^{1}	mjijr^{2}	rjir^{2}	ber^{2}	mjor^{1}	ljij^{2}
迹	金	刚	力	士	与	遇	如	来

获无极庆①，乃逮得见②密迹金刚力士，值闻如来

11.12.2

[illegible]	[illegible]	[illegible]	[illegible]	[illegible]	[illegible]	[illegible]	[illegible]	[illegible]
se̱w^{2}	tshjịj^{1}	tji^{2}	mjij^{1}	dwu̱^{2}	rjɨ̣^{2}	ŋwu̱^{1}	dạ^{2}	mji^{1}
思	议	可	不	秘	要	言	说	闻
[illegible]。	[illegible]	[illegible]	[illegible]	[illegible]	[illegible]	[illegible]	[illegible]	[illegible]
nji^{2}	tjɨ^{1}	tjij^{1}	dźiã^{2}	tśhju^{1}	thjɨ^{2}	lwər^{2}	lhejr^{2}	mji^{1}
△。	倘	若	众	生	是	契	经	闻

不可思议秘要言教③。若有众生得致闻是经典④之要⑤

11.12.3

[illegible]	[illegible]	[illegible]，	[illegible]	[illegible]	[illegible]	[illegible]	[illegible]	[illegible]
njiij^{1}	dźiej^{2}	ŋwe^{1}	ku^{1}	tśja^{1}	sjwɨj^{1}	na^{1}	rjir^{2}	·jiw^{2}
心	信	乐，	则	道	业	深	与	疑
[illegible]	[illegible]	[illegible]，	[illegible]	[illegible]	[illegible]	[illegible]。	[illegible]	[illegible]
ljɨ̣j^{1}	mji^{1}	śjwo^{1}	tha^{1}	dzju^{1}	dạ^{2}	lhjij^{2}	thja^{1}	bju^{1}
惑	不	生，	佛	训	诲	受。	是	当

而信乐者，以近⑥道业，不怀狐疑，未曾犹豫⑦，入⑧佛训诲，

① 庆，西夏本作“正”。
② 逮得见，西夏本无。
③ 言教，西夏本作“言说”。
④ 经典，西夏本作“契经”。下同。
⑤ 之要，西夏本无。
⑥ 近，西夏本作“深”。
⑦ 未曾犹豫，西夏本无。
⑧ 入，西夏本作“受”。

11.12.4

[illegible]	[illegible],	[illegible]	[illegible]	[illegible]	[illegible]。	[illegible]	[illegible]	[illegible]
biọ^{1}	thju^{1}	mji^{1}	lhjị^{1}	lhjwo^{1}	rjir^{1}	zji^{2}	phju^{2}	tśhja^{2}
观	察,	不	退	转	得。	最	上	正
[illegible]	[illegible]	[illegible]	[illegible]。	[illegible]	[illegible]	[illegible]	[illegible]	[illegible]
ɣiej^{1}	tśja^{1}	njɨ^{2}	ljɨ^{1}	dzjɨj^{1}	tha^{1}	dwụ^{2}	rjar^{1}	kię^{1}
真	道	至	也。	时	佛	密	迹	金

则当观之,为不退转,当至无上正真道也。时佛嗟叹密

11.12.5

[illegible]	[illegible]	[illegible]	[illegible]	[illegible]	[illegible]:	[illegible]	[illegible],	[illegible]
dźja^{2}	ɣie^{1}	mjijr^{2}	·jij^{1}	·jow^{2}	śja^{2}	tjij^{2}	rjijr^{2}	tjij^{2}
刚	力	者	之	赞	叹:	善	哉,	善
[illegible]!	[illegible]	[illegible]	[illegible]	[illegible]。	[illegible]	[illegible]	[illegible]	[illegible]
rjijr^{2}	tsji̱r^{1}	tshjij^{1}	njwi^{2}	nja^{2}	nio̱w^{1}	phji^{1}	mjij^{1}	tshjɨ^{1}
哉!	法	说	能	△。	复	意	寂	菩

迹金刚力士言:善哉,善哉! 快说是言,诚如宣意①。复告寂意菩

11.12.6

[illegible]	[illegible]	[illegible]:	[illegible]	[illegible],	[illegible]	[illegible]	[illegible]	[illegible]
tsjij^{2}	·jij^{1}	·jɨ^{2}	ljij^{2}	mjijr^{2}	mjor^{1}	ljij^{2}	·jij^{1}	tśhja^{2}
萨	之	谓:	大	士,	如	来	之	功
[illegible]	[illegible]	[illegible]	[illegible]	[illegible],	[illegible]	[illegible]	[illegible]	[illegible]。
·io̱w^{1}	zjɨr^{1}	ɣiej^{1}	rjar^{1}	gjij^{1}	ljɨr^{1}	le^{2}	lew^{2}	mjij^{1}
德	实	真	殊	胜,	四	畏	所	无。

萨:大士,如来功勋②甚奇真谛③,四无所畏。

11.13.1

[illegible]	[illegible]	[illegible]	[illegible],	[illegible]	[illegible]	[illegible]	[illegible]	[illegible]

① 快说是言,诚如宣意,西夏本作“令能说法”。
② 功勋,西夏本作“功德”。
③ 甚奇真谛,西夏本作“真实殊胜”。

thja^{1}	lwər^{2}	lhejr^{2}	tja^{1}	dwu̱^{2}	rjar^{1}	kię^{1}	dźja^{2}	ɣie^{1}
是	契	经	者，	密	迹	金	刚	力
[illegible]	[illegible]	[illegible]	[illegible]	[illegible]	[illegible]。	[illegible]	[illegible]	[illegible]
mjijr^{2}	rjɨr^{2}	tshjịj^{1}	rjir^{2}	·a	tjịj^{2}	thja^{1}	rjur^{1}	tśhja^{2}
士	所	言	与	△	同。	斯	诸	正

是经典者，如密迹金刚力士所可谘嗟①，快说至训②。斯诸正

11.13.2

[illegible]，	[illegible]	[illegible]	[illegible]	[illegible]，	[illegible]	[illegible]	[illegible]	[illegible]。
mjijr^{2}	rjur^{1}	tha^{1}	pjụ^{1}	tsjịr^{1}	sjịj^{2}	źjɨr^{1}	ljwụ^{1}	ljwụ^{1}
士，	诸	佛	尊	法，	智	慧	巍	巍。
[illegible]	[illegible]	[illegible]	[illegible]	[illegible]	[illegible]，	[illegible]	[illegible]	[illegible]
tjij^{1}	thjɨ^{2}	sju^{2}	tsjịr^{1}	mji^{1}	zjịj^{1}	mji^{1}	tśjịr^{2}	mji^{1}
若	是	如	法	闻	时，	不	恐	不

士，诸佛尊法，道慧③巍巍。如是其闻是法，不恐不

11.13.3

[illegible]，	[illegible]	[illegible]	[illegible]	[illegible]，	[illegible]	[illegible]	[illegible]	[illegible]。	[illegible]
le^{2}	kjạ^{1}	njiij^{1}	mji^{1}	tśhju^{1}	·wo^{2}	tshwew^{1}	tśjɨ^{1}	tsjij^{2}	niọw^{1}
怖，	惧	心	不	怀，	义	趣	悟	解。	复
[illegible]	[illegible]	[illegible]	[illegible]，	[illegible]	[illegible]	[illegible]	[illegible]，	[illegible]	
ɣiwej^{1}	·jiij^{1}	do^{1}	tshjɨɨ^{1}	mjɨ^{1}	·jij^{1}	wạ^{2}	tshjịj^{1}	ku^{1}	
受	持	读	诵，	他	之	广	说，	则	

怖，心不怀惧，解义所趣。若复受持能讽诵学④，广为人⑤说，

11.13.4

[illegible]	[illegible]	[illegible]	[illegible]，	[illegible]	[illegible]	[illegible]	[illegible]	[illegible]
mji^{1}	khwa^{1}	la^{1}	ɣiwej^{1}	xja^{1}	zji^{2}	phju^{2}	tśhja^{2}	ɣiej^{1}

① 谘嗟，西夏本作“言”。11.68.5 同。
② 快说至训，西夏本无。
③ 道慧，西夏本作“智慧”。
④ 能讽诵学，西夏本作“读诵”。
⑤ 人，西夏本作“他”。

不　久　记　受，　疾　无　上　正　真

[illegible]

tśja^{1}　lhjụ^{2}　tśhja^{2}　ka^{1}　dwewr^{2}　śjɨj^{1}　ljɨ^{1}　tśhjɨ^{1}　zjọ^{2}

道　逮，　正　等　觉　成　也。　尔　时

不久受决①，当作是观②，疾逮无上正真之道成正等觉。尔时

11.13.5

[illegible]

thja^{1}　·ji^{1}　ljwu^{2}　lhejr^{2}　lhjọr^{1}　kha^{1}　rjur^{1}　pjụ^{1}　·ju^{2}

彼　众　会　道　场　中，　世　尊　前

[illegible]

rjir^{2}　ljɨ^{2}　tśhjɨ^{2}　rjar^{2}　kwə^{2}　lej^{2}　djɨj^{1}　na^{1}　tśhjiw^{1}

面，　地　立　即　劈　裂。　浅　深　六

彼众会场地正其中间③，于世尊前，地寻时④劈裂。深六

11.13.6

[illegible]

ɣạ^{2}　·jar^{1}　·jir^{2}　tụ^{1}　rjir^{2}　sjwɨ^{1}　rjar^{1}　thja^{1}　śjij^{1}

十　八　百　千　由　旬　而　自　然

[illegible]

zjɨɨr^{2}　tsu^{2}　gjiwr^{2}　ko^{1}　kạ^{1}　zjịj^{1}　ŋa^{1}　gu^{2}　·wjɨ^{2}

水　涌，　滴　车　钉　数，　空　中　△

十八百千由旬自然出，水滴大如车钉，上虚空中

11.14.1

[illegible]

śji^{2}　xiwã^{1}　mə^{1}　ɣa^{2}　njɨ^{2}　sọ^{1}　tụ^{1}　ljij^{2}　tụ^{1}

往，　梵　天　于　至。　三　千　大　千

[illegible]

① 受决，西夏本作“受记”。
② 当作是观，西夏本无。
③ 正其中间，西夏本作“中”。
④ 寻时，西夏文字面意思是“立即”。

kięj^{2}	·u^{2}	zji^{2}	dzjụ^{2}	tha^{1}	phji^{1}	mjij^{1}	dźiã^{2}	tsjij^{2}
界	内	皆	雨，	佛	意	寂	菩	萨

高至梵天，洒三千大千世界。佛告寂意：

11.14.2

[illegible]	[illegible]：	[illegible]	[illegible]	[illegible]	[illegible]	[illegible]	[illegible]	[illegible]
·jij^{1}	·jɨ^{2}	nji^{2}	thja^{1}	gjiwr^{2}	khwej^{2}	ŋa^{1}	gu^{2}	·wjɨ^{2}
之	谓：	汝	此	滴	大	空	中	△
[illegible]，	[illegible]	[illegible]	[illegible]	[illegible]	[illegible]	[illegible]	[illegible]	[illegible]
śji^{2}	thjɨ^{2}	sọ^{1}	tụ^{1}	ljịj^{2}	tụ^{1}	rjur^{1}	kięj^{2}	zji^{2}
往，	是	三	千	大	千	世	界	皆

汝宁见此其大滴水上虚空中洒乎①三千大千

11.14.3

[illegible]	[illegible]	[illegible]	[illegible]②	[illegible]	[illegible]	[illegible]③？	[illegible]	[illegible]：	[illegible]
dzjụ^{2}	djɨj^{2}	tja^{1}	·a	tśhjɨ^{1}	lji^{2}	nja^{2}	kụ^{2}	dạ^{2}	lji^{2}
雨	停	者	△	尔	见	△？	对	曰：	见
[illegible]。	[illegible]	[illegible]	[illegible]，	[illegible]	[illegible]	[illegible]	[illegible]。	[illegible]	
ŋa^{2}	mə^{1}	kha^{1}	mə^{1}	lew^{1}	tjị^{1}	ljịj^{2}	śjɨj^{2}	ŋa^{2}	
△。	天	中	天，	唯	愿	大	圣。	我	

世界地乎？对曰：已见。天中之天，唯然④大圣。

11.14.4

[illegible]	[illegible]	[illegible]	[illegible]	[illegible]	[illegible]	[illegible]	[illegible]	[illegible]
·jij^{1}	njij^{2}	śjow^{1}	śji^{1}	lja^{2}	·jij^{1}	tja^{1}	rjɨr^{2}	tshjij^{1}
之	慈	愍	先	瑞	事	者	乃	说
[illegible]	[illegible]⑤。	[illegible]	[illegible]	[illegible]	[illegible]	[illegible]	[illegible]	[illegible]：
·wji^{1}	ŋa^{2}	tha^{1}	phji^{1}	mjij^{1}	dźiã^{2}	tsjij^{2}	·jij^{1}	·jɨ^{2}

① 洒，西夏本作“停雨”。
② [illegible]，助词，用在疑问句中，表示疑问。
③ [illegible]，人称呼应后缀，与第二人称单数“[illegible]”呼应。
④ 唯然，西夏本作“唯愿”。
⑤ [illegible]，为第一人称单数动词人称呼应后缀。

作 △。 佛 意 寂 菩 萨 之 谓：

垂愍唯说何所先瑞。佛告寂意：

11.14.5

[illegible]	[illegible]	[illegible]	[illegible]	[illegible]	[illegible]	[illegible]	[illegible]，	[illegible]
nji2	sjij1	nwə1	lew2	sjij1	thjɨ2	zjɨɨr2	gjiwr2	ljɨ̱2
汝	今	知	当	今	斯	水	滴，	地
[illegible]	[illegible]	[illegible]，	[illegible]	[illegible]①	[illegible]	[illegible]，	[illegible]	[illegible]
sjwɨ1	sjij2	mjij1	dźjɨ	·wji1	mjijr2	mjij1	thja1	śjij1
忧	思	无，	行	为	者	无，	自	然

仁当知此②今斯水滴，地无思想无所裂坏③，水自

11.14.6

[illegible]	[illegible]。	[illegible]	[illegible]	[illegible]	[illegible]	[illegible]	[illegible]	[illegible]	[illegible]
tsu2	lho	rjur1	tsji̱r1	dzjiij2	njɨ2	tsjɨ1	zji2	thja1	·wjɨ2
涌	出。	诸	法	师	等	亦	皆	斯	已
[illegible]。	[illegible]	[illegible]	[illegible]	[illegible]	[illegible]	[illegible]，	[illegible]	[illegible]	[illegible]
sju2	tjij1	thjɨ2	lwər2	lhejr2	ɣiwej1	·jiij1	śji1	tsji̱r1	bju1
如。	若	是	契	经	受	持，	上	教	依

然出，诸法师等亦复若斯。若以受持是经至要④，住如上

11.15.1

[illegible]，	[illegible]	[illegible]	[illegible]	[illegible]，	[illegible]	[illegible]	[illegible]	[illegible]
dźjij1	tsji̱r1	bju1	śjij1	dźji̱j1	zji2	tśhjiw1	ɣạ2	nji̱1
住，	法	奉	△	行，	皆	六	十	二
[illegible]	[illegible]	[illegible]	[illegible]	[illegible]	[illegible]	[illegible]。	[illegible]	[illegible]
ljij2	·ji1	dow1	·jiw2	rer2	phja1	njwi2	thjɨ2	sji1
大	众	邪	疑	网	断	能。	此	尽

① [illegible][illegible]，义为“行为”。

② 仁当知此，西夏文字面意思是“汝今当知”。

③ 地无思想无所裂坏，西夏文字面意思是“地无忧思无所行为”。

④ 至要，西夏本无。

教而奉行法，皆当裂坏①六十二见众邪疑网，逮得于

11.15.2

[illegible]	[illegible]，	[illegible]	[illegible]	[illegible]	[illegible]	[illegible]	[illegible]。	[illegible]
tjị^{2}	mjij^{1}	swew^{1}	tsji̱r^{1}	nwə	ŋwo^{2}	zjɨr^{1}	rjir^{1}	thja^{1}
可	不，	明	法	辩	才	慧	得。	斯
[illegible]	[illegible]	[illegible]	[illegible]	[illegible]	[illegible]	[illegible]，	[illegible]	[illegible]
rjur^{1}	tśhja^{2}	mjijr^{2}	rjur^{1}	dźiã^{2}	tśhju^{1}	nio̱w^{1}	tśhja^{2}	tsji̱r^{1}
诸	正	士	诸	众	生	因，	正	法

此不可尽，明法辩才之慧。斯诸正士为诸众生快说②，

11.15.3

[illegible]	[illegible]，	[illegible]	[illegible]	[illegible]	[illegible]	[illegible]。	[illegible]	[illegible]
nẹ^{1}	tshjij^{1}	·ji^{1}	njiij^{1}	ljɨ̣j^{2}	phji^{1}	njwi^{2}	nio̱w^{1}	phji^{1}
演	说，	众	心	悦	令	能。	又	意
[illegible]	[illegible]	[illegible]！	[illegible]	[illegible]	[illegible]	[illegible]	[illegible]，	[illegible]
mjij^{1}	dźiã^{2}	tsjij^{2}	tjij^{1}	thjɨ^{2}	lwər^{2}	lhejr^{2}	tsjij^{2}	ku^{1}
寂	菩	萨！	若	是	契	经	知，	则

正法普悦众心。又寂意！知是经典者，

11.15.4

[illegible]	[illegible]	[illegible]	[illegible]	[illegible]	[illegible]	[illegible]	[illegible]	[illegible]。
kjɨ^{1}	djɨj^{2}	·ji^{1}	niow^{2}	sọ^{1}	ta	tśja^{1}	ŋjir^{1}	lhew^{2}
一	定	众	恶	三	涂	道	难	脱
[illegible]。	[illegible]	[illegible]	[illegible]	[illegible]	[illegible]	[illegible]	[illegible]	[illegible]
ljɨ^{1}	dzjɨj^{1}	pjụ^{1}	tja^{1}	śja^{1}	rjir^{2}	gji^{2}	tha^{1}	·jij^{1}
乎。	时	尊	者	舍	利	子	佛	△

尽脱众恶三涂之难乎。时贤者舍利弗

11.15.5

[illegible]	[illegible]：	[illegible]	[illegible]	[illegible]	[illegible]	[illegible]	[illegible]	[illegible]

① 裂坏，西夏文字面意思是“能断”。

② 快说，西夏文字面意思是“演说”。

dạ²	·jɨ²	thjɨ²	mẹ²	kja²	kha¹	rjur¹	tshjɨ¹	tsjij²
言	谓:	此	贤	劫	中	诸	菩	萨
[illegible],	[illegible]	[illegible]	[illegible]	[illegible]	[illegible]	[illegible]	[illegible]	[illegible]
·ji¹	śja¹	ljijr²	rjur¹	tha¹	rjur¹	kiẹj²	·u²	sej¹
众,	十	方	诸	佛	世	界	内	净

前①白佛言:今贤劫中诸菩萨众,在于十方诸佛世界净

11.15.6

[illegible]	[illegible]	[illegible]	[illegible]。	[illegible]	[illegible]	[illegible]	[illegible]	[illegible]
xiwã¹	dźjɨ	djọ²	djij²	thja¹	rjur¹	tshjɨ¹	tsjij²	kụ¹
梵	行	修	△。	斯	诸	菩	萨	后
[illegible]	[illegible]	[illegible],	[illegible]	[illegible]	[illegible]	[illegible]	[illegible]	[illegible]
tha¹	we²	zjij¹	dwu̱²	rjar¹	kię¹	dźja²	ɣie¹	mjijr²
佛	为	时,	密	迹	金	刚	力	士

修梵行②。云何于是③密迹金刚力士,

11.16.1

[illegible]	[illegible]	[illegible]	[illegible]	[illegible]	[illegible]	[illegible]	[illegible]	[illegible]
thjij²	sjo²	lạ¹	kię¹	dźja²	zow²	thja¹	nji²	pha¹
何	云	手	金	刚	执	其	自	别
[illegible]	[illegible]?	[illegible]	[illegible]	[illegible]	[illegible]	[illegible]:	[illegible]	[illegible]
śio¹	ljɨ¹	tha¹	dạ²	śja¹	rjir²	gji²	·wjɨ²	djɨj²
引	乎?	佛	言	舍	利	子:	△	停

斯诸菩萨后成佛时皆当手执金刚侍从后乎?

11.16.2

[illegible]。	[illegible]	[illegible]	[illegible]	[illegible]	[illegible]	[illegible]	[illegible],	[illegible]	[illegible]
nja²	tjij¹	thjɨ²	se̱w²	tshjij¹	tjị²	mjij¹	tshjij¹	ku¹	rjur¹
△。	若	是	思	议	可	不	说,	则	诸

① 前,西夏本无。
② 梵行,西夏本作“净梵行”。
③ 于是,西夏本无。

[illegible]	[illegible]	[illegible]	[illegible]	[illegible]	[illegible]，	[illegible]	[illegible]	[illegible]
mə1	rjur1	dzjwo2	thjɨ2	dạ2	mji1	nio̱w1	·jiw2	ljɨ̣j1
天	世	人	是	言	闻，	又	疑	惑

佛言：且止，舍利弗①！是不可思议，诸天世人得闻是言，将无怪惑②，

11.16.3

[illegible]	[illegible]。	[illegible]	[illegible]	[illegible]	[illegible]	[illegible]	[illegible]	[illegible]
njiij1	śjwo1	tshjɨ1	tsjij2	dźjɨ	ɣa2	dźiej2	tsjij2	mjɨ1
心	生。	菩	萨	行	于	信	解	不
[illegible]。	[illegible]	[illegible]	[illegible]	[illegible]	[illegible]	[illegible]	[illegible]	[illegible]：
njwi2	śja1	rjir2	gji2	nio̱w1	tha1	·jij1	dạ2	·jɨ2
能。	舍	利	子	复	佛	△	言	白：

菩萨所行或③能不信。舍利弗复白佛言：

11.16.4

[illegible]	[illegible]	[illegible]	[illegible]	[illegible]	[illegible]	[illegible]	[illegible]，	[illegible]
tjɨ1	tjij1	ɣie1	mjijr2	·ji1	tśhja2	mər2	ljị1	dźiej2
倘	若	力	士	众	德	本	植，	信
[illegible]	[illegible]，	[illegible]	[illegible]	[illegible]	[illegible]	[illegible]	[illegible]	[illegible]
njiij1	śjwo1	ku1	ŋa2	njɨ2	zji2	mjor1	ljij2	·jij1
心	生，	故	我	等	咸	如	来	之

若有学人④殖众德本，当信乐之⑤，我等咸当受如来

11.16.5

[illegible]	[illegible]	[illegible]	[illegible]。	[illegible]	[illegible]：	[illegible]	[illegible]	[illegible]	[illegible]	[illegible]
dzju1	dạ2	lhjij2	nji2	tha1	dạ2	nji2	dwu̱2	rjar1	kię1	dźja2
旨	言	受	△。	佛	言：	汝	密	迹	金	刚
[illegible]	[illegible]	[illegible]	[illegible]	[illegible]	[illegible]	[illegible]	[illegible]	[illegible]	[illegible]	[illegible]。

① 舍利弗，西夏本无。
② 将无怪惑，西夏本作“将生疑惑”。
③ 或，西夏本无。
④ 学人，西夏本作“力士”。
⑤ 当信乐之，西夏本作“信心生”。

ɣie^1	mjijr^2	tha^1	·ju^2	rjir^2	dja^2	dźjij^1	·a	tśhjɨ^1	lji^2	nja^2
力	士	佛	前	面	△	住	△	尔	见	△。

命。佛言:汝宁见此密迹金刚力士住侍佛后乎?

汉文本

密迹金刚力士说如来秘要品时,无央数诸佛世界六反震动,其大光明照于十方,睹于十方无量佛土。天雨众花、箜篌乐器不鼓自鸣。无央数人皆发无上正觉道意,不可计菩萨逮得无生法忍,不可限人逮得柔顺法忍,倍复不可计菩萨得一生补处,德本淳淑,以是因缘。故十方所在诸佛国土贤劫中众菩萨等,各各在诸佛世尊于贤劫中,众菩萨等净修梵行。是诸菩萨以法供养,皆各散花,奉事贡上密迹金刚力士。其所散花化成花盖。承佛威神,是诸花盖一切咸来在于佛所,而绕佛及密迹金刚力士三匝,普覆众会。又其宝盖住虚空中,当于佛上从宝盖出如是比好妙音声:唯然世尊!贤劫菩萨遣我等来,供养大圣及密迹金刚力士,奉法供养及班宣是如来至真不可思议所说秘要,皆佛威变之所为也。

尔时,一切诸来众会闻说是法,欣然大悦,皆共叉手,咸礼稽首密迹金刚力士,益加恭敬,现若干变。宣说是言:我等,世尊!为得善利,获无极庆,乃逮得见密迹金刚力士,值闻如来不可思议秘要言教。若有众生得致闻是经典之要而信乐者,以近道业,不怀狐疑,未曾犹豫,入佛训诲,则当观之,为不退转,当至无上正真道也。

时佛嗟叹密迹金刚力士言:善哉,善哉!快说是言,诚如宣意。复告寂意菩萨:大士,如来功勋甚奇真谛,四无所畏。是经典者,如密迹金刚力士所可谘嗟,快说至训。斯诸正士,诸佛尊法,道慧巍巍。如是其闻是法,不恐不怖,心不怀惧,解义所趣。若复受持能讽诵学,广为人说,不久受决,当作是观,疾逮无上正真之道成正等觉。

尔时彼众会场地正其中间,于世尊前,地寻时劈裂。深六十八百千由旬自然出,水滴大如车钎,上虚空中高至梵天,洒三千大千世界。佛告寂意:汝宁见此其大滴水上虚空中洒乎三千大千世界地乎?

对曰:已见。天中之天,唯然大圣。垂愍唯说何所先瑞。

佛告寂意:仁当知此今斯水滴,地无思想无所裂坏,水自然出,诸法师等亦复若斯。若以受持是经至要,住如上教而奉行法,皆当裂坏六十二见众邪疑网,逮得于此不可尽,明法辩才之慧。斯诸正士为诸众生快说,正法普悦众心。又寂意!知是经典者,尽脱众恶三涂之难乎。

时贤者舍利弗前白佛言:今贤劫中诸菩萨众,在于十方诸佛世界净修梵行。云何于是密迹金刚力士,斯诸菩萨后成佛时皆当手执金刚侍从后乎?

佛言:且止。舍利弗!是不可思议,诸天世人得闻是言,将无怪惑,菩萨所行或能不信。

舍利弗复白佛言:若有学人殖众德本,当信乐之,我等咸当受如来命。佛言:汝宁见此密迹金刚力士住侍佛后乎?

11.16.6

[illegible]	[illegible]:	[illegible]	[illegible]。	[illegible]	[illegible]:	[illegible]	[illegible]
kụ^2	dạ^2	lji^2	ŋa^2	tha^1	dạ^2	me̱^{2}	mjijr^2

答	言：	见	吾。	佛	言：	神	通
[illegible]	[illegible]	[illegible]	[illegible]	[illegible]	[illegible]，	[illegible]	[illegible]
ɣie^{1}	ŋwu^{2}	mər^{2}	tji̱^{1}	ɣie^{1}	bju^{1}	·ju^{2}	rjur^{1}
力	以	本	愿	力	随，	常	诸

答曰：已见。佛言：以神通力本愿所致，常当

11.17.1

[illegible]	[illegible]	[illegible]	[illegible]	[illegible]	[illegible]。	[illegible]	[illegible]	[illegible]
tshjɨ^{1}	tsjij^{2}	·ji^{1}	·jij^{1}	kjụ^{1}	tshwew^{1}	thja^{1}	me̱^{2}	kja^{2}
菩	萨	众	之	供	养。	其	贤	劫
[illegible]	[illegible]	[illegible]	[illegible]	[illegible]，	[illegible]	[illegible]	[illegible]	[illegible]。
kha^{1}	tha^{1}	tśja^{1}	rjir^{1}	zjịj^{1}	tsjɨ^{1}	·ju^{2}	tshji^{2}	ljịj^{1}
中	佛	道	得	时，	亦	常	侍	奉。

供养诸菩萨众，于贤劫中当成佛时，密迹力士①常应侍之。

11.17.2

[illegible]	[illegible]	[illegible]	[illegible]	[illegible]	[illegible]	[illegible]	[illegible]	[illegible]。
nio̱w^{1}	śio^{1}	thjɨ^{2}	wjɨ^{2}	ŋa^{2}	·jij^{1}	tshji^{2}	ljịj^{1}	djij^{2}
又	从	当	时	我	△	侍	奉	△。
[illegible]。	[illegible]	[illegible]	[illegible]！	[illegible]	[illegible]	[illegible]	[illegible]	[illegible]
sju^{2}	śja^{1}	rjir^{2}	gji^{2}	thja^{1}	dwu̱^{2}	rjar^{1}	kie̱^{1}	dźja^{2}
如。	舍	利	子！	是	密	迹	金	刚

亦如侍我也。是舍利弗！密迹金刚

11.17.3

[illegible]	[illegible]，	[illegible]	[illegible]	[illegible]	[illegible]	[illegible]	[illegible]	[illegible]
ɣie^{1}	mjijr^{2}	thjɨ^{2}	me̱^{2}	kja^{2}	kha^{1}	rjur^{1}	tshjɨ^{1}	tsjij^{2}
力	士，	是	贤	劫	中	诸	菩	萨
[illegible]	[illegible]	[illegible]	[illegible]	[illegible]，	[illegible]	[illegible]	[illegible]	[illegible]
·ji^{1}	kụ^{1}	tha^{1}	we^{2}	zjịj^{1}	zji^{2}	·ju^{2}	tshji^{2}	ljịj^{1}

① 密迹力士，西夏本无。

众	后	佛	为	时，	皆	常	侍	奉

力士皆于贤劫诸菩萨众常当侍卫。

11.17.4

[illegible]，	[illegible]	[illegible]	[illegible]	[illegible]	[illegible]	[illegible]	[illegible]	[illegible]
tja^{1}	zji^{2}	·jij^{1}	mẹ^{2}	mjijr^{2}	ɣie^{1}	mər^{2}	tjị^{1}	·jij^{1}
者，	皆	△	神	通	力	本	愿	自
[illegible]	[illegible]	[illegible]	[illegible]。	[illegible]	[illegible]：	[illegible]	[illegible]	[illegible]，
dzju^{2}	ɣie^{1}	ŋwu^{2}	ljɨ^{1}	tha^{1}	dạ^{2}	śja^{1}	rjir^{2}	gji^{2}
在	力	是	也。	佛	言：	舍	利	子，

贤劫诸佛①以神通力，皆是本宿自在誓愿②。佛言：舍利弗，

11.17.5

[illegible]	[illegible]	[illegible]	[illegible]	[illegible]	[illegible]	[illegible]	[illegible]	[illegible]
sọ^{1}	tụ^{1}	ljịj^{2}	tụ^{1}	rjur^{1}	kiẹj^{2}	·u^{2}	dźiã^{2}	tśhju^{1}
三	千	大	千	世	界	内	众	生
[illegible]	[illegible]	[illegible]	[illegible]	[illegible]	[illegible]	[illegible]	[illegible]，	[illegible]
ŋowr^{2}	ŋowr^{2}	kụ^{1}	lja^{1}	tha^{1}	śjɨj^{1}	·jij^{1}	zjɨj^{1}	to^{2}
一	切	后	来	佛	成	将	时，	悉

正使③三千大千世界一切众生将来成佛

11.17.6

[illegible]	[illegible]	[illegible]，	[illegible]	[illegible]	[illegible]。	[illegible]	[illegible]	[illegible]
zji^{2}	tshji^{2}	ljịj^{1}	tha^{1}	tśja^{1}	lhjụ^{2}	niọw^{1}	tsjɨ^{1}	lạ^{1}
皆	侍	奉，	佛	道	得。	复	亦	手
[illegible]	[illegible]	[illegible]，	[illegible]	[illegible]	[illegible]	[illegible]	[illegible]。	[illegible]
kiẹ^{1}	dźja^{2}	zow^{2}	zji^{2}	niọw^{1}	śio^{1}	tśjụ^{1}	·wejr^{2}	thjɨ^{2}
金	刚	执，	悉	又	从	侍	持。	尔

皆当须侍，得佛道时。亦执金刚悉卫侍后而自示现。

---

① 贤劫诸佛，西夏本无。
② 本宿自在誓愿，西夏本作“本自在愿”。
③ 正使，西夏本无。

11.18.1

[illegible]	[illegible]	[illegible]	[illegible]	[illegible]	[illegible]。	[illegible]	[illegible]	[illegible]
sju^{2}	·wjɨ̣^{1}	dji̱^{2}	kjɨ^{1}	wji̱^{2}	śja^{2}	nio̱w^{1}	thja^{1}	tśhja^{2}
如	变	化	△	示	现。	又	此	正
[illegible]	[illegible]	[illegible]	[illegible]	[illegible]，	[illegible]	[illegible]	[illegible]	[illegible]，
mjijr^{2}	me̱^{2}	rewr^{2}	tśhja^{2}	·io̱w^{1}	śjɨj^{2}	pju^{1}	gu^{1}	śjwo^{1}
士	神	足	功	德，	圣	威	建	立，

虽尔变化,又此正士神足之德建立圣威,

11.18.2

[illegible]	[illegible]	[illegible]	[illegible]。	[illegible]	[illegible]	[illegible]！	[illegible]	[illegible]
ŋwo^{2}	dźju^{1}	mjij^{2}	djij^{2}	śja^{1}	rjir^{2}	gji^{2}	thja^{1}	dwu̱^{2}
损	耗	未	曾。	舍	利	子！	彼	密
[illegible]	[illegible]	[illegible]	[illegible]	[illegible]	[illegible]	[illegible]	[illegible]	[illegible]
rjar^{1}	kie̱^{1}	dźja^{2}	ɣie^{1}	mjijr^{2}	thjɨ^{2}	wjɨ^{2}	mji^{1}	le^{2}
迹	金	刚	力	士	此	刻	弥	勒

未曾损耗。舍利弗！宁见弥勒菩萨今密迹金刚力士

11.18.3

[illegible]	[illegible]	[illegible]	[illegible]	[illegible]	[illegible]	[illegible]	[illegible]	[illegible]。
tshjɨ^{1}	tsjij^{2}	pha^{1}	śio^{1}	dja^{2}	·a	tśhjɨ^{1}	ljij^{2}	nja^{2}
菩	萨	随	侍	未	△	尔	见	△。
[illegible]	[illegible]：	[illegible]	[illegible]，	[illegible]	[illegible]。	[illegible]	[illegible]	[illegible]
ku̱^{2}	da̱^{2}	lji^{2}	ŋa^{2}	rjur^{1}	pju̱^{1}	thjɨ^{2}	·jiw^{1}	nio̱w^{1}
答	曰：	见	△，	世	尊。	是	因	缘

常侍其后？答曰：已见，世尊。以是之故

11.18.4

[illegible]	[illegible]	[illegible]	[illegible]	[illegible]，	[illegible]	[illegible]	[illegible]	[illegible]
ku^{1}	tha^{1}	śjɨj^{2}	da̱^{2}	bju^{1}	nwə^{1}	nji^{2}	mjɨ^{1}	djɨj^{2}
鼓	佛	圣	旨	以，	知	当	不	停

[illegible]	[illegible]	[illegible],	[illegible]	[illegible]	[illegible]	[illegible]	[illegible]	[illegible]。
mər^{2}	ɣa^{2}	njij^{2}	rjɨr^{2}	ljij^{2}	mji^{1}	mjij^{2}	dji^{2}	ŋa^{2}
本	于	前,	乃	来	闻	未	经	我。

承佛圣旨,从古以来未曾闻斯。

11.18.5

[illegible]	[illegible]	[illegible]	[illegible]	[illegible]	[illegible]:	[illegible]	[illegible]	[illegible]
tha^{1}	śja^{1}	rjir^{2}	gji^{2}	·jij^{1}	·jɨ^{2}	thja^{1}	dwu̱^{2}	rjar^{1}
佛	舍	利	子	△	告:	彼	密	迹
[illegible]	[illegible]	[illegible]	[illegible]	[illegible]	[illegible]	[illegible]	[illegible]	[illegible],
kiẹ^{1}	dźja^{2}	ɣie^{1}	mjijr^{2}	·ju^{2}	mji^{1}	le^{2}	pha^{1}	śio^{1}
金	刚	力	士	常	弥	勒	随	侍,

佛告舍利弗:常侍弥勒

11.18.6

[illegible]	[illegible]	[illegible]	[illegible]	[illegible]	[illegible]。	[illegible]	[illegible]	[illegible]	[illegible]
nji^{2}	njɨ^{2}	mjɨ^{1}	tśhjɨ^{1}	ljij^{2}	nji^{2}	tsjij^{1}	ljijr^{2}	rjur^{1}	tha^{1}
汝	等	不	尔	见	△。	他	方	诸	佛
[illegible]	[illegible]	[illegible]	[illegible]	[illegible]	[illegible]	[illegible]	[illegible]	[illegible]、	[illegible]
lhjịj^{2}	·iọ^{1}	·u^{2}	rjur^{1}	ljij^{2}	tshjɨ^{1}	tsjij^{2}	śjɨ^{2}	dzjwɨ^{1}	xiwã^{1}
国	土	内	诸	来	菩	萨	释	帝、	梵

汝等不见也。亦在他方诸佛国土诸菩萨来①,天帝释梵

11.19.1

[illegible]	[illegible]	[illegible]	[illegible]	[illegible]	[illegible]	[illegible]	[illegible]	[illegible]	[illegible]
njij^{2}	niọw^{1}	ljɨr^{1}	ŋwər^{1}	njij^{2}	zji^{2}	thja^{1}	dwu̱^{2}	rjar^{1}	kiẹ^{1}
王	又	四	天	王	皆	彼	密	迹	金
[illegible]	[illegible]	[illegible]	[illegible]	[illegible]②	[illegible]	[illegible]	[illegible]	[illegible]	
dźja^{2}	ɣie^{1}	mjijr^{2}	mji^{1}	le^{2}	tshjɨ^{1}	tsjij^{2}	pha^{1}	dja^{2}	
刚	力	士	弥	勒	菩	萨	随	已	

① 来,西夏本无。

② [illegible],卷四中,"弥勒"作"[illegible]"。

及四天王，见密迹金刚力士侍于弥勒菩萨

11.19.2

[illegible]	[illegible]。	[illegible]	[illegible]	[illegible]	[illegible]	[illegible]	[illegible]，	[illegible]	[illegible]
śio^{1}	ljij^{2}	nio̱w^{1}	thja^{1}	dzjij^{2}	me̱^{2}	kja^{2}	kha^{1}	mji^{1}	le^{2}
侍	见。	又	其	余	贤	劫	中，	弥	勒
[illegible]	[illegible]	[illegible]	[illegible]	[illegible]	[illegible]	[illegible]	[illegible]	[illegible]	
tshjɨ^{1}	tsjij^{2}	nio̱w^{1}	dzjij^{2}	tshjɨ^{1}	tsjij^{2}	·rjir^{2}	·jir^{2}	tu̱^{1}	
菩	萨	及	余	菩	萨	亿	百	千	

之后。又时其余贤劫之中，弥勒菩萨及余菩萨化作亿百千

11.19.3

[illegible]	[illegible]	[illegible]	[illegible]	[illegible]	[illegible]	[illegible]。	[illegible]	[illegible]
mjijr^{2}	rjur^{1}	tshjɨ^{1}	tsjij^{2}	·ji^{1}	dji̱^{2}	·wji^{1}	dwu̱^{2}	rjar^{1}
垓	诸	菩	萨	众	化	作。	密	迹
[illegible]	[illegible]	[illegible]	[illegible]	[illegible]	[illegible]	[illegible]	[illegible]	[illegible]
kie̱^{1}	dźja^{2}	ɣie^{1}	mjijr^{2}	thja^{1}	dji̱^{2}	dzjwo^{2}	pha^{1}	śio^{1}
金	刚	力	士	其	化	人	随	侍

垓诸菩萨众①，皆在其后而侍化人

11.19.4

[illegible]	[illegible]	[illegible]	[illegible]	[illegible]	[illegible]。	[illegible]	[illegible]	[illegible]
dźiã^{2}	tśhju^{1}	·jij^{1}	dzju^{1}	nej^{2}	phji^{1}	thjɨ^{2}	nio̱w^{1}	thja^{1}
众	生	△	旨	示	令。	是	故	其
[illegible]	[illegible]	[illegible]	[illegible]	[illegible]	[illegible]，	[illegible]	[illegible]	[illegible]
tśhja^{2}	mjijr^{2}	·a	śjwo^{1}	pju^{1}	tśhja^{2}	se̱w^{2}	tshjij^{1}	tji̱^{2}
正	士	△	立	威	德，	思	议	可

开度②众生。以是正士所建立威，不可思议，

11.19.5

[illegible]，	[illegible]	[illegible]	[illegible]	[illegible]，	[illegible]	[illegible]	[illegible]	[illegible]。

① 西夏本多“密迹金刚力士”。

② 开度，西夏本作“示旨”。

mjij^{1} mẹ^{2} rewr^{2} pju^{1} ·wjɨ^{1} ljwụ^{1} ljwụ^{1} thjɨ^{2} sju^{2}

不， 神 足 威 变， 巍 巍 是 如。

[illegible]

·ji^{1} tśhja^{2} ŋowr^{2} lhə tśhjiw^{1} mjijr^{2} zjɨr^{1} ɣie^{1} pjụ^{1}

众 德 具 足， 六 通 慧 力， 限

神足威变，巍巍如是，具足众德，六通慧力，不

11.19.6

[illegible]

dza^{2} tjị^{2} mjij^{1} tśhjɨ^{1} dzjɨj^{1} phji^{1} mjij^{1} tshjɨ^{1} tsjij^{2} dwụ^{2}

量 可 不。 尔 时 意 寂 菩 萨 密

[illegible]

rjar^{1} kię^{1} dźja^{2} ɣie^{1} mjijr^{2} ·jij^{1} dạ^{2} ·jɨ^{2} lew^{1}

迹 金 刚 力 士 △ 言 谓： 唯

可限量。于是①寂意菩萨谓密迹金刚力士曰：

11.20.1

[illegible] ②

tjị^{1} ŋa^{2} ·jij^{1} njij^{2} śjow^{1} mjor^{1} ljij^{2} ·jij^{1} tśjị^{1}

愿 我 △ 慈 悲 如 来 之 苦

[illegible]

dźjɨ ·jɨr^{2} djọ^{2} tśja^{1} phu^{2} lju̱^{2} tshjij^{2} ljịj^{2} gja^{1}

行 勤 修， 道 树 庄 严、 魔 军

岂能屈意班宣③如来修勤苦行、庄严道树降伏魔官

11.20.2

[illegible]

rjur^{1} ·jar^{2} thjọ^{1} tsji̱r^{1} dźiej^{2} dẹj^{1} zjɨr^{1} dźjị^{2} gu^{1}

降 服、 妙 法 轮 转、 实 谛 造

① 于是，西夏本作“尔时”。

② [illegible]，唯愿我慈悲，汉文本无。

③ 岂能屈意班宣，西夏本无。

[illegible]?	[illegible]	[illegible]	[illegible]	[illegible]	[illegible]	[illegible]	[illegible]	[illegible]
śjwo1	dạ2	tja1	thjɨ2	wjɨ2	zji2	rjɨr2	tshji̱j1	·wji1
立?	言	者	此	刻	皆	乃	说	作

而转法轮造立至谛？仁者所明，具说意旨①。

11.20.3

[illegible]。	[illegible]	[illegible]	[illegible]	[illegible]	[illegible]	[illegible]	[illegible]	[illegible]
ŋa2	dwu̱2	rjar1	kię1	dźja2	ɣie1	mjijr2	phji1	mjij1
我。	密	迹	金	刚	力	士	意	寂
[illegible]	[illegible]	[illegible]	[illegible]:	[illegible]	[illegible]	[illegible]	[illegible]	[illegible]
tshjɨ1	tsjij2	·jij1	·jɨ2	thja1	tśhja2	·io̱w1	sjwɨj1	pju̱1
菩	萨	△	谓:	其	德	功	业	量

密迹金刚力士谓寂意曰:其功德勋②

11.20.4

[illegible]	[illegible]	[illegible]。	[illegible]	[illegible]	[illegible]③	[illegible],	[illegible]	[illegible]
dza2	tji̱2	mjij1	·a	kja2	djij2	dźji̱j1	tsjɨ1	thja1
计	可	无。	一	劫	虽	住,	亦	其
[illegible]	[illegible]	[illegible]	[illegible]	[illegible]	[illegible]	[illegible]	[illegible]	[illegible]
zji2	bu̱2	tśhja2	·io̱w1	·jij1	wo2	tshwew1	tshji̱j1	sji1
最	胜	德	功	之	理	趣	言	尽

不可限量。假使住命④一劫称其至德，不能具宣讲论意旨，

11.20.5

[illegible]	[illegible]。	[illegible]	[illegible]	[illegible]	[illegible]	[illegible]	[illegible]	[illegible]
tji̱2	mjij1	thjɨ2	wjɨ2	tha1	pju1	ɣie1	bju1	ljow2
可	不。	是	时	佛	威	力	依	界
[illegible]	[illegible]	[illegible]。	[illegible]	[illegible]	[illegible]	[illegible]	[illegible]	[illegible]
zji̱j1	tshjii2	ŋa2	nio̱w1	·jɨr1	phji1	mjij1	tshjɨ1	tsjij2

① 仁者所明，具说意旨，西夏文字面意思是“言者此刻乃作是说”。

② 勋，西夏本作“业”。

③ [illegible]，动词希求式前缀。

④ 命，西夏本无。

数	说	△。	又	问	意	寂	菩	萨

承佛威神粗举其要①。又曰：寂意！

11.20.6

[illegible]	[illegible]：	[illegible]	[illegible]	[illegible]	[illegible]	[illegible]，	[illegible]	[illegible]
·jij^{1}	·jɨ^{2}	tshjɨ^{1}	tsjij^{2}	·jij^{1}	dźjɨ	tja^{1}	·a	mə^{2}
△	谓：	菩	萨	所	行	者，	一	种
[illegible]	[illegible]	[illegible]	[illegible]	[illegible]	[illegible]	[illegible]	[illegible]，	[illegible]
dạ^{2}	niọw^{1}	·jɨr^{2}	ŋwu^{2}	tśji^{1}	dźjɨ	mji^{1}	djọ^{2}	tshjɨ^{1}
事	因	勤	以	苦	行	不	修，	菩

菩萨所行不以一事修勤苦行，菩

11.21.1

[illegible]	[illegible]	[illegible]	[illegible]	[illegible]	[illegible]②	[illegible]	[illegible]	[illegible]
tsjij^{2}	dźjɨ	tsjir^{1}	djɨr^{2}	do^{2}	ɣie^{1}	mjijr^{2}	·jij^{1}	xọ^{2}
萨	行	法	外	异	力	士	△	危
[illegible]	[illegible]	[illegible]	[illegible]	[illegible]，	[illegible]	[illegible]	[illegible]	[illegible]。
ŋjir^{1}	gju̱^{2}	la^{2}	kiẹj^{2}	niọw^{1}	tśhjwo^{1}	wo^{2}	wjị^{2}	śja^{2}
厄	济	拔	欲	因，	故	义	示	现。

萨行法为外异学，欲济危厄，故示现义。

11.21.2

[illegible]	[illegible]	[illegible]	[illegible]	[illegible]	[illegible]	[illegible]	[illegible]，	[illegible]
·jij^{1}	twụ^{1}	dzjɨj^{2}	bju^{1}	thja^{1}	lju̱^{2}	dźjɨ	śjij^{1}	zjɨɨr^{1}
各	自	宜	随	其	身	行	△，	小
[illegible]	[illegible]	[illegible]，	[illegible]	[illegible]	[illegible]	[illegible]。	[illegible]	[illegible]
ljij^{2}	dźju^{1}	tshjij^{1}	pjụ^{1}	wer^{1}	dźju^{1}	sjwij^{1}	thjɨ^{2}	niọw^{1}
大	明	宣，	威	仪	显	明。	是	因

各以随宜从其身行，多少③明宣，显其威仪。因而

① 粗举其要，西夏本作“依界数说”。
② [illegible]，力，汉文本作“学”。下同。
③ 多少，西夏文字面意思是“大小”。

11.21.3

[illegible]	[illegible]	[illegible]	[illegible]	[illegible]	[illegible]	[illegible]，	[illegible]	[illegible]
djɨr^{2}	ɣie^{1}	·ji^{1}	dow^{1}	·jij^{1}	dzju^{1}	dzjiij^{2}	zji^{2}	bụ^{2}
外	力	众	邪	△	旨	学，	最	胜
[illegible]	[illegible]	[illegible]	[illegible]	[illegible]	[illegible]，	[illegible]	[illegible]	[illegible]
ljụ^{2}	śja^{2}	pjụ^{1}	ɣwie^{1}	?	gie^{1}	rjɨr^{2}	dźjịj^{1}	tśjị^{1}
身	化	尊	豪	逮	难，	所	行	苦

得化外学众邪。现身最胜尊豪难逮，所行勤苦①

11.21.4

[illegible]，	[illegible]	[illegible]	[illegible]	[illegible]。	[illegible]	[illegible]	[illegible]	[illegible]
dźjɨ	zji^{2}	?	tjị^{2}	mjij^{1}	tshjɨ^{1}	tsjij^{2}	pjụ^{1}	wer^{1}
行，	最	及	可	不。	菩	萨	威	仪
[illegible]	[illegible]	[illegible]	[illegible]，	[illegible]	[illegible]	[illegible]	[illegible]	[illegible]
tjịj^{2}	dzjo^{2}	wjị^{2}	śja^{2}	djɨr^{2}	ɣie^{1}	·ji^{1}	dow^{1}	do^{2}
礼	节	示	现，	外	力	众	邪	异

甚不可及。示现菩萨威仪礼节，一切外学众邪异

11.21.5

[illegible]	[illegible]	[illegible]	[illegible]	[illegible]	[illegible]	[illegible]。	[illegible]	[illegible]
sjwɨj^{1}	ŋowr^{2}	ŋowr^{2}	to^{2}	zji^{2}	tjị^{2}	?	tshjɨ^{1}	tsjij^{2}
业	一	切	悉	皆	可	及。	菩	萨
[illegible]	[illegible]，	[illegible]	[illegible]	[illegible]	[illegible]	[illegible]	[illegible]	[illegible]
thjɨ^{2}	do^{2}	·a	gjwi^{2}	dzwə^{1}	ɣa^{2}	mjɨ^{1}	pjụ^{1}	wo^{2}
彼	在，	一	句	章	于	无	量	义

业所不能逮②。菩萨在彼住，一章句解无量

11.21.6

[illegible]。	[illegible]	[illegible]	[illegible]	[illegible]，	[illegible]	[illegible]	[illegible]	[illegible]

① 勤苦，西夏本作"苦行"。
② 所不能逮，西夏本作"悉皆可及"。

tsjij^{2}	tjij^{1}	phju^{2}	ljijr^{2}	śja^{2}	tjij^{1}	be^{2}	bju^{1}	lja^{1}
解。	或	上	方	现,	或	日	月	返
[illegible]	[illegible]	[illegible]	[illegible]。	[illegible]	[illegible]	[illegible]	[illegible]	[illegible]
·wjij^{1}	dźiə^{2}	dźiej^{2}	śja^{2}	tjij^{1}	mẹ^{2}	mjijr^{2}	dźjwow^{1}	dźjij^{1}
往	轮	转	现。	或	神	通	飞	行

义。或现上方,或现日月周旋往反,或现神通飞行

11.22.1

[illegible]	[illegible]	[illegible]	[illegible]	[illegible],	[illegible]	[illegible]	[illegible]、	[illegible]
śji^{1}	dzjwo^{2}	dźjij^{1}	tjị^{2}	śja^{2}	tjij^{1}	mur^{1}	tsjịr^{1}	lhjịj^{2}
仙	人	处	可	现,	或	俗	法、	受
[illegible]、	[illegible]	[illegible]	[illegible],	[illegible]	[illegible]	[illegible]	[illegible]	[illegible]
dzjiij^{2}	ɣa^{1}	pjụ^{1}	śja^{2}	tjij^{1}	mə^{2}	ljij^{2}	śjɨj^{2}	dzjwɨ^{1}
师、	居	士	现,	或	没	长	圣	帝

仙人隐处,或现儒林国①师居士,或现宗②长圣帝四王,

11.22.2

[illegible]	[illegible]	[illegible],	[illegible]	[illegible]	[illegible]、	[illegible]	[illegible]、	[illegible]
ljɨ̣r^{1}	njij^{2}	śja^{2}	tjij^{1}	śjɨ^{2}	dzjwɨ^{1}	xiwã^{1}	mə^{1}	dźiej^{2}
四	王	现,	或	释	帝、	梵	天、	轮
[illegible]	[illegible]	[illegible]	[illegible]。	[illegible]	[illegible]	[illegible]	[illegible]	[illegible]
dẹj^{1}	śjɨj^{2}	njij^{2}	śja^{2}	tjij^{1}	·jij^{1}	dźjɨ	mji^{1}	ŋowr^{2}
转	圣	王	现。	或	自	行	不	具

或现帝释、梵天、转轮圣王。或以自现行不具足,

11.22.3

[illegible]	[illegible],	[illegible]	[illegible]	[illegible]	[illegible]	[illegible]	[illegible],	[illegible]
lhə	śja^{2}	ljụ^{2}	kə^{1}	dze^{2}	tśhja̱^{1}	gjwɨr^{1}	śja^{2}	tjij^{1}
足	现,	身	荆	棘	上	卧	现,	或
[illegible]	[illegible]	[illegible]	[illegible]	[illegible],	[illegible]	[illegible]	[illegible]	[illegible]

① 国,西夏文作“[illegible](lhjịj^{2})”,义为“受”,恐误。该字与“[illegible](lhjịj^{2})”音近,这里与“[illegible](lhjịj^{2})”通假。

② 宗,西夏文作“[illegible](mə^{2})”,义为“没”,恐误。该字与“[illegible](mər^{2})”音近,这里与“[illegible](mər^{2})”通假。

bu^{1}	·jiw^{2}	tśhja̱^{1}	gjwɨr^{1}	śja^{2}	tjij^{1}	dzjiw^{1}	tśhja̱^{1}	gjwɨr^{1}
蒲	稗	上	卧	现，	或	土	上	卧

或现其身卧荆棘上，或现卧麦草①上，或卧土上，

11.22.4

[illegible]，	[illegible]	[illegible]	[illegible]。	[illegible]	[illegible]	[illegible]，	[illegible]	[illegible]
śja^{2}	tjij^{1}	gjwɨr^{1}	tjị^{2}	kjạ^{1}	le^{2}	dju^{1}	kjạ^{1}	le^{2}
现，	或	卧	所。	畏	恐	有，	畏	恐
[illegible]	[illegible]。	[illegible]	[illegible]	[illegible]	[illegible]，	[illegible]	[illegible]。	[illegible]
mjij^{1}	śja^{2}	tjij^{1}	gjwɨr^{1}	tjị^{2}	śja^{2}	tjij^{1}	dzu̱^{2}	sji^{1}
无	现。	或	卧	处	现，	或	坐。	木

或现所卧。或畏、或无所畏，或现卧处，或现坐

11.22.5

[illegible]	[illegible]	[illegible]，	[illegible]	[illegible]	[illegible]	[illegible]	[illegible]，	[illegible]
mja̱^{1}	dzji^{1}	śja^{2}	tjij^{1}	bə^{2}	rer^{2}	lhwu^{1}	śja^{2}	tjij^{1}
果	食	现，	或	蛛	虫	衣	现，	或
[illegible]	[illegible]	[illegible]，	[illegible]	[illegible]	[illegible]	[illegible]，	[illegible]	[illegible]
zjɨɨr^{2}	tśhja̱^{1}	gjwɨr^{1}	tjij^{1}	dzjị^{2}	lhwu^{1}	śja^{2}	tjij^{1}	gjwi^{2}
泡	上	卧，	或	赭	衣	现，	或	衣

食果，或现弊衣②，或卧泡上，或现赭衣，

11.22.6

[illegible]	[illegible]	[illegible]	[illegible]	[illegible]	[illegible]	[illegible]。	[illegible]	[illegible]
mjɨ^{1}	mjij^{1}	zji^{2}	gu^{2}	khẹj^{1}	dźjiij^{1}	śja^{2}	tjij^{1}	tjị^{1}
不	无	皆	共	游	居	现。	或	食
[illegible]	[illegible]	[illegible]	[illegible]	[illegible]，	[illegible]	[illegible]	[illegible]	[illegible]，
kjụ^{1}	·wə̱^{1}	śjij^{1}	zjɨɨr^{1}	śja^{2}	tjij^{1}	tjị^{1}	niow^{2}	śja^{2}
求	柔	顺	子	现，	或	食	恶	现，

① 麦草，西夏文字面意思是“蒲稗”。

② 弊衣，西夏文字面意思是“蛛虫衣”。

或现裸形①所共游居,或现服食犹孝②子睒③,或现恶食,

11.23.1

[illegible]	[illegible]	[illegible]	[illegible]	[illegible],	[illegible]	[illegible]	[illegible]	[illegible]
tjij^{1}	dwu^{2}	kwo^{1}	dzji^{1}	śja^{2}	tjij^{1}	se^{1}	khie^{2}	dzji^{1}
或	豆	黍	食	现,	或	麻	米	食
[illegible],	[illegible]	[illegible]	[illegible]	[illegible]	[illegible]	[illegible],	[illegible]	[illegible]
śja^{2}	tjij^{1}	phə^{1}	rar^{1}	tśhji^{1}	dzji^{1}	śja^{2}	tjij^{1}	ɣju^{1}
现	或	萝	菔	若	食	现,	或	芋

或现食豆谷。或现食麻米,或现食萝菔若芋芜菁④,

11.23.2

[illegible]	[illegible]	[illegible]	[illegible]	[illegible],	[illegible]	[illegible]	[illegible]	[illegible]
wju^{1}	tsjij^{1}	dzji^{1}	mə^{2}	ŋwu̱^{1}	tjij^{1}	?	dzji^{1}	śja^{2}
芜	菁	食	种	词,	或	馎	食	现
[illegible]	[illegible]	[illegible]	[illegible],	[illegible]	[illegible]	[illegible]	[illegible]	[illegible]
tjij^{1}	na̱^{2}	dzji^{1}	śja^{2}	tjij^{1}	kə^{1}	dze^{2}	dzji^{1}	śja^{2}
若	菜	食	现,	或	荆	棘	食	现,

或以食馎若食菜茹,或食荆棘,

11.23.3

[illegible]	[illegible]	[illegible]	[illegible]	[illegible]	[illegible],	[illegible]	[illegible]	[illegible]	[illegible]
tjij^{1}	wja̱^{1}	ba̱^{2}	rjir^{2}	dzji^{1}	śja^{2}	tjij^{1}	dze^{2}	śiwe^{1}	dzji^{1}
或	花	叶	实	食	现,	或	枣	蜜	食
[illegible],	[illegible]	[illegible]	[illegible]	[illegible]	[illegible],	[illegible]	[illegible]	[illegible]	[illegible]
śja^{2}	tjij^{1}	·a	dźjow^{1}	thji^{1}	śja^{2}	tjij^{1}	·ji̱^{2}	·ji̱^{2}	thji^{1}
现,	或	一	遍	食	现,	或	重	复	食

---

① 裸形,西夏本作"无无衣"。疑误。

② 孝,西夏文作"[illegible](·wə̱^{1})",义为"柔",恐误。该字与"[illegible](·wə̱^{1})"形近,这里与"[illegible](·wə̱^{1})"通假。

③ 睒,西夏本缺。睒,即睒子,为童子之名。佛说往昔为睒子童子,孝养瞽亲之事。有二译。一失译,附于《西晋录》谓为《菩萨睒子经》。一乞伏秦圣贤译名为《佛说睒子经》,出于《六度集经》。参见丁福保:《佛学大辞典》,上海:上海书店出版社,第2418页。

④ 芋芜菁,西夏文分别译作"[illegible](ɣju^{1})""[illegible](wju^{1})""[illegible](dzji^{1})"。

或服叶花实，　或现食枣果①。或能一食,或再食，

11.23.4

□，	□	□	□	□，	□	□	□	□
śja^{2}	tjij^{1}	·ju^{2}	thji^{1}	śja^{2}	tjij^{1}	śja^{1}	·ja̱r^{2}	·a
现，	或	常	食	现，	或	十	日	一
□	□	□，	□	□	□	□	□	□
dźjow^{1}	thji^{1}	śja^{2}	tjij^{1}	śja^{1}	ŋwə^{1}	·ja̱r^{2}	·a	dźjow^{1}
遍	食	现，	或	十	五	日	一	遍

或现常食,或现七②日一食,或现十五日一食，

11.23.5

□	□，	□	□	□	□	□	□	□
thji^{1}	śja^{2}	tjij^{1}	·a	lhji̱^{2}	phow^{1}	·a	dźjow^{1}	thji^{1}
食	现，	或	一	月	月	一	遍	食
□。	□	□	□	□	□	□，	□	□
śja^{2}	tjij^{1}	lhə	·a	gjiwr^{2}	thji^{1}	śja^{2}	tjij^{1}	rjir^{2}
现。	或	酥	一	滴	食	现，	或	油

或有一月一食。或服一滴酥,或服

11.23.6

□	□	□	□，	□	□	□	□	□
·a	gjiwr^{2}	thji^{1}	śja^{2}	tjij^{1}	śiwe^{1}	lhə	·a	gjiwr^{2}
一	滴	食	现，	或	蜜	酥	一	滴
□	□，	□	□	□	□	□	□，	□
thji^{1}	śja^{2}	tjij^{1}	zjɨɨr^{2}	·a	gjiwr^{2}	thji^{1}	śja^{2}	tjij^{1}
食	现，	或	水	一	滴	食	现，	或

一滴油,或服一滴蜜,或服一滴水,或

11.24.1

□	□	□	□	□。	□	□	□	□，

① 枣果,西夏文字面意思是“枣蜜”。

② 七,西夏文作“□(śja^{1})”,义为“十”,恐误。该字与“□(śjạ^{1})”形近,这里与“□(śjạ^{1})”通假。

lhju^{1}	·a	gjiwr^{2}	thji^{1}	śja^{2}	tjij^{1}	mji^{1}	thji^{1}	śja^{2}
乳	一	滴	食	现。	或	不	食	现，
[illegible]	[illegible]	[illegible]	[illegible]，	[illegible]	[illegible]	[illegible]	[illegible]。	[illegible]
tjij^{1}	·ju^{2}	dźjiij^{1}	śja^{2}	tjij^{1}	·ju^{2}	dzu̱^{2}	śja^{2}	phji^{1}
或	常	住	现，	或	常	坐	现。	意

服一滴乳。或现不食，或现常住，或现常坐。如

11.24.2

[illegible]	[illegible]	[illegible]。	[illegible]	[illegible]	[illegible]	[illegible]	[illegible]	[illegible]
mjij^{1}	tshjɨ^{1}	tsjij^{2}	thjɨ^{2}	sju^{2}	dzjij^{2}	dźjɨ	pjụ^{1}	wer^{1}
寂	菩	萨，	是	如	余	行	威	仪
[illegible]	[illegible]	[illegible]	[illegible]	[illegible]	[illegible]。	[illegible]	[illegible]	[illegible]
tjɨj^{2}	dzjo^{2}	pjụ^{1}	dza^{2}	tjị^{2}	mjij^{1}	thjɨ^{2}	tja^{1}	tshjɨ^{1}
礼	节	量	计	可	不。	是	者	菩

是，寂意！是及余行不可称计威仪礼节，是为菩萨

11.24.3

[illegible]	[illegible]	[illegible]	[illegible]	[illegible]	[illegible]	[illegible]。	[illegible]	[illegible]	[illegible]
tsjij^{2}	·jij^{1}	·wjɨ^{2}	śja^{2}	tśjị^{1}	dźjɨ	ŋwu^{2}	tshjɨ^{1}	tsjij^{2}	·wjɨ^{2}
萨	△	所	现	苦	行	为。	菩	萨	所
[illegible]	[illegible]	[illegible]	[illegible]	[illegible]	[illegible]	[illegible]	[illegible]	[illegible]。	
śja^{2}	·jɨr^{2}	tśjị^{1}	dźjɨ	tja^{1}	tśhjiw^{1}	kjiw^{1}	ŋowr^{2}	lhə	
现	勤	苦	行	者	六	年	具	足。	

所现苦行。菩萨所现勤苦之行具足六年。

11.24.4

[illegible]	[illegible]	[illegible]	[illegible]	[illegible]	[illegible]	[illegible]，	[illegible]	[illegible]
lew^{1}	dźjɨ	pjụ^{1}	wer^{1}	tjɨj^{2}	dzjo^{2}	ŋwu^{2}	tśhjɨ^{1}	zjij^{1}
一	行	威	仪	礼	节	是，	若	干
[illegible]	[illegible]	[illegible]	[illegible]	[illegible]	[illegible]	[illegible]	[illegible]。	[illegible]
mə^{2}	dźjij^{1}	ŋowr^{2}	lhə	wjị^{2}	śja^{2}	ljɨ^{1}	nja̱^{2}	nio̱w^{1}
种	行	具	足	示	现	及	非。	复

不但一行威仪礼节，行若干种示现具足，复

11.24.5

[illegible]	[illegible]	[illegible]	[illegible]	[illegible]	[illegible]	[illegible]	[illegible]	[illegible]
thja^{1}	gjwɨ^{1}	lwo^{2}	su^{1}	gjiij^{1}	dzjij^{1}	khu^{1}	dźjij^{1}	·jɨr^{2}
是	坚	固	于	超	过	精	进	勤
[illegible]。	[illegible]	[illegible]	[illegible]	[illegible]	[illegible]	[illegible]	[illegible]	[illegible]
djo̱^{2}	nio̱w^{1}	rjur^{1}	dźiā^{2}	tśhju^{1}	mjor^{1}	ljij^{2}	·jij^{1}	tśhjɨ^{1}
修。	又	诸	众	生	如	来	△	若

以超是坚固勤修精进。又诸众生不见如来

11.24.6

[illegible]	[illegible]	[illegible]	[illegible]	[illegible]	[illegible]	[illegible]	[illegible]，	[illegible]
zjij^{1}	mə^{2}	pju̱^{1}	wer^{1}	tjɨj^{2}	dzjo^{2}	mji^{1}	ljij^{2}	tshjɨ^{1}
干	种	威	仪	礼	节	不	见，	菩
[illegible]	[illegible]	[illegible]	[illegible]	[illegible]	[illegible]	[illegible]。	[illegible]	
tsjij^{2}	rjɨr^{2}	·wji^{1}	da̱^{2}	tsjɨ^{1}	mjɨ^{1}	nwə^{1}	tjɨ^{1}	
萨	所	为	事	亦	不	知。	傥	

若干品威仪礼节，亦不能知菩萨所为。

11.25.1

[illegible]	[illegible]	[illegible]	[illegible]	[illegible]	[illegible]，	[illegible]	[illegible]	[illegible]
tjij^{1}	dźiā^{2}	tśhju^{1}	tśja^{1}	djo̱^{2}	njwi^{2}	ku^{1}	thja^{1}	rjɨr^{2}
若	众	生	道	修	能，	则	其	所
[illegible]，	[illegible]	[illegible]	[illegible]	[illegible]，	[illegible]	[illegible]	[illegible]	
dźjij^{1}	·wji^{1}	·wji^{1}	śjɨ^{1}	dźjiij^{1}	pju̱^{1}	wer^{1}	tjɨj^{2}	
行，	举	动	进	止，	威	仪	礼	

若有众生能修行道，如其所行举动进止威仪礼节，

11.25.2

[illegible]	[illegible]	[illegible]	[illegible]，	[illegible]	[illegible]	[illegible]	[illegible]。	[illegible]
dzjo^{2}	bju^{1}	phie^{2}	ne̱j^{2}	gju^{1}	dzjij^{1}	rjir^{1}	phji^{1}	tjij^{1}

节	依	解	示，	度	过	得	使。	若
糀	絉	𢓊	敉	㕓	㕓	𢇲	敍，	絳
tshjɨ[1]	tsjij[2]	·jij[1]	pjụ[1]	wer[1]	tjɨj[2]	dzjo[2]	ljij[2]	ku[1]
菩	萨	△	威	仪	礼	节	见，	乃

以是开化,使得度脱。若见菩萨威仪礼节,乃

11.25.3

殑	繈	㤼	糀	絉	𢓊	𥜿	絔	敍
tśhjɨ[1]	mja[1]	niọw[1]	tshjɨ[1]	tsjij[2]	·jij[1]	dźjij[1]	lew[2]	ljij[2]
而	后	又	菩	萨	△	行	所	睹
繈	𤣥	𧥣	絖	𦁒，	䊮	繊	糀	絉
njwi[2]	dźjɨ	lạ[1]	sjij[2]	mjij[1]	thjɨ[2]	tja[1]	tshjɨ[1]	tsjij[2]
能	行	妄	想	无。	此	者	菩	萨

能睹之菩萨所行观无妄想。是为菩萨

11.25.4

敍	𤣥	𦆠	𥝲	𧹞	𦃇，	𦃀	敋	𧸗
tśjị[1]	dźjɨ	·jɨr[2]	dźjij[1]	ŋowr[2]	lhə	tśhjiw[1]	ɣạ[2]	mjijr[2]
苦	行	勤	精	具	足，	六	十	垓
𢿛	𢓊	𧹞	𦃇	敪	𧥢，	散	𦁋	𧸘
dzjwo[2]	·jij[1]	ŋowr[2]	lhə	phie[2]	nẹj[2]	sọ[1]	·jir[2]	khjɨ[2]
人	△	具	足	开	化，	三	百	万

所行勤苦,具足开化六十垓人三百万

11.25.5

㽵	䑤	㧗	莅，	𥠻	𥢛	𦚢	絖。	殑
rjur[1]	mə[1]	sjij[2]	·ju[2]	zji[2]	tśja[1]	sjwɨj[1]	tsjij[2]	tśhjɨ[1]
诸	天	人	民，	皆	道	业	悟。	尔
𦅻	糀	𦅼	𦁐	𦚢	𥜿，	㤼	糀	
dzjɨj[1]	tshjɨ[1]	zji[2]	thjọ[1]	sjwɨj[1]	dźjij[1]	niọw[1]	tshjɨ[1]	
时	众	微	妙	业	行，	又	菩	

诸天人民皆入道业。尔时菩萨行微妙业,又菩

11.25.6

[illegible]	[illegible]	[illegible]	[illegible]	[illegible]	[illegible]。	[illegible]	[illegible]	[illegible]
tsjij^{2}	dźjɨ	rjɨr^{2}	we̱^{1}	tjị^{2}	twụ^{1}	ljɨ̣^{1}	ŋwu^{2}	lju̱^{2}
萨	行	乃	生	所	处。	宝	以	庄
[illegible]	[illegible]	[illegible]	[illegible]	[illegible]	[illegible]，	[illegible]	[illegible]	[illegible]
tshjịj^{2}	du^{1}	rjɨj^{2}	njir^{2}	tśhja̱^{1}	dzu̱^{2}	we̱^{1}	lhjịj^{2}	wjị^{2}
严	楼	阁	台	上	坐，	生	受	示

萨行在于所生，坐宝挍露①高阁之台而示现生。

11.26.1

[illegible]。	[illegible]	[illegible]	[illegible]	[illegible]，	[illegible]	[illegible]	[illegible]	[illegible]，	[illegible]
śja^{2}	·ji^{1}	tśjị^{1}	ŋjir^{1}	mjij^{1}	tsiow	no^{2}	rejr^{2}	nej^{2}	sã^{1}
现。	众	苦	难	无，	永	安	乐	利，	三
[illegible]	[illegible]	[illegible]	[illegible]。	[illegible]②	[illegible]	[illegible]	[illegible]	[illegible]	
mej^{2}	·ju^{2}	djɨj^{2}	rjir^{1}	nio̱w^{1}	tśhjiw^{1}	kjiw^{1}	tśjị^{1}	dźjɨ	
昧	常	定	得。	而	六	年	苦	行	

无众患难，永得安隐③，三昧常定，而反示现六年

11.26.2

[illegible]	[illegible]。	[illegible]	[illegible]	[illegible]	[illegible]④。	[illegible]	[illegible]	[illegible]
wjị^{2}	śja^{2}	nio̱w^{1}	wor^{1}	dja^{2}	rjɨr^{2}	tśhjɨ^{1}	dzjɨj^{1}	rjur^{1}
示	现。	复	起	△	△。	彼	时	诸
[illegible]	[illegible]	[illegible]	[illegible]	[illegible]，	[illegible]	[illegible]	[illegible]	[illegible]，
mə^{1}	thjo̱^{1}	tsjịr^{1}	rejr^{2}	kjụ^{1}	lwər^{2}	lhejr^{2}	dzu^{1}	ŋwe^{1}
天	妙	法	乐	求，	契	经	喜	乐，

苦行复见起去。彼时诸天求法乐，若志经典，

11.26.3

[illegible]	[illegible]	[illegible]	[illegible]，	[illegible]	[illegible]	[illegible]	[illegible]。	[illegible]

① 挍露，西夏文作"庄严"。下同。
② [illegible]，又，表递进关系，"而"为其引申义。
③ 永得安隐，西夏本作"永利安乐"。
④ [illegible]，表动作完成的趋向。

rjur^{1}	mur^{1}	mji^{1}	dzu^{1}	tshjɨ^{1}	tsjij^{2}	do^{2}	dźjiij^{1}	do^{2}
世	俗	不	慕,	菩	萨	处	住。	异
[illegible]	[illegible]	[illegible],	[illegible]	[illegible]	[illegible],	[illegible]	[illegible]	[illegible]
sjwɨj^{1}	mji^{1}	dju^{1}	lew^{1}	tsji̱r^{1}	tshjij^{1}	ku^{1}	thjɨ^{2}	tja^{1}
业	无	有,	唯	法	宣,	则	是	△

不慕世俗住菩萨边,无有异业,唯班宣法,是为

11.26.4

[illegible]	[illegible]	[illegible]。	[illegible]	[illegible]	[illegible]	[illegible]①,	[illegible]	[illegible]	[illegible]
tshjɨ^{1}	tsjij^{2}	ŋwu^{2}	dzjọ^{1}	tshjɨ^{1}	tsjij^{2}	gjɨ^{2}	ljo^{1}	mjiij^{2}	tja^{1}
菩	萨	为。	如	菩	萨	有,	福	名	者
[illegible]	[illegible]。	[illegible]	[illegible]	[illegible]	[illegible],	[illegible]	[illegible]	[illegible]	
tsji̱r^{1}	mə^{2}	ljij^{2}	·ụ^{2}	dzu^{1}	ŋwe^{1}	ljij^{2}	·wju̱^{1}	njiij^{1}	
法	种。	大	乘	爱	乐,	大	哀	心	

菩萨。时有菩萨名曰法种,好乐大乘入于大哀。

11.26.5

[illegible]。	[illegible]	[illegible]	[illegible]	[illegible]	[illegible]	[illegible]	[illegible]	[illegible]
rjir^{2}	niọw^{1}	lwər^{2}	lhejr^{2}	gjɨ^{2}	mjiij^{2}	tja^{1}	se̱w^{2}	tshji̱j^{1}
得。	复	法	典	一	名	者	思	议
[illegible]	[illegible]	[illegible]	[illegible]②	[illegible]	[illegible]。	[illegible]	[illegible]	[illegible]
tji̱^{2}	mjij^{1}	·o^{2}	sji^{2}	tsji̱r^{1}	ɣa^{1}	niọw^{1}	mjiij^{2}	tja^{1}
可	不	入	△	法	门。	又	号	者

复有法典,名入不可思议法门。又号

11.26.6+11.27.1

[illegible]	[illegible]	[illegible],	[illegible]	[illegible]	[illegible]	[illegible]	[illegible]	[illegible]	[illegible]
zji^{2}	ɣjiw^{1}	·ji^{1}	dow^{1}	rjur^{1}	ljij^{2}	ŋowr^{2}	ŋowr^{2}	·jij^{1}	rjur^{1}
普	摄	有,	邪	诸	众	一	切	△	降
[illegible],	[illegible]	[illegible]	[illegible]	[illegible],	[illegible]	[illegible]	[illegible]	[illegible]。	

① [illegible],放在名词之后,表示某一种非具体的名称。

② [illegible],为名物化助词。

·jar^{2}	tśjị^{1}	ljịj^{2}	zjɨr^{1}	·o^{2}	tsiow	ljịj^{2}	nej^{2}	rjir^{1}
伏，	苦	难	慧	入，	永	大	安	获。

普摄，降伏众邪一切诸魔，入苦难慧，永获大安。

汉文本

答曰：已见。

佛言：以神通力本愿所致，常当供养诸菩萨众，于贤劫中当成佛时，密迹力士常应侍之。亦如侍我也。是舍利弗！密迹金刚力士皆于贤劫诸菩萨众常当侍卫。贤劫诸佛以神通力，皆是本宿自在誓愿。

佛言：舍利弗，正使三千大千世界一切众生将来成佛皆当须侍，得佛道时。亦执金刚悉卫侍后而自示现。虽尔变化，又此正士神足之德建立圣威，未曾损耗。舍利弗！宁见弥勒菩萨今密迹金刚力士常侍其后？

答曰：已见，世尊。以是之故承佛圣旨，从古以来未曾闻斯。

佛告舍利弗：常侍弥勒汝等不见也。亦在他方诸佛国土诸菩萨来，天帝释梵及四天王，见密迹金刚力士侍于弥勒菩萨之后。又时其余贤劫之中，弥勒菩萨及余菩萨化作亿百千垓诸菩萨众，皆在其后而侍化人开度众生。以是正士所建立威，不可思议，神足威变，巍巍如是，具足众德，六通慧力，不可限量。

于是寂意菩萨谓密迹金刚力士曰：岂能屈意班宣如来修勤苦行、庄严道树降伏魔官而转法轮造立至谛？仁者所明，具说意旨。

密迹金刚力士谓寂意曰：其功德勋不可限量。假使住命一劫称其至德，不能具宣讲论意旨，承佛威神粗举其要。又曰：寂意！菩萨所行不以一事修勤苦行，菩萨行法为外异学，欲济危厄，故示现义。各以随宜从其身行，多少明宣，显其威仪。因而得化外学众邪。现身最胜尊豪难逮，所行勤苦甚不可及。示现菩萨威仪礼节，一切外学众邪异业所不能逮。菩萨在彼住，一章句解无量义。或现上方，或现日月周旋往反，或现神通飞行仙人隐处，或现儒林国师居士，或现宗长圣帝四王，或现帝释、梵天、转轮圣王。或以自现行不具足，或现其身卧荆棘上，或现卧麦草上，或卧土上，或现所卧。或畏、或无所畏，或现卧处，或现坐食果，或现弊衣，或卧泡上，或现赭衣，或现裸形所共游居，或现服食犹孝子睒，或现恶食，或现食豆谷。或现食麻米，或现食萝菔若芋芜菁，或以食馆若食菜茹，或食荆棘，或服叶花实，或现食枣果。或能一食，或再食，或现常食，或现七日一食，或现十五日一食，或有一月一食。或服一滴酥，或服一滴油，或服一滴蜜，或服一滴水，或服一滴乳。或现不食，或现常住，或现常坐。如是，寂意！是及余行不可称计威仪礼节，是为菩萨所现苦行。菩萨所现勤苦之行具足六年。不但一行威仪礼节，行若干种示现具足，复以超是坚固勤修精进。又诸众生不见如来若干品威仪礼节，亦不能知菩萨所为。若有众生能修行道，如其所行举动进止威仪礼节，以是开化，使得度脱。若见菩萨威仪礼节，乃能睹之菩萨所行观无妄想。是为菩萨所行勤苦，具足开化六十垓人三百万诸天人民皆入道业。尔时菩萨行微妙业，又菩萨行在于所生，坐宝挍露高阁之台而示现生。无众患难，永得安隐，三昧常定，而反示现六年苦行复见起去。彼时诸天求于法乐，若志经典，不慕世俗住菩萨边，无有异业，唯班宣法，是为菩萨。时有菩萨名曰法种，好乐大乘入于大哀。复有法典，名入不可思议法门。又号普摄，降伏众邪一切诸魔，入苦难慧，永获大安。

11.27.1

[illegible]	[illegible]	[illegible]	[illegible]	[illegible]	[illegible]	[illegible]	[illegible]	[illegible]
dwu̠^{2}	rjar^{1}	kię^{1}	dźja^{2}	ɣie^{1}	mjijr^{2}	phji^{1}	mjij^{1}	tshjɨ^{1}
密	迹	金	刚	力	士	寂	意	菩
[illegible]	[illegible]	[illegible]:	[illegible]	[illegible]	[illegible]	[illegible]	[illegible]	
tsjij^{2}	·jij^{1}	·jɨ^{2}	tshjɨ^{1}	tsjij^{2}	tśhjiw^{1}	kjiw^{1}	·jɨr^{2}	
萨	△	谓:	菩	萨	六	年	勤	

密迹金刚力士谓寂意菩萨:菩萨勤行竟六年已,

11.27.2

[illegible]	[illegible],	[illegible]	[illegible]	[illegible]	[illegible]	[illegible]	[illegible]	[illegible]
dźjij^{1}	dźjwa^{1}	nio̠w^{1}	thja^{1}	·wjɨ^{2}	śja^{2}	khu^{1}	dźjij^{1}	pju̠^{1}
行	竟,	复	是	所	现	精	进	威
[illegible]	[illegible]①,	[illegible]	[illegible]	[illegible]	[illegible],	[illegible]	[illegible]	[illegible]
wer^{1}	bju^{1}	dzu̠^{2}	tjị^{2}	·a	wor^{1}	dźji^{1}	ljɨj^{1}	mjij^{1}
仪	如,	坐	可	△	起,	尼	连	闲

辄如所现精进威仪,从其坐起,诣于尼连

11.27.3

[illegible]	[illegible]	[illegible]	[illegible]	[illegible]。	[illegible]	[illegible]	[illegible]	[illegible]
sej^{1}	mja^{1}	zjɨɨr^{2}	bju^{2}	njɨ^{2}	rjur^{1}	kha^{1}	śjij^{1}	·wji^{1}
静	河	水	边	至。	世	间	顺	作
[illegible],	[illegible]	[illegible]	[illegible]	[illegible]	[illegible]	[illegible]	[illegible],	[illegible]
bju^{1}	mjij^{1}	sej^{1}	mja^{1}	zjɨɨr^{2}	bju^{2}	njɨ^{2}	śji^{2}	lju̠^{2}
从,	闲	静	河	水	际	到	往,	身

闲静河边。顺示从世故②,到闲静流河水际,洗

11.27.4

[illegible]	[illegible]	[illegible]。	[illegible]	[illegible]	[illegible],	[illegible]	[illegible]

① [illegible],依,引申义为“如”。

② 故,西夏本无。

dzjiw¹	gji¹	sej¹	thja¹	mja¹	zjɨɨr²	dzjịj¹	dzjij²	do²
洗	清	净。	是	河	水	边，	他	处
[illegible]	[illegible]，	[illegible]	[illegible]	[illegible]	[illegible]。	[illegible]	[illegible]	[illegible]
njɨ²	śji²	·jij¹	tjij¹	·wjɨ²	·jar¹	dzjɨj¹	mji¹	kja¹
至	往，	身	独	而	立。	时	弥	迦

身清净。度河水去，往至他处而独立焉。有弥迦

11.27.5

[illegible]	[illegible]	[illegible]	[illegible]	[illegible]	[illegible]。	[illegible]	[illegible]	[illegible]
mjịj¹	gjɨ²	mjiij²	tja¹	pho̱¹	njwi²	tụ¹	dźjị	ŋwe²
女	有	名	△	荫	善。	千	头	牛
[illegible]	[illegible]	[illegible]	[illegible]	[illegible]。	[illegible]	[illegible]	[illegible]	[illegible]
tswər¹	thja¹	lhju¹	thjwɨ²	ljị²	nio̱w¹	ŋwe²	·jij¹	tji¹
取	其	乳	集	结。	后	牛	△	饮

女名善荫，构千头牛而取其乳，展转相饮取后淳湩①，

11.27.6

[illegible]	[illegible]	[illegible]	[illegible]，	[illegible]	[illegible]	[illegible]	[illegible]	[illegible]。
nja¹	mjiij²	bju¹	tswər¹	thja¹	lhju¹	ŋwu²	mjij¹	·wji¹
取	下	随	取，	是	乳	以	靡	作。
[illegible]	[illegible]	[illegible]	[illegible]	[illegible]	[illegible]②	[illegible]。	[illegible]	[illegible]
bə²	le²	bji²	bjij²	ɣạ²	la²	zjịj¹	thja¹	mjịj¹
釜	铫	下	高	十	悲	许。	其	女

用作湩糜，在釜铫上数十丈。女

11.28.1

[illegible]	[illegible]	[illegible]	[illegible]	[illegible]	[illegible]	[illegible]	[illegible]。	[illegible]
pjịj¹	dźju¹	dzow¹	sej¹	tji¹	·jij¹	se̱w²	phji¹	sej¹
巫	诈，	藏	净	志	△	占	令。	净
[illegible]	[illegible]	[illegible]	[illegible]	[illegible]	[illegible]	[illegible]	[illegible]	[illegible]

① 淳湩，乳汁。

② [illegible]，西夏本字面意思为“悲”，疑为通假，当作“[illegible]（lhjoor¹）”。

tjị^{1}	kụ^{2}	dạ^{2}	kjɨ^{1}	mjij^{2}	tha^{1}	we^{2}	mjijr^{2}	tśhjɨ^{1}
志	尽	说	△	未	佛	成	者	然

怪所以,梵志①占之,临成佛者乃应服②耳。

11.28.2

[illegible]。	[illegible]	[illegible]	[illegible]	[illegible]	[illegible]。	[illegible]	[illegible],	[illegible]	[illegible]
mja^{1}	niọw^{1}	thja^{1}	mjij^{1}	thji^{1}	wo^{2}	tśhjɨ^{1}	dzjɨj^{1}	thja^{1}	mjij^{1}
后	复	其	靡	食	理。	尔	时,	其	女
[illegible]	[illegible]③	[illegible]	[illegible],	[illegible]	[illegible]	[illegible]	[illegible]	[illegible]。	
zju^{2}	mjij^{1}	·a	zow^{2}	tshjɨ^{1}	tsjij^{2}	do^{2}	rjɨr^{2}	śji^{2}	
乳	靡	△	持,	菩	萨	处	乃	诣。	

时女赍,往诣菩萨所,

11.28.3

[illegible]	[illegible]	[illegible]	[illegible]	[illegible]、	[illegible]	[illegible]、	[illegible]	[illegible]
dzjɨj^{1}	tśhjiw^{1}	khjɨ^{2}	mẹ^{2}	·we^{1}	·ju^{1}	njạ^{1}	khjā^{2}	tha^{2}
时	六	万	天	龙、	鬼	神、	乾	达
[illegible]	[illegible]	[illegible]	[illegible]	[illegible]④	[illegible]	[illegible]	[illegible]	[illegible]
pho^{1}	njɨ^{2}	·jij^{1}	gji^{2}	bjij^{2}	tsjɨ^{1}	·jij^{1}	twụ^{1}	rjar^{1}
婆	等	△	妻	妾	亦	各	自	殊

及六万天龙、鬼神、揵沓和等,各各赍食

11.28.4

[illegible]	[illegible]	[illegible]	[illegible],	[illegible]	[illegible]	[illegible]	[illegible]	[illegible]。
gjij^{1}	tjị^{1}	ljɨj^{2}	zow^{2}	tshjɨ^{1}	tsjij^{2}	do^{2}	rjɨr^{2}	śji^{2}
胜	食	甘	持,	菩	萨	所	乃	诣。
[illegible]	[illegible]	[illegible]	[illegible]:	[illegible]	[illegible]	[illegible]	[illegible],	[illegible]
thjɨ^{2}	sju^{2}	dạ^{2}	·jɨ^{2}	lew^{1}	tjị^{1}	njij^{2}	śjow^{1}	thjɨ^{2}
是	如	言	谓:	唯	愿	慈	愍,	是

① 梵志,西夏文字面意思是"净志"。
② 应服,西夏文字面意思是"靡食理"。
③ 交际语境,补充谓语"赍"的宾语。
④ 西夏本衍"妻妾"。

奇异甘膳①诣菩萨所。各自②启曰：唯愿垂愍，受

11.28.5

[illegible]	[illegible]	[illegible]	[illegible]	[illegible]。	[illegible]	[illegible]	[illegible]	[illegible]、
kjụ^{1}	tshwew^{1}	·wjɨ^{2}	lhjị^{2}	nja^{2}	tśhjɨ^{1}	dzjɨj^{1}	tshjɨ^{1}	tsjij^{2}
供	养	△	受	△。	尔	时	菩	萨、
[illegible]	[illegible]	[illegible]	[illegible]	[illegible]	[illegible]	[illegible]	[illegible]	[illegible]
mji^{1}	kja^{1}	mjij^{1}	phọ^{1}	njwi^{2}	do^{2}	zju^{2}	mjij^{1}	·wjɨ^{2}
弥	迦	女	萌	善	于	乳	糜	△

是供养。于时③菩萨受善萌弥迦女乳糜

11.28.6

[illegible]，	[illegible]	[illegible]	[illegible]	[illegible]。	[illegible]	[illegible]	[illegible]	[illegible]	[illegible]、	[illegible]
lhjij^{2}	to^{2}	zji^{2}	·wjɨ^{2}	thji^{1}	niọw^{1}	tśhjiw^{1}	khjɨ^{2}	mẹ^{2}	·we^{1}	·ju^{1}
受，	悉	皆	△	食。	亦	六	万	天	龙、	鬼
[illegible]、	[illegible]	[illegible]	[illegible]	[illegible]	[illegible]	[illegible]	[illegible]	[illegible]	[illegible]	[illegible]
njạ^{1}	khjā^{2}	tha^{2}	pho^{1}	·jij^{1}	gji^{2}	bjij^{2}	do^{2}	tjị^{1}	ljɨj^{2}	djɨ^{2}
神、	乾	达	婆	△	妻	妾	处	食	甘	与

服食，亦取一切六万天龙、鬼神、揵沓和妻饭

11.29.1

[illegible]，	[illegible]	[illegible]	[illegible]	[illegible]	[illegible]。	[illegible]	[illegible]	[illegible]
lhjwi^{1}	thji^{1}	djij^{2}	sju^{2}	wjị^{2}	wjị^{2}	rjur^{1}	mjii^{1}	mjijr^{2}
取，	食	△	如	示	现。	诸	施	者
[illegible]	[illegible]	[illegible]	[illegible]	[illegible]	[illegible]	[illegible]	[illegible]	[illegible]
njɨ^{2}	·jij^{1}	twụ^{1}	rjur^{1}	pjụ^{1}	·jij^{1}	·jij^{1}	dja^{2}	mjii^{1}
等	各	自	世	尊	△	自	已	施

示现如食。诸来施者各各自见，

① 奇异甘膳，西夏本作“殊胜甘食”。
② 各自，西夏本作“如是”。
③ 于时，西夏本作“尔时”。下同。

11.29.2

[illegible]	[illegible]	[illegible]	[illegible]，	[illegible]	[illegible]	[illegible]	[illegible]。	[illegible]
tjị^1	thji^1	djij^2	ljij^2	mjɨ^1	zji^2	mji^1	ljij^2	nio̱w^1
食	服	△	见，	他	皆	不	见。	复
[illegible]	[illegible]	[illegible]。	[illegible]	[illegible]	[illegible]	[illegible]	[illegible]	[illegible]
tsjɨ^1	mjɨ^1	nwə^1	dzjɨj^1	ljɨ^1	ljɨ^1	dzjwo^2	·jij^1	twụ^1
亦	不	知。	时	一	一	人	各	自

不见他人,他人亦不知之。时一一人各自

11.29.3

[illegible]	[illegible]：	[illegible]	[illegible]	[illegible]	[illegible]	[illegible]	[illegible]	[illegible]
lə	·wji^1	tshjɨ^1	tsjij^2	ŋa^2	tjij^1	gjɨ^2	dja^2	mjii^1
念	作：	菩	萨	我	独	有	已	施
[illegible]	[illegible]	[illegible]，	[illegible]	[illegible]	[illegible]	[illegible]	[illegible]	[illegible]
tjị^1	thji^1	djij^2	kjɨ^1	djɨj^2	zji^2	phju^2	tśhja^2	dwewr^2
食	服	△，	一	定	无	上	正	觉

念言:菩萨独念取①我供食,当逮无上正真

11.29.4

[illegible]	[illegible]，	[illegible]	[illegible]	[illegible]	[illegible]	[illegible]	[illegible]。	[illegible]
tśja^1	lhjụ^2	tśhja^2	ka^1	dwewr^2	śjɨj^1	·jij^1	sji^2	thji^2
道	逮，	正	等	觉	成	将	△。	是
[illegible]	[illegible]	[illegible]，	[illegible]	[illegible]	[illegible]	[illegible]。	[illegible]	
nio̱w^1	njiij^1	ljɨj^2	ljij^2	tśja^1	phji^1	śjwo^1	dzjɨj^1	
故	心	喜，	大	道	意	发。	时	

之道成最正觉。以是喜悦,发大道意,应

11.29.5

[illegible]	[illegible]	[illegible]	[illegible]	[illegible]	[illegible]。	[illegible]	[illegible]	[illegible]
bju^1	mji^1	lhji̱^{1}	lhjwo^1	ljɨ^2	lhjụ^2	thji^2	tja^1	tjị^1

① 独念取,西夏本无。

应	不	退	还	地	立。	是	者	服
[illegible]	[illegible]	[illegible]	[illegible]	[illegible]，	[illegible]	[illegible]	[illegible]	[illegible]
dzji^{1}	kjụ^{1}	tshwew^{1}	lhjịj^{2}	ŋwu^{2}	dźiã^{2}	tśhju^{1}	·jij^{1}	dzju^{1}
食	供	养	受	以，	众	生	△	开

时立不退转地。是为名曰受供膳，开化众生，

11.29.6

[illegible]，	[illegible]	[illegible]	[illegible]	[illegible]	[illegible]	[illegible]	[illegible]。	[illegible]
dzjiij^{2}	tśhjiw^{1}	kjiw^{1}	tśjị^{1}	dźjɨ	sjwɨj^{1}	śja^{2}	ŋwu^{2}	dwụ^{2}
化，	六	年	苦	行	业	现	也。	密
[illegible]	[illegible]	[illegible]	[illegible]	[illegible]	[illegible]	[illegible]	[illegible]	[illegible]
rjar^{1}	kię^{1}	dźja^{2}	ɣie^{1}	mjijr^{2}	phji^{1}	mjij^{1}	tshjɨ^{1}	tsjij^{2}
迹	金	刚	力	士	寂	意	菩	萨

故现六年勤苦行业。密迹金刚力士谓寂意

11.30.1

[illegible]	[illegible]：	[illegible]	[illegible]	[illegible]	[illegible]	[illegible]	[illegible]	[illegible]
·jij^{1}	·jɨ^{2}	tśhjwo^{1}	thjɨ^{2}	tshjɨ^{1}	tsjij^{2}	thja^{1}	rjur^{1}	mur^{1}
之	谓：	故	是	菩	萨	其	世	俗
[illegible]	[illegible]	[illegible]	[illegible]，	[illegible]	[illegible]	[illegible]	[illegible]	[illegible]
tjị^{1}	kjụ^{1}	tshwew^{1}	lhjịj^{2}	·ju^{2}	bji^{1}	ɣie^{1}	kjɨ^{1}	ljị^{1}
食	供	养	受，	常	威	力	△	坠

曰：是为菩萨随①其世俗受供而食，使身气力充备安和，

11.30.2

[illegible]	[illegible]	[illegible]	[illegible]	[illegible]	[illegible]	[illegible]	[illegible]。	[illegible]
ljụ^{2}	zji^{2}	no^{2}	rejr^{2}	tśhjwo^{1}	phu^{2}	khju^{1}	śjɨ^{1}	nioֽw^{1}
身	皆	安	乐	故	树	下	往。	又
[illegible]	[illegible]	[illegible]	[illegible]	[illegible]	[illegible]	[illegible]	[illegible]	[illegible]
ljɨ^{2}	nja^{1}	gjɨ^{2}	mjiij^{2}	tja^{1}	ljɨ^{2}	nẹw^{2}	mə^{1}	zjɨ^{1}

① 随，西夏本无。

地	神	有	名	者	地	善	天	子，

往诣树下。又有地神名善地天子，

11.30.3

[illegible]	[illegible]	[illegible]	[illegible]	[illegible]，	[illegible]	[illegible]	[illegible]	[illegible]
rjur^{1}	mə^{1}	zjɨ^{1}	·jij^{1}	·jɨ^{2}	nio̱w^{1}	dzjij^{2}	ljɨ^{2}	dźjij^{1}
诸	天	子	△	告，	及	余	地	行
[illegible]	[illegible]	[illegible]	[illegible]：	[illegible]	[illegible]	[illegible]	[illegible]，	[illegible]
mə^{1}	nja̱^{1}	·jij^{1}	mjɨ^{1}	thjɨ^{2}	ljɨ^{2}	ŋa̱^{2}	ŋa̱^{2}	dzu̱^{2}
天	神	△	告：	是	地	善	善，	坐

告诸天子及余地行天神：持地不动，莫令

11.30.4

[illegible]	[illegible]	[illegible]	[illegible]	[illegible]	[illegible]。	[illegible]	[illegible]	[illegible]
tji^{1}	mju̱^{2}	ljɨj^{2}	phji^{1}	nji^{2}	su^{1}	dzu^{1}	kię̱j^{2}	ŋowr^{2}
莫	动	摇	令	△	肃。	爱	欲	一
[illegible]	[illegible]	[illegible]	[illegible]	[illegible]	[illegible]	[illegible]	[illegible]	
ŋowr^{2}	nio̱w^{1}	rjur^{1}	tśhiow^{1}	zjij^{1}	phja^{1}	mjijr^{2}	tshjɨ^{1}	
切	及	诸	结	著	断	者	菩	

肃震。断众爱欲及诸结著菩萨

11.30.5

[illegible]	[illegible]	[illegible]	[illegible]	[illegible]。	[illegible]	[illegible]	[illegible]	[illegible]，
tsjij^{2}	phu^{2}	njij^{2}	khju^{1}	njɨ^{2}	thja^{1}	ljɨ^{2}	lju̱^{2}	tshjij^{2}
萨	树	王	下	至。	其	地	庄	严，
[illegible]	[illegible]	[illegible]	[illegible]	[illegible]。	[illegible]	[illegible]	[illegible]	[illegible]
njiij^{1}	ljɨj^{2}	ŋwu^{2}	tśjɨɨ^{1}	bju^{1}	rjur^{1}	zji^{1}	mjii^{1}	dzjɨ^{1}
心	喜	以	次	依。	诸	布	施	准

已到于树王下。严净①其地，次第诸施，

① 严净，西夏本作“庄严”。

11.30.6

〓，	〓	〓	〓	〓	〓	〓	〓	〓，
djɨ^{2}	sọ^{1}	tụ^{1}	rjur^{1}	kięj^{2}	thja^{1}	śjij^{1}	gji^{1}	sej^{1}
备，	三	千	世	界	自	然	清	净，
〓	〓	〓	〓，	〓	〓	〓	〓。	
wją^{1}	lju^{2}	śja^{1}	njwɨ̣^{1}	śja^{1}	zjɨɨr^{2}	pho^{1}	lju^{2}	
花	散	香	烧，	香	水	泼	洒。	

欢然三千世界，自然清净，散花烧香，香水洒地。

11.31.1

〓	〓	〓	〓	〓	〓，	〓	〓	〓
kja^{1}	·iọ^{1}	tsji^{2}	mə^{1}	wją^{1}	·jiij^{1}	·ju^{1}	nją^{1}	mə^{1}
迦	留	迹	天	花	持，	鬼	神	天
〓	〓	〓①	〓，	〓	〓	〓	〓。	〓
mjii^{1}	ɣa^{2}	nja^{1}	ljij^{2}	tshọ^{2}	ŋa^{1}	gu^{2}	dźjiij^{1}	tshjɨ^{1}
宫	于	△	来，	虚	空	中	住。	菩

迦留迹天持花，鬼神下其天宫住虚空中，见

11.31.2

〓	〓	〓	〓	〓	〓	〓，	〓	〓
tsjij^{2}	·jij^{1}	ljij^{2}	njiij^{1}	ljɨj^{2}	njiij^{1}	śjwo^{1}	mə^{2}	mə^{2}
萨	△	见	心	喜	心	生，	种	种
〓	〓。	〓	〓	〓	〓	〓	〓	〓
wją^{1}	dew^{2}	thja^{1}	ljɨr^{1}	ŋwər^{1}	njij^{2}	niọw^{1}	rjur^{1}	wjɨ̣^{1}
花	雨。	其	四	天	王	及	诸	亲

菩萨欣然，雨种种华。其四天王与其

11.31.3

〓	〓	〓	〓	〓	〓	〓。	〓	〓
dźjwɨ^{1}	ljɨr^{1}	ljijr^{2}	lhjịj	·u^{2}	rjɨr^{2}	śji^{2}	tshjɨj^{2}	kię^{1}

① 〓，动词趋向前缀。

邻	四	方	域	内	乃	往。	紫	金
[illegible]	[illegible]，	[illegible]	[illegible]	[illegible]	[illegible]，	[illegible]	[illegible]	[illegible]
rer^{2}	ŋwu^{2}	thjo̱^{1}	·jɨj^{2}	·a	lə^{1}	so̱^{1}	tu̱^{1}	tha^{1}
网	以，	妙	帐	△	遮，	三	千	佛

眷属①至四方域,以紫金网缦妙帐,

11.31.4

[illegible]	[illegible]	[illegible]，	[illegible]	[illegible]	[illegible]	[illegible]。	[illegible]	[illegible]
lhjịj^{2}	zji^{2}	pju̱^{2}	tha^{1}	·jij^{1}	kju̱^{1}	tshwew^{1}	śjɨ^{2}	dzjwɨ^{1}
土	悉	盖，	佛	△	供	养。	释	天
[illegible]	[illegible]	[illegible]	[illegible]	[illegible]	[illegible]，	[illegible]	[illegible]	[illegible]
xiwã^{1}	njij^{2}	thja^{1}	ku^{1}	·ju^{2}	dźjiij^{1}	ljij^{2}	me̱^{2}	mjijr^{2}
梵	王	其	则	前	住，	大	神	足

周遍覆盖三千佛土,以供养佛。天帝释梵前有大神足,

11.31.5

[illegible]，	[illegible]	[illegible]	[illegible]	[illegible]，	[illegible]	[illegible]	[illegible]	[illegible]
dźjij^{2}	phji^{1}	bju^{1}	lju̱^{2}	tshjịj^{2}	·jow^{2}	śja^{2}	so̱^{1}	tu̱^{1}
有，	意	如	庄	严，	赞	叹	三	千
[illegible]	[illegible]	[illegible]，	[illegible]	[illegible]	[illegible]、	[illegible]	[illegible]	[illegible]
rjur^{1}	kięj^{2}	·u^{2}	la̱^{1}	lji^{1}	mə^{1}	·ja^{2}	mo^{2}	mə^{1}
世	界	内，	忉	利	天、	耶	摩	天

庄严如意,谘嗟②三千世界。忉利天、焰天

11.31.6

[illegible]	[illegible]	[illegible]	[illegible]	[illegible]，	[illegible]	[illegible]	[illegible]	[illegible]，
twu̱^{1}	tshjɨj^{2}	kię^{1}	rer^{2}	ŋwu^{2}	nia̱^{2}	ɣjɨ^{1}	·jɨj^{2}	lə^{1}
各	紫	金	网	以，	琉	璃	帐	遮，
[illegible]	[illegible]	[illegible]	[illegible]	[illegible]	[illegible]	[illegible]	[illegible]。	[illegible]
so̱^{1}	tu̱^{1}	ljij^{2}	tu̱^{1}	tha^{1}	lhjịj^{2}	zji^{2}	pju̱^{2}	tha^{1}

① 眷属,西夏本作“亲邻”,下同。

② 谘嗟,西夏本作“赞叹”。11.31.5、11.40.5、11.68.6 同。

三 千 大 千 佛 土 皆 覆， 佛

各紫磨金帐而挍露之，绀琉璃帐覆三千大千佛

11.32.1

[illegible]	[illegible]	[illegible]。	[illegible]	[illegible]	[illegible]	[illegible]	[illegible]	[illegible]
·jij1	kjụ1	tshwew1	lạ1	dźjị	mə1	nji	rer2	ljɨ1
△	供	养。	利	牛	天	珠	网	宝
[illegible]	[illegible]	[illegible]	[illegible]，	[illegible]	[illegible]	[illegible]	[illegible]	[illegible]
lju̱2	tshjịj2	·jịj2	ŋwu2	pjụ1	wer1	ljwụ1	ljwụ1	mjor1
庄	严	帐	以，	威	仪	巍	巍	如

土供养①。兜率天②珠校露③帐挍饰，供养如来巍巍堂堂

11.32.2

[illegible]	[illegible]	[illegible]	[illegible]，	[illegible]	[illegible]	[illegible]	[illegible]	[illegible]
ljịj2	·jij1	kjụ1	tshwew1	niọw1	rjur1	ŋwər1	njij2	zji2
来	△	供	养。	及	诸	天	王	皆
[illegible]	[illegible]	[illegible]	[illegible]	[illegible]	[illegible]	[illegible]。	[illegible]	[illegible]
thjọ1	śjwo2	ŋạ2	tsə̣1	tshjɨj2	kię̣1	sju2	njiij1	ljɨ̣j2
妙	美	好，	色	紫	金	如。	心	悦

及诸天王微妙甚好，如紫磨金。其心

11.32.3

[illegible]	[illegible]，	[illegible]	[illegible]	[illegible]	[illegible]，	[illegible]	[illegible]	[illegible]
njiij1	śjwo1	nji	ɣiej1	dew2	ŋwu2	mjor1	ljij2	·jij1
心	发，	珠	真	雨	以，	如	来	△
[illegible]	[illegible]。	[illegible]	[illegible]	[illegible]	[illegible]	[illegible]，	[illegible]	[illegible]
kjụ1	tshwew1	niọw1	·wjɨ1	dji̱2	ŋwe1	mə1	bji1	swew1
供	养。	又	变	化	善	天，	光	明

大悦，供养如来，雨好真珠。化善天王以明

① 佛土供养，西夏本作“以供养佛”。
② 兜率天，西夏文一般译作“[illegible]”，此处译作“[illegible]”。
③ 校露，又作“挍露”。

11.32.4

[illegible]	[illegible]	[illegible]	[illegible]，	[illegible]	[illegible]	[illegible]	[illegible]	[illegible]
bji^{1}	rjɨj^{2}	lhjị^{2}	swew^{1}	nji	ɣiej^{1}	ɣjiw^{2}	phiow^{1}	ŋwo^{2}
光	耀	月	明，	珠	真	玉	白	银
[illegible]	[illegible]，	[illegible]	[illegible]	[illegible]	[illegible]。	[illegible]	[illegible]	[illegible]
·jɨj^{2}	ŋwu^{2}	tha^{1}	·jij^{1}	kjụ^{1}	tshwew^{1}	nio̱w^{1}	thja^{1}	·jɨj^{2}
帐	以，	佛	△	供	养。	又	其	帐

月珠光明晃耀，白玉银帐，

11.32.5

[illegible]	[illegible]	[illegible]	[illegible]	[illegible]，	[illegible]	[illegible]	[illegible]	[illegible]。
ɣa^{2}	thjo̱^{1}	śjwii^{2}	ɣię^{2}	to^{2}	śja^{1}	ljijr^{2}	zji^{2}	njɨ^{2}
于	妙	和	音	出，	十	方	皆	至。
[illegible]	[illegible]	[illegible]	[illegible]	[illegible]	[illegible]	[illegible]	[illegible]	[illegible]。
so̱^{1}	tụ^{1}	rjur^{1}	kiẹj^{2}	·u^{2}	to^{2}	zji^{2}	njiij^{1}	ljɨ̣j^{2}
三	千	世	界	内	悉	皆	心	悦。

演其和音，流布十方，令三千世界莫不悦豫。

11.32.6

[illegible]	[illegible]	[illegible]	[illegible]	[illegible]	[illegible]	[illegible]	[illegible]	[illegible]
rjɨr^{2}	njɨ^{2}	rjur^{1}	mə^{1}	gji^{1}	sej^{1}	dźjij^{2}	ljɨ^{1}	pju^{1}
乃	至	诸	天	清	净	众	宝	威
[illegible]。	[illegible]	[illegible]	[illegible]	[illegible]	[illegible]	[illegible]，	[illegible]	[illegible]
nja̱^{1}	mjɨ^{1}	pjụ^{1}	ror^{2}	mjij^{1}	dźju^{1}	sjwij^{1}	tsjij^{1}	dji̠^{2}
神。	无	量	垢	无	显	明，	他	化

乃至诸天清净众宝威神。无量无垢显明，他化

11.33.1

[illegible]	[illegible]	[illegible]	[illegible]	[illegible]	[illegible]	[illegible]	[illegible]	[illegible]
·jij^{1}	dzju^{2}	mə^{1}	lew^{1}	·jɨj^{2}	dji̠^{2}	·wji^{1}	·ji^{1}	ljɨ^{1}
自	在	天	一	帐	化	作，	众	宝

[illegible]	[illegible]，	[illegible]	[illegible]	[illegible]	[illegible]	[illegible]。	[illegible]	[illegible]
ŋwu^{2}	śjɨj^{1}	zji^{2}	tha^{1}	·jij^{1}	kjṵ^{1}	tshwew^{1}	rjur^{1}	mə^{1}
以	成，	普	佛	△	供	养。	诸	天

自在天化作一帐，众宝合成，普奉事佛。诸天

11.33.2

[illegible]	[illegible]、	[illegible]	[illegible]	[illegible]、	[illegible]	[illegible]	[illegible]、	[illegible]
·we^{1}	nja̱^{1}	·a	sew^{2}	lo^{1}	kja^{1}	lew^{1}	lo^{1}	kjĩ^{1}
龙	神、	阿	修	罗、	迦	楼	罗、	紧
[illegible]	[illegible]、	[illegible]	[illegible]	[illegible]	[illegible]，	[illegible]	[illegible]	[illegible]
no^{1}	lo^{1}	mo^{2}	?	lo^{1}	khja^{2}	twṵ^{1}	me̱^{2}	mjijr^{2}
那	罗、	摩	休	罗	迦，	各	神	足

龙神、阿须轮、迦楼罗、真陀罗、摩休勒，各以神足

11.33.3

[illegible]	[illegible]	[illegible]	[illegible]	[illegible]	[illegible]	[illegible]，	[illegible]	[illegible]
śjɨj^{2}	ɣie^{1}	ŋwu^{2}	lju̱^{2}	tshjij^{2}	wji̱^{2}	śja^{2}	kie̱j^{2}	kie̱j^{2}
圣	力	以	庄	严	示	现，	欲	界
[illegible]	[illegible]	[illegible]	[illegible]	[illegible]	[illegible]。	[illegible]	[illegible]	
ŋowr^{2}	ŋowr^{2}	to^{2}	zji^{2}	śjwo^{1}	wej^{2}	dzjɨj^{1}	dwu̱^{2}	
一	切	悉	皆	箒	帚。	时	密	

圣力示现庄严，修治①一切欲界。

11.33.4

[illegible]	[illegible]	[illegible]	[illegible]	[illegible]	[illegible]	[illegible]	[illegible]	[illegible]
rjar^{1}	kie̱^{1}	dźja^{2}	ɣie^{1}	mjijr^{2}	phji^{1}	mjij^{1}	tshjɨ^{1}	tsjij^{2}
迹	金	刚	力	士	意	寂	菩	萨
[illegible]	[illegible]	[illegible]	[illegible]，	[illegible]	[illegible]	[illegible]	[illegible]	[illegible]，
·jij^{1}	·jɨ^{2}	tśhjɨ^{1}	zjọ^{2}	ljij^{2}	xiwã^{1}	ŋwər^{1}	njij^{2}	gjɨ^{2}
△	谓：	尔	时，	大	梵	天	王	有，

① 修治，西夏文字面意思是“箒帚”。

力士谓寂意：尔时有大梵天王

11.33.5

[illegible]	[illegible]	[illegible]	[illegible]	[illegible]	[illegible]，	[illegible]	[illegible]	[illegible]
mjiij^{2}	tja^{1}	pju^{1}	mẹ^{2}	·jij^{1}	dzju^{2}	sọ^{1}	tụ^{1}	rjur^{1}
名	者	威	神	自	在，	三	千	世
[illegible]	[illegible]	[illegible]，	[illegible]	[illegible]	[illegible]	[illegible]。	[illegible]	[illegible]
kięj^{2}	·u^{2}	dzju^{2}	zji^{2}	pjụ^{1}	pjụ^{1}	mjij^{1}	tshjɨ^{1}	tsjij^{2}
界	内	主，	无	量	尊	无。	菩	萨

名曰威神自在，主三千世界，极尊无量。其菩萨

11.33.6

[illegible]	[illegible]	[illegible]	[illegible]	[illegible]	[illegible]	[illegible]。	[illegible]	[illegible]	[illegible]
dźjɨ	dźjij^{1}	tha^{1}	phu^{2}	khju^{1}	śjɨ^{1}	kięj^{2}	niọw^{1}	thja^{1}	ŋwər^{1}
行	行	佛	树	下	往	欲。	又	是	天
[illegible]	[illegible]	[illegible]	[illegible]	[illegible]	[illegible]：	[illegible]	[illegible]	[illegible]	
njij^{2}	rjur^{1}	xiwã^{1}	mə^{1}	·jij^{1}	·jɨ^{2}	nji^{2}	njɨ^{2}	nwə^{1}	
王	诸	梵	天	△	告：	汝	等	知	

行往睹佛树。又是天王告诸梵天：诸仁①当

11.34.1

[illegible]，	[illegible]	[illegible]	[illegible]	[illegible]	[illegible]，	[illegible]	[illegible]	[illegible]
lew^{2}	thja^{1}	tshjɨ^{1}	tsjij^{2}	ljịj^{2}	mjijr^{2}	·wjɨ^{2}	rar^{2}	tha^{1}
当，	是	菩	萨	大	士，	△	去	佛
[illegible]，	[illegible]	[illegible]	[illegible]	[illegible]，	[illegible]	[illegible]	[illegible]	[illegible]
do^{2}	tśhja^{2}	dźjɨ	rjɨr^{2}	djọ^{2}	·ji^{1}	tśhja^{2}	mər^{2}	rjɨr^{2}
于，	正	行	乃	修，	众	德	本	乃

知，是菩萨大士于过去佛修治正行，殖众德

11.34.2

[illegible]。	[illegible]	[illegible]	[illegible]	[illegible]	[illegible]	[illegible]	[illegible]	[illegible]	[illegible]

① 诸仁，西夏文字面意思是“汝等”。

ljị1	ŋewr2	mjij1	rjur1	tha1	·jij1	bju1	tjị1	tśja1	tshwew1
殖。	数	无	诸	佛	△	依	归	敬	礼
[illegible]，	[illegible]	[illegible]	[illegible]	[illegible]，	[illegible]	[illegible]	[illegible]	[illegible]，	
djij2	ljij2	tji1	mji1	mju2	njiij1	phji1	gjwɨ1	dwu̱2	
曾，	大	愿	不	动，	心	意	固	密，	

本，稽首归命无数诸佛，大愿不动，坚强意固，

11.34.3

[illegible]	[illegible]	[illegible]①	[illegible]。	[illegible]	[illegible]	[illegible]	[illegible]	[illegible]
njiij1	dwər1	·jiw2	mjij1	rjur1	tshjɨ1	tsjij2	dźjɨ0	ŋowr2
心	厌	男	无。	诸	菩	萨	行	一
[illegible]	[illegible]	[illegible]。	[illegible]	[illegible]	[illegible]	[illegible]，	[illegible]	[illegible]
ŋowr2	zji2	dźji̱j1	rjur1	gju1	·jɨr2	djọ2	rjɨr2	gju1
切	皆	兴。	诸	度	勤	修，	所	度

志不患厌。皆兴一切诸菩萨行，奉修诸度，所度

11.34.4

[illegible]	[illegible]，	[illegible]	[illegible]	[illegible]	[illegible]	[illegible]	[illegible]	[illegible]
mjɨ1	pju̱1	ljɨ̣2	ŋowr2	ŋowr2	ɣa2	zji2	·jij1	dzju2
无	极，	地	一	切	于	皆	自	在
[illegible]。	[illegible]	[illegible]	[illegible]	[illegible]，	[illegible]	[illegible]	[illegible]	[illegible]。
rjir1	tsji̱r2	rjar1	·wə̱1	ne̱w2	gji1	sej1	djọ2	njwi2
得。	性	得	柔	善，	清	净	修	善。

无极，悉于其地而得自在。志性普和②，善修清净，

11.34.5

[illegible]	[illegible]	[illegible]	[illegible]	[illegible]	[illegible]	[illegible]	[illegible]	[illegible]，
dźiã2	tśhju1	ŋowr2	ŋowr2	·jij1	mər2	tśhji2	zji2	·o2
众	生	一	切	△	根	本	皆	入。
[illegible]	[illegible]	[illegible]	[illegible]	[illegible]	[illegible]	[illegible]	[illegible]	[illegible]，

① 患，西夏文作“[illegible]（·jiw2）”，义为“男”，恐误。该字与“[illegible]（·jiw1）”音近，这里与“[illegible]（·jiw1）”通假。

② 志性普和，西夏文字面意思是“性得柔善”。

mjor^1 ljịj^2 ŋowr^2 ŋowr^2 ·jij^1 dwụ^2 tsji̱r^1 zji^2 tsjij^2

如 来 一 切 △ 秘 法 皆 通,

尽入一切众生根本,皆通一切如来秘要,

11.34.6

[illegible]

ljịj^2 dạ^2 zji^2 dzjịj^1 thja^1 ·ji^1 mər^2 tśhja^2 mjɨ^1

魔 事 悉 度。 其 众 本 德, 彼

[illegible]

ɣa^2 mji^1 tha^2 rjur^1 mjor^1 ljịj^2 bju^1 zji^2 phju^2

于 不 依。 诸 如 来 为, 最 上

悉度魔事。其众德本不依仰人,为诸如来善修

11.35.1

[illegible]

tśja^1 tsji̱r^1 zji^2 gu^1 śjwo^1 njwi^2 ljịj^2 śio^1 dzjiij^2

道 法 皆 建 立 善。 大 导 师

[illegible]

we^2 dźiã^2 tśhju^1 ·jij^1 gju̱^{2} la^2 lwər^2 lhejr^2 nẹ^1

为, 众 生 △ 救 济, 契 经 宣

建立无上道法,为大导师,救济众生,班宣经典。

11.35.2

[illegible]

tshji̱j^1 dźiã^2 tśhju^1 ŋowr^2 ŋowr^2 kjir^1 ·jiw^2 tjịj^1 ·jiw^2

说。 众 生 一 切 勇 男 独 男

[illegible]

lj̣i^2 ljịj^2 mjɨɨ^2 rjur^1 dzjịj^1 tsiow ljịj^2 sjwɨj^1 mjij^1

合, 魔 境 界 度, 永 魔 业 无,

一切众生合一勇猛拔乎魔境,永无魔业

11.35.3

[illegible]

tśja[1]	tsji̠r[1]	dźju[1]	tsjij[2]	ljij[2]	dji̠[2]	njij[2]	we[2]	dźiã[2]
道	法	显	悟。	大	医	王	为，	众
[illegible]	[illegible]	[illegible]	[illegible]，	[illegible]	[illegible]	[illegible]	[illegible]。	[illegible]
tśhju[1]	·jij[1]	ŋo[2]	dji̠[2]	bie[2]	lhew[2]	pjṳ[2]	tśiej[2]	lji̠j[2]
生	△	疗	治，	解	脱	冠	服。	大

晓了道法。为大医王疗众生病，服解脱冠。为

11.35.4

[illegible]	[illegible]	[illegible]，	[illegible]	[illegible]	[illegible]	[illegible]，	[illegible]	[illegible]
tsji̠r[1]	njij[2]	we[2]	sjij[2]	źjɨr[1]	bji[1]	·wja̠[2]	zji[2]	kha[1]
法	王	为，	智	慧	光	放，	极	中
[illegible]	[illegible]。	[illegible]	[illegible]	[illegible]	[illegible]	[illegible]	[illegible]	[illegible]
śjɨj[2]	dzjwɨ[1]	rjur[1]	kha[1]	·jar[1]	tsji̠r[1]	·jij[1]	ɣie̠[2]	lew[2]
圣	帝。	世	间	八	法	△	损	所

大法王，演智慧光无极①圣帝。不为世俗②八法所拘，

11.35.5

[illegible]	[illegible]。	[illegible]	[illegible]	[illegible]	[illegible]，	[illegible]	[illegible]	[illegible]
mji[1]	we[2]	wja̠[1]	sej[1]	wjɨ[2]	sju[2]	zjɨɨr[2]	lhjɨ[2]	mji[1]
不	为。	莲	华	犹	如，	水	尘	不
[illegible]。	[illegible]	[illegible]	[illegible]	[illegible]，	[illegible]	[illegible]	[illegible]	[illegible]。
nji̠[2]	rjur[1]	tsji̠r[1]	ɣiwej[1]	·jiij[1]	tsej[2]	zjij[1]	mji[1]	mjɨ̠[2]
蒙。	诸	法	持	执，	数	几	不	忘

犹如莲华，不着尘水。执持诸法，未曾忽忘，

11.35.6

[illegible]	[illegible]	[illegible]	[illegible]	[illegible]	[illegible]	[illegible]	[illegible]。	[illegible]
dzjo̠[1]	sju[2]	śjwa[1]	ŋjow[2]	sjij[2]	dza[2]	tji̠[2]	mjij[1]	sju[2]
犹	如	江	海	智	限	可	不。	须
[illegible]	[illegible]	[illegible]，	[illegible]	[illegible]	[illegible]	[illegible]。	[illegible]	[illegible]

① 无极，西夏本作“极中”。
② 世俗，西夏本作“世间”。

mji^1	ŋər^1	sju^2	mju^2	ljɨ̣j^2	tji̠^{2}	mjij^1	·o^1	njiij^1
弥	山	如，	动	摇	可	不。	腹	心

犹如江海智不可限，如须弥山不可动摇。净洗

11.36.1

[illegible]	[illegible]，	[illegible]	[illegible]	[illegible]	[illegible]。	[illegible]	[illegible]	[illegible]
zwər^1	ɣor^2	zjɨɨr^2	ror^2	dzjiw^1	sju^2	tsiow	·jij^1	mji^1
洗	浴，	水	垢	洗	如。	终	自	不
[illegible]，	[illegible]	[illegible]	[illegible]	[illegible]。	[illegible]	[illegible]	[illegible]	[illegible]，
bjij^1	·ju^2	·jij^1	tsjɨ̣j^1	·wji^1	lhji̠^{2}	swew^1	nji	sju^2
慢，	常	自	谦	作。	月	明	珠	如，

其心，如水洗垢。终不自大，常行谦下。如明月珠

11.36.2

[illegible]	[illegible]	[illegible]	[illegible]，	[illegible]	[illegible]	[illegible]	[illegible]。	[illegible]
na^1	nja̠^{1}	zji^2	go^2	zjɨɨr^2	niəj^1	gji̠^{1}	phji^1	tsji̠r^1
冥	黑	皆	去，	水	浊	澄	令。	法
[illegible]	[illegible]	[illegible]	[illegible]	[illegible]	[illegible]	[illegible]。	[illegible]	[illegible]
ŋowr^2	ŋowr^2	ɣa^2	zji^2	·jij^1	dzju^2	rjir^2	·ji^1	tśhja^2
一	切	于	皆	自	在	得。	众	德

去冥众浊，于一切法而得自在。积众

11.36.3

[illegible]	[illegible]，	[illegible]	[illegible]	[illegible]	[illegible]	[illegible]	[illegible]	[illegible]
mər^2	du̠^{1}	dzjọ^1	sju^2	xiwā^1	mə^1	mə^1	tśhja̠^{1}	phju^2
本	积，	犹	如	梵	天	天	上	一
[illegible]。	[illegible]	[illegible]	[illegible]	[illegible]，	[illegible]	[illegible]	[illegible]	[illegible]
tsew^2	phu^2	khju^1	rjɨr^2	śji^2	ljij^2	·ji^1	·jij^1	rjur^1
第。	树	下	乃	往，	魔	众	△	降

德本，犹如梵天天上第一。往诣树下，降伏众

11.36.4

[illegible]。	[illegible]	[illegible]	[illegible]	[illegible]	[illegible]	[illegible]	[illegible]	[illegible]

·jar^2 zji^2 phju^2 tśja^1 ɣiej^1 tśja^1 lhjụ^2 tśhja^2 ka^1
伏。 无 上 道 真 道 逮 正 等
[illegible] [illegible]。 [illegible] [illegible] [illegible] [illegible] [illegible]， [illegible] [illegible]
dwewr^2 śjɨj^1 rjur^1 tha^1 ·jij^1 ɣạ^2 ɣie^1 ljɨ̱r^1 le^2
觉 为。 诸 佛 △ 十 力， 四 畏

魔，逮得无上正真之道为最正觉。具足诸佛十种力，

11.36.5

[illegible] [illegible]， [illegible] [illegible] [illegible] [illegible] [illegible] [illegible] [illegible] [illegible]。
lew^2 mjij^1 tha^1 ɣạ^2 ·jar^1 mji^1 gu^2 tsji̱r^1 ŋowr^2 lhə
所 无， 佛 十 八 不 共 法 具 足。
[illegible] [illegible] [illegible] [illegible]， [illegible] [illegible] [illegible] [illegible] [illegible]
thjo̱^{1} tsjiir^1 dźiej^2 de̱j^1 ljij^2 ka^2 tśjij^2 kwə^2 ŋowr^2
妙 法 轮 转， 大 狮 子 吼 一

四无所畏，十八不共诸佛之法，转大①法轮，

11.36.6

[illegible] [illegible] [illegible] [illegible]， [illegible] [illegible] [illegible] [illegible] [illegible]。 [illegible]
ŋowr^2 do^2 zji^2 njɨ^2 tsji̱r^1 mjii^1 ŋwu^2 gjij^1 ɣie^2 dźiã^2
切 于 皆 至， 施 法 已 利 润。 众
[illegible] [illegible] [illegible] [illegible] [illegible] [illegible] [illegible] [illegible] [illegible]，
tśhju^1 ŋowr^2 ŋowr^2 ·jij^1 tśja^1 mej^1 sej^1 kie̱j^2 nio̱w^1
生 一 切 △ 道 眼 净 欲 因，

为狮子吼，充满一切润以法施。欲净一切众生道眼，

11.37.1

[illegible] [illegible] [illegible] [illegible]。 [illegible] [illegible] [illegible] [illegible] [illegible]
rjur^1 tsji̱r^1 ɣjiw^1 lhjwi^1 gjɨ^1 ɣạ^2 tśhjiw^1 mə^2 dow^1
诸 法 摄 取。 九 十 六 种 邪
[illegible] [illegible] [illegible]， [illegible] [illegible] [illegible] [illegible]， [illegible] [illegible]

① 大，西夏本作“妙”。

sjwɨj^{1} phjɨ^{1} dźjɨɨr^{1} mər^{2} tjị^{1} ŋowr^{2} lhə rjur^{1} tha^{1}

业 弃 舍, 本 愿 具 足, 诸 佛

摄取诸法,弃外邪业九十六种,具足本愿,好见

11.37.2

[illegible] [illegible] [illegible] [illegible] [illegible] [illegible] [illegible], [illegible] [illegible]

·jij^{1} śja^{1} ljijr^{2} mjɨɨ^{2} rjur^{1} ljij^{2} dzu^{1} ljịj^{2} śjɨj^{2}

△ 十 方 境 界 见 好, 大 圣

[illegible] [illegible] [illegible] [illegible] [illegible] [illegible]。 [illegible] [illegible] [illegible]

pju^{1} tśhja^{2} khẹj^{1} dźjij^{1} ·jij^{1} dzju^{2} phju^{2} tsew^{2} rjur^{1}

威 德 游 行 自 在。 上 第 诸

诸佛十方境界,大圣威德游得自在。第一

11.37.3

[illegible] [illegible] [illegible] [illegible] [illegible] [illegible]。 [illegible] [illegible] [illegible]

gju^{1} ŋwu^{2} mjɨ^{1} pjụ^{1} gju^{1} dzjij^{1} nji^{2} njɨ^{2} rjur^{1}

济 所 无 极 度 过。 汝 等 诸

[illegible], [illegible] [illegible] [illegible] [illegible] [illegible] [illegible] [illegible] [illegible]

mə^{1} ·ju^{2} ·jij^{1} tsjɨ̣j^{1} ŋwu^{2} rjur^{1} tshjɨ^{1} tsjij^{2} ·jij^{1}

天, 常 自 谦 以 诸 菩 萨 △

诸度所济无极。汝等仁者①,常当谦恪恭诸

11.37.4

[illegible] [illegible]。 [illegible] [illegible], [illegible] [illegible] [illegible] [illegible]

bju̱^{1} lew^{2} tśhjɨ^{1} zjọ^{2} ·jij^{1} dzju^{2} xiwã^{1} mə^{1}

恭 当。 尔 时, 自 在 梵 天

[illegible] [illegible] [illegible] [illegible] [illegible] [illegible] [illegible] [illegible]:

rjur^{1} mə^{1} ·ju^{2} rjir^{2} lja̱^{1} dạ^{2} rjɨr^{2} tshjịj^{1}

诸 天 面 前 颂 言 乃 说:

菩萨。于是自在梵天于诸天前说是颂曰:

---

① 仁者,西夏本作"诸天"。

汉文本

密迹金刚力士谓寂意菩萨：菩萨勤行竟六年已，辄如所现精进威仪，从其坐起，诣于尼连闲静河边。顺示从世故，到闲静流河水际，洗身清净。度河水去，往至他处而独立焉。有弥迦女名善荫，构千头牛而取其乳，展转相饮取后淳湩，用作湩糜，在釜铫上数十丈。女怪所以，梵志占之，临成佛者乃应服耳。时女赍，往诣菩萨所，及六万天龙、鬼神、揵沓和等，各各赍食奇异甘膳诣菩萨所。各自启曰：唯愿垂愍，受是供养。于时菩萨受善荫弥迦女乳糜服食，亦取一切六万天龙、鬼神、揵沓和妻饭示现如食。诸来施者各各自见，不见他人，他人亦不知之。时一一人各自念言：菩萨独念取我供食，当逮无上正真之道成最正觉。以是喜悦，发大道意，应时立不退转地。是为名曰受供膳，开化众生，故现六年勤苦行业。

密迹金刚力士谓寂意曰：是为菩萨随其世俗受供而食，使身气力充备安和，往诣树下。又有地神名善地天子，告诸天子及余地行天神：持地不动，莫令肃震。断众爱欲及诸结著菩萨已到于树王下。严净其地，次第诸施，欢然三千世界，自然清净，散花烧香，香水洒地。迦留迹天持花，鬼神下其天宫住虚空中，见菩萨欣然，雨种种华。其四天王与其眷属至四方域，以紫金网缦妙帐，周遍覆盖三千佛土，以供养佛。天帝释梵前有大神足，庄严如意，谘嗟三千世界。忉利天、焰天各紫磨金帐而挍露之，绀琉璃帐覆三千大千佛土供养。兜率天珠校露帐挍饰，供养如来巍巍堂堂，及诸天王微妙甚好，如紫磨金。其心大悦，供养如来，雨好真珠。化善天王以明月珠光明晃耀，白玉银帐，演其和音，流布十方，令三千世界莫不悦豫，乃至诸天清净众宝威神。无量无垢显明，他化自在天化作一帐，众宝合成，普奉事佛。诸天龙神、阿须轮、迦楼罗、真陀罗、摩休勒，各以神足圣力示现庄严，修治一切欲界。

力士谓寂意：尔时有大梵天王名曰威神自在，主三千世界，极尊无量。其菩萨行往睹佛树。又是天王告诸梵天：诸仁当知，是菩萨大士于过去佛修治正行，殖众德本，稽首归命无数诸佛，大愿不动，坚强意固，志不患厌。皆兴一切诸菩萨行，奉修诸度，所度无极，悉于其地而得自在。志性普和，善修清净，尽入一切众生根本，皆通一切如来秘要，悉度魔事。其众德本不依仰人，为诸如来善修建立无上道法，为大导师，救济众生，班宣经典。一切众生合一勇猛拔乎魔境，永无魔业晓了道法。为大医王疗众生病，服解脱冠。为大法王，演智慧光无极圣帝。不为世俗八法所拘，犹如莲华，不着尘水，执持诸法，未曾忽忘，犹如江海智不可限，如须弥山不可动摇。净洗其心，如水洗垢。终不自大，常行谦下。如明月珠去冥众浊，于一切法而得自在。积众德本，犹如梵天天上第一。往诣树下，降伏众魔，逮得无上正真之道为最正觉。具足诸佛十种力，四无所畏，十八不共诸佛之法，转大法轮，为狮子吼，充满一切润以法施。欲净一切众生道眼，摄取诸法，弃外邪业九十六种，具足本愿，好见诸佛十方境界，大圣威德游得自在。第一诸度所济无极。汝等仁者，常当谦恪恭诸菩萨。于是自在梵天于诸天前说是颂曰：

11.37.5

[illegible]	[illegible]	[illegible]	[illegible]，	[illegible]	[illegible]	[illegible]	[illegible]，
gji^{1}	sej^{1}	tśhja^{2}	dźjɨ	phju^{2}	thjọ^{1}	tsjịr^{1}	tsjij^{2}
清	净	正	行，	上	妙	法	悟，
[illegible]	[illegible]	[illegible]	[illegible]，	[illegible]	[illegible]	[illegible]	[illegible]。

rjur^1 kha^1 rjur^1 mə^1 to^2 zji^2 njij^2 śjow^1

世 间 诸 天， 悉 皆 慈 愍。

清净正行,决上妙法,愍伤世间,哀及诸天。

11.37.6

[illegible] [illegible] [illegible] [illegible]， [illegible] [illegible] [illegible] [illegible]，

rjur^1 kha^1 mə^1 mə^1 mə^1 dzjwo^2 kha^1 pjụ^1

诸 中 天 天， 天 人 中 尊，

[illegible] [illegible] [illegible] [illegible]， [illegible] [illegible] [illegible] [illegible]。

ljịj^2 śjɨj^2 thjɨ^2 wjɨ^2 rjur^1 tha^1 phu^2 khju^1

大 圣 此 刻， 诸 佛 树 下。

天中之天,天人中尊,大圣今往,诣佛树下。

11.38.1

[illegible] [illegible] [illegible] [illegible]， [illegible] [illegible] [illegible] [illegible]，

ljịj^2 nio̱w^1 wjɨ̣^{1} dźjwɨ^1 zji^2 ·jij^1 rjur^1 ·jar^2

魔 及 亲 邻， 悉 △ 降 伏，

[illegible] [illegible] [illegible] [illegible]， [illegible] [illegible] [illegible] [illegible]。

tśhja^2 dwewr^2 lhjụ^2 rjir^1 ŋowr^2 ŋowr^2 sjịj^2 śjɨj^1

正 觉 逮 得， 一 切 智 成。

当降伏魔,及与官属,逮得正觉,成一切智。

11.38.2

[illegible] [illegible] [illegible] [illegible]， [illegible] [illegible] [illegible] [illegible]，

tśhja^2 ka^1 dwewr^2 sjwɨj^1 to^2 zji^2 ŋowr^2 lhə

正 等 觉 业， 悉 皆 具 足，

[illegible] [illegible] [illegible] [illegible]， [illegible] [illegible] [illegible] [illegible]。

tśhjɨ^2 rjar^2 tśhja^2 tsjị̱r^1 dźiej^2 dej^1 ·jij^1 sji^2

立 即 正 法， 轮 转 将 △。

已乐备悉,最正觉业,便复以转,正法之轮。

11.38.3

[illegible] [illegible] [illegible] [illegible]， [illegible] [illegible] [illegible] [illegible]，

ljịj^{2}	sjịj^{2}	mji^{1}	sji^{1}	ljịj^{2}	ka^{2}	tśjij^{2}	kwə^{2}
大	智	无	穷，	大	狮	子	吼，
[illegible]	[illegible]	[illegible]	[illegible]，	[illegible]	[illegible]	[illegible]	[illegible]。
dźiã^{2}	tśhju^{1}	njiij^{1}	·jij^{1}	zji^{2}	njiij^{1}	ljịj^{2}	phji^{1}
众	生	心	之，	皆	心	悦	令。

大智无穷，大狮子吼，可悦一切，众生之心。

11.38.4

[illegible]	[illegible]	[illegible]	[illegible]，	[illegible]	[illegible]	[illegible]	[illegible]，
gji^{1}	sej^{1}	ŋwu^{2}	ku^{1}	thjo̱^{1}	tsji̱r^{1}	mej^{1}	rjir^{1}
清	净	为	故，	妙	法	眼	得，
[illegible]	[illegible]	[illegible]	[illegible]，	[illegible]	[illegible]	[illegible]	[illegible]。
śio^{1}	dzjiij^{2}	thjɨ^{2}	wjɨ^{2}	tha^{1}	phu^{2}	khju^{1}	njɨ^{2}
导	师	此	刻，	佛	树	下	至。

以清净故，致妙法眼，导师往诣，于佛树下。

11.38.5

[illegible]	[illegible]	[illegible]	[illegible]，	[illegible]	[illegible]	[illegible]	[illegible]，
ljiij^{2}	·ji^{1}	·jij^{1}	·jar^{2}	dow^{1}	ɣiew^{1}	·jij^{1}	ljịj^{2}
魔	众	△	降，	邪	学	△	消，
[illegible]	[illegible]	[illegible]	[illegible]，	[illegible]	[illegible]	[illegible]	[illegible]。
njwo^{2}	zjọ^{2}	ljịj^{2}	tjị^{1}	to^{2}	zji^{2}	ŋowr^{2}	lhə
昔	世	大	愿，	悉	皆	具	足。

降弃众魔，消外异学，皆悉具足，本宿誓愿。正觉法身，所见无倦①。

11.38.6

[illegible]	[illegible]	[illegible]	[illegible]，	[illegible]	[illegible]	[illegible]	[illegible]，
thja^{1}	zjọ^{2}	śio^{1}	dzjiij^{2}	tha^{1}	śjɨj^{1}	tjị^{2}	śji^{1}
其	时	导	师，	佛	成	可	往，
[illegible]	[illegible]	[illegible]	[illegible]，	[illegible]	[illegible]	[illegible]	[illegible]。

① 正觉法身，所见无倦，西夏本无。

tjij² rjijr² ŋowr² ŋowr²　　zji² thwu̱¹ dzow¹ ŋwej²

善 哉 一 切，　　皆 共 和 同。

其时导师，往诣佛所，善哉一切，皆共和同。

11.39.1

so̱¹ tu̱¹ rjur¹ ljɨ²　　ŋa̱² ŋa̱² lju̱² tshjij²

三 千 界 地，　　善 好 庄 严，

lju̱² thjo̱¹ tja̱¹ wer¹　　kię̱j² kię̱j² tsə̱¹ kię̱j²

严 妙 饰 校，　　欲 界、 色 界。

当好①庄严，三千界地，是以校饰，于其欲界②。

11.39.2

tsə̱¹ mjij¹ kię̱j² tsjɨ¹　　lju̱² tshjij² thja¹ sju²

色 无 界 亦，　　庄 严 是 如。

tjij² rjijr² xiwã¹ mə¹　　njiij¹ phji¹ ·wə̱¹ ne̱w²

善 哉 梵 天，　　心 意 柔 善，

色无色界，庄严如是。善哉梵天，其心仁和③，

11.39.3

thjɨ² so̱¹ tu̱¹ lhjij　　ŋowr² ŋowr² lju̱² sej¹

此 三 千 国，　　一 切 严 净。

thjɨ² sju² kię̱j² kię̱j²　　gji¹ sej¹ thjo̱¹ ŋa̱²

是 如 欲 界，　　清 净 美 好，

① 当好，西夏文字面意思是“善好”。

② 西夏本多“色界”。

③ 仁和，西夏文字面意思是“柔善”。

此三千国，一切严净，如是欲界，以清净好，

11.39.4

[illegible]	[illegible]	[illegible]	[illegible]，	[illegible]	[illegible]	[illegible]	[illegible]。
thja^{1}	kjụ^{1}	tshwew^{1}	tsjɨ^{1}	thja^{1}	su^{1}	gjiij^{1}	dzjịj^{1}
是	供	养	复，	彼	于	超	过。
[illegible]	[illegible]	[illegible]	[illegible]，	[illegible]	[illegible]	[illegible]	[illegible]，
thjo̱^{1}	śja^{1}	sji^{1}	śiwe^{1}	·ji^{1}	wją^{1}	gjwi^{2}	śjwii^{2}
妙	香	木	蜜，	众	花	义	顺，

所见供养，复过于彼。名香木蜜，众花顺义，

11.39.5

[illegible]	[illegible]	[illegible]	[illegible]，	[illegible]	[illegible]	[illegible]	[illegible]，
thja^{1}	ljɨ̣^{1}	bji^{1}	swew^{1}	·ji^{1}	tshow^{1}	·wjɨ̣^{1}	ŋewr^{1}
斯	宝	光	明，	众	乐	伎	鼓，
[illegible]	[illegible]	[illegible]	[illegible]，	[illegible]	[illegible]	[illegible]	[illegible]。
tjij^{1}	thja^{1}	ljij^{2}	tja^{1}	to^{2}	zji^{2}	njiij^{1}	ljɨj^{2}
若	其	睹	者，	悉	皆	心	喜。

斯宝光明，鼓众伎乐，其有睹者，莫不欣喜。

11.39.6

[illegible]	[illegible]	[illegible]	[illegible]，	[illegible]	[illegible]	[illegible]	[illegible]，
thja^{1}	xiwã^{1}	ŋwər^{1}	njij^{2}	so̱^{1}	tụ^{1}	kiẹj^{2}	njɨ^{2}
其	梵	天	王，	三	千	界	至，
[illegible]	[illegible]	[illegible]	[illegible]，	[illegible]	[illegible]	[illegible]	[illegible]。
xiwã^{1}	ŋwər^{1}	njij^{2}	śjwo^{1}	tsə̣^{1}	zji^{2}	dźjwa^{1}	njɨ^{2}
梵	天	王	生，	色	究	竟	至。

而梵天王，普三千界，从梵天王，至迦尼咤①。

11.40.1

[illegible]	[illegible]	[illegible]	[illegible]，	[illegible]	[illegible]	[illegible]	[illegible]，

① 迦尼咤，梵文作 Akaniṣṭha。天名，旧称阿迦贰咤、阿迦尼咤、阿迦尼沙产托，新称阿迦尼瑟吒、阿迦尼瑟掴、阿迦尼瑟捺，意译为色究竟。详见丁福保：《佛学大辞典》，上海：上海书店出版社，2015 年，第 1438—1439 页。

·jij^1	twụ^1	xiwã^1	ŋwər^1	gji^1	sej^1	tśhja^2	ka^1
各	各	梵	天，	清	净	正	等，
[illegible]	[illegible]	[illegible]	[illegible]，	[illegible]	[illegible]	[illegible]	[illegible]。
tshọ^2	ŋa^1	gu^2	dźjiij^1	mẹ^2	pjụ^1	niọw^1	pjụ^1
虚	空	中	住，	神	尊	复	尊。

各各梵天，平生清净，在虚空中，神尊复尊。

11.40.2

[illegible]	[illegible]	[illegible]	[illegible]，	[illegible]	[illegible]	[illegible]	[illegible]，
mə^1	kha^1	zji^2	pjụ^1	sej^1	ljij^2	mji^1	sej^1
天	中	最	尊，	净	见	不	净，
[illegible]	[illegible]	[illegible]	[illegible]，	[illegible]	[illegible]	[illegible]	[illegible]，
tśhjiw^1	ɣạ^2	·rjir^2	bju^2	rjur^1	mə^1	·ji^1	ljwu^2
六	十	亿	统，	诸	天	众	会。

有天中天，见净复净①，六十亿载②，诸天来会。

11.40.3

[illegible]	[illegible]	[illegible]	[illegible]，	[illegible]	[illegible]	[illegible]	[illegible]。
thja^1	tshjɨ^1	tsjij^2	niọw^1	lhejr^2	lhjọr^1	lju^2	tshjij^2
是	菩	萨	为，	道	场	庄	严。
[illegible]	[illegible]	[illegible]	[illegible]，	[illegible]	[illegible]	[illegible]	[illegible]，
rjur^1	mə^1	wjạ^1	dew^2	tha^1	·jij^1	kjụ^1	tshwew^1
诸	天	花	雨，	佛	△	供	养，

为于菩萨，严金刚场。下诸天花，而雨供养，

11.40.4

[illegible]	[illegible]	[illegible]	[illegible]，	[illegible]	[illegible]	[illegible]	[illegible]，
·ji^1	śja^1	śja^1	zjɨɨr^2	ljɨ^2	tśhja^1	pho^1	lju^2
众	香	香	水，	地	于	泼	洒，
[illegible]	[illegible]	[illegible]	[illegible]，	[illegible]	[illegible]	[illegible]	[illegible]，

① 复净，西夏本作“不净”。

② 载，西夏本作“统”。

·ji^{1} ljɨ̣^{1} thjo̱^{1} dźjwi^{2} rjur^{1} lu^{2} thu^{1} phjij^{1}

众 宝 妙 床， 诸 座 施 设，

众香香水，以用洒地，众宝妙床，施设诸座，

11.40.5

[illegible] [illegible] [illegible] [illegible]， [illegible] [illegible] [illegible] [illegible]。

lju̱^{2} tshjij^{2} tja̱^{1} wer^{1} tha^{1} phu^{2} khju^{1} dzu̱^{2}

庄 严 校 饰， 佛 树 下 坐。

[illegible] [illegible] [illegible] [illegible]， [illegible] [illegible] [illegible] [illegible]，

ŋowr^{2} ŋowr^{2} ·jow^{2} śja^{2} ŋa^{2} njɨ^{2} śio^{1} dzjiij^{2}

一 切 赞 叹， 我 等 导 师，

严净校饰，佛树下坐。我等导师，一切谘嗟，

11.40.6

[illegible] [illegible] [illegible] [illegible]， [illegible] [illegible] [illegible] [illegible]。

ljọ^{2} njɨ^{2} śjɨ^{1} twụ^{1} to^{2} zji^{2} gji^{1} sej^{1}

所 至 往 各， 悉 皆 清 净。

随所安处①，令其清净。

11.41.1

[illegible] [illegible] [illegible] [illegible] [illegible] [illegible] [illegible] [illegible] [illegible] [illegible]

dzjɨj^{1} dwụ^{2} rjar^{1} kię^{1} dźja^{2} ɣie^{1} mjijr^{2} phji^{1} mjij^{1} tshjɨ^{1}

时 密 迹 金 刚 力 士 意 寂 菩

[illegible] [illegible] [illegible]： [illegible] [illegible] [illegible] [illegible] [illegible] [illegible]

tsjij^{2} ·jij^{1} ·jɨ^{2} thja^{1} zjọ^{2} tshjɨ^{1} tsjij^{2} phu^{2} khju^{1}

萨 △ 谓： 是 时 菩 萨 树 下

时密迹金刚力士谓寂意菩萨：时菩萨往而坐树下，

11.41.2

[illegible]， [illegible] [illegible] [illegible] [illegible] [illegible] [illegible] [illegible] [illegible]

① 随所安处，西夏本作"各往所至"。

dzu̱²	zjo̱²	·jij¹	rewr²	wji²	ɣa²	tu̱¹	no¹	dźiej²
坐,	时	自	足	底	于	千	那	轮
[illegible]	[illegible]	[illegible],	[illegible]	[illegible]	[illegible]	[illegible]	[illegible]。	[illegible]
·jij¹	wjɨ²	śja²	thja¹	ɣa²	bji¹	swew¹	to²	thja¹
相	△	显,	其	于	光	明	出。	其

于其足底生千辐①相,从出光明。其

11.41.3

[illegible]	[illegible]	[illegible]	[illegible]	[illegible]	[illegible]	[illegible],	[illegible]	[illegible]	[illegible]
bji¹	njɨ²	swew¹	rjur¹	tha¹	lhjịj	zjir²	zji²	mji¹	njɨ²
光	至	照	诸	佛	土	遍,	悉	不	至
[illegible]。	[illegible]	[illegible]、	[illegible]	[illegible]、	[illegible]	[illegible]	[illegible]	[illegible]	
mjij¹	dji̱¹	·jɨj²	sju²	dzju²	śju̱¹	·ju¹	ŋowr²	ŋowr²	
无。	地	狱、	畜	生、	饿	鬼	一	切	

光遍照斯佛国土,靡不周至。一切地狱、畜生、饿鬼、

11.41.4

[illegible]	[illegible]	[illegible]	[illegible]	[illegible]	[illegible]	[illegible]	[illegible]	[illegible]	[illegible]
tśhja̱¹	tsjɨ¹	swew¹	·ji¹	dzjwo²	ŋowr²	ŋowr²	tśji̱¹	zji̱¹	djɨj²
上	亦	照	众	人	一	切	苦	恼	休
[illegible]。	[illegible]	[illegible]	[illegible]	[illegible]	[illegible]	[illegible]	[illegible]	[illegible],	
ta̱¹	nio̱w¹	thja¹	ljịj²	bji¹	lu²	nja̱¹	dji̱¹	·jɨj²	
息。	又	其	大	光	绳	黑	地	狱,	

一切众人苦恼休息。又大光照黑耳地狱②,

11.41.5

[illegible]	[illegible]	[illegible]	[illegible]	[illegible]	[illegible]	[illegible]	[illegible]	[illegible]
tśhja̱¹	swew¹	dzjɨj¹	lu²	nja̱¹	dji̱¹	·jɨj²	rjur¹	pju̱¹
上	照	时	绳	黑	地	狱	世	尊
[illegible]	[illegible]	[illegible],	[illegible]	[illegible]	[illegible]	[illegible],	[illegible]	[illegible]

---

① 辐,西夏文作“[illegible](no¹)”,义为“那”,恐误。该字与“[illegible](no¹)”音形皆近,这里与“[illegible](no¹)”通假。

② 黑耳地狱,又作黑绳地狱。

bji¹	swew¹	bju¹	njiij¹	ljɨ̣j²	rjɨr²	djij²	·ji¹	djɨ̣j²
光	照	依，	心	喜	乃	涅，	众	云

时黑耳地狱蒙世尊光，欢喜踊跃，众云

11.41.6

[illegible]	[illegible]	[illegible]。	[illegible]	[illegible]，	[illegible]
sju²	dzjɨ̣²	ku¹	tśhjɨ¹	zjọ²	rjur¹
如	集	故。	尔	时，	世
[illegible]	[illegible]	[illegible]	[illegible]	[illegible]	[illegible]：
mə¹	zji²	lja̱¹	dạ²	rjɨr²	tshjij¹
天	咸	颂	曰	乃	说：

集焉。于时诸①天咸说颂曰：

11.42.1

[illegible]	[illegible]	[illegible]	[illegible]	[illegible]，		[illegible]	[illegible]	[illegible]
tshjɨj²	ŋwər¹	kię¹	tsə̣¹	bji¹		tha¹	be̱²	zja̱¹
紫	青	金	色	光，		佛	乳	间
[illegible]	[illegible]，		[illegible]	[illegible]	[illegible]	[illegible]	[illegible]，	
wjɨ²	to²		ŋa²	nji²	lju̱²	tśhja̱¹	swew¹	
△	出，		我	等	身	上	照，	

紫磨金②色光，从天中眉出③，来照我等身，

11.42.2

[illegible]	[illegible]	[illegible]	[illegible]	[illegible]。		[illegible]	[illegible]	[illegible]
zji²	njiij¹	ljɨ̣j²	phji¹	nji²		ŋa²	·wjɨ²	rar²
皆	心	喜	令	△。		我	△	去
[illegible]	[illegible]，		[illegible]	[illegible]	[illegible]	[illegible]	[illegible]，	
tha¹	ber²		lja²	·jij¹	ljij²	djij²	nji²	
佛	值，		瑞	相	睹	曾	△，	

① 诸，西夏本作“[illegible](rjur¹)”，义为“世”，恐误。该字与“[illegible](rjur¹)”形近，这里与“[illegible](rjur¹)”通假。

② 紫磨金，西夏本作“紫青金”。紫磨金，指带有紫色之黄金，为黄金中之最上品，又称紫磨黄金、紫金。紫，紫色；磨，无垢浊之意。详见丁福保：《佛学大辞典》，上海：上海书店出版社 2015 年，第 2127 页。

③ 从天中眉出，西夏文字面意思是“佛乳间已出”。

令心中欣然。我值过去佛，睹见好瑞应，

11.42.3

[illegible]	[illegible]	[illegible]	[illegible]	[illegible]，		[illegible]	[illegible]	[illegible]
ljij^{2}	kjir^{1}	·jiw^{2}	kjɨ^{1}	djɨj^{2}		rjur^{1}	kha^{1}	to^{2}
大	雄	男	必	定，		世	中	出
[illegible]	[illegible]。		[illegible]	[illegible]	[illegible]	[illegible]	[illegible]，	
·jij^{1}	sji^{2}		tjij^{2}	rjijr^{2}	dza^{1}	śjwo^{2}	bjij^{2}	
将	用。		善	哉	杂	丹	旦，	

大雄必不疑①，佛定出世间。善哉杂饰鬘②，

11.42.4

[illegible]	[illegible]	[illegible]	[illegible]	[illegible]，		[illegible]	[illegible]	[illegible]
śja^{1}	wja̱^{1}	nio̱w^{1}	ma^{2}	śja^{1}		tshjɨj^{2}	kię^{1}	nji
香	花	及	涂	熏，		紫	金	珠
[illegible]	[illegible]，		[illegible]	[illegible]	[illegible]	[illegible]	[illegible]，	
swew^{1}	·jɨj^{2}		tśier^{1}	la̱^{1}	ŋwu^{2}	lhwu^{1}	zow^{2}	
明	堂，		右	手	以	衣	持，	

香花及涂熏，紫金明珠成，右手执持衣，

11.42.5

[illegible]	[illegible]	[illegible]	[illegible]	[illegible]，		[illegible]	[illegible]	[illegible]
thjo̱^{1}	tshow^{1}	·wjɨ̱^{1}	ŋewr^{1}	phji^{1}		mə^{2}	·jɨr^{2}	rjur^{1}
妙	乐	伎	鼓	令，		种	丝	诸
[illegible]	[illegible]，		[illegible]	[illegible]	[illegible]	[illegible]	[illegible]，	
lə^{1}	ɣja^{2}		nio̱w^{1}	ljij^{2}	dźjow^{1}	ljɨɨ^{1}	śjwo^{1}	
幡	盖，		亦	大	幢	得	生，	

鼓其妙伎乐，而受彩幡盖，亦竖其大幢，

11.42.6

[illegible]	[illegible]	[illegible]	[illegible]	[illegible]。		[illegible]	[illegible]	[illegible]

① 疑，西夏文作“[illegible](·jiw^{2})”，义为“男”，恐误。该字与“[illegible](·jiw^{2})”音近，这里与“[illegible](·jiw^{2})”通假。

② 鬘，常作“[illegible](rer^{2})”，在《大宝积经》卷一中同作“[illegible]”。

rjur^{1}	pjụ^{1}	·jij^{1}	kjụ^{1}	tshwew^{1}		rjur^{1}	djị^{1}	·jɨj^{2}
世	尊	△	供	养。		诸	地	狱
[illegible]	[illegible]，		[illegible]	[illegible]	[illegible]	[illegible]	[illegible]，	
·u^{2}	dzjwo^{2}		gji^{1}	sej^{1}	bji^{1}	ber^{2}	niọw^{1}	
中	人，		清	净	光	蒙	复，	

供养于世尊。诸地狱中人，蒙光普清净，

11.43.1

[illegible]	[illegible]	[illegible]	[illegible]	[illegible]，
zji^{2}	tha^{1}	·jij^{1}	kjụ^{1}	tshwew^{1}
皆	佛	△	供	养，
[illegible]	[illegible]	[illegible]	[illegible]	[illegible]。
ljịj^{2}	śjɨj^{2}	·jij^{1}	tshji^{2}	ljịj^{1}
大	圣	△	事	侍。

以供奉于佛，承事于大圣。

11.43.2

[illegible]	[illegible]，	[illegible]	[illegible]	[illegible]	[illegible]	[illegible]，	[illegible]	[illegible]
tśhjɨ^{1}	zjọ^{2}	lu^{2}	nja̱^{1}	ljịj^{2}	djị^{1}	·jɨj^{2}	dzjwɨ^{1}	niọw^{1}
尔	时，	绳	黑	大	地	狱，	王	复
[illegible]	[illegible]	[illegible]	[illegible]	[illegible]	[illegible]。	[illegible]	[illegible]	[illegible]
kụ^{2}	mjii^{1}	·u^{2}	kjɨ^{1}	dzjị^{2}	·ji^{1}	ŋowr^{2}	ŋowr^{2}	·jij^{1}
堂	宫	内	△	集	众。	一	切	自

于时黑耳大地狱中王与中宫俱，其所集众。一切各

11.43.3

[illegible]	[illegible]	[illegible]、	[illegible]	[illegible]、	[illegible]	[illegible]	[illegible]	[illegible]
twụ^{1}	wja̱^{1}	śja^{1}	dza^{1}	śja^{1}	mẹ^{2}	śja^{1}	lhwu^{1}	gjwi^{2}
各	花	香、	杂	香、	粉	香	衣	服
[illegible]	[illegible]	[illegible]	[illegible]	[illegible]	[illegible]，	[illegible]	[illegible]	[illegible]
dźjow^{1}	ɣja^{2}	mə^{2}	ljɨɨ^{1}	tshow^{1}	·wjị^{1}	·jij^{1}	mjii^{1}	·u^{2}
幢	盖	诸	幡	乐	伎，	自	宫	内

持花香、杂香、泽香①衣服幢盖幡彩伎乐,出其宫宅上,

11.43.4

[illegible],	[illegible]	[illegible]	[illegible]	[illegible],	[illegible]	[illegible]	[illegible]	[illegible]。
lho	ŋa^{1}	gu^{2}	wjɨ^{2}	śji^{2}	ljɨ̣^{1}	djɨj^{2}	dji̱^{2}	·wji^{1}
出,	空	中	△	往,	宝	云	化	作。
[illegible]	[illegible]、	[illegible]、	[illegible]	[illegible]、	[illegible]	[illegible]	[illegible]②	[illegible]
lhji̱^{2}	swew^{1}	nji	ɣiej^{1}	śja^{1}	sji^{1}	śiwe^{1}	nio̱w^{1}	tśja^{1}
月	明、	珠、	真	香、	木	蜜	及	栴

虚空中化作宝云。雨③、明月、珠、名香、木蜜及

11.43.5

[illegible]	[illegible]、	[illegible]	[illegible]	[illegible]	[illegible]	[illegible]。	[illegible]	[illegible]
thã^{1}	śja^{1}	·ji^{1}	wjạ^{1}	nji	ɣiej^{1}	dew^{2}	ljịj^{2}	njạ^{1}
檀	香、	众	花	真	珠	雨。	大	神
[illegible]	[illegible]	[illegible]	[illegible]	[illegible]	[illegible],	[illegible]	[illegible]	[illegible]
·we^{1}	me̱^{2}	rewr^{2}	·wjɨ̣^{1}	dji̱^{2}	bju^{1}	tshjɨ^{1}	tsjij^{2}	do^{2}
龙	神	足	变	化	承,	菩	萨	所

栴檀香、众花、真珠,承龙大神神足变化,诣菩萨所,

11.43.6

[illegible],	[illegible]	[illegible]	[illegible]	[illegible],	[illegible]	[illegible]	[illegible]	[illegible]。
njɨ^{2}	tha^{1}	rewr^{2}	tśja^{1}	tshwew^{1}	sọ^{1}	dźjow^{1}	tśier^{1}	ror^{2}
至,	佛	足	礼	敬,	三	匝	右	绕。
[illegible]	[illegible]	[illegible]	[illegible],	[illegible]	[illegible]	[illegible]	[illegible]	[illegible]
·jij^{1}	wjɨ̣^{1}	dźjwɨ^{1}	rjir^{2}	twụ^{1}	dja^{2}	zow^{2}	kjụ^{1}	tshwew^{1}
自	眷	属	与,	各	已	执	供	养

稽首足下,右绕三匝。与其眷属,各以所执供养

① 泽香,西夏文字面意思是"粉香"。
② [illegible],前后连接并列词组时作"及"。
③ 雨,西夏本无。

11.44.1

[illegible]	[illegible]，	[illegible]	[illegible]	[illegible]	[illegible]	[illegible]。	[illegible]	[illegible]
gju^{2}	ŋwu^{2}	tshjɨ^{1}	tsjij^{2}	do^{2}	zji^{1}	mjii^{1}	nio̱w^{1}	tshow^{1}
具	以，	菩	萨	处	布	施。	又	乐
[illegible]	[illegible]。	[illegible]	[illegible]	[illegible]，	[illegible]	[illegible]	[illegible]	[illegible]
·wjɨ̣^{1}	·wji^{1}	lja^{1}	da̱^{2}	ŋwu^{2}	rjur^{1}	pju̱^{1}	·jij^{1}	·jow^{2}
伎	作。	颂	曰	以，	世	尊	△	赞

之具，进上①菩萨，作其伎乐。以是颂偈而叹世

11.44.2

[illegible]：

śja^{2}

叹：

尊：

11.44.3

[illegible]	[illegible]	[illegible]	[illegible]	[illegible]，		[illegible]	[illegible]	[illegible]
dzjo̱^{1}	sju^{2}	ljɨ̣^{1}	ljɨ̣^{2}	·wjij^{2}		mə^{2}	bju^{1}	ŋwu^{2}
譬	如	宝	地	有，		杂	随	以
[illegible]	[illegible]，		[illegible]	[illegible]	[illegible]	[illegible]	[illegible]，	
lju̱^{2}	tshjij^{2}		tha^{1}	phu^{2}	wja̱^{1}	mja̱^{1}	wejr^{1}	
庄	严，		佛	树	花	果	茂，	

犹如有宝地，庄严杂丰妙，佛树花果茂，

11.44.4

[illegible]	[illegible]	[illegible]	[illegible]	[illegible]。		[illegible]	[illegible]	[illegible]
thja^{1}	lhejr^{2}	lhjo̱r^{1}	·u^{2}	dzu̱^{2}		mja^{1}	djɨ̣^{2}	mji^{1}
其	道	场	中	坐。		河	定	不
[illegible]	[illegible]，		[illegible]	[illegible]	[illegible]	[illegible]	[illegible]，	
rar^{2}	sju^{2}		dzjo̱^{1}	lhjị^{2}	ŋa^{1}	gu^{2}	dźjiij^{1}	

① 进上，西夏本作“布施”。

流	如，		若	月	空	中	住，	

获坐其道场。如河定不流，若月住虚空，

11.44.5

[illegible]	[illegible]	[illegible]	[illegible]	[illegible]，		[illegible]	[illegible]	[illegible]
tha[1]	ŋowr[2]	ŋowr[2]	sjij[2]	śjɨj[1]		ljij[2]	nio̱w[1]	wjɨ̣[1]
佛	一	切	智	成，		魔	及	亲
[illegible]	[illegible]。		[illegible]	[illegible]	[illegible]	[illegible]	[illegible]，	
dźjwɨ[1]	·jar[2]		rjur[1]	pju̱[1]	·ji[1]	·wejr[2]	swew[1]	
属	降。		世	尊	众	佑	曜，	

成佛普①一切，降伏魔官属。世尊众佑曜，

11.44.6

[illegible]	[illegible]	[illegible]	[illegible]	[illegible]，		[illegible]	[illegible]	[illegible]
be[2]	bji[1]	wejr[1]	wjɨ[2]	sju[2]		dzjo̱[1]	sju[2]	tśhjiw[1]
日	光	盛	犹	如，		若	如	六
[illegible]	[illegible]，		[illegible]	[illegible]	[illegible]	[illegible]	[illegible]，	
mjijr[2]	bju̱[1]		śiwe[1]	njij[2]	ɣię[2]	śjwii[2]	to[2]	
通	重，		蜂	王	音	和	出，	

犹如日盛光，若如重六通，蜂王宣和音，

11.45.1

[illegible]	[illegible]	[illegible]	[illegible]	[illegible]，		[illegible]	[illegible]	[illegible]
thja[1]	bji[1]	swew[1]	zjɨr[1]	tshjij[1]		xiwã[1]	mə[1]	·wjɨ[2]
其	光	明	慧	言，		梵	天	须
[illegible]	[illegible]。		[illegible]	[illegible]	[illegible]	[illegible]	[illegible]，	
lo[1]	sju[2]		pjɨ[1]	njɨɨ[2]	rjur[1]	pju̱[1]	śja[2]	
罗	如。		今	日	世	尊	现，	

演其光明慧，如梵天须轮。今日众佑②现，

---

① 普，西夏本译作“智”。

② 众佑，佛陀的尊称，如来十号之一。

11.45.2

[illegible]	[illegible]	[illegible]	[illegible]	[illegible]，		[illegible]	[illegible]	[illegible]
bju^{2}	mjij^{1}	lhwu^{1}	nja^{1}	ljo̱r^{1}		be^{2}	lhji̱^{2}	nji
限	无	藏	于	满，		日	月	珠
[illegible]	[illegible]，		[illegible]	[illegible]	[illegible]	[illegible]	[illegible]，	
mə̱^{1}	bji^{1}		śjɨ^{2}	dzjwɨ^{1}	xiwã^{1}	bji^{1}	kha^{1}	
火	光，		释	帝	梵	曜	中，	

充满藏无限，日月珠火光，天帝释梵曜，

11.45.3

[illegible]	[illegible]	[illegible]	[illegible]	[illegible]，		[illegible]	[illegible]	[illegible]
dźjwu^{1}	njwi^{2}	bji^{1}	lja^{1}	lho		dzjij^{2}	bji^{1}	swew^{1}
仁	能	光	适	出，		其	光	明
[illegible]	[illegible]。		[illegible]	[illegible]	[illegible]	[illegible]	[illegible]，	
zji^{2}	·jwɨ̱^{1}		bji^{1}	ŋa^{2}	mjii^{1}	tśhja̱^{1}	swew^{1}	
皆	蔽。		光	我	宫	上	照，	

能仁①光适出，皆覆蔽其明。光现我宫殿，

11.45.4

[illegible]	[illegible]	[illegible]	[illegible]	[illegible]，		[illegible]	[illegible]	[illegible]
tśhjwo^{1}	tha^{1}	rjur^{1}	to^{2}	nwə^{1}		lja^{2}	·jij^{1}	bju^{1}
故	佛	世	出	知，		瑞	相	应
[illegible]	[illegible]，		[illegible]	[illegible]	[illegible]	[illegible]	[illegible]。	
njiij^{1}	ljɨj^{2}		tha^{1}	sjij^{1}	to^{2}	śja^{2}	nwə^{1}	
心	喜，		佛	今	出	现	知。	

知佛兴乎世，显瑞应欢喜，知今佛出现。

11.45.5

[illegible]	[illegible]	[illegible]	[illegible]	[illegible]，		[illegible]	[illegible]	[illegible]
njwo^{2}	kju^{1}	·io̱^{1}	swẽ^{1}	tha^{1}		kju^{1}	no^{1}	xã^{1}

① 仁，西夏文作"[illegible]（dźjwu^{1}）"，义为"人"，恐误。该字与"[illegible]（dźjwu^{1}）"同音形近，这里与"[illegible]（dźjwu^{1}）"通假。

昔	拘	留	孙	佛，		拘	那	含
[illegible]	[illegible]，		[illegible]	[illegible]	[illegible]	[illegible]	[illegible]，	
mo^{2}	nji^{2}		nio̱w^{1}	kja^{1}	śja^{1}	tha^{1}	njɨ^{2}	
牟	尼，		及	迦	叶	佛	等，	

见闻拘留孙，拘那牟尼佛①，迦叶

11.45.6

[illegible]	[illegible]	[illegible]	[illegible]	[illegible]，		[illegible]	[illegible]	[illegible]
tha^{1}	phu^{2}	khju^{1}	ljij^{2}	zjọ^{2}		ŋa^{2}	njɨ^{2}	ljij^{2}
佛	树	下	来	时，		我	等	见
[illegible]	[illegible]。		[illegible]	[illegible]	[illegible]	[illegible]	[illegible]	
djij^{2}	nji^{2}		mji^{1}	bju^{1}	zji^{2}	kjụ^{1}	tshwew^{1}	
曾	△。		闻	依	悉	供	养	

诣佛树，适②闻音供之。

11.46.1

[illegible]	[illegible]	[illegible]	[illegible]	[illegible]，		[illegible]	[illegible]	[illegible]
thjɨ^{2}	wjɨ^{2}	ŋwer^{1}	mjij^{1}	ljij^{2}		njwo^{2}	lja^{2}	·jij^{1}
是	刻	等	无	见，		昔	瑞	相
[illegible]	[illegible]，		[illegible]	[illegible]	[illegible]	[illegible]	[illegible]，	
rjir^{2}	thwu̱^{1}		tśhjwo^{1}	njiij^{1}	ljɨj^{2}	njiij^{1}	śjwo^{1}	
与	同，		故	心	喜	心	生，	

见于无等伦，瑞应与彼同，心生欢喜悦，

11.46.2

[illegible]	[illegible]	[illegible]	[illegible]	[illegible]。		[illegible]	[illegible]	[illegible]
sjij^{1}	djɨj^{2}	tha^{1}	to^{2}	nwə^{1}		rjur^{1}	pjụ^{1}	ŋa^{2}
今	必	佛	出	知。		世	尊	我
[illegible]	[illegible]，		[illegible]	[illegible]	[illegible]	[illegible]	[illegible]，	
ne̱w^{2}	gjij^{1}		tha^{1}	wạ^{2}	kjụ^{1}	tshwew^{1}	rjir^{1}	

① 拘那牟尼佛，梵文 Kanakamuni，又作拘那含牟尼、俱那含，为过去七佛之一。

② 适，西夏本作“[illegible]”，意为“当，且”。

善	利,		佛	广	供	养	得,	

今必当有佛。世尊我善利,得广供养佛,

11.46.3

[illegible]	[illegible]	[illegible]	[illegible]	[illegible],		[illegible]	[illegible]	[illegible]
ljɨ̱r^{1}	dạ^{2}	rjur^{1}	bji^{1}	ŋwu^{2}		bju^{1}	dźiej^{2}	dźjịj^{1}
四	事	世	光	以,		依	信	行
[illegible]	[illegible]。		[illegible]	[illegible]	[illegible]	[illegible]	[illegible],	
dzjwị^{1}	rejr^{2}		rjɨr^{2}	dzjɨ̣^{2}	tśhja^{2}	·io̱w^{1}	ljo^{1}	
恭	敬。		所	积	功	德	福,	

以四事世光,奉信行恭敬。所积功德福,

11.46.4

[illegible]	[illegible]	[illegible]	[illegible]	[illegible],		[illegible]	[illegible]	[illegible]
ŋowr^{2}	lhə	swew^{1}	mej^{1}	bju̱^{1}		thja^{1}	rjur^{1}	bji^{1}
具	足	明	眼	敬,		是	世	光
[illegible]	[illegible],		[illegible]	[illegible]	[illegible]	[illegible]	[illegible]。	
swew^{1}	swew^{1}		tha^{1}	ŋwer^{1}	mjij^{1}	śjɨj^{1}	ljɨ^{1}	
明	曜,		佛	等	无	成	也。	

具足奉明眼,是世①光明曜,成佛无等伦。

11.46.5

[illegible]	[illegible]	[illegible]	[illegible]	[illegible]	[illegible]	[illegible]	[illegible]	[illegible]
tśhjɨ^{1}	zjọ^{2}	tshjɨ^{1}	tsjij^{2}	kja^{1}	ljĩ^{1}	·we^{1}	njij^{2}	dźjiij^{1}
尔	时	菩	萨	迦	邻	龙	王	处
[illegible]	[illegible]	[illegible]	[illegible]	[illegible],	[illegible]	[illegible]	[illegible]	[illegible]
tjị^{2}	kięj^{2}	·u^{2}	njɨ^{2}	śji^{2}	dzjɨj^{1}	thja^{1}	·we^{1}	njij^{2}
可	界	内	至	往,	时	其	龙	王

尔时菩萨往到迦邻龙王所止土界,龙王

① 世,西夏文作“[illegible](rjur^{1})”,义为“诸”,恐误。该字与“[illegible](rjur^{1})”同音形近,这里与“[illegible](rjur^{1})”通假。

11.46.6

[illegible]	[illegible]	[illegible]，	[illegible]	[illegible]	[illegible]	[illegible]	[illegible]，	[illegible]
tha^{1}	·jij^{1}	ljij^{2}	ku^{1}	·jij^{1}	gjɨ^{2}	·u^{2}	lho	phu^{2}
佛	△	见，	则	自	室	内	出，	树
[illegible]	[illegible]	[illegible]	[illegible]	[illegible]，	[illegible]	[illegible]	[illegible]	[illegible]
khju^{1}	tha^{1}	do^{2}	njɨ^{2}	śji^{2}	tśier^{1}	ljijr^{2}	njiij^{1}	·o^{2}
下	佛	处	至	往，	右	△	心	欣。

见佛心中欣然，自出其室，往诣佛树，住佛之右。

11.47.1

[illegible]	[illegible]	[illegible]	[illegible]	[illegible]	[illegible]	[illegible]，	[illegible]	[illegible]
niọw^{1}	dzjwo^{2}	gjɨ^{2}	mjiij^{2}	tja^{1}	no^{2}	gjụ^{2}	dźjo^{1}	dźjo^{1}
又	人	一	名	者	安	吉，	遥	遥
[illegible]	[illegible]，	[illegible]	[illegible]	[illegible]	[illegible]。	[illegible]	[illegible]	[illegible]
tha^{1}	ljij^{2}	śjị^{2}	lhjii^{1}	ŋạ^{2}	kjwi	thja^{1}	śjị^{2}	lhjii^{1}
佛	视，	草	软	好	收。	此	草	软

又有一人名曰吉安，遥住视佛，因求好草①，手执此

11.47.2

[illegible]，	[illegible]	[illegible]	[illegible]	[illegible]	[illegible]	[illegible]	[illegible]。	[illegible]
zow^{2}	tha^{1}	phu^{2}	khju^{1}	tshjɨ^{1}	tsjij^{2}	do^{2}	njɨ^{2}	rjur^{1}
执，	佛	树	下	菩	萨	于	至。	诸
[illegible]	[illegible]	[illegible]，	[illegible]	[illegible]	[illegible]	[illegible]	[illegible]	
mə^{1}	·jow^{2}	śja^{2}	·wə̣^{1}	lhjii^{1}	zji^{2}	njiij^{1}	·o^{2}	
天	赞	叹，	柔	软	最	心	悦	

草，至诣佛树下。诸天宣畅，柔软微妙。

11.47.3

[illegible]	[illegible]。	[illegible]	[illegible]	[illegible]	[illegible]，	[illegible]	[illegible]	[illegible]
de^{2}	rejr^{2}	zji^{2}	phju^{2}	thjọ^{1}	tśhja^{2}	no^{2}	rejr^{2}	ljwụ^{1}

① 好草，西夏文字面意思是“软草”。

喜 乐。 无 上 妙 德， 安 乐 巍

[illegible]， [illegible] [illegible] [illegible] [illegible]。 [illegible] [illegible] [illegible] [illegible]，

ljwụ[1] tha[1] ɣu[1] mjij[1] tśjɨ̣[1] thja[1] śjị[2] lji[2] ŋạ[2]

巍， 佛 首 绕 围。 其 草 香 好，

谘嗟德音①，安隐巍巍，可意快乐，无上之德，绕佛转进。其草香好，

11.47.4

[illegible] [illegible] [illegible] [illegible] [illegible] [illegible]， [illegible] [illegible] [illegible] [illegible]， [illegible]

ljɨ[1] bju[1] lji[2] ŋạ[2] me̱[1] lew[2] njọ[1] nejr[1] bji[1] rjɨj[2] śjwo[2]

风 随 香 好 芳 郁， 润 滑 光 辉， 细

[illegible] [illegible] [illegible]， [illegible] [illegible] [illegible] [illegible]。 [illegible] [illegible] [illegible] [illegible]

thjo̱[1] mjɨ[1] pjụ[1] mə[1] lhwu[1] wjɨ[2] sju[2] thji[2] sju[2] śjị[2] ŋạ[2]

好 无 量， 天 衣 △ 如。 是 如 草 好，

香风流布，靡丽光泽，好细无量，犹如天衣。如是好草，

11.47.5

[illegible] [illegible] [illegible] [illegible]， [illegible] [illegible] [illegible] [illegible]， [illegible]

dzjɨj[1] bju[1] zow[2] ·jiij[1] thja[1] do[2] njɨ[2] śji[2] thja[1]

时 依 持 执， 其 处 至 往， 此

[illegible] [illegible] [illegible]， [illegible] [illegible] [illegible] [illegible]。 [illegible] [illegible]

śjị[2] ŋạ[2] ŋwu[2] tshjɨ[1] tsjij[2] do[2] khu[1] nio̱w[1] rewr[2]

草 好 是， 菩 萨 于 贡。 又 足

以时执持，往到其所，以此好草，贡与菩萨。

11.47.6

[illegible] [illegible] [illegible]， [illegible] [illegible] [illegible] [illegible]， [illegible] [illegible]

·jij[1] tśja[1] tshwew[1] śjạ[1] dźjow[1] rar[2] ror[2] ·wə̱[1] lhjii[1]

△ 顶 礼， 七 匝 绕 右， 柔 软

[illegible] [illegible]， [illegible] [illegible] [illegible] [illegible]， [illegible] [illegible] [illegible]

njiij[1] ŋwu[2] mji[1] lhji̱[1] lhjwo[1] njɨ[2] se̱w[2] tshjij[1] tji̱[2]

① 谘嗟德音，西夏本无。

心　以，　不　退　转　至，　思　议　可

稽首足下，右绕七匝，以仁和心，至不退转，发无思

11.48.1

[illegible] [illegible] [illegible] [illegible] [illegible] [illegible] [illegible] [illegible] [illegible]。

mjij¹ zji² phju² tśhja² ɣiej¹ tśja¹ njiij¹ ·a śjwo¹

无　无　上　正　真　道　心　△　生。

[illegible] [illegible] [illegible]。 [illegible]： [illegible] [illegible] [illegible] [illegible] [illegible]

njiij¹ khju¹ ljɨr² ·wji¹ thjɨ² sju² mji¹ tjɨj² dźjɨ

心　下　念　作：　是　如　非　仪　行

议无上正真之道。心自念言：不当作是非

11.48.2

[illegible] [illegible] [illegible]。 [illegible] [illegible] [illegible] [illegible]， [illegible] [illegible]

mji¹ ·wji¹ lew² tjij¹ thjɨ² sju² bioˌ¹ ku¹ gjuˌ²

不　作　当。　若　斯　如　观，　则　吉

[illegible] [illegible] [illegible]， [illegible] [illegible] [illegible] [illegible]。 [illegible] [illegible]

mji¹ lja¹ mjij¹ rjɨr² njɨ² no² gjuˌ² dzjɨj¹ bju¹

不　来　无。　乃　至　吉　安。　时　依

宜之行。所观若斯，无吉不来。乃至吉安，以时

11.48.3

[illegible] [illegible]， [illegible] [illegible] [illegible] [illegible] [illegible]， [illegible] [illegible]

śjiˌ² zow² tshjɨ¹ tsjij² ·jij¹ mjii¹ khjow¹ zji² phju²

草　执，　菩　萨　△　施　与，　无　上

[illegible] [illegible] [illegible] [illegible] [illegible] [illegible]。 [illegible] [illegible] [illegible]

tśhja² ɣiej¹ tśja¹ njiij¹ ·a śjwo¹ thjɨ² tja¹ thjij²

正　真　道　心　△　发。　是　者　何

施与菩萨之草，当发无上正真道意。所以者何？

11.48.4

[illegible]？ [illegible] [illegible] [illegible] [illegible]。 [illegible] [illegible] [illegible] [illegible]

sjo^2	mər^2	tji̱^{1}	nio̱w^1	ljɨ^1	phji^1	mjij^1	tshjɨ^1	tsjij^2
云？	本	愿	致	也。	意	寂	菩	萨
[illegible]	[illegible]	[illegible]	[illegible]，	[illegible]	[illegible]	[illegible]	[illegible]	[illegible]
nji^2	sjij^1	nwə^1	lew^2	thja^1	no^2	gju̱^{2}	tja^1	wjɨ^2
汝	今	知	当，	其	安	吉	者	△

本愿所致。寂意当知，吉安乃

11.48.5

[illegible]	[illegible]	[illegible]	[illegible]	[illegible]	[illegible]	[illegible]。	[illegible]	[illegible]
rar^2	zjọ^2	ɣa^2	mər^2	tji̱^{1}	thjɨ^2	sju^2	thjij^2	sjo^2
往	宿	于	本	愿	是	如。	何	云
[illegible]	[illegible]？	[illegible]	[illegible]	[illegible]	[illegible]	[illegible]	[illegible]。	
nwə^1	nja^2	ŋa^2	tja^1	lə	bju^1	nwə^1	ŋa^2	
知	△？	我	△	念	依	知	△。	

往宿世本愿作是，所以者何？我忆识念。

11.48.6

[illegible]	[illegible]	[illegible]	[illegible]	[illegible]	[illegible]	[illegible]	[illegible]	[illegible]
phji^1	mjij^1	tshjɨ^1	tsjij^2	njwo^2	wjɨ^2	rar^2	zjọ^2	ŋewr^2
意	寂	菩	萨	往	△	昔	世	数
[illegible]	[illegible]	[illegible]	[illegible]	[illegible]。	[illegible]	[illegible]	[illegible]	[illegible]
mjij^1	kja^2	su^1	ɣwə^2	rjir^2	nio̱w^1	gjɨ̱^{1}	ɣạ^2	lew^1
无	劫	胜	前	面。	又	九	十	一

寂意菩萨乃往过去无央数世①，经九十一

11.49.1

[illegible]	[illegible]	[illegible]。	[illegible]	[illegible]	[illegible]	[illegible]，	[illegible]	[illegible]
kja^2	·wjɨ^2	zar^2	tśhjɨ^1	zjọ^2	tha^1	gjɨ^2	rjur^1	kha^1
劫	所	经。	尔	时	佛	有	世	间
[illegible]	[illegible]，	[illegible]	[illegible]	[illegible]	[illegible]	[illegible]	[illegible]	[illegible]

① 世，西夏本作“劫”。

to^{2} śja^{2} mjiij^{2} tja^{1} ·wji^{2} we^{2} mjor^{1} ljịj^{2} bju^{1}
出 现， 名 者 维 卫 如 来 依

劫，维卫佛时兴出乎世，如来

11.49.2

·wo^{2} tśhja^{2} njɨ^{2} nwə^{1} swew^{1} dźjɨ ·iọ^{1} sə^{1} ne̱w^{2}
宜， 真 至、 知 明 行、 圆 满 善

bjij^{2} rjur^{1} kha^{1} tsjij^{2} go̱r^{1} kiej^{2} ·jij^{1} rjur^{1} ·jar^{2}
逝、 世 间 解、 君 子 △ 降 服

至真、等正觉、明行成、为善逝、世间解、

11.49.3

zji^{2} phju^{2} mjijr^{2} me̱^{2} dzjwo^{2} dzjiij^{2} tha^{1} rjur^{1} pjụ^{1}
无 上 士、 天 人 师、 佛 世 尊。

thja^{1} tha^{1} rjur^{1} kha^{1} to^{2} zjọ^{2} lew^{1} tụ^{1} phji^{2}
其 佛 世 间 出， 时 一 千 比

无上士、道法御①、天人师，号佛世尊。其佛世时，有千

11.49.4

phji^{2} sej^{1} xiwã^{1} dźjɨ djọ^{2} thja^{1} zjọ^{2} rjur^{1} pjụ^{1}
丘 净 梵 行 修。 彼 时 世 尊

tụ^{1} phji^{2} phji^{2} ·jij^{1} kjɨ^{1} la^{1} thjɨ^{2} me̱^{2} kja^{2}
千 比 丘 △ △ 诀。 此 贤 劫

比丘净修梵行。彼时世尊授是千比丘诀，在贤劫

① 道法御，西夏本无。

11.49.5

[illegible]，	[illegible]	[illegible]	[illegible]	[illegible]	[illegible]	[illegible]，	[illegible]	[illegible]
kha^{1}	zji^{2}	phju^{2}	tśhja^{2}	ɣiej^{1}	tśja^{1}	lhjụ^{2}	tśhja^{2}	ka^{1}
中，	无	上	正	真	道	成，	正	等
[illegible]	[illegible]	[illegible]	[illegible]。	[illegible]	[illegible]	[illegible]	[illegible]，	[illegible]
dwewr^{2}	śjɨj^{1}	lew^{2}	·jɨ^{2}	thja^{1}	zjọ^{2}	ljwu^{2}	kha^{1}	phə^{1}
觉	成	所	△。	彼	时	会	中，	长

中当成无上正真之道为最正觉。时于会中，

11.49.6

[illegible]	[illegible]	[illegible]	[illegible]	[illegible]	[illegible]，	[illegible]	[illegible]	[illegible]
bjij^{1}	gjɨ^{2}	mjiij^{2}	tja^{1}	kjur^{2}	tśhju^{1}	tshjɨ^{1}	tsjij^{2}	·jij^{1}
者	一	名	者	志	有，	菩	萨	△
[illegible]	[illegible]	[illegible]，	[illegible]	[illegible]	[illegible]	[illegible]：	[illegible]	[illegible]
la^{1}	djij^{2}	mji^{1}	njiij^{1}	khju^{1}	ljɨr^{2}	·wji^{1}	ŋa^{2}	mẹ^{2}
诀	△	闻，	心	下	念	作：	我	贤

有一长者名曰有志，闻授菩萨诀，心自念言：我于贤

11.50.1

[illegible]	[illegible]，	[illegible]	[illegible]	[illegible]	[illegible]	[illegible]	[illegible]	[illegible]
kja^{2}	kha^{1}	thja^{1}	rjur^{1}	mjor^{1}	ljịj^{2}	tśhja^{2}	ka^{1}	dwewr^{2}
劫	中，	其	诸	如	来	正	等	觉
[illegible]	[illegible]，	[illegible]	[illegible]	[illegible]	[illegible]	[illegible]。	[illegible]	[illegible]
śjɨj^{1}	zjij^{1}	ŋa^{2}	tśhjɨ^{1}	bjij^{2}	dzjɨj^{1}	bju^{1}	śjị^{2}	ŋạ^{2}
成	时，	吾	彼	时	时	依。	草	好

劫，当成如来逮最正觉则不违宜。吾于彼世见施好草时，

11.50.2

[illegible]	[illegible]，	[illegible]	[illegible]	[illegible]	[illegible]，	[illegible]	[illegible]，	[illegible]
zji^{1}	mjii^{1}	ka^{2}	tśjij^{2}	lu^{2}	tśhja̱^{1}	sar^{2}	lju^{2}	zji^{2}
布	施，	狮	子	座	上	散	布，	甚

[illegible] [illegible] [illegible], [illegible] [illegible] [illegible] [illegible] [illegible]。 [illegible]

thjo̱[1] lju̱[2] sej[1] tha[1] thja[1] tśhja̱[1] dzu̱[2] phjo[2] ŋa[2]

妙 严 净, 佛 其 上 坐 布。 我

布施狮子座,甚妙严净,仁和安然①,

11.50.3

[illegible] [illegible] [illegible] [illegible] [illegible] [illegible] [illegible] [illegible] [illegible]

ku[1] thja[1] bju[1] zji[2] phju[2] tśhja[2] ɣiej[1] tśja[1] njiij[1]

则 是 依 无 上 正 真 道 心

[illegible] [illegible] [illegible]。 [illegible] [illegible] [illegible] [illegible]! [illegible] [illegible]

śjwi[1] ŋa[2] ·jɨ[2] phji[1] mjij[1] tshji[1] tsjij[2] nji[2] sjij[1]

发 △ △。 意 寂 菩 萨! 汝 今

缘是则发无上正真之道。寂意,欲知

11.50.4

[illegible] [illegible], [illegible] [illegible] [illegible] [illegible] [illegible] [illegible] [illegible],

nwə[1] lew[2] tśhjɨ[1] zjo̱[2] kjur[2] tśhju[1] phə[1] bjij[1] tja[1]

知 所, 尔 时 志 有 长 者 者,

[illegible] [illegible] [illegible] [illegible] [illegible] [illegible]。 [illegible] [illegible] [illegible]

thjɨ[2] wjɨ[2] no[2] gju̱[2] ŋwu[2] ljɨ[1] thjɨ[2] ·jiw[1] nio̱w[1]

是 刻 安 吉 是 也。 是 因 缘

尔时有志长者,今吉安是也。以是之故,

11.50.5

[illegible], [illegible] [illegible] [illegible] [illegible], [illegible] [illegible] [illegible] [illegible]。 [illegible]

bju[1] mər[2] tji̱[1] ɣie[1] nio̱w[1] no[2] gjuu[2] dźjɨ rjir[2] tśhjwo[1]

以, 本 愿 力 故, 安 吉 行 获。 故

[illegible] [illegible] [illegible] [illegible] [illegible] [illegible] [illegible], [illegible] [illegible]

thjɨ[2] dzjɨj[1] bju[1] śji̱[2] ŋa̱[2] mjii[1] nio̱w[1] thja[1] mjiij[2]

彼 时 随 草 好 施 以, 是 名

① 仁和安然,西夏本无。

当作是观，如其本愿致吉安行。彼以随时施与好草，所可

11.50.6

lhjụ2	rjir2	kụ1	tha1	we2	zjij1	ljɨ1	sej1	ka2	tśjij2
获	得。	后	佛	成	时，	宝	净	狮	子
mjor1	ljij2	tśhja2	ka1	dwewr2	·jɨ2	tśhjɨ1	zjọ2	tshjɨ1	
如	来	正	等	觉	名。	尔	时，	菩	

因号。后成佛时，名如来至真①宝净狮子。尔时，菩

11.51.1

tsjij2	śjɨ2	ŋa2	lhjij2	nio̱w1	tha1	phu2	khju1	nio̱w1
萨	草	好	授	因	佛	树	下。	又
phu2	tśhja̱1	rjɨr2	njɨ2	tshọ2	ŋa1	·a	khjɨ2	mə1
树	上，	乃	至	虚	空	△	万	天

萨以授好草布佛树下。又上树神乃至虚空一万天

11.51.2

zjɨ1	·jij1	twụ1	dzwew1	·u2	mə1	wja̱1	ŋa2	kjur1
子，	各	自	袖	内	天	花	好	盛。
nio̱w1	śja1	wja̱1	mə2	śja1	ma2	śja1	zow2	dźiã2
又	香	花、	杂	香、	涂	香	取，	菩

女②，各以衣裓盛好天华，各取香花、杂香、泽香③往

① 至真，西夏本作"等正觉"。
② 女，西夏本作"子"。
③ 泽香，西夏文字面意思是"涂香"。

11.51.3

[illegible]	[illegible]	[illegible]，	[illegible]	[illegible]	[illegible]	[illegible]。	[illegible]	[illegible]
tsjij^{2}	do^{2}	ljịj^{2}	bju^{1}	tjị^{1}	tśja^{1}	tshwew^{1}	twụ^{1}	·ji^{1}
萨	处	来，	依	归	敬	礼。	各	众
[illegible]	[illegible]	[illegible]	[illegible]	[illegible]，	[illegible]	[illegible]	[illegible]	[illegible]
wjạ^{1}	śja^{1}	ljɨɨ^{1}	ɣja^{2}	ŋwu^{2}	tshjɨ^{1}	tsjij^{2}	·jij^{1}	kjụ^{1}
花	香	幡	盖	以，	菩	萨	△	供

迎菩萨，稽首作礼。各持众花香幡盖供养

11.51.4

[illegible]。	[illegible]	[illegible]	[illegible]	[illegible]：
tshwew^{1}	lja̱^{1}	ŋwu^{2}	·jow^{2}	śja^{2}
养。	颂	以	赞	叹：

菩萨。以此赞曰：

汉文本

清净正行，决上妙法，
愍伤世间，哀及诸天。
天中之天，天人中尊，
大圣今往，诣佛树下。
当降伏魔，及与官属，
逮得正觉，成一切智。
已乐备悉，最正觉业，
便复以转，正法之轮。
大智无穷，大狮子吼，
可悦一切，众生之心。
以清净故，致妙法眼，
导师往诣，于佛树下。
降弃众魔，消外异学，
皆悉具足，本宿誓愿。
正觉法身，所见无倦。
其时导师，往诣佛所，
善哉一切，皆共和同。

当好庄严，三千界地，
是以校饰，于其欲界。
色无色界，庄严如是。
善哉梵天，其心仁和，
此三千国，一切严净，
如是欲界，以清净好，
所见供养，复过于彼。
名香木蜜，众花顺义，
斯宝光明，鼓众伎乐，
其有睹者，莫不欣喜。
而梵天王，普三千界，
从梵天王，至迦尼咤。
各各梵天，平正清净，
在虚空中，神尊复尊。
有天中天，见净复净，
六十亿载，诸天来会。
为于菩萨，严金刚场。
下诸天花，而雨供养，
众香香水，以用洒地，
众宝妙床，施设诸座，
严净校饰，佛树下坐。
我等导师，一切谘嗟，
随所安处，令其清净。

时密迹金刚力士谓寂意菩萨：时菩萨往而坐树下，于其足底生千辐相，从出光明。其光遍照斯佛国土，靡不周至。一切地狱、畜生、饿鬼、一切众人苦恼休息。又大光照黑耳地狱，时黑耳地狱蒙世尊光，欢喜踊跃，众云集焉。于时诸天咸说颂曰：

紫磨金色光，从天中眉出，
来照我等身，令心中欣然。
我值过去佛，睹见好瑞应，
大雄必不疑，佛定出世间。
善哉杂饰鬘，香花及涂熏，
紫金明珠成，右手执持衣，
鼓其妙伎乐，而受彩幡盖，
亦竖其大幢，供养于世尊。
诸地狱中人，蒙光普清净，
以供奉于佛，承事于大圣。

于时黑耳大地狱中王与中宫俱，其所集众。一切各持花香、杂香、泽香衣服幢盖幡彩伎乐，出其宫宅上，虚空中化作宝云。雨、明月、珠、名香、木蜜及栴檀香、众花、真珠，承龙大神神足变化，诣菩萨所，

稽首足下,右绕三匝。与其眷属,各以所执供养之具,进上菩萨,作其伎乐。以是颂偈而叹世尊:

犹如有宝地,庄严杂丰妙,
佛树花果茂,获坐其道场。
如河定不流,若月住虚空,
成佛普一切,降伏魔官属。
世尊众佑曜,犹如日盛光,
若如重六通,蜂王宣和音,
演其光明慧,如梵天须轮。
今日众佑现,充满藏无限,
日月珠火光,天帝释梵曜,
能仁光适出,皆覆蔽其明。
光现我宫殿,知佛兴乎世,
显瑞应欢喜,知今佛出现。
见闻拘留孙,拘那牟尼佛,
迦叶诣佛树,适闻音供之。
见于无等伦,瑞应与彼同,
心生欢喜悦,今必当有佛。
世尊我善利,得广供养佛,
以四事世光,奉信行恭敬。
所积功德福,具足奉明眼,
是世光明曜,成佛无等伦。

尔时菩萨往到迦邻龙王所止土界,龙王见佛心中欣然,自出其室,往诣佛树,住佛之右。又有一人名曰吉安,遥住视佛,因求好草,手执此草,至诣佛树下。诸天宣畅,柔软微妙。谘嗟德音,安隐巍巍,可意快乐,无上之德,绕佛转进。其草香好,香风流布,靡丽光泽,好细无量,犹如天衣。如是好草,以时执持,往到其所,以此好草,贡与菩萨。稽首足下,右绕七匝,以仁和心,至不退转,发无思议无上正真之道。心自念言:不当作是非宜之行。所观若斯,无吉不来。乃至吉安,以时施与菩萨之草,当发正真道意。所以者何? 本愿所致。寂意当知,吉安乃往宿世本愿作是,所以者何? 我忆识念。寂意菩萨乃往过去无央数世,经九十一劫,维卫佛时兴出乎世,如来至真、等正觉、明行成、为善逝、世间解、无上士、道法御、天人师,号佛世尊。其佛世时,有千比丘净修梵行。彼时世尊授是千比丘诀,在贤劫中当成无上正真之道为最正觉。时于会中,有一长者名曰有志,闻授菩萨诀,心自念言:我于贤劫,当成如来逮最正觉则不违宜。吾于彼世见施好草时,布施狮子座,甚妙严净,仁和安然,缘是则发无上正真之道。寂意,欲知尔时有志长者,今吉安是也。以是之故,当作是观,如其本愿致吉安行。彼以随时施与好草,所可因号。后成佛时,名如来至真宝净狮子。尔时,菩萨以授好草布佛树下。又上树神乃至虚空一万天女,各以衣裓盛好天华,各取香花、杂香、泽香往迎菩萨,稽首作礼。各持众花香幡盖供养菩萨。以此赞曰:

11.51.5

[illegible] [illegible] [illegible] [illegible] [illegible], [illegible] [illegible] [illegible]

kja̰^{1}	mjij^{1}	le^{2}	lew^{2}	mjij^{1}		ŋjwɨ^{1}	mjij^{1}	ŋjir^{1}
恐	无	畏	所	无，		怯	无	难
[illegible]	[illegible]，		[illegible]	[illegible]	[illegible]	[illegible]	[illegible]，	
mji^{1}	tśhju^{1}		ber^{2}	gie^{1}	da̰^{2}	gu^{1}	śjwo^{1}	
不	怀，		值	难	言	立	建，	

无恐无所畏，无怯不怀难，建立难得值，

11.51.6

[illegible]	[illegible]	[illegible]	[illegible]	[illegible]，		[illegible]	[illegible]	[illegible]
la̰^{1}	mjij^{1}	lə	niow^{2}	mjij^{1}		xo̱^{2}	ŋjir^{1}	dzwej^{1}
染	无	痴	恶	无，		灾	祸	罪
[illegible]	[illegible]，		[illegible]	[illegible]	[illegible]	[illegible]	[illegible]，	
mji^{1}	dju^{1}		·wier^{1}	·wier^{1}	mji^{1}	lə	mjij^{1}	
不	有，		悭	嫉	无	愚	无，	

无染无痴恶，无凶祸之罪，无悭嫉无愚，

11.52.1

[illegible]	[illegible]	[illegible]	[illegible]	[illegible]，		[illegible]	[illegible]	[illegible]
kie̱j^{2}	ka^{2}	bie^{2}	lhew^{2}	rjir^{1}		ljij^{2}	śjɨj^{2}	·jij^{1}
欲	离	解	脱	得，		大	圣	△
[illegible]	[illegible]。		[illegible]	[illegible]	[illegible]	[illegible]	[illegible]，	
bju^{1}	tji̱^{2}		tji̱^{1}	dzjɨj^{1}	ŋwu^{2}	dzju^{1}	dzjiij^{2}	
依	可。		愿	律	以	度	化，	

离欲以解脱，愿稽首大圣。以律化得度，

11.52.2

[illegible]	[illegible]	[illegible]	[illegible]	[illegible]，		[illegible]	[illegible]	[illegible]
bja̰^{1}	·jijr^{1}	nio̱w^{1}	dow^{1}	dźjɨ		ŋowr^{2}	ŋowr^{2}	gju^{1}
粗	犷	及	邪	行，		一	切	度
[illegible]	[illegible]，		[illegible]	[illegible]	[illegible]	[illegible]	[illegible]，	
dzji̱j^{1}	phji^{1}		rjur^{1}	kha^{1}	dji̱^{2}	rjijr^{1}	we^{2}	
过	令，		世	间	治	善	为，	

粗犷及邪行,善为俗良贤①,

11.52.3

[illegible] [illegible] [illegible] [illegible] [illegible]。 [illegible] [illegible] [illegible]
·ji^{1} rjar^{1} ŋo^{2} tser^{1} djị^{2} rjur^{1} gju̱^{2} ·wejr^{2}
众 疾 病 医 治。 诸 救 护
[illegible] [illegible] [illegible] [illegible] [illegible] [illegible] [illegible]。
mjijr^{2} mjij^{1} ze̱w^{2} mjij^{1} sjịj^{2} mjij^{1} ljij^{2}
者 无 忍 无 智 无 见。

疗治众苦疾,见诸无救护,无灯光自归②。

11.52.4

[illegible] [illegible] [illegible] [illegible] [illegible], [illegible] [illegible] [illegible]
sjij^{1} tha^{1} rjur^{1} kha^{1} lho so̱^{1} zjọ^{2} zji^{2}
今 佛 世 间 出, 三 世 皆
[illegible] [illegible], [illegible] [illegible] [illegible] [illegible] [illegible],
gju̱^{2} la^{2} rjur^{1} mə^{1} ljij^{2} ·ji^{1} njɨ^{2}
济 拔, 诸 天 大 众 等,

今佛兴出世,济脱于三世,诸天之大众,

11.52.5

[illegible] [illegible] [illegible] [illegible] [illegible]。 [illegible] [illegible] [illegible]
·jij^{1} twụ^{1} njiij^{1} ljɨj^{2} śjwo^{1} ŋowr^{2} ŋowr^{2} zji^{2}
各 自 心 悦 生。 一 切 普
[illegible] [illegible], [illegible] [illegible] [illegible] [illegible] [illegible],
wją^{1} dew^{2} ·ji^{1} wją^{1} tśhjɨ^{1} zjij^{1} mə^{2}
花 雨, 众 花 若 干 种,

各心抱踊悦。一切普雨花,众花若干种,

11.52.6

[illegible] [illegible] [illegible] [illegible] [illegible], [illegible] [illegible] [illegible]

① 善为俗良贤,西夏文字面意思是"令一切度过,治世间为善"。
② 无灯光自归,西夏文字面意思是"见无忍无智"。

rjur^1	mə^1	kjụ^1	tshwew^1	gju^2		lhwu^1	gjwi^2	zji^2
诸	天	供	养	具，		衣	被	皆
[illegible]	[illegible]，		[illegible]	[illegible]	[illegible]	[illegible]	[illegible]，	
thjo̱^{1}	ŋạ^2		kụ^1	tha^1	tśja^1	śjɨj^1	nio̱w^1	
妙	好，		后	佛	道	成	故，	

诸天所造供，衣被及细好，当成为佛道，

11.53.1

[illegible]	[illegible]	[illegible]	[illegible]	[illegible]。		[illegible]	[illegible]	[illegible]
zji^2	njiij^1	ljɨj^2	njiij^1	śjwo^1		thja^1	phu^2	njij^2
皆	心	喜	心	发。		其	树	王
[illegible]	[illegible]，		[illegible]	[illegible]	[illegible]	[illegible]	[illegible]，	
khju^1	dzu̱^{2}		kjạ^1	le^2	njiij^1	mji^1	śjwo^1	
下	坐，		恐	怖	心	不	生，	

皆发欢喜心。以坐树王下，心不怀恐怖，

11.53.2

[illegible]	[illegible]	[illegible]	[illegible]	[illegible]，		[illegible]	[illegible]	[illegible]
xja^1	zər^2	ljɨj^2	wji̱^{1}	ŋwu^2		zji̱^{1}	njɨ̱^{2}	rer^2
速	露	甘	味	以，		尘	劳	网
[illegible]	[illegible]。		[illegible]	[illegible]	[illegible]	[illegible]	[illegible]，	
khjiw^2	ljij^2		dwewr^2	tsjij^2	nio̱w^1	mjɨ^2	mji^2	
坏	裂。		觉	悟	了	默	然，	

以甘露之味，坏裂尘劳网。觉了乎寂然，

11.53.3

[illegible]	[illegible]	[illegible]	[illegible]	[illegible]，		[illegible]	[illegible]	[illegible]
zji^2	pjụ^1	tha^1	tśja^1	lhjụ^2		·wjɨ^2	rar^2	rjur^1
最	尊	佛	道	获，		△	去	诸
[illegible]	[illegible]，		[illegible]	[illegible]	[illegible]	[illegible]	[illegible]。	
tha^1	sju^2		zji^2	bu̱^{2}	tsji̱r^1	tśjɨ^1	tsjij^2	
佛	如，		最	胜	法	悟	晓。	

致最尊佛道，如过去诸佛，晓了最胜法。

11.53.4

[illegible]	[illegible]	[illegible]	[illegible]	[illegible]，		[illegible]	[illegible]	[illegible]
thja^{1}	rjɨr^{2}	djọ^{2}	rjur^{1}	dźjɨ		mjɨ^{1}	pjụ^{1}	ŋewr^{2}
其	所	修	诸	行，		无	央	数
[illegible]	[illegible]，		[illegible]	[illegible]	[illegible]	[illegible]	[illegible]，	
kja^{2}	djọ^{2}		rjɨr^{2}	du̱^{1}	tśjị^{1}	dźjɨ	ŋwu^{2}	
劫	修，		乃	积	苦	行	以，	

其所奉行要，修无央数劫，以积累苦行，

11.53.5

[illegible]	[illegible]	[illegible]	[illegible]	[illegible]。		[illegible]	[illegible]	[illegible]
dźiã^{2}	tśhju^{1}	·jij^{1}	gju^{1}	kięj^{2}		njwo^{2}	tjị^{1}	thjɨ^{2}
众	生	△	度	欲。		昔	愿	是
[illegible]	[illegible]，		[illegible]	[illegible]	[illegible]	[illegible]	[illegible]，	
wjɨ^{2}	śjɨj^{1}		dzju^{1}	dzjiij^{2}	dzjɨj^{1}	ku^{1}	ŋwu^{2}	
刻	成，		教	化	时	今	是，	

欲度于众生。昔愿已得成，今正是其时，

11.53.6

[illegible]	[illegible]	[illegible]	[illegible]	[illegible]，
nio̱w^{1}	tha^{1}	tśja^{1}	lhjụ^{2}	rjir^{1}
有	佛	道	获	得，
[illegible]	[illegible]	[illegible]	[illegible]	[illegible]。
lew^{1}	tjị^{1}	njij^{2}	śjow^{1}	·wji^{1}
唯	愿	慈	愍	作。

逮得尊佛道，唯演布慈愍。

11.54.1

[illegible]	[illegible]	[illegible]	[illegible]	[illegible]	[illegible]	[illegible]	[illegible]	[illegible]
dwu̱^{2}	rjar^{1}	kię^{1}	dźja^{2}	ɣie^{1}	mjijr^{2}	phji^{1}	mjij^{1}	tshjɨ^{1}

密	迹	金	刚	力	士	意	寂	菩
[illegible]	[illegible]	[illegible]：	[illegible]	[illegible]	[illegible]	[illegible]	[illegible]	
tsjij^{2}	·jij^{1}	·jɨ^{2}	tha^{1}	tśhjɨ^{1}	zjọ^{2}	śjị^{2}	djɨ^{2}	
萨	△	谓：	佛	尔	时	草	与	

密迹金刚力士谓寂意菩萨：“佛以时取草，

11.54.2

[illegible]。	[illegible]	[illegible]	[illegible]	[illegible]。	[illegible]	[illegible]	[illegible]	[illegible]
lhjwi^{1}	tśja^{1}	phu^{2}	khju^{1}	śjɨ^{1}	thja^{1}	śjị^{2}	ŋạ^{2}	ŋwu^{2}
取，	道	树	下	往。	此	草	好	以
[illegible]	[illegible]	[illegible]。	[illegible]	[illegible]	[illegible]	[illegible]，	[illegible]	
phu^{2}	sar^{2}	lju^{2}	bju^{1}	tjị^{1}	tśja^{1}	tshwew^{1}	śjạ^{1}	
树	散	布。	依	归	敬	礼，	七	

往诣道树，以此好草布其树下。稽首作礼，右

11.54.3

[illegible]	[illegible]	[illegible]。	[illegible]	[illegible]	[illegible]	[illegible]	[illegible]，	[illegible]
dźjow^{1}	tśier^{1}	ror^{2}	lu^{2}	tśhja̱^{1}	dzu̱^{2}	·jij^{1}	zjij^{1}	tśhjɨ^{2}
匝	右	绕。	座	上	欲	坐	时，	应
[illegible]	[illegible]	[illegible]	[illegible]	[illegible]	[illegible]	[illegible]	[illegible]	[illegible]。
rjar^{2}	·jar^{1}	khjɨ^{2}	ljɨ̣r^{1}	tụ^{1}	rjur^{1}	mə^{1}	zjɨ̣^{1}	njɨ^{2}
时	八	万	四	千	诸	天	子	等

绕七匝，适布座竟。应时八万四千诸天子等

11.54.4

[illegible]	[illegible]	[illegible]	[illegible]	[illegible]	[illegible]	[illegible]，	[illegible]	[illegible]
tshjɨ^{1}	tsjij^{2}	lu^{2}	tśhja̱^{1}	dzu̱^{2}	·jij^{1}	ljij^{2}	njiij^{1}	ljɨ̣j^{2}
菩	萨	座	上	坐	将	睹，	心	悦
[illegible]	[illegible]。	[illegible]	[illegible]	[illegible]	[illegible]	[illegible]	[illegible]	[illegible]
njiij^{1}	śjwo^{1}	tśhjɨ^{2}	rjar^{2}	·jar^{1}	khjɨ^{2}	ljɨ̣r^{1}	tụ^{1}	ka^{2}
心	生。	立	即	八	万	四	千	狮

睹菩萨布座,心中欣然。寻①设八万四千狮

11.54.5

[illegible] [illegible] [illegible]。 [illegible] [illegible] [illegible] [illegible]， [illegible] [illegible]
tśjij2 lu2 thu1 zji2 kha1 thjo̱1 ŋạ2 mə2 bju1
子 座 设。 最 中 微 妙， 诸 依
[illegible] [illegible]。 [illegible] [illegible] [illegible] [illegible]， [illegible] [illegible] [illegible]
rjar1 gjij1 zjir2 low2 wạ2 so2 ·ji1 ljɨ1 ŋwu2
殊 异。 极 长 广 高， 众 宝 以

子之座。座甚微妙,若干殊异。极高广长,众宝合

11.54.6

[illegible]。 [illegible] [illegible] [illegible] [illegible] [illegible] [illegible]， [illegible] [illegible]
śjɨj1 kiwej2 ljɨ1 ŋwu2 sji1 tụ1 we2 ɣu1 mji̱j1
成。 珍 宝 以 栏 楯 为， 周 回
[illegible] [illegible] [illegible] [illegible] [illegible]。 [illegible] [illegible] [illegible] [illegible]
ljɨ1 lju̱2 tshji̱j2 ·jɨj2 ·wji1 nio̱w1 tshjɨj2 kię1 ŋwu2
宝 庄 严 帐 作。 又 紫 金 以

成。以奇珍为栏楯,周回兴立挍露之帐。以紫金

11.55.1

[illegible] [illegible]。 [illegible] [illegible] [illegible] [illegible] [illegible] [illegible] [illegible] [illegible]。
tjạ1 wer1 nio̱w1 nji ɣiej1 ŋwu2 zjạ1 zjạ1 ·o1 xjwɨj2
饰 严。 又 珠 真 以 中 间 垂 悬。
[illegible] [illegible] [illegible] [illegible]， [illegible] [illegible] [illegible] [illegible] [illegible]
lhji̱2 bji1 gjɨ2 swew1 nji ŋwu2 tshjɨɨ1 tshjɨɨ1 bio1
月 光 夜 明， 珠 以 罗 列 列

饰,则用真珠垂珞其间。明月夜光,杂厕罗列。

11.55.2

[illegible]。 [illegible] [illegible] [illegible] [illegible] [illegible] [illegible]， [illegible] [illegible]

① 寻,西夏本作"立即"。

khjɨ̠^{2}	rjar^{1}	gjij^{1}	ljɨ^{1}	ŋwu^{2}	zju̠^{1}	we^{2}	thja^{1}	tśhja̠^{1}
边。	殊	胜	宝	以	铃	用，	其	上
[illegible]	[illegible]，	[illegible]	[illegible]	[illegible]	[illegible]，	[illegible]	[illegible]	[illegible]
·o^{1}	xjwɨ̣j^{2}	thja^{1}	ɣiẹ^{2}	gjwi^{2}	śjwii^{2}	mjɨ^{1}	pjụ^{1}	mə^{2}
垂	悬，	其	音	句	和，	无	量	诸

瑰奇①之宝以用作铃，悬之甚鸣，其音和雅，无量调合。

11.55.3

[illegible]。	[illegible]	[illegible]	[illegible]	[illegible]	[illegible]	[illegible]	[illegible]	[illegible]。
dju^{1}	ŋewr^{2}	mjij^{1}	mə^{1}	lhwu^{1}	thja^{1}	tśhja̠^{1}	wjɨ^{2}	·jɨ̠r^{2}
有。	数	无	天	衣	其	上	△	展。
[illegible]	[illegible]	[illegible]	[illegible]	[illegible]	[illegible]	[illegible]	[illegible]，	[illegible]
tshjɨ^{1}	tsjij^{2}	tśhjɨ^{1}	dzjɨ̣j^{1}	·jij^{1}	ljụ^{2}	·wjɨ̣^{1}	dji̠^{2}	·jar^{1}
菩	萨	尔	时	自	身	变	化，	八

无数天衣而布其上，菩萨应时自变其身，普

11.55.4

[illegible]	[illegible]	[illegible]	[illegible]	[illegible]	[illegible]	[illegible]	[illegible]	[illegible]。
khjɨ^{2}	ljɨ̠r^{1}	tụ^{1}	ka^{2}	tśjij^{2}	lu^{2}	tśhja̠^{1}	zji^{2}	dzu̠^{2}
万	四	千	狮	子	座	上	皆	坐。
[illegible]	[illegible]	[illegible]	[illegible]	[illegible]	[illegible]	[illegible]	[illegible]，	[illegible]
thja^{1}	rjur^{1}	mə^{1}	zjɨ^{1}	zji^{2}	·jij^{1}	twụ^{1}	ljij^{2}	wjɨ^{1}
是	诸	天	子	皆	各	自	见，	相

遍八万四千狮子之座。是诸天子各不②相见，

11.55.5

[illegible]	[illegible]	[illegible]。	[illegible]	[illegible]	[illegible]	[illegible]	[illegible]	[illegible]
gu^{2}	mjɨ^{1}	nwə^{1}	ljɨ^{1}	ljɨ^{1}	mə^{1}	zjɨ^{1}	njiij^{1}	khju^{1}
互	不	知。	一	一	天	子	心	下
[illegible]	[illegible]：	[illegible]	[illegible]	[illegible]	[illegible]	[illegible]	[illegible]	[illegible]

① 瑰奇，西夏本作“殊胜”。
② 不，西夏本无。

ljɨr2 ·wji1 tshjɨ1 tsjij2 ŋa2 dja2 mjii1 ka2 tśjij2
念 作： 菩 萨 我 已 赐 狮 子

亦不相知。一一天子心自念言：菩萨独处我狮子座，

11.55.6

[illegible]
lu2 tśhja̱1 tśhja2 ka1 dwewr2 dja2 śjɨj1 ·jɨ2 thjɨ2
座 上， 正 等 觉 已 成 △。 是
[illegible]
nio̱w1 njiij1 ljɨ̣j2 njiij1 śjwo1 mji1 lhji̱1 lhjwo1 njɨ2
以 心 悦 心 生， 不 退 转 至。

成最正觉。以是悦心，至不退转，

11.56.1

[illegible]
kụ1 to2 zji2 phju2 tśhja2 ɣiej1 tśja1 śjɨj1 dwu̱2
后 皆 无 上 正 真 道 成。 密
[illegible]
rjar1 ɣie1 mjijr2 phji1 mjij1 tshjɨ1 tsjij2 ·jij1 ·jɨ2
迹 力 士 意 寂 菩 萨 △ 谓：

然后皆当逮得无上正真之道也 。密迹力士谓寂意：

11.56.2

[illegible]
thja1 zjo̱2 tshjɨ1 tsjij2 pju1 me̱2 gu1 śjwo1 ŋwu2 ljij2
是 时 菩 萨 威 神 建 立 以， 魔
[illegible]
njij2 ·jij1 dwewr2 phji1 tśhjɨ2 rjar2 mjɨ1 pjụ1 ŋewr2
王 △ 知 使。 立 即 无 量 数

于时菩萨建立威神，使魔知之。与无央数

11.56.3

[illegible]

mjij^{1} pjụ^{1} dza^{2} tjị^{2} mjij^{1} rjir^{2} ·jir^{2} tụ^{1} rjir^{2}

无， 称 计 可 不 亿 百 千 垓

[illegible]

·ju^{1} nją^{1} gja^{1} śjwo^{1} wjɨ^{1} dźjwɨ^{1} ·wiọ^{1} tśjɨ^{1} zji^{2}

鬼 神 军 发， 眷 属 围 绕， 皆

不可称计亿百千垓鬼神俱发，眷属围绕，皆

11.56.4

[illegible]

gjwɨ^{1} zjir^{2} gjwi^{2} ljịj^{2} mẹ^{2} mjijr^{2} śja^{2} zji^{2} ɣwie^{1}

甲 铠 被， 大 神 足 显， 最 势

[illegible]

ɣie^{1} śjwo^{1} ·ji^{1} ·ju^{1} gja^{1} śio^{1} ·iọ^{1} sọ^{1} ·jir^{2}

利 兴， 众 鬼 兵 将。 周 三 百

被铠甲，显大神足，兴最势力，将众鬼兵。周三百

11.56.5

[illegible]

sọ^{1} ɣą^{2} tśhjiw^{1} khjɨ^{2} bjụ^{2} rjar^{1} ku^{1} lạ^{1} twụ^{1} do^{2}

三 十 六 万 里 而 则 已 各 异，

[illegible]

lja^{1} tjị^{2} tsjɨ^{1} mji^{1} lew^{2} zji^{2} pju^{1} ɣie^{1} śja^{2}

来 可 亦 不 同。 皆 威 势 现，

三十六万里颜貌①各异，所从不同。各现威势，

11.56.6

[illegible]

ŋewr^{2} mjij^{1} ·ji^{1} ŋjir^{1} tśhjɨ^{1} zjịj^{1} mə^{2} swu^{2} njij^{2}

数 无 众 难， 若 干 种 像， 兵

[illegible]

① 颜貌，西夏本无。

rer^{2}	?	dzjɨ̣^{2}	ɣu^{1}	njijr^{2}	twụ^{1}	do^{2}	·o^{1}	njiij^{1}
仗	俱	集。	头	首	各	异,	腹	心

无数众难,若干种像,兵仗严整。头首各异,志愿

11.57.1

[illegible]	[illegible]。	[illegible]	[illegible]	[illegible]	[illegible],	[illegible]	[illegible]	[illegible]
do^{2}	pha^{1}	tjị^{1}	dzji^{1}	dźjij^{1}	rjar^{1}	kjur^{2}	tjị^{1}	mji^{1}
分	别。	食	饭	行	迹,	志	愿	不
[illegible]。	[illegible]	[illegible]、	[illegible]	[illegible]	[illegible]	[illegible]	[illegible]	[illegible]。
lew^{2}	mə^{2}	ɣiẹ^{2}	ŋwụ^{1}	dạ^{2}	ŋowr^{2}	ŋowr^{2}	mji^{1}	thwụ^{1}
同。	声	音、	言	语	一	切	不	同。

各别,饭食所行,志操不同。言声各别,

11.57.2

[illegible]	[illegible]	[illegible]	[illegible]	[illegible]	[illegible]。	[illegible]	[illegible]	[illegible]
zji^{2}	tshjɨ^{1}	tsjij^{2}	do^{2}	njɨ^{2}	ljij^{2}	dzjɨj^{1}	ljij^{2}	po^{1}
皆	菩	萨	于	至	来。	时	魔	波
[illegible]	[illegible]	[illegible]	[illegible]	[illegible]	[illegible]	[illegible]	[illegible]	[illegible]
sjwɨ^{1}	niọw^{1}	rjur^{1}	wjị^{1}	dźjwɨ^{1}	zji^{2}	kjạ^{1}	le^{2}	dźjo̱w^{2}
旬	复	诸	眷	属	甚	畏	可	堪

辞谈音异,皆诣菩萨。时魔波旬与大眷属甚可畏惧,

11.57.3

[illegible]	[illegible]	[illegible]	[illegible],	[illegible]	[illegible]	[illegible]	[illegible],	[illegible]
njiij^{1}	·wə̱^{1}	mji^{1}	śjwo^{1}	mji^{1}	wo^{2}	dźjij^{1}	·wji^{1}	ta
心	仁	不	生,	不	义	纯	作,	逆
[illegible]	[illegible]	[illegible]。	[illegible]	[illegible]	[illegible]	[illegible],	[illegible]	[illegible]
dạ^{2}	gu^{1}	śjwo^{1}	tjij^{1}	mji^{1}	ljij^{2}	zjịj^{1}	zji^{2}	njiij^{1}
事	发	生。	或	闻	见	时,	皆	心

不顺仁义,所作大非。兴反逆事,不可见闻,

11.57.4

[illegible]	[illegible],	[illegible]	[illegible]	[illegible]	[illegible]。	[illegible]	[illegible]	[illegible]

mji^1	·o^2	tśhja^2	tśja^1	mji^1	·wejr^2	twụ^1	njij^2	rer^2
不	悦，	正	道	不	卫。	各	兵	仗
[illegible]，	[illegible]	[illegible]	[illegible]	[illegible]，	[illegible]	[illegible]	[illegible]	[illegible]。
zow^2	ɣię^2	bjij^1	kwə^2	·ja̱r^2	so̱^{1}	kięj^2	sa̱r^1	mju^2
执，	声	高	呼	叫，	三	界	惊	动。

不怙道德。各执兵仗，称叫大呼。扬其音声，惊动三界。

11.57.5

[illegible]	[illegible]	[illegible]	[illegible]	[illegible]	[illegible]	[illegible]	[illegible]，	[illegible]
tjɨ^1	tjij^1	·ju^2	mur^1	kięj^2	mjij^1	ka^2	dzjwo^2	thja^1
假	使	凡	夫	欲	不	离	人，	此
[illegible]	[illegible]	[illegible]，	[illegible]	[illegible]	[illegible]	[illegible]	[illegible]	[illegible]
ɣię^2	mji^1	zjij^1	lja̱^{2}	·u^2	kjɨ^1	djɨj^2	sjij^1	tsja^1
音	闻	时，	口	内	辄	当	血	沸

假使凡夫未离欲者，得闻此音，辄当沸血从面

11.57.6

[illegible]	[illegible]。	[illegible]	[illegible]	[illegible]	[illegible]，	[illegible]	[illegible]	[illegible]
dźjij^1	wja^1	tśhio̱w^1	tśhio̱w^1	kja̱^{1}	le^2	tśhjɨ^2	rjar^2	ka̱^{1}
纯	吐。	或	者	怖	恐，	立	即	命
[illegible]。	[illegible]	[illegible]	[illegible]	[illegible]	[illegible]	[illegible]	[illegible]	[illegible]
bja^2	thja^1	zjo̱^{2}	tshjɨ^1	tsjij^2	ŋjir^1	ɣu^1	mji^1	sej^1
断。	其	时	菩	萨	难	变	不	算

孔出，或恐怖死。其时菩萨不以此难

11.58.1

[illegible]	[illegible]	[illegible]	[illegible]，	[illegible]	[illegible]	[illegible]	[illegible]。	[illegible]
kja̱^{1}	le^2	njiij^1	mjij^1	ɣię^2	lụ^2	tsjɨ^1	mjij^1	tśhjɨ^1
畏	怖	心	无，	挂	障	亦	无。	于
[illegible]	[illegible]	[illegible]	[illegible]	[illegible]	[illegible]	[illegible]，	[illegible]	[illegible]
zjo̱^{2}	tshjɨ^1	tsjij^2	ljij^2	·wju̱^{1}	njiij^1	śjwo^1	kja̱^{1}	le^2
时	菩	萨	大	悲	心	兴，	畏	怖

而有畏矣，亦无挂碍。于时菩萨兴大悲哀，可畏

11.58.2

[illegible]	[illegible]	[illegible]	[illegible]	[illegible]	[illegible]。	[illegible]	[illegible]	[illegible]
mə2	ɣię2	thja1	śjij1	dźjwį1	dzjar2	ljọ2	śjɨ1	mjɨ1
音	响	自	然	消	灭。	何	往	迷
[illegible]。	[illegible]	[illegible]	[illegible]	[illegible]？	[illegible]	[illegible]	[illegible]	[illegible]
dạ2	thjɨ2	tja1	thjij2	sjo2	dźiã2	tśhju1	·jij1	no2
惑。	是	者	何	云？	众	生	△	安

音响自然消灭，不知所凑①。所以者何？欲安众生

11.58.3

[illegible]，	[illegible]	[illegible]	[illegible]	[illegible]，	[illegible]	[illegible]	[illegible]	[illegible]
rejr2	bji1	mji1	tsjụ1	pjɨ1	mji1	tśju1	phji1	kięj2
乐，	光	不	触	界，	不	害	令	欲
[illegible]	[illegible]。	[illegible]	[illegible]	[illegible]	[illegible]	[illegible]	[illegible]	[illegible]，
niọw1	ljɨ1	tshjɨ1	tsjij2	gji1	sej1	tśja1	njiij1	bju1
因	也。	菩	萨	清	净	道	心	奉，

不令被扰②，无危害患。菩萨逮承奉净道心，

11.58.4

[illegible]	[illegible]	[illegible]	[illegible]	[illegible]	[illegible]。	[illegible]	[illegible]	[illegible]
tśier1	·ju2	nẹ1	ɣjɨr1	dźjij2	niọw1	thja1	mə2	ɣię2
方	便	说	作	有	因。	此	声	音
[illegible]	[illegible]，	[illegible]	[illegible]	[illegible]	[illegible]	[illegible]	[illegible]	[illegible]
kjɨ1	mji1 ·	thja1	mə2	ɣię2	mər2	ɣa2	njij2	mjij1
△	闻，	其	声	音	本	于	昔	无

善权方便。虽闻此音了之本虚，本无有声。

11.58.5

[illegible]	[illegible]，	[illegible]	[illegible]	[illegible]	[illegible]	[illegible]	[illegible]。	[illegible]

① 不知所凑，西夏本作“何往迷惑”。凑，西夏本译作“迷惑”，下同。

② 不令被扰，西夏文字面意思是“无光触界”。

mjij1	tsjij2	ku1	tśhjwo1	ljụ2	mej2	mji1	dźia2	ljij2
无	晓，	则	故	身	毛	不	乱。	大
[illegible]	[illegible]	[illegible]，	[illegible]	[illegible]	[illegible]	[illegible]，	[illegible]	[illegible]
·ji1	ljij2	ljij2	ku1	la̱1	gjij1	wejr1	swew1	rjɨj2
众	魔	见，	则	颜	益	荣，	光	明

衣毛不竖①。见魔众来，光颜益荣，

11.58.6

[illegible]	[illegible]，	[illegible]	[illegible]	[illegible]	[illegible]。	[illegible]	[illegible]	[illegible]
dźju1	sjwij1	ljɨr1	dạ2	sjwɨj1	tshjij1	njiij1	kjạ1	le2
显	明，	四	事	业	宣，	心	畏	惧
[illegible]。	[illegible]	[illegible]	[illegible]	[illegible]，	[illegible]	[illegible]	[illegible]	[illegible]
mjij1	ɣạ2	tśhjiw1	dạ2	ŋwu2	·jij1	nwə	zjɨr1	śjwo1
无。	十	六	事	以，	己	辩	慧	兴。

大明显发，宣四事业，志无所畏。以十六事，兴己辩慧，

11.59.1

[illegible]	[illegible]	[illegible]	[illegible]，	[illegible]	[illegible]	[illegible]	[illegible]。	[illegible]
njiij1	kjɨ1	dzu1	bju1	ljij2	ŋjir1	dźjwu1	ljij2	ljij2
心	△	乐	随，	大	难	除	破。	魔
[illegible]	[illegible]	[illegible]	[illegible]：	[illegible]	[illegible]	[illegible]	[illegible]	[illegible]。
njij2	·jij1	dạ2	·jɨ2	po1	sjwɨ1	wjɨ2	djɨj2	nja2
王	△	告	曰：	波	旬	△	止	△。

随所可乐，摧折②大难。而告魔曰：且止，波旬！

11.59.2

[illegible]	[illegible]	[illegible]	[illegible]，	[illegible]	[illegible]	[illegible]③	[illegible]	[illegible]
thjɨ2	sju2	tsə1	swu2	ɣie2	mjij1	dạ2	śjwi1	nja2
斯	如	色	像，	益	无	事	兴	△

---

① 竖，西夏本作“乱”。
② 摧折，西夏本译作“破除”。
③ [illegible]，言。以“[illegible]”对译“事”在《金光明最胜王经》中也出现过。

[illegible]	[illegible]。	[illegible]	[illegible]	[illegible]	[illegible]	[illegible]，	[illegible]	[illegible]
thjij^{2}	wjo^{1}	tshja̧^{1}	dow^{1}	njiij^{1}	tśhju^{1}	nio̱w^{1}	·jij^{1}	·jij^{1}
何	作。	瞋	邪	心	怀	故，	自	身

用为兴发如斯色像，无益之事而怀瞋毒，还自

11.59.3

[illegible]	[illegible]	[illegible]	[illegible]	[illegible]	[illegible]	[illegible]	[illegible]	[illegible]
kwow^{2}	tśju̱^{1}	nio̱w^{1}	gjɨ^{2}	zjir^{2}	kha^{1}	mjɨ^{1}	nej^{2}	rjir^{2}
瞋	危	又	夜	长	中	不	安	与
[illegible]	[illegible]	[illegible]？	[illegible]	[illegible]	[illegible]	[illegible]？	[illegible]	[illegible]！
ber^{2}	nja^{2}	·jɨ^{2}	thjɨ^{2}	tja^{1}	thjij^{2}	sjo^{2}	po^{1}	sjwɨ^{1}
逢	△	△？	是	者	何	云？	波	旬！

危身长夜不安，所以者何？波旬！

11.59.4

[illegible]	[illegible]	[illegible]	[illegible]	[illegible]	[illegible]，	[illegible]	[illegible]	[illegible]
pjɨ^{1}	njɨɨ^{2}	khjiw^{2}	njiij^{1}	śjwo^{1}	ŋwu^{2}	tshjɨ^{1}	tsjij^{2}	·jij^{1}
今	日	坏	心	发	以，	菩	萨	△
[illegible]	[illegible]。	[illegible]	[illegible]	[illegible]	[illegible]，	[illegible]	[illegible]	[illegible]
ljij^{2}	kięj^{2}	tshjɨ^{1}	tsjij^{2}	njiij^{1}	·wə̱^{1}	ljịj^{2}	kjir^{1}	tjɨ̣^{2}
坏	欲。	菩	萨	心	仁，	大	勇	猛

今日发心欲坏菩萨。菩萨弘仁，以大勇猛

11.59.5

□	[illegible]	[illegible]	[illegible]	[illegible]	[illegible]	[illegible]	[illegible]	[illegible]
□	mji^{1}	sji^{1}	ljịj^{2}	·wju̱^{1}	nio̱w^{1}	zji^{2}	bu̱^{2}	njij^{2}
□	无	尽	大	哀。	又	最	胜	慈
[illegible]	[illegible]	[illegible]	[illegible]	[illegible]	[illegible]	[illegible]，	[illegible]	[illegible]
śjow^{1}	tshjɨ^{1}	tsjij^{2}	·jij^{1}	ŋewr^{2}	kięj^{2}	mjijr^{2}	niow^{2}	ta
悲	菩	萨	△	数	欲	者，	坏	逆

无尽大哀怀无极①慈，降伏恶逆欲乱菩萨。

11.59.6

[illegible]	[illegible]。	[illegible]	[illegible]	[illegible]	[illegible]，	[illegible]	[illegible]	[illegible]
rjur^{1}	·jar^{2}	tshjɨ^{1}	tsjij^{2}	mər^{2}	sej^{1}	ror^{2}	niəj^{1}	dźju^{2}
降	伏。	菩	萨	本	净，	垢	浊	羸
[illegible]	[illegible]	[illegible]	[illegible]	[illegible]	[illegible]	[illegible]。	[illegible]	[illegible]
no̱^{1}	ɣiẹ^{2}	njiij^{1}	bjạ^{1}	niow^{2}	zji^{2}	phja^{1}	pjɨ^{1}	njɨɨ^{2}
劣	阕	心	恶	尘	皆	弊。	今	日

菩萨本净，消除垢浊，羸劣阕心，弊恶之尘。今日

11.60.1

[illegible]	[illegible]	[illegible]	[illegible]	[illegible]	[illegible]	[illegible]	[illegible]	[illegible]。
po^{1}	sjwɨ^{1}	gjij^{1}	njij^{2}	tshjɨ^{1}	tsjij^{2}	·jij^{1}	tśhja^{2}	dźju^{1}
波	旬	殊	倍	菩	萨	△	德	显。
[illegible]	[illegible]	[illegible]	[illegible]	[illegible]	[illegible]	[illegible]	[illegible]	[illegible]
ŋa^{2}	bə^{2}	tjij^{2}	bji^{1}	be^{2}	lhjị^{2}	bji^{1}	swew^{1}	su^{1}
我	虫	萤	火	日	月	光	明	越

波旬反成菩萨②，欲以萤火越日月光明。

11.60.2

[illegible]	[illegible]	[illegible]	[illegible]	[illegible]	[illegible]。	[illegible]	[illegible]	[illegible]
bu̱^{2}	ŋa^{2}	·jɨ^{2}	rjir^{2}	·a	tjɨ̣j^{2}	tshjɨ^{1}	tsjij^{2}	bju^{2}
胜	△	△	与	一	同。	菩	萨	限
[illegible]	[illegible]	[illegible]，	[illegible]	[illegible]	[illegible]	[illegible]	[illegible]	[illegible]，
mjij^{1}	wji^{2}	ka^{2}	ljịj^{2}	·wə̱^{1}	lhjii^{1}	na^{1}	thjo̱^{1}	tśja^{1}
无	底	免，	大	柔	软	深	妙	道，

菩萨已免无限之底，演大柔和深妙道，

11.60.3

[illegible]	[illegible]	[illegible]	[illegible]	[illegible]	[illegible]	[illegible]。	[illegible]	[illegible]

① 无极，西夏本作“最胜”，下同。
② 反成菩萨，西夏本作“显德殊倍菩萨”。

wji̥^{1}	zər^2	ljɨ̣j^2	tśhja^2	dwewr^2	nẹ^1	tshjij^1	rjur^1	bə^2
味	露	甘	正	觉	演	说。	诸	虫
[illegible]	[illegible]	[illegible]，	[illegible]	[illegible]	[illegible]	[illegible]	[illegible]，	[illegible]
lụ^1	·wji̥^{1}	tsəj^1	ka^2	tśjij^2	·jij^1	lhji	kięj^2	sju^2
蛆	兽	小，	狮	子	△	惊	欲，	如

味甘露正觉。诸小虫兽欲惊狮子，

11.60.4

[illegible]	[illegible]	[illegible]	[illegible]	[illegible]	[illegible]	[illegible]	[illegible]，	[illegible]
ljịj^2	sjij^1	ljịj^2	zji^2	bu̱^{2}	phu^2	tśhja^1	kięj^2	to^2
魔	今	大	最	胜	树	劈	欲，	悉
[illegible]	[illegible]	[illegible]。	[illegible]	[illegible]	[illegible]	[illegible]	[illegible]	[illegible]，
zji^2	dźjwu^1	lhjị^2	thja^1	tśhji^2	lho	phji^1	kięj^2	tja^1
皆	除	破。	其	根	出	使	欲	者，

魔今欲劈大无极树，以使摧折拔其根本，

11.60.5

[illegible]	[illegible]	[illegible]	[illegible]	[illegible]，	[illegible]	[illegible]	[illegible]	[illegible]
gur^1	mjɨ^2	rjar^1	·u^2	zjɨɨr^2	ljịj^2	ŋjow^2	zjɨɨr^2	rjir^2
牛	痕	迹	中	水，	大	海	水	与
[illegible]	[illegible]	[illegible]	[illegible]。	[illegible]	[illegible]	[illegible]	[illegible]，	[illegible]
dzjọ^1	rjir^2	·a	tjɨ̣j^2	gjij^1	njij^2	ljwịj^1	kjwɨr^1	ɣie^2
同	与	一	样。	殊	胜	怨	贼，	益

以牛迹水欲比大海。反长①怨贼，无益之城，

11.60.6

[illegible]	[illegible]	[illegible]	[illegible]	[illegible]	[illegible]	[illegible]。	[illegible]	[illegible]
mjij^1	we^2	khwej^1	ljwịj^1	dwər^2	njiij^1	śjwo^1	pjɨ^1	njɨɨ^2
无	城	开，	凶	敌	心	起。	今	日
[illegible]	[illegible]	[illegible]	[illegible]	[illegible]	[illegible]，	[illegible]	[illegible]	[illegible]

① 反长，西夏文字面意思是“殊胜”。

ljịj^{2}	njij^{2}	ljwịj^{1}	ŋwu̱^{1}	dạ^{2}	dạ^{2}	sjwɨj^{1}	dzjịj^{1}	lwow^{1}
魔	王	怨	言	说	事，	业	过	枉

起凶敌心。今日魔王当与度怨，言谈说事，横兴反

11.61.1

[illegible]	[illegible]，	[illegible]	[illegible]	[illegible]	[illegible]	[illegible]，	[illegible]	[illegible]
xọ^{2}	ŋjir^{1}	·ju^{1}	niow^{2}	rjir^{2}	djịj^{1}	we^{2}	phja^{1}	lha
祸	难，	鬼	恶	与	伦	为，	除	迷
[illegible]	[illegible]。	[illegible]	[illegible]	[illegible]	[illegible]，	[illegible]	[illegible]	[illegible]
ŋewr^{1}	khwa^{1}	ka^{2}	tśja^{1}	djịj^{1}	bju^{1}	tśhja^{2}	ka^{1}	ɣa^{2}
惑	久。	离	道	党	依，	正	等	于

祸①，恶鬼为伦，当除迷惑。取道伴党②，令至平等，

11.61.2

[illegible]，	[illegible]	[illegible]	[illegible]	[illegible]。	[illegible]	[illegible]	[illegible]	[illegible]，
njɨ^{2}	do^{2}	pha^{1}	mji^{1}	dju^{1}	tsjịr^{1}	njij^{2}	nja̱^{2}	phjɨ^{1}
至，	分	别	无	有。	法	王	非	弃，
[illegible]	[illegible]	[illegible]	[illegible]，	[illegible]	[illegible]	[illegible]	[illegible]。	[illegible]
śjɨj^{2}	tśja^{1}	bju^{1}	tjị^{1}	lju̱^{2}	sej^{1}	zji^{2}	thjo̱^{1}	zji^{2}
圣	道	依	归，	严	净	最	妙，	无

而无殊特③。弃非法王，自归圣道，严净微妙，生

11.61.3

[illegible]	[illegible]	[illegible]。	[illegible]	[illegible]	[illegible]	[illegible]	[illegible]	[illegible]
phju^{2}	sjịj^{2}	zjɨr^{1}	·wə̱^{1}	ne̱w^{2}	tsjịr^{1}	wjị^{1}	gu^{1}	śjwo^{1}
上	智	慧	柔	善	法	味	建	立。
[illegible]	[illegible]	[illegible]	[illegible]，	[illegible]	[illegible]	[illegible]。	[illegible]。	[illegible]
·ji^{1}	dow^{1}	tsjịr^{1}	phjɨ^{1}	njiij^{1}	tśhja^{2}	twụ^{1}	rjir^{2}	pjɨ^{1}
众	邪	法	舍，	心	质	朴	得。	今

① 横行反祸，西夏文字面意思是“过枉灾祸”。
② 取道伴党，西夏文字面意思是“离道结党”。
③ 殊特，西夏本作“分别”。

无上慧仁义法味,舍众邪曲令心质朴。今

11.61.4

[illegible]	[illegible]	[illegible],	[illegible]	[illegible]	[illegible]	[illegible],	[illegible]	[illegible]
njɨɨ^{2}	po^{1}	sjwɨ^{1}	njiij^{1}	khju^{1}	ljɨr^{2}	lew^{2}	ljịj^{2}	gjịj^{2}
日	波	旬,	心	下	念	当,	大	旷
[illegible]	[illegible]	[illegible],	[illegible]	[illegible]	[illegible]	[illegible],	[illegible]	[illegible]
njijr^{1}	kha^{1}	dzjịj^{1}	zji^{2}	mjiij^{2}	zji^{2}	dźjwa^{1}	lhji^{2}	wẹ^{1}
野	中	过,	最	后	究	竟,	死	生

日波旬心当惟念,过大旷野,最后究竟尽生

11.61.5

[illegible]	[illegible],	[illegible]	[illegible]	[illegible]	[illegible]	[illegible]	[illegible]	[illegible]。
mər^{2}	sji^{1}	nioẉ^{1}	tjɨ̣^{1}	tjịj^{1}	ljịj^{2}	ŋjow^{2}	·u^{2}	·o^{2}
源	尽,	又	迅	速	大	海	中	入。
[illegible]	[illegible]	[illegible]	[illegible]	[illegible],	[illegible]	[illegible]	[illegible]	[illegible]。
ljịj^{2}	dzjwɨ̣^{1}	ɣa^{2}	bju^{1}	gjị^{2}	rjur^{1}	dju^{1}	rar^{2}	dzjịj^{1}
大	舟	于	依	归,	诸	有	度	过。

死源,而反驰骋①入大海中,当乘大舟度终始流。

11.61.6

[illegible]	[illegible]	[illegible]	[illegible]	[illegible],	[illegible]	[illegible]	[illegible]	[illegible],
sjij^{1}	dzjɨ̣^{2}	ɣiew^{1}	tjị^{2}	ber^{2}	kja^{2}	mə̣^{1}	gu^{1}	wor^{1}
今	习	学	可	遇,	劫	火	发	起,
[illegible]	[illegible]	[illegible]	[illegible],	[illegible]	[illegible]	[illegible]。	[illegible]	[illegible]
rjur^{1}	sji^{1}	tsə̣^{1}	śjị^{2}	zji^{2}	dźjwu^{1}	ljij^{2}	tsjɨ^{1}	ljịj^{2}
诸	木	药	草,	皆	除	破。	亦	大

今遇习学,值被劫烧,并灾树木众杂药草,

11.62.1

[illegible]	[illegible]	[illegible]	[illegible]	[illegible]	[illegible]	[illegible]。	[illegible]	[illegible]

① 驰骋,西夏本作"迅速"。

kię^{1}	dźja^{2}	tsji̱r^{1}	tsiow	ljij^{2}	tjị^{2}	mjij^{1}	ljij^{2}	tśja^{1}
金	刚	术	永	毁	可	无。	大	道
[illegible]	[illegible]，	[illegible]	[illegible]	[illegible]	[illegible]	[illegible]，	[illegible]	[illegible]
bju^{1}	gjị^{2}	tśhjɨ^{1}	mja^{1}	nio̱w^{1}	tha^{1}	we^{2}	śja^{1}	ljijr^{2}
当	归，	然	后	及	佛	得，	十	方

莫复毁坏大金刚术。当归大道然后得佛，度脱十方

11.62.2

□	[illegible]	[illegible]	[illegible]	[illegible]	[illegible]。	[illegible]	[illegible]	[illegible]
□	tśhju^{1}	·jij^{1}	gju^{1}	dzjij^{1}	ljɨ^{1}	dwu̧^{2}	rjar^{1}	kię^{1}
□	生	△	解	脱	也。	密	迹	金
[illegible]	[illegible]	[illegible]	[illegible]	[illegible]	[illegible]	[illegible]	[illegible]	[illegible]：
dźja^{2}	ɣie^{1}	mjijr^{2}	phji^{1}	mjij^{1}	tshjɨ^{1}	tsjij^{2}	·jij^{1}	·jɨ^{2}
刚	力	士	意	寂	菩	萨	△	谓：

众生人物①。密迹力士谓寂意：

11.62.3

[illegible]	[illegible]	[illegible]	[illegible]	[illegible]	[illegible]	[illegible]	[illegible]，	[illegible]
tśhjɨ^{1}	dzjɨj^{1}	rjur^{1}	mə^{1}	tha^{1}	tśhja^{2}	·jow^{2}	śja^{2}	ljwụ^{1}
尔	时	诸	天	佛	德	叹	咏，	巍
[illegible]	[illegible]	[illegible]，	[illegible]	[illegible]	[illegible]	[illegible]。	[illegible]	[illegible]
ljwụ^{1}	thji^{2}	sju^{2}	dzjọ^{1}	dza^{2}	tjị^{2}	mjij^{1}	thja^{1}	ljij^{2}
巍	是	如，	像	比	可	不。	其	魔

于时诸天叹咏佛德，巍巍如是而无比像。其魔

11.62.4

[illegible]	[illegible]	[illegible]	[illegible]	[illegible]	[illegible]	[illegible]	[illegible]	[illegible]，
po^{1}	sjwɨ^{1}	tha^{1}	do^{2}	ɣạ^{2}	tśhjiw^{1}	mə^{2}	dạ^{2}	mji^{1}
波	旬	佛	于	十	六	种	事	闻，
[illegible]	[illegible]	[illegible]	[illegible]，	[illegible]	[illegible]	[illegible]	[illegible]	[illegible]。

① 人物，西夏本无。

dzu^{1}	ŋwe^{1}	njiij^{1}	śjwo^{1}	ljij^{2}	tsjir^{1}	ɣa^{2}	njiij^{1}	tji^{1}
好	乐	心	生,	大	猷	于	心	诚。

波旬以得叹①佛闻是十六事,好乐所慕,心存大猷。

汉文本

无恐无所畏,无怯不怀难,
建立难得值,无染无痴恶,
无凶祸之罪,无悭嫉无愚,
离欲以解脱,愿稽首大圣。
以律化得度,粗犷及邪行,
善为俗良贤,疗治众苦疾,
见诸无救护,无灯光自归。
今佛兴出世,济脱于三世,
诸天之大众,各心抱踊悦。
一切普雨花,众花若干种。
诸天所造供,衣被及细好,
当成为佛道,皆发欢喜心。
以坐树王下,心不怀恐怖,
以甘露之味,坏裂尘劳网。
觉了乎寂然,致最尊佛道,
如过去诸佛,晓了最胜法。
其所奉行要,修无央数劫,
以积累苦行,欲度于众生。
昔愿已得成,今正是其时,
逮得尊佛道,唯演布慈愍。

密迹金刚力士谓寂意菩萨:佛以时取草,往诣道树,以此好草布其树下。稽首作礼,右绕七匝,适布座竟。应时八万四千诸天子等睹菩萨布座,心中欣然。寻设八万四千狮子之座。座甚微妙,若干殊异。极高广长,众宝合成。以奇珍为栏楯,周回兴立挍露之帐。以紫金饰,则用真珠垂珞其间。明月夜光,杂厕罗列。瑰奇之宝以用作铃,悬之甚鸣,其音和雅,无量调合。无数天衣而布其上,菩萨应时自变其身,普遍八万四千狮子之座。是诸天子各不相见,亦不相知。一一天子心自念言:菩萨独处我狮子座,成最正觉。以是悦心,至不退转,然后皆当逮得无上正真之道也。

密迹力士谓寂意:于时菩萨建立威神,使魔知之。与无央数不可称计亿百千垓鬼神俱发,眷属围绕,皆被铠甲,显大神足,兴最势力,将众鬼兵。周三百三十六万里颜貌各异,所从不同。各现威势,无数众难,若干种像,兵仗严整。头首各异,志愿各别,饭食所行,志操不同。言声各别,辞谈音异,皆诣

① 以得叹,西夏本无。

菩萨。时魔波旬与大眷属甚可畏惧，不顺仁义，所作大非。兴反逆事，不可见闻，不怙道德。各执兵仗，称叫大呼。扬其音声，惊动三界。假使凡夫未离欲者，得闻此音，辄当沸血从面孔出，或恐怖死。其时菩萨不以此难而有畏矣，亦无挂碍。于时菩萨兴大悲哀，可畏音响自然消灭，不知所凑。所以者何？欲安众生不令被扰，无危害患。菩萨逮承奉净道心，善权方便。虽闻此音了之本虚，本无有声。衣毛不竖。见魔众来，光颜益荣，大明显发，宣四事业，志无所畏。以十六事，兴己辩慧，随所可乐，摧折大难。而告魔曰：且止，波旬！用为兴发如斯色像，无益之事而怀瞋毒，还自危身长夜不安，所以者何？波旬！今日发心欲坏菩萨。菩萨弘仁，以大勇猛无尽大哀怀无极慈，降伏恶逆欲乱菩萨。菩萨本净，消除垢浊，羸劣闵心，弊恶之尘，今日波旬反成菩萨，欲以萤火越日月光明。菩萨已免无限之底，演大柔和深妙道，味甘露正觉。诸小虫兽欲惊狮子，魔今欲璧大无极树，以使摧折拔其根本，以牛迹水欲比大海。反长怨贼，无益之城，起凶敌心。今日魔王当与度怨，言谈说事，横兴反祸，恶鬼为伦，当除迷惑。取道伴党，令至平等，而无殊特。弃非法王，自归圣道，严净微妙，生无上慧仁义法味，舍众邪曲令心质朴。今日波旬心当惟念，过大旷野，最后究竟尽生死源，而反驰骋入大海中，当乘大舟度终始流。今遇习学，值被劫烧，并灾树木众杂药草，莫复毁坏大金刚术。当归大道然后得佛，度脱十方众生人物。

密迹力士谓寂意：于时诸天叹咏佛德，巍巍如是而无比像。其魔波旬以得叹佛闻是十六事，好乐所慕，心存大猷。

11.62.5

[illegible]	[illegible]	[illegible]	[illegible]	[illegible]	[illegible]	[illegible]	[illegible]	[illegible]
tśhjɨ^{1}	dzjɨj^{1}	dwu̱^{2}	rjar^{1}	ɣie^{1}	mjijr^{2}	phji^{1}	mjij^{1}	tshjɨ^{1}
尔	时	密	迹	力	士	意	寂	菩
[illegible]	[illegible]	[illegible]：	[illegible]	[illegible]	[illegible]	[illegible]：	[illegible]	[illegible]
tsjij^{2}	·jij^{1}	·jɨ^{2}	tshjɨ^{1}	tsjij^{2}	·jij^{1}	ljɨr^{2}	ŋa^{2}	pju̱^{1}
萨	△	谓：	菩	萨	自	念：	吾	计

于是密迹力士谓寂意菩萨：菩萨自念：

11.62.6

[illegible]	[illegible]	[illegible]	[illegible]，	[illegible]	[illegible]	[illegible]	[illegible]，	[illegible]
tji^{2}	mjij^{1}	kja^{2}	kha^{1}	tśhja^{2}	·io̱w^{1}	zji^{2}	dzji̱^{2}	·jiw^{1}
可	不	劫	中，	德	功	普	内，	因
[illegible]	[illegible]	[illegible]。	[illegible]	[illegible]	[illegible]	[illegible]	[illegible]	[illegible]
dźjɨ	śjɨj^{1}	·jiw^{2}	ŋewr^{2}	pju̱^{1}	ŋewr^{2}	·jir^{2}	tu̱^{1}	rjir^{2}
行	成	就。	数	量	无	百	千	亿

吾不可计劫，功勋普着，因行成就。从无央数百千亿

11.63.1

[illegible]	[illegible]	[illegible]	[illegible]	[illegible]	[illegible]	[illegible]，	[illegible]	[illegible]
mjijr^{2}	kja^{2}	kha^{1}	tśhja^{2}	·iọw^{1}	dụ^{1}	dzjɨ̣^{2}	zji^{2}	njwo^{2}
垓	劫	中	德	功	积	累，	皆	宿
[illegible]	[illegible]	[illegible]	[illegible]	[illegible]	[illegible]。	[illegible]	[illegible]	[illegible]
pjɨ^{1}	zjọ^{2}	zjọ^{2}	mər^{2}	tsjịr^{1}	ŋwu^{2}	no^{2}	no^{2}	·jij^{1}
昔	世	世	本	法	是。	膂	力	自

垓积功累德，皆是宿本世世本法。每生①自

11.63.2

[illegible]，	[illegible]	[illegible]	[illegible]	[illegible]	[illegible]	[illegible]	[illegible]	[illegible]
tśhjwɨj^{1}	sọ^{1}	kięj^{2}	tśjị^{1}	ŋjir^{1}	dźiã^{2}	tśhju^{1}	·jij^{1}	njij^{2}
克，	三	界	苦	厄	众	生	△	慈
[illegible]。	[illegible]	[illegible]	[illegible]	[illegible]，	[illegible]	[illegible]	[illegible]	[illegible]，
śjow^{1}	·wə̣^{1}	lhjii^{1}	dźjɨ	dźjịj^{1}	tśhja^{2}	ka^{1}	sej^{1}	rur^{2}
悲。	柔	软	实	行，	正	等	净	清，

克，愍念众生三界之厄。故行柔软，平正鲜明②

11.63.3

[illegible]	[illegible]	[illegible]	[illegible]，	[illegible]	[illegible]	[illegible]	[illegible]，	[illegible]
gji^{1}	sej^{1}	sjwɨj^{1}	rjir^{2}	sjwɨ^{1}	ŋwo^{2}	ljij^{2}	kjir^{2}	lew^{1}
清	净	业	致，	谁	坏	毁	敢，	独
[illegible]	[illegible]	[illegible]？	[illegible]	[illegible]	[illegible]	[illegible]	[illegible]	[illegible]
ljɨ̣^{2}	swew^{1}	lją^{1}	tśhjɨ^{1}	dzjɨj^{1}	tshjɨ^{1}	tsjij^{2}	khwa^{1}	śia^{1}
地	明	证？	尔	时	菩	萨	袈	裟

致清净业，谁敢毁坏独地证明？于时菩萨从袈

11.63.4

[illegible]	[illegible]	[illegible]	[illegible]	[illegible]	[illegible]	[illegible]，	[illegible]	[illegible]

① 每生，西夏本作"膂力"。

② 平正鲜明，西夏本作"正等清净"。

·u^2	ljijr^2	tshjɨj^2	kię^1	tsə^1	lạ^1	·o^1	·jij^1	ljụ^2
内	△	紫	金	色	手	垂，	已	身
[illegible]	[illegible]，	[illegible]	[illegible]	[illegible]	[illegible]。	[illegible]	[illegible]	[illegible]
zjir^2	lji̱r^1	ljij^2	·wju̱^{1}	mji^1	dźjɨ̱r^1	tsji̱r^2	rjar^1	·wə̱^{1}
普	摩，	大	哀	不	舍。	性	得	柔

裟里出紫磨金色手，普摩己身，不舍大哀。志性调

11.63.5

[illegible]，	[illegible]	[illegible]	[illegible]	[illegible]	[illegible]	[illegible]，	[illegible]	[illegible]	[illegible]
ne̱w^2	dźiã^2	tśhju^1	·jij^1	gju^1	kięj^2	nio̱w^1	·ju^2	lhjɨ^1	lhji^2
善，	众	生	△	度	欲	因，	常	徐	安
[illegible]。	[illegible]	[illegible]	[illegible]	[illegible]，	[illegible]	[illegible]	[illegible]	[illegible]	
dźjij^1	tśier^1	lạ^1	·a	tśhjij^1	śja^1	ljijr^2	kięj^2	ljijr^2	
行。	右	手	△	举，	十	方	界	向	

和，欲度众生常行安徐，举其右手向十方界。

11.63.6

[illegible]。	[illegible]	[illegible]	[illegible]	[illegible]，	[illegible]	[illegible]	[illegible]。	[illegible]
nur^1	·jij^1	rjur^1	tha^1	ljij^2	nio̱w^1	ljɨ^2	njɨ^2	so̱^{1}
指。	自	诸	佛	见，	又	地	至。	三
[illegible]	[illegible]	[illegible]	[illegible]	[illegible]	[illegible]	[illegible]	[illegible]	[illegible]，
tu̱^{1}	ljij^2	tu̱^{1}	rjur^1	kięj^2	tśhjiw^1	mə^2	sa̱r^1	mju^2
千	大	千	世	界	六	种	振	动，

自见诸佛适至乎地，三千大千世界六反振动。

11.64.1

[illegible]	[illegible]	[illegible]	[illegible]。	[illegible]	[illegible]	[illegible]	[illegible]	[illegible]
thja^1	śjij^1	ɣię^2	to^2	ɣię^2	śja^1	ljijr^2	tha^1	lhjij
自	然	音	出。	音	十	方	佛	土
[illegible]	[illegible]	[illegible]。	[illegible]	[illegible]	[illegible]	[illegible]	[illegible]	[illegible]
·u^2	zji^2	mji^1	thja^1	ljij^2	po^1	sjwɨ^1	thja^1	mə^2
内	皆	闻。	其	魔	波	旬	斯	音

有自然音，其音宣彻十方佛土。其魔波旬闻斯

11.64.2

[illegible]	[illegible]，	[illegible]	[illegible]	[illegible]	[illegible]	[illegible]。	[illegible]	[illegible]
ɣię^{2}	mji^{1}	ŋa^{1}	gu^{2}	ljịj^{2}	wjị^{1}	dźjwɨ^{1}	tsjɨ^{1}	thja^{1}
声	闻，	空	中	魔	亲	属。	亦	斯
[illegible]	[illegible]	[illegible]，	[illegible]	[illegible]	[illegible]	[illegible]	[illegible]	
mə^{2}	ɣię^{2}	mji^{1}	to^{2}	zji^{2}	·jij^{1}	·jij^{1}	źier^{1}	
音	响	闻，	咸	共	各	自	责	

音声，及魔官属在虚空中，亦闻斯音响，咸共自责。

11.64.3

[illegible]。	[illegible]	[illegible]	[illegible]	[illegible]，	[illegible]	[illegible]	[illegible]	[illegible]。
njɨ̱^{2}	tśhjwɨj^{1}	kie^{1}	sju̱^{1}	dźjwiw^{2}	·jɨr^{2}	djo̜^{2}	dźjịj^{1}	dzu^{1}
骂。	禁	戒	思	饥，	勤	修	行	乐。
[illegible]	[illegible]	[illegible]	[illegible]	[illegible]	[illegible]	[illegible]	[illegible]	[illegible]
nio̜w^{1}	dzjɨj^{1}	ljịj^{2}	śjɨj^{2}	dźiã^{2}	tśhju^{1}	·jij^{1}	njij^{2}	śjow^{1}
又	时	大	圣	众	生	△	慈	悲

饥虚禁戒，乐乎勤修。又时大圣加施无畏，

11.64.4

[illegible]	[illegible]	[illegible]	[illegible]。	[illegible]	[illegible]	[illegible]	[illegible]	[illegible]
le^{2}	mjij^{1}	mjii^{1}	khjow^{1}	tśhjɨ^{1}	dzjɨj^{1}	·jar^{1}	ɣạ^{2}	mjijr^{2}
畏	无	赐	施。	应	时	八	十	垓
[illegible]	[illegible]	[illegible]	[illegible]	[illegible]	[illegible]	[illegible]	[illegible]，	[illegible]
ljịj^{2}	nio̜w^{1}	·ju^{1}	nja̜^{1}	to^{2}	zji^{2}	dja^{2}	·wə̣^{1}	dźiã^{2}
魔	及	鬼	神	悉	皆	已	伏，	菩

愍伤众生。应时八十垓魔及鬼神伏向菩萨，

11.64.5

[illegible]	[illegible]	[illegible]，	[illegible]	[illegible]	[illegible]	[illegible]，	[illegible]	[illegible]
tsjij^{2}	·ju^{2}	rjir^{2}	thja^{1}	śjij^{1}	nja^{1}	tśhja^{1}	bju^{1}	tjị^{1}

萨 前 面， 自 然 而 躄， 依 归

[illegible] [illegible]。 [illegible] [illegible] [illegible] [illegible]， [illegible] [illegible] [illegible]

njiij¹ śjwo¹ tha¹ do² dju¹ rjijr² lew¹ tjị¹ wjɨ²

心 生。 佛 于 告 呼， 唯 愿 尽

自然躄地，心自归命，唯见

11.64.6

[illegible] [illegible] [illegible] [illegible] [illegible]。 [illegible] [illegible] [illegible] [illegible]

gju̱² ·wejr² ·wji¹ nji² ·jɨ² rjur¹ ·ji¹ kha¹ dźjiij¹

济 护 作 △ △。 诸 众 中 于

[illegible]， [illegible] [illegible] [illegible] [illegible] [illegible] [illegible] [illegible] [illegible]

dźjiij¹ ljij² wjɨ̣¹ dźjwɨ¹ njɨ² dźjwu¹ ljij² dźjow¹ ka²

处， 魔 亲 属 等 除 破 分 离。

拥护。诸在众中与魔眷属破坏亡去，

11.65.1

[illegible] [illegible] [illegible] [illegible]， [illegible] [illegible] [illegible] [illegible]。 [illegible]

thja¹ śjij¹ mer² lha śjɨ¹ tjị² mjɨ¹ dạ² thjɨ²

自 然 迷 惑， 往 可 迷 惑。 是

[illegible] [illegible] [illegible] [illegible] [illegible] [illegible] [illegible]， [illegible] [illegible]

nio̱w¹ tshjɨ¹ tsjij² ljij² bji¹ swew¹ ·wjạ² thja¹ njɨ²

故 菩 萨 大 光 明 演， 斯 等

自然迷惑不知所凑。所以菩萨演大光明，

11.65.2

[illegible] [illegible] [illegible] [illegible] [illegible] [illegible] [illegible]。 [illegible] [illegible]

·jij¹ njij² śjow¹ twụ¹ kjạ¹ le² ka² zji² mə¹

△ 慈 悲 各 恐 畏 离， 皆 天

[illegible] [illegible] [illegible] [illegible] [illegible]。 [illegible] [illegible] [illegible] [illegible]。

mjii¹ ·u² wjɨ² lhjwo¹ phji¹ thjɨ² ·jiw¹ nio̱w¹ ku¹

宫 内 尽 归 令。 是 以 故 则

愍哀斯等各离恐畏，皆归天宫，以是之故。

11.65.3

[illegible]	[illegible]	[illegible]	[illegible]	[illegible]	[illegible]	[illegible]	[illegible]	[illegible]
tshjɨ^{1}	tsjij^{2}	ljịj^{2}	mjijr^{2}	lji̱j^{2}	njij^{2}	nio̱w^{1}	·ji^{1}	wjɨ̣^{1}
菩	萨	大	士	魔	王	及	众	官
[illegible]	[illegible]	[illegible]	[illegible],	[illegible]	[illegible]	[illegible]	[illegible]	[illegible]
dźjwɨ^{1}	·jij^{1}	·jar^{2}	śja^{2}	·jar^{1}	ɣạ^{2}	·rjir^{2}	mjijr^{2}	·ju^{1}
属	△	降	现,	八	十	亿	垓	鬼

菩萨大士现降,魔王及众官属八十亿垓鬼神

11.65.4

[illegible]	[illegible]	[illegible]	[illegible]	[illegible]	[illegible]	[illegible]	[illegible]	[illegible]
njạ^{1}	zji^{2}	zji^{2}	phju^{2}	tśhja^{2}	ɣiej^{1}	tśja^{1}	njiij^{1}	·a
神	皆	无	上	正	真	道	意	△
[illegible]。	[illegible]	[illegible]	[illegible]	[illegible]	[illegible]	[illegible]	[illegible]	[illegible]
śjwo^{1}	gjɨ̱^{1}	ɣạ^{2}	njɨ̱^{1}	·jir^{2}	bju̱^{2}	dzjwo^{2}	·wə̱^{1}	lhjii^{1}
发。	九	十	二	百	将	人	柔	软

皆发无上正真道意,九十二亿载人以仁和心

11.65.5

[illegible]	[illegible],	[illegible]	[illegible]	[illegible]	[illegible]。	[illegible]	[illegible]	[illegible]
njiij^{1}	ŋwu^{2}	mji^{1}	lhji̱^{1}	lhjwo^{1}	rjir^{2}	·jar^{1}	khjɨ^{2}	ljɨ̱r^{1}
心	以,	不	退	转	立。	八	万	四
[illegible]	[illegible]	[illegible]	[illegible]	[illegible]	[illegible]	[illegible]	[illegible]	[illegible]
tụ^{1}	rjur^{1}	mə^{1}	zjɨ̣^{1}	njɨ^{2}	njwo^{2}	mər^{2}	tśhji^{2}	rjɨr^{2}
千	诸	天	子	等	宿	本	根	乃

立不退转。八万四千诸天子等,宿殖德本,

11.65.6

[illegible]	□	[illegible]	[illegible]	[illegible]	[illegible]	[illegible]。	[illegible]	[illegible]
ljị^{1}	□	we̱^{1}	mjij^{1}	tsji̱r^{1}	ze̱w^{2}	rjir^{2}	dwu̱^{2}	rjar^{1}
殖,	□	生	无	法	忍	得。	密	迹

[illegible]	[illegible]	[illegible]	[illegible]	[illegible]	[illegible]	[illegible]	[illegible]:	[illegible]
ɣie¹	mjijr²	phji¹	mjij¹	tshjɨ¹	tsjij²	·jij¹	·jɨ²	thjɨ²
力	士	意	寂	菩	萨	△	谓:	是

逮得无生法忍。密迹力士谓寂意曰:

11.66.1

[illegible]	□	[illegible],	[illegible]	[illegible]	[illegible]	[illegible]。	[illegible]	[illegible]
sju²	□	djij¹	rjɨr²	·jar²	·ji¹	ljij²	rjur¹	mə¹
如	□	像,	所	降	众	魔。	诸	天
[illegible]	[illegible]	[illegible]	[illegible]	[illegible]	[illegible],	[illegible]	[illegible]	[illegible]
rjur¹	dzjwo²	pjụ¹	dza²	tjị²	mjij¹	dzjiij²	lhjịj²	ɣie²
诸	人	称	载	可	无,	化	受	利

以是比像,所降众魔,诸天世人不可称载,受化得济,

11.66.2

[illegible]。	[illegible]	[illegible]	[illegible]	[illegible]	[illegible]	[illegible]	[illegible]	[illegible]
rjir¹	rjur¹	mə¹	rjur¹	dzjwo²	ljij²	po¹	sjwɨ¹	rjir²
得。	诸	天	诸	人	魔	波	旬	与
[illegible]	[illegible],	[illegible]	[illegible]	[illegible]	[illegible]	[illegible]	[illegible]	[illegible]
ŋewr²	ka¹	tśhio̱w¹	tśhio̱w¹	dzjwo²	tshjɨ¹	tsjij²	·jij¹	dźjịj¹
数	等,	或	者	人	菩	萨	△	行

其诸天人追魔波旬。若人以见菩萨

11.66.3

[illegible]	[illegible]。	[illegible]	[illegible]	[illegible]	[illegible]	[illegible]	[illegible]	[illegible]
lew²	ljij²	tśhio̱w¹	tśhio̱w¹	ljị¹	sej¹	wją¹	sej¹	ka²
所	见。	复	或	宝	净	莲	花	狮
[illegible]	[illegible]	[illegible]	[illegible]	[illegible]	[illegible]。	[illegible]	[illegible]	
tśjij²	dźjwi²	tśhją¹	dzu̱²	djij²	ljij²	tśhio̱w¹	tśhio̱w¹	
子	床	上	坐	△	见。	复	或	

所行,或见坐于宝净莲花狮子之床,

11.66.4

[illegible]	[illegible],	[illegible]	[illegible]	[illegible]	[illegible]	[illegible]	[illegible]	[illegible]
ljɨ̣^{2}	tśhja̱^{1}	nio̱w^{1}	ŋa^{1}	gu^{2}	ka^{2}	tśjij^{2}	lu^{2}	tśhja̱^{1}
地	上,	复	空	中	狮	子	座	上
[illegible]	[illegible]	[illegible]。	[illegible]	[illegible]	[illegible]	[illegible]	[illegible]	
dzu̱^{2}	djij^{2}	ljij^{2}	tśhio̱w^{1}	tśhio̱w^{1}	pej^{1}	tow^{1}	phu^{2}	
坐	△	见。	复	或	贝	多	树	

或见在地,或在虚空狮子座上,或复见在贝多

11.66.5

[illegible]	[illegible]	[illegible]	[illegible],	[illegible]	[illegible]	[illegible]	[illegible]	[illegible]
khju^{1}	dzu̱^{2}	djij^{2}	ljij^{2}	tśhio̱w^{1}	tśhio̱w^{1}	la̱^{1}	lji^{1}	mə^{1}
下	坐	△	见,	复	或	忉	利	天
[illegible]	[illegible]	[illegible]	[illegible]	[illegible]	[illegible]	[illegible]	[illegible],	[illegible]
tśhja̱^{1}	njɨɨ^{2}	gjɨ^{2}	phu^{2}	khju^{1}	dzu̱^{2}	djij^{2}	ljij^{2}	tśhio̱w^{1}
上	昼	夜	树	下	坐	△	见,	或

树下,或见在忉利天上昼夜树下,

11.66.6

[illegible]	[illegible]	[illegible]	[illegible]	[illegible]	[illegible]	[illegible],	[illegible]	[illegible]
tśhio̱w^{1}	·ji^{1}	ljɨ̣^{1}	phu^{2}	dzu̱^{2}	djij^{2}	ljij^{2}	tśhio̱w^{1}	tśhio̱w^{1}
或	众	宝	树	坐	△	见,	复	或
[illegible]	[illegible]	[illegible]	[illegible]	[illegible]	[illegible]	[illegible]	[illegible]	[illegible]
rjur^{1}	dzjwo^{2}	ŋowr^{2}	ŋowr^{2}	śja̱^{1}	tśhja̱^{2}	rjur^{1}	tha^{1}	phu^{2}
诸	人	一	切	七	尺	诸	佛	树

或以见在众宝树下,或复普见一切诸人七尺诸

11.67.1

[illegible]	[illegible]	[illegible]	[illegible],	[illegible]	[illegible]	[illegible]	[illegible]	[illegible]
khju^{1}	dzu̱^{2}	djij^{2}	ljij^{2}	tśhio̱w^{1}	tśhio̱w^{1}	rjur^{1}	mə^{1}	tha^{1}
下	坐	△	见,	或	或	诸	天	佛

[illegible]	[illegible]	[illegible]	[illegible]	[illegible]	[illegible]	[illegible]	[illegible]	[illegible]
phu²	khju¹	sọ¹	tśhja̱²	khwə¹	bji²	bjij²	ka²	tśjij²
树	下	三	尺	半	下	高	狮	子

佛树下，或诸天见坐佛树下处在狮子

11.67.2

[illegible]	[illegible]	[illegible]	[illegible]	[illegible]。	[illegible]	[illegible]	[illegible]	[illegible]
lu²	tśhja̱¹	dzu̱²	djij²	ljij²	tśhio̱w¹	tśhio̱w¹	bji²	bjij²
座	上	坐	△	见。	或	者	下	高
[illegible]	[illegible]	[illegible]	[illegible]。	[illegible]	[illegible]	[illegible]	[illegible]	[illegible]
ljɨr¹	ɣạ²	gjɨ¹	tśhja̱²	tśhio̱w¹	tśhio̱w¹	bji²	bjij²	ɣạ²
四	十	九	尺。	或	者	下	高	十

半仞座上。或在七仞，或复十

11.67.3

[illegible]。	[illegible]	[illegible]	[illegible]	[illegible]	[illegible]	[illegible]。	[illegible]	[illegible]
bju̱²	rjar¹	tśhio̱w¹	tśhio̱w¹	njɨ¹	ɣạ²	bju̱²	rjar¹	tśhio̱w¹
里，	而	或	者	二	十	里，	而	或
[illegible]	[illegible]	[illegible]	[illegible]。	[illegible]	[illegible]	[illegible]	[illegible]	[illegible]
tśhio̱w¹	ljɨr¹	ɣạ²	bju̱²	rjar¹	tśhio̱w¹	tśhio̱w¹	rjur¹	dzjwo²
者	四	十	里。	而	或	者	诸	人

里，或二十里，或四十里。或诸天

11.67.4

[illegible]	[illegible]	[illegible]	[illegible]	[illegible]	[illegible]	[illegible]	[illegible]	[illegible]。
mə¹	bji²	bjij²	·jar¹	khjɨ²	ljɨr¹	tụ¹	rjir²	sjwɨ¹
天	下	高	八	万	四	千	由	旬，
[illegible]	[illegible]	[illegible]	[illegible]	[illegible]	[illegible]	[illegible]。	[illegible]	[illegible]
rjar¹	tha¹	phu²	khju¹	dzu̱²	djij²	ljij²	tśhio̱w¹	tśhio̱w¹
而	佛	树	下	坐	△	见，	复	或

人悉见八万四千由旬佛树下坐，

11.67.5

[illegible]	[illegible]	[illegible]	[illegible]	[illegible]	[illegible],	[illegible]	[illegible]	[illegible]
ljɨ̱r^{1}	khjɨ^{2}	njɨɨ^{1}	tụ^{1}	rjir^{2}	sjwɨ^{1}	rjar^{1}	ka^{2}	tśjij^{2}
四	万	二	千	由	旬,	而	狮	子
[illegible]	[illegible]	[illegible]	[illegible]	[illegible]。	[illegible]	[illegible]	[illegible]	[illegible]
lu^{2}	tśhja̱^{1}	dzu̱^{2}	djij^{2}	ljij^{2}	phji^{1}	mjij^{1}	tshjɨ^{1}	tsjij^{2}
座	上	床	△	见。	意	寂	菩	萨

或复现在四万二千由旬坐狮子床。如是①,寂意,

11.67.6

□	[illegible]	[illegible]	[illegible]	[illegible]	[illegible]	[illegible]	[illegible],	[illegible]
□	tshjɨ^{1}	tsjij^{2}	njɨ^{2}	pjụ^{1}	dza^{2}	tji^{2}	mjij^{1}	mjɨɨ^{2}
□	菩	萨	等	量	计	可	无,	境
[illegible]	[illegible]	[illegible]。	[illegible]	[illegible]	[illegible]	[illegible]	[illegible]	[illegible]
rjur^{1}	se̱w^{2}	gie^{1}	rjur^{1}	tshjɨ^{1}	tsjij^{2}	·jij^{1}	thjɨ^{2}	nio̱w^{1}
界	察	难。	诸	菩	萨	△	是	由

诸菩萨不可称计,境界难限②。诸菩萨众由是

11.68.1

□	[illegible]	[illegible]	[illegible]	[illegible]	[illegible]。	[illegible]	[illegible]	[illegible]
□	lhjo̱r^{1}	·jij^{1}	twụ^{1}	do^{2}	pha^{1}	tshjɨ^{1}	tsjij^{2}	dźjij^{1}
□	场	自	各	分	别。	菩	萨	行
[illegible],	[illegible]	[illegible]	[illegible]	[illegible]	[illegible]	[illegible],	[illegible]	[illegible]
lew^{2}	tśhjɨ^{1}	zjij^{1}	mə^{2}	de^{2}	rejr^{2}	sjwɨj^{1}	·jar^{1}	·jir^{2}
所,	若	干	种	欢	乐	业,	八	百

道场归乎殊特。菩萨所行,有若干种欢乐之业,八百

11.68.2

[illegible]	[illegible]	[illegible]。	[illegible]	[illegible]	[illegible]	[illegible]	[illegible]	[illegible]

① 如是,西夏本无。
② 限,西夏本作"察"。

tụ^{1}	dźjɨ	dju^{1}	tshjɨ^{1}	tsjij^{2}	wjɨ^{2}	śja^{2}	thwu̱^{1}	do^{2}
千	行	有。	菩	萨	所	现	同	异
[illegible]	[illegible],	[illegible]	[illegible]	[illegible]	[illegible]	[illegible],	[illegible]	[illegible]
mji^{1}	lew^{2}	mər^{2}	tsji̱r^{2}	bju^{1}	dzju^{1}	dzjiij^{2}	me̱^{2}	śjɨj^{2}
不	同,	本	性	依	开	化,	贤	圣

千行。菩萨所现不同,各从本性而开化之,发贤

11.68.3

[illegible]	[illegible]	[illegible]	[illegible]	[illegible],	[illegible]	[illegible]	[illegible]	[illegible],
·jij^{1}	mjij^{1}	sej^{1}	gu^{1}	śjwo^{1}	tśhja^{2}	ka^{1}	dwewr^{2}	śjɨj^{1}
△	寂	净	△	发,	正	等	觉	成,
[illegible]	[illegible]	[illegible]	[illegible]。	[illegible]	[illegible]	[illegible]	[illegible]	[illegible],
ŋowr^{2}	ŋowr^{2}	sjij^{2}	njɨ^{2}	mə^{2}	djij^{1}	ŋwu̱^{1}	njij^{2}	bju^{1}
一	切	智	至。	各	类	语	言	随,

圣意①,成最正觉至一切智。随时音响②,

11.68.4

[illegible]	[illegible]	[illegible]	[illegible],	[illegible]	[illegible]	[illegible]	[illegible]。	[illegible]
thjo̱^{1}	tsji̱r^{1}	ne̱^{1}	tshjij^{1}	kju̱^{1}	tshwew^{1}	·wji^{1}	bju^{1}	tshjɨ^{1}
妙	法	宣	说,	供	养	作	依。	菩
[illegible]	[illegible]	[illegible]	[illegible]	[illegible]	[illegible]	[illegible],	[illegible]	[illegible]
tsjij^{2}	thja^{1}	ɣa^{2}	tśhjɨ^{1}	zjij^{1}	mə^{2}	ŋwu^{2}	thja^{2}	·jij^{1}
萨	彼	于	若	干	种	以,	其	△

而班宣法,供所当奉。菩萨于彼以若干品,其所

11.68.5

[illegible]	[illegible],	[illegible]	[illegible]	[illegible]	[illegible]	[illegible]	[illegible]	[illegible]
tshjij^{1}	·wji^{1}	zji^{2}	tshjɨ^{1}	tsjij^{2}	·jij^{1}	njwo^{2}	rjɨr^{2}	dźjij^{1}
言	作,	皆	菩	萨	△	宿	所	实
[illegible]	[illegible]。	[illegible]	[illegible]	[illegible]	[illegible],	[illegible]	[illegible]	[illegible]

① 意,西夏本作"寂净"。

② 随时音响,西夏文字面意思是"随各类言语"。

dźjɨ	ŋwu^2	tshjɨ^1	tsjij^2	·jiw^1	bju^1	pjwɨ̣r^1	nẹj^2	gjịj^1
行	是。	菩	萨	因	依，	劝	示	利

谘嗟，皆是菩萨本宿所行。菩萨所因，劝乐示

11.68.6

[illegible]，	[illegible]	[illegible]	[illegible]	[illegible]，	[illegible]	[illegible]	[illegible]，	[illegible]
de^2	to^2	zji^2	·jow^2	śja^2	kjụ^1	tshwew^1	ljịj^2	thjɨ^2
乐，	悉	皆	赞	叹，	供	养	来，	是
[illegible]	[illegible]	[illegible]。	[illegible]	[illegible]	[illegible]	[illegible]	[illegible]	[illegible]
sju^2	kjɨ^1	·wji^1	tshjɨ^1	tsjij^2	thja^1	ɣa^2	njiij^1	zjij^1
如	△	作。	菩	萨	尔	于	心	著

义，咸来谘嗟而供养之。虽尔菩萨心无

11.69.1

[illegible]	[illegible]，	[illegible]	[illegible]	[illegible]	[illegible]，	[illegible]	[illegible]	[illegible]
lew^2	mjij^1	ljịj^2	ŋjir^1	mji^1	dju^1	·ji^1	tśjụ^1	khwa^1
所	无，	魔	难	无	有，	众	害	久
[illegible]。	[illegible]	[illegible]	[illegible]	[illegible]	[illegible]	[illegible]	[illegible]	[illegible]。
ka^2	rjur^1	tha^1	tśja^1	tsjịr^1	ŋowr^2	ŋowr^2	zji^2	rjir^2
舍。	诸	佛	道	法	一	切	普	逮。

所著，无有魔难以舍众害，普逮一切诸佛道法。

11.69.2

[illegible]	[illegible]	[illegible]	[illegible]，	[illegible]	[illegible]	[illegible]	[illegible]，	[illegible]
tsej^2	zjij^1	njiij^1	śjwo^1	sjij^2	zjɨr^1	ka^1	dźjịj^1	zji^2
须	臾	心	发，	智	慧	等	行，	悉
[illegible]	[illegible]	[illegible]。	[illegible]	[illegible]	[illegible]	[illegible]	[illegible]，	[illegible]
thjɨ^2	sju^2	nwə^1	niọw^1	tha^1	tśja^1	lhjụ^2	rjir^2	tśhja^2
此	当	知。	后	佛	道	逮	得，	正

须臾一时①发心之顷，等行智慧，悉当知此，逮致佛道为

① 一时，西夏本无。

11.69.3

[illegible]	[illegible]	[illegible]	[illegible]。	[illegible]	[illegible]	[illegible]	[illegible]	[illegible]	[illegible]	[illegible]
ka1	dwewr2	śjɨj1	tsji̱r1	ŋowr2	ŋowr2	tsjij2	tśhja2	ka1	dwewr2	śjɨj1
等	觉	成	法。	一	切	悟	正	等	觉	为。
[illegible]，	[illegible]	[illegible]	[illegible]	[illegible]	[illegible]	[illegible]	[illegible]	[illegible]，	[illegible]	[illegible]
nio̱w1	śja1	ljijr2	rjur1	kie̱j2	ŋowr2	ŋowr2	·u2	dźjij1	pju̱1	tji̱2
因，	十	方	世	界	一	切	内	住，	量	可

最正觉。以达一切逮最正觉，住在一切十方世界。

11.69.4

[illegible]	[illegible]	[illegible]	[illegible]	[illegible]	[illegible]	[illegible]。	[illegible]	[illegible]
mjij1	dza2	tji̱2	mjij1	mjor1	ljij2	ljij2	tha1	tśja1
无	计	可	无	如	来	见。	佛	道
[illegible]	[illegible]	[illegible]	[illegible]	[illegible]	[illegible]。	[illegible]	[illegible]	[illegible]
zji2	gie1	ku1	tsji̱r1	tshji1	khjow1	nio̱w1	tsiow	rejr2
皆	尽	则	法	需	授。	又	永	安

见不可计无限如来，授其右掌①，尽问佛道。又谘永安

11.69.5

[illegible]	[illegible]	[illegible]	[illegible]。	[illegible]	[illegible]	[illegible]	[illegible]，	[illegible]
tśja1	tśhja2	mər2	·jɨr1	tśja1	zjɨr1	zji2	thjo̱1	dwər1
道	德	源	谘。	道	慧	微	妙，	厌
[illegible]	[illegible]	[illegible]。	[illegible]	[illegible]	[illegible]	[illegible]，	[illegible]	[illegible]
khie1	mji1	dju1	zji2	dźjwa1	tsji̱r1	tshji̱j1	zjɨr1	·jij1
患	无	有。	皆	竟	法	说，	慧	自

道德之源。道慧微妙，无有患厌。讲论至道②，慧得

11.69.6

[illegible]	[illegible]。	[illegible]	[illegible]	[illegible]	[illegible]，	[illegible]	[illegible]	[illegible]

① 右掌，西夏本作“需法”。右，西夏文作“[illegible]（tsji̱r1）”，义为“法”，恐误。“[illegible]（tsji̱r1）”与“[illegible]（tśier1）”音近，这里疑与“[illegible]（tśier1）”通假。掌，西夏文作“[illegible]（tshji1）”，义为“需”，恐误。“[illegible]（tshji1）”与“[illegible]（śjwa1）”形近，这里疑与“[illegible]（śjwa1）”通假。

② 讲论至道，西夏文字面意思是“皆竟说法”。

dzju²	rjir²	dej¹	dźjịj¹	tśhja²	lhjɨr¹	dow¹	mjij¹	sjwɨj¹
在	得。	宣	布	平	等,	邪	无	业
[illegible]。	[illegible]	[illegible]	[illegible]	[illegible],	[illegible]	[illegible]	[illegible]	[illegible]
·o²	ŋewr²	pjụ¹	mjij¹	dźjɨ	phjo²	kar²	ŋwu²	·ji¹
入。	数	量	无	行,	分	别	以	众

自在。宣布平等,入无邪业。分别示众,无央数

11.70.1

[illegible]。	[illegible]	[illegible]	[illegible]	[illegible],	[illegible]	[illegible]	[illegible]	[illegible]。
nej²	sọ¹	ljɨ¹	phie²	tshjịj¹	twẹ²	mjij¹	bja²	phji¹
示。	三	宝	开	宣,	续	不	断	令。
[illegible]	[illegible]	[illegible]	[illegible]。	[illegible]	[illegible]	[illegible]	[illegible]	[illegible]
ljij²	·wjụ¹	nẹ¹	tshjịj¹	tsjir¹	ŋowr²	ŋowr²	ɣa²	zji²
大	哀	演	说。	法	一	切	于	皆

行。剖判①三宝,使不断绝,敷演大哀。于一切法

11.70.2

[illegible]	[illegible]	[illegible]。	[illegible]	[illegible]	[illegible]	[illegible]	[illegible]	[illegible]。
·jij¹	dzju²	rjir²	ɣwie¹	ɣie¹	mjij¹	sji¹	sjwɨj¹	·o²
自	在	得。	势	力	无	穷	业	入。
[illegible]	[illegible]	[illegible]	[illegible]	[illegible]	[illegible]	[illegible]	[illegible],	[illegible]
tjɨ¹	tjij¹	dźiã²	tśhju¹	rjur¹	tśhji²	·jij¹	djij²	ku¹
假	若	众	生	诸	根	定	△,	则

而得自在,入于豪势无穷之业。若有众生诸根淳熟,

11.70.3

[illegible]	[illegible]	[illegible]	[illegible]	[illegible]	[illegible]	[illegible]	[illegible]。	[illegible]
thja¹	tshjɨ¹	tsjij²	·jij¹	dźjịj¹	lew²	zji²	tsjij²	tjij¹
是	菩	萨	△	行	能	皆	了。	若
[illegible]	[illegible]	[illegible]	[illegible]	[illegible]	[illegible]	[illegible]	[illegible],	[illegible]

① 剖判,西夏文字面意思是“开宣”。

rjur^{1}	tśhji^{2}	ŋewr^{1}	ku^{1}	tshwew^{1}	tjị^{2}	mjɨ^{1}	dạ^{2}	tshjɨ^{1}
诸	根	乱	则	趣	所	知	误，	菩

悉能了是菩萨所行。若诸根乱不知所趣，菩

11.70.4

[illegible]	[illegible]	[illegible]	[illegible]	[illegible]	[illegible]	[illegible]。	[illegible]	[illegible]
tsjij^{2}	śji^{1}	mjor^{1}	ljij^{2}	tśja^{1}	tsji̠r^{1}	śjɨj^{1}	zjọ^{2}	śja̠^{1}
萨	先	如	来	道	法	成。	时	七
[illegible]	[illegible]	[illegible]	[illegible]	[illegible]	[illegible]	[illegible]。	[illegible]	[illegible]
njɨɨ^{2}	śja̠^{1}	gjɨ^{2}	tsji̠r^{1}	rejr^{2}	sjwɨ^{1}	ljɨr^{2}	po^{1}	tjɨj^{1}
日	七	夜	法	乐	思	虑。	菩	提

萨适成如来道法，夙夜七日悉存①法乐，观佛

11.70.5

[illegible]	[illegible]，	[illegible]	[illegible]	[illegible]	[illegible]。	[illegible]	[illegible]	[illegible]
phu^{2}	bio̠^{1}	dwər^{1}	·jar^{2}	mji^{1}	dju^{1}	mej^{1}	phji̠^{1}	mjij^{2}
树	观，	厌	困	不	有。	目	眴	未
[illegible]。	[illegible]	[illegible]	[illegible]	[illegible]	[illegible]	[illegible]	[illegible]	[illegible]
djij^{2}	·jir^{2}	tụ^{1}	rjir^{2}	mə^{1}	·jow^{2}	śja^{2}	kjụ^{1}	tshwew^{1}
曾。	百	千	亿	天	赞	叹	供	养

道树，不以为厌，目未曾眴。百千亿天来叹供养。

11.70.6

[illegible]。	[illegible]	[illegible]	[illegible]	[illegible]，	[illegible]	[illegible]	[illegible]	[illegible]
djij^{2}	·jir^{2}	tụ^{1}	ɣjiw^{2}	lhjo̠r^{1}	tji̠^{1}	ljɨj^{2}	dzji^{1}	ŋạ^{2}
曾。	百	千	玉	案，	膳	甘	食	好
[illegible]	[illegible]。	[illegible]	[illegible]	[illegible]	[illegible]	[illegible]	[illegible]	[illegible]
zji^{1}	mjii^{1}	zji^{2}	phju^{2}	tśhja^{2}	ɣiej^{1}	tśja^{1}	njiij^{1}	·a
布	施。	无	上	正	真	道	心	△

百千玉案贡上甘膳，咸发无上正真道

① 悉存，西夏文字面意思是“思虑”。

11.71.1

[illegible]。	[illegible]	[illegible]	[illegible]	[illegible]	[illegible]	[illegible]	[illegible]，	[illegible]
śjwo^1	mjor^1	ljịj^2	·jij^1	pjụ^1	wer^1	tjɨj^2	dzjo^2	zji^2
发。	如	来	△	威	仪	礼	仪，	皆
[illegible]	[illegible]	[illegible]	[illegible]。	[illegible]	[illegible]	[illegible]	[illegible]	[illegible]
tha^1	tśja^1	lhjụ^2	rjir^2	mjor^1	ljịj^2	tśhja^2	lhjɨr^1	dwewr^2
佛	道	获	得。	如	来	正	等	觉

意。睹见如来威仪礼节。已成佛道如来至真，

11.71.2

[illegible]，	[illegible]	[illegible]	[illegible]	[illegible]	[illegible]	[illegible]
ljij^2	dzjɨj^1	ljɨ̣r^1	ŋwər^1	njij^2	·jij^1	twụ^1
睹，	时	四	天	王	各	自
[illegible]	[illegible]，	[illegible]	[illegible]	[illegible]	[illegible]。	[illegible]
pa^2	zow^2	mjor^1	ljịj^2	do^2	khu^1	thjɨ^2
钵	执，	如	来	于	奉。	斯

时四天王各往执钵，奉上如来。如

11.71.3

[illegible]	[illegible]	[illegible]	[illegible]，	[illegible]	[illegible]	[illegible]	[illegible]	[illegible]
ljɨ̣r^1	mja^1	· io̱^{1}	sju^2	so̱^{1}	tụ^1	ljịj^2	tụ^1	rjur^1
四	洲	土	如，	三	千	大	千	世
[illegible]	[illegible]，	[illegible]	[illegible]	[illegible]	[illegible]	[illegible]	[illegible]	[illegible]
kiẹj^2	·u^2	nio̱w^1	dzjij^2	ljịj^2	tụ^1	rjur^1	kiẹj^2	·u^2
界	内，	又	各	大	千	世	界	中

斯刹土一四方域①，三千大千世界为中国土，大千国土

11.71.4

[illegible]	[illegible]	[illegible]	[illegible]	[illegible]	[illegible]	[illegible]。	[illegible]	[illegible]
twụ^1	·jir^2	·rjir^2	ljɨ̣r^1	mja^1	·io̱^{1}	·wjij^2	ljɨ̣r^1	·jir^2

① 方域，西夏文字面意思是"洲土"。

各	百	亿	四	洲	土	△。	四	百
[illegible]	[illegible]	[illegible]	[illegible]	[illegible]，	[illegible]	[illegible]	[illegible]	[illegible]
·rjir^2	ljɨr^1	ljịj^2	ŋwər^1	njij^2	tsjɨ^1	to^2	zji^2	pa^2
亿	四	大	天	王，	亦	悉	皆	钵

各有百亿，诸四方域四百亿四大天王，皆各执钵

11.71.5

□	[illegible]	[illegible]	[illegible]	[illegible]，	[illegible]	[illegible]	[illegible]	[illegible]。
□	mjor^1	ljịj^2	do^2	khu^1	mjor^1	ljịj^2	zji^2	lhjịj^2
□	如	来	至	授，	如	来	悉	受。
[illegible]	[illegible]	[illegible]	[illegible]，	[illegible]	[illegible]	[illegible]	[illegible]	[illegible]
tha^1	pju^1	me̱^{2}	bju^1	rjur^1	ŋwər^1	njij^2	njɨ^2	dźjwɨ^1
佛	威	神	依，	诸	天	王	等	相

往授如来，如来悉受，佛显威神，使诸天王

11.71.6

□	[illegible]	[illegible]	[illegible]。	[illegible]	[illegible]	[illegible]	[illegible]：	[illegible]
□	mji^1	ljịj^2	phji^1	·jij^1	twụ^1	ljɨr^2	wji^1	tha^1
□	不	见	令。	各	自	念	作：	佛
[illegible]	[illegible]	[illegible]	[illegible]，	[illegible]	[illegible]	[illegible]	[illegible]	[illegible]。
ŋa^2	pa^2	wjɨ^2	lhjịj^2	kjɨ^1	mjij^2	tjị^1	thji^1	·jij^1
我	钵	△	受，	△	未	食	饭	将。

各不相见。各自心念：佛受我钵，当以饭食。

11.72.1

□	□	□	[illegible]	[illegible]	[illegible]	[illegible]，	[illegible]	[illegible]
□	□	□	zji^2	ljịj^2	njiij^1	ljịj^2	zji^2	phju^2
□	□	□	皆	大	心	喜，	无	上
[illegible]	[illegible]	[illegible]	[illegible]	[illegible]	[illegible]，	[illegible]	[illegible]	[illegible]
tśhja^2	ɣiej^1	tśja^1	njiij^1	·a	śjwo^1	mji^1	lhji̱^{1}	lhjwo^1
正	真	道	心	△	发，	不	退	转

以此忻喜，心中坦然，咸发无上至真道心，至不退转。

11.72.2

□，	[illegible]	[illegible]	[illegible]。	[illegible]	[illegible]	[illegible]	[illegible]	[illegible]
□	tha^{1}	tśja^{1}	lhjụ^{2}	niọw^{1}	ljijr^{2}	thji^{1}	we^{2}	po^{1}
□，	佛	道	得。	又	△	提	谓	波
[illegible]	[illegible]	[illegible]	[illegible]	[illegible]	[illegible]	[illegible]	[illegible]	[illegible]
lji^{1}	njɨ^{2}	ŋwə^{1}	·jir^{2}	źji^{2}	mjijr^{2}	·jij^{1}	gju^{1}	dzjịj^{1}
利	等	五	百	贾	客	△	度	过

佛以成道。提谓波利①五百贾客，佛②欲

11.72.3

[illegible]	[illegible]。	[illegible]	[illegible]	[illegible]	[illegible]，	[illegible]	[illegible]	[illegible]
kięj^{2}	niọw^{1}	njịj^{2}	sjɨ^{2}	sa^{2}	śja^{2}	źji^{2}	mjijr^{2}	djịj^{1}
欲	因。	荫	辛	陈	现，	贾	客	党
[illegible]	[illegible]	[illegible]	[illegible]	[illegible]	[illegible]	[illegible]	[illegible]	[illegible]，
dźjwɨ^{1}	niọw^{1}	dzjij^{2}	dzjwo^{2}	njɨ^{2}	śji^{1}	śjɨ^{1}	mjɨ^{1}	kjir^{2}
伴	及	余	人	等	前	往	不	能，

度之，现车马顿③，贾客伴党及余而不自在④，

11.72.4

[illegible]	[illegible]	[illegible]	[illegible]。	[illegible]	[illegible]	[illegible]	[illegible]	[illegible]
zji^{2}	dja^{2}	kjọ^{1}	bji^{2}	mə^{1}	dzjwo^{2}	ŋa^{1}	gu^{2}	dạ^{2}
皆	已	入	惊。	天	人	空	中	告
[illegible]：	[illegible]	[illegible]	[illegible]	[illegible]，	[illegible]	[illegible]	[illegible]	
·jɨ^{2}	tha^{1}	kja^{2}	kha^{1}	to^{2}	nji^{2}	njɨ^{2}	kjụ^{1}	
言：	佛	世	间	兴，	汝	等	供	

怪之所以。天于虚空告言：佛兴在世，可往供

① 提谓波利，二商主名。梵文作 Trapuṣa。提谓，全称帝梨富娑、帝履富娑，又作布萨、离谓，意译作黄瓜、胡瓜、瓜。波利，全称跋梨迦、婆梨迦，又作跋梨、婆履，意译作金挺、村落。详见丁福保：《佛学大辞典》，上海：上海书店出版社 2015 年，第 2234 页。

② 佛，西夏本无。

③ 现车马顿，西夏文字面意思是“现荫陈辛”。

④ 而不自在，西夏本作“不能前往”。

11.72.5

[illegible]	[illegible]	[illegible]。	[illegible]	[illegible]	[illegible]	[illegible]。	[illegible]	[illegible]	[illegible]
tshwew1	śjɨ1	lew2	mji1	nio̱w1	njiij1	ljɨ̣j2	·jij1	twụ1	śiwe1
养	往	可。	闻	及	心	喜。	各	自	蜜
[illegible]、	[illegible]、	[illegible]	[illegible]	[illegible]	[illegible]	[illegible]。	[illegible]	[illegible]	
lhə	nej2	wjị1	?	ŋwu2	kjụ1	tshwew1	·jar1	khjɨ2	
汁、	麨、	醍	醐	以	供	养，	八	万	

养。闻之忻然。各上蜜、麨、醍醐，八万

11.72.6

[illegible]	[illegible]	[illegible]	[illegible]	[illegible]	[illegible]，	[illegible]	[illegible]	[illegible]……
ljɨ̣r1	tụ1	rjur1	mə1	zjɨ̣1	·ji1	tsjɨ1	tha1	·jij1
四	千	诸	天	子	众，	亦	佛	△……
[illegible]	[illegible]。	[illegible]	[illegible]	[illegible]	[illegible]。	[illegible]	[illegible]	[illegible]……
kjụ1	tshwew1	mjor1	ljịj2	wjɨ2	lhjịj2	thja1	njɨ2	wjɨ2
供	养。	如	来	△	受。	其	等	△……

四千诸天子众亦贡供膳。如来受之。其……

汉文本

于是密迹力士谓寂意菩萨：菩萨自念：吾不可计劫，功勋普着，因行成就。从无央数百千亿垓积功累德，皆是宿本世世本法。每生自克，愍念众生三界之厄。故行柔软，平正鲜明致清净业，谁敢毁坏独地证明？于时菩萨从袈裟里出紫磨金色手，普摩己身，不舍大哀。志性调和，欲度众生常行安徐，举其右手向十方界。自见诸佛适至乎地，三千大千世界六反振动。有自然音，其音宣彻十方佛土。其魔波旬闻斯音声，及魔官属在虚空中，亦闻斯音响，咸共自责。饥虚禁戒，乐乎勤修。又时大圣加施无畏，愍伤众生。应时八十垓魔及鬼神伏向菩萨，自然躄地，心自归命，唯见拥护。诸在众中与魔眷属破坏亡去，自然迷惑不知所凑。所以菩萨演大光明，愍哀斯等各离恐畏，皆归天宫，以是之故。菩萨大士现降，魔王及众官属八十亿垓鬼神皆发无上正真道意，九十二亿载人以仁和心立不退转。八万四千诸天子等，宿殖德本，逮得无生法忍。

密迹力士谓寂意曰：以是比像，所降众魔，诸天世人不可称载，受化得济，其诸天人追魔波旬。若人以见菩萨所行，或见坐于宝净莲花狮子之床，或见在地，或在虚空狮子座上，或复见在贝多树下，或见在忉利天上昼夜树下，或以见在众宝树下，或复普见一切诸人七尺诸佛树下，或诸天见坐佛树下处在狮子半仞座上。或在七仞，或复十里，或二十里，或四十里。或诸天人悉见八万四千由旬佛树下坐，或复现在四万二千由旬坐狮子床。如是，寂意，诸菩萨不可称计，境界难限。诸菩萨众由是道场归乎殊特。菩萨所行,有若干种欢乐之业,八百千行。菩萨所现不同,各从本性而开化之,发贤圣意,成最正觉至一切智。随时音响,而班宣法,供所当奉。菩萨于彼以若干品,其所谘嗟,皆是菩萨本宿所行。菩萨所因,劝乐示义,咸来谘嗟而供养之。虽尔菩萨心无所著,无有魔难以舍众害,普逮一切诸佛道法。须臾一时发心之顷,等行智慧,悉当知此,逮致佛道为最正觉。以达一切逮最正觉,住在一切十方世界。见不可计无限如来,授其右掌,尽问佛道。又谘永安道德之源。道慧微妙,无有患厌。讲论至道,慧得自在。宣布平等,入无邪业。分别示众,无央数行。剖判三宝,使不断绝,敷演大哀。于一切法而得自在,入于豪势无穷之业。若有众生诸根淳熟,悉能了是菩萨所行。若诸根乱不知所趣,菩萨适成如来道法,夙夜七日悉存法乐,观佛道树,不以为厌,目未曾眴。百千亿天来叹供养。百千玉案贡上甘膳,咸发无上正真道意。睹见如来威仪礼节。已成佛道如来至真,时四天王各往执钵,奉上如来。如斯刹土一四方域,三千大千世界为中国土,大千国土各有百亿,诸四方域四百亿四大天王,皆各执钵往授如来,如来悉受,佛显威神,使诸天王各不相见。各自心念:佛受我钵,当以饭食。以此忻喜,心中坦然,咸发无上至真道心,至不退转。佛以成道。提谓波利五百贾客,佛欲度之,现车马顿,贾客伴党及余而不自在,怪之所以。天于虚空告言:佛兴在世,可往供养。闻之忻然。各上蜜、麨、醍醐,八万四千诸天子众亦贡供膳。如来受之。其……